Série Diaita: Scripta & Realia
Estudos Monográficos

ESTRUTURAS EDITORIAIS
DIAITA: SCRIPTA & REALIA
ESTUDOS MONOGRÁFICOS

ISSN: 2183-6523

DIRETOR PRINCIPAL
MAIN EDITOR

Carmen Soares
Universidade de Coimbra

ASSISTENTE EDITORIAL
EDITORAL ASSISTANT

João Pedro Gomes
Universidade de Coimbra

COMISSÃO CIENTÍFICA
EDITORIAL BOARD

Andrew Dalby
Investigador Independente,
Historiador de Alimentação, França

Costas Thanos
National and Kapodistrian University of Athens,
Department of Botany, Faculty of Biology, Greece

Delfim Leão
Faculdade de Letras da Universidade de Coimbra,
Instituto de Estudos Clássicos, Portugal

Edmund Launert
British Museum - Natural History, United Kingdom

Helena Maria de Oliveira Freitas
Faculdade de Ciências e Tecnologia da Universidade de
Coimbra, Departamento de Ciências da Vida, Portugal

John Wilkins
University of Exeter, Department of Classics and
Ancient History, United Kingdom

Juan Antonio López Férez
Universidad Nacional de Educación a Distancia,
Departamento de Filología Clásica, España

Lígia Maria Pires Salgueiro da Silva Couto
Faculdade de Farmácia da Universidade de Coimbra,
Portugal

Maria do Céu Fialho
Faculdade de Letras da Universidade de Coimbra,
Instituto de Estudos Clássicos, Portugal

S. Douglas Olson
Universiy of Minnesota, Department of Classical and
Near Eastern Studies, USA

William Fortenbaugh
Rutgers University, School of Arts and Sciences,
New Brunswick, New Jersey, USA

TODOS OS VOLUMES DESTA SÉRIE SÃO SUBMETIDOS A ARBITRAGEM CIENTÍFICA INDEPENDENTE.

Teofrasto, História das Plantas

Tradução Portuguesa, Com introdução e Anotação

Maria de Fátima Sousa e Silva
Jorge Paiva

IMPRENSA DA UNIVERSIDADE DE COIMBRA
COIMBRA UNIVERSITY PRESS

ANNABLUME

Série DIAITA
Scripta & Realia

Título Title
Teofrasto, História das plantas. Tradução portuguesa, com Introdução e anotação
Título Inglês
Theophrastus, History of plants. Translation into Portuguese, with an Introduction and a commentary

Autores Authors
Maria de Fátima Sousa e Silva e Jorge Paiva

Editores Publishers
Imprensa da Universidade de Coimbra
Coimbra University Press

www.uc.pt/imprensa_uc

Contacto Contact
imprensa@uc.pt

Vendas online Online Sales
http://livrariadaimprensa.uc.pt

Coordenação Editorial Editorial Coordination
Imprensa da Universidade de Coimbra

Capa - Fotografia Cover - Photo
Phoenix theophrasti Greuter
Autoria das fotos MPCU – MAICh
Ocidente de Creta, Drapano
Teofrasto 1. 2. 7 (nota 36), 1. 4. 3 (nota 81), 2.6.10 (nota 514)

Conceção Gráfica Graphics
Rodolfo Lopes, Nelson Ferreira

Infografia Infographics
PMP, Lda.

Impressão e Acabamento Printed by
CreateSpace

ISBN
978-989-26-1192-1

ISBN Digital
978-989-26-1193-8

DOI
http://dx.doi.org/10.14195/978-989-26-1193-8

Depósito Legal Legal Deposit
412621/16

A ortografia dos textos é da inteira responsabilidade da autora.

Trabalho publicado ao abrigo da Licença This work is licensed under
Creative Commons CC-BY (http://creativecommons.org/licenses/by/3.0/pt/legalcode)

Publicação financiada pela Fundação Calouste Gulbenkian, no âmbito do:
Concurso anual de 2014 de Apoio a Projectos de Investigação no domínio da Língua e Cultura Portuguesas.

© Julho 2016
Imprensa da Universidade de Coimbra
Classica Digitalia Vniversitatis Conimbrigensis
http://classicadigitalia.uc.pt
Centro de Estudos Clássicos e Humanísticos
da Universidade de Coimbra

Teofrasto, *História das Plantas*. Tradução portuguesa, com Introdução e anotação
Theophrastus, *History of plants*. Translation into Portuguese, with an Introduction and a commentary

Maria de Fátima Sousa e Silva & Jorge Paiva

Resumo
Este volume proporciona a primeira tradução existente em português da *História das plantas* de Teofrasto. A exigência da matéria não dispensou a colaboração de uma helenista e de um botânico, de modo a garantir o rigor da tradução e a especificidade da anotação e índices. Além de um número elevado de notas de rodapé, a tradução vem acompanhada de um amplo estudo introdutório, destinado a caracterizar Teofrasto, o seu universo intelectual e a estrutura científica do tratado. Completam o volume uma bibliografia e sete índices: dois dos termos gregos e respectiva tradução, com remissão para os capítulos do tratado; quatro dos nomes latinos das espécies vegetais e animais, com remissão para a numeração das notas de rodapé; um último de topónimos.

Palavras-chave
Peripatéticos - Aristóteles - Biologia e Botânica - Ciência grega - Alexandre

Abstract
This volume offers the first translation into Portuguese of the *History of plants*, by Theophrastus. The nature of the subject needed the collaboration of a Hellenist and a Botanist, in order to ensure the accuracy of the translation and the specificity of the footnotes and indexes. Beside the large number of footnotes, there is an introduction that identifies Theophrastus, his intellectual circle and the scientific structure of his exposition. The volume also includes a bibliography and seven indexes: two of Greek nomenclature and its translation into Portuguese, referring to the chapters of Theophrastus' text; four of Latin names given to the vegetal and animal species, referring to the footnotes; and a last one of toponyms.

Keywords
Peripatetics - Aristotle - Biology and Botanics - Greek Science - Alexander

Nota prévia
A tradução do texto de Teofrasto, *História das plantas* envolveu uma colaboração estreita entre uma investigadora da área dos Estudos Clássicos, Maria de Fátima Silva, que se encarregou da tradução, do estudo introdutório, da anotação de índole histórico-cultural e dos índices de palavras gregas. A este trabalho foi indispensável o aconselhamento técnico de um botânico credenciado - Jorge Paiva -, que, além da revisão crítica da totalidade do texto, é autor de toda a informação botânica expressa em notas de rodapé e dos índices dos nomes latinos das espécies.

Previous note
The translation of Theophrastus' text mobilized the collaboration of a Hellenist, Maria de Fátima Silva, who took charge of the translation, the introduction, historical and cultural footnotes and the indexes of Greek names; and of a botanical expert, Jorge Paiva, that, besides doing a critical revision of all the text, is the author of all the botanical information contained in the footnotes and of the Latin indexes.

Curriculum vitae dos autores

Maria de Fátima Sousa e Silva é Professora Catedrática do Instituto de Estudos Clássicos da Universidade de Coimbra. Desenvolveu, como tese de doutoramento, um estudo sobre a Comédia Grega Antiga (*Crítica do teatro na Comédia Grega Antiga*), e, desde então, tem prosseguido com investigação nessa área. Publicou já traduções comentadas de outras nove comédias de Aristófanes, além de um volume com a tradução das peças e dos fragmentos mais significativos de Menandro. Ocupou-se igualmente da tradução de alguns tratados biológicos de Aristóteles, *História dos animais* e *Partes dos animais*.

Maria de Fátima Sousa e Silva is Full Professor of the Institute of Classical Studies, University of Coimbra. Her PHD was about Ancient Greek Comedy (*Critics of theatre in Ancient Greek Comedy*); from then, she went on researching in this same subject. She published Portuguese translations with a commentary of nine of Aristophanic plays, as well as of plays and the most significant fragments by Menander. She also translated some of the biological treatises by Aristotle (*History of animals* and *Parts of animals*).

Jorge Paiva, nascido a 17. 09. 1933, em Angola, licenciado em Biologia e doutorado em Recursos Naturais e Meio Ambiente, já aposentado, foi investigador principal na Faculdade de Ciências da Universidade de Coimbra, onde leccionou algumas disciplinas; foi também professor convidado na Faculdade de Farmácia da Universidade de Coimbra, e nas Universidades de Aveiro, da Madeira, Vasco da Gama (Coimbra) e Vigo (Espanha). A sua actividade científica e em defesa do meio ambiente foi já distinguida com vários prémios. Publicou trabalhos sobre filotaxonomia, palinologia, biodiversidade e ambiente. Apresentou variadas comunicações e proferiu diversas conferências em congressos e acções pedagógicas.

Jorge Paiva, born on the 17th September 1933, in Angola, graduated in Biology and made his PHD in Natural Resources and Environment. Before retiring, he was a researcher in the Faculty of Sciences, University of Coimbra, where he taught several subjects. He also collaborated as an invited professor in the Faculty of Pharmacy (University of Coimbra), and in the Universities of Aveiro, Madeira, Vasco da Gama (Coimbra) and Vigo (Spain). He was distinguished with several prizes for his scientific activity and his environment defense. He published different texts on phyllotaxonomy, palinology, biodiversity and environment and presented various papers in conferences and pedagogical actions.

Sumário

Introdução	11
Teofrasto, o homem e o seu tempo	13
Concepção metodológica de uma nova ciência	14
Em busca de uma nomenclatura científica	22
Estrutura, composição e transmissão do tratado	24
A gestão do processo científico	26
Recolha dos materiais	26
A observação directa e a experimentação	27
A opinião comum e os teóricos consultados	30
Regiões abrangidas no estudo das espécies	33
Teoria e prática: utilizações múltiplas das plantas	38
As plantas	44
A nomenclatura vulgar e científica das plantas	44
A classificação das plantas	45
Dissonância de conceitos entre Teofrasto e a modernidade	47
Exemplos de dificuldades na identificação das plantas	48
Conclusão	49
Bibliografia geral	49
Teofrasto, História das plantas	53
Livro I	57
Livro II	101
Livro III	121
Livro IV	167
Livro V	217
Livro VI	239
Livro VII	261
Livro VIII	291
Livro IX	317
Índices	359
Índice das figuras	361
Índice dos nomes Gregos - Portugueses das plantas e suas partes	363
Índice dos nomes Portugueses - Gregos das plantas e suas partes	385
Índice dos nomes latinos - portugueses das plantas	407
Índice dos nomes portugueses - latinos das plantas	425
Índice dos nomes latinos - portugueses dos animais	447
Índice dos nomes portugueses - latinos dos animais	449
Índice de topónimos	451

Introdução

Teofrasto, o homem e o seu tempo

Ainda que escassos, os dados biográficos de Teofrasto (c. 371-286 a. C.)[1] apresentam algumas certezas, desde logo a que faz dele o discípulo mais brilhante de Aristóteles e seu continuador à frente do Liceu. Acima de qualquer outro mérito intelectual, foi o seu brilhantismo retórico o que lhe valeu a substituição, atribuída a Aristóteles, do nome de Tírtamo pelo epíteto de Teofrasto ('o que fala como um deus'). Mas é certo que, na linha de Aristóteles e da prática do Perípato, Teofrasto repartiu o seu interesse por diversas disciplinas, onde o espaço dado às ciências da natureza foi apenas uma parte, porquanto outros saberes do foro humanístico lhe cativaram também a atenção (poética, ética, metafísica, política, filosofia). Por outro lado, razões associadas com alguma conflituosidade dentro da Academia platónica de que ambos provinham, bem como as condições histórico-sociais do seu tempo, de ruptura com a lógica política da 'cidade-estado', interferiram na sua actividade científica e na própria existência da escola fundada por Aristóteles. A instabilidade política, que veio a resultar da ocupação da Grécia pela Macedónia, foi também responsável por alguma errância, que, do ponto de vista científico, proporcionou a Teofrasto, e ao seu mestre Aristóteles, a possibilidade de desenvolver, em diferentes paisagens, a constatação de realidades ambientais decisivas à sua reflexão.

Provavelmente foi a partir da estadia de Aristóteles em Asso (Ásia Menor), onde fundou uma escola, que com Teofrasto o conhecimento se intensificou e consolidou os dois cientistas como companheiros de toda uma vida[2]. A partir daí ambos viajaram para a ilha de Lesbos (e lá se mantiveram entre 344-342 a. C)[3], onde ficava a cidade de Éreso, pátria de Teofrasto. Para anos mais tarde (342 a. C.), aceite o convite, feito a Aristóteles por Filipe II da Macedónia, para que o filósofo se ocupasse da educação do jovem príncipe Alexandre - futuro Alexandre Magno -, muito provavelmente ambos seguirem para Pela, a capital do império macedónio, vizinha de Estagira, terra natal de Aristóteles.

O regresso a Atenas ocorreu em 335 a. C., já a Grécia se encontrava sob o domínio macedónio, e foi então que a fundação do Liceu aconteceu. Com

---

[1] É relevante o testemunho dado por Diógenes Laércio (5. 36-57) sobre a Vida de Teofrasto, que inclui elementos pessoais, o seu testamento, e a listagem dos títulos de que foi autor.

[2] Ambos haviam antes frequentado a Academia de Platão e portanto partilhavam uma formação de base semelhante.

[3] A importância deste período de convívio em Lesbos parece ter sido de tal relevância para o arranque do estudo científico que '344 a. C. foi proposto como o ano do nascimento da Biologia em geral, e dos seus dois pilares, a Zoologia e a Botânica' (Thanos 2005 (b), 25).

Introdução

a morte precoce de Alexandre (323 a. C.) e a contestação anti-macedónica surgida em Atenas, Aristóteles viu-se forçado a deixar a cidade em busca de um refúgio na ilha de Eubeia, onde veio a falecer, deixando em definitivo ao seu discípulo a incumbência de prosseguir a obra científica e pedagógica que tinha iniciado[4]. O Liceu atingiu então o seu apogeu, como uma verdadeira universidade dedicada a preparar intelectualmente as inteligências mais dotadas do tempo. Thanos 1994: 4 resume assim as condições de excelência da escola: "um curriculum actualizado que enfatizava ciências de observação, professores numerosos, cerca de 2000 alunos, um campus espaçoso e bem desenhado, com edifícios e serviços ao ar livre, uma biblioteca muito bem dotada, um museu e o primeiro jardim botânico da história".

CONCEPÇÃO METODOLÓGICA DE UMA NOVA CIÊNCIA

Porque se trata do arranque para uma ciência inovadora[5], a *História das plantas* – datada de c. 314 a. C.[6] – abre com uma reflexão sobre o que parece a Teofrasto essencial nos objectivos a atingir e na metodologia a praticar[7]. Ora

---

[4] Teofrasto dirigiu o Liceu desde 322 a. C. até ao fim da sua vida (c. 288 a. C.).

[5] Apesar de já ter havido, em época anterior, algumas abordagens das questões suscitadas pelas plantas – nos tratados hipocráticos, ou por nomes avulso de interessados pelo poder curativo das plantas, como Díocles de Caristo, por exemplo –, tem sido reconhecido a Teofrasto o mérito de ter dado os primeiros passos no sentido de fazer do estudo das plantas uma verdadeira ciência e, nessa medida, ser o verdadeiro criador da Botânica. *Vide infra* 'A opinião comum e os teóricos consultados'. Alguns autores literários, como Hesíodo ou Xenofonte, mesmo se interessados pela agricultura, não tentaram uma classificação das plantas, a grande novidade de Teofrasto (sobre os autores gregos que se interessaram pela agricultura, cf. Columela, *Sobre a agricultura* 1. 1. 7; e sobre a excepcionalidade de Teofrasto que, mais do que aos agricultores, foi útil aos filósofos, ou seja, à ciência propriamente dita, cf. Varrão, *Sobre a agricultura* 1. 5. 1-2). Amouretti 1986: 234 vê, no contexto em que Teofrasto desenvolveu a sua investigação, o fundamento para uma nova orientação com resultados verdadeiramente inovadores: a estabilidade de uma escola onde se acumula documentação e a programação de uma investigação feita colectivamente, que permite, de resto, o diálogo entre diversas disciplinas. Assim, os comentadores modernos tendem a considerar o filósofo de Éreso como também o pai das múltiplas subdisciplinas da Botânica: da morfologia, fisiologia e taxonomia das plantas, da fitogeografia e da etnobotânica.

[6] Dado que a redacção do tratado, como fixação escrita dos elementos fornecidos num curso, esteve sempre sujeita a alterações e acrescentos, uma datação precisa torna-se impossível. Há, no entanto, uma certeza: a de que o tratado de Teofrasto é posterior aos que Aristóteles dedicou aos animais, em perspectivas correspondentes; como acima assinalámos, Teofrasto orienta-se, no estabelecimento de uma metodologia para a sua abordagem das plantas, em semelhanças ou diferenças com o que pode ser a investigação das espécies animais e suas partes. Sobre a possível cronologia dos diferentes livros da *História das plantas, vide infra* p. 24-25.

[7] Diógenes Laércio 5. 42-50 atribui a Teofrasto, num total de 224 títulos, dois tratados dedicados às plantas (além de outros sobre matérias afins, mel, aromas, vinho e azeite, sucos e frutos; a propósito dos diversos títulos dedicados por Teofrasto ao estudo das plantas ou a assuntos próximos, *vide* Sollenberger 1988: 14-24); àquele em que se centra este estudo (em 9 livros) – e que será o mais antigo tratado de botânica existente –, associa-se o intitulado *Causas das plantas* (em 6 livros), voltado para questões de morfologia e fisiologia. Aristóteles teria já

justamente as questões metodológicas, conformes com as praticadas entre os peripatéticos e que estão na base das colocadas pela ciência através do tempo[8], constituem um dos aspectos mais atractivos no estudo dos tratados científicos legados pela Antiguidade, apesar de todas as dúvidas ou limitações que a definição de uma metodologia deixa de pé. Na *História das plantas* esta é matéria que ocupa o Livro I e os primeiros capítulos do II (1-4).

O Liceu e o seu mestre fundador, Aristóteles, proporcionaram a Teofrasto um modelo natural: o estudo de um outro grupo de seres vivos, os animais, a que haviam sido já dedicados tratados abrangentes, *A História dos animais* - que enumera e descreve os animais e tenta uma classificação através do estabelecimento de semelhanças e diferenças entre os diversos grupos -, *As Partes dos animais* – que avança para um estudo mais específico, procurando identificar as partes e a sua utilidade para a vida de cada espécie, e integra uma introdução de objectivos metodológicos[9] – e *A Geração dos animais*[10]. Nessa investigação levada a cabo por Aristóteles, o próprio Teofrasto terá tido uma intervenção directa[11]. Não há dúvida de que as remissões para esses tratados aristotélicos são numerosas na *História das plantas*, do mesmo modo que é constante a preocupação de estabelecer contrastes entre o raciocínio que funciona no estudo dos animais, mas não no das espécies vegetais. Em termos gerais, Teofrasto é peremptório (1. 1. 3): 'Não resta dúvida de que não se deve estabelecer uma correspondência total com os animais, nem sob outros pontos de vista, nem no que se refere à reprodução'.

Há, mesmo assim, uma tendência insistente para fazer aproximações com os animais, que tornam o entendimento de certos aspectos da vida das plantas mais compreensíveis. Teofrasto tende a acentuar e a especificar, entre animais e plantas, as divergências sob várias perspectivas encaradas em paralelo[12] – ou seja, a partir de ciência feita, procede por sucessivas comparações:

---

avançado com algumas considerações elementares nesta matéria; por um lado, são frequentes as observações comparativas entre animais e plantas nos estudos que o Estagirita dedicou à biologia (*vide* Thanos 1994: 3-11); a que se acrescenta um estudo em dois livros *Sobre as plantas*, de autoria controversa, que seria uma tentativa de classificação. Teofrasto teria levado esta abordagem bastante mais longe.

[8] O mérito que Kullmann 1991: 137 atribui a Aristóteles - 'o de ter validado, com suporte teórico, a fundação das ciências' – seria oportuno também para Teofrasto, na perspectiva das plantas em particular, dada a estreita colaboração que ambos partilharam.

[9] O próprio Teofrasto foi autor de um tratado de Biologia, *Sobre os animais*, em sete livros, referido também por Diógenes Laércio 5. 44.

[10] Estes são estudos que ocuparam Aristóteles entre os anos 350-320 a. C. Gotthelf 1988: 100-135 explora uma possível relação entre estes tratados de Botânica e de Biologia dos dois peripatéticos.

[11] Já Cícero (*De finibus* 5. 10) estabelecia esta relação entre mestre e discípulo, considerando ambos referência para o conhecimento dos seres vivos, animais e plantas.

[12] A metodologia dos contrastes é muito característica de Teofrasto, na linha da tradição aristotélica e peripatética aplicada aos animais. Podemos procurar, numa maior distância tem-

se, por exemplo, os frutos de uma planta podem ser considerados 'partes', as crias dos animais não; uns e outros têm partes caducas (no animal, cornos, penas e pêlos, *História dos Animais* 600ª 15-16); mas, sob o ponto de vista da reprodução, o fruto desvincula-se por completo da planta, enquanto, nos animais, há produtos que prevalecem para além da gestação (o leite, a placenta, por exemplo); a reprodução animal tende à propagação da espécie, enquanto a planta se desenvolve toda ela ao longo da sua existência[13]; logo as flores, folhas e frutos poderiam ser partes, as crias não (1. 1. 3). Pode haver momentos em que, depois de estabelecer um conjunto de novos critérios que permitem estabelecer parâmetros de análise das plantas, como categoria à parte entre os seres vivos, Teofrasto volta mesmo assim à incontornável comparação com os animais (1. 14. 3): 'Eis agora quais as diferenças que parecem afectar, de modo evidente, a planta no seu todo. Umas são de cultivo e outras selvagens; umas produzem fruto e outras não; umas têm folhas persistentes e outras caducas, como ficou dito acima, e outras ainda são totalmente desprovidas de folhas; há as que florescem e outras não; há as que, a produzir rebentos e frutos, são precoces e outras tardias; e assim por diante, em relação a outras diferenças semelhantes. Estas são diferenças que dizem respeito às partes ou, pelo menos, que não são independentes delas. Mas a distinção mais peculiar e, de certa forma, a mais importante – que existe também nos animais – é que as há aquáticas e terrestres'[14].

Ponderadas diversas características relacionadas com a natureza profunda de cada uma destas duas categorias de seres vivos – animais e plantas –, pode Teofrasto concluir pelas limitações deste método comparativo entendido sistematicamente, quando estão em causa seres tão diferentes (1. 1. 4): 'Pois é pura perda de tempo empenharmos o nosso esforço a estabelecer comparações impossíveis, e desviarmo-nos do nosso objecto de estudo'. Mesmo assim, embora forçado a encontrar para a Botânica uma índole científica própria, face às características do seu objecto de estudo, a comparação com os animais nunca é posta totalmente de lado pelas comodidades que oferece apesar de

---

poral, a origem desta perspectiva metodológica, quer na teoria hipocrática dos humores, quer na dos quatro factores condicionantes da criatura humana de Empédocles, o quente e o frio, o seco e o húmido; cf.1. 2. 4-5.

[13] Amigües 2010: 4.

[14] Cf. ainda outras remissões equivalentes entre plantas e animais; e. g., 1.11. 1, 'Por fim, em todas as plantas existe a semente. Esta tem em si mesma uma seiva e um calor congénitos, elementos que, se ausentes, tornam a semente estéril, como acontece com os ovos'; ou 3. 2. 2: 'As que se não adaptam à domesticação, como acontece com os animais, são por natureza selvagens'; 4. 5. 7, 'Isso é o que se verifica com certos animais, como também com certas plantas'. Por seu lado Aristóteles não deixou de estabelecer paralelos correspondentes, em sentido contrário, partindo da perspectiva biológica e relacionando-a com algumas características das plantas, sempre em desfavor desta segunda categoria de seres vivos; cf., e. g., *Partes dos animais* 650a 21, 678a 10, 686b 36, *Geração dos animais* 736b 13, 745b 26, 774b 26.

todas as suas limitações. Como nota Desautels 1988: 231-232, 'o propósito de Teofrasto assenta numa investigação em que não só as conclusões mas também a própria metodologia estão em progresso'.

Tal como na Biologia, parece inevitável também na Botânica considerar a observação como a primeira técnica a pôr em prática; um tratado científico credível tem de assentar na recolha de dados, sua comparação e análise. Antes de satisfeitas as regras da *historia*, ou seja, a recolha de testemunhos directos e a sua avaliação, não há condições para identificar e tratar qualquer objecto de estudo. A seguir, a classificação é, para a *História das plantas*, a questão de fundo[15]: o que distingue uma planta de outra, ou seja, a possibilidade de estabelecer uma classificação por critérios de semelhança ou diferença entre elas e o que constitui a natureza própria de cada uma perante as demais[16]; logo, a comparação entre os diversos seres que constituem um mesmo género e o confronto com géneros equivalentes está no cerne da proposta. A relação entre 'o mais e o menos' é usada como um critério decisivo no estabelecimento de semelhanças ou diferenças morfológicas. *A História dos animais* é, para este propósito, o modelo directo.

Embora reconhecendo as dificuldades que a classificação coloca, por divergência de critérios ou por ineficácia ou incompletude de alguns deles, mesmo assim Teofrasto defende esta metodologia como a mais correcta (1. 3. 1); o resultado que almeja, após a observação das plantas e suas partes, é poder compará-las e, a partir daí, estabelecer grupos. Desautels[17] sublinha a importância e frequência com que Teofrasto usa a expressão 'considerar em termos gerais', talvez desde logo uma salvaguarda para rentabilizar princípios e critérios, tornando a sua falibilidade no particular. O resultado produzido é, em concomitância, uma visão de conjunto das plantas, acrescida de noções de base sobre os problemas gerais que estes seres implicam.

A metodologia comparativa exige o estabelecimento de critérios de distinção; à semelhança dos praticados por Aristóteles em *História dos Animais* 487ª 11-12 – 'As diferenças entre os animais dizem respeito ao seu modo de vida, actividade, carácter e partes que os constituem' – também Teofrasto (1. 1. 1) enumera, como factores a considerar neste caso, 'as partes, as qualidades, a reprodução e as fases da vida'; e tem o cuidado de excluir 'o carácter e as actividades' e de justificar essa opção com as diferenças que distinguem

---

[15] Preus 1988: 92 reconhece a tendência de Teofrasto para a classificação, restringindo, no entanto, os resultados desse processo às partes das plantas, e não propriamente à sua repartição por espécies. Logo falta nos resultados obtidos uma verdadeira hierarquização das plantas.

[16] Fraser 1994: 168 considera 'horizontal' a classificação que Teofrasto faz das plantas, porque assente num critério de 'diferença', "uma palavra chave no seu entendimento de distinções quanto ao crescimento e forma".

[17] 1988: 224 n. 16.

plantas e animais; embora sendo todos seres vivos, os factores de distinção impõem à partida diferenças radicais.

Se é importante assumir posições nas diferenças essenciais que, a partir do conjunto geral das plantas, estabelecem grupos, não é menos relevante que, em relação a partes específicas dos seres em análise, se possa definir critérios que conduzam a uma caracterização distintiva no que respeita a aspectos progressivamente menores. Para responder a esta necessidade, o autor do tratado pode, depois de uma enumeração exemplificativa ampla, introduzir um ponto de ordem para fazer, numa espécie de resumo, uma reflexão metodológica: 1. 10. 8, 'Em resumo, as diferenças das folhas estabelecem-se por tamanho, número, forma, por serem largas ou estreitas, côncavas, rugosas ou lisas, e por terem ou não espinhos; ou ainda pelo ponto de onde brotam e pela forma como estão presas; o ponto de origem pode ser a raiz, o rebento, o caule ou o ramo; a forma como estão presas pode ser um pedúnculo que é o pecíolo ou directamente'; e concluir (1. 10. 8): 'Falando em termos gerais, são estas todas as diferenças possíveis entre as folhas, representadas nos exemplos citados'. O que significa que, periodicamente, perante casos específicos, os critérios de classificação possam, em termos sempre gerais, vir a ser retocados ou adaptados.

Além do critério de semelhança e diferença, Teofrasto recupera, da ciência feita para os animais, o de analogia. Lembremos o conceito, acrescido de exemplos, que dele tem Aristóteles (*Partes dos Animais* 645b 6-8): 'Por analogia entendo que, por exemplo, uns tantos animais tenham pulmão e outros não; mas que estes últimos, em contrapartida, tenham um outro órgão correspondente; ou ainda: uns têm sangue e outros um líquido análogo, com a mesma função que aquele desempenha nos sanguíneos' (cf. *História dos Animais* 486b 17 sqq., *Partes dos Animais* 644ª 18). Claramente a analogia pode dar também um contributo útil para o propósito de fundo em Teofrasto, o da classificação das plantas (1. 1. 5): 'Há um aspecto que não se pode deixar de ter em consideração: se se deve, em certos casos, recorrer à analogia, como para os animais; se assim for, há que assinalar, como é evidente, as correspondências mais próximas e mais perfeitas possível'[18].

Estabelecidos os factores relevantes para a caracterização das plantas, há que hierarquizá-los, do ponto de vista pragmático, fazendo avultar aqueles que se podem abordar por simples observação e que portanto surgem, ao estudioso, como mais imediatos e menos complexos. Esta verificação coloca as 'partes', referidas em primeiro lugar, como um elemento a merecer, pela sua complexidade, um tratamento longo e destacado. Naturalmente o tratado aristotélico das *Partes dos animais* tem, com esta preocupação, um diálogo próximo.

---

[18] Analogia neste caso duplamente entendida: entre as plantas e as suas partes e entre as plantas e animais, no que têm de comparável.

A objectividade que se exige dos factores utilizados na determinação de semelhanças, diferenças e analogias cria, no que diz respeito às partes das plantas, um problema metodológico de base; a questão resulta, por um lado, da variedade que lhes é própria, criando, do ponto de vista metodológico, alguma instabilidade; mas dada a importância que têm na caracterização das plantas, impõem-se como um factor prioritário e tornam outros aspectos – as qualidades, a reprodução e o modo de vida -, porque mais visíveis ou mais simples, secundários. Assim, antes de se partir à classificação segura das plantas, há que clarificar o que se pode ou não considerar 'partes' e estabelecer uma nomenclatura técnica correspondente.

A abordagem das partes das plantas reparte-se em várias perspectivas: além do conceito do que seja 'parte' e do estabelecimento de uma nomenclatura adequada, impõe-se fazer a caracterização de cada uma dessas partes e da sua finalidade. O conceito de 'parte' cita-se como uma primeira exigência (1. 1. 2): 'A parte, como algo que é inerente à natureza específica de qualquer planta, parece estar sempre presente, quer em termos absolutos, quer a partir do momento em que aparece – à semelhança daquilo que nos animais se desenvolve mais tarde'. Por 'estar sempre presente' deve entender-se como permanente em todas as plantas do mesmo grupo. Não estamos muito longe do que Aristóteles entende por partes, referindo-se aos animais; a 'partes' é por ele dado um sentido abrangente, que inclui tecidos, órgãos, membros e, de um modo geral, os elementos constitutivos de todos os grupos de animais.

Este aspecto fulcral da 'permanência' que, nos animais, era adequado, coloca, no caso das plantas, dificuldades manifestas. É que há elementos na planta (flor, folha, fruto) que são de uma relevância incontestável, e no entanto têm uma duração limitada e sempre renovável. Variação e caducidade tornam o conceito de 'parte' metodologicamente difícil e em conflito com a que, se aplicada aos animais, funciona. Uma tentação poderia ser a de excluir estes elementos como 'partes', pelos seus aspectos de incompatibilidade com questões de base nesse conceito; e, no entanto, a importância dos elementos referidos, 'que constituem a plenitude e a fisionomia das plantas', não pode ser eliminada sem grave prejuízo para o propósito científico em causa. De resto a finalidade – que é um critério essencial no conceito de 'parte' – implica a sua inclusão (1. 1. 2): 'Porque qualquer planta se torna bela e parece atingir, ou, melhor dito, atinge de facto, a sua plenitude quando rebenta, floresce e frutifica'.

Verificada a inconveniência de ir pela exclusão deste factor, Teofrasto integra-o na sua abordagem e passa então a procurar uma esquematização geral da própria parte; nesse sentido, diferentes critérios podem ser adoptados. Dividi-las em internas e externas estabelece uma dicotomia de base, a que se anexa uma estratégia de estudo conforme com as exigências que tal divisão acarreta: para o conhecimento das partes exteriores basta a simples observação; para o das internas existe, como para os animais, a dissecção (Teofrasto, *História das plantas* 1. 1. 4; cf. Aristóteles, *História dos animais* 503b 23-25, 531b-532ª). Junta-se-lhe uma segunda perspectiva, a da abrangência que uma parte pode ter dentro do universo das plantas: se é comum a todas, se particular a um determinado grupo apenas; e, num ou noutro caso, se apresenta semelhanças ou diferenças – de acordo com um critério de excesso ou defeito (cf. *História dos Animais* 486b) - e se existe na mesma posição ou noutra (1. 6-7) – problema que se coloca em relação aos frutos, folhas e rebentos.

Só depois de estabelecidos estes critérios gerais de identificação e de comparação, se pode especificar cada uma das partes e passar à sua caracterização. Ao leitor atento do tratado não passarão despercebidas algumas incongruências ou imperfeições metodológicas; além da complexidade sempre assinalada do objecto de estudo, a natureza do tratado, como repositório de um conhecimento a divulgar oralmente em espaço de aula, implica um registo mais ou menos condicionado e uma actualização progressiva, responsável por muitos desajustes[19].

As partes que, certamente de acordo com a sua função, se podem considerar mais importantes, como também comuns a um maior número de plantas e tendencialmente perenes, são então referidas: raiz, caule, ramo e rebento; a que se acrescentam as que se renovam cada ano e contribuem para a sua reprodução: folhas, flores e fruto. A raiz pode desempenhar, no conjunto, um papel destacado; do mesmo modo que Aristóteles considera a boca como o órgão mais relevante do ser vivo, que lhe permite absorver o alimento e nutrir-se, Teofrasto faz da raiz, nas plantas, o seu equivalente (1. 1. 9), dentro do conceito aristotélico (cf. *Partes dos Animais* 650ª) de que 'a terra é o estômago dos animais'.

As árvores, sendo as plantas a que estes elementos essencialmente correspondem, podem considerar-se paradigmáticas na classificação que se pretende esboçar (1. 1. 11). Tomadas como modelo, é a partir delas que, demarcando diferenças (abundância ou carência, densidade ou rarefacção, por exemplo), se pode caracterizar melhor as restantes plantas; no reino vegetal, parece caber às árvores o papel que, entre os animais, cabe ao Homem, como o mais bem conhecido e mais perfeito de todos os seres dessa espécie[20]. Esta

---

[19] Thanos 1994: 5 comenta ainda, como sintoma da origem deste texto, as características do estilo, desprovido de um verdadeiro tom literário, mas antes construído sobre frases curtas a tocarem, por vezes, as raias da obscuridade.

[20] Também Aristóteles coloca no centro do seu projecto um primeiro caso individual, e esse é o ser humano, sobre o qual um melhor conhecimento está garantido pela própria familiaridade que dele aproxima o cientista (*História dos animais* 491a 23). E se preferimos o animal que melhor conhecemos, dele se exploram também, em primeiro lugar, 'as partes mais importantes, que compõem o corpo na sua totalidade' (491a 27-28).

é uma metodologia que obedece a um enunciado prático (1. 2. 3): 'Mas como se deve avançar do que é conhecido para chegar ao desconhecido, e mais conhecido é o que é maior e mais patente aos nossos sentidos, é óbvio que se deve tratar destes assuntos de acordo com essa metodologia'[21]. Uma lógica de paralelismo permitirá, a partir do que é conhecido e perceptível, especular sobre o desconhecido e menos acessível.

Identificadas as várias partes, o estudo das plantas pode então processar-se tendo em consideração dois aspectos: o estabelecimento de diferenças gerais entre as plantas no que se refere às partes essenciais; e a consideração das potencialidades e razão da existência ou finalidade de cada uma dessas partes. A partir das árvores, não só se pode estabelecer diferenças em relação a cada planta, como demarcar conjuntos de plantas; ou seja, de uma abordagem analítica encara-se a necessidade de promover sínteses, de modo a criar grupos. Estamos realmente a caminho de uma classificação.

Tidas as árvores como paradigma, devido às partes que nelas são claramente visíveis, Teofrasto ensaia uma primeira classificação de plantas em quatro grandes grupos: 'árvores, arbustos, subarbustos e ervas' (1. 3. 1)[22]. A execução prática desta primeira grande classificação - que assenta apenas em aspectos exteriores, como o tamanho e a ausência ou presença de certas partes - irá denunciar debilidades, que recusam ou contestam a virtude dos critérios dicotómicos estritos (1. 3. 2): 'Em certos casos, pode parecer que a nossa classificação sofre alterações; por outro lado, há plantas que, em cultivo, se tornam diferentes e parecem mudar de natureza'. A complexidade vai-se tornando patente, pela intromissão de vários factores no rigor básico das diferenças entre grupos. Factores exteriores às próprias plantas condicionam-nas e podem criar alterações profundas nas suas características. É o caso das condições de manutenção, que distinguem de modo profundo plantas de cultivo e as suas correspondentes em estado selvagem; ou naturalmente o habitat (por exemplo a distinção entre plantas terrestres e aquáticas) e as condições geográficas ou climáticas[23]. Apesar dos imprevistos que estes outros

---

[21] Cf. *História dos Animais* 495b 14-16, 506a 7-8, 513a 33-36, 515a 19-23.

[22] São cerca de 500 as espécies referidas por Teofrasto neste tratado, maioritariamente de cultivo.

[23] Amigües 1988: XV não hesita em afirmar que a transplantação de espécies selvagens para jardins ou o cultivo de plantas exóticas, provindas de outros habitats, constituía um tipo de experiência corrente. E Teofrasto ratifica, com o seu testemunho, esta opinião: e. g., 2. 2. 10: 'Outro tanto se passa quando árvores de fruto se tornam estéreis, caso do *pérsion* provindo do Egipto e da tamareira se transplantada para a Grécia, ou ainda com o que se chama 'choupo' em Creta. Há também quem diga que a sorveira, se for levada para um lugar muito quente – ela que gosta do frio – deixa de dar fruto'; 2. 2. 12, 'Assim, é evidente que tudo o que é selvagem se pode tornar doméstico e vice versa; no primeiro caso, à força de cuidados, no segundo por falta deles'; 2. 4. 1, 'Entre as outras plantas, a hortelã-pimenta parece poder transformar-se em hortelã-pimenta-bastarda, a menos que esse processo se evite com determinados cuidados - é

Introdução

factores acarretam, há que tê-los em consideração na sua 'permanência', na medida em que a vida de nenhuma planta lhes é alheia.

Assim, a observação das plantas, tal como a dos animais, permite ao naturalista reconhecer, no concreto, as consequências dos grandes princípios que regem a actuação da natureza[24], no que é a constituição dos seres com vista a uma funcionalidade harmoniosa, na relação interna entre as partes que os constituem e, pontualmente, no convívio entre espécies ou de cada uma com o habitat que a cerca. Há que estabelecer critérios que permitam a transição de um conhecimento geral ou indeterminado para outro, circunscrito e específico às situações concretas.

E é talvez esta a exigência que trava, de certa forma, o alcance do tratado de Teofrasto dedicado à Botânica. O grau de sistematização conseguido é modesto, o efeito final aproxima-se mais de um relato de diferentes espécies do que de uma classificação, o desrespeito pela própria proposta metodológica é patente em certos momentos, a hierarquização das plantas carece de rigor. No seu conjunto, como sintetiza Desautels (1988: 224), a *História das plantas* não ultrapassou estes limites: "definir os princípios que permitem a classificação dos vegetais e das suas partes, o que o leva à repartição, em termos gerais, das plantas em quatro classes, introduzir alguns apontamentos sobre a γένεσις e a φθορά dos vegetais em termos muito aristotélicos e, por fim, estabelecer uma longa descrição das plantas que conhece ou de que ouviu falar". Mesmo assim, apesar de todas as limitações, Teofrasto abre caminhos, no estabelecimento de parentescos entre as espécies, de grandes divisões e agrupamentos, que se tornam remissão necessária para os grandes passos dados pela Botânica no futuro.

Em busca de uma nomenclatura científica

É interessante, por outro lado, apreciar as dificuldades colocadas pela definição de uma nomenclatura técnica e as soluções usadas para a construção de um vocabulário científico. Desautels 1988: 238 não hesita em considerar a insegurança terminológica 'como uma das maiores lacunas de Teofrasto',

---

por isso que muitas vezes é transplantada - e, do mesmo modo, o trigo pode tornar-se joio. (...) Assim a espelta e a escanha mudam-se em trigo se se plantarem depois da monda, mudança que não ocorre logo, mas ao fim de dois anos. (...) Também as espeltas selvagens e as cevadas, em cultivo e domesticação, mudam num lapso de tempo equivalente'.

[24] Hughes 1988: 68 sublinha como Teofrasto encara este relacionamento em diferentes níveis: em primeiro lugar, tem em conta a natureza da planta em si mesma, que serve a uma determinada finalidade – o que se poderia chamar 'a tendência natural da planta'; há depois a natureza do lugar onde a planta se encontra, que pode favorecer ou prejudicar a realização dessa mesma finalidade; e, por fim, a intervenção humana, que interfere sobre a planta e sobre o ambiente.

'que o impediu de atingir um certo nível de ciência ou, pelo menos, de estabelecer entre os seres distinções válidas na perspectiva moderna'[25]; talvez haja nesta reprovação do estudioso francês algum exagero, ou desconhecimento do percurso moroso que a análise científica trilha em diálogo com a língua que lhe dá expressão.

Se atendermos às formas de expressão do texto, veremos quais os critérios que podem auxiliar na fixação de uma determinada nomenclatura. O principal critério é descritivo, ou seja, a designação é estabelecida por alguma característica da planta ou de uma das suas partes, que muitas vezes já entrou na língua comum; assim, e. g., 1. 8. 3: 'Há nós, de certas árvores, que são irregulares e nascidos ao acaso, enquanto os de outras são regulares, quer pelo intervalo quer pelo número, como atrás se disse. Por isso a estas se dá o nome de 'árvores de nós regulares'. Mas o recurso a uma comparação, com uma parte dos animais por exemplo, pode também ser útil (1. 8. 5): 'no que se chama a 'cabeça' do tronco'.

A capacidade metafórica da língua responde também a outro tipo de designações, baseadas em paralelos com circunstâncias conhecidas; Teofrasto tende a dar uma explicação para soluções desse tipo. São particularmente interessantes aqueles casos em que é, mais uma vez, do mundo animal que se vai buscar inspiração; e. g., 1. 6. 11, 'a chamada erva-das-perdizes; esta, de facto, tem raízes grossas e em maior número do que as folhas. Recebe este nome por as perdizes se enrolarem nela e a arrancarem'.

Uma circunstância que se impõe pela evidência é a instabilidade, que a falta de uma nomenclatura precisa e científica gera. Há situações em que uma designação tende a generalizar-se, mas sem a força de algo que entrou já na língua comum, ou então a competir com muitas outras possibilidades, todas elas a seu modo descritivas. Estas são sugestões espontâneas, certamente saídas do uso de quem contacta com as plantas e não apenas dos estudiosos. Neste caso, Teofrasto cita, com reservas, a fórmula que apenas alguns usam (1. 8. 6): 'Há árvores que apresentam o que alguns chamam 'tumores' ou algo equivalente. (...) Há também quem lhe chame 'verruga', outros *crotone*, outros outro nome'. Naturalmente que a nomenclatura específica pode estar vinculada a uma região geográfica, ser, portanto, um regionalismo, de que Teofrasto, mais ou menos directamente, tem notícia; assim 1. 9. 3: 'a *thuía*, aquela a que na Arcádia chamam 'carvalho-sobreiro''. Pode, no entanto, acontecer que o próprio Teofrasto, como certamente os estudiosos seus iguais, encontre uma designação nova para uma determinada circunstância

---

[25] Amouretti 1986: 34-35 sublinha também o carácter muito impreciso da agricultura antiga no que toca à própria designação das plantas. E dá como exemplo o caso de σῖτος, 'que seria talvez melhor traduzir por 'grão', mas que pode designar também o trigo e a aveia, e πυρός, que designa vários tipos de 'trigo'.

e, nesse caso, tenha de a esclarecer (1. 8. 4): 'Há nós que são cegos e outros fecundos. Chamo 'cegos' àqueles de que não nasce nenhum rebento'; 1. 13. 2, 'por 'pétala dobrada' quero dizer que cada flor tem outra flor no meio, caso da rosa, da açucena e da violeta'.

O chamado 'senso comum' foi para Teofrasto, como antes para Aristóteles, uma fonte importante de informações e de soluções terminológicas; a consulta de diversos agentes relacionados com o mundo vegetal – jardineiros, lenhadores (3. 3. 7, 3. 9. 3, 3. 12. 4, 4. 13. 1), herbanários, comerciantes e médicos, por exemplo, todos eles, por motivos diferentes, bons conhecedores das plantas – forneceu-lhe, a par da informação, também uma designação, buscada na linguagem quotidiana, para as plantas, sua estrutura e grupos em que se dividem. Também aqui o confronto com as soluções encontradas pela zoologia pôde servir de modelo e, de uma forma que se poderá dizer 'analógica', fornecer respostas. É o caso das 'fibras' e 'veias' nas plantas, que não chegam a ter uma designação específica, mas 'por semelhança, recebem as das partes correspondentes nos animais' (1. 2. 3, cf. 1. 2. 5). Igual estratégia é usada por outros fisiólogos que se viram a braços com o mesmo problema (1. 2. 6): 'A medula é o miolo da madeira e vem em terceiro lugar a contar da casca, como nos ossos a medula. Há quem lhe chame 'coração', outros 'coração da madeira'. É curioso registar o recurso a uma nomenclatura bem assente para situações equivalentes nos animais, com o acrescento de uma precisão que assinale a semelhança e a novidade de aplicação ('coração da madeira'). Teofrasto parece não hesitar, também nesta perspectiva, em recuperar uma nomenclatura que se tinha tornado corrente entre outros autores dedicados a especulações semelhantes.

Estrutura, composição e transmissão do tratado

Ainda que a *História das plantas* inclua materiais diversos e certamente recolhidos ao longo do tempo, apresenta, no conjunto, uma coerência global que se pode perceber na articulação de diversos componentes. No entanto, algumas questões de cronologia relativa entre os Livros ou mesmo de autoria têm sido colocadas.

Assim, aspectos metodológicos e de enquadramento global são suscitados no início do tratado, ocupando o seu Livro I e os capítulos 1-4 do II. Aos Livros II. 5-8, III, VI, VII e VIII, cabe a discussão de temas específicos, seguindo, em linhas gerais, a repartição nos grandes grupos definidos por Teofrasto para as plantas: árvores, arbustos, subarbustos e ervas. O Livro IV pode dar sinal, em referências como a que se encontra em 4. 4. 14, por exemplo - referente a matérias "de que já falámos noutra ocasião" -, de ser mais tardio do que outros, nomeadamente o IX em que as matérias aqui referidas são tratadas (*vide infra* nota 1028 à Tradução); por outro lado, boa parte do seu conteúdo, que aborda plantas exóticas de territórios distantes, implica certamente condicionalismos relativos à disponibilização das informações sobretudo pelos homens de Alexandre[26]. É manifesta a independência que o Livro V, dedicado às aplicações das madeiras nas diferentes indústrias, representa em relação aos restantes. Finalmente o Livro IX, que tem gerado, sobre a sua autenticidade, uma ampla discussão (*vide infra* nota 1797 à Tradução), tem muita probabilidade de pertencer ao conjunto[27].

Terá sido o próprio Teofrasto a tentar salvaguardar a transmissão das suas obras - como das que recebera de Aristóteles - ao legá-las, em testamento, a Neleu de Escepsis (Diógenes Laércio 5. 52, Estrabão 13. 1. 54), um antigo aluno do Liceu; este levou-as para fora da Grécia, justamente para Escepsis, sua terra natal na Tróade, e confiou-as à família, cuja primeira preocupação foi ocultá-las para as preservar. Gerações mais tarde, o espólio foi vendido e, por iniciativa do comprador e bibliófilo Apélicon de Téos (séc. I d. C.)[28], os textos legados por Teofrasto viram assegurado o regresso a Atenas e alguma divulgação. Foi então que, poucos anos depois, o general romano Sila, em 86 a. C., ao dominar militarmente Atenas, confiscou e levou para Roma essa biblioteca (cf. Plutarco, *Vida de Sila* 26. 1-3) transferindo-a num outro sentido geográfico. As contingências desta primeira circulação foram certamente responsáveis por alguma obscuridade ou mesmo perda na transmissão dos textos. Agora em Roma, o espólio veio a conhecer outras fases de tratamento e transmissão; apesar de ausente de uso público, foi dada ao gramático Tirânion oportunidade de o rever e proceder a uma catalogação, depois transferida para o filósofo peripatético Andrónico de Rodes. Ora terá sido, em boa parte, ao cuidado deste último erudito (finais do séc. I a. C.), sob cujo zelo a biblioteca confiscada por Sila foi de novo catalogada e se tornou acessível, que se deve a sua preservação.

A tendência mais visível, dada a proximidade entre mestre e discípulo e entre os diversos elementos do Perípato, foi, numa primeira fase, a confusão de autorias, hesitando-se na atribuição de títulos ou interesses ora a Aristóteles, ora a Teofrasto. Talvez só na escola de Alexandria o esforço de separação e identificação se tenha feito com algum resultado. É aí que, em diversas gerações, se procura tratar o material conhecido como proveniente do Liceu.

---

[26] A campanha de Alexandre na Ásia precedeu de cerca de 20 anos a data provável do tratado (314 a. C.). Mas bem podemos imaginar a lentidão da chegada das informações, as contingências na disponibilização dos dados recolhidos e as eventuais disparidades ou estranhezas a necessitarem de reflexão e verificação.

[27] Sobre este assunto, cf. Díaz Regañón 1988: 18.

[28] Diz Estrabão 13. 1. 54, a respeito da acção deste Apélicon de Téos: "Mas Apélicon era mais um bibliófilo do que um filósofo. Por isso, embora tentasse preservar partes que entretanto se tinham deteriorado, transferiu o texto escrito para novas cópias, introduzindo emendas de má qualidade, e publicando as obras cheias de erros".

Poderá ter sido Aristófanes de Bizâncio (séc. III-II a. C.), na sua qualidade de bibliotecário de Alexandria, quem desencadeou diligências com vista a uma separação e catalogação, e o paradoxógrafo Apolónio (séc. III-II a. C.), nos seus *Mirabilia* (cf. cap. 33, 41, com remissão para livros concretos da *História das plantas*), quem primeiro tenha dado uma utilização significativa aos textos dedicados por Teofrasto à Botânica. Mas foi desde então que, ao longo da época helenística e imperial, autores como o poeta Teócrito (séc. III a. C.), o físico Dioscórides (c. séc. I d. C.)[29], o médico Galeno (séc. II d. C.)[30], ou o erudito Ateneu (séc. II d. C.) puderam utilizá-lo e citá-lo. Em Roma, a partir do séc. I a. C., também Varrão, *De re rustica* (1. 1. 8, 1. 7. 6-7, 1. 37. 5), Virgílio, *Geórgicas*[31], ou Plínio, *História natural*[32] (séc. I d. C.) citam a *História das plantas* de Teofrasto, demonstrando como, dentro de certos limites, a obra do autor grego ia ganhando uma popularidade visível.

Pode, talvez com algum exagero, afirmar Gundersen 1918: 214 que pouco foi acrescentado ao conhecimento das plantas entre o tempo de Teofrasto e o séc. XVI; mas não resta dúvida de que os testemunhos se multiplicam no sentido de confirmar a importância do trabalho realizado pelo digno membro do Perípato.

A GESTÃO DO PROCESSO CIENTÍFICO

Recolha dos materiais

Depois de considerada a preocupação metodológica enunciada por Teofrasto, há diversos aspectos a que, do ponto de vista da gestão científica, o autor do tratado está atento. Antes de mais são relevantes as fontes – directas e indirectas - que podem contribuir para a recolha do material a avaliar. Como fontes para a sua investigação, Teofrasto terá privilegiado a observação directa, processada em deslocações ou estadias mais ou menos prolongadas por várias

---

[29] Dioscórides de Anazarbo, na Cilícia, foi autor de uma obra em cinco livros, *De Materia Medica*, explorando as capacidades terapêuticas das plantas, que enumera, descreve e designa com ampla sinonímia. A julgar pelo número de manuscritos que dele existem, este terá sido o tratado referente a questões botânicas que mais circulação teve na Antiguidade. É evidente, pelo número de correspondências que existem entre as plantas referidas por Dioscórides que já se encontravam em Teofrasto, a importância que o autor de Éreso teve na sua recolha.

[30] Sobre as citações ou referências feitas por Galeno à *História das plantas*, vide Keaney 1968: 294-295.

[31] Díaz Regañón 1988: 33-37 enumera um número significativo de passos das *Geórgicas* em que coincidências com afirmações de Teofrasto na *História das plantas* são manifestas.

[32] *Vide* Díaz Regañón 1988: 37-40. Pease 1952: 49 destaca como Plínio, nos seus livros 12-27 dedicados à Botânica, privilegia aplicações médicas, questões agrícolas, de uma perspectiva sobretudo prática; o número de plantas que cita e descreve é superior ao referido por qualquer outro autor da Antiguidade, em resultado não propriamente de uma investigação pessoal, mas sobretudo do inventário das recolhas feitas por autores mais antigos, entre eles Teofrasto.

regiões[33]; grandes áreas como a costa da Ásia Menor[34], a ilha de Lesbos, a Macedónia[35], além da Ática, fizeram parte, como vimos, do próprio roteiro de vida de Teofrasto[36]. Há ainda que considerar o contributo importante da recolha indirecta de informações através de colaboradores seus (o caso de Sátiro, por exemplo, 3. 12. 4), que se deslocavam para, no seu interesse, procederem ao necessário levantamento de espécies exóticas; particularmente relevante foi, sem dúvida, a colaboração prestada pelos técnicos que acompanhavam Alexandre na sua campanha asiática, que vieram alargar, para fronteiras muito distantes, os limites da informação. É a partir de todos estes elementos que Teofrasto elabora a sua reflexão. Além da informação contemporânea, outros contributos provieram da leitura de registos produzidos por autores de épocas passadas que, por diversas razões, se interessaram por questões relacionadas com plantas, desde logo os historiadores e geógrafos, relatores de paisagens estranhas ou desconhecidas; mas já antes deles, Homero e as artes plásticas foram responsáveis, ao longo de séculos, pela menção ou reprodução de um número elevado de espécies vegetais[37].

Ao enumerar as inovações e o valor da atitude científica de Teofrasto, Thanos 2005 (b): 23 sintetiza: 'Teofrasto actua na ciência das plantas de um modo magistral e científico: citando, de forma crítica, o saber acumulado pela Antiguidade Clássica sobre Botânica; processando informação fornecida por informadores competentes, por profissionais ou simplesmente por gente comum; e usando a sua experiência pessoal colhida na sua própria observação e em viagens realizadas'. São estes os pressupostos que conduzem também a nossa reflexão nesta matéria.

A observação directa e a experimentação

A observação directa é um processo que autonomiza o cientista e que parece indissociável, como um primeiro passo, de qualquer processo de investigação. Dispensar esta etapa ou não lhe conceder a atenção suficiente põe em causa os resultados[38] e merece, do verdadeiro teórico, desconfiança

---

[33] Sem dúvida que a observação *in loco*, no habitat próprio de cada espécie, pode produzir resultados mais fidedignos.

[34] Algumas citações avulsas podem testemunhar o conhecimento próximo que Teofrasto tinha com espécies do Ponto, que trata com uma familiaridade semelhante à que aplica à flora grega; cf., e. g., o tratamento aplicado à avelaneira de Heracleia (1. 3. 3).

[35] Algumas menções a espécies da Macedónia e suas características particulares abonam desse conhecimento directo; e. g., 1. 9. 2, sobre o abeto macedónio; 3. 3. 1, onde se enumeram as espécies de montanha que não se dão em planície.

[36] Mas outras regiões gregas lhe são também bem conhecidas, ou por observação directa ou por informações transmitidas por outrem; é o caso, por exemplo, de Rodes (2. 6. 3).

[37] *Vide* Pease 1952: 44-51.

[38] Com frequência o próprio Teofrasto não deixa de assinalar o carácter provisório da informação que regista, a precisar ainda de uma observação mais minuciosa (cf. 1. 9. 7); ou

Introdução

ou reprovação. Pode conter uma vaga censura a observação que Teofrasto faz a propósito de determinados elementos das plantas que, talvez por serem demasiado óbvios, não suscitam a atenção devida dos técnicos; é o caso da seiva, 'aquilo que alguns, como Menestor, chamam, pura e simplesmente, 'suco".

Para os que são teóricos escrupulosos e, portanto, atentos aos pormenores observáveis nas plantas, o grau de proximidade que se pode ter com os fenómenos facilita os resultados desse processo de base; assim, naturalmente, são as plantas de cultivo as que se lhes tornam mais acessíveis: 1. 7. 1, 'É o que se pode verificar com clareza nas plantas de cultivo; desde que tenham água, elas dão-se, por assim dizer, onde quer que seja, desde que haja espaço livre e sem obstáculos'; enquanto sobre as selvagens muitos pormenores escapam ao homem comum: 1. 14. 4, 'Mas todas as plantas chamadas de cultivo e selvagens apresentam esta diferença de um modo vistoso e enfático, caso da figueira, da oliveira e da pereira de cultivo ou selvagem. Em cada um destes pares há diferenças nos frutos, nas folhas e nas outras formas e partes. Entre as selvagens, a maioria não tem nome e poucos são os que as conhecem; das de cultivo, uma boa parte recebeu nome e o conhecimento que delas se tem é mais comum. (...). Como são de utilização comum, isso faz com que se tenha também uma noção geral das diferenças'.

O próprio Teofrasto se manifesta atento aos fenómenos que lhe estão debaixo dos olhos no simples circular pelo espaço afim ao Liceu, a escola fundada por Aristóteles onde também ele exercia a sua actividade: 1.7.1, 'Assim por exemplo, o plátano, no Liceu, junto ao canal, que ainda é novo, projectou as raízes uns trinta e três côvados, por ter ao mesmo tempo espaço e nutrição'.

À observação junta-se a experimentação, um teste que responde às suspeitas suscitadas pela constatação imediata e que serve bem ao interesse de Teofrasto por questões ligadas com o cultivo e a aclimatação. Pela experimentação pode alterar-se o processo natural e obter condições para a verificação de comportamentos insuspeitados; das experiências se pode tirar conclusões claras e gerais (e. g., 2. 4. 1): 'Alterações destas nas árvores, se acontecem, são espontâneas. Mas, nas plantas anuais, são provocadas'; (2. 5. 4): 'Se os elementos a plantar não trouxerem raiz ou a parte de baixo, como acontece com a oliveira, deve-se rachar a madeira no fundo e enfiar-lhe lá uma pedra antes de plantar. O tratamento que se dá à oliveira aplica-se também à figueira e a outras árvores. A figueira também se planta afiando-

---

de confessar dúvidas que resultam da amplitude do campo em análise que pode ir para além daquilo que está acessível ao seu conhecimento; 1. 10. 6, 'Folhas totalmente reduzidas a um pico nas árvores não existem, tanto quanto sabemos'; 3. 3. 8, 'Estes são assuntos a merecer maior atenção' (cf. 3. 5. 6).

-se a extremidade grossa de um ramo e enterrando-a com um maço, até lhe deixar só uma ponta pequena fora da terra; depois despeja-se-lhe, do alto, areia em cima até a cobrir. Há quem afirme que as plantas assim ficam mais pujantes enquanto são jovens'. Acrescente-se a 'caprificação' como um processo disseminado de evitar a queda precoce do fruto das árvores antes do seu pleno amadurecimento (2. 8. 1-3), que funciona, portanto, como uma terapia vegetal. A manipulação do terreno pode também proporcionar melhores condições de cultivo e, com isso, mais pujança nas espécies plantadas; basta compreender a exigência ou preferência de uma planta, para poder criar-lhe, no solo, as melhores condições de desenvolvimento; é o caso das tamareiras (2. 6. 2): 'A tamareira gosta de terrenos salinos. Por isso, se se der o caso de o terreno não ser apropriado, os lavradores misturam-lhe sal'. Em consequência estas tentativas de introduzir alterações, de acordo com o que parece sugerido pelo comportamento das espécies, são uma prática científica, sem dúvida, mas também resultante de uma experiência mais alargada, entre os que são os cultivadores em geral[39]. Teofrasto tem em mente um processo concreto de experimentação quando diz (1. 8. 4): 'Em geral, no sítio do tronco ou do ramo onde se deu um golpe ou um corte, forma-se um nó, como que separando o que antes estava unido e criando um novo ponto de germinação, quer devido à mutilação, ou por qualquer outro motivo. Porque o que ocorre depois de um golpe não se pode atribuir à natureza'. Não hesitam os comentadores contemporâneos (cf. Amouretti 1986: 235), baseados em testemunhos antigos (Diógenes Laércio 5. 52-55), em afirmar o labor pessoal que Teofrasto tinha com o cultivo de plantas, sendo ele talvez o promotor de um primeiro jardim botânico (cf. 1. 7. 1)[40]. Aí, não apenas se testavam características de espécies locais – provocar, em cultivo, as transformações de espécies selvagens -, como se procederia à transplantação de outras vindas do exterior[41]. A este processo de ensaio, que pretende reproduzir em local diferente uma espécie oriunda de outro habitat, se refere Teofrasto em 2. 2. 6 como uma prática comum: 'Assim, houve muito quem não conseguisse fazer germinar, de uma espécie de Pirra, uma que lhe equivalesse'.

---

[39] Teofrasto louva a experiência como uma credencial que permite um conhecimento claro das condições de cultivo, o que certamente implica o reconhecimento da validade dos informadores que dela dispõem; cf. 2. 6. 1: 'e estes são visíveis a quem tem experiência'.

[40] Fraser 1994: 169-170 lembra a existência de uma propriedade em Estagira, que Teofrasto legou em testamento a Calino (Diógenes Laércio 5. 52) e um outro jardim que tinha perto do Liceu, distinto do do próprio Liceu.

[41] Cf. 6. 6. 4, 6. 7. 2, 8. 8. 1. Em contrapartida, outros experimentaram transplantações equivalentes de espécies gregas em outros territórios. Foi o caso de Hárpalo (4. 4. 1), que, no jardim à grega que plantou na Babilónia, não conseguiu fazer prosperar a hera, dadas as características do terreno. Cf. ainda 2. 2. 8.

Introdução

A OPINIÃO COMUM E OS TEÓRICOS CONSULTADOS

Qualquer avaliação ou descrição das plantas começa, naturalmente, pelo simples convívio imediato dos homens com a realidade que os cerca. A distinção entre os resultados obtidos pelo homem comum ou pelo técnico resulta apenas do ponto de conclusão que cada um atinge, o homem comum satisfeito com uma opinião simplesmente empírica, o teórico levando em frente esses primeiros 'resultados', comparando-os e classificando-os, para poder atingir um conhecimento ao mesmo tempo mais global e mais profundo.

Ao emitir opiniões, Teofrasto não deixa de ter presente o entendimento comum, anónimo, muitas vezes útil, outras inaceitável ou condicionado a uma melhor comprovação, mas ainda assim desafiador pelo que exige de reflexão e de contra argumento. Na impossibilidade de ele mesmo fazer a necessária observação das espécies ou das suas condições de vida, está atento a todo um universo de informações que lhe advêm de lavradores[42], apicultores, cultivadores de plantas medicinais, sobre que exerce uma atitude crítica. Várias expressões generalistas dão conta da dimensão do consenso que certas posições reúnem; há as que não merecem comentário, são simples constatações: 'dizem alguns' (1. 6. 1), 'há mesmo quem diga' (1. 6. 2), 'segundo outras opiniões' (1. 6. 8); há também circunstâncias que, pela sua evidência incontestável, dispensam qualquer referência ou impedem discordâncias (1. 12. 1), 'As diferenças de paladar, forma e aspecto são praticamente evidentes a todos, de modo que não necessitam de comentário'. Enquanto outras suscitam opiniões que podem parecer mais ou menos acertadas: 'por isso, quem fala de 'reprodução subterrânea' está correcto' (1. 6. 9); ou 'Por isso, chamar raiz a tudo o que está debaixo da terra é um erro' (1. 6. 9), sendo que a própria razão metodológica do erro pode ser consciencializada (1.6.9), 'Ora nenhuma delas é uma raiz; porque é pela função natural e não pela localização que a distinção se tem de fazer'; e no entanto, 1.6.10, 'Mas talvez essa identificação esteja certa e essas partes sejam de facto raízes. Nesse caso distinguiremos dois modelos de raiz, uma que é desse tipo e outra de tipo diferente'. Em 1. 10. 3, uma correcção equivalente é feita sobre uma opinião tida por comum: 'Pensam alguns que a nutrição chega à face superior através da inferior, porque esta é sempre húmida e com penugem. Mas não têm razão. (...) O certo é que a nutrição é distribuída igualmente por ambas através das fibras e das veias. Que passe de uma para a outra face não é lógico, já que não há passagens nem

---

[42] Amouretti 1986: 199 recorda a tradicional desvalorização da actividade agrícola, por contraste com a que se liga à indústria e ao comércio, mas valoriza mesmo assim a capacidade do lavrador ático de ultrapassar as limitações com que está confrontado. Na verdade os testemunhos documentam uma certa maleabilidade e adequação técnica - dentro dos condicionalismos próprios, naturalmente - que lhe é exigida por factores como a guerra ou as agressões do sistema ecológico, por exemplo.

uma divisória entre elas'; ou, com mais vigor ainda, Teofrasto pode repudiar, 'como simples fantasia', alguma informação que lhe não merece crédito (2. 2. 10). Casos há em que as opiniões se repartem em linhas interpretativas bem definidas, ainda que umas claramente mais correctas do que outras (2. 2. 3): 'A respeito do carvalho há diferentes versões: uns dizem que só nasce de uma semente, outros, ainda que com hesitações, que nasce também da raiz; outros afirmam que até do próprio tronco quando cortado. Mas nenhuma das espécies nasce de uma estaca ou de uma raiz, menos as que produzem rebentos laterais'. Pode acontecer que a informação resulte da experiência de alguém anónimo, que deu conta de uma situação que viveu e que mereceu a atenção dos interessados na mesma matéria; 2. 4. 2, 'Houve uma vez um sujeito que contou que, depois de o arrancar com uma alavanca, tinha transplantado um pinheiro com uma raiz de mais de oito côvados; e mais, que a não arrancou inteira, porque ela se partiu'.

É compreensível que o acesso à informação sobre espécies gregas seja mais fácil, mesmo que cobrindo um mapa relativamente amplo. Em contrapartida, sobre espécies cultivadas noutras paragens a dependência de uma informação indirecta está patente em afirmações, como, por exemplo, em relação a processos comuns no Egipto, 'Ouve-se dizer que, em Elefantina, ...' (1. 3. 5). De resto, quando se trata de informações colhidas por intermediários, cujas credenciais podem não ser seguras, proporcionando resultados não verificáveis, a prudência de Teofrasto é muito visível; os 'diz-se, é voz comum, ao que se ouve dizer' multiplicam-se (e. g., 2. 2. 2, 2. 2. 8, 2. 6. 10, 2. 8. 1); mas a desconfiança que persiste não deixa de ser também patente quando o autor do tratado escreve, perante, por exemplo, informações contraditórias (2. 6. 5): 'Pode bem ser que as duas versões sejam verdadeiras...'; ou (2. 6. 10), 'Esta é matéria a considerar atentamente'. Quanto maior a distância que se interpõe, mais as reservas se justificam; muito cuidadosa é, por exemplo, a referência que Teofrasto faz à produção de plantas aromáticas na Arábia (9. 5. 1-3), em que enuncia informações com muita probabilidade provenientes de mercadores desses mesmos produtos na Grécia.

Antes de considerarmos os nomes referidos em particular como correspondendo a teóricos ou estudiosos do assunto, há que ter em consideração os elementos que Teofrasto pôde esclarecer junto daqueles que, como profissionais de actividades ligadas ao mundo da Botânica, podem ser informadores particularmente experientes. Este é, antes de mais, o caso dos lavradores[43],

---

[43] Pode imaginar-se que certo tipo de informações ou de práticas não tenham outra origem que não seja a da experiência da vida do campo; e. g., 2. 4. 2, 'Por exemplo, para que os legumes secos não se tornem insusceptíveis de cozedura, aconselha-se a que se mergulhem em bicarbonato de sódio durante uma noite e se semeiem em solo seco no dia seguinte. Para tornar fortes as lentilhas plantam-se em estrume de vaca. O grão-de-bico, para ser grande, é preciso demolhá-lo

que, por experiência própria ou herdada de práticas ancestrais, na forma como actuam são fonte de inesgotável informação. Mesmo que na inconsciência de motivos teóricos, há medidas que se tomam com vista ao aperfeiçoamento da qualidade ou da abundância de produção de determinadas espécies; 1.6.10, 'de qualquer forma, às <raízes> do árum há quem lhes dê a volta antes de a planta rebentar e elas crescem, quando impedidas de produzir rebentos'; 1. 7. 3, 'Menos estranho é o caso do tremoço; se o grão for semeado numa camada espessa de detritos, a planta faz descer a raiz até à terra e tem força suficiente para germinar'; 1. 9. 1, 'A prova está em que as mesmas árvores, se crescerem apertadas, são altas e delgadas; se tiverem mais espaço, são mais grossas e mais baixas. Se, desde o início, se lhe deixar os ramos, a árvore fica baixa; se se podar, cresce em altura, a videira por exemplo'.

Mesmo se não puderem intervir sobre uma planta de modo a obter melhor qualidade na sua produção, os lavradores são pelo menos clarividentes sobre o que esperar da sua evolução (1. 14. 2): 'Também a oliveira produz deste modo e diz-se que, quando produz no topo, é sinal de boa colheita'.

Por fim, a referência a diversos nomes de estudiosos das plantas revela o interesse que este ramo do saber ia granjeando - pelo menos desde o séc. V a. C. -, a transversalidade das informações e sua divulgação[44]. Sob esse ponto de vista, Teofrasto é um testemunho importante. *Trabalhos e Dias* de Hesíodo (3. 7. 6, 7. 13. 3, 8. 1. 2) merecem-lhe uma referência destacada; recuando a épocas mais remotas, as informações do poeta beócio são respeitadas, como as de alguém predisposto a dar da agricultura um ensinamento. Amouretti 1986: 228 fala também de uma corrente específica de naturalistas, aqueles cujas opiniões classifica, 'de uma maneira artificial, como puramente filosóficas';

---

e seemeá-lo com a casca. Há também mudanças de acordo com a estação em que se semeia, de modo a tornar estes legumes mais leves e inofensivos. Assim, se se semear o órobo na primavera, ele torna-se inofensivo e não indigesto, como o semeado no outono'; 2. 2. 11, 'em cultivo, a romãzeira e a amendoeira podem alterar-se: a romãzeira, se levar estrume de porco e for bem regada com água corrente, a amendoeira se se lhe cravar um espigão, de modo a retirar-se-lhe, durante um tempo longo, a resina'; 7. 5. 1: 'O estrume mais recomendado é o da cama do gado, enquanto o das bestas de carga não presta por ser muito sujeito a perder a humidade. Recomenda-se sobretudo estrume misturado com a semente. Há, por outro lado, quem, ao semear, ponha o estrume por cima, ou então dejectos humanos como uma componente líquida'; 7. 5. 2: 'Diz-se que, com frequência, os legumes têm fome, e que os agricultores experimentados reconhecem quando isso acontece'. Sobre a importância de elementos específicos como o estrume, cf. 2. 6. 3.

[44] Amouretti 1986: 229 chama a atenção para o volume de citações feitas por autores latinos, como Varrão, Columela e Plínio, a autores gregos em que se teriam inspirado, na ordem da centena e meia. Este testemunho torna clara a dimensão do contexto de que surge, com Teofrasto, a nova ciência. Por seu lado Thanos 1994: 5 sublinha a circunstância de que nunca neste tratado é feita qualquer remissão explícita para Aristóteles (e outro tanto se passa nos tratados aristotélicos *História dos animais* e *Partes dos animais* em relação a Teofrasto). Finalmente Fraser 1994: 171 valoriza a tendência de Teofrasto para citar mais os pré-socráticos, embora considere como escassas as referências.

estão neste número os teóricos citados em 3. 1. 4 – Anaxágoras, Diógenes de Apolónia e Clidemo –, focados sobretudo no estudo geral da *physis*. Outros nomes, porém, parecem contribuir para a reflexão sobre questões mais práticas, como o de Andrócion (2. 7. 2-3) no que se refere à cultura das árvores. A Magna Grécia, pelos seus naturais contactos políticos e culturais com a Hélade, está incluída no circuito de investigação útil e respeitável. É o caso de Menestor (1. 2. 3, 5. 3. 4, 5. 9. 6)[45], um contemporâneo de Empédocles, cujas opiniões Teofrasto em geral aprova ou pelo menos considera. Respeitado é também o nome de Hípon de Samos (1. 3. 5, 3. 2. 2), responsável por uma afirmação de carácter geral que, pela sua propriedade, se torna uma referência: 'qualquer planta pode ser selvagem ou doméstica, conforme se lhe presta ou não cuidados'. Talvez uma afirmação como esta possa dar uma ideia do grau de progresso, ainda generalista, que a Botânica conhecia antes do seu desenvolvimento no Liceu[46].

REGIÕES ABRANGIDAS NO ESTUDO DAS ESPÉCIES

Uma noção forte e múltiplas vezes repetida por Teofrasto é a da dependência que as plantas têm de certos factores ambientais, que condicionam a sua pujança e qualidade. Juntamente com a nutrição, o clima e as condições naturais do solo permitem verificar o quanto as mesmas espécies se alteram de lugar para lugar e de como é vantajosa a compatibilidade entre todos esses factores e a flora específica de cada região. Diz Teofrasto: 1.9.1, 'No entanto, o cultivo, o habitat e a nutrição podem ter enorme influência nestas características' (cf. 1. 4. 2, 2. 2. 8, 2. 5. 7); ou ainda, 1. 9. 2, 'Todas as plantas se desenvolvem bem nos sítios que lhes são apropriados; é onde a mesma espécie tem maior pujança'. Em função dessas condições essenciais as características das plantas podem ganhar variações regulares ou gerais – 1. 8. 1, 'De um modo geral, as árvores de zonas montanhosas têm mais nós do que as das planícies, e as de terrenos secos mais do que as dos pântanos' –, ou então especiais e surpreendentes; um exemplo egípcio pode ser invocado: 1. 3. 5, 'Ser ou não ser frutífera ou ter ou não ter flores depende do habitat e do clima. (...) Ouve-se dizer que, em Elefantina, as

---

[45] Cf. *Causas das plantas* 1. 21. 5-6, que regista, como teoria de Menestor, que as plantas quentes se dão melhor em climas frios e vice-versa.

[46] Amouretti 1986: 231 refere ainda, como influentes em Teofrasto, os nomes de dois contemporâneos – Fânias de Éreso e Andróstenes, apesar de não expressamente citados pelo nosso autor. E, de um ponto de vista geral, constata as tendências marcantes nas fontes consultadas: a dos *rhizotomes*, coleccionadores e conhecedores de raízes usadas com fins médicos ou mágicos; e os autores de textos de agronomia, ocupados com questões ligadas com a produção agrícola (sementeiras, doenças das árvores, estrumes). No caso dos *rhizotomes*, a verdade é que, mesmo se crítico sobre a fidedignidade de algumas informações (9. 8. 5), Teofrasto as reproduz talvez pela vulgaridade com que eram repetidas. Quando se trata de espécies aquáticas os testemunhos são os de náufragos e mergulhadores (4. 6. 9).

videiras e as figueiras não perdem as folhas'. Esta é uma constatação particularmente expressiva por dizer respeito a duas espécies absolutamente comuns na flora grega, com um comportamento contrastante sob outras condições. A noção de que algumas regiões são privilegiadas e permitem uma qualidade ou mesmo reabilitação de algumas espécies dá ao Egipto, entre outras, um estatuto de excepção: e. g., 1. 9. 5: 'Mais abaixo, no Delta, é muito curto o período de tempo em que as plantas não rebentam'; 2. 2. 7, 'Tal alteração, ao que se ouve dizer, ocorre apenas com a romãzeira, no Egipto e na Cilícia; no Egipto, uma árvore de fruto ácido, nascida de semente ou de rebentos, produz um outro doce ou com sabor a vinho; e na zona de Solo, na Cilícia, perto do rio Pínaro (onde ocorreu a batalha contra Dario), todas as romãs são sem grainha'. Por outro lado, a comparação das características de variadas regiões pode comprovar as preferências persistentes de uma determinada espécie vegetal; é o caso da adequação das tamareiras a terrenos com sal, atestada por exemplos de locais dentro de um mapa alargado (2. 6. 2): 'É o caso, ao que se diz, da Babilónia, de onde as tamareiras provêm, da Líbia, do Egipto e da Fenícia. Na Celessíria, onde tamareiras não faltam, só em três lugares salgados há tâmaras capazes de se armazenar'.

Consciente dessa afinidade entre o ecossistema e as espécies[47], Teofrasto foca a sua investigação num amplo espaço geográfico, que inclui a Grécia e a Ásia Menor, o Egipto, a Península Arábica e mesmo paragens mais remotas que vão para além das que bordejam a bacia do Mediterrâneo, como a Índia e a Ásia Central; além da Itália, da Sicília e da zona adriática. O Livro IV é dedicado exactamente à menção de espécies próprias dessas paisagens mais a oriente, relacionadas com tipos equivalentes na flora grega, com que, além de semelhanças várias, partilham o nome.

Parece fora de causa que as diversas regiões do mundo grego serão as primeiras a fornecer múltiplas informações, construindo uma realidade de acesso fácil, quer por visita do próprio investigador[48], quer por informação colhida junto das populações locais; assim, de uma localidade bem definida na região de Eubeia, se pode repetir (1.7.3): 'é o caso das plantas que emitem uma raiz a partir das folhas, como se diz que acontece com uma ervazinha

---

[47] Hughes 1988: 67, embora reconhecendo que a ecologia, como ciência, surgiu apenas em finais do séc. XIX, afirma, no entanto, que Teofrasto, na sequência do pensamento de Aristóteles, considerava a relevância da relação entre os organismos vivos e o meio ambiente, antecipando assim o objecto central da futura ciência; cf., e. g., 4. 1. 1, 8. 1. 6. De resto, a designação de 'ecologia' havia de resultar do adjectivo *oikeîos*, de *oikía* 'casa, habitat', usado por Teofrasto para aludir à compatibilidade entre um ser e o ambiente em que se encontra. Desse meio ambiente, Teofrasto privilegia como factores relevantes o solo, a humidade, a temperatura, os ventos e a maior ou menor altitude.

[48] Thanos 2005 (b) 23 dá por certo o conhecimento directo que Teofrasto teria de Lesbos, da Tróade, da Macedónia e da Ática e por admissível o que teria da Arcádia e do Egipto.

da região de Opunte'. O percurso de um mapa mais amplo pode produzir observações comparativas, constatando o mesmo compromisso entre cada região e as características da sua flora embora se trate de uma só espécie (1. 9. 2): 'é o caso do abeto macedónio, em relação ao do Parnaso e de outros lugares'; por outro lado, a constância de uma produção num determinado lugar merece também registo (2. 2. 7): 'Há certas regiões, em Filipos por exemplo, em que o solo parece produzir espécies constantes'.

É reconhecido por vários autores, quando se trata de fertilidade dos terrenos e da sua capacidade cerealífera, que as regiões da Grécia a demarcar são a Tessália, a Beócia e boa parte do Peloponeso (exceptuada a Arcádia)[49]. Quando se trata de árvores, entre as montanhas de referência da Grécia destaca-se o Olimpo[50] (1. 9. 3), detentor de uma enorme abundância e variedade de espécies. As ilhas, por seu lado, são menos referidas pela sua menor produtividade em termos vegetais; há, mesmo assim, algumas excepções, caso de Cálcia (8. 2. 9), ou de Eubeia (8. 4. 4), e muito particularmente de Creta (e. g., 2. 2. 2, 2. 2. 10, 3. 1. 6, 3. 2. 6, 3. 3. 4, 4. 1. 3), que podem circunscrever-se a lugares determinados e nem mesmo à ilha no seu todo; Lesbos, onde Teofrasto permaneceu e de que tinha um conhecimento decerto profundo, conta-se nesse número (2. 2. 6).

Há coincidências entre diferentes regiões que parecem difíceis de explicar; talvez o mito, ou, se quisermos, a tradição de um determinado acontecimento extraordinário constitua um *aítion* que o justifique. O exemplo apresentado em 1. 9. 5 envolve Creta, uma ilha que Teofrasto descreve fortemente arborizada: 'Em Creta, ao que se diz, em Gortina, há um plátano, junto a uma fonte, que não perde as folhas (conta a lenda que foi sob esta árvore que Zeus se uniu a Europa), enquanto todas as plantas da vizinhança as perdem. Em Síbaris há um carvalho, que se vê perfeitamente da cidade, que não perde as folhas. Dizem que não rebenta ao mesmo tempo que os outros, mas após o início do verão. Diz-se que também em Chipre há um plátano com as mesmas características[51]'; assim, entre diferentes lugares, do mundo grego e

---

[49] Tucídides 1. 2, Teofrasto, *História das plantas* 4. 14. 13, 7. 4. 2, 8. 4. 5.

[50] O Olimpo da Tessália era dividido em dois níveis: o dos cumes, considerado a morada dos deuses, e a parte mais baixa, que era habitada por populações locais.

[51] Parece sugestiva a forma como Teofrasto se refere a estas informações. No caso de Creta e Chipre, expressões como 'ao que se diz, dizem que', parecem transferir para fontes indirectas a descrição. No entanto, a propósito de 3. 3. 4, em que Teofrasto se refere de novo a uma realidade florestal de Creta, Amigües 1988: XIII deduz dos pormenores aí incluídos o testemunho de 'um viajante consciente das exigências da pesquisa científica', admitindo, no entanto, que se possa tratar do próprio Teofrasto ou de um colaborador igualmente treinado e capaz de fornecer dados precisos (caso de Sátiro; cf. 3. 12. 4). Neste passo parece claro que, além da recolha de informação *in loco*, o botânico pode recolher amostras para posterior estudo na escola. Enquanto no caso de Síbaris, o pormenor preciso de 'que se vê perfeitamente da cidade' talvez aponte para um testemunho pessoal.

suas antigas colónias, existe uma realidade em comum que parece ter, pelo menos num caso, explicação numa velha lenda, o encontro divino que tornou sagrado e, por isso, perene, o plátano de Gortina.

A consciência desta relação implica que o estudo das plantas seja por natureza abrangente, sendo o território mais acessível da Grécia insuficiente para um conhecimento minimamente aceitável da flora no seu conjunto. É certo que, ou através de deslocações aos diferentes lugares, ou de informações colhidas indirectamente, o âmbito de investigação de Teofrasto se alargou muito para além das fronteiras da Grécia. Menções frequentes dentro do próprio texto deixam perceber o roteiro desse levantamento científico e o maior ou menor conhecimento de que o autor do tratado dispunha de cada um.

O Egipto parece um dos territórios privilegiados pela especificidade e raridade das suas espécies, ou por comportamentos particulares que as condições de clima e solo favorecem. Muitas são as referências que lhe vão sendo dedicadas, como um território de características peculiares e de grande exuberância no que respeita à produção vegetal. O sicómoro egípcio, por exemplo, apresenta uma característica que se percebe rara, a de ter os frutos no tronco (1. 1. 7, 1. 14. 2). A própria designação[52] desta espécie concreta – sicómoro egípcio - a vincula com uma determinada região. Por outro lado, a especificidade regional pode até traduzir-se por um termo próprio, que não se satisfaz apenas com um adjectivo remissivo para a região, mas com um termo local, que o grego sente como estranho: em 1.1.7, é referida uma espécie egípcia como 'aquela a que, no Egipto, chamam *vingon*', de que 1. 6. 11 elogia o valor alimentar e as condições locais que justificam a diferença: 'Tem uma excelente qualidade e é comestível; apanham-na quando o rio desce, revolvendo a terra'. A excepcionalidade da reacção de certas espécies no Egipto merece reparo, podendo mesmo identificar-se locais particulares no mapa desta região que assinalam afinidades; assim (1. 9. 5), 'Há as <folhas> que, não sendo persistentes por natureza, passam a sê-lo em função do habitat, como se disse a propósito das de Elefantina e de Mênfis'[53].

No espaço marítimo que separa o Egipto da Ásia, o mar Vermelho, Teofrasto reconhece afinidades com a flora aquática grega, ainda que com a vantagem do tamanho (1. 4. 2): 'há as que se dão nos pântanos, nos lagos, nos rios ou até no mar, umas que no nosso mar são mais pequenas, mas maiores no mar Vermelho'. Mas à medida que se vai avançando para o interior da Ásia, as informações parecem cada vez mais distantes e dependentes de tes-

---

[52] Outro tanto se passa com a tamareira egípcia (1. 10. 5, 2. 6. 10), a figueira do Egipto (1. 11. 2) e os chamados 'figos do Egipto' (1. 11. 2, 1. 14. 2), o sicómoro egípcio (1. 14. 2), a romãzeira e as suas características especiais (2. 2. 7).

[53] *Vide* 1. 3. 5.

temunhos intermédios[54]. Mesmo quando se trata de espécies bem comuns na Grécia, é curioso registar a informação de que, noutras condições climáticas e de terreno, elas possam prosperar de um modo superior (1.11. 4): 'Sendo assim, o mesmo se pode dizer do cacho de uvas, de outras de tipo cacho, ou de todas aquelas que, por boa nutrição ou pela excelência do habitat, produzem frutos compactos, como se diz que acontece com a oliveira na Síria e noutras regiões'. Há também processos de cultivo que diferem conforme as regiões, para a reprodução de certas espécies (2. 2. 2), 'E também a tamareira, excepto a da Babilónia, que nasce de estacas, que – diz-se – se cortam em pedaços'[55]. E, naturalmente, há a conivência natural entre certas regiões e produções específicas, como alguns afortunados viajantes terão podido confirmar *in loco* (2. 6. 5): 'Afirma-se ainda que, segundo os Sírios, este vale se estende, através da Arábia, até ao mar Vermelho, e muitos declaram lá ter ido. É na zona mais profunda do vale que as tamareiras se dão'.

Muitas das plantas exóticas, de África e da Ásia, que Teofrasto descreve no livro IV, chegaram ao seu conhecimento precisamente através dos técnicos de Alexandre[56]. De resto, a ordem pela qual Teofrasto vai catalogando certas espécies, em relação com a paisagem geográfica a que correspondem, segue a trajectória da própria expedição[57]. Às espécies típicas do Egipto (4. 3. 1-12) corresponde uma fase na trajectória do Macedónio, que submeteu o país dos

---

[54] Fraser 1994: 173 salienta as limitações dos testemunhos dos homens de Alexandre. Confrontados, pela primeira vez, com determinadas espécies, não tinham designações para se lhes referir. Daí que Teofrasto privilegie a comparação com espécies semelhantes existentes na Grécia (cf., e. g., 4. 4. 5).

[55] De resto, dentro da própria Grécia diferentes métodos de cultivo são também conhecidos: 2. 2. 2, 'O cipreste, na maior parte das regiões, nasce de uma semente, mas em Creta também do tronco, como, por exemplo, nas montanhas de Tarra'; 2. 6. 3, 'Mas que se deve regar com abundância quando se estruma, como se faz em Rodes'. Cf. ainda 2. 7. 5, 2. 7. 7

[56] É muito discutida a possibilidade de uma deslocação de Teofrasto ao Egipto e à Cirenaica, ou se as informações de que dispõe são indirectas; cf. Amigües 1988: XIII, Fraser 1994: 169. Na verdade, Amigües 2010: 127 lembra que, antes de Teofrasto, as informações de que os Gregos dispunham sobre o Egipto lhes vieram sobretudo através do relato de Heródoto, no seu Livro II. Além disso, a campanha asiática de Alexandre veio alterar por completo o conhecimento relativo ao oriente. Sobrinho de Aristóteles, Calístenes foi integrado na comitiva de Alexandre com a missão de recolher elementos e informações sobre os territórios percorridos e de os transmitir ao Liceu. Não há grandes dúvidas de que o Liceu lhe ficou a dever informações sobre a Líbia, o Egipto e a Etiópia, em África, e sobre a Arábia, a Síria, Babilónia e a Pérsia, na Ásia. Em *História das plantas* são sobretudo os livros IV e V os que mais beneficiam destas informações para a flora asiática. Com a morte de Calístenes cerca de 327 a. C., a prossecução dessa tarefa terá sido entregue a outra pessoa. Sobre outros nomes qualificados para a assumirem, *vide* Amigües 1988: XXIV-XXX.

[57] Teofrasto não deixa de fazer alusões directas ao próprio Alexandre e até à forma como o rei reagia, em situações concretas, a esse universo florestal desconhecido; assim, por exemplo (4. 4. 5): 'Há outra planta ainda com um fruto comprido, que não é direito mas retorcido e doce ao paladar. Este fruto provoca dores de barriga e disenteria; por isso Alexandre proibiu que o consumissem'.

faraós à sua autoridade, fundou a famosa Alexandria e visitou o oráculo de Ámon (cf. Plutarco, *Vida de Alexandre* 26. 4 – 27. 11), no deserto líbio. De regresso à Ásia, Alexandre seguiu uma rota sírio-palestina, encaminhando-se a seguir para a Ásia superior, até Babilónia e Susa, cidades de referência no mundo persa (cf. Plutarco, *Vida de Alexandre* 35-36). Daí avançou por terreno iraniano (Plutarco, *Vida de Alexandre* 45) até ao limite da sua expedição, a Índia (Plutarco, *Vida de Alexandre* 57. 1, 58-65), que percorreu até ao delta do rio Indo. No regresso, Alexandre dividiu as suas forças entre os contingentes de terra e uma expedição marítima, certamente responsável pela recolha de informações sobre a flora aquática da costa indiana (Plutarco, *Vida de Alexandre* 66. 3-4). Este é, nas suas linhas gerais, o percurso científico que Teofrasto nos propõe também no seu Livro IV. Provas de que as informações coligidas, nestas paisagens remotas, lhe são fornecidas por via indirecta e reproduzem um contexto florestal desconhecido estão patentes em algumas estratégias descritivas adoptadas por Teofrasto. Estes são capítulos onde prudentes 'diz-se que', 'há quem diga', 'dizem também' (4. 2. 12, 4. 3. 4, 4. 3. 7, 4. 4. 1) remetem responsabilidades para as fontes utilizadas. Mas particularmente interessante é o anonimato próprio de muitas destas espécies desconhecidas (e. g., 4. 4. 5). Sem nome, a forma mais fácil de as trazer ao convívio dos destinatários do tratado é a comparação com espécies gregas, nos seus diversos elementos; várias referências podem abonar essa dificuldade; assim, por exemplo, a propósito do sicómoro egípcio (4. 2. 2): 'O sicómoro é bastante semelhante à árvore a que cá se dá o mesmo nome'; 4. 2. 3, 'Parece ser de natureza idêntica a esta árvore a que, em Creta, se chama 'figueira de Chipre'; ou ainda 4. 2. 4, 'próxima desta é também a árvore a que os Iónios chamam alfarrobeira'; 4. 2. 5, 'No Egipto há uma outra árvore chamada *pérsea*, que, à vista, é grande e bonita e muito semelhante à pereira'.

Do lado ocidental, a Magna Grécia é também um território bem conhecido nas suas características específicas quanto à flora. Inúmeras referências lhe são feitas, mesmo quando se trata de espécies raras e locais, do tipo do carvalho de Síbaris (1. 9. 5), ou da *coloutia* das ilhas Lipari (1. 11. 2).

Mesmo que se trate de espécies de origem remota, sem dúvida que algumas delas, depois de importadas, passaram a fazer parte da flora grega; assim o conhecimento que Teofrasto tem das características naturais e da funcionalidade da raiz da figueira da Índia (1.7.3) certamente adviria da aclimatação desta espécie na Grécia.

Teoria e prática: utilizações múltiplas das plantas

Um dos aspectos que caracteriza o estudo científico, extensivo ao das plantas, é a ponderação do lado utilitário dos seres abrangidos. As suas propriedades e aplicações no quotidiano, ou em actividades e indústrias específicas, estão presentes na preocupação dos teóricos. Para elas são feitas remissões frequentes. Assim, a *História das plantas* associa o que podemos chamar a Botânica propriamente dita, no seu sentido científico puro, à Botânica aplicada, que justamente explora as potencialidades úteis das plantas. O tratado não fazia mais, nesta sua vertente prática, do que recuperar o eco de uma realidade, onde a existência das plantas e as suas diversas aplicações tinham sido conhecidas desde os tempos mais remotos.

Antes de qualquer outra, a agricultura é uma actividade da maior importância e muito particularmente nas épocas arcaica e clássica da Grécia, em que esta continuava a ser, sem dúvida, a ocupação principal de boa parte da população e uma condição da própria sobrevivência colectiva. Apesar de serem poucos os recursos 'técnicos' – que passariam sobretudo pela compatibilidade entre as espécies e o meio ambiente, pela preparação dos terrenos e pelo acompanhamento do calendário agrícola, procurando o controlo das circunstâncias climáticas -, a experiência adquirida por herança tradicional e pela própria observação é um factor que procurou assegurar boas produções em quantidade e qualidade. Se se juntar a estas a consideração de que as alfaias agrícolas não sofreram renovações profundas, teremos de concluir que é sobretudo a força do trabalho e a sua organização o que determina a rentabilidade final. Sem pretender ser um tratado de agricultura, a *História das plantas* não perde, mesmo assim, de vista questões ligadas com o trabalho da terra e a sua produtividade, tornando-se um testemunho importante de práticas adoptadas com vista a uma maior rentabilidade produtiva. Os capítulos 5-7 do Livro II, por exemplo, são exactamente dedicados a questões técnicas e com práticas bem testadas ligadas com as fainas agrícolas, com vista a uma maior rentabilidade; 2. 8. 1-4 atesta o conhecimento que Teofrasto tinha da caprificação como prevenção contra a queda precoce do fruto; na abertura do Livro VII (1. 1), o autor do tratado distingue as três estações das sementeiras, considerando a rentabilidade de plantas de cultivo de acordo com cada uma delas.

Embora atento ao estudo 'científico' das plantas como sua prioridade, Teofrasto não deixa portanto de considerar, como relevante, o factor utilidade; pode mesmo afirmar (3. 9. 1): 'É necessário ter em consideração este tipo de diferenças entre árvores da mesma espécie, porque é pelo uso que se lhes dá que se distinguem'. Pode haver utilizações imediatas, que consistem na simples rentabilidade da versão natural de uma planta, sem que haja necessidade de intervir nela com qualquer processo mecânico. É o caso da malva (1.3.3), planta de crescimento rápido, 'podendo atingir o tamanho e a espessura de um dardo; é por isso que é usada como bengala'; ou da chamedris 'muito eficaz para proteger a roupa da traça' (1. 10. 4). É também claro que uma progressiva sofisticação pode levar a substituir a utilização primária de um material por um objecto trabalhado e sujeito a uma maior qualidade; é o caso das bengalas, que deixaram de ser apenas um ramo de grossura e robustez adequadas, para se passar a preferir outros materiais, que mesmo se menos resistentes, tinham vantagem para utilizadores debilitados; surgiram então aquelas 'que alguns fazem também de loureiro; este produz bengalas leves para pessoas de idade' (5. 7. 7; cf. 3. 13. 4, 3. 14. 4, 3. 17. 2). Acrescentemos o papel importante que algumas fibras vegetais tiveram em diversas utilizações do quotidiano, acrescidas do poder colorante de alguns elementos que contribuíram para o valor estético dos produtos.

Mas se se trata de madeiras – e a paisagem grega continha grandes manchas florestais – as aplicações são múltiplas; Teofrasto dedica a este assunto o seu Livro V[58]. De resto, Baumann 1982: 34 lembra que, a par de *xylon*, madeira em grego se podia dizer também *hyle*, num sentido amplo de 'matéria', dadas as múltiplas aplicações que lhe eram reconhecidas: como combustível (3. 8. 5, 3. 8. 7), elemento de base na indústria do carvão, na construção naval (3. 10. 1, 4. 1. 2, 4. 1. 4, 4. 2. 6, 4. 2. 8, 5. 1. 7), nas estruturas das casas (3. 8. 5, 3. 14. 1, 4. 1. 2, 4. 2. 8), de carros e seus acessórios (3. 8. 7, 3. 16. 3), no mobiliário (4. 2. 5, 4. 2. 7), no fabrico de armas (3. 12. 1), de instrumentos musicais (4. 3. 4, 4. 11. 1-7)[59], ou ainda nos curtumes (3. 8. 6), na tinturaria (3. 8. 6, 3. 3. 14. 3, 4. 6. 5, 4. 6. 7) e na perfumaria (4. 2. 6). Sem que, no entanto, outras houvesse sem qualquer utilidade ou com uma contribuição muito limitada. O volume e a importância das aplicações da madeira fazem adivinhar o consequente desbaste das áreas florestais.

A utilização de madeiras na indústria do carvão, que está na base de outras indústrias sucedâneas, como a dos metais, das ferragens, da cerâmica, foi de uma enorme importância para a passagem de uma sociedade agrícola a outra industrializada (5. 9. 1-7). Também neste caso tem de haver uma selecção criteriosa das madeiras a usar, preferidas pelos diferentes artesãos. Factores como a composição química da própria madeira, o grau de humidade que possui, a idade, o local de onde provém são decisivos para obter uma boa chama, bem como expedientes técnicos para controlar a intensidade do fogo. Além da indústria, está igualmente em causa a utilização privada, nas fogueiras domésticas.

A construção naval correspondeu a uma actividade de grande importância num país de costa como a Grécia, no transporte de pessoas e mercadorias,

---

[58] A proposta para este Livro é enunciada por Teofrasto nos seguintes termos (5. 1. 1): 'Da mesma forma, temos de procurar abordar a questão das espécies florestais: quais as características da madeira de cada árvore, quando é o tempo certo para as cortar, quais as respectivas utilidades, qual é difícil ou fácil de trabalhar, e todas as outras questões relacionadas com este tipo de investigação'.

[59] Nesta última série de passos, Teofrasto faz uma descrição minuciosa das canas utilizáveis na construção dos *auloi* e de todas as etapas no tratamento desse material para obter instrumentos da melhor qualidade possível e satisfazer as próprias exigências de uma evolução musical mais sofisticada.

na pesca e também na guerra. Não admira portanto que Teofrasto lhe dedicasse uma longa reflexão (5. 7. 1-3), de que faz parte, em primeiro lugar, a menção das espécies mais apropriadas - o abeto, o pinheiro e o cedro -, e depois a sua utilização específica, consoante o tipo de embarcação de que se trata (cf. 5. 4. 3, 5. 7. 1). À competência na escolha acresce a maior ou menor disponibilidade dos melhores materiais, ou, em caso de inacessibilidade, as melhores alternativas (e. g., 5. 7. 1). Importa também, além da estrutura geral, reconhecer a preferência de certas espécies para componentes determinadas da embarcação, caso do carvalho quando se trata da quilha, 'para resistir ao reboque para terra', ou das peças feitas ao torno, 'que requerem uma madeira maleável e robusta'. Porque as propriedades de cada componente têm de ser tidas em consideração: robustez, flexibilidade, peso ou leveza, resistência ao apodrecimento. De onde resulta que a estrutura geral se não produz de um único material, o que coloca outro problema técnico, o da compatibilidade dos diversos materiais usados, pela consciência de que 'tudo aquilo que vai entrar na construção de uma peça única deve ser idêntico e não o oposto, como pedra e madeira, por exemplo' (5. 7. 2).

A construção civil, menos exigente, permitiu o uso de uma maior variedade de espécies (5. 7. 4-7); podem portanto admitir-se como igualmente úteis o 'abeto, pinheiro, cedro, e ainda cipreste, carvalho e *arceuthos*; ou seja, pode dizer-se que todas as madeiras, a menos que sejam muito fracas, se podem usar'. Neste caso, também o tipo de artefactos a produzir é muito diverso e de exigência variada, desde os alicerces das construções, a portas, às peças de mobiliário, até aos simples objectos do quotidiano doméstico[60], às alfaias agrícolas, aos apetrechos para a tecelagem, ou a veículos de transporte. Teofrasto tem consciência de que os materiais usados na confecção de diversos produtos dependem também da abundância, numa determinada região, de uma certa espécie; assim na Babilónia, onde as tamareiras abundam, 'há as que produzem fruto e as estéreis. É destas últimas que os Babilónios fabricam camas e outro mobiliário' (2. 6. 6).

Acrescentemos outro tipo de necessidades como as relativas ao material de escrita (3. 9. 7) e aos instrumentos musicais. Questões como, por exemplo, a antiguidade da madeira podem ser determinantes para a carpintaria, como a resistência que cada madeira apresenta ao apodrecimento; além disso, também naturalmente o preço pode aconselhar determinadas preferências.

Nestes casos, o uso da madeira correspondeu ao aperfeiçoamento de uma técnica que, após a escolha criteriosa dos materiais, permitisse desenvolver e melhorar a qualidade dos artefactos. Quanto ao fabrico de armas, ele prova a melhoria que a experiência ditou; Teofrasto observa, por exemplo (3. 12.

---

[60] Cf. 2. 6. 10, 'estas últimas são largas e flexíveis e por isso com elas se faz cestos e esteiras'.

1): 'A madeira do corniso macho não tem coração, é parecida com um corno em densidade e dureza; a do corniso fêmea tem mais miolo, é mais frágil e tem buracos. Por isso não serve para fazer dardos'.

Com frequência é referida a utilização decorativa ou ritual das plantas (3. 8. 5) de diversas espécies, desde árvores a flores, 'para fazer coroas'. A preferência, neste caso, vai para os exemplares aromáticos ou esteticamente atraentes (1. 12. 4, 4. 4. 8), quer se trate de flores, folhas ou ramos, as roseiras, por exemplo (1. 13. 3); quanto às árvores, a oliveira parece particularmente associada a locais de culto; Amouretti 1986: 43-44 não deixa de assinalar que as duas oliveiras sagradas mais famosas na antiguidade clássica eram a de cultivo, dedicada a Atena sobre a Acrópole ateniense, e a selvagem, dedicada a Zeus em Olímpia. Do uso ritual, as coroas passaram a ser usadas nos sacrifícios para coroar a vítima animal, ou até os próprios celebrantes e fiéis. Além de festivas, as coroas serviam como homenagem fúnebre.

Próxima da aplicação ritual, é significativa a interpretação que os adivinhos podem retirar de certas anormalidades ou particularidades das plantas, atribuindo-lhes um valor fantástico; esse tipo de 'utilização' interpretativa está aludido em 2. 3. 1: 'Por fim, diz-se também que a mudança que se opera neste tipo de plantas é espontânea, e que ora afecta os frutos, ora as próprias árvores no seu conjunto; os adivinhos tomam-na como um prodígio. Assim por exemplo, quando de uma romãzeira de fruto ácido nasce um fruto doce, ou vice versa; ou quando são, por sua vez, as próprias árvores que sofrem mudanças, de tal modo que de uma ácida surge uma doce e vice versa; a mudança para uma doce é tida como pior presságio'. Desse ponto de vista interpretativo, a atitude de um adivinho - que tende a explicar como 'prodígio' o que lhe pareça fugir do padrão normal – e do cientista – que procura para as diferenças causas naturais – é oposta (2. 3. 3, 'Mas talvez todas estas ocorrências de prodigioso tenham pouco de estranho, por resultarem de causas evidentes; estranho sim é que os frutos se produzam em sítios inapropriados ou sejam eles mesmos inapropriados')[61].

A noção do poder curativo de certas plantas vem de tempos imemoriais, em resultado ou do acaso ou de algum particular instinto para explorar este dom da natureza; mesmo sem o conhecimento da sua composição ou dos seus elementos activos, os seus efeitos eram, no entanto, conhecidos. De há cerca de um século, em relação ao desenvolvimento no Liceu do estudo

---

[61] Ainda que mostre, em relação a crenças e superstições, uma atitude crítica, Teofrasto não deixa de registar alguns exemplos; e. g., 3. 10. 3: a propósito da carpa, 'diz-se que dá azar levá-la para casa, porque causa dificuldades aos moribundos e parturientes'; 4. 16. 3, 'Um adivinho persuadiu a população local a fazer um sacrifício e a cuidar da árvore, porque o que ocorrera era de bom presságio'; 7. 3. 3, onde a propósito dos cominhos, afirma: 'Diz-se que, na altura da sementeira, se deve amaldiçoá-la e insultá-la, para que a colheita seja bonita e abundante'.

das plantas, que Hipócrates vinha usando os elementos vegetais na cura das doenças, observando, após diagnóstico do mal, as plantas correctas a ministrar. Segundo Baumann 1982: 14-15, contam-se por centenas as espécies citadas pelo médico de Cós com propriedades curativas, embora se não tenha interessado por fazer delas a descrição. Considera assim este autor que ela esteve por trás do estudo das plantas, ou seja, da Botânica[62]. Mas sem dúvida que, ainda no séc. V, geógrafos e historiadores como Hecateu de Mileto ou Heródoto deram ao interesse pelas plantas e pela sua aplicação um grande impulso, incluindo as diversas floras locais como um elemento permanente na sua descrição de regiões não gregas. E Teofrasto continua no mesmo caminho explorando-lhes as aplicações medicinais (e. g. 3. 18. 3, 4. 2. 8, 4. 4. 2, 4. 5. 1, 7. 4. 4, 7. 6. 2); é este o assunto a que dedica boa parte do seu livro IX (8-20). Nas diversas partes das plantas se pode reconhecer essa utilidade; assim, as raízes (1. 7. 2), os frutos ou as seivas (9. 8-20 *passim*) são detentores de grandes efeitos sobre o organismo e a mente humanos e responsáveis por curas, doenças e morte.

É evidente que entre os usos mais relevantes das plantas está a sua importância alimentar, quer os beneficiários sejam os seres humanos, quer os animais. Mazzini 1994: 38 identifica como produtos de uma ementa mediterrânica: os cereais (cevada, trigo) e seus derivados (farinha, massas, pão, doces), os legumes (ervilhas, favas, feijão, lentilhas), as verduras, os frutos (figos, maçãs), os produtos da vinha (uvas) e seus derivados (vinho, vinagre), o azeite. Teofrasto, nos seus comentários às diversas espécies, não deixa de atender ao valor alimentar de muitas plantas; estas são características na sua excelência condicionadas por factores como a estação do ano, o local de produção, a forma de consumo. As informações de que Teofrasto dispõe nesta matéria não se confinam à produção grega; de todo o mundo conhecido lhe chegam informações que complementam este valor de espécies menos acessíveis. Assim, no Egipto, a planta designada por *vingon* fica disponível quando as cheias baixam e é de excelente qualidade (1. 6. 11); as tamareiras, por seu lado, 'quando frescas, têm um paladar agradável e consomem-se mesmo assim' (2. 6. 2; cf. 2. 6. 10); 'A variedade melhor, tanto de frutos brancos como de negros, quer em tamanho quanto em qualidade, é a chamada 'tamareira real'. Mas é, ao que se afirma, rara. Praticamente só existe no jardim de Bagoas o Antigo, perto de Babilónia. Em Chipre, há uma espécie particular de tamareira, que não amadurece o fruto; no entanto, mesmo verde, ele é muito agradável e muito doce, de uma doçura especial' (2. 6. 7). Algumas utilizações, porque

---

[62] Vai no mesmo sentido a opinião de Amouretti 1986: 228. Mas além do potencial terapêutico das plantas, esta autora valoriza as informações dadas pelos tratados hipocráticos no que se refere à localização e clima inerente às diferentes produções, bem como às suas características.

surpreendentes, merecem também um apontamento; tal é o caso, no Egipto, da utilização de um certo tipo de tamareira no fabrico do pão (2. 6. 10).

Às referências aos méritos ou atractivos de algumas espécies no consumo alimentar, opõem-se os casos em que esse consumo está condicionado ou interdito; é o que acontece, por exemplo, com o fruto da tília (1. 12. 4): 'Há entre as folhas e os pericarpos os que são comestíveis ou não. O caso mais peculiar é o da tília: tem as folhas doces e muitos animais as comem, mas o fruto não é comestível'.

As plantas

A nomenclatura vulgar e científica das plantas

Na tradução da *História das Plantas* de Teofrasto (M. F. Silva), uma das dificuldades consistiu na correlação entre os nomes vulgares gregos das plantas e os respectivos nomes portugueses, assim como a identificação com o correspondente nome científico. Acontece que os nomes vulgares das plantas são muitas vezes indefinidos ou imprecisos; podem, por exemplo, existir vários nomes vulgares para a mesma espécie (*Erica australis* L. é designada vulgarmente por urze-vermelha; urze; urgeira; torga-vermelha; torga; queiroga). Além disso, esses nomes variam regionalmente, no mesmo país ou em diferentes países; por exemplo, a vulgar *Prunus avium* (L.) L. é conhecida em português por cerejeira, por cerejeira-brava ou cerdeiro, consoante a região do país, o que de resto, em grego, se passava também, com κέρασος e λακάρη. Por outro lado, os nomes vulgares das plantas variam temporalmente. Por exemplo, as flores conhecidas por margaridas (*Bellis perennis* L.) na época camoniana eram designadas por boninas, e a *Brassica oleracea* L., que actualmente toda a gente designa por couves - um galicismo originado do termo francês *cauli* -, era dantes popularmente conhecida por berças ou verças, consoante a província a Norte ou a Sul de Portugal. Acontece ainda que o mesmo nome vulgar pode ser usado para espécies diferentes; por exemplo, o nome urze tanto serve para designar *Erica cinerea* L., como *Erica umbellata* L., como *Erica arborea* L., como *Erica australis* L., como *Calluna vulgaris* (L.) Hull; por vezes, a mesma designação pode até usar-se para plantas de famílias diferentes, como o nome lilás que tanto refere *Syringa vulgaris* L. (Oleacea), como *Wisteria sinensis* (Sims) DC. (Fabaceae). Além do mais, a atribuição de um nome vulgar não obedece a qualquer regra; pode ter várias palavras ou ser uma frase (ex.: Tremoceiro-de-folhas-estreitas para *Lupinus angustifolius* L.), ou duas palavras (ex.: Erva-ouriço para *Cenchrus echinatus* L.), ou uma só palavra (ex.: medronheiro, para *Arbutus unedo* L.).

Muitos dos nomes referidos por Teofrasto como vulgares, no grego antigo, vieram a cair, na língua actual, em desuso, o que torna difícil ou até impossível a atribuição do nome científico exacto. O botânico inglês William

Thomas Stearn (1911-2001), numa das suas estadas na Grécia, procurou saber, junto da população rural, se ainda persistiam alguns dos nomes gregos referidos por Dioscórides (comunicação oral a um de nós, J. Paiva) e um dos que encontrou foi *narcissus*, nome, aliás, de origem árabe.

A nomenclatura científica, binominal em latim, estabelecida por Carl Lineu (1707-1778) (validada a partir de 1753 para as plantas) tem a vantagem de ser simples [duas palavras, a primeira, o restritivo genérico, um substantivo, iniciada por maiúscula; a segunda, o restritivo específico, um adjectivo, concordante com o substantivo, em género (masculino, feminino ou neutro) e número (singular ou plural)]; em latim, uma língua não falada (não nacional de nenhum país) e imutável. Assim, o nome científico de uma espécie de qualquer ser vivo é sempre o mesmo em qualquer parte do Mundo.

No propósito de fornecer ao leitor uma tradução em português compreensível, que o faça sentir-se familiarizado com as plantas referidas por Teofrasto, optámos por usar as designações vulgares, ainda que, em notas de rodapé, seja estabelecida a correspondência com a designação científica, em latim. A compreensão deste duplo critério é também auxiliada por dois índices: um de nomes latinos e um outro de nomes gregos, acompanhados, neste caso, da sua tradução para a nomenclatura vulgar adoptada em português.

A classificação das plantas

Classificar é uma atitude própria do ser humano, que mesmo em épocas mais primitivas da civilização, depressa reconheceu os organismos vegetais e animais que podia usar na alimentação, os que o poderiam matar por violência ou envenenamento, os que o poderiam tratar ou curar, etc. Estas primitivas classificações foram, evidentemente, práticas e baseadas, portanto, na observação e utilização dos organismos. Com o aumento do conhecimento dos recursos naturais e a estabilização das civilizações, surgiram classificações mais racionais, com sistemas baseados em características estruturais e morfológicas. As origens deste tipo de classificação remontam a Aristóteles (c. 384-322 a.C.), que classificou os animais baseando-se no sangue e processos de reprodução muito simplificados e as plantas em árvores, arbustos, subarbustos e ervas. Foi seguido por Teofrasto (c. 370-285 a.C.), que identificou cerca de meio milhar de plantas, usando inicialmente os caracteres mais evidentes, agrupando as plantas em árvores, arbustos, subarbustos e ervas (1.3.1), tal como Aristóteles. Para os subgrupos usou sucessivamente características mais aparentes como ovário ínfero e súpero, pétalas unidas ou não, tipos de frutos, etc.

Ainda que embrionárias, estas primeiras classificações dos dois peripatéticos deixaram a sua marca para a posteridade, até ao séc. XVI. A partir de então, com os «herbalistas» publicam-se já muitas obras de Botânica e de Zoologia em latim, mas é com C. Lineu que as classificações artificiais deixam praticamente de ter como base a classificação aristotélica. O célebre

Introdução

«Sistema Sexual de Lineu» para o Reino Vegetal, por ser baseado num pequeno número de caracteres (estames e carpelos), foi muito pouco seguido, até nessa época. Aconteceu o mesmo com o seu Sistema de Classificação Animal, muito semelhante ao de Aristóteles, bastante artificial e baseado apenas na estrutura do coração, sangue, tipo de respiração e formas de reprodução.

A estes sistemas artificiais seguiram-se os sistemas naturais, que procuravam reflectir a situação tal como se pensava existir na Natureza, utilizando todos os elementos disponíveis. Estes sistemas naturais surgiram na segunda metade do século XVIII, em consequência da enorme quantidade de plantas e animais vivos ou «preparados» que chegavam aos centros científicos europeus, provenientes de outros continentes.

Na Botânica podemos considerar, resumidamente, as seguintes fases nos sistemas de classificação: **Fase popular**, com predominância da nomenclatura vulgar, como auxiliar na classificação das plantas. Esta fase é a que precede, na civilização grega, o séc. IV a. C.; **Fase aristotélica** (séc. IV a.C. — séc. XVI), durante a qual surgem e perduram as primeiras classificações escritas numa forma permanente e lógica por Aristóteles e Teofrasto, o "Pai da Botânica", e respectivos continuadores (sendo Dioscórides o mais relevante). A obra deste último, *De Materia Medica*, pode ser considerada como o primeiro «herbal»; **Fase dos herbalistas**, através da Idade Média, em que trabalhos sobre plantas foram raros e todos baseados nas obras dos «Físicos» gregos. Com a Renascença e o aparecimento da imprensa na Europa surgem obras de Botânica, algumas já em edições numerosas e razoáveis; os «herbals», com o estudo das plantas com interesse (valor) para o homem, particularmente como plantas alimentícias ou medicinais; **Fase pré-lineana**, que se estende do fim do séc. XVI até à obra de C. Lineu (meados do séc. XVIII) e que é considerada como a fase dos primeiros taxonomistas, entre os quais se destaca A. Caesalpino (1519-1603), considerado o «Primeiro Taxonomista» e J. P. Tournefort (1656-1708), o "Pai" do conceito de género; **Fase lineana**, com C. Lineu (1707-1778), conhecido como o fundador da taxonomia biológica, sendo a nomenclatura binominal estabelecida por ele; **Fase post-lineana**, que se estende desde a morte de Lineu (1778) até à publicação de «Origens das Espécies» de C. Darwin (1859). Este período post-lineano é o da fundação das famílias modernas e a época das grandes explorações de naturalistas pela Ásia, África, América e até Austrália; **Fase filética**, marcada pelas teorias evolucionistas de C. Darwin e A. R. Wallace, a redescoberta das leis de G. Mendel em 1900 e o incremento da cariologia, surgindo então as classificações filogenéticas e os primeiros grandes sistemas de classificação[63].

---

[63] Podem considerar-se três períodos nesta fase: Período post-darwiniano (até 1920), no qual não houve grandes progressos nas classificações que pudessem ser atribuídas às ideias evo-

Dissonância de conceitos entre Teofrasto e a modernidade

Logo no início da sua obra, Teofrasto começa por comparar e diferenciar plantas e animais, afirmando: 'não se deve estabelecer uma correspondência total com os animais' (1. 1. 3). No entanto, reconhece certas semelhanças, como 'veias' e suco nas plantas (que hoje sabemos serem os vasos liberinos ou floema e lenhosos ou xilema, onde circula a seiva elaborada e a seiva bruta, o correspondente ao sangue arterial e sangue venoso que circula pelas artérias e veias): 'Aplicadas às plantas, as fibras e as veias não têm designação particular, mas, por semelhança, recebem as das partes correspondentes nos animais' (1. 2. 3).

É interessante o conceito de árvore dado por Teofrasto (1. 3. 1): 'Árvore é a planta que tem só um tronco a partir de uma raiz, com múltiplos rebentos e ramos, e que não se arranca facilmente', o que não é muito diferente do conceito actual. Claro que tem conceitos que não condizem com os conhecimentos actuais, como, por exemplo, que 'a raiz é a parte que permite à planta recolher o alimento' (1. 1. 9), pois nessa altura não havia a mínima noção de que as plantas elaboram substâncias através de reacções fotossintéticas, nem que a raiz é um órgão fundamentalmente captador de água e que, por isso, muitas plantas vivem não fixadas ao solo, mas com raízes aéreas, particularmente nas florestas húmidas (plantas epífitas).

Uma grande parte das plantas referidas por Teofrasto são medicinais, pois até meados do século XIX a medicina era fundamentalmente fitoterápica, com utilização de plantas aromáticas ou com significativo teor em alcalóides. Um exemplo de que as plantas eram e continuaram a ser utilizadas em medicina é o primeiro plano do Jardim Botânico de Coimbra (onde ainda hoje existe a "Escola Médica"), testemunhado pelo teor da carta que o Marquês de Pombal escreveu, a 5 de Outubro de 1773, ao então Reitor da Universidade de Coimbra (D. Francisco de Lemos), rejeitando o grandioso plano para o Jardim Botânico de Coimbra, que este lhe enviara, dizendo: 'Debaixo d'estas regulares medidas, deve V. Ex.ª fazer delinear outro plano, reduzido somente ao numero de hervas medicinais que são indispensáveis para os exercícios botânicos, e necessarias para se darem aos estudantes as instruções precisas para que não ignorem esta parte da medicina.....' (J. Paiva, 1981).

---

lucionistas; Período citogenético-biossistemático (1920-1960), em que os rápidos avanços na citologia e na genética permitiram aplicar novos conhecimentos à taxonomia, sendo o período da introdução e aceitação do conceito de espécie biológica, com utilização de informação genética («pools» de genes), barreiras de procriação e o reconhecimento do valor taxonómico do número de cromossomas (cariótipo) como bons «caracteres marcadores» para a delimitação de grupos taxonómicos e a elaboração de sequências evolutivas; Período da Biologia Molecular (1960...) com a sistemática bioquímica (Quimiotaxonomia), a Taxonomia Numérica (Taxometria) e a Sistemática Molecular (ADN).

Exemplos de dificuldades na identificação das plantas

Referimos apenas dois exemplos, pois todos os casos que necessitavam de alguma clarificação estão explanados nas respectivas notas infrapaginais.

Um exemplo nada fácil é o caso da planta que Teofrasto designa por "araquidna". Refere-a primeiramente (1. 1. 7) sem fornecer dados suficientes para a respectiva identificação exacta, pois limita-se a dizer que 'produz o fruto debaixo da terra' (frutos hipógeos). Na hipótese de um *Lathyrus* podia tratar-se do *Lathyrus sativus* L., a que chamamos chícharo, mas este não produz frutos subterrâneos. Apenas com as características referidas por Teofrasto em 1. 6. 12 foi possível identificar a planta como sendo *Lathyrus amphicarpos* L., o chícharo-subterrâneo. Os frutos destas plantas têm uma a duas (frutos hipógeos), ou no máximo três a quatro sementes (frutos epígeos).

Na segunda vez que Teofrasto refere a araquidna (1. 6. 12), considera ter características semelhantes a uma 'planta parecida com a ervilhaca'. Díaz-Regañón (1988: 89) sugere uma identificação desta planta com o *Lathyrus tuberosus* L., o chícharo-tuberoso, o que entra em conflito com uma característica dada por Teofrasto em 1. 6. 12, o facto de a planta não ter frutos hipógeos. A ervilhaca (*Vicia sativa* L.) tem frutos epígeos com quatro a nove sementes, mas não produz frutos hipógeos. Assim, foi possível identificar esta planta como sendo *Vicia amphicarpa* L., pois tem flores casmogâmicas com frutos epígeos, com seis a quinze sementes, e flores cleistogâmicas com frutos hipógeos, geralmente com uma semente, como refere Teofrasto, embora o 'físico' grego se tenha equivocado ao afirmar que esta planta, tal como a araquidna, não tem folhas, pois só deve ter observado ramos hipógeos que são afilos e ramos epígeos já desfolhados.

Outro caso complexo foi a *Ruscus hypoglossum* L. (1. 10. 8, 3. 17. 4), planta nativa da Grécia, ou *Ruscus aculeatus* L. por ser o mais comum. Baumann (1982: 16) prefere a identificação com o *Ruscus aculeatus* L. e esclarece que o que Teofrasto entende por 'folhas' são de facto pequenos caules em forma de folha. As flores desenvolvem-se nesses ramos foliáceos (cladódios) e, com o tempo, tornam-se bagos rubros. Porém, as duas espécies têm cladódios, mas os de *Ruscus hypoglossum* L. são maiores, mais parecidos com folhas e semelhantes às folhas daquilo a que se chama loureiro-de-alexandria, *Danae racemosa* (L.) Moench, referido em Dioscórides (4. 147) com o nome antigo, *Ruscus racemosus* L. Portanto, trata-se aqui de *Ruscus hypoglossum* L., pois tem os frutos inseridos nos cladódios (como refere Teofrasto) e não em raminhos [*Danae racemosa* (L.) Moench], além de ter os cladódios semelhantes às folhas de *Danae racemosa* (L.) Moench.

Conclusão

Apesar de todas as limitações que pode merecer dos estudiosos modernos, e que são características de uma ciência que dá os primeiros passos buscando ainda o seu caminho metodológico e o estabelecimento claro de um objectivo, a Botânica conheceu, no Liceu, um progresso notável; por comparação com outras ciências próximas, sobretudo a zoologia, foi capaz de padronizar estratégias que apontavam para um verdadeiro sentido científico.

Fez parte desse esforço recuperar informações e reunir, num mesmo relato, conhecimentos resultantes de práticas comuns, com teorias formuladas a partir dessas mesmas práticas, acrescidas de observações de carácter mais teorizante. O esforço pelo estabelecimento de uma nomenclatura mostrou-se como uma necessidade indissociável da expressão de uma ciência nascente. Por dependência das fontes disponíveis, o resultado obtido exprime-se em diversos níveis. Há aquelas espécies com as quais o autor do tratado tem um convívio directo, que pode designar (até com nomes diferentes de acordo com a região) e descrever com minúcia; outras há em que depende de informações indirectas e se refugia em fórmulas do tipo 'como dizem alguns', salvaguardando a possível falta de exactidão; por fim, no caso das espécies de regiões desconhecidas, recentemente desbravadas pela campanha de Alexandre, Teofrasto evita designações ou descrições precisas, valendo-se do processo comparativo com espécies bem conhecidas na Grécia de que usa, por semelhança, o nome e a descrição. Em consequência, a identificação hoje possível dessas plantas varia no mesmo grau de precisão; numa maioria de situações a identificação das espécies é exacta, noutras apenas provável e ainda, em última análise, simplesmente hipotética.

Importa salientar ainda como a descrição e catalogação de espécies vegetais se harmonizou com a consideração das suas utilidades práticas de teor muito variado. Do conjunto resulta um texto que serve à história da ciência, sem deixar de contribuir de modo relevante para a história da cultura e para a antropologia. É o espírito multidisciplinar do Liceu que se projecta também desta abordagem inovadora do mundo natural.

BIBLIOGRAFIA GERAL

Edições, traduções e comentários

-S. Amigües (1988-2006), *Théophraste. Recherches sur les plantes*, Paris, Les Belles Lettres.

-S. Amigües (2010), *Théophraste. Recherches sur les plantes*, Paris, Belin.

-J. M. Díaz-Regañón (1988), *Historia de las Plantas*, Madrid, Gredos.

-A. F. Hort (1916-1926, reimpr. 1968, 1980), *Theophrastus. Enquiry into plants*, I-II, Harvard University Press, Loeb. (Foi esta a edição usada para a tradução).

-J. G. Schneider, H. F. Link (1818), *Theophrasti Eresii quae supersunt opera et excerpta librorum*, Sumtibus Frid. Christ. Guil. Vogelii.

-F. Wimmer (1854), *Theophrasti Eresii quae supersunt opera omnia*, Berlin, Teubner.

Estudos

-M.-C. Amouretti (1986), *Le pain et l'huile dans la Grèce antique*, Paris, Les Belles Lettres.

-H. Baumann (1982), *Le bouquet d' Athéna. Les plantes dans la mythologie et l'art grecs*, Paris, Flammarion.

-V. Bonet (1993), "Le thym medicinal antique: un cadeau divin", in M.-C. Amouretti, G. Comet, *Des hommes et des plantes. Plantes méditerranéennes, vocabulaire et usages anciens*, Aix-en-Provence, Cahiers d'Histoire des Techniques: 1-21.

-A. Corcella, S. M. Medaglia, A. Fraschetti (1993), *Erodoto. Le Storie. Libro IV*, Milano, Arnoldo Mondadori Editore.

-J. Desautels (1988), "La classification des végétaux dans la *Recherche des plantes* de Théophraste d'Erésos", *Phoenix* 42. 3: 219-243.

-R. Dodoens (1583), *Stirpium Historiae Pemptades sex*, Antuérpia.

-E. S. Forster (1936), "Trees and plants in Homer", *Classical Review* 50: 97-104.

-E. S. Forster (1942), "Trees and plants in Herodotus", *Classical Review* 56: 57-63.

-E. S. Forster (1952), "Trees and plants in the Greek tragic writers", *Greece and Rome* 21: 57-63.

-W. W. Fortenbaugh, R. W. Sharples (1988), *Theophrastean Studies on Natural Science and Metaphysics, Ethics, Religion and Rhetoric*, New Brunswick / Oxford, Transaction Books.

-W. W. Fortenbaugh et alii (1988), *Theophrastus of Eresus. Sources of plantarum et animalium*, in Fortenbaugh and Sharples: 100-135.

-R. Goubeau (1993), "De quelques usages médicaux du crocus dans l'Antiquité", in M.-C. Amouretti, G. Comet, *Des hommes et des plantes. Plantes méditerranéennes, vocabulaire et usages anciens*, Aix-en-Provence, Cahiers d'Histoire des Techniques: 23-26.

-R. Graves (reimpr. 1977), *The Greek myths*, 1-2, London, Coxc & Wyman Ltd.

-A. Gundersen (1918), "A sketch of plant classification from Theophrastus to the present", *Torreya* 18. 1: 213-219, *Torreya* 18. 2: 231-239.

-V. H. Heywood (1968), "Modern methods in plant taxonomy", *Bot. Soc. Brit. Iles Conf. Rep.* 10: 1-32.

-M. C. Howatson, (1991), *Diccionario de la Literatura Clásica*, trad. espanhola, Madrid, Alianza Editorial.

-J. D. Hughes (1988), "Theophrastus the ecologist", in Fortenbaugh and Sharples: 67-75.

-P. Josset, C. Couzeli (1993), "Mythes et usages thérapeutiques du noyer", in M.-C. Amouretti, G. Comet, *Des hommes et des plantes. Plantes méditerranéennes, vocabulaire et usages anciens*, Aix-en-Provence, Cahiers d'Histoire des Techniques: 149-161.

- J. T. Keaney (1968), "The early tradition of Theophrastus' *Historia Plantarum*", *Hermes* 96. 3: 293-299.
- W. Kullmann (1991), "Aristotle as a natural scientist", *Acta Classica* 34: 137-150.
- C. Linaeus (1753), *Species Plantarum*, 1 & 2. Ed. 1. Stocholm.
- D. J. Mabberley (^{3}2008), *A portable dictionary of plants, their classification and uses. Mabberley's plant-book*, Cambridge, University Press.
- I. Mazzini (1994), "Alimentazione, gastronomia, dietetica nel mondo classico", *Aufidus* 23: 35-56.
- D. Meeks (1993), "Migration des plantes, migration des mots dans l'Egypte ancienne", in M.-C. Amouretti, G. Comet, *Des hommes et des plantes. Plantes méditerranéennes, vocabulaire et usages anciens*, Aix-en-Provence, Cahiers d'Histoire des Techniques: 71-82.
- M. Negbi (1995), "Male and female in Theophrastus' botanical works", *Journal of the History of Biology* 28: 317-331.
- J. A. R. Paiva (1985), "Novas perspectivas da sistemática", *DNA., Bol. Curso Biol. Fac. Ciênc. Tecn. Univ. Coimbra* 4: 15-34.
- J. A. R. Paiva (2007), "O relevante património biológico do Jardim Botânico da Universidade de Coimbra", *Parques e Vida Selvagem* 19: 48-50.
- A. S. Pease (1952), "A sketch of the development of ancient botany", *Phoenix* 6. 2: 44-51.
- A. Preus (1988), "Drugs and psychic states in Theophrastus' *Historia Plantarum* 9. 8-20", in Fortenbaugh and Sharples: 76-99.
- J. Scarborough (1978), "Theophrastus on herbals and herbal remedies", *Journal of the History of Biology* 11. 2: 353-385.
- R. W. Sharples, D. W. Minter (1983), "Theophrastus on fungi: inaccurate citations in Athenaeus", *Journal of Hellenic Studies* 103: 154-156.
- C. Singer (1927), "The herbal in Antiquity and its transmission to later ages", *Journal of Hellenic Studies* 47: 1-52.
- M. G. Sollenberger (1988), "Identification of titles of botanical works of Theophrastus", in Fortenbaugh and Sharples: 14-24.
- F. A. Stafleu (1969), "A historical review of systematic biology", *Syst. Biol. (Proc. Int. Conf. Nat. Acad. Sc., Washington)*: 16-44.
- J. Stannard (1962), "The plant called moly", *Osiris* 14: 254-307.
- C. A. Thanos (1994), "Aristotle and Theophrastus on plant-animal interactions", in M. Arianoutsou and R. H. Groves, *Plant-Animal Interactions in Mediterranean-Type Ecosystems*, Kluwer Academic Publishers, Netherlands: 3-11.
- C. A. Thanos (2005 a), "Theophrastus on oaks", *Botanika Chronika* 18. 1: 29-36.
- C. A. Thanos (2005 b), "The geography of Theophrastus' life and of his botanical writings (Περὶ φυτῶν)", in A. J. Karamanos, C. A. Thanos (eds.), *Biodiversity and natural heritage in the Aegean. Proceedings of the conference 'Theophrastus 2000'*, Atenas: 23-45.

-T. Whitmarsh (2002), "Alexander's Hellenism and Plutarch's textualism", *Classical Quarterly* 52. 1: 174-192.

-A. Witztum, M. Negbi (1991), "Primary xylem of *Scilla hyacinthoides* (Liliaceae) – the wool-bearing bulb of Theophrastus", *Economic Botany* 45. 1: 97-102.

Teofrasto, *História das plantas*

Livro I

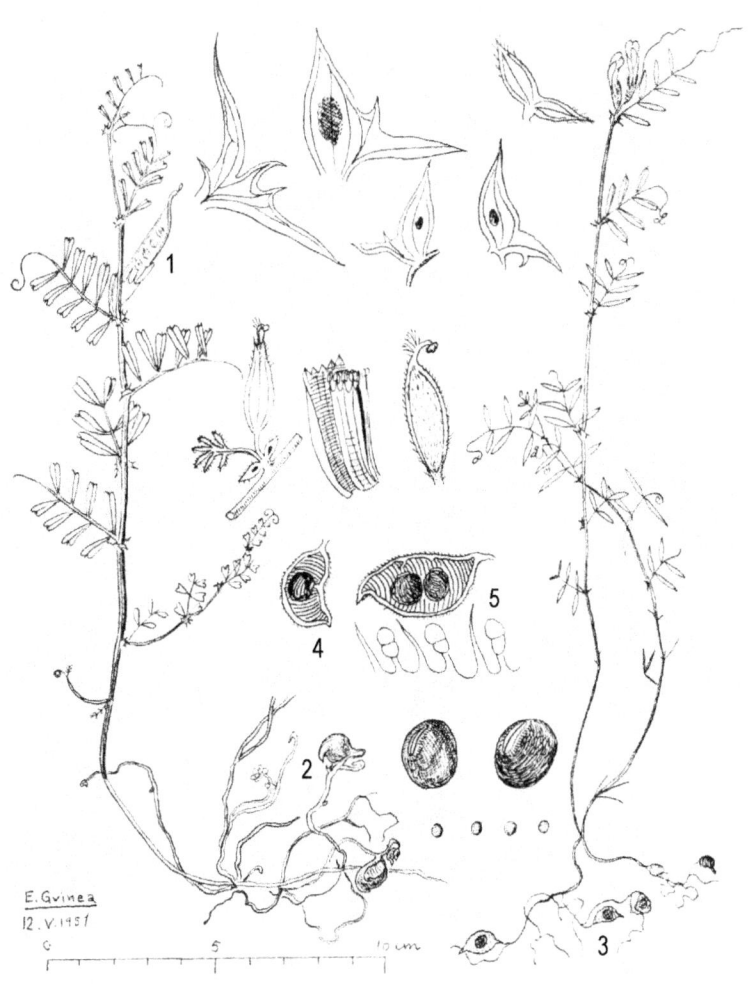

Vicia amphicarpa L.
1.6.12 (nota 170)
Imagem - **1**, fruto epígeo, com mais de 6 sementes; **2, 3**, frutos hipógeos; **4**, fruto hipógeo, com uma semente; **5**, fruto hipógeo com duas sementes. Adaptado de E. Guinea (1953), *Estudio botánico de las vezas y arvejas españolas*: 27.

Livro I

1.1. 1. As partes das plantas
Numa consideração sobre as diferenças entre as plantas e sobre a sua distinta natureza[1], há que ter em conta as suas partes, qualidades[2], modos de reprodução e fases da vida. Carácter e actividades[3], como os que os animais possuem, nelas não existem. São os aspectos relativos à reprodução, às suas qualidades e fases da vida os que melhor se podem observar e os menos complexos; enquanto as questões referentes às partes que as constituem apresentam maior complexidade. Logo para começar, há uma questão que não está suficientemente definida e que põe problemas: a que é que se deve, ou não, chamar 'partes'[4].

2. A parte, como algo que é inerente à natureza específica de qualquer planta, parece estar sempre presente, quer em termos absolutos, quer a partir do momento em que aparece – à semelhança daquilo que nos animais se desenvolve mais tarde –, salvo em situações de perda por doença, envelhecimento ou mutilação. Ora nas plantas há partes com duração limitada a um ano, caso da flor, do amentilho[5], da folha, do fruto, ou seja, tudo o que se forma antes do fruto ou juntamente com ele. Há também o rebento propriamente dito, porque as árvores registam sempre um crescimento anual, quer nos elementos aéreos, quer a nível das raízes. De tal modo que, se se considerar como 'partes' todos estes elementos, o seu número torna-se indeterminado e sujeito a constante flutuação. Se, pelo contrário, os não considerarmos como 'partes', o que acontece é que aqueles elementos que constituem a plenitude e a fisionomia das plantas não são 'partes'. Porque qualquer planta se torna

---

[1] Esta é, para a *História das plantas*, uma questão crucial: o que é que distingue uma planta de outra – ou seja, a possibilidade de estabelecer uma classificação por critérios de semelhanças ou diferenças entre elas – e o que constitui a natureza de cada uma perante as demais.

[2] Cf. 4. 3. 2, 11, 4. 14. 6. Em *Metafísica* 1022b 15-17, Aristóteles dá uma definição de πάθη como 'uma qualidade susceptível de variação, como por exemplo o branco e o preto, o doce e o amargo, o peso e a leveza'. Hort 1963: 2 considera esta palavra susceptível de comportar um sentido mais amplo do que δυνάμεις, 'potencialidades', e imagina-a equivalente, neste contexto, ao 'comportamento' que cada planta tem em relação ao meio ambiente em que se encontra.

[3] Cf. Aristóteles, *História dos animais* 487a 11-12: 'As diferenças entre os animais dizem respeito ao seu modo de vida, actividade, carácter e partes que os constituem'. É claro que Teofrasto tem em mente a metodologia aristotélica aplicada aos animais. *Vide supra* Introdução.

[4] Para Teofrasto, a questão sensível no estudo das plantas são as partes, pela variedade que as caracteriza; outros aspectos, porque visíveis ou mais simples, tornam-se de certo modo secundários para a sua reflexão.

[5] Βρύον é um termo aplicado a concentrações de flores sem pétalas ou com elas pouco desenvolvidas, ou seja, uma inflorescência. As flores são unissexuadas e nuas (sem sépalas nem pétalas), ou com perianto sepalóide, que se destaca pela base do eixo. O mesmo termo reaparece adiante, 3. 3. 8, aplicado ao carvalho (τὸ δρύινον, *Quercus*).

bela e parece atingir, ou, melhor dito, atinge de facto, a sua plenitude quando rebenta, floresce e frutifica. São estas, em termos genéricos, as dificuldades nesta matéria.

3. Não resta dúvida de que não se deve estabelecer uma correspondência total com os animais, nem sob outros pontos de vista, nem no que se refere à reprodução[6]. Porque nesse caso deveríamos considerar também 'partes' aquilo que a planta produz, como os frutos por exemplo. O que não é de todo o caso dos fetos nos animais. Mesmo se, na estação própria, a floração parece muito atractiva à vista, isso não pode servir de argumento, porque também, entre os animais, são os prenhes os que estão na sua plenitude[7].

Muitas são as plantas que todos os anos perdem partes, como acontece aos veados com os cornos, às aves que hibernam com as penas, e aos quadrúpedes com os pêlos[8]. De tal modo que nada há de extraordinário em que, com as plantas, ocorra um processo parecido e percam as folhas.

De igual modo, não são permanentes nas plantas as partes relacionadas com a reprodução; também nos animais há componentes que, na ocasião do nascimento da cria, se separam da progenitora[9] e outras que são expelidas[10], como se umas e outras fossem estranhas à sua natureza. Ora, quanto parece, outro tanto se passa com o crescimento vegetal, uma vez que o crescimento conduz à reprodução, como termo do processo.

4. Mas em termos gerais, como acima ficou dito[11], não se deve estabelecer uma correspondência total com os animais. E eis também porque o número de partes de uma planta é indeterminado; porque o seu crescimento se faz globalmente, como é também globalmente que ela tem vida. Assentemos, portanto, neste pressuposto, não apenas no assunto agora em discussão, como também noutras questões que virão a colocar-se. Pois é pura perda de tempo empenharmos o nosso esforço a estabelecer comparações impossíveis, e desviarmo-nos do nosso objecto de estudo. A investigação sobre as plantas, em conclusão, ou se foca nas partes exteriores e na sua morfologia geral, ou nas internas, o que corresponde, para os animais, à dissecção[12].

---

[6] Teofrasto acentua, entre animais e plantas, as divergências sob pontos de vista paralelos: se os frutos de uma planta podem ser considerados 'partes', as crias dos animais não; ambos têm partes caducas (no animal os cornos, as penas e os pêlos); mas, sob o ponto de vista da reprodução, o fruto desvincula-se por completo da planta, enquanto, nos animais, há produtos que permanecem para além da gestação (o leite, a placenta, por exemplo); a reprodução animal tende para a propagação da espécie, enquanto a planta se desenvolve toda ela ao longo da sua existência. Logo não é possível definir as partes de uma planta. *Vide* Amigües 2010: 4 e *supra* Introdução, p. 16.

[7] E, no entanto, não se considera 'parte' a sua cria.

[8] Cf. Aristóteles, *História dos animais* 600a 15-16.

[9] Como seja o leite ou os nutrientes do ovo; cf. Aristóteles, *Geração dos animais* 752b 20-22.

[10] Como a placenta.

[11] *Vide supra* 1.1.1.

[12] Sobre a dissecção, cf. Aristóteles, *História dos animais* 503b 23-25, 531b – 532a.

5. Consideremos então, entre as partes, quais são comuns a todas as plantas, quais as particulares de uma determinada espécie e quais, entre elas, são sempre as mesmas (refiro-me à folha, à raiz e à casca). Há um aspecto que não se pode deixar de ter em consideração: se se deve, em certos casos, recorrer à analogia, como para os animais[13]; se assim for, há que assinalar, como é evidente, as correspondências mais próximas e mais perfeitas possível. Numa palavra, há que comparar alterações do mundo vegetal com as que ocorrem no animal, tanto quanto se pode comparar o que é análogo[14]. Ponhamos então nestes termos as questões a tratar.

6. As diferenças no referente às partes são, em termos gerais[15], de três tipos: há plantas que as têm e outras que as não têm (assim acontece com as folhas e o fruto); ou então não são as mesmas nem semelhantes; ou ainda, em terceiro lugar, não as têm na mesma disposição. Dentro destes critérios, a dissemelhança exprime-se pela forma, pela cor, pela consistência ou porosidade, pela rugosidade ou macieza, e por outras qualidades, além das diferenças nos sabores. A desigualdade exprime-se por excesso ou defeito, em quantidade e tamanho. Aliás, por assim dizer, todas as diferenças acima referidas se reduzem ao excesso e defeito, porque o 'mais' e o 'menos' correspondem a excesso e defeito[16]; 7. enquanto 'estar disposto de outra maneira' equivale a uma diferença de posição; assim o fruto pode estar por cima ou por baixo das folhas e, em relação à árvore em si, uns estão no cimo, outros nos ramos laterais, alguns mesmo no tronco, como no sicómoro egípcio[17]; há umas tantas plantas que produzem o fruto debaixo da terra, como a araquidna[18] e aquela a que, no Egipto, chamam *vingon*. Há frutos que têm pedúnculo e

---

[13] Cf. *Partes dos animais* 645b 6-8, *vide supra* Introdução, p. 18. Sobre o conceito de analogia, *vide* ainda *História dos animais* 486b 17 sqq, *Partes dos animais* 644a 18.

[14] A forma como Teofrasto aborda a matéria – privilegiando as partes, as diferenças que as distinguem, as analogias que relacionam as plantas entre si, ou as plantas com os animais – denuncia a metodologia aristotélica; para concluir que a aproximação entre plantas e animais é impossível. Desde logo a função digestiva, ausente nas plantas (cf. 1. 1. 10), estabelece uma diferença radical.

[15] Desautels 1988: 224 n. 16, sublinha a importância da expressão ὡς τύπῳ λαβεῖν, frequentemente repetida por Teofrasto neste tratado, para o esclarecimento do projecto que está em causa. 'Considerar em termos gerais' é uma confissão metodológica da abordagem que o autor se propõe fazer. Cf. 1. 3. 2, 'estes conceitos devem ser assim entendidos e aplicados em sentido geral, com referência ao conjunto'.

[16] Cf. Aristóteles, *História dos animais* 486b 16-17.

[17] *Ficus sycomorus* L.; cf. 1. 14. 2, 4. 2. 1. Embora nativa de África, esta é uma figueira citada também na Bíblia (1 Reis 10. 27; Isaías 9. 9; Lucas 19. 4)

[18] Sobre a araquidna, cf. 1. 6. 12, e sobre a chamada *vingon*, 1. 6. 11. A araquidna é uma leguminosa (*Lathyrus amphicarpos* L.), a que nós chamamos 'chícharo-subterrâneo' (*vide infra* nota 170), com flores e frutos pousados na terra ou subterrâneos, por ter ramos hipógeos com flores cleistogâmicas. As flores dos ramos epígeos são casmogâmicas. *Vingon*, ou *Colocasia esculenta* (L.) Schott, o vulgar inhame, nativo da Ásia, é uma herbácea, oriunda da China. Sobre esta última *vide* Sharples, Minter 1983: 155; Amigües 2010: 19.

outros não. E outro tanto se passa com as flores: há as que rodeiam o fruto e outras com outra disposição. Em geral é em relação ao fruto, às folhas e aos rebentos que a questão da disposição se coloca.

8. Há também algumas diferenças de simetria nas plantas. Enquanto numas pondera o acaso, os ramos do abeto[19] nascem opostos, de um lado e do outro do tronco. Há casos em que os nós estão à mesma distância e são em número equivalente, dispostos em três fileiras. Logo deve considerar-se as diferenças entre as plantas a partir destes pormenores que, no conjunto, lhes definem a fisionomia geral.

9. Mas antes de passarmos a referir cada uma das partes em particular, há que as enumerar primeiro. As principais, mais importantes e comuns a um maior número de plantas são as seguintes: raiz, caule, ramo e rebento; é nestas que se deve repartir a planta, numa divisão equivalente à que se faz em membros nos animais[20]. Cada uma delas é diferente das outras, mas é de todas que se forma o conjunto.

A raiz é a parte que permite à planta recolher o alimento[21], o caule aquela para que o alimento é conduzido. Chamo caule àquilo que cresce acima do solo, sem subdivisões. Esta é a parte mais comum tanto nas plantas anuais, como nas perenes, a que, no caso das árvores, se chama tronco. Ramos (*akremones*) são as subdivisões feitas a partir do caule, a que há também quem chame 'nós' (*ozoi*). Por fim rebento é o que brota do ramo sem subdivisões, particularmente o rebento anual.

Estas são as partes sobretudo próprias das árvores.

10. O caule, como atrás se disse[22], é bastante vulgar; no entanto, nem mesmo ele é comum a todas as plantas, caso de algumas ervas. Outras têm-no não perene, mas anual, mesmo algumas com raízes de duração superior. Em conclusão, a planta é um ser variável, diversificado e difícil de descrever em termos gerais. Prova disso é que não se encontra uma parte que seja comum a todas elas, como, nos animais, a boca e o estômago.

11. Estes elementos identificam-se, em certos casos, por analogia, noutros por outro critério; pois nem todas as plantas têm raiz, caule, ramos, rebentos, folhas, flores, frutos, nem, por outro lado, casca, medula, fibras ou

---

[19] Este é um tipo de abeto muito expandido na Grécia, onde há dois abetos nativos e um híbrido entre os dois (*Abies* × *borisii-regis* Mattf): *Abies alba* Mill., o abeto-branco, e *Abies cephalonica* Loudon, o abeto-da-grécia, das montanhas gregas (sendo provavelmente este segundo o aqui referido). É diferente do abeto-branco da Europa central por ter os cimos alongados, cobertos de resina, gemas resinosas (no abeto-branco não o são) e agulhas pontiagudas e pungentes. Esta árvore era dedicada pelos Gregos a Pã; *vide* Baumann 1982: 48-50.

[20] Cf. Aristóteles, *História dos animais* 486a 10-11, *Partes dos animais* 645b 36.

[21] A raiz tem, nas plantas, uma função equivalente à que a boca, segundo Aristóteles, desempenha nos animais.

[22] *Vide supra* 1. 1. 9.

veias, caso dos fungos e das trufas[23]. E, no entanto, é nestes elementos, e noutros equivalentes, que reside a essência da planta. É, como acima ficou dito, sobretudo às árvores que estes elementos correspondem[24], e a que a nossa classificação melhor se aplica. Daí que seja correcto usar o mesmo critério em relação às outras plantas.

12. As árvores, em contrapartida, revelam também, na prática, os outros aspectos de cada uma das plantas. As diferenças são de abundância ou carência de partes, de densidade ou rarefacção, se têm ou não subdivisões, e de outros aspectos semelhantes. Cada uma das partes referidas é não homogénea[25]. O que pretendo dizer com 'não homogénea' é que, embora qualquer parte da raiz e do tronco se componha dos mesmos elementos do todo, não se chama a essa parte, de per si, 'tronco', mas 'parte do tronco'. O mesmo se passa com os membros dos animais; ainda que constituída com os mesmos elementos do todo, uma parte da perna ou do braço não se designa com o mesmo nome do conjunto (como quando se trata da carne e do osso); na verdade não tem nome, como o não tem qualquer outra parte seja de que órgão for, com aspecto unitário. De todos os órgãos deste género, as partes não têm nome. Em contrapartida, as partes dos órgãos múltiplos – como o pé, a mão, a cabeça – receberam designações, caso do dedo, do nariz e do olho. São estas, por assim dizer, as partes principais das plantas.

1. 2. 1. Elementos constitutivos das plantas

Mas há também os elementos de que estas partes se compõem: a casca, a madeira, a medula (nas plantas que a têm). Todas são homogéneas. Além destas, há as que as antecedem e de que elas se constituem, a seiva, a fibra, a veia, a carne. Esses são os elementos básicos (a menos que se lhes queira chamar princípios activos), comuns a todas elas. É neles que reside a essência das plantas e toda a sua natureza.

Há também aquelas outras partes, digamos, anuais, que colaboram na produção do fruto, como as folhas, as flores e o pedúnculo (aquilo que prende à planta a folha e o fruto). Há ainda o amentilho (nas plantas que o

---

[23] Sharples e Minter 1983: 154 referem ὕδνον como uma espécie de fungo subterrâneo, do tipo vulgarmente chamado 'trufa'. Μύκης é a designação geral dos fungos. *Vide infra* 134.

[24] *Vide supra* 1. 1. 9.

[25] Cf. Aristóteles, *História dos animais* 486a 1-8; Aristóteles define as partes dos animais como 'simples, as que se dividem em partes homogéneas (a carne em carne, por exemplo), e compostas, as que se dividem em partes não homogéneas (é o caso da mão, que não se reparte em mãos, nem o rosto em rostos)'. Em *Meteorologia* 388a 13-20, o Estagirita aplica a animais e a plantas o critério de partes homogéneas e não homogéneas; na exemplificação que dá considera não homogéneas a madeira e a casca que, de facto, pelos elementos que as compõem, são heterogéneas, mas homogéneas porque cada um dos seus fragmentos tem a mesma natureza do todo.

possuem) e, em todas, a semente, que faz parte do fruto. Por fruto entende-se o conjunto da semente com o pericarpo. Para além disso, há uns tantos elementos específicos de certas espécies, como o bugalho do carvalho[26] e a gavinha da videira[27].

2. Quanto às árvores, são estas as distinções a fazer. Mas no caso das plantas anuais, é evidente que tudo é anual, porque a frutificação é o objectivo final da sua natureza. Quer as plantas frutifiquem todos os anos, ou de dois em dois (caso do aipo[28] e de algumas outras), ou num espaço de frutificação ainda maior, o caule acompanha o tempo de vida de todas elas. É que, quando as plantas estão para produzir sementes, desenvolvem um caule, como se fosse em função da semente que o caule existisse. Fiquemos então por aqui quanto à subdivisão em partes. E procuremos descrever agora, na generalidade, a que corresponde cada uma das partes mencionadas.

3. A seiva é um elemento óbvio. Trata-se daquilo que alguns, como Menestor[29], chamam, pura e simplesmente, 'suco'; outros porém, em relação a certas plantas, não lhe aplicam designação especial, nuns casos falam de 'suco' e noutros de 'lágrima'. Aplicadas às plantas, as fibras e as veias não têm designação particular, mas, por semelhança, recebem as das partes correspondentes nos animais. Talvez haja, além destas, outras diferenças no mundo vegetal no seu conjunto, que é, como dissemos[30], variável. Mas como se deve avançar do que é conhecido para chegar ao desconhecido, e mais conhecido é o que é maior e mais patente aos nossos sentidos, é óbvio que se deve tratar destes assuntos de acordo com essa metodologia.

4. No tratamento dessas outras questões menos conhecidas, estabeleceremos uma aproximação com estas que conhecemos, tendo em conta em que medida e de que forma se pode, em cada caso, estabelecer um paralelo. Depois de identificadas as partes das plantas, trataremos das diferenças entre

---

[26] Bugalhos são cecídeas (galhas) resultantes da acção de insectos nas plantas e muito comuns nos carvalhos. Thanos 2005 (a): 29-36, pronuncia-se sobre a importância do carvalho na Grécia antiga e sobre a frequência com que aparece ligado a recintos religiosos, em Dodona por exemplo. Por se tratar de uma árvore de grande porte foi dedicada à mais poderosa das divindades, Zeus, e reconhecida como a intermediária nas respostas do deus aos seus consulentes. Nos tratados que Teofrasto dedicou às plantas – *História das plantas* e *Causas das plantas* – vêm referidas, ao que parece, onze diferentes espécies de carvalho, bem como as suas preferências geográficas. Na *História das plantas* só as menções ao pinheiro são mais numerosas.

[27] *Vitis vinifera* L.

[28] O *sélinon* é o *Apium graveolens* L., uma umbelífera comestível, que existe em estado selvagem ou de cultura. É comum no sul da Itália e Sicília, onde deu o nome a Selinunte.

[29] Filósofo do Sul da Itália, de Síbaris, da escola pitagórica, contemporâneo de Empédocles. A referência que aqui lhe faz Teofrasto (que demonstra, em geral, por ele consideração) parece indicar alguma ligeireza na observação, que não desce ao pormenor. É considerado autor de um estudo, pouco fundamentado, sobre as plantas, que repartia em 'quentes' e 'frias', de acordo com uma nomenclatura que Empédocles (fr. A 73 D.-K., I) aplicara aos animais; cf. *infra* 5. 3. 4.

[30] *Vide supra* 1. 1. 10.

elas: assim, ao mesmo tempo que se esclarece a sua essência, estabelece-se também as diferenças gerais entre as diversas espécies.

O que diz respeito às partes essenciais das plantas ficou já, por assim dizer, esclarecido. Refiro-me, por exemplo, à raiz, ao caule, etc. Mas as funções e finalidade de cada uma é o que vou tratar adiante. Procuraremos então enunciar de que é que estas partes, como as restantes, se compõem, a partir dos seus elementos básicos.

Há, em primeiro lugar, o húmido e o quente. De facto, qualquer planta, como qualquer animal, tem uma humidade e um calor congénitos, cuja redução gradual conduz à velhice e à decadência, e a perda total à morte e à secura.

5. Na maior parte das plantas, a humidade não tem uma designação própria, mas em algumas dá-se-lhe um nome determinado, como atrás foi referido[31]. O mesmo se passa com os animais. De facto, só nos sanguíneos o elemento húmido recebe um nome, pelo que é pela presença ou ausência de sangue que se faz a distinção. Fala-se, assim, de não sanguíneos e de sanguíneos[32]. Logo esta é uma parte essencial, bem como o quente, que lhe está intimamente ligado.

Há também outros elementos internos, que em si mesmos não têm nome, mas que, por razões de semelhança, recebem o mesmo que se aplica às partes dos animais. Assim as plantas têm, por exemplo, o correspondente às fibras, um elemento que é contínuo, friável e longitudinal, sem ramificações nem rebentos.

6. Têm também veias, que, em certas plantas, são idênticas às fibras, mas mais longas e mais espessas, dotadas de ramificações e de humidade. Como possuem ainda madeira e carne, umas carne, e outras madeira. A madeira é friável[33], enquanto a carne pode repartir-se em todos os sentidos[34], como a terra e tudo o que é feito de terra. É um meio termo entre fibra e veia. A sua natureza é evidente, entre outros casos, na pele dos pericarpos. A casca e a medula estão correctamente designadas, mas precisam de uma definição. A casca é a parte exterior, separável do corpo que ela cobre. A medula é o miolo da madeira e vem em terceiro lugar a contar da casca, como, nos ossos, a medula. Há quem lhe chame 'coração', outros 'coração da madeira'; alguns é apenas à parte interna da medula que chamam 'coração', que outros designam por 'zona medular'[35].

---

[31] *Vide supra* 1. 2. 3.
[32] Cf. Aristóteles, *História dos animais* 489a 30-32.
[33] Ou seja, pode repartir-se num só sentido.
[34] Cf. Aristóteles, *História dos animais* 519b 31-33: 'A carne pode dividir-se em todos os sentidos e não só no do comprimento, como acontece com os tendões e as veias'.
[35] Amigües 1988: 74, procura precisar o alcance dos termos aqui usados; μήτρα é um vocábulo da botânica, mais especializado e de sentido mais amplo do que μυελός, a medula animal; havia quem o aplicasse à parte interna da medula vegetal. No tronco e ramos das plantas

7. É esta, por assim dizer, a lista das partes. As que figuram em último lugar são compostas das anteriores: a madeira, de fibra e de seiva, e, em certos casos, também de carne; porque a carne, quando endurece, torna-se lenhosa, por exemplo nas tamareiras[36], nas férulas[37] e em tudo que adquira consistência lenhosa, como as raízes dos rabanetes[38]. A medula consiste em seiva e carne. Há casos em que a casca inclui os três componentes, como a do carvalho[39], do choupo[40] e da pereira[41]. A da videira[42], de seiva e de fibra; a do sobreiro[43], de carne e de seiva. É destes elementos que antes mencionei que se constituem as partes principais, ditas 'membros'[44], salvo que nem todas são formadas pelos mesmos elementos, nem na mesma proporção, antes em composição variada.

Consideradas, por assim dizer, todas as partes, importa agora tentar estabelecer diferenças entre elas e determinar as características essenciais das árvores e das plantas no seu todo.

---

lenhosas (árvores e arbustos), há uma região central parenquimatosa (viva ou morta), a que chamamos 'medula', envolvida por vasos (liber, vivos, e lenho, mortos), que quando deixam de funcionar formam, juntamente com a medula, o cerne, envolvido pelo alburno, constituído pelos vasos funcionais.

[36] Trata-se provavelmente da *Phoenix dactylifera* L., que é a palmeira normalmente referida na Antiguidade, nos textos bíblicos e em Dioscórides (1. 109). Baumann 1984: 58 fala da vulgaridade com que esta espécie é representada na arte cretense e micénica, o que abona da sua grande antiguidade. A tamareira selvagem de Creta, referida por Teofrasto, justifica que tenha recebido o nome de *Phoenix theophrasti* Greuter; foi descrita em 1967. Existe em Creta, em algumas ilhas gregas e na Turquia. Embora em estado selvagem só existisse em Creta, a tamareira aparece no mito associada a outros lugares, nomeadamente a Delos, o que sugere a sua transplantação. A designação de *phoenix* pode sugerir uma origem fenícia para esta espécie. Sobre a presença desta planta no Egipto, *vide* Meeks 1993: 76-77.

[37] A férula aqui referida deve corresponder à *Ferula communis* L., a que chamamos 'canafrecha'. No entanto, alguns autores referem na obra de Dioscórides (3. 77) a *Ferula marmarica* Asch. & Taub. ex Asch. & Schweinf., uma planta nativa do Egipto e Líbia. É uma planta de crescimento rápido, que pode atingir vários metros de altura; vive em terrenos pedregosos e áridos; é vistosa, em função das suas flores amarelas. Baumann 1984: 61 caracteriza-a como uma planta de verão, própria de terrenos secos, cujo caule dispõe de uma medula altamente inflamável e de combustão lenta. A férula era dedicada a Dioniso e dos seus caules, terminados por uma infrutescência em forma de pinha, fazia-se os tirsos.

[38] Os rabanetes (*Raphanus sativus* L.) conhecidos na Antiguidade eram apenas os negros (*Raphanus sativus* L. var. *niger* (Mill.) J. Kern.), sendo que os rabanetes rosados (*Raphanus sativus* L. var. *sativus*) que hoje temos só se identificaram no séc. XVI.

[39] *Quercus ithaburensis* Decne. subsp. *macrolepis* (Klotzsch) Hedge & Yalt.
[40] *Populus nigra* L.
[41] *Pyrus communis* L.
[42] *Vitis vinifera* L.
[43] *Quercus suber* L.

[44] Ou seja: As partes essenciais das plantas – raiz, caule, ramo e rebento -, que não são homogéneas, são comparáveis, nos animais, aos membros. Mas constituem-se de elementos homogéneos – casca, madeira, medula -, provenientes, por sua vez, de elementos básicos, seivas, fibras, veias e carne.

1. 3. 1. Classificação das plantas

Dado que o nosso estudo se torna mais claro se se estabelecer uma classificação por géneros, parece correcto seguir esta metodologia tanto quanto possível. As categorias elementares e fundamentais, que praticamente abrangem todas ou quase todas as plantas, são: a árvore, o arbusto, o subarbusto e as ervas[45].

Árvore é a planta que tem só um tronco a partir de uma raiz, com múltiplos rebentos e ramos, e que não se arranca facilmente (por exemplo, a oliveira[46], a figueira[47] e a videira[48]). Arbusto é a que, a partir de uma raiz, tem muitos rebentos (por exemplo, as silvas[49] e o paliuro[50]). Subarbusto é a que nasce de uma raiz com muitos troncos e rebentos (por exemplo, a segurelha[51] e a arruda[52]). Ervas são as plantas que se formam de uma raiz com folhas, mas sem tronco, e cujo caule produz a semente (por exemplo, o trigo[53] e os legumes).

2. Estes conceitos devem, no entanto, ser entendidos e aplicados em sentido geral e em referência ao conjunto. Em certos casos, pode parecer que a nossa classificação sofre alterações; por outro lado, há plantas que, em cultivo, se tornam diferentes e parecem mudar de natureza; é o caso da malva[54], que pode crescer em altura e tornar-se uma árvore. Este é um processo que se produz em pouco tempo, uns seis ou sete meses, podendo a planta atingir o tamanho e a espessura de um dardo; é por isso que é usada como bengala.

---

[45] Esta classificação assenta apenas em aspectos exteriores das plantas, por exemplo o tipo de tronco ou as ramificações, o tamanho e a existência ou ausência de certas partes.

[46] Oliveiras (*Olea europaea* L. subsp. *europaea* var. *europaea*), figueiras (*Ficus carica* L.), videiras (*Vitis vinifera* L.) e os seus frutos faziam e fazem parte do quotidiano da vida grega. A oliveira foi uma das plantas primeiramente cultivadas na zona mediterrânica. Na tradição mítica ateniense, a oliveira de cultivo tinha sido oferta da deusa padroeira, Atena, à cidade, e tornou-se símbolo de vitória e paz.

[47] A figueira (*Ficus carica* L.) estava associada a Deméter.

[48] A videira (*Vitis vinifera* L.), que o cultivo reduziu frequentemente à dimensão de um arbusto ou subarbusto, tinha, no seu estado selvagem, o porte de uma liana, até 35 m. Era uma planta dedicada a Dioniso, considerado o seu criador e com ela frequentemente associado no mito e suas representações plásticas.

[49] Provavelmente *Rubus fruticosus* L., *lato sensu*, englobando várias espécies, e também referido por Dioscórides 43. 227.

[50] *Paliurus spina-christi* Mill., espinheiro de Cristo.

[51] Muito provavelmente S*atureja thymbra* L., uma planta da região mediterrânica oriental e de há muito cultivada como planta aromática.

[52] É uma planta de cheiro forte – *Ruta graveolens* L. 'arruda fétida', de acordo com Hort 1968: 25, Díaz Regañón 1988: 71 – que se encontrava em estado selvagem, mas também cultivada desde tempos muito recuados. Era conhecida como antídoto contra o veneno das serpentes e por outras virtudes medicinais. Esta é, no entanto, uma planta que não ocorre em estado selvagem na Grécia. Por isso, talvez com razão, Amigües 2010: 9 a considera *Ruta chalepensis* L. ('arruda de Alepo'). *Vide infra* nota 64.

[53] *Triticum aestivum* L.

[54] A descrição de Teofrasto faz crer que se trata de *Lavatera arborea* L. (agora *Malva arborea* (L.) Webb & Berthel.), conhecida entre nós por 'malva-arbórea'.

Se passar mais tempo, o crescimento faz-se em proporção. Outro tanto acontece com a beterraba[55]; também ela, em cultivo, ganha tamanho; e mais ainda os agno-castos[56], o paliuro e a hera[57], a ponto de, como é reconhecido, se tornarem árvores, quando fazem parte dos arbustos.

3. Pelo contrário o mirto[58], se se não podar, torna-se num arbusto, e o mesmo acontece com a aveleira de Heracleia[59]. Esta última parece produzir um fruto melhor e mais abundante, se se lhe deixar intacta boa parte das hastes, por ser, por natureza, do tipo arbusto. Não dá ideia de que a macieira[60], a romãzeira[61] e a pereira[62] tenham um só tronco – nem, em geral, as plantas que têm rebentos laterais a partir da raiz; é o cultivo o que lhes dá essa fisionomia, com a poda dos outros ramos. Há também uns tantos casos – como a romãzeira e a macieira – a que se deixa os vários troncos, por serem frágeis. Deixa-se também os das oliveiras e das figueiras cortados curtos.

4. Poderá haver quem sugira que, em geral, se classifique as plantas pelo tamanho, grande ou pequeno, noutros casos pela resistência ou fragilidade, ou pela duração maior ou menor. Entre as do tipo subarbusto e os legumes, há as que têm um tronco único e se desenvolvem de acordo com a natureza de uma árvore, caso da couve[63] e da arruda[64]; há, por isso, quem lhes chame 'legume arbóreo'; e a verdade é que os legumes, todos

---

[55] *Beta vulgaris* L.

[56] O agno-casto (*Vitex agnus-castus* L.) era uma planta popular na Antiguidade, pelas suas diversas qualidades. Dá-se perto da água, do mar ou dos rios, tem folha cinzenta e flores azul ou rosa, dispostas em cacho. Baumann 1984: 64 lembra a origem desta designação (remetendo para Dioscórides 1. 134): "Este arbusto era assim designado porque as mulheres, para afirmarem a sua castidade, nas Tesmofórias, festas anuais em honra de Deméter, se deitavam numa liteira feita dos seus ramos". Esta era uma planta que existia à entrada do templo de Hera, em Samos, e considerava-se como uma das espécies mais antigas (cf. Pausânias 8. 23. 5). Baumann 1984: 95 afirma que 'as árvores foram os primeiros templos dos deuses e os bosques sagrados os primeiros lugares de culto'; logo não surpreende esta ligação entre certos espaços sagrados e as espécies que lhes são próprias.

[57] *Hedera helix* L. Esta era uma planta fortemente ligada ao culto de Dioniso.

[58] O mirto, *Myrtus communis* L., era símbolo de juventude e beleza, em função das suas características: folhas sempre verdes, flores e perfume. Por ser uma planta associada à beleza era consagrada a Afrodite.

[59] Esta planta de Heracleia, no Ponto Euxino, corresponde à aveleira (*Corylus avellana* L.), que nasce também na Grécia e em toda a Europa. Talvez o tipo a que Teofrasto se refere seja uma importação do Ponto, de melhor qualidade.

[60] *Malus domestica* Borkh.

[61] *Punica granatum* L. Trata-se de uma planta proveniente da zona do Cáspio e muito antiga no próximo oriente; cf. Meeks 1993: 81. Para os Gregos, a romã era símbolo de fertilidade e associada com cultos do casamento e reprodução, como o de Hera. Segundo Pausânias 2. 19. 3, no santuário de Argos, Hera estava representada numa estátua criselefantina, com uma romã na mão.

[62] *Pyrus communis* L.

[63] Talvez aqui seja a couve selvagem – *Brassica cretica* Lam. - aquela que Teofrasto está a referir e não a cultivada, *Brassica oleracea* L.

[64] *Ruta graveolens* L. ou *Ruta chalepensis* L. *Vide supra* nota 52.

eles ou pelo menos a maior parte, quando permanecem na terra, ganham uma espécie de ramos e, no seu conjunto, assemelham-se a uma árvore, mas com uma duração menor.

5. Por isso, como íamos dizendo, não é de nos prendermos a definições muito precisas, mas de nos atermos a distinções num plano esquemático. Devemos criar tipos equivalentes para as plantas domésticas e selvagens, frutíferas e não frutíferas, com e sem flores, de folhagem persistente ou caduca. A diferença entre as selvagens e as domésticas parece depender do cultivo; de facto, como nota Hípon[65], qualquer planta pode ser selvagem ou doméstica, conforme se lhe presta ou não cuidados. Ser ou não ser frutífera ou ter ou não ter flores depende do habitat e do clima. E das mesmas condições depende a folhagem caduca e persistente. Assim ouve-se dizer que, em Elefantina[66], as videiras e as figueiras não perdem as folhas.

6. No entanto, temos de fazer estas distinções, porque há, no que diz respeito à natureza das árvores, arbustos, subarbustos e ervas, elementos comuns. Por isso, quando se lhes considera também as causas, é evidente que se tem de ter em consideração todas elas em conjunto e não de as considerar uma a uma; porque é razoável pensar que essas causas são também comuns a todas as plantas. Mesmo assim, parece haver alguma diferença natural, desde logo, entre as espécies selvagens e as domésticas, sendo que algumas não conseguem viver em cultivo, nem toleram qualquer cuidado; se o tiverem, definham - por exemplo, o abeto[67], o pinheiro[68] e o azevinho[69] e, em geral, todas as que se dão em climas frios e nevados, como também os subarbustos e as ervas (caso da alcaparra[70] e do tremoço[71]). Ao usar as designações de 'doméstico' e 'selvagem', é correcto ter em consideração, por um lado, estes casos[72] e, por outro, aqueles que são, no verdadeiro sentido da palavra, cultivados. Ora o Homem é o único ser a quem este qualificativo se aplica, ou, pelo menos, com mais propriedade.

---

[65] Hípon de Samos viveu em meados do séc. V a. C., numa época próxima de Péricles. Distinguiu-se como filósofo e médico e foi considerado discípulo de Tales no modo como entendeu a água como princípio de todas as coisas. As suas posições científicas vinham na linha da física iónica.

[66] Ilha situada no Nilo, diante de Assuão, no Alto Egipto, já muito próxima do trópico de Câncer.

[67] *Abies cephalonica* Loudon.

[68] *Pinus nigra* J.F. Arnold.

[69] *Ilex aquifolium* L.

[70] *Capparis spinosa* L. Cf. Dioscórides 2. 173. Esta era uma planta apreciada como legume ou condimento, a par do timo, do sésamo ou dos cominhos, por exemplo.

[71] *Lupinus pilosus* L. é o tremoceiro selvagem, nativo da zona mediterrânica oriental; o doméstico é *Lupinus albus* L.

[72] Ou seja, o das plantas que recusam em absoluto o cultivo.

1. 4. 1. Diferenças de natureza e de habitat

As diferenças, quer nas plantas como um todo, quer nas partes que as constituem, estão patentes no próprio aspecto. Refiro-me a questões como a dimensão maior ou menor, a maior ou menor resistência, serem lisas ou rugosas, características que se aplicam à casca, às folhas e às outras partes; ou seja, diferenças que resultam em perfeição ou imperfeição, e ainda na produção de bons ou maus frutos. Parece, de facto, que são as plantas selvagens as que mais fruto produzem (a pereira[73] e a oliveira[74], por exemplo); mas são as domésticas as que os produzem melhores, com um paladar mais doce e mais agradável e, em geral, por assim dizer mais digestivos.

2. Estas são, como atrás dissemos, diferenças de natureza. Mas há ainda, e em maior grau, as que distinguem: plantas que dão ou não fruto, de folhagem caduca ou persistente, e outras diferenças do género. Em relação a todas estas diferenças, há sempre que considerar também o habitat. Talvez nem seja possível proceder de outra forma. Tais diferenças de lugar parecem estabelecer uma repartição em espécies; por exemplo, plantas aquáticas e terrestres[75], como acontece com os animais. De facto, há plantas que não conseguem viver sem humidade; mas estas repartem-se em grupos distintos, consoante o tipo de humidade: há as que se dão nos pântanos, nos lagos, nos rios ou até no mar, umas que no nosso mar são mais pequenas, mas maiores no mar Vermelho[76]. Há algumas que são próprias de terrenos alagados e pantanosos, como o salgueiro[77] e o plátano[78]; outras não conseguem, de forma alguma, viver na água e procuram lugares secos. Entre as mais pequenas, há aquelas que são próprias de regiões costeiras.

3. No entanto, se quisermos ser rigorosos, poderemos verificar que há espécies que pertencem aos dois ambientes, que são, por assim dizer, anfíbias, como a tamargueira[79], o salgueiro e o amieiro[80]; e que há outras também,

---

[73] A pereira selvagem (*Pyrus amygdaliformis* Vill., enquanto a doméstica é *Pyrus communis* L.) produz um fruto áspero, que, na Grécia, era consumido por gente pobre (Alexis fr. 167 K.-A.) ou usado para a engorda de suínos (Aristóteles, *História dos animais* 595a 29). No fragmento do poeta cómico (fr. 167. 11-13 K.-A.), a pera selvagem é incluída numa lista de outras espécies vegetais de consumo alimentar comum: 'a fava, o tremoço, os legumes, o nabo, a ervilhaca-dos--campos, o chícharo, a avelã, a cebola, (...), o grão-de-bico e a pera selvagem'.

[74] *Olea europaea* L. subsp. *europaea* var. *sylvestris* (Mill.) Lehr, a oliveira selvagem (zambujeiro, enquanto a doméstica é *Olea europaea* L. subsp. *europaea* var. *europaea*) produz uma azeitona muito pequena, não tão saborosa e pouco oleosa.

[75] Esta mesma repartição é estabelecida para os animais, em Aristóteles, *História dos animais* 487a 15-16.

[76] *Vide infra* 4. 7. 1.

[77] *Salix*.

[78] *Platanus orientalis* L.

[79] Deve ter razão Amigües 2010: 12, que identifica esta planta como *Tamarix hampeana* Boiss. & Heldr., que vegeta perto do mar, como diz Teofrasto.

[80] *Alnus glutinosa* (L.) Gaertn.

reconhecidas como de terrenos secos, que por vezes vivem no mar, caso da tamareira[81] da cila[82] e do asfódelo[83]. Mas a observação de excepções deste género, e feita desta forma, não é a maneira correcta de proceder[84]. Porque a natureza da planta não se rende a estas circunstâncias como a leis imperativas. É esta a abordagem que se deve fazer da classificação e, de um modo geral, do estudo das plantas; assim todas elas, estas e as outras, vão diferir entre si, como atrás se disse[85], pelo aspecto geral, pela diferença nas partes – se as têm ou não, ou em maior ou menor número -, pela disposição dissemelhante, ou pelos traços que presidem à classificação que atrás estabelecemos.

4. Talvez seja também oportuno considerar em que lugares cada planta se produz ou não produz. Esta é uma diferença importante e particularmente característica das plantas, ou não estivessem elas presas ao solo e não soltas, como os animais[86].

1. 5. 1. O tronco ou o caule

Deve-se tentar enunciar as diferenças quanto às partes, primeiro numa abordagem de conjunto, considerando as que são comuns; para passar depois ao pormenor e terminar numa síntese mais alargada.

Há plantas que crescem erectas e que têm um tronco alto, como o abeto, o pinheiro e o cipreste[87]; enquanto outras são mais sinuosas e de tronco mais curto, como o salgueiro, a figueira e a romãzeira; em espessura do tronco, maior ou menor, as diferenças são equivalentes. Há ainda as que têm um só tronco ou troncos múltiplos. Esta diferença corresponde à que se estabelece

---

[81] Esta é *Phoenix theophrasti* Greuter, também ela com preferência pela vizinhança do mar.

[82] É uma planta outonal, existente na Grécia desde tempos muito recuados, conhecida pelo seu valor apotropaico e medicinal. Trata-se, seguramente, da *Urginea maritima* (L.) Baker (com o nome válido actual de *Drimia maritima* (L.) Stearn), mais conhecida, entre nós, por 'cebola-albarrã'. Este bolbo garante a humidade e protege a planta do ataque dos insectos. Cf. Plínio, *História natural* 7. 11. 16.

[83] Era uma planta, já desde Homero (*Odisseia* 11. 539, 24. 13), associada com a morte pelo seu aspecto um pouco pálido e sombrio (os *Asphodelus* são vulgarmente conhecidos por 'abróteas', sendo este, provavelmente, *Asphodelus ramosus* L.). É num prado de asfódelos que Hades recebe os mortos. Amigües 2010: 12, 17, etc. considera que se trata do *Asphodelus aestivus* Brot., mas esta espécie é endémica do Sudoeste da Península Ibérica. O uso de *Asphodelus aestivus* Brot. para designar erroneamente *Asphodelus ramosus* L. de grande parte da Europa está bastante generalizado na bibliografia.

[84] A metodologia que Teofrasto recusa é a articulação entre o comportamento natural da planta e o ambiente em que se encontra apenas acidentalmente inserida. O que lhe parece correcto é focar-se nos traços naturais de cada planta; e, quanto ao habitat, saber qual é aquele em que a planta sobrevive ou não, de forma permanente.

[85] *Vide supra* 1. 1. 6.

[86] Cf. Platão, *Timeu* 77b-c.

[87] *Cupressus sempervirens* L. Pela sua particular durabilidade, o cipreste teve aplicações dirigidas à construção de portas de templos, de sarcófagos e à construção naval. Muito comum na flora cretense, foi desde cedo exportado para o continente grego e para o Egipto.

entre as que têm ou não rebentos laterais. Há-as com muitos ou poucos ramos (a tamareira, por exemplo). E nestas categorias há ainda diferenças de resistência, espessura e outras do género.

2. Há também as de casca fina, como o loureiro[88] e a tília[89]; e as de casca grossa, como o carvalho. Há ainda as de casca lisa (a macieira[90] e a figueira[91]) e as de casca enrugada (o carvalho selvagem[92], o sobreiro[93] e a tamareira[94]). Quando são novas, todas têm a casca mais lisa, e mais rugosa à medida que envelhecem. Há algumas em que a casca fende, como a da videira[95], noutras chega a soltar-se, como o medronheiro-do-oriente[96], a macieira e o medronheiro[97]. Há também as que têm uma casca carnuda, o sobreiro, o carvalho e o choupo[98], por exemplo. Outras têm-na fibrosa e sem carne, o que se aplica igualmente a árvores, arbustos e plantas anuais, caso da videira, do caniço[99] e do trigo[100]. Há cascas que têm mais de uma camada, a tília[101], o abeto[102], a videira, a giesta[103] e a cebola[104]; outras apenas uma camada, a figueira, o caniço, o joio[105]. São estas as diferenças no que diz respeito à casca.

3. No que se refere às madeiras especificamente e aos caules em geral, há-os que são carnudos, como os do carvalho e da figueira, e, nas espécies

---

[88] O loureiro (*Laurus nobilis* L.) era a árvore dedicada a Apolo. Segundo a lenda, depois de ter vencido a serpente Píton, Apolo ter-se-ia banhado no vale do Tempe, povoado de loureiros, antes de se instalar no santuário de Delfos. Diz Pausânias 10. 5. 9 que o primeiro templo de Apolo foi construído deste tipo de madeira.

[89] É uma árvore que existia na Grécia em estado selvagem (*Tilia platyphyllos* Scop. ou *Tilia tomentosa* Moench).

[90] *Malus domestica* Borkh.

[91] *Ficus carica* L.

[92] *Quercus ithaburensis* Decne. subsp. *macrolepis* (Klotzsch) Hedge & Yalt.

[93] *Quercus suber* L.

[94] *Phoenix dactylifera* L.

[95] *Vitis vinifera* L.

[96] Pausânias 9. 22 diz ter visto uma destas plantas em Tânagra, na Beócia, relacionada com a vida de Hermes. De facto, em Tânagra situava-se o monte Cerício, segundo a tradição o local do nascimento do deus. É provável que se trate de *Arbutus andrachne* L.

[97] O medronheiro (*Arbutus unedo* L.) frutifica no outono, juntamente com a floração seguinte. Segundo o mito, seria uma metamorfose de Gérion, o monstro de três cabeças e três corpos, que, segundo a tradição, habitava Tartesso, no sul da Espanha. Um dos trabalhos de Héracles consistiu em se apropriar do gado de Gérion, que saiu ferido de um combate com o herói. Do seu sangue nasceu então o medronheiro; *vide* Graves (2) reimpr. 1977: 132-133.

[98] *Populus nigra* L.

[99] Este era o tipo de cana (*Arundo donax* L.) com que o deus Pã construiu a sua flauta.

[100] *Triticum aestivum* L.

[101] *Tilia platyphyllos* Scop. ou *Tilia tomentosa* Moench.

[102] *Abies cephalonica* Loudon.

[103] Trata-se de uma espécie de *Cytisus* (mais provavelmente), de *Genista* ou de *Spartium*. É ainda aceitável a hipótese colocada por Díaz Regañón 1988: 79 de que se trate de *Spartium junceum* L., referida por Dioscórides 4. 154 e Amigües 2010: 13.

[104] *Allium cepa* L.

[105] *Lolium temulentum* L. Esta é uma erva de má qualidade que cresce juntamente com o trigo.

inferiores, os do espinheiro[106], da beterraba[107] e da cicuta[108]. Outros não são carnudos, como o do *kédros*[109], do *lótus*[110] e do cipreste[111]. Há-os fibrosos, como sejam as madeiras do abeto e da tamareira; outros não têm fibras, como o da figueira. Da mesma maneira há-os com veias e sem veias[112]. Quanto aos subarbustos, arbustos e às plantas lenhosas em geral, há ainda outras diferenças a considerar; assim o caniço tem nós, as silvas e o paliuro têm espinhos. Em contrapartida a tifa[113] e algumas plantas dos pântanos ou dos lagos são, umas e outras, desprovidas de nós e lisas, caso do junco[114]. O caule da junça[115] e do bútomo[116] são relativamente lisos, se comparados com aquelas. E talvez mais ainda o caule do fungo.

4. Pode considerar-se que são estas as diferenças entre as partes de que se constituem as plantas. Mas há outras, correspondentes às qualidades e propriedades: a dureza e a fragilidade, a viscosidade e a secura, a consistência e a moleza, a leveza e o peso, e outras do género. Assim o salgueiro, mesmo quando verde, é desde logo leve, como também o sobreiro; enquanto o buxo[117] e o ébano[118] não o são, nem mesmo depois de secos. Há madeiras friáveis, como a do abeto, e outras mais quebradiças, como a da oliveira. Há-as sem nós, como a do sabugueiro[119], e com nós, como a do pinheiro[120] e do abeto.

5. Tais diferenças devem atribuir-se à natureza da planta. O abeto, por exemplo, é friável por ser de grão fino; a oliveira é quebradiça por ser sinuosa e dura; a da tília e mais umas tantas madeiras são flexíveis por terem uma

---

[106] Provavelmente *Rhamnus lycioides* L. Apesar de, na opinião de Amigües 2010: 13, se tratar de *Althaea cannabina* L., traduzida por 'guimauve-chanvre', não nos parece que o grego ῥάμνος possa corresponder a essa erva.

[107] *Beta vulgaris* L.

[108] *Conium maculatum* L. Este foi o produto que levou Sócrates à morte. Dioscórides 4. 78 refere-lhe as propriedades calmantes, por um lado, mas altamente tóxicas, por outro.

[109] *Juniperus oxycedrus* L. *Kédros*, em Teofrasto, nem sempre representa a mesma espécie de *Juniperus* L. Neste caso, estamos de acordo com Amigües 2010: 95 e Díaz Regañón 1988: 80 de que se trata de *Juniperus oxycedrus* L.

[110] *Ziziphus lotus* (L.) Lam., a que chamamos 'anáfega' ou 'açufeifeira'. Amigües 2010: 13 traduz, neste passo, por 'micocoulier' - que é *Celtis australis* L. -, não nativo da Grécia, embora traduza esta mesma palavra 'lótus' (Amigües 2010: 15) por 'jujubier' - *Ziziphus lotus* (L.) Lam.

[111] *Cupressus sempervirens* L.

[112] Estas veias são os vasos das plantas: liber, para a seiva elaborada, e lenho, para a seiva bruta.

[113] Provavelmente a *Typha latifolia* L., que é a mais comum na Grécia, embora também ocorra a *Typha angustifolia* L., tal como se considera em Dioscórides 3. 118 e Amigües 2010: 14.

[114] Provavelmente *Juncus acutus* L.

[115] Provavelmente *Cyperus rotundus* L.

[116] *Butomus umbellatus* L., a que chamamos 'junco-florido', é uma planta frequente nos pauis e pântanos de toda a Europa.

[117] *Buxus sempervirens* L.

[118] *Diospyros ebenum* J. König. ex Retz.

[119] *Sambucus nigra* L.

[120] Provavelmente *Pinus nigra* J. F. Arnold.

seiva viscosa; o buxo e o ébano são pesados por serem muito compactos, como também o carvalho, pelos seus componentes minerais. E do mesmo modo as outras particularidades das plantas estão sempre relacionadas com a sua natureza.

1.6.1. Outras diferenças particulares

Há também diferenças na medula. Em primeiro lugar, há plantas que a têm e outras não, como acontece – dizem alguns – com o sabugueiro[121], por exemplo. Além disso, mesmo nas que a têm, numas é carnuda, noutras lenhosa e noutras ainda membranosa. Carnuda é, por exemplo, a da videira, da figueira, da macieira, da romãzeira, do sabugueiro e da férula[122]. Lenhosa a do pinheiro de Alepo[123], do abeto, do pinheiro (sobretudo a deste último, devido à resina). Mais duras ainda e mais compactas são as do cornizo[124], do quermes[125], do carvalho, do 'cítiso'[126], da amoreira[127], do ébano[128] e do *lótus*.

2. As medulas diferem também pela cor. São escuras as do ébano e do carvalho, do que se chama 'carvalho negro'[129]. Qualquer medula é mais dura e mais quebradiça do que a madeira; por isso não tem flexibilidade. Há também diferenças na textura, mais ou menos compacta. A medula membranosa nas árvores não existe ou é rara. Existe nos arbustos e nas plantas lenhosas em geral, como o caniço, a férula e outras do género. Há as que têm a medula grande e bem visível, caso do quermes, do carvalho e das outras já referidas. Há as que a têm menos visível, como a da oliveira e

---

[121] *Sambucus nigra* L.

[122] *Ferula communis* L.

[123] *Pinus halepensis* Mill.

[124] *Cornus mas* L. Esta era uma madeira de qualidade, muito expandida na Antiguidade. Os seus frutos eram usados como alimento para os porcos (*Odisseia* 10. 242). A madeira, pela resistência, era útil no fabrico de dardos. É designada por 'cerejeira-corneliana'.

[125] O carvalho quermes era um tipo de árvore infestada de um determinado insecto que produzia uma tinta vermelha, usada em tinturaria. Era a partir dos insectos recolhidos deste tipo de carvalho, macerados, que se obtinha a tinta. É ao insecto que provoca as cecídeas (galhas) nos carvalhos que chamamos quermes (Hemípteros, Filoxerídeos da subfamília dos Afídeos). O carvalho quermes talvez seja o designado por *Quercus coccifera* L.

[126] Nome de uma árvore parecida com o ébano, própria de regiões temperadas, que existe em vários países europeus, mas não é nativa da Grécia. Alguns autores identificam estes 'cítisos' com *Laburnum anagyroides* Medik. (a que Lineu, 1753, chamou *Cytisus laburnum* L.), sempre referido em Teofrasto juntamente com o ébano. Embora não nativa da Grécia – apesar de Teofrasto aqui se referir à dureza da sua madeira -, Amigües 2010: 15, a partir de testemunhos micénicos, admite o seu uso já na construção do palácio de Pilos, entre os séc. XIV-XII a. C.

[127] Existe a amoreira-negra, *Morus nigra* L., e a amoreira-branca, *Morus alba* L., mas a mais extensivamente cultivada e desde épocas ancestrais é a amoreira–negra. Portanto, deve ser a esta que Teofrasto se está a referir.

[128] *Diospyros ebenum* J. König. ex Retz.

[129] Em alguns países europeus chama-se carvalho-negro a *Quercus petraea* (Matt.) Liebl. e a *Quercus pubescens* Willd. (*Quercus humilis* Mill.). Deve tratar-se aqui deste último.

do buxo. De facto, nestas árvores ela não se encontra separada; há mesmo quem diga que se não encontra ao centro, mas dispersa; de modo que não tem um lugar específico. Pode por isso dar a ideia de que algumas árvores não a possuem de todo. Por exemplo, na tamareira não se percebe, seja onde for, nenhuma diferença.

3. Há também diferenças nas raízes. Há plantas que as têm múltiplas e longas, como a figueira, o carvalho e o plátano[130]. Porque, se tiverem espaço, as raízes estendem-se por todo o lado. Outras têm poucas raízes, caso da romãzeira e da macieira; outras uma única raiz, como o abeto e o pinheiro; ou seja, têm uma só raiz no sentido de que é a única grande e profunda, porque dessa parte uma quantidade de outras pequenas. Mesmo em algumas plantas que não têm apenas uma raiz, a do meio é grande e profunda (a da amendoeira[131], por exemplo). Na oliveira, pelo contrário, esta raiz central é pequena e as outras maiores, dispostas em forma de caranguejo. Há ainda casos em que são grossas, e noutros de grossura mais irregular, por exemplo o loureiro[132] e a oliveira; ou então todas delgadas (a videira[133]).

4. As raízes diferem também por serem lisas ou rugosas e em função da densidade. Em todas as árvores as raízes são mais frágeis do que as partes aéreas, mas a densidade varia de espécie para espécie, como também se apresentam mais ou menos lenhosas. Há as que são fibrosas (as do abeto), outras mais carnudas (como as do carvalho), outras como que ramificadas e franjadas (as da oliveira, isto porque a oliveira tem uma série de raízes finas, pequenas e em tufo); todas são produzidas a partir das raízes maiores, mas não se apresentam igualmente compactas ou numerosas.

Há também árvores de raízes profundas (o carvalho, por exemplo), outras de raiz superficial (a oliveira, a romãzeira, a macieira e o cipreste). Há ainda raízes erectas e uniformes, e outras sinuosas e embaraçadas. Isto acontece não só por causa do lugar onde não encontrem uma passagem fácil, mas também se deve à própria natureza da raiz, como no loureiro e na oliveira. As da figueira e de outras plantas do género são retorcidas por não encontrarem passagem fácil.

5. Todas as raízes, do mesmo modo que os troncos e os ramos, têm medula, o que não é de estranhar. Há umas que criam rebentos virados para cima (as da videira e da romãzeira). Outras não têm rebentos (o abeto, o cipreste e o pinheiro). As mesmas diferenças encontram-se nos subarbustos, nas ervas e noutras, à excepção de algumas que simplesmente não têm raiz (a trufa, o

---

[130] *Platanus orientalis* L.
[131] *Prunus dulcis* (Mill.) D. A. Webb.
[132] *Laurus nobilis* L.
[133] *Vitis vinifera* L.

fungo, o fungão e a 'trufa-do-raio'[134]). Há plantas com muitas raízes (o trigo, o trigo candial[135], a cevada[136] e outras do género, ao que parece ...); ou com poucas raízes (os legumes).

6. Boa parte dos legumes tem uma só raiz (a couve[137], a beterraba[138], o aipo[139] e a paciência[140]); contudo algumas têm raízes secundárias de grande dimensão (caso do aipo e da beterraba), e, em proporção, mais profundas do que as das árvores. Há também as que as têm carnudas (o rabanete[141], o nabo[142], o jarro[143] e o açafrão[144]). Outras têm-nas lenhosas (a eruca[145] e o basilicão[146]). O mesmo se passa com a maior parte das plantas silvestres, menos as que têm, desde o início, raízes numerosas e repartidas (o trigo, a cevada[147] e a chamada 'erva'[148]). Nas plantas anuais e nas ervas, a diferença das raízes é a seguinte: numas elas dividem-se logo e são numerosas e uniformes; noutras há uma ou duas raízes principais, e as restantes partem destas.

7. De um modo geral, as diferenças nas raízes são mais numerosas nas plantas lenhosas e legumes. Umas são lenhosas (a do basilisco), outras carnudas (como as da beterraba, e mais ainda as do jarro, do asfódelo e do açafrão); há outras que como que têm casca e carne (as dos rabanetes e dos nabos); há-as com nódulos (as dos caniços[149], das gramas[150], e das do tipo caniço). São estas as únicas, ou pelo menos as que mais se assemelham às partes aéreas; são uma

---

[134] Amigües 2010: 16 estabelece a distinção entre *mykes*, a designação geral para o 'fungo', e o 'fungão', com o pedúnculo curto e grosso e o chapéu alveolado. Por sua vez *hydnon* é a designação geral da trufa, que apresenta variedades. As trufas são fungos subterrâneos pertencentes a vários géneros, entre os quais o género *Tuber*. Díaz Regañón 1988: 85 traduziu este último como 'trufa-de-verão', que é *Lagermannia gigantea* Batsch ex Pers.
[135] *Triticum monococcum* L.
[136] *Hordeum vulgare* L.
[137] *Brassica oleracea* L.
[138] *Beta vulgaris* L.
[139] *Apium graveolens* L.
[140] *Rumex patientia* L.; a erva-da-paciência, nativa da Grécia, é comestível e cultivada com esse fim em alguns países.
[141] *Raphanus sativus* L.
[142] *Brassica rapa* L.
[143] *Arum italicum* Mill.
[144] *Crocus sativus* L. Esta era uma planta muito utilizada na tinturaria, e também como condimento. Dá-se na Ásia Menor e junto ao mar Cáspio. Na Grécia encontra-se apenas uma subespécie. Sobre as aplicações do açafrão, na confecção de coroas, na tinturaria, na perfumaria, na cosmética e na produção de fármacos, *vide* Goubeau 1993: 23-26. Sobre a qualidade particular do açafrão da Cirenaica, *vide infra* 4. 5. 5.
[145] *Eruca vesicaria* (L.) Cav.; cf. Dioscórides 2. 140.
[146] *Ocimum basilicum* L.
[147] *Hordeum vulgare* L.
[148] Teofrasto deve estar a referir-se a qualquer outra gramínea, família a que pertence o trigo, a cevada, a aveia e o centeio.
[149] *Arundo donax* L.
[150] *Cynodon dactylon* (L.) Pers.

espécie de caniços presos à terra por raízes finas. Há as que têm escamas ou cascas (como as da cila[151], do bolbo[152] e ainda da cebola e de outras parecidas). É sempre possível ir-lhes arrancando novas camadas de pele.

8. Todas as plantas deste género parecem ter dois tipos de raízes; segundo outras opiniões, este é o caso, em geral, de todas as plantas com o bolbo maciço e raízes profundas. Têm raiz carnuda e cascuda, como a da cila[153], e outras que nascem destas. Não se distinguem apenas por serem finas ou grossas (como as das árvores e dos legumes), mas porque são de outro género. O caso mais evidente é o do jarro[154] e da junça[155]; a primeira é grossa, lisa e carnuda; a segunda fina e fibrosa. Por isso, seria de pôr em causa se estas merecem a designação de raízes; na medida em que são subterrâneas, parecem raízes; mas como são o oposto das outras, pode contestar-se que o sejam. De facto, este tipo de raiz torna-se mais fino à medida que se alonga e termina sempre em ponta. A das cilas, dos bolbos e do jarro faz o contrário.

9. Além disso, enquanto as restantes plantas emitem raízes laterais, as cilas e os bolbos não; nem tão pouco os alhos[156] e as cebolas[157]. Em geral nestes casos as raízes que estão presas ao meio da cabeça parecem verdadeiras raízes, porque receptoras de alimento. Esta cabeça é uma espécie de embrião ou fruto; por isso, quem fala de 'reprodução subterrânea' está correcto. Mas noutros casos não é assim; neles a natureza da raiz suscita um problema, porque esta não corresponde ao que se esperaria dela. Por isso, chamar raiz a tudo o que está debaixo da terra é um erro. Ou, nesse caso, o caule do bolbo, o do cebolinho[158] e, em geral, todas as partes profundas seriam raízes; e o mesmo se passaria com a trufa, aquela a que há quem chame 'bexiga-do-

---

[151] *Drimia maritima* (L.) Stearn.

[152] A *Leopoldia comosa* (L.) Parl. (a que chamamos 'cebolinho-de-flor-azul') parece ter sido o único tipo de cebola, não cultivado, consumido na Antiguidade. Era conhecido como um legume alimentício e com propriedades diuréticas.

[153] *Drimia maritima* (L.) Stearn.

[154] *Arum italicum* Mill.

[155] Provavelmente *Cyperus rotundus* L.

[156] *Allium sativum* L. Uns dentes de alho faziam parte do tipo de comida leve e rápida de alguém, de posses modestas, que se ausenta em trabalho (Aristófanes, *Acarnenses* 163-166, *Mulheres na assembleia* 291-292, 307-309), juntamente com um naco de pão, umas cebolas ou umas azeitonas; τὰ σκόροδα, os alhos, identificados como um produto típico de Mégara (*vide infra* nota 352) e como base de uma refeição simples, constituem o condimento essencial do μυττωτός (*Acarnenses* 174), um paté feito de alhos e azeitonas, a que se podia juntar ovos, mel, queijo, azeite ou vinagre; esta ementa produz-se com auxílio de um almofariz, que reduz a uma pasta todos os ingredientes (*Cavaleiros* 771, *Vespas* 63, *Paz* 246-247, 273). Por seu lado, particularmente austero era o farnel do soldado. Previstas para uma ausência de três dias (*Acarnenses* 197, *Vespas* 243, *Paz* 312, 1182), as rações de combate não iam muito além de alhos, cebolas e uma pitada de sal (*Acarnenses* 1099, *Cavaleiros* 600, *Paz* 529, 1129).

[157] *Allium cepa* L.

[158] *Allium schoenoprasum* L. Γήθυον refere-se ao *Allium schoenoprasum* L., que designamos por 'cebolinho' e não ao cultivar 'cebolinho' *Allium cepa* L. ('cebola'), em grego κρόμμυον.

-lobo'[159], com o *vingon*[160] e com todas as plantas subterrâneas. Ora nenhuma delas é uma raiz; porque é pela função natural e não pela localização que a distinção se tem de fazer.

10. Mas talvez essa identificação esteja certa e essas partes sejam de facto raízes. Nesse caso distinguiremos dois modelos de raiz, uma que é desse tipo e outra de tipo diferente, sendo que uma se alimenta da outra. Todavia também as carnudas parecem absorver, elas próprias, o alimento. De qualquer forma, às do jarro[161] há quem lhes dê a volta antes de a planta rebentar e elas crescem mais, quando impedidas de produzir rebentos. Porque é evidente que a tendência natural de todas estas plantas é para se orientarem sobretudo para baixo; os caules e as partes superiores em geral têm-nos curtos e frágeis, e as de baixo grandes, múltiplas e fortes; esta é a situação não apenas dos casos referidos, mas também do caniço, da grama[162], de todas as plantas do tipo caniço[163] e das que se lhes assemelham. Também as que são próximas da férula[164] têm raízes grandes e carnudas.

11. Muitas das ervas têm também este tipo de raiz (por exemplo a toupeira[165], o açafrão e a chamada erva-das-perdizes[166]; esta, de facto, tem raízes grossas e em maior número do que as folhas; recebe este nome por as perdizes se enrolarem nela e a arrancarem). Outro tanto se passa com a planta que, no Egipto, se chama *vingon*[167]; tem as folhas grandes, os rebentos curtos, a raiz comprida, que constitui, por assim, dizer, o fruto. Distingue-se pela qualidade e é comestível; apanham-na quando o rio desce, revolvendo a terra.

12. Mas os casos mais gritantes de plantas que apresentam o maior número

---

[159] Amigües 2010: 18 considera ser *Lycoperdon verrucosum* Bull., que agora é *Scleroderma verrucosum* (Bull.) Pers.

[160] *Colocasia esculenta* (L.) Schott.

[161] *Arum italicum* Mill.

[162] *Cynodon dactylon* (L.) Pers.

[163] *Arundo donax* L

[164] *Ferula communis* L.

[165] Texto provavelmente corrupto. A proximidade com o nome da 'perdiz' pode explicar a menção de 'toupeira', que, como nome de planta, não parece fazer sentido; de resto Teofrasto explica o porquê da designação de 'erva-das-perdizes' e não o faz a propósito de 'toupeira', o que pode corroborar a ideia de uma leitura errada do texto. Díaz Regañón 1988: 88 traduz por 'bistorta', *Polygonum bistorta* L.; considera-o o mesmo tradutor equivalente a *Polygonum maritimum* L. (quando na verdade corresponde a *Persicaria bistorta* (L.) Samp.). Seja como for, esta identificação não parece provável, por se tratar de uma espécie das dunas marítimas. Por sua vez Amigües 2010: 18 identifica a planta que aqui se designa por 'toupeira' com B*iarum tenuifolium* (L.) Schott, e atribui esse nome popular à cor da sua inflorescência, de um castanho aveludado e de cor avermelhada.

[166] Designação que estabelecemos à semelhança de erva-das-galinhas, que é *Polygonum aviculare* L. É mesmo de presumir que é a ela que Teofrasto se refere, como mais tarde o fará também Dioscórides (4. 4). Por sua vez Amigües 2010: 18 afirma que, actualmente, na Grécia chamam 'erva-das-perdizes' à *Aetheorhiza bulbosa* (L.) Cass.

[167] *Colocasia esculenta* (L.) Schott.

de diferenças em relação às outras são o sílfio[168] e a chamada *magídaris*[169]. Nestas duas e em todas as do mesmo género, a força natural concentra-se na raiz. É esta a referência a fazer sobre estas plantas.

Algumas raízes parecem, porém, apresentar particularidades mais relevantes ainda do que as já referidas; estão neste caso a araquidna e a da planta parecida com a ervilhaca[170]. Ambas produzem um fruto subterrâneo, que não é mais pequeno do que o que nasce acima da terra. A do tipo ervilhaca tem uma única raiz grossa, mais profunda, e as outras, que produzem o fruto, são mais finas e muitas vezes repartidas na ponta; dá-se sobretudo em solos arenosos. Nenhuma destas plantas tem folhas nem nada que se lhes assemelhe. São, isso sim, plantas com fruto duplo, o que é uma coisa surpreendente. São estas, portanto, as diferenças mais notáveis no que se refere à natureza e funções das raízes.

---

[168] *Ferula tingitana* L. Esta era uma planta de planaltos, cujo principal produtor era a Cirenaica, na Líbia. Da sua importância para a economia da região fala o facto de o sílfio figurar nas suas moedas. Heródoto (4. 169, 192) refere-se-lhe a propósito da fundação de Cirene. Esta cidade parece ter sido fundada por colonos de Tera (cf. Heródoto 4. 147-158), c. 631 a. C. Mas a proposta de Teofrasto (cf. 6. 3. 3) indica uma fundação um pouco mais tardia, c. 611 a. C., tendo em conta o arcontado de Simónides, em 310 a. C. Tornou-se, de toda a forma, na mais importante colónia grega da África do Norte. Esta região gozou de uma grande prosperidade, como produtora de cereais, lã, azeite e sobretudo sílfio. Corcella, Medaglia e Fraschetti 1993: 360-361 descrevem este último como uma planta de produção espontânea, colhida pelos indígenas e vendida ao rei de Cirene. Tinha uma importante utilização culinária e o suco que dela se extraía era usado com fins terapêuticos. Estrabão (17. 3. 22) testemunha já a escassez que certamente foi resultando da exploração excessiva; cf. ainda Plínio 19. 38-46. A sua popularidade na Atenas clássica é testemunhada pela insistência com que a comédia se lhe refere; cf. Aristófanes *Cavaleiros* 895, *Aves* 534, 1582, *Mulheres na assembleia* 1171, *Pluto* 925. Amigües 2010: 19 e 225 considera, com dúvidas, poder ser outra umbelífera muito rara, a *Margotia gummifera* (Desf.) Lange. Ambas (*Ferula tingitana* L. e *Margotia gummifera* (Desf.) Lange) são umbelíferas raras, do Norte de África e Península Ibérica, que vegetam na Cirenaica, como refere Teofrasto.

[169] Uma possibilidade é a de que se trate da *Magydaris pastinacea* (Lam.) Paol, uma planta da Sardenha e Sicília, também chamada 'basilisco', que, no entanto, Díaz Regañón 1988: 89 e Dioscórides não referem. Em contrapartida, ambos (*vide* Dioscórides 3. 71) admitem a hipótese razoável de se tratar de outra planta da mesma família, *Prangos ferulacea* (L.) Lindl. Amigües 2010: 228, porém, admite ser outra umbelífera, *Laserpitium siler* L.

[170] Díaz Regañón 1988: 89 sugere uma identificação desta planta ('parecida com a ervilhaca') com o *Lathyrus tuberosus* L., o chícharo-tuberoso, o que entra em conflito com uma característica sublinhada por Teofrasto: esta espécie, ao contrário da referida pelo autor da *História das Plantas*, não tem frutos hipógeos. A ervilhaca (*Vicia sativa* L.), referida a seguir, tem frutos epígeos e não hipógeos. Assim, foi possível identificar esta planta como sendo *Vicia amphicarpa* L., pois tem flores casmogâmicas com frutos epígeos, com seis a quinze sementes, e flores cleistogâmicas com frutos hipógeos geralmente com uma semente, tal como a araquidna, embora Teofrasto se tenha equivocado ao afirmar que esta planta não tem folhas; certamente observou apenas ramos hipógeos, que são afilos, e ramos epígeos já desfolhados.

1.7. 1. Diferenças entre as raízes

Dá ideia de que as raízes de todas as plantas crescem antes das partes superiores (porque esse desenvolvimento se faz em profundidade). Mas nenhuma raiz atinge níveis além daqueles a que a luz do sol chega, já que é o calor o que impulsiona o crescimento. No entanto, a natureza do solo, se for leve, solto e permeável, tem uma grande influência na profundidade da raiz e mais ainda no seu comprimento. De facto, é em solos com essas características que o crescimento das raízes vai mais longe e é maior. É o que se pode verificar com clareza nas plantas de cultivo; se tiverem água, elas dão-se, por assim dizer, onde quer que seja, desde que haja espaço livre e sem obstáculos. Assim por exemplo, o plátano[171], no Liceu[172], junto ao canal, que ainda é novo, projectou as raízes uns trinta e três côvados[173], por ter ao mesmo tempo espaço e nutrição.

2. Pode parecer, digamos assim, que a figueira[174] é a árvore que tem as raízes mais compridas, bem como em geral as plantas de textura solta e raízes direitas, que as têm também bastante longas. Todas as plantas jovens, ao atingirem o apogeu, têm raízes mais profundas e mais longas do que as antigas. Porque as raízes entram em decadência, juntamente com o resto do organismo. Em todas as plantas sem distinção, os sucos da raiz são mais poderosos do que os das outras partes, e em algumas mesmo de um modo particular. Por isso, as raízes, em certas plantas, são amargas, enquanto os frutos são doces; há outras raízes com propriedades medicinais, outras que são odoríferas, como a íris[175].

3. As características naturais e a funcionalidade da raiz é particular na figueira da Índia[176]. A partir dos rebentos crescem raízes, que atingem o solo

---

[171] *Platanus orientalis* L.

[172] A escola fundada por Aristóteles, a partir de 355 a. C., nos subúrbios de Atenas, próxima do rio Ilisso, recebeu o nome da vizinhança com o templo de Apolo *Lykeios*. O deambulatório coberto que este espaço possuía justificou a designação de 'peripatéticos', ou 'os que faziam as suas reflexões deambulando'.

[173] Cerca de 14,5 metros.

[174] *Ficus carica* L.

[175] Este é o nome da deusa mensageira dos Olímpicos, que passou a designar um certo tipo de planta com flores coloridas e odoríferas. Trata-se de uma *Iris*, muito provavelmente *Iris x germanica* L.

[176] Esta é uma planta originária da Índia, que se aclimatou na Grécia. Possivelmente a planta a que Teofrasto chama 'figueira-da-índia' é uma árvore (ele diz que tem tronco), com certeza um *Ficus*, e provavelmente o *Ficus benghalensis* L. Como os ramos da copa emitem espeques (ramos verticais de geotropismo positivo e produtores de raízes), a árvore vai-se estendendo, podendo ser 'orientada' antropicamente, para formar sebes e até 'latadas'. Apresenta-se como uma árvore alta, com raízes aéreas, que, depois de se enraizarem no solo, formam verdadeiras colunas. No verão, esta planta produz figos, que são muito aromáticos, rodeados de restos de pedúnculos de outros figos que já caíram de maduros.

e se implantam nele. Em volta da árvore forma-se um círculo contínuo de raízes, que não está ligado ao tronco, mas separado dele.

Próximo deste caso, mas ainda mais surpreendente, é o das plantas que emitem uma raiz a partir das folhas, como se diz que acontece com uma ervazinha[177] da região de Opunte[178], que é agradável ao paladar. Menos estranho é o caso do tremoceiro; se o grão for semeado numa camada espessa de detritos, a planta faz descer a raiz até à terra e tem força suficiente para germinar. Sobre as diferenças entre as raízes são estas as considerações essenciais.

1.8.1. Diferenças entre as árvores

No que se refere às árvores, podemos considerar que as diferenças são as seguintes. Há-as com nós e sem nós, e em maior ou menor número consoante a natureza e a localização[179]. Quando digo 'sem nós', não quero dizer que não tenham nenhum – porque uma árvore assim não existe; pode ser o caso de outro tipo de plantas, como o junco[180], a tifa[181], a junça[182] e as plantas lacustres em geral –, mas que os têm em pequena quantidade. Este é, por natureza, o caso do sabugueiro[183], do loureiro[184], da figueira[185] e, em geral, das árvores que têm casca lisa e que são ocas ou com uma textura solta. Têm nós a oliveira[186], o pinheiro e a oliveira selvagem[187]. Destas árvores, umas crescem em sítios sombrios, sem vento e húmidos; outras em lugares soalheiros, expostos às tempestades e ventos, em solos leves e secos. Entre árvores da mesma espécie, há-as com menos ou mais nós. De um modo geral, as árvores de zonas montanhosas têm mais nós do que as das planícies, e as de terrenos secos mais do que as dos pântanos.

2. No que se refere à forma como estão plantadas, as que nascem mais cerradas não têm nós e são erectas; as que nascem mais separadas têm mais nós e são mais sinuosas. Esta é a consequência de umas estarem à sombra e

---

[177] Provavelmente, de acordo com Amigües 2010: 20, está a ser referida uma lentilha-de--água. Realmente estas 'ervazinhas' parecem emitir raízes das folhas (como diz e bem Teofrasto). Portanto, trata-se de *Lemna gibba* L. ou *Lemna minor* L., mais provavelmente a primeira (*Lemna gibba* L.) por ser maior.

[178] No golfo de Eubeia.

[179] São vários os efeitos que Teofrasto associa com o factor localização no que se refere às árvores. Além dos nós, também a folhagem, o ritmo de crescimento, a época da floração e da frutificação e a qualidade da madeira estão por ela condicionados.

[180] Provavelmente *Juncus acutus* L., também referido por Dioscórides (4. 52 a).

[181] *Typha latifolia* L. ou *Typha angustifolia* L., ambas também assinaladas por Dioscórides (3. 118).

[182] *Cyperus rotundus* L.

[183] *Sambucus nigra* L.

[184] *Laurus nobilis* L.

[185] *Ficus carica* L.

[186] *Olea europaea* L. subsp. *europaea* var. *europaea*.

[187] *Olea europaea* L. subsp. *europaea* var. *sylvestris* (Mill.) Lehr.

outras ao sol. Os espécimes macho têm mais nós do que os fêmea[188], naquelas árvores em que existem as duas variedades, o cipreste[189], o abeto[190], a carpa[191], o corniso[192] (há uma espécie a que chamam 'corniso fêmea'[193]). As selvagens têm mais nós do que as de cultivo, quer em termos absolutos, quer entre exemplares da mesma espécie; assim, a oliveira selvagem tem mais nós do que a oliveira, a figueira brava do que a figueira, a pereira selvagem do que a pereira. Todas estas, se selvagens, têm mais nós. No seu conjunto, as árvores mais compactas têm mais nós do que as mais soltas (são mais compactas as macho e as selvagens). Exceptuam-se os casos em que uma árvore, pela sua textura compacta, ou não tem nós em absoluto, ou tem poucos, por exemplo o buxo[194] e o *lótus*[195].

3. Há nós, de certas árvores, que são irregulares e nascidos ao acaso, enquanto os de outras são regulares, quer pelo intervalo quer pelo número, como atrás se disse[196]. Por isso a estas se dá o nome de 'árvores de nós regulares'. Há casos em que os nós estão à mesma distância, enquanto noutros o intervalo vai crescendo sempre, em consonância com a espessura. E sempre na mesma proporção. Esta situação é sobretudo evidente na oliveira selvagem[197] e no caniço[198]. Nelas a articulação corresponde ao nó. Há-os dispostos simetricamente, como os da oliveira selvagem; outros ao acaso. Há árvores com dois nós, com três, e outras com mais ainda. Algumas chegam a ter cinco nós. No abeto, os nós e os ramos nascem em ângulo recto, como se tivessem sido cravados; noutras árvores não. Eis por que o abeto é uma árvore realmente robusta.

4. Os nós da macieira[199] são muito peculiares, porque parecem focinhos de animal. Há um só que é muito grande, e em volta dele há uma quantidade de outros pequenos. Há nós que são cegos e outros fecundos. Chamo 'cegos' àqueles de que não nasce nenhum rebento. E ou são assim por natureza,

---

[188] Esta distribuição entre espécimes macho e fêmea oscila ao longo do tratado. Pode assentar no potencial fisiológico da planta, quando, por exemplo, o macho possui um elemento fecundador e só a fêmea dá fruto (cf. 3. 15. 3). Mas o critério para a distribuição pode basear-se apenas no aspecto, de que este passo é exemplo: um espécime erecto e sem nós é considerado fêmea, outro sinuoso e com nós macho (cf. ainda 3. 9. 6, 3. 11. 1-2). Sobre este assunto, *vide* Amigües 2010: 21; Negbi 1995: 319.
[189] *Cupressus sempervirens* L.
[190] Certamente *Abies alba* Mill.
[191] *Carpinus betulus* L.
[192] *Cornus mas* L.
[193] *Cornus sanguinea* L.
[194] *Buxus sempervirens* L.
[195] *Ziziphus lotus* (L.) Lam.
[196] *Vide supra* 1. 8. 1.
[197] *Olea europaea* L. subsp. *europaea* var. *sylvestris* (Mill.) Lehr.
[198] *Arundo donax* L.
[199] *Malus domestica* Borkh.

ou se tornam assim por mutilação, ou seja, quando o rebento não encontra passagem e não desponta, ou é arrancado e o nó mutilado, por cauterização. Estes nós aparecem sobretudo nos ramos mais grossos, e por vezes até no tronco. Em geral, no sítio do tronco ou do ramo onde se deu um golpe ou um corte, forma-se um nó, como que separando o que antes estava unido e criando um novo ponto de germinação, quer devido à mutilação, ou por qualquer outro motivo. Porque o que ocorre depois de um golpe não se pode atribuir à natureza.

5. Sempre, em todas as árvores sem excepção, são os ramos que parecem ter mais nós, porque o espaço entre nós não está ainda plenamente desenvolvido; assim por exemplo, na figueira os rebentos novos são os mais rugosos e, na videira[200], as pontas dos sarmentos. Ao que nas outras árvores é o nó corresponde, na videira, o olho, e, no caniço, a articulação. Em certas árvores ocorrem mal formações, como acontece com o ulmeiro[201], o carvalho[202] e, sobretudo, o plátano[203]. Esta é uma situação comum nas árvores que nascem em terrenos pedregosos, sem água e expostos ao vento. É de regra que é junto ao solo, no que se chama a 'cabeça' do tronco, que, quando as árvores envelhecem, esta doença aparece.

6. Há árvores que apresentam o que alguns chamam 'tumores' ou algo equivalente, caso da oliveira. É a esta espécie que o nome se aplica com mais propriedade, por ser particularmente sujeita a esse mal. Há também quem lhe chame 'verruga', outros *crotone*, outros outro nome. As árvores erectas, de raiz única e sem rebentos não sofrem desta doença ou sofrem em pequena escala. A tamareira[204] é a que tem menos rebentos. A oliveira, de cultivo ou selvagem, tem também cavidades peculiares no tronco.

1.9.1. Influência do tratamento e do habitat nas árvores

Há árvores que se desenvolvem, sobretudo ou apenas, em altura (o abeto, a tamareira, o cipreste e, em geral, as de tronco único, e as que não tenham muitas raízes nem muitos ramos). A tamareira não tem qualquer rebento. Há árvores semelhantes a estas que têm também um crescimento idêntico em profundidade. Há as que se dividem desde a base, como a macieira. Outras têm muitos ramos e um volume maior no cimo, como a romãzeira[205]. No entanto, o cultivo, o habitat e a nutrição podem ter enorme influência nestas características. A prova está em que as mesmas árvores, se crescerem apertadas, são altas e delgadas; se tiverem mais espaço, são mais grossas e

---

[200] *Vitis vinifera* L.
[201] *Ulmus minor* Mill.
[202] Provavelmente *Quercus ithaburensis* Decne. subsp. *macrolepis* (Klotzsch) Hedge & Yalt.
[203] *Platanus orientalis* L.
[204] *Phoenix dactylifera* L.
[205] *Punica granatum* L.

mais baixas. Se, desde o início, se lhe deixar os ramos, a árvore fica baixa; se se podar, cresce em altura, a videira por exemplo.

2. Prova semelhante é o que se passa com alguns legumes que atingem dimensão de árvore, como dissemos[206] a respeito da malva[207] e da beterraba[208]. Todas as plantas se desenvolvem bem nos sítios que lhes são apropriados; é onde a mesma espécie tem maior pujança. Porque, dentro das plantas da mesma espécie, as que vivem no seu habitat próprio não têm nós, são maiores e mais bonitas; é o caso do abeto da Macedónia[209], em relação ao do Parnaso[210] e de outros lugares. E não só assim acontece com todas estas, mas também a floresta selvagem, em geral, é mais pujante e mais cerrada nas vertentes norte do que nas voltas a sul.

3. Há plantas de folha persistente e de folha caduca. Das cultivadas, a oliveira[211], a tamareira[212], o loureiro[213], o mirto[214], um certo tipo de pinheiro[215] e o cipreste[216] são de folha persistente; das selvagens, o abeto[217], o pinheiro[218], o *arceuthos*[219], o teixo[220], a *thuía*[221], aquela a que na Arcádia chamam 'carvalho-sobreiro'[222], a filíria[223], o *kédros*[224], o pinheiro de Alepo[225], a tamargueira[226],

---

[206] *Vide supra* 1. 3. 2.
[207] *Malva arborea* (L.) Webb & Berthel.
[208] *Beta vulgaris* L.
[209] *Abies × borisii-regis* Mattf.
[210] Situado um pouco a norte de Delfos, o Parnaso atinge cerca de 2500 metros de altura. É nele que se situa a fonte Castália, ambas – montanha e fonte – consideradas sagradas e ligadas ao culto de Apolo e das Musas. O abeto do Parnaso é *Abies cephalonica* Loudon.
[211] *Olea europaea* L. subsp. *europaea* var. *europaea*.
[212] *Phoenix dactylifera* L.
[213] *Laurus nobilis* L.
[214] *Myrtus communis* L.
[215] Poderá tratar-se, eventualmente, de *Pinus pinea* L., o nosso pinheiro-manso, também referido por Dioscórides (1. 69, 1. 71).
[216] *Cupressus sempervirens* L.
[217] *Abies alba* Mill.
[218] *Pinus nigra* J. F. Arnold, pinheiro-negro.
[219] Amigües 2010: 94, alerta para o facto de Teofrasto atribuir a esta planta características que são do cedro fenício. *Arceuthos* designa quer o cedro fenício (*Cedrus libani* A. Rich.), quer o comum (*Cedrus atlantica* (Endl.) Carrière). Mas na realidade não se trata de nenhum *Cedrus*. Talvez Díaz-Regañón 1988: 96 esteja correcto ao considerar que se trata de *Juniperus foetidissima* Willd., ou mais provavelmente *Juniperus drupacea* Labill. Às espécies *Juniperus* chamamos 'zimbro'.
[220] *Taxus baccata* L. O teixo era consagrado às Erínias, as deusas da vingança, graças ao veneno que possui.
[221] *Juniperus foetidissima* L. Pela sua resistência, Teofrasto recomenda o uso da madeira de zimbro na construção naval (5. 7. 1-3).
[222] *Quercus ilex* L., ou seja, 'azinheira'. *Vide infra* nota 820.
[223] *Phillyrea latifolia* L., registada como existente na Grécia. Amigües 2010: 24 chama-lhe 'filíria' e nós 'aderno'.
[224] *Juniperus oxycedrus* L.
[225] *Pinus halepensis* Mill.
[226] *Tamarix tetrandra* Pall. ex M. Bieb., também referida por Dioscórides (1. 87).

o buxo[227], o quermes[228], o azevinho[229], o aderno-bastardo[230], o *oxyakanthos*[231], o medronheiro-híbrido[232] (todas elas existentes na região do Olimpo[233]), o medronheiro-do-oriente[234], o medronheiro comum[235], o terebinto[236] e o loureiro selvagem[237]. Parece, no entanto, que o medronheiro-do-oriente e o comum perdem as folhas de baixo, enquanto têm as das pontas dos ramos perenes; e os ramos nascem constantemente.

4. Eis o que há a dizer sobre as árvores. Dos arbustos há, com folha persistente, a hera[238], as silvas[239], o espinheiro[240], o caniço[241] e o junípero[242] (uma espécie de tipo pequeno, que não ganha dimensões de uma árvore). Nos subarbustos e nas ervas há a arruda[243], a couve[244], a roseira[245], o goiveiro[246], a artemísia[247], a manjerona[248], o tomilho-tufoso[249], o orégão[250], o aipo[251], a salsa-de-cavalo[252], a papoila[253] e, nas espécies selvagens, muitas mais. Algumas

---

[227] *Buxus sempervirens* L.
[228] *Quercus coccifera* L., a que chamamos 'carrasco' ou 'carrasqueiro', também referido por Dioscórides (4. 48).
[229] *Ilex aquifolium* L.
[230] *Rhamnus alaternus* L.
[231] *Pyracantha coccinea* M. Roemer, a que Lineu (1753) chamou *Mespilus pyracantha* L. e C. Bauin (1623) chamou *Oxyacantha dioscoridis* Bauh.
[232] *Arbutus x andrachnoides* Link, um híbrido entre *Arbutus andrachne* L. (medronheiro-do-oriente) e *Arbutus unedo* L. (medronheiro).
[233] O monte Olimpo é o mais elevado da Grécia. De acordo com o mito, nele habitavam os deuses olímpicos, ocupando a mansão de Zeus o cume mais elevado.
[234] *Arbutus andrachne* L.
[235] *Arbutus unedo* L.
[236] *Pistacia terebinthus* L. Era usada para a tinturaria.
[237] *Nerium oleander* L., a que chamamos 'loendro' ou 'cevadilha'.
[238] *Hedera helix* L.
[239] Provavelmente *Rubus fruticosus* L., *lato sensu*. Vide supra 49.
[240] Trata-se de um espinheiro, talvez espinheiro-cervina (*Rhamnus cathartica* L.), uma espécie calcícola – que gosta de terrenos calcários, como os da Grécia – e que é também referida por Dioscórides (1. 90).
[241] *Arundo donax* L.
[242] *Juniperus communis* L.
[243] Provavelmente *Ruta graveolens* L., a que chamamos 'arruda-comum', que é a mais vulgar e de maior uso.
[244] *Brassica oleracea* L.
[245] Talvez *Rosa gallica* L.
[246] *Matthiola incana* (L.) R. Br.
[247] Provavelmente, *Artemisia arborescens* (Vaill.) L.
[248] *Origanum majorana* L.
[249] *Thymus sibthorpii* Benth.
[250] *Origanum vulgare* L.
[251] *Apium graveolens* L.
[252] *Smyrnium olusatrum* L., a que chamamos 'salsa-de-cavalo'.
[253] Amigües 2012: 24 pensa que esta será a papoila do Oriente, originária do sudoeste da Ásia (*Papaver somniferum* L.). Baumann 1982: 69-72 refere que os grãos da papoila eram considerados sinal de vida e por isso associados a Deméter. Já desde Hipócrates era conhecido o

destas têm folhas persistentes nas partes superiores, mas de resto perdem-nas (o orégão[254], o aipo ...[255]). A arruda[256] igualmente fenece e muda de aspecto.

5. Também nas outras espécies, todas as plantas de folhagem persistente têm folhas estreitas, oleosas e aromáticas. Há as que, não sendo persistentes por natureza, passam a sê-lo em função do habitat, como se disse[257] a propósito das de Elefantina e de Mênfis[258]. Mais abaixo, no Delta, é muito curto o período de tempo em que as plantas não rebentam. Em Creta, ao que se diz, em Gortina[259], há um plátano[260], junto a uma fonte, que não perde as folhas (conta a lenda que foi sob esta árvore que Zeus se uniu a Europa), enquanto todas as plantas da vizinhança as perdem. Em Síbaris[261] há um carvalho, que se vê perfeitamente da cidade, que não perde as folhas. Dizem que não rebenta ao mesmo tempo que os outros, mas após o início do verão. Comenta-se que também em Chipre há um plátano com as mesmas características.

6. A queda da folha, em todas as plantas, ocorre no outono ou mais tarde, nuns casos mais depressa, noutros mais lentamente, de forma que se pode prolongar pelo Inverno. A queda da folha não tem correspondência com a fase em que ela de novo rebenta, ou aquelas que rebentam mais cedo

---

poder narcótico da papoila.
[254] *Origanum vulgare* L.
[255] *Apium graveolens* L. Texto corrupto.
[256] Provavelmente *Ruta graveolens* L.
[257] *Vide supra* 1. 3. 5.
[258] Cidade egípcia situada a sul do Delta, que foi capital do país durante o Império Antigo e seu centro administrativo e religioso. Em função dessa relevância política, foi sempre uma cidade muito povoada e cosmopolita.
[259] Gortina era, na Antiguidade, uma cidade destacada em Creta. Tornou-a célebre o conhecido 'código de Gortina' (c. 450 a. C.), uma inscrição que preserva um conjunto de disposições legais em vigor na cidade.
[260] Europa, uma princesa fenícia filha de Agenor, seria segundo a tradição a responsável pela designação do continente homónimo. Raptada pelo deus supremo, Zeus sob forma de um touro branco, de uma praia de Tiro, foi levada para Creta, onde, sob o plátano de Gortina, se uniu ao deus e dele concebeu três filhos, Minos, Sarpédon e Radamanto. Amigües 2010: 24 recorda que em moedas encontradas em Gortina, dos séc. IV-III a. C., está representada de um lado uma jovem sentada junto a uma árvore e enlaçada por uma águia – uma outra versão tradicional da metamorfose de Zeus -, e do outro um touro, numa alusão clara à velha lenda. Da referência fica a ideia de que a união divina tornou sagrada a árvore, que por isso não perdia as folhas. O mito teve representação na numismática cretense; cf. ainda Higino, *Fábula* 178. Baumann 1984: 46 refere que são conhecidos em Creta cerca de trinta plátanos de folhagem persistente. Sophia Nikolakaki considerou o *Platanus orientalis* L. como uma variedade endémica de Creta (var. *cretica* Dode).
[261] Colónia grega da Magna Grécia, no golfo de Tarento. Fundada em finais do séc. VIII a. C., tornou-se, no séc. VI a. C., num grande centro comercial, o que a pôs no roteiro das cidades dadas ao luxo. Acabou destruída (c. 510 a. C.) pela sua vizinha e rival Crotona. O carvalho de folha persistente, que se vê da cidade é, segundo Plínio (*História Natural* 16. 184), uma azinheira (*Quercus ilex* L.).

deveriam perder a folha também mais cedo. Mas não; algumas que rebentam cedo (a amendoeira[262], por exemplo) não perdem as folhas antes das outras; podem até perdê-las mais tarde do que algumas.

7. Das plantas que rebentam tarde, nenhuma, por assim dizer, perde as folhas mais tarde do que as outras (caso do amoreira[263]). Parece também que a localização e a humidade contribuem para a conservação das folhas. Assim, as plantas que nascem em sítios secos e, em geral, em terrenos pobres perdem as folhas mais depressa e as mais velhas mais depressa do que as novas. Há mesmo algumas que perdem as folhas antes do amadurecimento do fruto, como as figueiras tardias e as pereiras selvagens.

Nas de folha persistente, as folhas caem e secam por fases. Porque não são as mesmas folhas as que persistem sempre, mas umas vão rebentando enquanto outras secam. Este processo ocorre sobretudo no solstício de verão. Se acontece, em certos casos, após o nascimento de Arcturo[264] ou noutra ocasião, é assunto a observar. É este o processo da queda da folha.

1.10.1. As folhas

Enquanto as folhas de todas as outras árvores são semelhantes umas às outras, as do álamo[265], da hera[266] e do chamado rícino[267] são diferentes e com outra forma. Quando novas são arredondadas, quando mais velhas tornam-se angulosas e, em todas elas, a mudança segue esta evolução. Ao contrário do que acontece com a hera; quando nova, tem a folha mais angulosa, e mais

---

[262] *Prunus dulcis* (Mill.) D. A. Webb.

[263] Provavelmente a amoreira-negra (*Morus nigra* L.), que é a mais comum, e não a amoreira--branca (*Morus alba* L.).

[264] Meados de Setembro, início do outono, portanto. Sobre o sentido de Arcturo, *vide* Howatson 1991: 119 que explica: "*Bootes* (Boieiro) é uma pequena constelação situada junto a outra maior, o Carro. Quando o Carro passou a chamar-se Ursa Maior, o Boieiro passou a ser chamado *Arctophylax*, 'Vigilante da Ursa'. Chama-se-lhe por vezes também Arcturo, erroneamente, já que este nome designa apenas uma das estrelas da constelação".

[265] *Populus nigra* L. ou *Populus alba* L., mas como Teofrasto refere folhas semelhantes às da hera, trata-se quase seguramente de *Populus nigra* L. Não tem razão, neste caso, Amigües 2010: 25, ao preferir *Populus alba* L., pois as folhas deste são brancas na página inferior, embora pela forma sejam muito semelhantes às da hera.

[266] *Hedera helix* L.

[267] *Ricinus communis* L. O conhecimento do rícino na Grécia parece condicionado por esta referência. Baumann 1982: 123 lembra que esta era uma planta bem conhecida no Egipto (cf. Heródoto 2. 94), certamente o país da sua proveniência; cf. também Meeks 1993: 85. No referido passo, Heródoto é explícito quanto ao conhecimento e uso da planta nas duas regiões. Enquanto os Egípcios das zonas pantanosas o cultivam, para o usar de uma forma semelhante à que os Gregos dão ao azeite (na iluminação, por exemplo), na Grécia a planta cresce de forma selvagem e espontânea. Logo, o óleo de rícino era considerado pelos Gregos não comestível e não parece que Hipócrates tivesse conhecimento das suas propriedades purgativas. Segundo Plínio (15. 25), o termo *ricinus*, aplicado à planta, resulta do facto de a semente ter a forma de uma 'carraça', em latim designada por *ricinus*.

arredondada quando envelhece; porque também neste caso há uma mudança. Situação particular é a que ocorre com a oliveira[268], a tília[269], o ulmeiro[270] e o choupo[271]. Dá ideia de que invertem a parte superior das folhas depois do solstício de verão; esse é um sinal de que o solstício passou.

2. Todas as folhas têm uma face superior e inferior diferentes. Nas outras espécies, a face superior é mais verde e mais lisa, dado que têm as fibras e as veias na face inferior, como uma mão as suas linhas; mas esta última na oliveira é relativamente mais branca e menos lisa. Todas as folhas, ou pelo menos a maioria, têm a face superior visível e é ela que está exposta ao sol. Muitas vezes volta-se mesmo para o sol. Por isso não é fácil de dizer qual das duas faces está mais próxima do ramo; pois, enquanto a posição da face superior parece fazer com que seja a inferior a mais próxima, a natureza contraria esta tendência, sobretudo quando se produz a inversão causada pelo sol. Pode ver-se esta situação nas plantas com folhas cerradas e opostas, como as do mirto.

3. Pensam alguns que a nutrição chega à face superior através da inferior, porque esta é sempre húmida e com penugem. Mas não têm razão. Esse é talvez um processo independente da natureza própria de cada face e consequência da sua diferente exposição solar. O certo é que a nutrição é distribuída igualmente por ambas através das fibras e das veias. Que passe de uma para a outra face não é lógico, já que não há passagens nem uma divisória entre elas. Mas a distribuição do alimento é outra matéria.

4. Muitas outras diferenças entre as folhas se podem apontar. Há espécies com folhas largas, como a videira[272], a figueira[273] e o plátano[274]; outras de folha estreita, como a oliveira[275], a romãzeira[276] e o mirto[277]; outras têm, por assim dizer, uma folha de tipo espinho, como o pinheiro, o pinheiro de Alepo[278] e o *kédros*[279]. Outras são de folha carnuda (isto porque a folha tem uma consistência de carne), como o cipreste[280], a tamargueira[281] e a macieira[282]; nos subarbustos,

---

[268] *Olea europaea* L. subsp. *europaea* var. *europaea*.
[269] *Tilia platyphyllos* Scop. ou *Tilia tomentosa* Moench. Vide supra nota 89.
[270] *Ulmus minor* Mill.
[271] *Populus nigra* L. ou *Populus alba* L. Vide supra nota 265.
[272] *Vitis vinifera* L.
[273] *Ficus carica* L.
[274] *Platanus orientalis* L.
[275] *Olea europaea* L. subsp. *europaea* var. *europaea*.
[276] *Punica granatum* L.
[277] *Myrtus communis* L.
[278] O pinheiro é *Pinus nigra* J. F. Arnold e o de Alepo é *Pinus halepensis* Mill.
[279] *Juniperus oxycedrus* L.
[280] *Cupressus sempervirens* L.
[281] *Tamarix tetrandra* Pall. ex M. Bieb.
[282] *Malus domestica* Borkh.

o *kneoros*²⁸³ e a pimpinela-espinhosa²⁸⁴; e, nas ervas, a sempre-viva²⁸⁵ e o pólio²⁸⁶. (Esta última é muito eficaz para proteger a roupa da traça). Por seu lado, as folhas da beterraba²⁸⁷ e da couve²⁸⁸ são carnudas de uma outra forma, como as da chamada arruda²⁸⁹; é em largura e não em espessura que elas têm carne. Entre os arbustos, a tamargueira²⁹⁰ tem também folha carnuda.

5. Há algumas plantas com folha em forma de cana, como a tamareira²⁹¹, a tamareira do Egipto²⁹² e outras semelhantes. Estas são, numa palavra, folhas pontiagudas; o caniço²⁹³, a junça²⁹⁴, o bútomo²⁹⁵ e outras espécies dos pântanos têm também este tipo de folha. Todas elas são como que divididas em duas partes com uma espécie de quilha ao meio, situada no ponto onde, nas outras plantas, há uma grande divisória. Há também diferenças na forma; há-as redondas, como as da pereira²⁹⁶; ou mais oblongas, como as da macieira²⁹⁷; há-as pontiagudas, rendilhadas na margem, como as da salsaparrilha²⁹⁸. Todas estas são indivisas; mas há outras que se dividem e são como que dentadas, as do abeto-branco²⁹⁹ e do feto³⁰⁰. Em certa medida, as da videira³⁰¹ são também fendidas, e as da figueira³⁰² parecem uma espécie de pata de gralha.

6. Há as que têm as margens dentadas, como as do ulmeiro³⁰³, da avelaneira³⁰⁴ e do carvalho³⁰⁵. Outras têm uma espécie de saliência pontiaguda no ápice e nas margens, como as do quermes³⁰⁶, do carvalho³⁰⁷, da salsaparrilha³⁰⁸,

---

²⁸³ *Thymelaea tartonraira* (L.) All.
²⁸⁴ *Sarcopterium spinosum* (L.) Spach.
²⁸⁵ *Sempervivum tectorum* L.
²⁸⁶ *Teucrium polium* L. As traças são insectos, Lepidópteros (borboletas), da família *Tineidae*.
²⁸⁷ *Beta vulgaris* L.
²⁸⁸ *Brassica oleracea* L.
²⁸⁹ Provavelmente *Ruta graveolens* L.
²⁹⁰ *Tamarix tetrandra* Pall. ex M. Bieb.
²⁹¹ *Phoenix dactylifera* L.
²⁹² *Hyphaene thebaica* (L.) Mart.
²⁹³ *Arundo donax* L.
²⁹⁴ Provavelmente *Cyperus rotundus* L.
²⁹⁵ *Butomus umbellatus* L.
²⁹⁶ *Pyrus communis* L.
²⁹⁷ *Malus domestica* Borkh.
²⁹⁸ *Smilax aspera* L.
²⁹⁹ *Abies alba* Mill. Teofrasto equivocou-se, pois as folhas dos abetos são indivisas.
³⁰⁰ *Dryopteris filix-mas* (L.) Schott.
³⁰¹ *Vitis vinifera* L.
³⁰² *Ficus carica* L.
³⁰³ *Ulmus minor* Mill.
³⁰⁴ *Corylus avellana* L.
³⁰⁵ *Quercus ithaburensis* Decne. subsp. *macrolepis* (Klotzsch) Hedge & Yalt.
³⁰⁶ *Quercus coccifera* L.
³⁰⁷ *Quercus ithaburensis* Decne. subsp. *macrolepis* (Klotzsch) Hedge & Yalt, a julgar pela descrição da folha.
³⁰⁸ *Smilax aspera* L.

das silvas[309], do paliuro[310] e de outras. Há-as com picos na ponta, como as do pinheiro[311], do pinheiro de Alepo[312], do abeto[313], e ainda do *kédros*[314] e do junípero[315]. Folhas totalmente reduzidas a um pico nas árvores não existem, tanto quanto sabemos; mas existem noutras plantas lenhosas, caso do cardo-santo[316], da *drípis*[317], do cardo-espinhoso[318], e praticamente de todo o tipo de cardos[319]. Em todas estas o pico equivale à folha. Se se não quiser considerá-los folhas, então estas plantas seriam totalmente desprovidas de folhas; e algumas teriam só picos sem qualquer folha, caso do espargo[320].

7. Há ainda folhas que não têm pedúnculo (as da cila[321] e do bolbo[322], por exemplo) e outras que o têm. Numas é comprido – a videira[323], a hera[324] –, noutras curto e implantado – na oliveira[325] – e não apenas articulado, como nas do plátano[326] e da videira. Outra diferença a considerar é que elas não brotam sempre do mesmo sítio: enquanto na maior parte das árvores brotam dos rebentos, nuns tantos casos provêm dos ramos e no carvalho[327] até mesmo do tronco. Na maioria dos legumes, as folhas provêm directamente da raiz, caso da cebola[328], do alho[329], da chicória[330], e também do asfódelo[331], da cila[332],

---

[309] Provavelmente *Rubus fruticosus* L., *lato sensu*. Vide supra 49.
[310] *Paliurus spina-christi* Mill.
[311] Provavelmente *Pinus nigra* J. F. Arnold.
[312] *Pinus halepensis* Mill.
[313] *Abies cephalonica* Loudon.
[314] *Juniperus oxycedrus* L.
[315] *Juniperus communis* L.
[316] *Cnicus benedictus* L., também designado por 'cardo-bento' (cf. Amigües 2010: 28); ou talvez, como propõe Díaz-Regañón 1988: 103, o chamado 'cardo-viscoso', *Carlina gummifera* (L.) Less.
[317] *Drypis spinosa* L. Trata-se de uma planta espinhosa de pequeno porte, com folhas espinhosas e múltiplas flores brancas. É própria de zonas montanhosas no sul europeu.
[318] *Picnomon acarna* (L.) Cass.
[319] 'Todo o tipo de cardos' significa plantas da família *Asteraceae*.
[320] *Asparagus acutifolius* L.
[321] A que chamamos 'cebola-albarrã', *Drimia maritima* (L.) Stearn, e que, nas traduções de Dioscórides (2. 171), é designada por *Urginea maritima* (L.) Baker.
[322] *Leopoldia comosa* (L.) Parl., a que chamamos 'cebolinho-de-flor-azul'.
[323] *Vitis vinifera* L.
[324] *Hedera helix* L.
[325] *Olea europaea* L. subsp. *europaea* var. *europaea*.
[326] *Platanus orientalis* L.
[327] *Quercus ithaburensis* Decne. subsp. *macrolepis* (Klotzsch) Hedge & Yalt.
[328] *Allium cepa* L.
[329] *Allium sativum* L.
[330] *Cichorium endivia* L. ou, mais provavelmente, *Cichorium intybus* L. (cf. Dioscórides 2. 132). A chicória era conhecida pelas suas propriedades medicinais, diuréticas desde logo. Consumia-se cozida ou em salada.
[331] *Asphodelus ramosus* L. Vide *supra* nota 83.
[332] *Drimia maritima* (L.) Stearn.

do bolbo³³³, do sisirínquio³³⁴, e em geral das plantas do tipo bolbo. Nestas, não só o primeiro broto como todo o caule são desprovidos de folhas. Há casos, porém, em que, quando o caule se forma, naturalmente nascem folhas – a alface³³⁵, o basilisco³³⁶, o aipo³³⁷ e, do mesmo modo, todos os cereais. Em algumas destas espécies, o caule torna-se logo espinhoso (como na alface), nas que têm folhas em pico, e sobretudo nos arbustos, caso das silvas³³⁸ e do paliuro³³⁹.

8. Uma diferença comum a todas as plantas, árvores e outras, é terem muitas ou poucas folhas. Em geral as que têm folhas achatadas têm-nas regulares, caso do mirto³⁴⁰; enquanto noutras plantas as folhas não estão ordenadas, mas dispostas ao acaso, situação essa da grande maioria. Um caso particular é o dos legumes – a cebola³⁴¹ e o cebolinho-de-flor-azul³⁴² – que têm folhas côncavas.

Em resumo, as diferenças das folhas estabelecem-se por tamanho, número, forma, por serem largas ou estreitas, côncavas, rugosas ou lisas, e por terem ou não espinhos; ou ainda pelo ponto de onde brotam e pela forma como estão presas; o ponto de origem pode ser a raiz, o rebento, o caule ou o ramo; a forma como estão presas pode ser um pedúnculo ou directamente (sendo que pode haver uma quantidade delas presas ao mesmo pedúnculo). Algumas folhas produzem fruto e mantêm-no envolvido no seu meio (o loureiro de Alexandria³⁴³, por exemplo, que tem o fruto preso às folhas).

Falando em termos gerais, são estas todas as diferenças possíveis entre as folhas, representadas nos exemplos citados.

---

³³³ *Leopoldia comosa* (L.) Parl.
³³⁴ *Moraea sisyrinchium* (L.) Ker Gawl., dantes chamada *Gynandriris sisyrinchium* (L.) Parl.
³³⁵ *Lactuca sativa* L., ou talvez a alface-silvestre, *Lactuca serriola* L. (cf. Dioscórides 2.136, 2.136.2).
³³⁶ *Ocimum basilicum* L.
³³⁷ *Apium graveolens* L.
³³⁸ Provavelmente *Rubus fruticosus* L., lato sensu. Vide supra 49.
³³⁹ *Paliurus spina-christi* Mill.
³⁴⁰ *Myrtus communis* L.
³⁴¹ *Allium cepa* L.
³⁴² *Leopoldia comosa* (L.) Parl.
³⁴³ *Ruscus hypoglossum* L., planta nativa da Grécia, ou mais provavelmente *Ruscus aculeatus* L., por ser o mais comum. Baumann 1982: 16 prefere a identificação com o *Ruscus aculeatus* e esclarece que o que Teofrasto entende por 'folhas' são de facto pequenos caules em forma de folha. As flores desenvolvem-se nesses ramos foliáceos (filódios) e, com o tempo, tornam-se bagas rubras. Porém, as duas espécies têm cladódios, mas os de *Ruscus hypoglossum* L. são maiores, mais parecidos com folhas e semelhantes às folhas daquilo a que se chama loureiro-de-alexandria, *Danae racemosa* (L.) Moench, referido por tradutores de Dioscórides (4.147) com o nome antigo, *Ruscus racemosus* L. Portanto, trata-se aqui de *Ruscus hypoglossum* L., pois tem os frutos inseridos nos cladódios (como refere Teofrasto) e não em raminhos [*Danae racemosa* (L.) Moench], e os cladódios semelhantes às folhas de *Danae racemosa* (L.) Moench.

Há folhas compostas de fibra, casca e carne – as da figueira[344] e da videira[345] –, outras, por assim dizer, só de fibra – a do caniço[346] e do trigo[347].

9. Mas a seiva é comum a todas: nas folhas e nas outras partes anuais (o pedúnculo, a flor, o fruto, etc.), mas sobretudo nas não anuais; nenhuma parte existe sem ela. Parece que alguns pedúnculos se compõem apenas de fibra – como o do trigo[348] e do caniço[349] –, outros dos mesmos elementos do caule.

10. Entre as flores, há-as compostas de casca, de veias e de carne, ou apenas de carne, caso das que se encontram no meio do jarro[350].

E o mesmo se passa com os frutos; há-os de carne e de fibra, outros só de carne, outros também de pele. A seiva está presente neles todos. Os frutos da ameixieira[351] e do pepino[352] são de carne e de fibra, os da amoreira[353] e da romãzeira[354] de fibra e pele. Outros têm esses componentes distribuídos de maneira diferente, mas pode dizer-se que, em todos, o exterior é a casca, o interior a carne, que em alguns inclui o caroço.

1.11.1. Diferenças nas sementes

Por fim, em todas as plantas existe a semente. Esta tem em si mesma uma seiva e um calor congénitos, elementos que, se ausentes, tornam a semente estéril, como acontece com os ovos. Em alguns casos, a semente vem logo a seguir ao invólucro (a tâmara[355], a noz[356], a amêndoa[357], por exemplo); pode até haver, como na tâmara, mais do que um invólucro. Noutras, entre a casca e o invólucro, há carne e caroço (a azeitona, a ameixa, etc.). Há sementes que estão dentro de um lobo, de uma membrana, ou de uma cápsula; há-as também completamente nuas.

---

[344] *Ficus carica* L.
[345] *Vitis vinifera* L.
[346] *Arundo donax* L.
[347] *Triticum aestivum* L.
[348] *Triticum aestivum* L.
[349] *Arundo donax* L.
[350] *Arum italicum* Mill.
[351] *Prunus domestica* L. A ameixa é um fruto próprio do sul da Europa e da Ásia Menor, desde tempos muito antigos.
[352] *Cucumis sativus* L. Embora se trate de uma planta oriunda da Índia, as referências que são feitas ao pepino pela comédia (Aristófanes, *Acarnenses* 520, *Paz* 1001) mostram como o seu consumo se vulgarizou na Grécia. Do pepino e do alho, Mégara era uma produtora de qualidade reconhecida; cf. Aristófanes, *Acarnenses* 760-763, 813-814, 831, *Paz* 1000-1001.
[353] Provavelmente *Morus nigra* L.
[354] *Punica granatum* L.
[355] Fruto da *Phoenix dactylifera* L.
[356] Provavelmente a noz da *Juglans regia* L. Cf. Josset, Couzeli 1993: 149-161, que chamam a atenção para a identidade paradoxal desta planta, por um lado, na mentalidade popular, considerada perigosa, e por outro de grande poder curativo.
[357] Caroço da *Prunus dulcis* (Mill.) D. A. Webb.

2. Dentro do lobo estão não apenas as sementes das plantas anuais, caso dos legumes e de grande número das plantas silvestres, mas também as de algumas árvores, como a alfarrobeira[358], a que alguns chamam figueira do Egipto, a *kerkis*[359] e a *coloutia*[360], das ilhas Lipari. Numa membrana estão as sementes de algumas plantas anuais, como o trigo e o milho-alvo[361]. De igual modo há plantas que têm a semente numa cápsula e outras que a têm nua. Está numa cápsula a da papoila e de outras semelhantes. O sésamo[362] é um caso à parte. Com sementes nuas há muitas verduras condimentares (o aneto[363], o coentro[364], o anis[365], os cominhos[366], o funcho[367] e muitas outras).

3. Entre as árvores, nenhuma tem as sementes nuas, mas ou as têm envolvidas por uma camada carnuda ou por uma casca, sendo esta ou tipo pele (caso da bolota[368] e da castanha[369]), ou lenhosa (a amêndoa[370] e a noz[371], por exemplo). Também nenhuma árvore tem sementes em cápsula, a menos que se considere cápsula o cone, por ele se separar dos frutos.

As sementes em si mesmas são, em certos casos, carnudas, como em todas as semelhantes às nozes e às bolotas. Há exemplos em que a parte carnuda envolve o caroço, como a azeitona, o fruto do loureiro e outros. Em algumas plantas, as sementes são simplesmente um caroço, ou de tipo caroço, e, como tal, secas (o cártamo[372], a grainha do figo e muitos legumes). As mais representativas deste tipo são as da tâmara, porque não têm qualquer cavidade

---

[358] *Ceratonia siliqua* L. Baumann 1984: 147 identifica-a como muito antiga na Grécia, ou mesmo indígena em Creta ou em Rodes. O nome grego valoriza-lhe a dureza.

[359] *Populus tremula* L. Alguns autores identificaram esta planta como *Cercis siliquastrum* L., mas não pode ser essa espécie pelo que Teofrasto diz *infra* 3. 14. 2.

[360] A leitura do manuscrito implica a palavra *koloitía*, que Hort 1968: 79 aceita na sua edição, sem, no entanto, deixar de fazer uma nota que admite a preferência por *koloutéa*. Esta planta - *Colutea arborescens* L. - foi aproveitada por Lineu para dar o nome ao género *Colutea*. Existe nas ilhas Lipari – uma região vulcânica - e é uma leguminosa, como a que Teofrasto refere atrás, *Ceratonia siliqua* L. Por seu lado Amigües 2010: 30 traduziu para 'cytise' de Lipari, que é outra leguminosa, *Cytisus aeolicus* Guss.

[361] *Panicum miliaceum* L.
[362] *Sesamum indicum* L.
[363] *Anethum graveolens* L. Era conhecido como tempero culinário.
[364] *Coriandrum sativum* L.
[365] *Pimpinella anisum* L.
[366] *Cuminum cyminum* L.
[367] *Foeniculum vulgare* Mill.
[368] Fruto dos carvalhos.
[369] Fruto da *Castanea sativa* Mill. A castanha era bem conhecida entre os antigos. A ilha de Eubeia era famosa pela qualidade dos seus castanheiros.
[370] Fruto da *Prunus dulcis* (Mill.) D. A. Webb.
[371] Fruto da *Juglans regia* L.
[372] *Carthamus tinctorius* L.

e são totalmente secas. Mas é evidente que alguma humidade e calor elas possuem, como atrás dissemos[373].

4. As sementes diferem ainda por haver casos em que são compactas e estão juntas, e outros em que estão separadas e alinhadas (como as da abóbora[374], da cabaça[375] e, entre as árvores, as da cidreira[376]). Das que são compactas, umas estão dentro de uma só cápsula, como as da romãzeira, da pereira, da macieira, da videira e da figueira. Há outras que estão juntas mas não numa só cápsula, caso, entre as anuais, das que estão numa espiga, a menos que se considere a espiga como uma cápsula. Sendo assim, o mesmo se pode dizer do cacho de uvas, de outras de tipo cacho, ou de todas aquelas que, por boa nutrição ou pela excelência do habitat, produzem frutos compactos, como se diz que acontece com a oliveira na Síria e noutras regiões.

5. Há também este outro aspecto que parece constituir uma diferença: que certos frutos nasçam compactos de um só pedúnculo e de um só ponto de inserção, como se disse ser o caso de plantas com cachos ou espigas, sem terem as sementes contidas numa cápsula comum; outros nascem de outra maneira. Mas se se considerar, uma por uma, as sementes ou as cápsulas, cada uma apresenta o seu modo de inserção próprio (o bago da uva, a romã, ou ainda o trigo e a cevada[377], por exemplo). Parece que este nada tem a ver com o caso da maçã e da pêra, porque aí as sementes estão em contacto e envolvidas por uma espécie de membrana dérmica, rodeada pelo pericarpo.

6. Mesmo estas, cada uma delas tem um ponto de inserção e uma natureza distinta, o que é particularmente evidente com a separação dos grãos da romã; neste caso, o caroço está em cada um deles, e não, como no figo, invisível devido ao elemento húmido que o cerca. Eis no que consiste a diferença, embora em ambos os grãos estejam envolvidos por uma substância carnuda, como também por algo que envolve esta substância com as outras partes do fruto. Assim, na romã, cada grão tem uma parte carnuda e húmida a envolvê-lo; enquanto nas grainhas do figo, como nos bagos de uva e noutras com idêntica configuração, a mesma polpa é comum a todas. Sem dúvida se podem encontrar muitas outras diferenças do género; mas não se deve ignorar as que são as mais relevantes, e mais de perto relacionadas com a natureza da planta.

---

[373] *Vide supra* 1. 10. 9.
[374] Usualmente identificada como *Cucurbita pepo* L., mas esta planta é de origem americana. Trata-se, provavelmente, de outra Cucurbitácea, *Citrullus colocynthis* (L.) Scrad., cultivada na região mediterrânica desde a antiguidade, pelo uso da polpa do fruto (amarga) como purgante drástico.
[375] *Lagenaria siceraria* (Molina) Standl.
[376] *Citrus medica* L.
[377] *Hordeum vulgare* L.

1.12.1. Diferenças de paladar

As diferenças de paladar, forma e aspecto são praticamente evidentes a todos, de modo que não necessitam de comentário. Salvo que o pericarpo nunca é rectilíneo nem tem arestas. Quanto aos paladares, uns são como o vinho, caso dos da uva, da amora e do mirto[378]; outros do tipo oleaginoso, o da azeitona, do fruto do loureiro, da noz, da amêndoa, do pinhão do pinheiro[379], do Alepo[380] e do abeto[381]; outros tipo mel, os do figo, da tâmara e da castanha. Há-os picantes, o do orégão[382], da segurelha[383], do agrião-mouro[384] e da mostarda[385]; outros ácidos como os do absinto[386] e da centáurea[387]. Diferem também pelo aroma, caso do anis[388] e do junípero[389]; outros podem parecer aquosos, caso do da ameixa; outros são ácidos, como o da romã e de certos tipos de maçã. Mas os aromas, mesmo os destes frutos, devem ser considerados de tipo vinho, embora diferentes. Haveremos de falar de todos eles com mais pormenor quando se tratar dos sucos[390], enumerando as diferenças entre as várias espécies, estabelecendo as diferenças entre elas, e descrevendo qual a natureza e propriedades de cada uma.

2. A seiva das próprias árvores, como já foi dito, apresenta diferentes modalidades. Há uma de tipo leitoso, como a da figueira e da papoila[391]; outra de tipo resinoso, a do abeto, do pinheiro e das coníferas; outra aquosa, a da videira, da pereira, da macieira, e também de legumes como o pepino, a abóbora[392] e a alface[393]. Umas têm uma certa acidez – a do timo[394] e da segu-

---

[378] *Myrtus communis* L.
[379] *Pinus pinea* L. Amigües 2010: 32 considera ser *Pinus nigra* J. F. Arnold, mas o pinhão comestível é o de *Pinus pinea* L.
[380] *Pinus halepensis* Mill.
[381] *Abies alba* Mill.
[382] *Origanum vulgare* L. Terras férteis como as da Beócia eram produtoras deste tipo de ervas aromáticas apreciadas na culinária; cf. Aristófanes, *Acarnenses* 874.
[383] *Satureja thymbra* L.
[384] *Lepidium sativum* L. (cf. Dioscórides 2. 155).
[385] *Sinapis alba* L.
[386] *Artemisia absinthium* L.
[387] *Centaurium amplifolia* Boiss. & Heldr.
[388] *Pimpinella anisum* L.
[389] *Juniperus communis* L.
[390] Foi atribuído a Teofrasto um tratado *Sobre os sucos* (cf. Diógenes Laércio 5. 46). Cf. ainda o Livro IX deste mesmo tratado.
[391] *Papaver somniferum* L. Há certamente corrupção no texto, onde se esperava a referência a uma árvore.
[392] *Cucurbita pepo* L. *Vide* nota 374.
[393] *Lactuca serriola* L.
[394] Amigües 2010: 32 considera, talvez com razão, ser o tomilho-de-creta, *Thymus capitatus* (L.) Hoffmanns. & Link. Sobre o timo, cf. Bonet 1993: 11-21, que lhe enumera as múlti-

relha³⁹⁵ -, outras são aromáticas – a do aipo³⁹⁶, do aneto³⁹⁷, do funcho³⁹⁸ e de outras semelhantes. Em termos gerais, todas elas correspondem à natureza própria de cada árvore e, poderíamos acrescentar, de cada planta. É que todas as plantas têm o seu carácter e a sua composição própria, que naturalmente se transmite aos frutos correspondentes. Na sua maior parte, estes têm com a planta uma certa afinidade, que não é absoluta nem óbvia, mas que existe sobretudo nos pericarpos. Eis porque a natureza do sumo tem um aspecto de maturação genuína e completa. Daí que se deve considerar um deles, por assim dizer, 'matéria', e o outro 'forma' ou 'aspecto'³⁹⁹.

3. As sementes e as túnicas que as rodeiam apresentam diferenças nos sabores. E, numa palavra, todas as partes das árvores e das plantas – raiz, caule, ramo, folha e fruto – têm alguma afinidade com a natureza do conjunto, apesar das diferenças de aroma e paladar, a ponto que, dentro da mesma planta, umas partes são aromáticas e apaladadas, outras completamente desprovidas de aroma e de paladar.

4. Há plantas em que as flores são mais aromáticas do que as folhas; noutras, pelo contrário, são mais aromatizadas as folhas e os ramos, caso das que se usam para fazer coroas. Noutras são os frutos; noutras nenhuma destas partes; em algumas são as raízes ou pelo menos parte delas. O mesmo se passa com o sabor. Há entre as folhas e os pericarpos os que são comestíveis ou não. O caso mais peculiar é o da tília: tem as folhas doces e muitos animais as comem, mas o fruto não é comestível. Porque é o contrário o que se poderia esperar: que as folhas não fossem comestíveis, mas sim os frutos, e não só por nós mas também pelos outros animais. Sobre este assunto e outros do género tentaremos mais adiante considerar as causas.

1.13.1. As flores

Para já deixamos claro este ponto: que em todas as partes das plantas há inúmeras diferenças nas mais diversas perspectivas. No que se refere às flores, umas são peludas, como as da videira, da amoreira e da hera; outras são petalóides, a da amendoeira, da macieira, da pereira e da ameixieira. Há-as de

---

plas aplicações: culinárias, na aromatização dos vinhos, na cosmética, nos perfumes, nos ritos funerários, na confecção de coroas, na medicina. A relação etimológica com θύω, "cheirar" e também "queimar substâncias para produzir um fumo odorífero num sacrifício", denuncia as suas primeiras aplicações.

³⁹⁵ *Satureja thymbra* L.
³⁹⁶ *Apium graveolens* L.
³⁹⁷ *Anethum graveolens* L.
³⁹⁸ *Foeniculum vulgare* Mill.
³⁹⁹ Este é um passo de alguma dificuldade interpretativa. Há uma relação entre a seiva própria das árvores e o suco do fruto produzido. E acrescenta Hort 1968: 88-89: 'é a polpa do fruto, em geral, na terminologia aristotélica, 'a matéria' e o sabor 'a forma"; cf. Teofrasto, *Causas das plantas* 6. 6. 6.

grandes dimensões, enquanto a da oliveira, ainda que petalóide, é de dimensão reduzida. Do mesmo modo, nas plantas anuais e nas ervas, encontram-se flores petalóides e peludas. Em todas elas, as flores ora são de duas cores ora só de uma. As das árvores, na sua maioria, são monocromáticas e brancas; a da romãzeira é, por assim dizer, a única vermelha e a de algumas amendoeiras avermelhada. Nenhuma flor de qualquer outra planta cultivada é vistosa ou bicolor, embora isso aconteça com algumas plantas silvestres, como o abeto, que tem uma flor amarela[400]. E o mesmo se diga das árvores que nascem nas costas do Oceano, que têm, ao que se diz, flores de uma cor rosada.

2. Entre as anuais, a maioria propriamente dita é deste tipo, bicolor e de pétala dobrada. Por 'pétala dobrada' quero dizer que cada flor tem outra flor no meio, caso da rosa, da açucena[401] e da violeta[402]. Algumas flores são de folha simples, com apenas um desenho de muitas outras pétalas, caso da campainha[403]; nas suas flores, as pétalas não estão separadas. Como também não existe separação na parte de baixo do narciso[404], mas são visíveis prolongamentos angulares nos extremos. Com a flor da oliveira acontece praticamente a mesma coisa.

3. Na flor há também diferenças quanto ao crescimento e posição. Há plantas que as têm em volta do fruto, a videira e a oliveira, por exemplo; nesta última, quando as flores caem, é visível que estão perfuradas, o que se considera um sinal de que a floração se fez bem. Porque se a flor estiver queimada ou molhada, arrasta na queda o fruto e não se apresenta perfurada. A grande maioria das flores tem o pericarpo ao centro, ou pode também acontecer que a flor esteja em cima dele (a romãzeira, a macieira, a pereira, a ameixieira e o mirto) e, entre os subarbustos, a roseira e a maioria das que se usam nas grinaldas. Estas, por baixo da flor, têm as sementes, o que é particularmente evidente na rosa por ter uma protuberância. Em certos casos, as flores estão sobre as próprias sementes, como o cardo-espinhoso[405], o cártamo[406] e todas

---

[400] Teofrasto refere-se às pinhas masculinas que, na antese, libertam um pólen amarelo.

[401] *Lilium candidum* L. Esta é uma flor comum na arte minóica.

[402] Talvez *Viola odorata* L. (cf. Dioscórides 4.121).

[403] *Campanula* sp. Díaz Regañón 1988: 114 e Amigües 2010: 32 preferiram a identificação de 'corriola' (*Convolvulus arvensis* L.; cf. Dioscórides 4. 39).

[404] O grego λειρίου tanto corresponde ao genitivo de λείριος ('açucena'), como a λείριον ('narciso'). Sendo que Teofrasto refere, neste mesmo capítulo, açucena com a palavra κρίνον, admitimos que se trate de λείριον, 'narciso'. Provavelmente tem razão Amigües 2010: 34 ao identificá-lo como *Narcissus tazetta* L. É uma planta originária do Mediterrâneo oriental. Os antigos serviam-se do seu rizoma para aromatizar o vinho ou o azeite; este último era usado na higiene pessoal. Baumann 1982: 65 associa esta planta com a deusa Íris, mensageira dos deuses e também condutora das almas ao repouso eterno; daí a sua associação com os ritos funerários.

[405] *Picnomon acarna* (L.) Cass.

[406] *Carthamus tinctorius* L. Além das que especificamente cita, Teofrasto refere-se a todas as Asteráceas de capítulos espinhosos.

as espinhosas; nestas cada semente tem a sua flor. O mesmo se passa com algumas ervas, como a camomila[407], e, nos legumes, com o pepino, a abóbora e a cabaça; todas elas têm as flores de ovário ínfero, que persistem longo tempo enquanto o fruto se desenvolve.

4. Outras têm uma disposição mais peculiar, caso da hera e da amoreira; nestas a flor está integralmente ligada ao pericarpo, não propriamente em cima nem na periferia de cada um, mas ao centro; há casos em que não é visível devido à penugem.

Há também flores estéreis, como as que, no pepino, nascem na ponta do sarmento; é por isso que se cortam, para não impedirem o crescimento do pepino. Há quem diga que, na cidreira[408], aquelas flores que têm uma espécie de espigão ao centro são férteis, e as que o não têm estéreis. É ainda necessário verificar se, em alguma outra destas plantas produtoras de flor, esta é estéril, e se estas crescem separadas das férteis ou não. Porque existem algumas espécies de videira e de romãzeira incapazes de maturar o fruto e que não vão além da produção da flor.

5. A flor da romãzeira apresenta-se abundante e compacta; em termos gerais, tem uma protuberância larga, como a das rosas. Mas, vista de baixo, tem um aspecto diferente; parece um vaso pequeno com duas asas, virado de lado, com os bordos dentados. Há quem diga que, até em plantas da mesma espécie, há umas que florescem e outras não; assim, as tamareiras masculinas florescem e as femininas não; nestas últimas forma-se directamente o fruto.

São estas as diferenças a registar entre plantas da mesma espécie e o mesmo se pode dizer, em geral, de outras que não amadurecem o seu fruto. O que vimos dizendo deixa claro que há inúmeras diferenças na natureza da flor.

1.14.1. Diferenças nos frutos

Há também diferenças entre as árvores no que respeita à produção do fruto, de acordo com os critérios seguintes. Umas produzem-nos a partir dos rebentos novos, outras dos ramos do ano anterior, ou então de ambos. Dos novos, é o caso da figueira e da videira; dos ramos do ano anterior, a oliveira, a romãzeira, a macieira, a amendoeira, a pereira, o mirto e praticamente todas as deste tipo; e se, dos ramos novos, se der o caso de alguma delas conceber e produzir flores (o que acontece em casos como o do mirto e, sobretudo, há que dizê-lo, com o desenvolvimento que se sucede ao Arcturo[409]), não se consegue um fruto de qualidade, porque perecem a meio da maturação. Dos dois tipos de rebento - dos ramos do ano anterior e dos novos – há o

---

[407] *Matricaria chamomilla* L. (Dioscórides 3. 137).
[408] *Citrus medica* L.
[409] *Vide supra* nota 264.

caso das macieiras de produção bianual ou de outras árvores de fruto; assim o olinto[410], que amadurece os frutos da época anterior e produz figos dos rebentos novos.

2. Mais particular é a frutificação a partir do tronco, como acontece com o sicómoro egípcio[411] que, ao que se ouve dizer, produz fruto a partir do tronco; há ainda quem afirme que o produz igualmente dos ramos, tal como a alfarrobeira (que, de facto, o produz também dos ramos, ainda que em pouca quantidade). Dá-se o nome de alfarrobeira à árvore que produz os chamados 'figos do Egipto'[412]. Há árvores, e plantas em geral, que dão fruto no topo, aos lados, ou num ponto e no outro. Produzir frutos no topo é mais próprio de outras plantas do que das árvores, caso, entre os cereais, dos que produzem espigas, entre os arbustos, da urze[413], do ligustro[414], do agno-casto[415] e de algumas outras, e, entre os legumes, das que têm bolbo. Das que produzem fruto no topo e nos lados fazem parte algumas árvores e certos legumes, como o bredo[416], o armoles[417] e a couve[418]. Também a oliveira produz deste modo e diz-se que, quando produz no topo, é sinal de boa colheita. Também a tamareira dá fruto no topo, dado que é justamente no topo que tem as folhas e os rebentos; neste caso é portanto no topo que toda a actividade vital decorre. São estes os elementos sobre que se deve procurar estabelecer o estudo das diferenças entre as partes das plantas.

3. Eis agora quais as diferenças que parecem afectar, de modo evidente, a planta no seu todo. Umas são de cultivo e outras selvagens; umas produzem fruto e outras não; umas têm folha persistente e outras caduca, como ficou dito acima, e outras ainda são totalmente desprovidas de folhas; há as que florescem e outras não; há as que, a produzir rebentos e frutos, são precoces e outras tardias; e assim por diante, em relação a outras diferenças semelhantes. Estas são diferenças que dizem respeito às partes ou, pelo menos, que não

---

[410] Isto é *Oluntos*, que Rafinesque aproveitou para dar o nome a um género com duas espécies, *Oluntos trigona* (L. f.) Raf. e *Oluntos laevigata* (Vahl) Raf., que não são mais do que duas figueiras (*Ficus trigona* L. f. e *Ficus citrifolia* Mill.) da América Tropical. Portanto, este olinto referido por Teofrasto é um *Ficus*, pois ele diz que produz figos nos rebentos novos. Por esta última característica, trata-se de *Ficus benghalensis* L., chamado, em 1. 7. 3, 'figueira da Índia', que Lineu também designou por *Ficus indica* L. e Catesby por *Ficus citrifolia* Cat.

[411] *Ficus sycomorus* L.

[412] *Ceratonia siliqua* L.

[413] Trata-se de uma *Erica*. Amigües 2010: 36 considera, talvez com razão, que seja *Erica arborea* L.

[414] *Ligustrum vulgare* L.

[415] *Vitex agnus-castus* L., a que chamamos 'árvore-da-castidade'.

[416] *Amaranthus blitum* L., ou, na designação equivalente de Amigües 2010: 36, *Amaranthus lividus* L.

[417] *Atriplex hortensis* L.

[418] *Brassica oleracea* L.

são independentes delas. Mas a distinção mais peculiar e, de certa forma, a mais importante – que existe também nos animais – é que as há aquáticas e terrestres. De facto, entre as plantas, há um determinado grupo que não pode crescer senão na água; há as que até crescem fora dela, embora não com a mesma qualidade, mas degeneradas. De todas as árvores, por assim dizer, e de todas as plantas, há uma quantidade de espécies para cada género; com um só género, não há praticamente nenhuma espécie.

4. Mas todas as plantas chamadas de cultivo e selvagens apresentam esta diferença de um modo vistoso e enfático, caso da figueira, da oliveira e da pereira de cultivo ou selvagem. Em cada um destes pares há diferenças nos frutos, nas folhas e nas outras formas e partes. Entre as selvagens, a maioria não tem nome e poucos são os que as conhecem; das de cultivo, uma boa parte recebeu nome e o conhecimento que delas se tem é mais comum. Refiro-me a plantas do tipo da videira, da figueira, da romãzeira, da macieira, da pereira, do loureiro, do mirto e de outras. Como são de utilização comum, isso faz com que se tenha também uma noção geral das diferenças.

5. Mas há ainda esta outra peculiaridade entre um caso e o outro: nas selvagens, a distinção que se faz é apenas, ou sobretudo, entre masculinas e femininas; nas de cultivo, os traços distintivos são mais. No primeiro caso, é mais fácil assinalar e enumerar as diferentes espécies; no segundo, torna-se mais difícil, porque as variantes são muitas.

Sobre as diferenças das partes e de outros aspectos já dissemos o suficiente para a sua consideração. Impõe-se agora falar sobre a reprodução, assunto que naturalmente se segue ao que tratámos.

Livro II

Chamaerops humilis L.
2. 6. 11 (nota 516)
Imagem 1 - Espanha, Murcia, F. J. F. Casas
Imagem 2 - Portugal, Quarteira (Algarve), J. Paiva
Imagem 3 - Espanha, Los Nietos, C. Aedo

Livro II

2.1.1. A reprodução das árvores e das plantas em geral. Processos de multiplicação

A reprodução das árvores e das plantas em geral ou é espontânea, ou feita a partir de uma semente, da raiz, por estaca, de um ramo, de um renovo, ou do próprio tronco; ou ainda de madeira partida em pedaços pequenos (é de facto assim que algumas se reproduzem). Destes diversos processos, o principal é a geração espontânea, mas a reprodução a partir de uma semente ou da raiz é tida como a mais natural. Ora estes últimos processos podem também ser considerados espontâneos e, por isso, existem igualmente nas plantas selvagens. Os restantes estão sujeitos à intervenção do homem ou pelo menos à sua iniciativa.

2. Portanto, toda e qualquer planta nasce por um destes processos e a maioria por vários. Assim a oliveira[419] reproduz-se por qualquer deles, menos a partir de um renovo; um talo neste caso, enterrado no solo, não subsiste, ao contrário do que acontece com uma estaca de figueira ou com uma haste de romãzeira[420]. Há, no entanto, quem diga já ter acontecido que, quando se enterra uma estaca de oliveira para servir de suporte a uma hera[421], ela cresce com a hera e acaba por produzir uma árvore. Mas trata-se de uma excepção, enquanto os outros processos são, na maior parte dos casos, os naturais. A figueira cresce por todos os outros processos referidos, menos de fragmentos da raiz e de pedaços de madeira. A macieira[422] e a pereira[423] também podem nascer de ramos, o que é raro. Dá ideia, no entanto, de que a maior parte das árvores, se não praticamente todas, nascem de ramos, se eles forem lisos, novos e fortes. Mas os outros processos são, por assim dizer, mais naturais. Ora aquilo que acontece esporadicamente deve ser tido na conta de uma mera possibilidade.

3. De um modo geral, poucas são as plantas que sobretudo rebentam e germinam a partir das partes superiores, caso da videira[424] a partir dos sarmentos. Esta, de facto, não nasce das pontas, mas do sarmento, como acontece com qualquer outra árvore ou subarbusto (como parece ser o caso da arruda[425], do

---

[419] *Olea europaea* L. subsp. *europaea* var. *europaea*.
[420] *Punica granatum* L.
[421] *Hedera helix* L.
[422] *Malus domestica* Borkh.
[423] *Pyrus communis* L.
[424] *Vitis vinifera* L.
[425] *Ruta graveolens* L.

goiveiro[426], da hortelã-pimenta[427], do tomilho-tufoso[428] e da calaminta[429]. O processo mais comum de reprodução para qualquer planta é a partir de uma estaca ou da semente. Porque todas as plantas que têm semente é também dela que se reproduzem. De uma estaca, ao que se diz, provém igualmente o loureiro[430], se se lhe tirar os rebentos e se a plantarmos. Mas é necessário que essa estaca traga parte da raiz ou da parte baixa da árvore. No entanto, a romãzeira e a macieira de primavera pegam mesmo sem esta componente. Uma estaca de amendoeira[431] rebenta também se plantada.

4. A oliveira germina, pode dizer-se, por mais processos do que qualquer outra planta, ou seja, do tronco, da parte baixa da árvore, da raiz, da madeira, de uma haste, de uma estaca, como atrás se disse[432]. De entre as outras plantas, o mirto[433] reproduz-se por vários processos, de pedaços de madeira ou da parte baixa da planta. Mas é necessário, no caso do mirto e da oliveira, partir a madeira em pedaços de tamanho não inferior a um palmo a que não se deve tirar a casca.

Portanto as árvores rebentam e reproduzem-se pelos processos atrás indicados. Os enxertos e as inoculações são como que uma combinação de diferentes árvores; estes são métodos de reprodução de outro tipo, que devem ser tratados mais adiante.

2.2.1. Dos subarbustos e das ervas a maior parte reproduz-se de uma semente, da raiz, ou de ambas. Algumas também dos rebentos, como atrás se disse[434]. A roseira[435] e o lírio[436] nascem de pedaços do caule, e ainda a grama. O lírio e a roseira nascem igualmente enterrando-se o caule completo. Muito peculiar é a reprodução a partir de uma gema. Parece, de facto, que é por este método que a açucena[437] se produz, quando a gema derramada seca. Outro tanto se diz que acontece com a salsa-de-cavalo[438], que também produz uma

---

[426] Provavelmente *Matthiola incana* (L.) R. Br.
[427] Provavelmente *Mentha aquatica* L.
[428] *Thymus sibthorpii* Benth.
[429] Díaz Regañón 1988: 122 entende que se trata da calaminta (*Calamintha incana* (Sibth. & Sm.) Boiss.), que é *Clinopodium insulare* (Candargy) Govaerts (cf. Dioscórides 1. 29).
[430] *Laurus nobilis* L.
[431] *Prunus dulcis* (Mill.) D. A. Webb.
[432] *Vide supra* 2. 1. 2.
[433] *Myrtus communis* L.
[434] *Vide supra* 2. 1. 1.
[435] Uma espécie do género *Rosa*.
[436] Uma espécie *Iris*.
[437] *Lilium candidum* L. Parece estranha esta informação de Teofrasto, pois há Liliáceas que se reproduzem assim, por queda de gemas florais, mas isso não acontece com a açucena. Pode também existir uma má interpretação sobre qual é efectivamente a planta à qual o autor grego se refere. *Vide*, sobre o assunto, Amigües 2010: 41.
[438] *Smyrnium olusatrum* L.

gema. Do mesmo modo nasce um certo tipo de caniço[439], se se lhe cortar um pedaço de cana com dois nós e se plantar em posição oblíqua, coberto de estrume e de terra. Particular é também o que se passa com as plantas bolbosas, pela forma como se reproduzem da raiz.

2. Sendo tão variado o potencial de crescimento das árvores, há uma boa parte, como atrás ficou dito[440], que se reproduz por diferentes processos. Mas há as que se reproduzem apenas a partir de uma semente, como o abeto[441], o pinheiro[442], o pinheiro de Alepo[443] e, em geral, todas as coníferas. E também a tamareira[444], excepto a da Babilónia[445], que nasce de estacas, que – diz-se – se cortam em pedaços. O cipreste[446], na maior parte das regiões, nasce de uma semente, mas em Creta também do tronco, como, por exemplo, nas montanhas de Tarra[447]. Aí é hábito podar o cipreste; e qualquer que seja o tipo de corte que se lhe faça, ele rebenta da parte cortada, seja do solo, do meio ou da parte de cima; e, por vezes, embora raramente, até das próprias raízes.

3. A respeito do carvalho[448] há diferentes versões: uns dizem que só nasce de uma semente, outros, ainda que com hesitações, que nasce também da raiz; outros afirmam que até do próprio tronco quando cortado. Mas nenhuma das espécies nasce de uma estaca ou de uma raiz, menos as que produzem rebentos laterais.

4. De todas as árvores que têm vários processos de reprodução, a que se faz a partir de uma estaca, ou ainda melhor a partir de um rebento, sobretudo procedente da raiz, é a que se processa mais rapidamente e com mais vigor. E enquanto as árvores assim produzidas, ou por qualquer outro tipo de rebento, parecem, em relação à produção de frutos, semelhantes àquelas de onde provêm, as que crescem do fruto – se este processo de reprodução for possível – são, por assim dizer, todas elas inferiores, e algumas como que

---

[439] *Arundo donax* L.
[440] *Vide supra* 2. 1. 1.
[441] *Abies cephalonica* Loudon.
[442] Provavelmente tem razão Amigües 2010: 41 ao considerar que se trata do pinheiro-negro, *Pinus nigra* J. F. Arnold.
[443] *Pinus halepensis* Mill.
[444] *Phoenix dactylifera* L.
[445] Deve tratar-se da mesma espécie (cf. Amigües 210: 41), com comportamento diferente devido a clima ou solo adverso. *Vide infra* 2. 2. 8.
[446] *Cupressus sempervirens* L.
[447] Montanhas da costa meridional de Creta. Informa Amigües 2010: 41: "A antiga cidade de Tarra encontrava-se perto da actual Hagia Rouméli, na embocadura das gargantas de Samaria. Ainda hoje a floresta de ciprestes se estende sobre os Montes Brancos". Sobre os Montes Brancos, *vide infra* 4. 1. 3 e respectiva nota.
[448] *Quercus*.

degeneram (caso da videira[449], da macieira[450], da figueira[451], da romãzeira[452] e da pereira[453]). Da grainha do figo não se produz qualquer espécie de cultivo, mas sim a figueira selvagem ou outro tipo do género, que muitas vezes difere daquela de que procede pela cor; assim, de uma figueira negra nasce uma branca e vice versa. De uma videira de qualidade nasce uma que não presta; muitas vezes é de uma espécie diferente, que nada tem do tipo doméstico; é selvagem e pode ser até de um tipo que nem fruto dá. Noutros casos pode acontecer que a maturação do fruto não aconteça e que se não vá além da floração.

5. Do caroço de azeitona nascem oliveiras selvagens[454] e dos grãos doces de uma romã um tipo degenerado; dos seus grãos sem grainha nasce um fruto rijo e muitas vezes ácido. E o mesmo se passa com as grainhas das peras e das maçãs; das peras nasce uma pera selvagem[455] de má qualidade; e das maçãs uma espécie de qualidade inferior que, em vez de doce, é amarga. Do 'ovo de avestruz'[456] nasce o marmelo[457]. Também a amêndoa[458] é pior em paladar e, em vez de mole, dura. É por isso que se manda perfurar a amêndoa, quando já plenamente desenvolvida, ou então transplantar, uma e outra vez, o renovo[459].

6. O carvalho também degenera. Assim, houve muito quem não conseguisse fazer germinar, de uma espécie de Pirra[460], uma que lhe equivalesse. Diferente é – ao que se diz – o caso do loureiro[461] e do mirto[462], embora na maior parte das vezes degenerem e nem sequer conservem a cor; assim

---

[449] *Vitis vinifera* L.
[450] *Malus domestica* Borkh.
[451] *Ficus carica* L.
[452] *Punica granatum* L.
[453] *Pyrus communis* L.
[454] *Olea europaea* L. subsp. *europaea* var. *sylvestris* (Mill.) Lehr.
[455] Fruto da *Pyrus amygdaliformis* Vill.
[456] Marmelo selvagem, *Cydonia oblonga* Mill.
[457] *Cydonia oblonga* Mill. Kodonia é uma cidade de Creta que deu nome ao marmeleiro. Este provém do Oriente e teve, no sul da Europa, uma grande difusão talvez através de Creta. O seu conhecimento na Grécia ascende a tempos homéricos. Baumann 1984: 142 informa de que os Gregos usavam este fruto para produzir um doce que se assemelharia à nossa marmelada. Dioscórides 1. 45, 1. 115, referindo-se à qualidade deste fruto, aconselha a preferência pelos de dimensão pequena, redondos e aromáticos; os grandes, designados por 'ovo de avestruz', não têm a mesma qualidade. Mas a interpretação de Teofrasto rege-se pelo conceito inverso, de que os marmelos grandes são os bons e os pequenos degenerados. Cf. Plínio, *História Natural* 15. 11. 10.
[458] Fruto da *Prunus dulcis* (Mill.) D. A. Webb.
[459] O processo aqui recomendado consiste numa incisão, ou então, para restituir a qualidade da espécie inicial, em produzir sucessivas transplantações, para evitar o desenvolvimento das raízes em detrimento das partes aéreas (cf. *infra* 2. 4. 1).
[460] Pirra é uma cidade da ilha de Lesbos. Sobre a importância ou mesmo veneração que o carvalho mereceu no mundo antigo, *vide* Thanos 2005 (a): 29-36.
[461] *Laurus nobilis* L.
[462] *Myrtus communis* L.

do fruto vermelho produz-se um negro, como acontece com a espécie de Antandro[463]. É frequente, também com o cipreste, que passe de feminino a masculino[464]. De todas estas árvores nascidas de uma semente, a tamareira parece, se assim se pode dizer, a mais constante, como também o pinheiro de tipo conífera[465] e o Alepo[466] produtor de pulgas[467]. É tudo o que há a dizer sobre as árvores de cultivo. As selvagens é óbvio que são, em proporção, mais constantes, por serem muito robustas. O contrário é que seria de estranhar, se houvesse degeneração nessas espécies que acabamos de referir e, em geral, apenas nas que se reproduzem de semente. A menos que, em cultivo, se produza uma alteração.

7. Há diferenças de lugar para lugar e de clima para clima. Há certas regiões, em Filipos por exemplo[468], em que o solo parece produzir espécies constantes[469]. Em contrapartida, apenas umas poucas espécies, num número reduzido de lugares, sofrem alteração de modo a que de uma semente selvagem se produza uma de cultivo, ou que de uma espécie de má qualidade saia uma excelente. Tal alteração, ao que se ouve dizer, ocorre apenas com a romãzeira, no Egipto e na Cilícia; no Egipto, uma árvore de fruto ácido, nascida de semente ou de rebentos, produz uma outra com um fruto doce ou com sabor a vinho; e na zona de Solo, na Cilícia, perto do rio Pínaro (onde ocorreu a batalha contra Dario)[470], todas as romãs são sem grainha.

8. É lógico que, se se plantar uma tamareira das nossas na Babilónia, ela produza fruto e se comporte de forma semelhante às de lá. E outro tanto se passará com qualquer outro lugar que produza fruto com características próprias. É que a localização é mais importante do que o cultivo ou o tratamento. Prova disso é que plantas transplantadas deixem de dar fruto ou até deixem por completo de germinar.

---

[463] Antandro é uma cidade da Mísia, no sopé do monte Ida, próxima da costa fronteiriça à ilha de Lesbos.

[464] Isto é, que dê pinhas masculinas e femininas.

[465] *Pinus pinea* L.

[466] *Pinus halepensis* Mill.

[467] Trata-se de uma espécie (*Pinus brutia* Tren.) que ocorre nas ilhas gregas, como Creta, Lesbos ou Tasos. O nome dado por Teofrasto (Alepo produtor de pulgas) provém-lhe da semelhança com o pinheiro de Alepo e por ser produtor de sementes tão pequenas (7-8x5mm.) que parecem pulgas.

[468] Cidade da Macedónia, na fronteira com a Trácia, perto da actual Kavala, que recebeu o nome de Filipe II da Macedónia, o seu fundador (356 a. C.).

[469] Isto é, em que a nova planta seja da mesma qualidade que a planta mãe.

[470] Estas não são propriamente regiões que confinem, mas separadas por uma centena de quilómetros. A Cilícia era, na *Ilíada*, a pátria de Andrómaca, a esposa de Heitor, onde uma corte habitava "a arborizada Placo, em Tebas Hipoplácia" (6. 396-397; cf. 6. 425, 6. 479), sendo a montanha, cruzada pelo rio Pínaro, o seu *ex libris*. Foi na Cilícia que, em 333 a. C., durante a campanha asiática, Alexandre Magno travou contra Dario II da Pérsia a batalha de Isso. Cf. Plutarco, *Vida de Alexandre* 20.

9. Há também mudanças devidas à nutrição e a outro tipo de cuidados, que podem transformar uma planta selvagem numa doméstica, ou vice versa, caso da romãzeira e da amendoeira. Houve já quem dissesse que da cevada[471] se produziu trigo[472] e vice versa, ou que ambos nasceram de um mesmo pé.

10. Mas trata-se de pura fantasia. No entanto, as espécies que sofrem mudanças deste tipo sofrem-nas espontaneamente, dependendo da localização (como dissemos que acontece no Egipto e na Cilícia a propósito da romãzeira) e não por qualquer tipo particular de intervenção.

Outro tanto se passa quando árvores de fruto se tornam estéreis, caso do *pérsion*[473] provindo do Egipto e da tamareira se transplantada para a Grécia, ou ainda com o que se chama 'choupo'[474] em Creta. Há também quem diga que a sorbeira[475], se for levada para um lugar muito quente – ela que gosta do frio – deixa de dar fruto. É lógico pensar que se operem ambos os resultados, quando se inverte a situação natural, havendo plantas que se recusam totalmente a germinar se transplantadas. São estas as alterações devidas à mudança de lugar.

11. De acordo com o processo de plantação, as alterações sofridas pelas plantas produzidas a partir de uma semente são as que referimos. Porque em plantas que nascem dessa forma as alterações são de todo o género. Em cultivo, a romãzeira e a amendoeira podem alterar-se: a romãzeira, se levar estrume de porco e for bem regada com água corrente; a amendoeira, se se lhe cravar um espigão, de modo a retirar-se-lhe, durante um tempo longo, a resina que escorre, e se se lhe prestar os cuidados necessários.

12. Assim, é evidente que tudo o que é selvagem se pode tornar doméstico e vice versa; no primeiro caso, à força de cuidados, no segundo por falta deles. Só que não se pode dizer que tenha havido uma conversão, mas uma evolução no sentido de obter um resultado melhor ou pior. Porque não é possível transformar uma oliveira, uma pereira ou uma figueira selvagens nas suas correspondentes domésticas. Quanto à oliveira selvagem, o que se diz que lhe acontece – que, se se lhe cortar por completo a folhagem e se transplantar, ela produz frutos medíocres[476] – não é propriamente uma modificação importante. Logo, seja a interpretação esta ou aquela, a diferença é pequena.

---

[471] *Hordeum vulgare* L.
[472] *Triticum aestivum* L.
[473] *Mimusops schimperi* Hochst., cujo nome correcto é *Mimusops laurifolia* (Forssk.) Friis; cf. Díaz Regañón 1988: 128, Amigües 2010: 44, Dioscórides 1.129.
[474] Segundo Amigües 2010: 44, este 'choupo' de Creta é *Zelkova abelicea* (Lam.) Boiss., uma Ulmácea endémica desta ilha.
[475] *Sorbus domestica* L.
[476] Amouretti 1986: 43 precisa que, nesta situação, o fruto produzido pode ser até relativamente grande, mas é mau produtor de azeite. Por outro lado o óleo daqui extraído é útil na fabricação de perfumes (Teofrasto, *Sobre os perfumes* 15). A oliveira selvagem, *Olea europaea* L.

2.3.1. Alterações sofridas pelas árvores

Por fim, diz-se também que a mudança que se opera neste tipo de plantas é espontânea, e que ora afecta os frutos, ora as próprias árvores no seu conjunto; os adivinhos tomam-na como um prodígio. Assim por exemplo, quando de uma romãzeira de fruto ácido nasce um fruto doce, ou vice versa; ou quando são, por sua vez, as próprias árvores que sofrem mudanças, de tal modo que de uma ácida surge uma doce e vice versa; a mudança para uma doce é tida como pior presságio. Uma figueira selvagem pode transformar-se numa doméstica e vice versa – a degeneração de uma figueira doméstica é tida como um sinal mais grave –, uma oliveira doméstica pode converter-se noutra selvagem – mudança que ocorre raramente – ou ainda uma figueira branca pode produzir uma negra ou o contrário; e outro tanto acontece com a videira.

2. Estas são as alterações consideradas prodígio ou contra natura. Mas, quanto às alterações que se processam normalmente, não provocam qualquer surpresa; é o caso, por exemplo, da chamada videira 'fumada'[477], quando passa, de cachos pretos, a produzir brancos ou de brancos, pretos. Mudanças destas não merecem aos adivinhos nenhum comentário. Nem aquelas situações em que a alteração é produzida pelo próprio solo, como se disse a propósito da romãzeira do Egipto. Espantoso é que esta mudança ocorra no nosso território, o que sucedeu apenas uma vez ou duas e com longos intervalos de tempo. Mas se isso acontecer, é mais fácil que a alteração ocorra nos frutos do que na árvore no seu conjunto.

3. Há outro tipo de anomalia que pode afectar os frutos; assim, já ocorreu que uma figueira produziu figos por trás das folhas; ou uma romãzeira e uma videira frutificaram dos troncos; uma videira sem folhas produziu fruto. Uma oliveira perdeu as folhas e, mesmo assim, deu fruto; diz-se que tal aconteceu com Téssalo, o filho de Pisístrato[478]. Tal pode suceder devido à invernia, e a outras causas se deve alterações que podem parecer anormais, mas não o são. Por exemplo, uma oliveira, depois de ter ardido integralmente, voltou toda ela a rebentar, a árvore e a ramagem[479]. De uma outra, na Beócia, os rebentos,

---

subsp. *europaea* var. *sylvestris* (Mill.) Lehr, aparece muito ligada a actos de culto ou a lugares sagrados; em Olímpia, por exemplo, era usada nas coroas que galardoavam os vencedores.

[477] Cf. Aristóteles, *Geração dos animais* 770b 19-24; Teofrasto, *Causas das plantas* 5. 3. 1-2. Segundo os dois autores, este tipo de videira ora produz uvas brancas, ora pretas; para Teofrasto, as uvas parecem, na verdade, de uma cor intermédia entre branco e preto, e daí a designação de 'fumada'.

[478] Téssalo era menos conhecido do que os outros filhos do tirano ateniense Pisístrato (séc. VI a. C.), Hiparco e Hípias, todos referidos por Tucídides, 6. 55. 1. Aristóteles, em *Constituição dos Atenienses* 17. 3, dá-o por filho ilegítimo de Pisístrato, tendo por nome alternativo Hegesístrato.

[479] Cf. Plínio, *História natural* 17. 25. 38. Fraser 1994: 171 recorda que Teofrasto alude à oliveira sagrada de Atena, plantada na Acrópole, que ardeu aquando da invasão persa, em 479. Heródoto 8. 55 refere-se à situação como um prodígio: no dia seguinte àquele em que a árvore

depois de comidos por gafanhotos, voltaram a reverdecer, embora neste caso eles só tivessem sido danificados. Mas talvez todas estas ocorrências de prodigioso tenham pouco, por resultarem de causas evidentes; estranho sim é que os frutos se produzam em sítios inapropriados ou sejam eles mesmos inapropriados. Mas o cúmulo é, como já ficou dito, se a mudança afectar a natureza inteira da árvore. São estas algumas das alterações sofridas pelas árvores.

2. 4. 1. Alterações em outras plantas

Entre as outras plantas, a hortelã-pimenta[480] parece poder transformar-se em hortelã-pimenta-bastarda[481], a menos que esse processo se evite com determinados cuidados - é por isso que muitas vezes é transplantada - e, do mesmo modo, o trigo[482] pode tornar-se joio[483]. Alterações destas nas árvores, se acontecem, são espontâneas. Mas, nas plantas anuais, são provocadas. Assim o trigo candial[484] e a escanha[485] mudam-se em trigo se se plantarem depois da monda, mudança que não ocorre logo, mas ao fim de dois anos. Esta é uma alteração semelhante à que acontece com as sementes de acordo com o solo. De facto, estas mudam de acordo com cada solo, em tempo praticamente igual ao que acontece com o trigo candial. Também os trigos candiais selvagens e as cevadas, em cultivo e domesticação, mudam num lapso de tempo equivalente.

2. Estas são alterações que parecem dever-se a mudanças de solo e ao cultivo; há casos em que se devem a esses dois factores, e noutros apenas ao cultivo. Por exemplo, para que os legumes secos não se tornem insusceptíveis de cozedura, aconselha-se que se mergulhem em bicarbonato de sódio durante uma noite e se semeiem em solo seco no dia seguinte. Para tornar fortes as lentilhas[486] plantam-se em estrume de vaca. O grão-de-bico[487], para ser grande, é preciso demolhá-lo e semeá-lo com a casca[488]. Há também mudanças de acordo com a estação em que se semeia, de modo a tornar estes legumes mais

---

sagrada e o templo de Erecteu, que lhe fica vizinho, tinham sido vitimados pelo incêndio, já um primeiro rebento se podia constatar na oliveira.
[480] *Mentha x piperita* L.
[481] Qualquer uma das 3 mentas (*Mentha x piperita* L., *Mentha aquatica* L. e *Mentha spicata* L.) é geralmente cultivada. De acordo com Amigües 2010: 46, talvez neste caso se trate de *Mentha viridis* (L.) L., cujo nome válido é *Mentha spicata* L.
[482] *Triticum aestivum* L.
[483] *Lolium temulentum* L.
[484] *Triticum monococcum* L.
[485] *Triticum dicoccon* (Schrank) Schübl.
[486] *Lens culinaris* Medik.
[487] *Cicer arietinum* L.
[488] Cf. Teofrasto, *Causas das plantas* 5. 6. 11.

leves e inofensivos. Assim, se se semear o órobo[489] na primavera, ele torna-se inofensivo e não indigesto, como o semeado no outono.

3. Também nos legumes as alterações se produzem por cultivo. Assim, ao que se diz o aipo[490], se a semente tiver sido pisada e cilindrada, nasce frisado; muda também com a natureza do solo, como todas as outras plantas. Estas são alterações comuns a todas. Consideremos agora o caso de uma árvore, se, como acontece com os animais, por mutilação ou por perda de uma parte, se tornar estéril. Não é absolutamente evidente que, por corte, se provoque um dano que a afecte na produção maior ou menor de fruto; mas ou a árvore perece por completo, ou, se resiste, frutifica. Em contrapartida, o envelhecimento é, em todas as plantas, causa de deterioração.

4. Mais estranho poderá parecer se, nos animais, tais alterações ocorrem naturalmente e com frequência. De facto há alguns que parecem sofrer mudanças de acordo com as estações[491], como acontece com o falcão[492], a poupa[493] e outras aves do género. Outras alterações ocorrem de acordo com o habitat, caso da cobra de água[494] que, se os pântanos secarem, se transforma em víbora[495]. Mas particularmente evidentes são algumas mudanças que dependem da reprodução e que se processam através de vários seres; assim, de uma lagarta nasce uma crisálida e desta uma borboleta. E o mesmo se passa com uma infinidade de outros casos, o que não significa nenhuma anormalidade, como anormal não é também que haja situações semelhantes no nosso objecto de investigação. Pois algo equivalente acontece com as árvores e com todas as plantas florestais em geral, como ficou dito acima: de tal modo que, quando uma alteração se produz nas condições climáticas, a sua equivalente ocorre automaticamente no crescimento das plantas. E são estas as considerações a fazer, a partir destes exemplos, sobre a reprodução e alterações nas plantas.

2.5.1. Processos de multiplicação e de cultivo

Mas uma vez que os processos de intervenção e o cultivo dão um grande contributo e produzem grandes efeitos, bem como, antes deles, a plantação, não podemos deixar de falar também deles.

---

[489] *Vicia ervilia* (L.) Willd. Este é um legume que teve, na alimentação humana, um papel moderado pela sua má qualidade. Usou-se para esse efeito apenas em tempo de crise.

[490] *Apium graveolens* L.

[491] Aristóteles exemplifica estas mudanças; e. g., *História dos animais* 519a 8 sqq., sobre a alteração da cor na plumagem das aves de acordo com o tempo mais ou menos frio; 616b 1-2, 633a 17 sqq., em que se fala da poupa e das aves selvagens em geral, que mudam de cor no verão e no inverno.

[492] Provavelmente o *Falco perigrinus* Tunstall.

[493] *Upupa epops* L.

[494] *Liophis miliaris* L.

[495] *Vipera* sp.

Em primeiro lugar, consideremos a plantação. Quanto às estações, já antes falámos[496] sobre quais são as favoráveis. Aconselha-se que as plantas a usar devem ser da melhor qualidade possível e retiradas de um solo semelhante àquele onde se vai fazer a plantação, ou então inferior[497]. Os buracos[498] devem ser abertos com muita antecedência e ser sempre bastante profundos, até mesmo para plantas de raiz não muito longa.

2. Há quem diga que nenhuma raiz vai mais abaixo do que três meios pés[499]; e, por isso, desaprovam os que plantam a uma profundidade maior. Mas há muitos motivos para pensar que não têm razão no que dizem. Pois se dispuser de uma camada de terra profunda, ou de uma localização e de características climáticas determinadas, uma planta que tenha, já por natureza, raízes profundas, alonga-as ainda muito mais. Houve uma vez um sujeito que contou que, depois de o arrancar com uma alavanca, tinha transplantado um pinheiro com uma raiz de mais de oito côvados[500]; e mais, que a não arrancou inteira, porque ela se partiu.

3. Os elementos a plantar, se vierem com raiz, tanto melhor; se não, devem ser retirados das partes baixas de preferência às altas, exceptuando o caso da videira. As que tiverem raízes devem enterrar-se na vertical, das que as não tiverem deve enterrar-se algo como um palmo da planta ou um pouco mais. Há quem aconselhe a enterrar também as que têm raiz, e a orientá-las numa posição conforme àquela que tinham nas árvores de origem, quer seja voltadas a norte, a nascente ou a sul. Que, sempre que possível, se deve enxertar as plantas, quer sobre as próprias árvores – caso da oliveira, da pereira, da macieira e da figueira -, quer à parte, caso da videira (que não se pode enxertar nela mesma).

4. Se os elementos a plantar não trouxerem raiz ou a parte de baixo, como acontece com a oliveira, deve-se rachar a madeira no fundo e enfiar-lhe lá uma pedra antes de plantar. O tratamento que se dá à oliveira aplica-se também à figueira e a outras árvores. A figueira também se planta afiando-se a extremidade grossa de uma estaca e enterrando-a com um maço, até lhe deixar só uma ponta pequena fora da terra; depois despeja-se-lhe, do alto, areia em cima até a cobrir. Há quem afirme que as plantas assim ficam mais pujantes enquanto são jovens.

---

[496] Exceptuando o caso do órobo (*supra* 2. 4. 2), nenhuma outra observação foi até agora feita no tratado sobre épocas favoráveis à plantação. Talvez, de acordo com Amigües 1988: 128, a referência tivesse sentido numa outra versão do texto mais completa do que a que nos chegou.
[497] *Causas das plantas* 3. 4. 1, 3. 5. 2.
[498] *Causas das plantas* 3. 4. 1.
[499] Cerca de 45 centímetros.
[500] Cerca de três metros e meio.

5. Semelhante é o processo que se usa para a videira, quando se recorre a estacas; a estaca abre caminho ao sarmento, que em si mesmo é frágil. Planta-se assim também a romãzeira e outras árvores. A figueira, se for plantada numa cila, cresce mais depressa e é menos sujeita a ser atacada pelas larvas[501]. De facto, tudo aquilo que se planta numa cila rebenta melhor e desenvolve-se mais rapidamente. Em todas as árvores que se plantam com pedaços cortados do tronco, estes devem plantar-se com a parte cortada para baixo, e nunca se deve cortar pedaços com menos de um palmo de comprimento, como já se disse[502], nem tirar-lhes a casca. Daqui nascem os rebentos; e, à medida que vão rebentando, é preciso cobri-los sempre de terra, até a árvore ganhar resistência. Este processo é peculiar ao caso da oliveira e do mirto, e os restantes mais ou menos comuns a todas as árvores.

6. A figueira é, de todas as árvores, a que melhor ganha raiz e a que melhor aceita qualquer processo de transplantação. Aconselha-se a que, quando se planta uma romãzeira, um mirto ou um loureiro, se deve distribuir as árvores próximas umas das outras, a uma distância não superior a nove pés[503]; as macieiras com um intervalo um pouco maior; as pereiras (ápios e *onchnas*)[504] um pouco mais longe ainda; as amendoeiras e as figueiras ainda mais, tal como a oliveira. O intervalo depende também do tipo de terreno, sendo menor em terrenos montanhosos do que nos planos.

7. Mas o mais importante de tudo é, por assim dizer, atribuir a cada uma o solo conveniente, porque só então a árvore atinge o seu pleno vigor. Em termos gerais, à oliveira, à figueira e à videira é voz corrente que são mais apropriados terrenos planos, e às árvores de fruto o sopé dos montes. E mesmo nas que são de espécies semelhantes convém não desconhecer a conveniência do solo. A maior variedade, por assim dizer, é a que existe nas diversas castas de videira; costuma afirmar-se que, quantas são as espécies de terreno, outras tantas são as das videiras. Se são plantadas de acordo com a sua natureza, são de excelente qualidade, caso contrário tornam-se estéreis. E outro tanto se passa com todas as outras árvores.

2.6.1. A plantação das tamareiras

A plantação das tamareiras é particular e diferente, como também o cuidado que se exige depois. Planta-se no mesmo lugar diversas sementes,

---

[501] Esta cila não é a planta *Drimia maritima* (L.) Stearn, mas um vaso de madeira (selha).
[502] *Vide supra* 2. 1. 4.
[503] Um pouco mais de dois metros e meio.
[504] Amigües 1988: 129 não aceita que *onchne* corresponda à pera selvagem, como já foi sugerido. Hesíquio glosa as duas palavras da seguinte forma: ἄπιος. ἡ ὄγχνη καλουμένη, dando-lhe total equivalência. A diferença parece estar mais na aplicação das palavras, *onchne* estando apenas registada em textos poéticos (cf., e. g., *Odisseia* 7. 115, 24. 246-247).

pondo duas em baixo e duas em cima próximas umas das outras, mas todas viradas para baixo. É que a germinação, como alguns afirmam, não se processa da parte de baixo ou côncava, mas da de cima; por isso, ao juntar-se as sementes que ficaram por cima, há que ter o cuidado de não cobrir os pontos por onde a germinação se faz; e estes são visíveis a quem tem experiência. O motivo por que se plantam várias sementes é este: se nascer de uma só, a árvore é débil. As raízes que nascem do conjunto entrelaçam-se umas nas outras, como também desde logo os primeiros rebentos, de tal modo que formam um só tronco.

2. Esta é a reprodução que se faz a partir do fruto. Mas ela também é possível a partir da própria árvore, cortando-lhe a parte de cima, onde está a 'copa'[505]. Corta-se algo como dois cúbitos de comprimento, racha-se-lhe a parte de baixo e enterra-se a ponta húmida. A tamareira gosta de terrenos salinos. Por isso, se se der o caso de o terreno não ser apropriado, os lavradores misturam-lhe sal[506]. Mas essa operação deve fazer-se não directamente nas próprias raízes; o sal a espalhar – cerca de meio sesteiro[507] - deve ficar separado das raízes. Para justificar que este é o tipo de solo que a tamareira prefere há este argumento: em toda a parte onde as tamareiras abundam, os solos são salinos. É o caso, ao que se diz, da Babilónia, de onde as tamareiras provêm, da Líbia, do Egipto e da Fenícia. Na Celessíria[508], onde tamareiras não faltam, só em três lugares salinos há tâmaras capazes de se armazenar. Nos outros lugares, elas não se conservam e apodrecem; mas quando frescas, têm um paladar agradável e consomem-se mesmo assim.

3. Esta árvore também gosta muito de rega; sobre o estrume, as opiniões dividem-se: uns dizem que ela não só não gosta, como até o estrume lhe é nocivo; outros que não só lhe faz bem, como contribui para o seu crescimento. Mas que se deve regar com abundância quando se estruma, como se faz em Rodes. Este é um aspecto em que se deve atentar: talvez, na verdade, haja uma e outra forma de cultivo, e que o estrume, se regado, possa ser benéfico e, sem rega, prejudicial. Quando a planta atinge um ano, é transplantada e tratada com sal, tratamento que se repete aos dois anos de idade. A transplantação faz-lhe muito bem.

4. Há muito quem a transplante na primavera. Mas os Babilónios fazem-no no verão; é esta a época em que a maioria dos agricultores a planta, por ser então que ela germina e cresce mais depressa. Enquanto é nova, não lhe

---

[505] Em grego *enképhalos*, ou seja, 'cabeça'.
[506] Cf. Teofrasto, *Causas das plantas* 3. 17. 3, onde se explica que o sal torna a terra mais leve e facilita, por isso, que as raízes cresçam e se fortifiquem.
[507] Cerca de quatro litros e meio.
[508] Topónimo que significa 'a Síria Côncava', e que se aplica ao vale que separa as montanhas do Líbano do Antilíbano.

tocam, a não ser para lhe atarem a folhagem de modo a que cresça direita e a que as hastes não se dobrem. Mais tarde, podam-na a toda a volta, quando já se tornou robusta e vigorosa, deixando as hastes com apenas um palmo de comprimento. Enquanto é nova, a tamareira produz o fruto sem caroço, e mais tarde com caroço.

5. Mas há quem diga que os Sírios não lhe prestam nenhum cuidado, a não ser podá-la e regá-la, e que a tamareira requer mais água das nascentes do que da chuva. Esse tipo de água existe em abundância no vale onde se encontram os tamareiras. Afirma-se ainda que, segundo os Sírios, este vale se estende, através da Arábia, até ao mar Vermelho, e muitos declaram lá ter ido. É na zona mais profunda do vale que as tamareiras se dão. Pode bem ser que as duas versões sejam verdadeiras, porque, de acordo com o tipo de localização e com o tipo de árvore, não há que estranhar que o processo de cultivo seja diferente.

6. Há muitas variedades de tamareiras[509]. Em primeiro lugar – e esta é a diferença mais relevante –, há as que produzem fruto e as estéreis. É destas últimas que os Babilónios fabricam camas e outro mobiliário. Entre as férteis, há as tamareiras macho e fêmea; estas diferem umas das outras porque a macho começa por produzir uma flor sobre a espata, enquanto a fêmea dá logo um fruto pequeno. Em relação aos frutos, as diferenças são múltiplas; há-os sem caroço e com um caroço mole; quanto à cor, há-os brancos, negros e amarelos. Em suma, pode afirmar-se que a variedade de cores, como também a de espécie, não é menor do que a dos figos. Diferem ainda pelo tamanho e pela forma; assim há uns que são redondos, tipo maçã, e com uma dimensão tal que quatro deles perfazem um côvado (ou seja, sete pés)[510] de comprido. Outros são pequenos, tipo grão-de-bico. No paladar as diferenças são também inúmeras.

7. A variedade melhor, tanto de frutos brancos como de negros, quer em tamanho quanto em qualidade, é a chamada 'tamareira real'. Mas é, ao que se afirma, rara. Praticamente só existe no jardim de Bagoas o Antigo, perto de Babilónia[511]. Em Chipre, há uma espécie particular de tamareira, que não

---

[509] Esta é, de facto, uma das famílias vegetais mais rica. A sua representação na arte cretense e micénica atesta a sua antiguidade. O próprio nome de *phoinix*, já usado por Homero, parece registar-lhe uma origem fenícia.

[510] Algo como 11 cm.

[511] Cf. Plínio, *História natural* 13. 41, que justifica o qualificativo de 'real', porque reservadas ao rei da Pérsia. Bagoas é um nome dado na Pérsia aos eunucos; não houve nenhum soberano com este nome, que pertenceu, no entanto, a personagens de destaque na corte. Plutarco, *Vida de Alexandre* 39. 10 menciona um Bagoas, homem de grande influência na corte persa, interveniente em questões de sucessão; em 338 a. C. envenenou Artaxerxes III Oco e promoveu a rei o seu filho Arses; e dois anos depois envenenou este último e fez ascender ao trono Dario III, que prontamente fez envenenar o próprio Bagoas. Foi esta uma personagem cuja casa Alexandre saqueou, para premiar Parménion, um dos seus companheiros mais próximos.

amadurece o fruto; no entanto, mesmo verde, ele é muito agradável e muito doce, de uma doçura especial. Há tamareiras que diferem não apenas pelo fruto, mas pela estatura e configuração da própria árvore. Em vez de serem grandes e altas, são baixas; dão mais fruto do que as outras e produzem-no logo a partir dos três anos. Dessas há muitas em Chipre. Na Síria e no Egipto há tamareiras que produzem fruto com quatro ou cinco anos de idade, quando atingem a estatura de um homem.

8. Há ainda uma outra espécie em Chipre, que tem folhas largas e o fruto muito maior e com uma forma particular. Em tamanho é tipo romã, mas de forma alongada. Não tem sumo como outros, assemelha-se às romãs, de modo que não se engole, chupa-se e deita-se fora. Ou seja, como atrás se disse[512], as espécies são muitas. É voz corrente que as únicas tâmaras que é possível armazenar são as que nascem no vale da Síria, enquanto as do Egipto, de Chipre e de outras regiões se consomem frescas.

9. A tamareira tem, por assim dizer, um tronco único e simples. Mas nascem também algumas com dois, como no Egipto, que se bifurcam. A altura do tronco a partir da bifurcação é de cinco côvados, tendo os dois braços estrutura equivalente. Diz-se também que a maior parte das tamareiras em Creta são bifurcadas, ou mesmo algumas delas com repartição tripla. Em Lapaia[513], houve até uma com cinco braços. Não é propriamente surpreendente que, em regiões de solos férteis, estes exemplares sejam mais comuns ou que, em geral, um maior número de espécies e uma maior variedade exista[514].

10. Há um outro tipo de tamareira, que se diz ser muito comum na Etiópia, a que se chama 'tamareira do Egipto'[515]. É de tipo arbusto, não tem um tronco único, mas vários, por vezes unidos num só até um determinado ponto. As hastes não são longas, apenas com o comprimento de um côvado, mas são lisas e a rama nasce só no topo. Têm também uma folha larga e de certa forma composta de duas partes muito estreitas. Parecem muito bonitas à vista. O fruto, em forma, tamanho e sabor é diferente; é mais redondo, maior e mais agradável ao paladar, ainda que menos doce. Levam três anos a amadurecê-lo e, por isso, têm sempre fruto, porque o novo sobrepõe-se ao do ano anterior. Dele fabrica-se pão. Esta é matéria a considerar atentamente.

11. As chamadas tamareiras anãs[516] são uma espécie diferente, que com as tamareiras em comum só têm o nome. De facto, quando se lhes corta a cabeça, elas sobrevivem, e se se arrancarem, rebentam de novo pelas raízes.

---

[512] *Vide supra* 2. 6. 6.
[513] Na costa sul de Creta.
[514] *Phoenix theophrasti* Greuter.
[515] Esta é *Hyphaene thebaica* (L.) Mart., que existe em África, desde o Egipto à África do Sul.
[516] Estas são de outra espécie, *Chamaerops humilis* L., que é espontânea em toda a região mediterrânica. Em Portugal existe no Algarve.

São também diferentes quanto ao fruto e às folhas; estas últimas são largas e flexíveis e por isso com elas se faz cestos e esteiras. Existem muitas em Creta e mais ainda na Sicília. Sobre este assunto já fomos mais longe do que prevíamos.

12. Regressando portanto ao modo de plantação das outras árvores, devem implantar-se de cabeça para baixo, como se procede com os sarmentos. Há quem diga que esse processo não tem nenhuma influência, e menos ainda no caso da videira. Mas outros, pelo contrário, entendem que a romãzeira, por este processo, se torna mais espessa e dá mais sombra ao fruto; nesse caso tem menos tendência para perder a flor. E o mesmo acontece, segundo alguns, com a figueira; quando se planta de cabeça para baixo, não perde os frutos e torna-se até mais acessível. Como também os não perde se se lhe partir o cimo, logo que começa a crescer.

Aqui deixamos referidos, em síntese, as formas de plantação e o modo como as árvores se propagam.

2.7.1. O cultivo das árvores

Quanto ao cultivo e aos cuidados a ter, há-os que são comuns a todas as árvores e outros específicos de algumas. São comuns cavar, regar e estrumar, além de podar e de retirar as partes secas. A diferença está no grau com que estes cuidados se prestam. Há árvores que gostam mais de rega e de estrume, e outras nem tanto, como o cipreste, que não gosta nem de estrume nem de rega; diz-se até que morre, se levar água demais quando é novo. A romãzeira e a videira gostam de rega. A figueira, se for regada, rebenta melhor, mas dá um fruto de pior qualidade, salvo a de tipo lacónio; essa sim, gosta de rega.

2. Todas as árvores precisam de poda. Robustecem-se quando se lhes corta as partes secas, como se se tratasse de um corpo estranho que impede o crescimento e a nutrição. É também por isso que, quando uma árvore envelhece, é completamente podada, porque ela então volta a rebentar. Segundo Andrócion[517], o mirto e a oliveira necessitam de uma poda profunda, pois quanto menos se deixar melhor eles rebentam e mais fruto produzem. E, como é evidente, mais ainda a videira, que tem muita necessidade de poda para rebentar e dar bom fruto. Em termos gerais, este e outro tipo de cuidados devem adequar-se à natureza particular de cada árvore.

3. Diz Andrócion que as que necessitam de um estrume bem forte e de uma rega muito abundante, como também de uma poda profunda, são a oliveira, o mirto e a romãzeira, por não sofrerem de apodrecimento na medula nem de qualquer enfermidade nas partes subterrâneas. Mas quando se trata de uma

---

[517] Também referido em Teofrasto, *Causas das plantas* 3. 10. 4, tinha escrito sobre arboricultura.

árvore antiga, é preciso cortar-lhe os ramos e, a seguir, cuidar-lhe do tronco, como se fosse acabada de plantar. Por esse processo, ao que se diz, o mirto e a oliveira duram mais tempo e são muito mais robustos. Estas são questões a exigir maior atenção, se não todas elas, pelo menos a questão da medula.

4. O estrume não convém a todas da mesma maneira nem é o mesmo para todas. Há umas que necessitam dele ácido, outras menos ácido, e outras ainda muito leve. O mais ácido resulta de dejectos humanos. Segundo Cartodras[518], este é o melhor, seguido do de porco, em terceiro lugar do de cabra, em quarto do de carneiro, em quinto do de boi e em sexto do de bestas de carga. O da cama do gado é de outra espécie e sujeito a variedade; há-o mais fraco e mais forte.

5. Cavar é considerado benéfico para todas as árvores, como também, para as mais pequenas, sachar, porque assim se tornam mais nutridas. Até o pó parece servir de fertilizante em alguns casos, e torná-las viçosas, caso dos cachos de uva. Por isso, com frequência, se lhes deita pó na raiz[519]. Há também quem cave a figueira, se necessário. Em Mégara[520], depois de soprarem os ventos etésios[521], há quem, em vez de os regar, sache e lance pó nos pepinos e nas abóboras, para os tornar mais doces e mais tenros. Esta é uma intervenção consensual. Mas quanto à videira, há quem diga que se não deve pôr-lhe pó, nem mexer-lhe na altura em que os cachos pintam, mas apenas quando já ganharam cor. Há ainda quem desaconselhe qualquer intervenção mesmo nessa fase, a menos que se trate de tirar as ervas daninhas. Logo, neste aspecto, as opiniões divergem.

6. Se uma árvore não der fruto e se ficar pelos rebentos, fende-se-lhe a parte do tronco que está enterrada e enfia-se-lhe na racha uma pedra; assim, ao que se diz, ela frutifica. O mesmo acontece se se lhe cortar algumas raízes. É por isso que, no caso das videiras, se lhes corta as raízes superficiais, quando elas ganham muita rama. Quanto às figueiras, além de se lhes cortar as raízes, borrifam-se de cinza e faz-se-lhes cortes no tronco; diz-se que assim dão mais fruto. Na amendoeira, crava-se um espigão de ferro, que se substitui, feito o buraco, por uma cunha de madeira de carvalho e cobre-se de terra. É o que se chama 'castigar' a árvore, por excesso de folhagem.

7. O mesmo procedimento se aplica à pereira e a outras árvores. Na Arcádia pratica-se um método a que se chama 'corrigir' a sorbeira (que é

---

[518] É esta a única referência a Cartodras e há mesmo dúvidas sobre este nome. Trata-se de um autor de reflexões sobre a diversidade e utilidade dos estrumes.

[519] Cf. *Causas das plantas* 3. 16. 4.

[520] Mégara situa-se no extremo oriental do istmo de Corinto, diante da ilha de Salamina. A localização na passagem da Grécia Central para o Peloponeso assegurou-lhe grande desenvolvimento.

[521] Os ventos etésios, do quadrante norte, são frequentes no Egeu e sopram entre Junho e final de Agosto, no verão, portanto.

uma árvore muito comum na região)⁵²². E dizem que, quando sujeitas a este tratamento, as árvores que não produziam fruto passam a produzir, e as que o não amadureciam passam a amadurecê-lo perfeitamente. Diz-se também que a amendoeira de ácida se torna doce se, depois de se cavar em volta do tronco e de se abrir buracos com cerca de um palmo, se deixar correr a seiva que para lá aflui de todos os lados. É este o sistema de fazer com que as árvores produzam fruto e lhe melhorem a qualidade.

2.8.1. Tratamento para a protecção do fruto. A caprificação

Há árvores – a amendoeira, a macieira, a romãzeira, a pereira e, sobretudo, a figueira e a tamareira – que tendem para a queda do fruto antes do amadurecimento, para o que se tem procurado remédio. Daí a caprificação⁵²³. Quando saem dos figos selvagens que se suspendem nestas árvores, as vespas-do-figo comem a parte de cima dos figos domésticos e fazem-nos inchar. Por outro lado, a queda do fruto difere segundo a região. Na Itália, ao que se diz, a queda não se verifica e por isso não se pratica a caprificação. Nem nas regiões viradas a norte ou de solos pobres, como, por exemplo, Fálico na Megárida⁵²⁴, nem em certos lugares de Corinto. Importante é também o regime dos ventos; os do norte provocam mais queda do que os do sul, e quanto mais frios e frequentes mais queda provocam. Depende também da natureza das árvores. Há as que perdem os frutos precoces, mas os tardios não⁵²⁵, como a figueira da Lacónia e outras espécies; portanto também se lhes não aplica a caprificação. São estas as alterações a que estão sujeitas as figueiras de acordo com o lugar, a casta e as condições climáticas.

2. As vespas-do-figo saem, como se disse, da figueira selvagem. Nascem das grainhas. A prova está em que, quando elas saem, deixa de haver grainhas. A maior parte delas, ao sair, deixa para trás uma pata ou uma asa⁵²⁶. Há uma outra espécie de vespa-do-figo a que se chama 'porta-aguilhão' (*kentrinas*);

---

⁵²² Trata-se de uma *Sorbus*, provavelmente a *Sorbus graeca* (Lodd. ex Spach) Klotzsch. Há também a hipótese de se tratar de *Sorbus domestica* L., que dá frutos comestíveis.

⁵²³ Cf. Teofrasto, *Causas das plantas* 2. 9. 6. Este é um processo que envolve as vespas (*Blastophaga psenes* L., a mais comum polinizadora da figueira) saídas dos figos silvestres apodrecidos. Estes insectos vêm pôr ovos nas inflorescências das figueiras domésticas e polinizam-nas, fecundando as flores e fazendo amadurecer os figos. Aristóteles, *História dos animais* 557b 28 sqq. explica o mesmo processo: 'Os figos das figueiras selvagens têm dentro o que se chama a vespa-do-figo. Este insecto começa por ser uma larva pequena, depois o invólucro rasga-se e a vespa-do-figo sai e levanta voo. Introduz-se então nos figos das figueiras domésticas pelos orifícios que eles têm e impede-os de cair. É esta a razão por que os agricultores amarram figos selvagens nas figueiras domésticas e perto delas plantam figueiras selvagens'.

⁵²⁴ *Vide infra* 8. 2. 11.

⁵²⁵ Cf. Teofrasto, *Causas das plantas* 2. 9. 8.

⁵²⁶ O processo não é propriamente assim. Os machos das vespas-do-figo não têm asas e, depois de fecundarem as fêmeas, morrem dentro do figo.

são insectos pouco activos, como os zangãos, matam os outros, da outra espécie, ao entrarem no figo, e eles mesmos morrem lá dentro[527]. Os mais recomendados para a caprificação são os figos selvagens de cor negra que crescem em terrenos pedregosos, por terem inúmeras grainhas.

3. Sabe-se que um figo foi sujeito a caprificação por ser vermelho, matizado e duro; os que o não foram são pálidos e fracos. Aplica-se este processo às árvores que o necessitam, depois das chuvas. Os figos selvagens são muito abundantes e mais vigorosos onde houver pó. Diz-se também que o pólio[528], quando frutifica em quantidade, e as sâmaras do ulmeiro[529] são usados na caprificação; é que também neles nasce um bichinho pequeno. Quando nas figueiras há formigas, elas comem as vespas-do-figo. Para o evitar, a solução é, ao que se diz, pregar-lhe caranguejos; aí as formigas voltam-se para eles. São estes os remédios para as figueiras.

4. Quanto às tamareiras, o processo é juntar as macho com as fêmea. Porque são as macho que fazem com que o fruto permaneça até amadurecer, o que alguns chamam, por semelhança, 'caprificação'. O processo é o seguinte: quando a tamareira macho floresce, cortam-lhe logo a espata, onde se encontra a flor, tal como ela está, e sacodem-lhe o tufo, a flor e o pó sobre o fruto da fêmea. Se se usar este procedimento, ela mantém os frutos e não os deixa cair. Em ambos os casos, parece que o macho vai em socorro da fêmea (chama-se fêmea à árvore que produz o fruto). Mas, enquanto no caso da tamareira, há uma espécie de acasalamento, no da figueira tudo se passa de outro modo.

---

[527] Provavelmente Teofrasto está a referir-se aos machos da vespa-do-figo, pois na época ainda não se sabia que essas vespas sem asas pertenciam à mesma espécie.
[528] *Teucrium polium* L.
[529] *Ulmus minor* Mill.

Livro III

Platanus orientalis L. var. *cretica* Dode
3. 3. 3 (nota 614)
Creta, MPCU – MAICh

Livro III

3.1.1. Origem das árvores silvestres

Visto que temos vindo a falar das árvores de cultivo, devemos, de igual forma, tratar das selvagens: em que é que elas se assemelham ou diferem das de cultivo, ou se têm uma natureza inteiramente peculiar.

A sua reprodução é muito simples, porque acontece em todas a partir de uma semente ou de uma raiz. A razão não está em que tal não pudesse acontecer por outro processo, mas talvez porque não se tente reproduzi-las de outra forma. A reprodução far-se-ia também se se escolhesse terrenos adequados, e se se lhes prestasse os cuidados convenientes. É o que acontece, hoje em dia, com as árvores do bosque e dos pântanos; refiro-me ao plátano[530], ao salgueiro[531], ao álamo[532], ao choupo[533] e ao ulmeiro[534]. Todas elas e outras do género crescem muito depressa e com toda a facilidade de estacas, de tal modo que, mesmo se já forem grandes e do tamanho de árvores quando se transplantam, elas resistem. A maior parte – caso do álamo[535] e do choupo[536] – planta-se enfiando-as na terra.

2. Nestas árvores, além da reprodução por semente ou por raiz, há que considerar também este processo; no caso das restantes, os processos são os dois primeiros. Exceptue-se aquelas que só germinam a partir da semente (o abeto[537], o pinheiro[538] e o Alepo[539]). Todas as que têm semente e fruto, mesmo que se constituam a partir da raiz, também germinam a partir de qualquer um daqueles elementos. Porque - afirma-se -, mesmo as que aparentemente são estéreis – o ulmeiro e o salgueiro, por exemplo -, se reproduzem. Prova disso, é voz corrente, está não só em que muitas delas germinam à distância, longe das raízes da árvore mãe, qualquer que seja o lugar em que se encontrem; mas também a partir da observação que se faz do que acontece. Por exemplo, quando em Feneu da Arcádia[540] a água, que

---

[530] *Platanus orientalis* L.
[531] *Salix*.
[532] As espécies de *Populus* são vulgarmente designadas por álamos ou por choupos. Sem qualquer outro elemento identificador, Teofrasto pode estar a referir-se ao choupo-negro (*Populus nigra* L.), ao choupo-branco (*Populus alba* L.), ao choupo-tremedor (*Populus tremula* L.), ou a outros.
[533] *Populus nigra* L.
[534] *Ulmus minor* Mill.
[535] *Populus alba* L.
[536] *Populus nigra* L.
[537] *Abies cephalonica* Loudon.
[538] *Pinus nigra* J. F. Arnold.
[539] *Pinus halepensis* Mill.
[540] *Vide infra* 5. 4. 6. A Arcádia, região central do Peloponeso, caracteriza-se pela forte ele-

se acumula na planície por haver saturação no subsolo, se escoa; havendo salgueiros em crescimento lá perto, junto da zona inundada, no ano seguinte, seco o terreno, diz-se que os salgueiros brotam de novo. E onde tivesse havido ulmeiros volta a haver ulmeiros, ou onde tivesse havido pinheiros e abetos volta a haver pinheiros e abetos, como se as espécies precedentes seguissem o exemplo destas últimas.

3. O salgueiro perde o fruto cedo, antes que se desenvolva e amadureça por completo. Por isso é que o poeta, e não sem razão, o apelida de 'destruidor do fruto'[541].

E eis também a prova de que o ulmeiro se reproduz: quando o fruto é levado pelos ventos para os lugares vizinhos, diz-se que se reproduz. Algo semelhante a este fenómeno parece ocorrer com alguns subarbustos e ervas; embora não possuam uma semente visível, mas algumas delas uma espécie de tufo e outras uma flor, como o timo, é desses mesmos elementos que rebentam. Quanto ao plátano, uma vez que é óbvio que tem sementes, é delas que germina. Entre várias evidências, esta é uma prova decisiva: já se viu um plátano que germinou de uma trípode de bronze.

4. Estes devem ser considerados os processos de reprodução das plantas selvagens, além do processo espontâneo, a que os naturalistas se referem. Diz Anaxágoras[542] que o ar contém as sementes de tudo e que estas, precipitadas com a água da chuva, dão origem às plantas. Diógenes[543] diz que isso acontece quando a água se decompõe e se combina com a terra. Clidemo[544] sustenta que elas se formam dos mesmos elementos que os animais; e que se distinguem deles por terem uma composição menos pura e serem muito frias. A reprodução merece ainda o comentário de outros naturalistas.

---

vação, sobretudo a norte. As zonas mais prósperas eram as da planície, situadas principalmente do lado oriental (onde ficavam as cidades de Orcómeno, Mantineia e Tégea). Feneu era um vale na zona mais a norte, onde as águas, se os solos estivessem saturados, se acumulavam, dando lugar a uma lagoa.

[541] *Odisseia* 10. 510; Plínio, *História natural* 16. 110. Circe, ao descrever a Ulisses a paisagem infernal, refere-lhe 'os bosques de Perséfone', onde álamos e choupos são estéreis.

[542] Anaxágoras era, na Atenas do séc. V a. C., uma figura proeminente, ligada a alguns dos seus políticos e intelectuais mais destacados, como Péricles ou Eurípides. Ao filósofo de Clazómenas se deviam teorias sobre a natureza e movimento dos astros, sobre o seu tamanho e distância em relação à Terra, e explicações sobre fenómenos como eclipses, ventos e trovoadas. Quanto às nuvens, é o próprio movimento de que são susceptíveis o que lhes confere voz e luz, como capazes, pelo choque, de provocar trovões e raios (Aristófanes, *Nuvens* 292, 357, 364, 376-378, 383-384; Anaxágoras 59a 1. 9 D.-K.).

[543] Diógenes de Apolónia (meados do séc. V a. C.) desenvolveu ideias provenientes dos naturalistas da Iónia, Anaxímenes, Heraclito, Anaxágoras. Parece ser sua a observação sobre os efeitos nocivos da humidade no pensamento (fr. 64 A 20 D.-K.), que o Sócrates de *Nuvens* retoma (226-234). Mas particularmente marcante é a importância que deu ao ar não só como fonte de vida, mas também de pensamento, e que considerou um deus (fr. 64 B 5 D.-K.).

[544] Cf. Teofrasto, *Causas das plantas* 1. 10. 3, 3. 23. 1.

5. Em certa medida, este tipo de reprodução está fora do alcance dos nossos sentidos. Há, em contrapartida, outros processos que são consensuais e evidentes; é o caso, por exemplo, de quando um rio transborda e alaga as margens, ou muda completamente de curso – como acontece com o Nesso, em Abdera[545], que muitas vezes muda de curso; com essa alteração produz-se, nesses lugares, uma vegetação tal que, ao fim de dois anos, os deixa cobertos de sombra. Outro tanto se passa quando chuvas intensas caem durante muito tempo; nesse período há muitas plantas que rebentam. Parece, assim, que a inundação causada pelos rios arrasta consigo sementes e frutos, do mesmo modo que, ao que se diz, os canais de água arrastam os das ervas. As chuvas torrenciais produzem o mesmo efeito; arrastam muitas sementes e, ao mesmo tempo, provocam uma espécie de decomposição da terra e da água. De facto, parece ser a simples mistura da água com a terra o que, no Egipto, produz um certo tipo de vegetação.

6. Em alguns lugares, basta que o solo seja levemente trabalhado e revolvido, para que logo as plantas nativas da região germinem, como, em Creta, os ciprestes[546]. E algo de semelhante acontece mesmo com plantas menores. Ao mesmo tempo que se revolve a terra, seja lá onde for, rebenta um certo tipo de erva. Em terrenos meio empapados, se se der uma cavadela, diz-se que aparece o abrolho[547]. Estas formas de produção devem-se às mudanças operadas no solo, seja que nele já existissem sementes, ou que a própria mudança o fertilize. Esta última hipótese talvez não seja absurda, dado que o elemento húmido já lá estava impregnado. Em certas regiões, depois das chuvas, desponta, com grande abundância, uma vegetação peculiar; foi o que aconteceu, por exemplo, em Cirene[548], depois de ter desabado uma chuvada pegajosa e espessa; foi nestas condições que se produziu a floresta em volta, que antes não existia. Diz-se também que o sílfio[549], planta que antes não havia, surgiu de uma situação do género. São estas as condições em que este tipo de reprodução ocorre.

3. 2. 1. Diferenças entre as plantas de cultivo e selvagens

Todas as plantas ou são frutíferas ou não frutíferas, de folha perene ou caduca, com ou sem flor; porque existem, de facto, certas diferenças igual-

---

[545] Este é um rio do nordeste grego, caracterizado por uma vegetação própria no seu delta. Abdera, cidade fundada no séc. VII a. C., situava-se na costa da Trácia. Nomes como o do sofista Protágoras ou de Demócrito, o filósofo, puseram Abdera no mapa cultural da Grécia.

[546] *Cupressus sempervirens* L.

[547] Díaz Regañón 1988: 153 traduz por 'abrolho' *Tribulus terrestris* L., referido por Dioscórides 4.15. Camões, que conhecia a literatura grega, refere-se-lhe na lírica. Mesmo assim parece estranho que se trate desta espécie de planta, pois não é própria de terrenos empapados, como diz Teofrasto.

[548] Sobre Cirene, *vide supra* nota 168.

[549] *Ferula tingitana* L. Sobre o aparecimento do sílfio na Cirenaica, *vide infra* 6. 3. 3.

mente comuns a todas, sejam elas domésticas ou selvagens. É peculiar das selvagens, em relação às domésticas, terem frutos tardios, serem robustas, produzirem frutos com abundância, mesmo se não bem amadurecidos. Porque elas amadurecem o fruto mais tarde e, em geral, a sua época de florir e de rebentar é mais tardia. Por outro lado, são por natureza mais vigorosas. Quanto ao fruto, embora o produzam em mais quantidade, amadurecem-no menos, o que se não for universal, é verdade pelo menos para as da mesma espécie, do tipo oliveira e pereira, domésticas ou selvagens. Mas são todas assim, salvo raras excepções, como o corniso[550] e a sorbeira[551]. Neste caso, ao que se diz, as selvagens amadurecem e produzem um fruto mais doce do que as domésticas. E diferente será também o caso de uma planta que não se adapte ao cultivo, quer se trate de uma árvore ou de uma espécie menor, como o sílfio[552], a alcaparra[553] e, entre as leguminosas, o tremoceiro[554]; todas elas se poderão dizer, por natureza, genuinamente selvagens.

2. As que se não adaptam à domesticação, como acontece com os animais, são por natureza selvagens. Todavia Hípon[555] afirma que toda e qualquer planta existe no estado doméstico e selvagem, sujeitas a cuidados as primeiras e sem cuidados as segundas, embora a sua afirmação seja em parte correcta e em parte não. É certo que, se não for cuidada, toda e qualquer planta se deteriora e se torna selvagem, mas não é verdade que todas as plantas, se cuidadas, se tornem melhores, como se acaba de dizer. Há portanto que fazer distinções e qualificar umas de selvagens e outras de domésticas – como com os animais aqueles que convivem com o homem e se podem domesticar.

3. Mas como se deva exprimir essa distinção, desta ou daquela maneira, talvez seja indiferente. Em contrapartida, qualquer planta que se torna selvagem deteriora-se no que se refere ao fruto e torna-se mais pobre no que respeita às folhas, aos ramos, à casca e ao seu aspecto geral. Em cultivo, todas estas partes, como globalmente a natureza da árvore, se tornam mais compactas, mais robustas e mais rijas, de tal modo que é nestes aspectos que as diferenças entre as plantas de cultivo e as selvagens se fazem sentir. Por isso, aquelas plantas que, em cultivo, apresentam as tais debilidades diz-se que são selvagens, caso do pinheiro e do cipreste, pelo menos o macho, a avelaneira[556] e o castanheiro[557].

---

[550] *Cornus mas* L., de madeira muito dura, que nós designamos por 'cerejeira-corneliana'.
[551] Talvez a *Sorbus graeca* (Lodd. ex Spach) Klotzsch), ou, mais provavelmente, a *Sorbus domestica* L.
[552] *Ferula tingitana* L. *Vide supra* nota 168.
[553] *Capparis spinosa* L.
[554] Provavelmente *Lupinus albus* L.
[555] *Vide supra* 1. 3. 5 e nota respectiva.
[556] *Corylus avellana* L.
[557] *Castanea sativa* Mill.

4. Além disso, as plantas selvagens gostam mais do frio e de terrenos montanhosos. Estes são aspectos que permitem reconhecer, entre as árvores e entre as plantas em geral, as selvagens, quer se considerem factores essenciais ou acidentais.

Assim, a definição de plantas selvagens, quer se faça desta ou de outra forma, talvez não seja relevante para o nosso objectivo. Mas uma coisa é verdade, numa perspectiva geral e elementar, e é que as plantas selvagens se encontram sobretudo em terrenos montanhosos, e que a maior parte delas prospera melhor nesses lugares, excepção feita das que gostam de água e das que vivem junto aos rios ou nos bosques. Estas e outras semelhantes são sobretudo plantas de planície.

5. No entanto, nas altas montanhas – como no Parnaso, no monte Cilene, no Olimpo da Piéria e no da Mísia[558] - e noutros territórios semelhantes, qualquer espécie prospera devido à diversidade de condições que proporcionam; porque possuem regiões pantanosas, húmidas, secas, de solo terroso, pedregosas, pradarias e, por assim dizer, toda a variedade de terrenos. Possuem também vales abrigados e zonas altas e expostas aos ventos. De tal modo que podem produzir todo o tipo de plantas, mesmo as que são próprias das planícies.

6. Mas não é nada estranho que haja montanhas incapazes de produzir todo o tipo de plantas, e onde apenas vegetação de um género mais específico predomine ou seja exclusiva. É o caso, em Creta, do Ida[559], onde cresce o cipreste. E das montanhas da Cilícia e da Síria, onde se dá o *kédros*[560]; ou de outros lugares da Síria, onde há o terebinto[561]. São as diferenças de terreno o que provoca esta especificidade (embora 'especificidade' seja aqui usado em sentido lato).

3. 3. 1. Árvores de montanha

São as seguintes as árvores das montanhas, que não se dão nas planícies; assim, na Macedónia, o abeto, o pinheiro, o Alepo selvagem, a tília[562], o ácer[563],

---

[558] Estas são as montanhas mais elevadas da Grécia; sobre o Parnaso, *vide supra* nota 210. Cilene fica na Arcádia, uma região central do Peloponeso, muito montanhosa, sobretudo a norte; sobre o Olimpo da Piéria, entre a Macedónia e a Tessália, *vide supra* nota 233; na Mísia, no noroeste da actual Turquia, há uma outra montanha chamada também Olimpo. Nenhuma delas tem uma altura inferior a dois mil metros. Esta atenção prestada por Teofrasto à especificidade de regiões muito concretas fundamenta a observação de Hughes 1988: 70 de que lhe não interessam apenas os contrastes entre regiões *lato sensu*, mas também os micro-habitats, antecipando a moderna ecologia.

[559] Esta é uma montanha situada no centro de Creta, onde, segundo a tradição, nasceu Zeus.

[560] Deve tratar-se do cedro a que chamamos 'cedro-do-líbano', *Cedrus libani* A. Rich., que existe no Líbano, Síria e Turquia.

[561] *Pistacia terebinthus* L.

[562] Provavelmente *Tilia platyphyllos* Scop., pois à *Tilia tomentosa* Moench. chamam 'tília--prateada'.

[563] Esta *zygia* é para Hort 1968: 171 e Díaz Regañón 1988: 157 *Acer campestre* L., mas para

o carvalho-avelanedo[564], o buxo[565], o medronheiro-do-oriente[566], o teixo[567], o *arceuthos*[568], o terebinto[569], a figueira selvagem[570], o aderno-bastardo[571], o medronheiro-híbrido[572], a avelaneira[573], o castanheiro[574] e o quermes[575]. Há estas outras que se dão também nas planícies: a tamargueira[576], o ulmeiro[577], o álamo[578], o salgueiro[579], o choupo[580], o corniso[581], o corniso fêmea[582], o amieiro[583], o carvalho[584], a *lakare*[585], a pereira selvagem[586], a macieira[587], a carpa-negra[588], o azevinho[589], o freixo[590], o paliuro[591], o *oxyakanthos*[592], o ácer[593] – que, quando nasce nas montanhas, se chama *zygia*, e, na planície, *gleinos* (há quem faça

---

Amigües 2010: 67 é *Acer platanoides* L. Talvez Amigües tenha razão, pois *Acer campestre* L. é mais raro na região mediterrânica.
[564] *Quercus ithaburensis* Decne. subsp. *macrolepis* (Klotzsch) Hedge & Yalt.
[565] *Buxus sempervirens* L.
[566] *Arbutus andrachne* L.
[567] *Taxus baccata* L.
[568] *Juniperus drupacea* Labill. Nenhum outro comentador adoptou esta identificação; Hort 1968: 171 e Díaz Regañón 1988: 157 entenderam que se trata de *Juniperus phoenicea* L.; Amigües 2010: 67 de *Juniperus communis* L. No entanto *Juniperus drupacea* Labill. é a espécie própria da Grécia, Ásia Menor e Síria, que alguns autores incluíram no género monotípico *Arceuthos* Antoine & Kotschy (actualmente, sinónimo do género *Juniperus* L.).
[569] *Pistacia terebinthus* L.
[570] Era designada por *Ficus caprificus* Risso, que é sinónimo de *Ficus carica* L., a figueira comum.
[571] *Rhamnus alaternus* L.
[572] *Arbutus x andrachnoides* Link.
[573] *Corylus avellana* L.
[574] *Castanea sativa* Mill.
[575] *Quercus coccifera* L.
[576] Provavelmente *Tamarix tetrandra* Pall. ex M. Bieb., pois é uma espécie de *Tamarix* que ocorre na Grécia.
[577] *Ulmus minor* Mill.
[578] *Populus alba* L.
[579] *Salix*.
[580] *Populus nigra* L.
[581] *Cornus mas* L.
[582] *Cornus sanguinea* L., que designamos por 'sanguinho'.
[583] *Alnus glutinosa* (L.) Gaertn.
[584] Provavelmente *Quercus pubescens* Willd. (cf. Amigües 2010: 67).
[585] *Prunus avium* (L.) L., nome que identifica tanto a cerejeira-brava, como a cultivada. Hort 1968: 171 propõe *Prunus padus* L., mas esta espécie não ocorre na Grécia.
[586] *Pyrus amygdaliformis* Vill. (cf. Amigües 2010: 67).
[587] *Malus domestica* Borkh.
[588] *Ostrya carpinifolia* Scop.
[589] *Ilex aquifolium* L.
[590] *Fraxinus angustifolia* Vahl.
[591] *Paliurus spina-christi* Mill.
[592] *Pyracantha coccinea* M. Roemer.
[593] *Acer monspessulanum* L.

esta distinção de outra forma e considere o *sphéndamnos*[594] e a *zygia*[595] espécies diferentes).

2. Todas as árvores que são comuns às montanhas e às planícies são maiores e têm melhor porte se nascerem num terreno plano; em contrapartida, as que nascem nas montanhas são melhores para a produção de madeira e de frutos, excepção feita da pereira selvagem[596], da doméstica[597] e da macieira; de facto estas, nas planícies, são melhores produtoras de fruto e de madeira, enquanto nas montanhas são pequenas, e cheias de nós e espinhos. Mas mesmo nas montanhas, todas elas, quando conseguem uma localização adequada, são mais bonitas e mais robustas; em termos gerais, são as que nascem nos planaltos as particularmente bonitas e robustas, e a seguir a estas as que nascem nas partes baixas e nos vales. As que estão nos cumes são as mais fracas, a menos que, por natureza, gostem do frio.

3. Mas mesmo estas últimas apresentam variações de acordo com as diferenças de posição, assunto de que falaremos mais adiante. Por enquanto, devemos fazer para cada caso uma distinção de acordo com as diferenças já referidas.

De entre as árvores selvagens são de folha perene aquelas que atrás referimos[598]: o abeto[599], o pinheiro[600], o Alepo selvagem[601], o buxo[602], o medronheiro-do-oriente[603], o teixo[604], o *arceuthos*[605], o terebinto[606], o aderno-bastardo[607], o medronheiro-híbrido[608], o loureiro[609], o carvalho-sobreiro[610], o azevinho[611], o *oxyakanthos*[612], o quermes e a tamargueira[613]. Todas as outras perdem a folha, a menos que, em alguns lugares, excepcionalmente a conservem - como atrás

---

[594] A julgar pelo que Teofrasto diz sobre a forma das folhas, este *Acer* pode ser uma forma do *Acer campestre* L. ou, mais provavelmente, o *Acer monspessulanum* L.
[595] *Acer platanoides* L. *Vide supra* nota 563. Estas duas designações são expressivas: *sphéndamnos*, que significa 'funda', alude à forma do fruto; *zygia* tem a ver com a utilidade, pela aplicação que se lhe dava no fabrico de 'jugos'.
[596] *Pyrus amygdaliformis* Vill.
[597] *Pyrus communis* L.
[598] *Vide supra* 1. 9. 3.
[599] *Abies cephalonica* Loudon.
[600] *Pinus nigra* J. F. Arnold.
[601] *Pinus halepensis* Mill.
[602] *Buxus sempervirens* L.
[603] *Arbutus andrachne* L.
[604] *Taxus baccata* L.
[605] Provavelmente *Juniperus drupacea* Labill.
[606] *Pistacia terebinthus* L.
[607] *Rhamnus alaternus* L.
[608] *Arbutus x andrachnoides* Link.
[609] *Laurus nobilis* L.
[610] *Quercus ilex* L.
[611] *Ilex aquifolium* L.
[612] *Pyracantha coccinea* M. Roemer.
[613] *Tamarix tetrandra* Pall. ex M. Bieb.

se disse sobre o plátano de Creta e o carvalho⁶¹⁴ -, ou então em qualquer outro lugar de vegetação luxuriante.

4. Enquanto todas as outras árvores são frutíferas, o caso do salgueiro, do choupo e do ulmeiro, como atrás se disse⁶¹⁵, é discutível. Há quem diga – como acontece na Arcádia – que só o choupo não dá fruto, e que todas as outras árvores da montanha frutificam. Ora em Creta há choupos frutíferos em quantidade; há um à entrada da caverna no monte Ida⁶¹⁶, onde se pendura as oferendas, e outro pequeno ali perto. Mais longe, a uns doze estádios⁶¹⁷, cerca da fonte chamada 'do Lagarto', há uma boa quantidade deles. Há-os também na montanha vizinha do Ida, na região conhecida por Cíndrio, e nas montanhas em volta de Présia. Mas há ainda quem afirme – como acontece na Macedónia – que das árvores deste grupo só o ulmeiro é frutífero.

5. Também a natureza do lugar estabelece uma grande diferença no que respeita a ter ou não ter fruto, como acontece com a *pérsea* e com a tamareira. A *pérsea* do Egipto⁶¹⁸ produz fruto e outro tanto se passa nas regiões vizinhas, mas em Rodes não vai além da floração. A tamareira⁶¹⁹ da região de Babilónia é exuberante, mas na Grécia nem sequer amadurece o fruto e noutros lugares nem chega mesmo a produzi-lo.

6. Outro tanto se pode dizer de várias outras plantas. De facto há, até mesmo entre plantas mais pequenas, herbáceas e lenhosas, umas que frutificam e outras não, embora estejam no mesmo lugar ou em lugar próximo. É o caso da centáurea⁶²⁰ em Élide⁶²¹, que na montanha é frutífera, na planície não dá fruto e não vai além da flor, e nos vales não tem mais do que uma inflorescência débil. Aliás parece que, entre outras plantas da mesma espécie e com uma denominação comum, umas são frutíferas e outras não (o quermes, por exemplo, que pode ser frutífero ou não; e o mesmo se passa com o amieiro, embora ambos floresçam).

---

⁶¹⁴ *Vide supra* 1. 9. 5, ou seja, o plátano de Gortina (*Platanus orientalis* L. var. *cretica* Dode) e o carvalho de Síbaris (*Quercus ilex* L.).

⁶¹⁵ *Vide supra* 3. 1. 2.

⁶¹⁶ Onde, segundo a tradição, Zeus nasceu e foi confiado ao cuidado das ninfas. Amigües 1988: X, tendo em conta a abundância de referências, no Livro III (8. 2-6, 17), também ao monte Ida da Tróade, deduz que isso se deve a um período de trabalho realizado aquando da estadia de Teofrasto em Asso, na Mísia. O choupo aqui referido é *Zelkova abelicea* (Lam.) Boiss. *Vide supra* 2. 2.10 e nota 474.

⁶¹⁷ Cerca de 2. 150 metros.

⁶¹⁸ *Mimusops schimperi* Hochst., que é *Mimusops laurifolia* (Forssk.) Friis.

⁶¹⁹ *Phoenix dactylifera* L.

⁶²⁰ *Centaurium amplifolia* Boiss. & Heldr. Esta é uma região montanhosa a noroeste do Peloponeso, onde se situa, num espaço plano, Olímpia.

⁶²¹ Região a noroeste do Peloponeso, onde existe, além das montanhas, uma vasta planície em que se situa Olímpia.

7. Numa mesma espécie, são praticamente todas as plantas a que se chama 'macho' as que não dão fruto; embora, de entre essas, ao que se diz, umas produzam muitas flores, outras poucas e outras nenhumas. Em contrapartida, há aquelas em que só os machos frutificam. No entanto é das flores que as árvores nascem, como também é dos frutos que as árvores frutíferas se reproduzem. Mas, em ambos os casos, a produção de rebentos é por vezes tão cerrada que os lenhadores não conseguem penetrar sem abrir caminho.

8. Há também uma polémica a propósito das flores de algumas delas, como acabámos de dizer. Há quem pense que produzem flor o carvalho, a avelaneira, o castanheiro, e ainda o pinheiro e o Alepo. Enquanto outros entendem que nenhum deles produz flor, mas que – de modo semelhante e análogo ao que acontece com os figos selvagens que caem prematuramente – temos a inflorescência nas avelaneiras, o amentilho do carvalho e o tufo florido (pinha) do Alepo. Os Macedónios, por sua vez, dizem que também não produzem flor estas outras árvores: o *arceuthos*, a faia, a azinheira e o ácer (*sphéndamnos*). Mas, quanto ao *arceuthos*, há quem distinga dois tipos: um que floresce mas não dá fruto, e outro que não floresce, mas produz directamente[622] fruto – tal como as figueiras com os figos selvagens. Ora acontece que é esta a única árvore que mantém o fruto durante dois anos. Estes são assuntos a merecer a maior atenção.

3.4.1. Épocas em que as árvores selvagens rebentam e frutificam

A época dos rebentos das espécies selvagens coincide com a das domésticas, ou chega um pouco retardada em alguns casos, ou muito noutros; mas sempre na primavera. Quanto à frutificação, a diversidade é maior. Como atrás dissemos, o tempo da maturação não corresponde ao da formação dos rebentos; nesse aspecto as diferenças são muito grandes. Assim, mesmo no caso das árvores que produzem um fruto tardio – que, segundo algumas opiniões, demoram um ano a amadurecê-lo (o *arceuthos* e o quermes, por exemplo) -, o tempo de surgirem os rebentos é a primavera. Também desse ponto de vista há diferenças mesmo entre árvores da mesma espécie, pelo que ele pode acontecer mais cedo ou mais tarde, de acordo com a localização. As dos pântanos rebentam primeiro, ao que dizem os Macedónios, a seguir as das planícies, e só mais tarde as das montanhas.

2. Se considerarmos cada árvore de per si, há as selvagens que rebentam juntamente com as domésticas – o medronheiro-do-oriente[623] e o medronheiro--híbrido[624], por exemplo; a pereira selvagem rebenta um pouco mais tarde do

---

[622] Ou seja, sem ter havido antes floração.
[623] *Arbutus andrachne* L.
[624] *Arbutus x andrachnoides* Link.

que a doméstica. Outras rebentam antes que o Zéfiro comece a soprar[625], ou imediatamente a seguir a essa fase do vento. Antes dele rebentam o corniso[626] e o corniso fêmea[627], e depois dele o loureiro e o amieiro; um pouco antes do equinócio da primavera, a tília, o ácer, o carvalho-avelanedo e a figueira; são de rebento precoce a avelaneira, o carvalho e o sabugueiro; e mais ainda aquelas árvores que parecem não dar fruto e existem nos bosques – o álamo, o ulmeiro, o salgueiro e o choupo; o plátano é um pouco mais tardio do que estas. As outras rebentam quando, por assim dizer, a primavera está instalada – a figueira selvagem, o aderno-bastardo, o *oxyacanthos*, o paliuro, o terebinto, a nogueira e o castanheiro. A macieira rebenta tarde. Mas mais tardias do que todas as outras são o *ipsos*[628], a azinheira[629], o evónimo[630], o zimbro[631] e o teixo[632]. São estas as épocas dos rebentos.

3. A antese segue, por assim dizer, em proporção com a fase dos rebentos. Mas aqui não há regularidade, e menos ainda, abrangendo um número maior de casos, se se trata da maturação do fruto. Assim, o corniso dá o seu fruto precoce por volta do solstício de verão, é portanto a primeira de todas as árvores a fazê-lo; mas o seu fruto tardio, a que há quem chame 'corniso fêmea', só no fim do outono. O fruto desta última espécie não é comestível e a madeira é frágil e porosa. É esta a diferença existente entre as duas espécies.

4. O terebinto frutifica na altura da colheita do trigo ou um pouco mais tarde; o freixo e o ácer (*sphéndamnos*) no verão; o amieiro[633], a avelaneira[634] e um tipo de pereira selvagem[635] no outono; o carvalho e o castanheiro ainda mais tarde, na altura em que as Plêiades se põem, e outro tanto se passa com o aderno-bastardo, o quermes, o paliuro e o *oxyakanthos*, que só frutificam depois do ocaso das Plêiades[636]; a azinheira no começo do inverno; a macieira com os primeiros frios; a pereira selvagem já com o inverno avançado; o

---

[625] O Zéfiro é um vento suave, vindo do mar; sopra na primavera e como que anuncia o reverdecer da natureza.
[626] *Cornus mas* L.
[627] *Cornus sanguinea* L.
[628] Provavelmente uma forma do carrasco, *Quercus coccifera* L. da ilha de Corfu.
[629] *Quercus ilex* L.
[630] *Euonymus europaeus* L.
[631] *Juniperus foetidissima* Willd.
[632] *Taxus baccata* L.
[633] *Alnus glutinosa* (L.) Gaertn.
[634] *Corylus avellana* L.
[635] *Pyrus amygdaliformis* Vill.
[636] Ou seja, final de Outubro, início de Novembro. As Plêiades, de acordo com o mito, eram as sete filhas de Atlas e de Plêione, que vieram a transformar-se numa constelação. Usaram-se para assinalar a mudança das estações e, em particular, as actividades agrícolas com ela relacionadas, como a época de colher e de plantar. A sua aparição, em inícios de Maio, indica o tempo das colheitas; e o seu ocaso, em inícios de Novembro, a época de arar e de semear os campos. *Vide infra* 8. 1. 2.

medronheiro-do-oriente e o medronheiro-híbrido têm uma primeira fase de maturação do fruto quando os cachos de uva pintam; e outra mais tarde, no início do inverno; porque, ao que parece, estas árvores têm duas produções de fruto. O abeto e o teixo florescem um pouco antes do solstício.

5. A pinha do abeto é amarela e aliás bonita[637]; dá sementes após o ocaso das Plêiades. O pinheiro e o Alepo antecipam um pouco a fase da floração, qualquer coisa como quinze dias, mas dão 'fruto', depois das Plêiades, com um avanço proporcional sobre aquelas.

Nestas árvores a diferença de tempo não é significativa. A grande diferença está no caso do *arceuthos*, do azevinho e do quermes; assim, o *arceuthos* parece manter o 'fruto' durante o ano inteiro; o 'fruto' novo coincide com o do ano anterior; segundo alguns, não o amadurece e daí que o colham verde e o guardem, porque se se deixar na árvore, ele fica seco.

6. Dizem os da Arcádia que o quermes leva um ano a amadurecer o fruto; de facto, vai amadurecendo o do ano anterior enquanto o novo aparece. Logo daí resulta que este tipo de árvores tem sempre fruto. Dizem também que o azevinho perde o fruto devido à invernia. São de fruto bastante tardio a tília e o buxo. O fruto que a tília, o corniso fêmea e o buxo produzem não é comestível por nenhum animal. São também de fruto tardio a hera, o *arceuthos*, o pinheiro e o medronheiro-do-oriente. Ainda segundo a gente da Arcádia, mais tardias do que estas, ou do que todas, a dar fruto são o evónimo, a *thuía* e o teixo. São então estas as diferenças de época de maturação e queda do fruto entre as árvores selvagens, por comparação não só com as domésticas, mas mesmo entre elas.

3.5.1. Época da germinação

Acontece que, quando começam a rebentar, há árvores que têm um processo de germinação e de crescimento contínuo, enquanto que o pinheiro, o abeto e o carvalho o fazem com intervalos. Passam por três momentos e produzem três séries de rebentos; por isso têm também três fases de folheação, já que qualquer árvore que rebente perde a casca. Este processo ocorre pela primeira vez no auge da primavera, no começo do Targélion[638], e no Ida dura cerca de quinze dias. A seguir, uns trinta dias ou pouco mais depois, a árvore dá novos rebentos, que nascem por cima da intumescência do rebento anterior. Os rebentos surgem ora por cima, ora em volta dessa intumescência do rebento anterior, fazendo dele uma espécie de articulação, do mesmo modo que com o primeiro rebento. Este processo ocorre no final do Cirrofórion[639].

---

[637] Trata-se da pinha masculina, que, devido aos grãos do pólen, é amarela.
[638] Ou seja, Maio.
[639] Junho-Julho.

2. É nesta segunda fase de germinação que todo o tipo de bugalho se forma, o branco e o negro; estes aparecem em quantidade durante boa parte da noite; e depois de crescerem durante um único dia – à excepção da parte resinosa –, sob o efeito do calor tórrido, secam e já não crescem mais, ou tornavam-se muito maiores. É por isso que alguns deles não vão além da dimensão de uma fava. O negro, durante uns tantos dias, é de um tom esverdeado, mas ao crescer, há alguns que atingem o tamanho de uma maçã. Após um intervalo de cerca de quinze dias, a árvore rebenta pela terceira vez, no Hecatombeion[640], por muito menos dias do que nas outras duas fases, uns seis ou sete no máximo. Mas os rebentos são idênticos e nascem do mesmo modo que os anteriores. Passadas estas etapas, a árvore não tem mais crescimento em altura, mas apenas em espessura.

3. Em todas as árvores é visível o tempo da germinação, sobretudo no abeto e no pinheiro, que têm as ramificações alinhadas e os nós a distâncias regulares. É também essa a altura de cortar a madeira, quando se processa a esfoliação. Noutras ocasiões não é fácil arrancar-lhes a casca e, além disso, se se lha arrancar, a madeira fica negra e com pior aspecto. Não resulta daí nenhum prejuízo para a utilização, pode ficar até mais resistente se for cortada após a maturação do fruto.

4. Estas são particularidades das árvores referidas acima. Mas a germinação que ocorre por ocasião da Canícula e do Arcturo[641], depois da primavera, é praticamente comum a todas. É mais perceptível nas árvores domésticas, e, entre elas, sobretudo na figueira, na videira, na romãzeira e, de um modo geral, praticamente em todas as que estão bem nutridas ou que provêm de um solo rico. Daí que se diga que a germinação após o Arcturo é muito melhor na Tessália[642] e na Macedónia, porque é também nessas regiões que acontece o outono ser bonito e longo; portanto a suavidade do clima é igualmente um factor favorável. É pela mesma razão que, no Egipto, as árvores rebentam, por assim dizer, permanentemente, ou com intervalos de tempo curtos.

5. A germinação contínua é, como se disse, comum, enquanto a que se processa com intervalos, a partir de uma primeira fase, é particular das árvores atrás mencionadas[643]. Peculiar de algumas é também o que se chama 'rebento de inverno', como existe nas espécies atrás mencionadas, o abeto, o pinheiro, o carvalho e também a tília, a avelaneira, o castanheiro e o Alepo. Estes rebentos aparecem no carvalho antes da germinação do início da primavera. Há como que uma formação de tipo folha entre a intumescência inicial e

---

[640] Ou seja, Julho.
[641] Verão e outono.
[642] Tucídides 1. 2 identifica as zonas férteis da Grécia como sendo a Tessália, a Beócia e a maior parte do Peloponeso, exceptuando a Arcádia.
[643] *Vide supra* 3. 5. 1.

o brotar das folhas. Na sorbeira ele aparece no outono, depois da queda da folha, e tem logo de início um aspecto brilhante, como se a germinação estivesse para acontecer; mas assim permanece durante todo o inverno até à primavera. Na avelaneira, após a queda do fruto, forma-se uma espécie de cacho, do tamanho de uma lagarta avantajada; de um só pedúnculo nascem vários, a que há quem chame 'amentilhos'[644].

6. Cada um deles compõe-se de elementos semelhantes a escamas pela sua disposição, como as pinhas do pinheiro, de tal modo que, de aspecto, não diferem de uma pinha nova e verde, a não ser pelo formato mais alongado e por terem uma grossura igual em toda a sua extensão. Este elemento cresce no inverno (com a chegada da primavera as escamas abrem e tornam-se amarelas[645]) e atinge três dedos de comprimento. Quando, na primavera, a folhagem rebenta, eles caem e formam-se, na avelaneira, os invólucros do fruto, em forma de taça, bem presos ao pedúnculo, no mesmo número das flores. Em cada um deles nasce uma só avelã. A tília e qualquer outra árvore que produza rebentos de inverno merecem também uma maior atenção.

3.6.1. O crescimento das árvores e a sua raiz

Há árvores de crescimento rápido e outras lento. São de crescimento rápido as que vivem junto à água, o ulmeiro[646], o plátano[647], o álamo[648], o choupo[649] e o salgueiro[650] (quanto a este último, há quem discorde e o considere de crescimento lento); e, de entre as frutíferas, o abeto[651], o pinheiro[652] e o carvalho[653]. As que têm um crescimento mais rápido são o teixo[654], a *lákara*[655], o carvalho-avelanedo[656], o *arceuthos*[657], o ácer[658], a faia[659], a *zygia*[660], o freixo[661],

---

[644] Amentilhos são espigas alongadas de flores unissexuadas e geralmente nuas ou com perianto de tamanho reduzido, que se destacam pela base caindo inteiras, como, aliás, Teofrasto refere a seguir.
[645] Trata-se da largada do pólen amarelo.
[646] *Ulmus minor* Mill.
[647] *Platanus orientalis* L.
[648] *Populus alba* L.
[649] *Populus nigra* L.
[650] *Salix.*
[651] *Abies cephalonica* Loudon.
[652] *Pinus nigra* J. F. Arnold.
[653] *Quercus.*
[654] *Taxus baccata* L.
[655] *Prunus avium* (L.) L. (cerejeira).
[656] *Quercus ithaburensis* Decne. subsp. *macrolepis* (Klotzsch) Hedge & Yalt.
[657] *Juniperus foetidissima* Willd., ou mais provavelmente *Juniperus drupacea* Labill.
[658] *Acer pseudoplatanus* L.
[659] *Fagus sylvatica* L.
[660] *Acer platanoides* L.
[661] *Fraxinus angustifolia* Vahl.

o amieiro[662], o Alepo[663], o medronheiro-do-oriente[664], o corniso[665], o buxo[666] e a pereira selvagem[667]. Produzem logo fruto o abeto, o pinheiro e o Alepo, qualquer que seja o tamanho que tenham atingido.

2. O crescimento e a germinação das outras espécies é irregular no que se refere ao ponto onde os rebentos aparecem; em contrapartida os do abeto são regulares, como é contínuo o seu crescimento posterior. Assim, quando o tronco começa a dividir-se, dessas divisões formam-se outras de modo semelhante, e o mesmo se passa sempre com as novas germinações. Noutras árvores, os nós nem sequer se opõem uns aos outros, salvo nuns poucos casos, como a oliveira selvagem e mais uns tantos. Há também uma diferença, quanto ao crescimento, em todas as árvores, quer nas domésticas como nas selvagens, sob o ponto de vista seguinte: há umas em que o crescimento se faz da ponta dos rebentos e também dos rebentos laterais, caso da pereira, da romãzeira, da figueira, do mirto e, por assim dizer, da maioria. Noutras não se faz da ponta, mas só dos rebentos laterais, pelo maior prolongamento da parte já existente, como também do tronco e dos ramos. É o que acontece com a avelaneira de Bizâncio[668], com a avelaneira e outras.

3. Em todas as árvores deste tipo, os rebentos terminam numa só folha. Por isso seria lógico que não rebentassem nem crescessem por não terem ponto de partida (em certa medida o crescimento do trigo é idêntico, porque se processa pela extensão contínua da parte já existente, mesmo se as folhas ficarem danificadas, como se tivessem sido roídas pelos animais. No caso do trigo, no entanto, não há crescimento lateral, como em alguns legumes). Esta é uma diferença que pode ocorrer na germinação e no crescimento.

4. Há quem diga que as árvores selvagens não têm raízes profundas, porque todas elas germinam de uma semente; mas esta não é uma afirmação muito correcta. Porque acontece que, quando estão bem implantadas, podem projectar as raízes bem fundo. De resto, a maioria dos legumes é isso mesmo que faz, embora sejam mais frágeis e sem dúvida oriundas da terra. Das árvores selvagens a que parece ter raízes mais profundas é o quermes. O abeto e o pinheiro têm-nas medianamente profundas, e as que as têm mais à superfície são o abrunheiro-bravo[669], a ameixieira[670] e a ameixieira selvagem (que é uma

---

[662] *Alnus glutinosa* (L.) Gaertn.
[663] *Pinus halepensis* Mill.
[664] *Arbutus andrachne* L.
[665] *Cornus mas* L.
[666] *Buxus sempervirens* L.
[667] *Pyrus amygdaliformis* Vill.
[668] *Corylus colurna* L.
[669] *Prunus spinosa* L.
[670] *Prunus domestica* L. subsp. *domestica*.

espécie silvestre de ameixieira)⁶⁷¹. Estas duas têm também poucas raízes, mas o abrunheiro-bravo muitas. As árvores que não têm raízes profundas, sobretudo o abeto e o pinheiro, estão sujeitas a ser arrancadas pelos ventos.

5. Eis o que diz a gente da Arcádia. Em contrapartida os habitantes do Ida⁶⁷² afirmam que o abeto tem raízes mais profundas do que o carvalho, e que as tem em menor quantidade e mais direitas; que as que têm raízes mais profundas são a ameixieira e a avelaneira de Heracleia, sendo as desta última finas e resistentes e as da anterior numerosas. Mas que ambas precisam de estar bem implantadas, sendo a ameixieira muito resistente. O ácer tem raízes superficiais e em pouca quantidade; o freixo tem-nas compactas e profundas; o *arceuthos* e o *kédros*⁶⁷³ têm-nas superficiais; o amieiro tem-nas finas e pouco fibrosas, como também a faia. Esta tem igualmente poucas raízes e superficiais. A sorbeira tem-nas superficiais, resistentes, grossas e difíceis de partir, embora em quantidade moderada. São estas as árvores com ou sem raízes profundas.

3.7.1. Consequências do corte das árvores

Todas as outras árvores, por assim dizer, rebentam lateralmente quando se lhes corta o tronco, a menos que se dê o caso de antes as raízes estarem em mau estado. O pinheiro e o abeto secam por completo a partir das raízes, no espaço de um ano, se se lhes cortar o cimo. Em relação ao abeto, dá-se uma circunstância particular; quando ele é cortado ou quebrado pelo vento ou por qualquer outro agente que afecte a parte lisa do tronco – porque ele tem, até um certo ponto, uma parte lisa, sem nós e adequada ao mastro de uma vela – há um pequeno crescimento em volta, que não se faz propriamente até cima, a que há quem chame *amphauxis*⁶⁷⁴ e outros *amphíphya*⁶⁷⁵; é um elemento de cor negra, e muito duro, a partir do qual a gente da Arcádia faz os crateres⁶⁷⁶. **2.** A sua espessura é proporcional à árvore, tanto maior quanto mais rija, mais rica em seiva e mais grossa ela for. Há também, no abeto, dentro da mesma perspectiva, uma outra particularidade; quando, depois de se lhe tirar todos os ramos, se lhe corta também a ponta, ele morre rapidamente. Mas se se lhe tira as partes de baixo, correspondentes à zona lisa, o que resta sobrevive e à volta forma-se a *amphauxis*. É evidente que sobrevive, porque tem seiva e é verde, mesmo se não produzir rebentos laterais. Esta é uma peculiaridade do abeto.

---

⁶⁷¹ *Prunus domestica* L. subsp. *insititia* (L.) Bonnier & Layens.
⁶⁷² Amigües 2010: 75, identifica este outro Ida com o da Tróade, na actual Turquia.
⁶⁷³ *Juniperus oxycedrus* L.
⁶⁷⁴ 'Protuberância à volta'. Trata-se de uma calosidade verruciforme.
⁶⁷⁵ 'Produto em volta'. Trata-se da mesma calosidade verruciforme.
⁶⁷⁶ Vasos usados no serviço de mesa para misturar o vinho com água, que em Atenas eram sobretudo de cerâmica.

3. Enquanto há árvores que produzem o fruto que lhes é próprio e aquelas que são as partes que se formam anualmente – a folha, a flor e o rebento -, outras produzem também amentilho e gavinhas, e outras ainda outros elementos, caso do ulmeiro, que dá o seu cacho e aquela coisa tipo saco[677], a figueira que dá o figo selvagem que cai prematuramente e, em certas espécies, os figos tardios (que talvez, em certa medida, correspondam a uma infrutescência[678]). A avelaneira de Heracleia, porém, produz o amentilho, o quermes o bago vermelho[679], o loureiro o seu cacho. O loureiro frutífero também o produz, ou pelo menos o de uma certa espécie fá-lo; o de tipo estéril, a que há quem chame 'macho', dá-o em quantidade. O pinheiro produz um 'tufo' que cai[680].

4. O carvalho é, mais do que qualquer outra árvore, aquela que produz uma infinidade de formações para além do seu fruto. Assim produz o bugalho pequeno e aquele outro resinoso e negro. Dá ainda um outro produto em forma de amora, mas rijo e difícil de partir, que não é vulgar. Dá uma outra coisa em forma de pénis[681], que, quando plenamente desenvolvida, tem uma textura rija e é perfurada. De certa forma, este elemento assemelha-se a uma cabeça de touro[682]; quando se parte, tem lá dentro uma espécie de caroço de azeitona. Produz também aquilo a que há quem chame 'a bola'; trata-se de uma esfera de tipo lã, mole, que rodeia um caroço mais duro, que se usa para as lamparinas (porque arde bem, como de resto o bugalho negro[683]). Produz ainda uma outra esfera peluda, que em geral não se aproveita, mas que, na primavera, se cobre de um suco parecido com o mel, quer ao tacto quer ao paladar[684].

---

[677] Deve tratar-se de um tipo de galha produzida por um insecto do grupo dos afídios, o *Tetraneura ulmi* L.

[678] Um figo maduro é uma infrutescência, pois tem dentro muitos frutinhos (pequenas esferas).

[679] Este bago vermelho deve ser a fêmea de uma cochonilha (*Kermes vermilio* Planchon), que foi muito utilizado como corante em tinturaria e na gastronomia; a esses bagos vermelhos chamava-se a 'grã vermelha'.

[680] São, seguramente, pinhas masculinas, também designadas por 'cones masculinos'.

[681] Tipo de galhas provocadas por ácaros da família *Eriophyidae*.

[682] Amigües 2010: 77 entende esta semelhança com a 'cabeça de touro' como repetitiva da aproximação com um pénis, admitindo que no grego *tauros* não significa apenas o animal, mas, metaforicamente, o sexo masculino.

[683] Díaz Regañón 1988: 172 admite que pode tratar-se do fungo *Phellinus igniarius* (L.) Quél. (talvez pelo restritivo específico se referir a fogo), mas pela descrição de Teofrasto (esfera de tipo lã) não pode ser este fungo, que realmente é um parasita dos carvalhos. Estas galhas 'lanosas' dos carvalhos são provocadas por várias espécies de Himenópteros, insectos da família dos Cinipídeos e pertencentes ao género *Andricus* Hartig.

[684] Vírus, bactérias, fungos, protozoários, nematodes, ácaros e insectos são os responsáveis pelos diversos tipos de galhas e cecídeas, geralmente esféricas, que aparecem nos carvalhos, muitas delas outrora utilizadas com diferentes finalidades.

5. Além disso, o carvalho produz, no interior da axila das hastes, uma outra esfera[685], sem pedúnculo ou com um pedúnculo oco; é algo de peculiar e de cor variegada; tem protuberâncias salientes, esbranquiçadas ou pintalgadas de negro, enquanto o espaço entre elas é vermelho e brilhante. Se se abrirem, o que está dentro é negro e apodrecido. Em alguns raros casos, produz também uma pedrinha de tipo pedra pomes. E mais raramente ainda, aparece uma outra galha, género de uma folha, oblonga e compacta. Na nervura central da folha, o carvalho produz uma esfera branca, transparente e húmida, enquanto é nova, que por vezes tem moscas lá dentro. Com o crescimento, endurece e parece-se com um bugalho pequeno e liso.

6. São estas as formações que o carvalho produz para além do fruto. Porque os fungos que nascem das raízes ou junto delas são comuns a outras árvores. E o mesmo se diga do visco[686] que também parasita outras espécies. Apesar disso, como se disse[687], o carvalho não deixa de produzir mais formações do que qualquer outra árvore. Sobretudo se, ao que diz Hesíodo[688], produz mel e até abelhas. Seja como for, essa seiva melosa parece provir do ar e derramar-se principalmente neste tipo de árvore. Diz-se também que, quando o carvalho arde, dele se produz nitro. São estas as particularidades do carvalho.

3.8.1. Árvores macho e fêmea

Considerando, como atrás se disse[689], todas as árvores de acordo com a espécie a que pertencem, as diferenças são múltiplas. Comum a todas é a que permite uma distinção entre fêmeas e machos[690], sendo aquelas frutíferas e estas não frutíferas numas tantas espécies. Nos casos em que fêmeas e machos dão fruto, a fêmea produ-lo de melhor qualidade e mais abundante. Exceptue-se que há quem chame a estas 'macho', invertendo-lhes o nome. Esta é uma diferença equivalente à que distingue espécies domésticas e selvagens. Outras diferenças põem em contraste as diversas formas dentro do mesmo género. Situações deste tipo merecem discussão, indicando-se as diferenças nas formas, quando não forem óbvias ou perceptíveis.

2. Assim as variedades de carvalho[691], pois é neste caso que sobretudo se identificam diferenças. Há quem fale só de um tipo doméstico e de outro

---

[685] Galha resultante da picada de um insecto.
[686] *Viscum album* L. ou, com menor probabilidade, outra semiparasita, a que vulgarmente se chama também visco, o *Loranthus europaeus* Jacq. Ao *Viscum album* L. eram atribuídas qualidades mágicas, como a de abrir o acesso aos infernos. A substância viscosa de que é dotado servia para o fabrico de uma goma, usada na caça aos pássaros.
[687] *Vide supra* 3. 7. 4.
[688] *Trabalhos e Dias* 232-233.
[689] *Vide supra* 1. 14. 3.
[690] *Vide* Negbi 1995: 317-332.
[691] *Vide* Thanos, 2005.

selvagem, sem considerar a diferença que a doçura do fruto representa. Porque o mais doce é o do carvalho-avelanedo, considerada a variante selvagem. Distingue-se então o tipo doméstico como aquele que se dá em terrenos cultivados, e tem uma madeira mais macia, enquanto a do carvalho-avelanedo é mais áspera e se dá em terrenos montanhosos. No entanto, há quem fale de quatro espécies, e outros de cinco. Há também variações no nome; assim a espécie que dá frutos doces é chamada por alguns 'carvalho doméstico' (*hemeris*), e por outros 'carvalho autêntico'[692]. E o mesmo se passa com outras espécies. Mas, segundo as diferenças estabelecidas pelas gentes do Ida[693], temos: o carvalho doméstico[694], o roble[695], o de folha larga[696], o carvalho-avelanedo[697] e o de casca marinha (a que há quem chame 'de casca direita')[698]. Todos são frutíferos. Os frutos mais doces são, como se disse, os do carvalho-avelanedo, em segundo lugar os do carvalho doméstico, depois os do de folha larga, em quarto lugar os do de casca marinha e, por fim, os do roble, que os tem muito amargos.

3. Contudo, nem sempre o fruto, nas espécies consideradas doces, o é; por vezes é amargo, caso do do carvalho-avelanedo. Há também diferenças quanto ao tamanho, à forma e à cor nas bolotas. As do carvalho-avelanedo e do carvalho de casca marinha são peculiares; nestas duas espécies, nas chamadas macho, as bolotas têm ambos os extremos empedernidos; num dos casos isso acontece junto ao tegumento, no outro junto à própria parte carnuda. Por isso, quando ela se retira, aparece uma cavidade semelhante às que existem nos animais.

4. Diferem também nas folhas, nos troncos, na madeira e na configuração geral. Assim o carvalho doméstico não cresce a direito, não é liso nem alto; faz parte do seu crescimento ter uma grande copa, ser sinuoso e com muitos ramos laterais, de tal modo que resulta ramalhudo e baixo. Tem uma madeira rija, mas menos resistente do que a do carvalho-avelanedo, que, de resto, é o que a tem mais consistente e menos susceptível de apodrecer. O carvalho-avelanedo também não cresce a direito, mas mesmo assim menos do que o carvalho doméstico; tem um tronco muito grosso, de tal forma que o seu aspecto geral é atarracado. Também esta espécie desenvolve uma grande

---

[692] *Quercus robur* L. subsp. *pedunculiflora* (K. Koch) Menitsky ou *Quercus infectoria* Oliv., como admite Amigües 2010: 79-80.
[693] O Ida da Tróade ficou acessível a Teofrasto durante a sua estadia em Lesbos, o que, neste caso, deixa supor que o seu conhecimento da região era directo.
[694] *Quercus ilex* L., que dá bolota doce.
[695] *Quercus robur* L. subsp. *pedunculiflora* (K. Koch) Menitsky.
[696] *Quercus pubescens* Willd. ou *Quercus frainetto* Ten., como admite Amigües 2010: 80.
[697] *Quercus ithaburensis* Decne. subsp. *macrolepis* (Klotzsch) Hedge & Yalt. Baumann 1982: 29 define este carvalho como selvagem, para o distinguir daquele cujo fruto se consumia.
[698] Provavelmente *Quercus crenata* Lam. ou *Quercus cerris* L. como admite Amigües 2010: 80.

copa lateral e não erecta. O roble é o que cresce mais a direito, o que atinge maior altura e o que é mais liso. Tem uma madeira que, longitudinalmente, é a mais robusta. Não se dá em terrenos cultivados ou raramente isso acontece.

5. A espécie de folha larga vem em segundo lugar no que se refere a crescer a direito e à altura, mas é a menos indicada para a construção, a seguir ao carvalho de casca marinha; é também fraca para queimar e fazer carvão, tal como este que acabamos de referir e, depois dele, o mais susceptível à infestação. O de casca marinha tem um tronco grosso, e, em geral, quando assim é apresenta-se poroso e oco. Por isso não serve para a construção. Apodrece muito depressa, porque é uma árvore com muita seiva; daí que se torne oco. Há quem afirme que é o único carvalho sem coração. Dizem os da Etólia[699] que estes são os únicos carvalhos que atraem os raios, apesar de não serem altos; e não se servem deles para os seus rituais. Estas são então as diferenças na madeira e no aspecto geral.

6. Todas as espécies produzem bugalhos, mas só os do carvalho doméstico servem para curtir peles. Os do roble e do de folhas largas aparentemente são parecidos com os do carvalho doméstico, mas mais lisos e sem utilidade. Este também produz o outro bugalho, o negro, que é bom para tingir as lãs. A substância a que há quem chame *phaskon*[700], que parece farrapos, é exclusiva do roble; tem cor acinzentada e é áspera; pode ficar suspensa até à altura de um côvado[701], como uma cortina de linho. Esta formação provém da casca e não da protuberância de onde nasce a bolota. Nem se forma de um olho, mas do lado dos ramos superiores. O carvalho de casca marinha também a produz, mas escura e curta.

7. São estas as diferenças assinaladas pelas gentes do Ida. As da Macedónia estabelecem quatro espécies: o carvalho autêntico ou de fruto doce; o de folha larga ou de fruto ácido; o carvalho-avelanedo ou de fruto redondo; e o *aspris*[702]. Este último, ao que dizem alguns, não produz qualquer fruto, ou então – dizem outros – produz um fruto de má qualidade, de modo que não serve para a alimentação de nenhum animal a não ser do porco, e mesmo deste só quando não tem mais nada; na maior parte das vezes causa-lhe dores

---

[699] A Etólia situa-se numa região central da Grécia, que ao sul confina com o golfo de Corinto. As informações dadas aqui por Teofrasto não desdenham as superstições e tradições populares.

[700] Deve tratar-se do líquen *Evernia prunastri* (L.) Ach., a que os ingleses chamam 'oak moss'.

[701] Cerca de 45 cm.

[702] No que se refere ao 'carvalho-avelanedo ou de fruto redondo', Amigües 2010: 83 prefere a identificação de 'carvalho da Macedónia de bolotas redondas', que considera ser *Quercus trojana* Webb. *Aspris* é o *Quercus cerris* L., que nós designamos por 'carvalho-da-turquia'; neste caso, Amigües 2010: 83 opta por *Quercus petraea* (Matt.) Liebl., que realmente ocorre na Macedónia e tem bolotas muito duras ('pétreas').

de cabeça. Tem uma madeira também medíocre; se se cortar à machadada, fica completamente inutilizada, porque se parte e se fragmenta em pedaços; é melhor se se não usar o machado, e por isso é assim que se procede. É também imprópria para queimar e fazer carvão; carvão esse que não serve para mais nada, a não ser para os ferreiros, porque salta e lança chispas; mas para esta função é mais útil do que os outros, porque ao apagar-se, quando se deixa de soprar, gasta-se menos. A madeira do de casca marinha só serve para fazer eixos de rodas e coisas do género. São estas as variedades de carvalho.

3.9.1. Diferenças nos pinheiros

No caso das outras árvores há menos diferenças. Na sua maioria, dividem-se entre macho e fêmea, como se disse[703], a não ser num número reduzido de casos, como o do pinheiro. Desta árvore refere-se o doméstico[704] e o selvagem, e este último reparte-se em dois tipos: um a que chamam do Ida[705] e ao outro marítimo[706]. Desses, o do Ida é mais direito, mais alto e com folhagem mais espessa; o marítimo tem as folhas mais raras e mais frágeis, a casca mais lisa e é útil para os curtumes, o que não acontece com o primeiro. A pinha da espécie marítima é redonda e abre facilmente, enquanto a do pinheiro do Ida é mais oblonga, verde e abre menos bem, talvez por ser mais selvagem. A madeira do marítimo é mais rija. É necessário ter em consideração este tipo de diferenças entre árvores da mesma espécie, porque é pelo uso que se lhes dá que se distinguem.

2. Mais direito e mais grosso é portanto, como dissemos, o do Ida e, além disso, é uma árvore muito resinosa, com uma resina mais negra, mais doce, mais fluida e mais aromática, quando está verde. Se se ferver, perde qualidade, por se tornar muito aquosa. Parece, no entanto, que aquelas espécies que alguns distinguem por uma designação própria, para outros reduzem-se a uma oposição entre macho e fêmea. Diz-se na Macedónia que há uma casta de pinheiro[707] que não produz qualquer fruto; que o macho é mais curto e de folha mais dura, e a fêmea mais alta, com folhas oleosas, tenras e mais pendentes. Por outro lado, a madeira do macho tem muita medula, é dura e torce-se quando trabalhada; a da fêmea trabalha-se bem, não se torce e é mais macia.

---

[703] *Vide supra* 3. 8. 1.
[704] *Pinus pinea* L.
[705] *Pinus nigra* J. F. Arnold.
[706] *Pinus halepensis* Mill., embora, em Portugal, o pinheiro-marítimo seja o pinheiro-bravo, *Pinus pinaster* Aiton, que não é nativo da Grécia.
[707] *Pinus peuce* Griseb. Amigües 2010: 84 admite ser *Pinus sylvestris* L. Tanto um como o outro ocorrem na Macedónia.

3. Logo uma diferença por assim dizer comum a todas as árvores é a que se estabelece entre machos e fêmeas, segundo os lenhadores. Todo o pinheiro macho, se se lhe meter o machado, dá tábuas mais curtas, mais torcidas, mais difíceis de trabalhar, de cor mais escura; a fêmea dá tábuas melhores. De facto é o pinheiro fêmea o que contém a chamada *aigis*, nome dado ao coração da árvore[708]; a razão para isso está em que a *aigis* é menos pegajosa, menos resinosa, mais lisa e com as fibras mais regulares; encontra-se nas árvores de maior porte, quando, ao caírem, a parte branca em volta apodrece. Depois de se retirar essa parte, a medula que fica corta-se com o machado; tem uma cor muito bonita e é leve. Em contrapartida, aquilo a que, no monte Ida, os resineiros chamam 'figo'[709], que se forma no pinheiro, tem uma cor mais rubra do que a resina, não tem um cheiro que se lhe assemelhe, e encontra-se sobretudo nos machos. O cheiro é desagradável, diferente do da resina, e não arde; se se puser numa fogueira, ele salta.

4. São estas as espécies de pinheiro reconhecidas, o doméstico e o selvagem, este último repartido em macho, fêmea e um terceiro tipo sem fruto. As gentes da Arcádia afirmam que nem o estéril nem o doméstico são pinheiros, mas sim pinheiro de Alepo[710]. O tronco – dizem – tem muitas semelhanças com este último, a mesma leveza, tamanho e o mesmo tipo de madeira para a carpintaria; o do pinheiro, por seu lado, é mais compacto, mais liso e mais alto. Mais, que o pinheiro tem muitas folhas, oleosas, densas e pendentes, enquanto o Alepo e o de tipo conífera, que atrás se referiu[711], têm poucas folhas, mais secas e eriçadas, ambas de tipo cabelo. Quanto à resina desta espécie, assemelha-se mais à do Alepo, porque é pouca e ácida, como nas coníferas, e a do pinheiro aromática e abundante. O Alepo é raro na Arcádia, mas abundante na Élide[712]. Numa palavra, a discussão sobre esta árvore na Arcádia é grande.

5. O Alepo parece diferir também do pinheiro por ser mais oleoso, de folhas mais finas, menor em tamanho e menos erecto. Produz pinhas mais pequenas, mas rijas e com pinhões mais resinosos. Tem uma madeira mais esbranquiçada, mais parecida com a do abeto[713], e por completo desprovida de resina. Há também uma outra diferença relevante em relação ao pinheiro: este, se se lhe queimar as raízes, não volta a rebentar; enquanto o pinheiro de Alepo – ao que alguns dizem – rebenta, como aconteceu em Lesbos,

---

[708] *Aigis* corresponde àquilo a que os madeireiros chamam "rolo de madeira". Depois de cortarem os pinheiros, "descascam-nos" com uma máquina apropriada, e fica apenas o rolo de madeira, que, posteriormente, é serrado em tábuas.

[709] Este 'figo' dos pinheiros é aquilo a que chamamos 'pez' ou 'breu'.

[710] *Pinus halepensis* Mill.

[711] *Vide supra* 3. 9. 1.

[712] Realmente o *Pinus halepensis* Mill. é mais frequente no litoral ocidental da Grécia.

[713] *Abies alba* Mill.

quando o pinheiral das montanhas de Pirra[714] ardeu. Há uma doença que, ao que dizem as gentes do Ida, afecta os pinheiros, de tal modo que não só o coração como a parte exterior do tronco ficam saturados de resina e a árvore como que sufoca. Esta é uma reacção que ocorre espontaneamente devido à pujança da árvore, tanto quanto parece, porque toda ela se transforma em resina. Trata-se, portanto, de uma moléstia particular do pinheiro.

6. O abeto pode ser macho e fêmea[715], sendo nas folhas que se registam as diferenças. As do macho são mais pontiagudas, de tipo agulha e mais retorcidas; e, por isso, a árvore tem um aspecto geral mais compacto. Há também diferenças na madeira; a da fêmea é mais branca, mais macia, mais fácil de trabalhar e o tronco globalmente mais alto. A do macho é mais raiada, mais espessa, mais dura, com mais medula e com uma aparência geral pior. Na pinha do macho há uns poucos pinhões na ponta, e na da fêmea absolutamente nenhum, ao que dizem os Macedónios[716]. A folhagem parece feita de plumas, a afunilar para cima, de modo que a sua aparência geral é tipo cúpula ou muito parecida com um barrete beócio[717]. É de tal forma compacta que nem a neve nem a chuva a penetram. No conjunto trata-se de uma árvore agradável à vista. Tem um processo de crescimento peculiar, como atrás se disse[718], se comparada com as outras, sendo o único que é regular. De tamanho é grande e muito mais alta do que o pinheiro.

7. No que se refere à madeira, a diferença não é pequena. A do abeto é fibrosa, macia e leve, e a do pinheiro resinosa, pesada e mais carnuda. O pinheiro tem mais nós, mas o abeto tem-nos mais duros, ou, melhor dizendo, tem-nos mais duros do que qualquer outra árvore, embora a madeira seja mais leve. Em geral, os nós do abeto e do pinheiro são muito duros, compactos e quase transparentes, de cor resinosa e muito diferente da madeira, sobretudo no abeto. Tal como o pinheiro tem a *aigis*, o abeto tem o chamado 'centro branco' que lhe corresponde, excepto que este é branco, enquanto a *aigis* tem uma bonita cor devido à resina; torna-se branco e bonito nas árvores já mais velhas; raramente se encontra em boas condições, mas na sua forma comum

---

[714] *Vide supra* 2. 2. 6.

[715] Os abetos, tal como os pinheiros, são monóicos, isto é, uma árvore tem pinhas masculinas e pinhas femininas. Desta maneira, talvez Teofrasto esteja a referir espécies diferentes.

[716] São duas as espécies de abetos: *Abies cephalonica* Loudon é aquele que Teofrasto designa por macho, pois tem folhas agudas e pungentes e madeira mais escura; enquanto que *Abies alba* Mill., o fêmea de Teofrasto, tem folhas não agudas (emarginadas) e flexíveis (não pungentes) e madeira esbranquiçada.

[717] Amigües 2010: 87 resume as dificuldades que esta comparação nos causa, por não sabermos ao certo a forma de um barrete beócio. E cita Hesíquio, s. u. κυνῆ: 'os belos barretes da Beócia, que se usavam no campo', o que nada esclarece sobre o seu formato. A própria designação parece sugerir que se faziam de pele de cão (κυνο-); cf. *Odisseia* 24. 231.

[718] *Vide supra* 3. 5. 1.

é abundante. Dele se fazem os quadros dos pintores e tabuinhas vulgares para a escrita[719]. Nas de melhor qualidade usa-se uma madeira melhor.

8. Na Arcádia designam-se estes dois elementos por *aigis*, tanto o do pinheiro como o do abeto, e diz-se que o do abeto é mais abundante, mas o do pinheiro melhor. Enquanto o do abeto existe em maior quantidade, e é macio e compacto, o do pinheiro é pouco, mas mais espesso, mais forte e, em geral, melhor. A diferença parece portanto não ir além do nome que os Árcades lhe dão. Estas são então as diferenças entre o abeto e o pinheiro, mais a questão da *amphauxis* mencionada atrás[720].

3.10.1. A faia, o teixo, a carpa e a tília

A faia[721] não apresenta diferenças, havendo uma só espécie. É uma árvore direita, lisa, sem nós, com uma grossura e uma altura por assim dizer equivalentes às do abeto, árvore com que se assemelha também noutros aspectos. Tem uma madeira com boa cor, rija, com fibras regulares, uma casca lisa e grossa, folhas sem divisões, mais compridas do que as da pereira, e com espinhos na ponta; as raízes não são muitas, nem muito profundas. O fruto é liso, tipo bolota, metido numa cápsula sem espinhos e lisa, sem picos como a do castanheiro, embora em doçura e em paladar se lhe assemelhe[722]. Na montanha dá-se a faia branca, que dá uma madeira com muitas utilidades, boa para fazer carros, camas, cadeiras, mesas e para a construção naval. Nas planícies dá-se a negra que não serve para nada disso. O fruto de ambas é idêntico.

2. De uma só espécie é também o teixo[723]. Cresce erecto, desenvolve-se bem e é semelhante ao abeto, excepto que não é assim tão alto e tem bastante mais ramos. É também semelhante ao abeto na folhagem, sendo esta no entanto mais brilhante e mais macia. A madeira, no da Arcádia, é negra e de um vermelho escuro, no do Ida bastante amarelada e semelhante à do *kédros*. Daí que os comerciantes façam vigarice e a vendam como *kédros*. Toda ela é coração, quando se lhe tira a casca. Casca essa que é também parecida com a do *kédros*, em rugosidade e na cor. As raízes são pequenas, finas e superficiais. Esta é uma árvore rara na região do Ida, mas abundante na Macedónia e na Arcádia. Produz um fruto redondo, um pouco maior do que uma fava, de cor vermelha e tenro. Diz-se que se as bestas de carga lhe comerem as folhas

---

[719] Já desde tempos homéricos que se usavam, para a escrita, tabuinhas de madeira, depois apertadas com uma cinta de couro. Essas tabuinhas ou eram polidas para que sobre elas se traçasse, com tinta, os caracteres, ou cobertas de cera, em que os caracteres eram gravados por incisão. Teofrasto acrescenta uma noção de qualidade nos materiais disponíveis.

[720] *Vide supra* 3. 7. 1-2.

[721] *Fagus sylvatica* L.

[722] De facto faia, castanheiro e carvalho são da mesma família, *Fagaceae*.

[723] *Taxus baccata* L.

morrem, enquanto aos ruminantes nada acontece[724]. Há mesmo pessoas que lhe comem o fruto, que é agradável e inofensivo[725].

3. Há também a carpa (*ostrys*)[726], a que há quem chame *óstrya*[727] que só tem uma espécie; é parecida com a faia, no que se refere ao crescimento e à casca. As folhas, em formato, são parecidas com as da pereira, excepto que são um pedaço mais compridas, bicudas na ponta e maiores; têm muitas fibras, que se ramificam, a partir de uma nervura central direita e grande, como se fossem costelas, e são grossas. Mais: as folhas são enrugadas ao longo das nervuras, e, em volta, ligeiramente dentadas. A madeira é dura, incolor e esbranquiçada[728]. O fruto é pequeno, alongado, parecido com um grão de cevada, e amarelo. As raízes são aéreas. Gosta de água e encontra-se nas ravinas. Diz-se que dá azar levá-la para casa, porque causa dificuldades aos moribundos e parturientes.

4. A tília[729] tem o macho e a fêmea, que diferem no aspecto geral, na aparência da madeira e por darem ou não fruto[730]. A madeira do macho é dura, amarela, mais nodosa, mais compacta e também mais aromática; a da fêmea é mais esbranquiçada. A casca do macho é mais espessa e, depois de retirada, não dobra devido à rigidez; a da fêmea é mais fina e flexível; é dela que se fazem cestas. O macho não dá fruto nem flor[731], enquanto a fêmea tem flor e fruto. A flor tem forma de copo e aparece junto do pedúnculo da folha e junto aos rebentos de inverno, de um pedúnculo à parte; é verde, na fase em que se assemelha a um copo, mas acastanhada quando abre. A floração coincide com a das árvores de cultivo.

5. O fruto é redondo, alongado, do tamanho de uma fava e semelhante ao da hera; quando maduro, tem cinco protuberâncias, constituídas por nervuras salientes que se encontram na ponta[732]; antes de amadurecer, tem menos saliências. Se se esmagar o fruto maduro, ele tem umas sementinhas

---

[724] Estes são igualmente vítimas do mesmo fruto.

[725] Comem o arilo da semente, vermelho, que é doce. A semente propriamente dita é letal, assim como as folhas, casca e madeira, pois têm taxina, um alcaloide extremamente tóxico. Foi da taxina que se obteve o taxol uilizado hoje na quimioterapia de grande parte do cancro.

[726] *Carpinus betulus* L.

[727] A *Ostrya carpinifolia* Scop. é a carpa-preta. Talvez se trate de *Carpinus betulus* Scop. atendendo a que, mais adiante, Teofrasto diz que a respectiva madeira é esbranquiçada.

[728] Por estas características da madeira só pode ser *Carpinus betulus* L.

[729] Pela descrição feita a seguir, trata-se de *Tilia platyphyllos* Scop., nativa na Grécia.

[730] Tal como com os abetos, também com as tílias não há machos e fêmeas.

[731] É natural que Teofrasto esteja a referir-se ao híbrido *Tilia x europaea* L. – frequentemente designado por *Tilia x vulgaris* Hayne -, que muitas vezes é estéril, como refere Pigott 2012: 56; reproduz-se assexuadamente muito bem, pois dá imensos rebentos junto à base do tronco; isto é, formam-se autênticos clones nalguns parques, jardins e ruas. Amigües 2010: 90, admite também poder tratar-se de *Tilia tomentosa* Moench, mas esta tem umas folhas tão esbranquiçadas que provavelmente Teofrasto não deixaria de referir essa característica.

[732] Este é tipicamente o fruto da *Tilia platyphyllos* Scop.

finas do tamanho das do armoles⁷³³. A folha e a casca são apaladadas e doces. A folha, em formato, parece a da hera, mas com um recorte mais regular: é mais curvo junto ao pedúnculo, mas a meio afunila até uma ponta mais aguda e mais comprida. O rebordo é mais enrugado e dentado. A madeira tem uma medula pequena e não muito mais tenra do que o resto, tanto mais que a parte restante da madeira é também tenra.

3.11.1. O ácer e o freixo

Ao ácer, como atrás dissemos⁷³⁴, há quem atribua duas espécies e outros três: uma é conhecida pela designação comum – *sphéndamnos*⁷³⁵ –, outra por *zygia*⁷³⁶ e a terceira por *klinótrochos*⁷³⁷, como se diz em Estagira⁷³⁸. A diferença entre a *zygia* e o *sphéndamnos* está em que este último tem a madeira branca, de melhor fibra, enquanto a *zygia* a tem amarela e compacta. A folha de ambas é larga, e no modo como é fendida parece-se com a do plátano; é tenra, mais frágil, menos carnuda, mais leve e mais alongada. Todas as divisões confluem numa ponta; não há fendas propriamente no meio da folha, mas sobretudo no topo; para o tamanho, não têm muitas nervuras. A casca é um pouco mais áspera do que a da tília, a tender para o negro, espessa e mais compacta do que a do Alepo, e rígida. As raízes são poucas, superficiais e compactas na sua maioria, tanto as da variedade amarela como as da branca.

2. Dá-se sobretudo em terrenos húmidos, ao que afirmam as gentes do Ida, e é rara. Sobre a flor nada se sabe. Mas o fruto não é muito oblongo, parece-se com o do paliuro, mas mais comprido. No Olimpo diz-se que, enquanto a *zygia* se dá sobretudo nas montanhas, o *sphéndamnos* cresce também nas planícies. O tipo que cresce na montanha tem a madeira amarelada, com boa cor, compacta e rija, que se usa em artigos de qualidade, e a de planície é branca, mas deslaçada e menos compacta. Há quem lhe chame *gleinos*⁷³⁹ e não *sphéndamnos*. A madeira do macho é mais compacta e mais retorcida. Esta árvore cresce melhor na planície e rebenta mais cedo.

---

⁷³³ *Atriplex hortensis* L.
⁷³⁴ *Vide supra* 3. 3. 1.
⁷³⁵ *Acer campestre* L., ou mais provavelmente, o *Acer monspessulanum* L.
⁷³⁶ *Acer platanoides* L.
⁷³⁷ *Acer pseudoplatanus* L. Para Amigües 2010: 90, o termo *klinótrochos* não é mais do que uma designação local para o *sphéndamnos*. Admite ainda a mesma autora que, pela descrição que Teofrasto faz da folha, poderá tratar-se de *Acer obtusatum* Waldst. & Kit. ex Willd. Mas as folhas do *Acer pseudoplatanus* L. lembram bem as dos plátanos, como, aliás, o restritivo específico indica.
⁷³⁸ Estagira era uma cidade da Calcídica, cuja maior credencial é ter sido pátria de Aristóteles. Destruída por Filipe II da Macedónia (c. 350 a. C.), foi por ele mesmo reconstruída e repovoada, quando o rei macedónio pretendeu recuperar a simpatia de Aristóteles, que contratou como perceptor do filho, Alexandre Magno. Sobre o assunto, *vide* Plutarco, *Vida de Alexandre* 7. 3.
⁷³⁹ *Vide supra* 3. 3. 1.

3. Há também duas espécies de freixo: uma é alta e robusta, com uma madeira branca, de boa fibra, bastante leve, sem nós e mais compacta[740]; a outra mais baixa, menos vigorosa, com uma madeira áspera, mais dura e mais amarelada[741]. As folhas, no formato, são parecidas com as do loureiro, isto é, do loureiro de folha larga, mas mais estreitas na ponta, de rebordo dentado e com picos. Na sua totalidade a folhagem (talvez se lhe possa chamar folhagem, porque cai de uma só vez) parte de um só pedúnculo. É também, por assim dizer, a partir de uma só nervura que as folhas nascem aos pares numa mesma articulação, de um e de outro lado, em grande número e destacadas, de mesmo modo que na sorbeira. Em algumas folhas os espaços entre os nós são curtos e os pares em menor quantidade, mas nas da espécie branca os espaços são maiores e os pares mais numerosos; aí as folhas são também mais compridas e mais estreitas, com uma cor verde como a do alho. O freixo tem uma casca lisa, seca, fina e de cor vermelha.

4. As raízes são emaranhadas, grossas e superficiais. Quanto ao fruto, as gentes do Ida não perceberam que o tivesse, nem flor; no entanto, possui um fruto tipo noz, dentro de uma cápsula fina, como a da amendoeira, com um paladar mais ácido[742]. Produz também alguns outros elementos do tipo amentilho, como o loureiro[743], mas mais sólido, e cada um de per si redondo, como o do plátano. Alguns desses elementos aparecem à volta do fruto, mas outros separados dele, de resto a maioria. O freixo de tipo liso dá-se sobretudo em barrancos e em solos húmidos, e o áspero em lugares secos e pedregosos. Há quem – caso dos Macedónios – chame a um 'freixo' (*mélion*)[744] e ao outro 'freixo gigante' (*boumélion*)[745].

5. Este segundo é maior e mais distendido, daí que pareça menos compacto. O da planície é, por natureza, áspero e o da montanha liso. O das montanhas tem uma cor bonita, é liso, resistente e atarracado; o da planície é incolor, distendido e áspero (em termos gerais, pode dizer-se, das árvores que nascem na planície e na montanha respectivamente, que, na montanha, têm uma bela cor, são resistentes e lisas, como a faia, o ulmeiro e outras; na planície são distendidas, mais descoloridas e inferiores, menos a pereira, a macieira e a pereira selvagem, ao que se diz na região do Olimpo. Estas últimas, por seu lado, na planície são melhores, tanto no fruto como na madeira; na montanha tornam-se ásperas, espinhosas e nodosas; na planície são mais lisas, maiores,

---

[740] *Fraxinus angustifolia* Vahl.
[741] *Fraxinus ornus* L. Pela sua qualidade e abundância, sobretudo em zonas do norte da Grécia, o freixo serviu para o fabrico das primeiras lanças e dardos. Baumann 1982: 65 associa-o com os símbolos de deusas vingadoras pela sua robustez.
[742] É totalmente fantasiosa esta descrição do fruto dos freixos.
[743] O loureiro não tem amentilhos.
[744] *Fraxinus ornus* L.
[745] *Fraxinus angustifolia* Vahl.

com um fruto mais doce e mais carnudo. No que se refere ao tamanho, na planície são sempre maiores).

3.12.1. O corniso, o *kédros*, a nespereira e a sorbeira

O corniso pode ser macho[746] e fêmea[747], a que se chama justamente 'corniso fêmea'. Ambas as espécies têm uma folha semelhante à da amendoeira, mas mais lustrosa e mais espessa; a casca é fibrosa e fina; o tronco não é muito grosso, mas produz hastes laterais como as do agno-casto[748]. O corniso fêmea tem menos hastes e é mais tipo arbusto. Em ambos os géneros, os nós são como os do agno-casto, dispostos aos pares, um ao lado do outro. A madeira do corniso macho não tem coração, mas é totalmente compacta e parecida com um corno em densidade e dureza; a do corniso fêmea tem mais miolo, é mais frágil e tem buracos. Por isso não serve para fazer dardos.

2. A altura do macho atinge no máximo doze côvados[749], a mesma medida de uma lança macedónia das maiores. O tronco no seu conjunto, até ao ponto em que bifurca, não é alto. Dizem as gentes do Ida, na Tróade, que o macho não dá fruto, mas a fêmea sim. O fruto tem um caroço muito parecido com o da azeitona, e, quando se come, é doce e aromático. A flor assemelha-se à da oliveira. A floração e a frutificação processam-se da mesma maneira, na medida em que de um só pedúnculo nascem vários, e mais ou menos ao mesmo tempo nas duas espécies. Na Macedónia diz-se que machos e fêmeas dão fruto, mas que o da fêmea não é comestível. O corniso tem raízes idênticas às do agno-casto, fortes e indestrutíveis. Dá-se também em solos húmidos e não apenas nos secos. Reproduz-se de uma semente ou de uma estaca.

3. Há quem diga que o *kédros* tem duas variantes, a da Lícia[750] e a da Fenícia, enquanto, segundo outras opiniões, só tem uma forma. É parecido com o *arceuthos*[751], diferindo dele sobretudo na folha[752]; a do *kédros*[753] é dura, aguda e espinhosa, e a do *arceuthos* mais tenra. Dá ideia também de que este último cresce mais em altura[754]. Há mesmo quem os não distinga pelo nome, e chame a ambos 'cedro', embora a um designe por 'cedro' e a outro por 'oxicedro'[755].

---

[746] *Cornus mas* L.
[747] *Cornus sanguinea* L.
[748] *Vitex agnus-castus* L.
[749] Cerca de 5.30 metros.
[750] Na zona ocidental da actual Turquia.
[751] *Juniperus drupacea* Labill.
[752] A do cedro é dura, aguda e espinhosa (*Juniperus oxycedrus* L.) e a do *arceuthos* mais tenra (*Juniperus drupacea* Labill.), tal como a do *kédros* da Fenícia (*Juniperus phoenicea* L).
[753] *Juniperus oxycedrus* L.
[754] É verdade, pois *Juniperus drupacea* Labill. atinge 15 m de altura e *Juniperus oxycedrus* L. chega apenas aos 10 m.
[755] *Juniperus oxycedrus* L., ou seja, 'cedro de folhas pontiagudas'. Na realidade, este *Juniperus oxycedrus* L. tem duas subespécies no Mediterrâneo Oriental: a subespécie *oxycedrus* (folhas de

Ambos têm nós, muitos ramos e uma madeira sinuosa. O *arceuthos* tem uma medula pequena e compacta; quando se corta, apodrece rapidamente, enquanto o cedro consiste sobretudo em coração e não apodrece. O coração de ambos é vermelho, o do *kédros* é aromático, o do outro não.

4. A gálbula[756] do *kédros* é amarela, do tamanho do mirto[757], aromática e agradável ao paladar. O fruto do *arceuthos* é parecido em vários aspectos, mas negro, de gosto ácido e praticamente incomestível. Permanece na árvore durante um ano e então, quando o novo sobrevém, o do ano anterior cai. Ao que diz a gente da Arcádia, chega a ter três séries de 'frutos' ao mesmo tempo: o do último ano que ainda não amadureceu, o do ano anterior a este já maduro e comestível, e o que aparece como novo, numa terceira fase. Sátiro[758] afirma que os lenhadores lhe trouxeram espécies de ambos sem 'flor'. Tem uma casca semelhante à do cipreste[759], mas mais rugosa. As raízes de ambos são distendidas e superficiais. Nascem em terrenos pedregosos e frios; são mesmo estes habitats que procuram.

5. Há três espécies de nespereira da Europa[760], o espinheiro-alvar[761], a nespereira comum[762] e o falso espinheiro[763], de acordo com a distinção feita pelas gentes do Ida. O fruto da nespereira comum é maior, mais claro, mais suculento e com um caroço mais tenro; as outras espécies têm-no mais pequeno, mais aromático, com uma consistência maior, de modo que se pode armazenar por mais tempo. A madeira destas duas espécies é também mais compacta e mais amarelada, mas sob outros pontos de vista idêntica à da nespereira comum. A flor de todas elas é semelhante à da amendoeira, somente não é tão rosada como aquela, mas mais esverdeada. (...) Em tamanho, é uma árvore grande e copada. A folha tem muitas divisórias e, na ponta, é parecida com a do aipo[764]; a das árvores mais velhas é ainda mais fendida e angulosa devido às fendas maiores; é macia, fibrosa, mais fina e mais comprida do que a do

---

2 mm de largura), de ampla distribuição, e a subespécie *macrocarpa* (Sm.) Ball. (de folha mais larga, 2,5 mm), mais confinada às zonas do litoral, o que está de acordo com o que Teofrasto afirma: 'Há mesmo quem os não distinga pelo nome, e chame a ambos 'cedro', embora a um designe por 'cedro' e a outro por 'oxicedro'.

[756] Pinha carnuda. A gálbula do *Juniperus drupacea* L. é de um negro azulado, como refere Teofrasto, e a do *Juniperus oxycedrus* L. é avermelhada, mas amarelada quando imatura.

[757] *Myrtus communis* L.

[758] Sátiro, um colaborador de Teofrasto, aparece aqui encarregado de colher informações sobre a flora da Arcádia, poupando assim o teórico de uma visita pessoal.

[759] *Cupressus sempervirens* L.

[760] *Mespilus germanica* L. Esta não é a vulgar nespereira, *Eriobotrya japonica* (Thunb.) Lindl., pois, nessa época, naturalmente os europeus ainda não sabiam da existência do Japão.

[761] *Crataegus monogyna* Jacq., comum em toda a Europa e a que chamamos 'espinheiro-alvar'.

[762] *Mespilus germanica* L.

[763] *Crataegus rhipidophylla* Gand. ou, mais provavelmente, *Crataegus azarolus* L., como indica Amigües 2010: 97.

[764] *Apium graveolens* L.

aipo, quer no conjunto, quer nas fendas, e dentada a toda a volta. Tem um pedúnculo fino e longo. As folhas ficam muito vermelhas antes de caírem. É uma árvore com muitas raízes e profundas, de onde resulta que vive muito tempo e não se deteriora. A madeira é compacta, resistente e insusceptível a apodrecer.

6. Nasce de uma semente ou de uma haste. É achacada a uma doença que a leva, quando envelhece, a ser comida pelo bicho. Trata-se de um bicho grande e diferente do das outras árvores.

Da sorbeira[765] há duas espécies, a fêmea, que produz fruto, e o macho, que é estéril. Há ainda diferenças nos próprios frutos; há-os redondos, oblongos e ovais[766]. Diferem também no paladar; os redondos são, em geral, mais aromáticos e mais doces, enquanto os ovais muitas vezes são ásperos e menos aromáticos.

7. As folhas, em ambas as espécies, estão presas a um pedúnculo longo e fibroso, e nascem em fila de um e de outro lado, como as penas de uma asa de ave; no conjunto, trata-se de uma só folha com fendas que se prolongam até à nervura. Apenas cada par está disposto com intervalos; com o cair da folha, estas divisões não caem por partes, mas todo o conjunto em forma de asa de uma só vez. Quando se trata de folhas mais velhas e mais longas, os pares são mais numerosos; se mais novas e curtas, os pares são em menor número. Em todas elas, na ponta do pedúnculo há uma folha ímpar, de modo que o número total é ímpar. Pelo formato, assemelham-se às do loureiro de folha tenra, salvo que são dentadas e mais curtas, não afunilam na ponta, antes arredondam. A flor é de tipo cacho, constituída de muitas inflorescências pequenas e brancas, que se formam de um só ramo.

8. O fruto, quando se dá a frutificação plena, é de tipo cacho. Formam-se muitos de um mesmo gomo, de modo semelhante a um favo de mel. O fruto ainda na árvore, antes de amadurecer, é mais susceptível de ser comido pelo bicho do que acontece com o da nespereira, da pereira doméstica e selvagem[767], embora seja muito mais ácido. A própria árvore é susceptível de ser atacada pelo bicho e assim seca, ao envelhecer. Esta é uma larva particular, vermelha e peluda. A sorbeira é uma árvore que frutifica quando nova, ou seja, logo ao terceiro ano de vida. No outono, após a queda da folha, ela produz logo

---

[765] *Sorbus domestica* L. é a sorbeira fêmea e *Sorbus aucuparia* L. é a sorbeira macho.

[766] *Sorbus domestica* L. Como qualquer outra fruteira cultivada, esta tem várias formas e sabores de frutos, desde os parecidos com maçãs, forma *pomifera*, até aos parecidos com peras, forma *pyrifera*.

[767] *Pyrus communis* L., a de cultivo, e *Pyrus amygdaliformis* Vill., a selvagem. O bicho aqui referido, assim como acima (3.12.6) é, muito provavelmente, a lagarta da borboleta (*Cossus ligniperda* Fabricius), que parasita as Rosáceas, família a que pertencem as sorbeiras, pereiras, cerejeiras e nespereiras aqui referidas.

rebentos de inverno em botão, lustrosos e protuberantes, como se a árvore fosse já rebentar, e assim permanece durante o inverno.

9. A sorbeira e a nespereira não têm espinhos. A sorbeira tem uma casca lisa e com algum brilho (com excepção da fase de envelhecimento), de um amarelo esbranquiçado; nas árvores velhas é áspera e escura. Trata-se de uma árvore de bom tamanho, erecta e com uma copa bem proporcionada. De uma forma global tem uma copa arredondada, a menos que alguma circunstância o impeça. A madeira é resistente, compacta, rija e com boa cor; as raízes não são numerosas nem profundas, mas são fortes, grossas e indestrutíveis. A árvore pode nascer de uma raiz, de uma haste ou de uma semente. Gosta de lugares frios e húmidos, e nesse tipo de habitat é uma árvore com vitalidade e indestrutível. No entanto, dá-se também nas montanhas.

3.13.1. A cerejeira brava, o sabugueiro, o salgueiro

A cerejeira brava[768] é, por natureza, uma árvore peculiar. De tamanho é grande, podendo atingir os vinte e quatro côvados[769] de altura, e muito erecta. Quanto à grossura, pode medir algo como dois côvados[770] de perímetro, junto à raiz. A folha é semelhante à da nespereira, mas muito dura e espessa, de tal modo que a árvore se distingue, pela cor, à distância. A casca, em macieza, em cor e em espessura é semelhante à da tília; por isso é boa para o fabrico de cestas, do mesmo modo que a da tília. A dita casca não nasce na vertical, a circundar regularmente a árvore; envolve-a como uma espiral que vai seguindo de baixo para cima, como o desenho das folhas. Esta espiral pode ser retirada em tiras, enquanto com a parte de baixo[771] isso não é possível, é preciso cortá-la aos pedaços.

2. Uma parte dela, da mesma forma, pode arrancar-se dividindo-se em lâminas finas, como uma folha; a parte restante pode deixar-se ficar e serve de protecção à árvore, crescendo como foi dito. Se se retira a casca quando a árvore está a exfoliar, dá-se então uma perda de seiva. Mais ainda: se só a túnica exterior for arrancada, a parte restante enegrece por efeito de uma espécie de pasta viscosa; então, no ano seguinte, forma-se uma nova túnica, no lugar da anterior, mas mais fina. As fibras da madeira são semelhantes às da casca, crescem retorcidas e em espiral. As hastes nascem, desde o início, da mesma maneira. Com o crescimento da árvore, acontece que os ramos de baixo começam a secar, enquanto os de cima se fortalecem.

---

[768] *Prunus avium* (L.) L.
[769] Cerca de 10, 60 m.
[770] Cerca de 90 cm.
[771] Ou seja, a que fica próxima da base do tronco, onde a casca não está tão solta.

3. No conjunto, esta é uma árvore que não tem muitos ramos, tem muito menos ramos, por exemplo, do que o choupo[772]. Mas as raízes tem-nas numerosas, superficiais e não muito grossas, com a mesma curvatura da casca que a envolve. A flor é branca como a da pereira e a da nespereira, composta de pequenas inflorescências com aspecto de favos de mel. O fruto é vermelho, semelhante ao do *lótus*[773] em formato, mas de tamanho equivalente a uma fava[774]. Excepção feita a que o caroço do fruto do *lótus* é duro, enquanto o da cereja brava é mole. Dá-se, tal como a tília, onde houver cursos de água e terrenos húmidos.

4. O sabugueiro[775] cresce igualmente sobretudo junto à água e em lugares sombrios, mas também noutros habitats diferentes destes. É de tipo arbusto, com hastes anuais que vão crescendo em altura até à queda da folha, e só depois em grossura. A altura das hastes não é muito grande, de uns seis côvados[776] no máximo. O diâmetro dos troncos dos exemplares envelhecidos é equivalente ao da quilha de um barco[777]. A casca é lisa, fina e frágil. A madeira é porosa, leve quando seca, com um miolo mole, de tal modo que as hastes são completamente ocas; é delas que se faz bengalas ligeiras[778]. Quando seca, torna-se forte e durável, se se molhar, mesmo se se lhe retirar a casca. Descasca-se até por si própria, à medida que seca. Tem raízes superficiais, que não são numerosas nem grandes.

5. A folha, considerando cada folíolo, é tenra e alongada, como a do loureiro de folha larga, mas maior, mais larga, mais arredondada ao centro e na base; na ponta é mais bicuda e tem o rebordo dentado. Globalmente cada folha compõe-se de folíolos que nascem ao longo de um só pedúnculo, grosso e fibroso; aqueles unem-se ao pedúnculo por um nó, aos pares de ambos os lados. Estão implantados a intervalos regulares, havendo um implantado no extremo do pedúnculo. As folhas têm um aspecto avermelhado, poroso e carnudo. Na queda da folha caem por inteiro; por isso pode considerar-se o conjunto como uma folha. Os ramos novos têm também nós.

6. A flor é branca, composta de muitas inflorescências pequenas, presas aos pontos em que o pedúnculo se divide, como um favo de mel. Tem um

---

[772] Deve tratar-se do choupo-negro, *Populus nigra* L.

[773] *Ziziphus lotus* (L.) Lam. Não parece ter razão Amigües 2010: 102 ao traduzir para 'lódão' (*Celtis australis* L.), pois esta planta não tem frutos vermelhos; em contrapartida o fruto do *Ziziphus lotus* (L.) Lam. assemelha-se muito a uma cereja.

[774] *Vicia faba* L. Há mais de 2000 anos, as favas deviam ser ainda de pequeno tamanho; por isso, percebe-se a comparação feita por Teofrasto, pois a faveira ainda não estava tão seleccionada como actualmente, de modo a produzir apenas favas de grandes dimensões.

[775] *Sambucus nigra* L.

[776] Cerca de 2,90 m.

[777] Amigües 2010: 102 fala de um diâmetro de cerca de 30 centímetros para esta peça da quilha do navio.

[778] 'Ligeiras' porque não passavam de um acessório de indumentária.

aroma intenso como o das açucenas[779]. O fruto está também preso a um só pedúnculo grosso e é tipo cacho. Quando fica bem amadurecido torna-se negro, mas quando imaturo parece-se com um cacho de uvas verde. Em tamanho, é um pouco maior do que um órobo[780]. O sumo é, à vista, parecido com o vinho. Os que se iniciam nos mistérios é nele que banham as mãos e a cabeça[781]. Lá dentro tem umas sementes idênticas às do sésamo[782].

7. O salgueiro[783] dá-se também junto à água e tem múltiplas espécies. Existe o chamado 'negro' por ter a casca negra e vermelha[784], e o branco[785] que a tem branca. O negro tem umas hastes mais bonitas e mais apropriadas para entrançar cestos; as do branco são mais frágeis. Existe uma variedade, quer do negro quer do branco, que é pequena e não cresce em altura, como há também o mesmo tipo de espécies anãs noutras árvores (caso do *kédros* e da tamareira). A esta árvore os da Arcádia não chamam salgueiro (*itéa*), mas *hélice*[786], e pensam – como atrás se disse[787] - que ela produz um fruto que germina[788].

3.14.1. O ulmeiro, o álamo, o choupo, a *kerkis*, a bétula e a colútea

Do ulmeiro existem duas espécies, uma chamada 'ulmeiro da serra'[789] e a outra simplesmente 'ulmeiro'[790]. Diferem por esta última ser mais de tipo arbusto, enquanto o ulmeiro da serra é mais pujante. A folha não tem divisórias, é ligeiramente dentada, mais alongada do que a da pereira, e mais áspera do que lisa. Trata-se de uma árvore de grande porte, quer em altura quer em corpulência. No Ida não é comum, é rara; prefere sítios húmidos. A madeira é amarela, resistente, de boa fibra e robusta, porque toda ela é

---

[779] *Lilium candidum* L.
[780] *Vicia ervilia* (L.) Willd.
[781] Esta é a interpretação de Hort 1968: 249. Amigües 2010: 103 tem outro entendimento, o de que se trata de usar um tinto para mudar a cor dos cabelos e remete para Dioscórides 4. 173.
[782] *Sesamum indicum* L.
[783] *Salix*.
[784] Deve tratar-se de *Salix purpurea* L. var. *purpurea*. Se Teofrasto referisse que as folhas eram opostas, então seria *Salix purpurea* L. var. *amplexicaulis* (Bory ex Chaub.) Boiss., mas essa característica não é referida. Amigües 2010: 103 admite ainda poder ser *Salix fragilis* L., uma espécie que era muito utilizada na cestaria.
[785] *Salix*.
[786] Talvez o vimeiro comum, *Salix viminalis* L., pois é um salgueiro pequeno, por vezes com folhas onduladas.
[787] *Vide supra* 2. 2. 10, 3. 3. 4.
[788] Tanto *Salix alba* L. como *Salix purpurea* L. apresentam variedades, particularmente *Salix alba* L., por ser muito cultivada. Da *Salix purpurea* L. existem na Grécia as duas variedades referidas atrás: *Salix purpurea* L. var. *purpurea* e *Salix purpurea* L. var. *amplexicaulis* (Bory ex Chaub.) Boiss.
[789] *Ulmus glabra* Huds.
[790] *Ulmus minor* Mill.

coração. Usa-se no fabrico de portas bem acabadas[791]; quando verde, é fácil de cortar, mas difícil se estiver seca. É opinião comum que não dá fruto[792], mas nos bugalhos produz uma goma e uns bichinhos tipo mosquito[793]. No outono, dá os seus rebentos de inverno próprios, numerosos, pequenos e negros, que nas outras estações não se detectam.

2. O álamo e o choupo só têm uma espécie[794]; ambos são erectos, sendo o choupo muito mais alto, mais solto e mais liso; o formato das folhas é nos dois semelhante. Depois de cortada, a madeira de ambos é de uma brancura idêntica. Nenhum deles parece dar fruto nem flor[795].

A *kerkis*[796] é semelhante ao álamo em tamanho e por ter ramos esbranquiçados. A folha é parecida com a da hera, mas sem ângulos. Tem uma configuração unitária, é longa e afunila na ponta; em cor, a face de baixo e a de cima são praticamente idênticas. A folha está presa a um pedúnculo longo e fino, de onde resulta que não fica direita, mas pendente. A casca é mais áspera do que a do álamo e bastante mais rugosa, como a da pereira selvagem. Não dá fruto[797].

3. Do amieiro[798] há também uma só espécie. Por natureza é erecto, tem uma madeira e um coração moles, de tal maneira que as hastes finas são completamente ocas. A folha é semelhante à da pereira, salvo que é maior e com mais nervuras. A casca é rugosa e vermelha por dentro; por isso se usa para tingir as peles. As raízes são superficiais (...) do tamanho do do loureiro[799]. Dá-se em lugares húmidos e não em qualquer outro tipo de habitat.

4. A bétula[800] tem a folha idêntica à da chamada avelaneira de Bizâncio[801], ainda que um pouco mais estreita; a casca é multicolor, e a madeira leve. Só serve para fazer bengalas e nada mais.

---

[791] *Vide infra* 5. 5. 2.
[792] Como dá frutos alados, que parecem pequenas folhas, supunha-se que não produzia frutos.
[793] Estas galhas são provocadas por insectos homópteros da família *Aphididae*.
[794] *Populus alba* L. (álamo); *Populus nigra* L.(choupo).
[795] Na verdade dão, mas como flores e frutos são minúsculos e estes últimos cobertos de pêlos, não havia a noção da sua existência.
[796] *Populus tremula* L., pois tem folha longa e afunilada na ponta, como diz Teofrasto, e não como a da hera com ângulos. Difere da *Cercis siliquastrum* L., cujas folhas são orbicular-reniformes, cordadas na base e arredondadas no ápice.
[797] Afirmação errada, que resulta de as vagens serem muito delgadas e parecerem folhas secas.
[798] *Alnus glutinosa* (L.) Gaertn.
[799] O texto, fragmentado neste ponto, omite a habitual referência à flor e ao fruto.
[800] *Betula alba* L. Amigües 2010: 105 considera ser *Betula pendula* Roth. São duas espécies muito semelhantes e Teofrasto não refere o carácter fundamental para as distinguir: ramos novos glabros ou pubescentes.
[801] *Corylus colurna* L.

A colútea[802] tem uma folha próxima da do salgueiro, abunda em ramos e folhagem, o que faz dela, em geral, uma árvore grande. O fruto está dentro de uma vagem, como o das leguminosas. Dentro dessas vagens, que são largas e não apertadas, está uma sementinha comparativamente pequena e não grande; é moderadamente dura, não demasiado. Em proporção ao seu tamanho, o fruto que esta árvore produz é escasso. É raro haver fruto dentro de uma vagem; poucas são as árvores assim.

3.15.1. A avelaneira, o terebinto, o buxo e o espinheiro

A avelaneira[803] também é, por natureza, selvagem; dá um fruto um pouco mais pequeno – se é que o é – do que o da espécie de cultivo. Consegue suportar o inverno, cresce sobretudo nas montanhas e é aí que produz fruto em abundância. Mais ainda: não tem propriamente um tronco, antes é de tipo arbusto, com hastes sem ramos e sem nós, sendo algumas delas longas e espessas. No entanto também se dá em cultivo. Neste último caso, apresenta uma diferença: dá um fruto de melhor qualidade e uma folha maior. Nos dois casos, a folha é dentada e muito parecida com a do amieiro, excepto que é mais larga e a própria árvore maior. A avelaneira produz sempre mais fruto se se lhe cortar as hastes.

2. Há duas espécies de qualquer delas; umas dão uma avelã redonda e outras alongada; a variante em cultivo é mais esbranquiçada e em lugares húmidos produz muito melhor fruto. A avelaneira selvagem torna-se doméstica se se transplantar. Tem uma casca lisa, superficial, fina, brilhante e com umas manchas brancas próprias. A madeira é extremamente resistente, de tal modo que se fazem cestos mesmo das hastes mais finas depois de se lhes tirar a casca, e das grossas também, quando afiladas. Tem um interior fino e amarelo, o que a torna oca. É sua peculiaridade a questão do amentilho, como atrás referimos[804].

3. Existe terebinto[805] macho e fêmea. O macho não dá fruto, razão por que se lhe chama 'macho'. Das fêmeas, uma produz um fruto que é logo vermelho antes mesmo de amadurecer, e do tamanho de uma lentilha[806]; a outra dá um fruto verde, que depois se torna vermelho, e, ao amadurecer ao mesmo tempo que as videiras[807], pode ficar negro; tem o tamanho de uma fava[808], mas é resinoso e um tanto aromático. Na região do Ida e na Macedónia,

---

[802] *Colutea arborescens* L. Vide supra nota 360.
[803] *Corylus avellana* L.
[804] Vide supra 3.7.3.
[805] *Pistacia terebinthus* L. Aquela cujos frutos, do tamanho de uma fava, são comestíveis é a *Pistacia vera* L.
[806] *Lens culinaris* Medik.
[807] *Vitis vinifera* L.
[808] *Vicia faba* L.

esta árvore é baixa, de tipo arbusto e retorcida; em Damasco, na Síria, onde abunda, é alta e muito bonita. Diz-se mesmo que há um monte coberto de terebintos e que nada mais se lá dá.

4. Tem uma madeira resistente e as raízes fortes e profundas. Globalmente é uma árvore difícil de se danificar. A flor é semelhante à da oliveira, mas de cor vermelha. A folha compõe-se de um conjunto de folíolos, parecidos com a folha do loureiro, presos a um só pedúnculo e aos pares, como na sorbeira. Tem também um folíolo ímpar, na ponta; é, no entanto, mais angulosa do que a da sorbeira e no rebordo parece-se mais com a do loureiro, toda ela brilhante, como de resto o fruto. Produz também, como o ulmeiro, umas excrescências ocas, em forma de saco, nas quais se encontram uns bichinhos do género do piolho[809]; nelas se forma também uma substância resinosa e pegajosa; no entanto a resina não é daí que se recolhe, mas da própria madeira. O fruto não derrama propriamente muita resina, mas cola-se às mãos e, se se não mergulhar em água após a colheita, ela aperta. Se se puser de molho, a parte branca e não amadurecida flutua, e a parte negra vai ao fundo.

5. O buxo[810] em tamanho não é grande, e tem uma folha semelhante à do mirto[811]. Dá-se em lugares frios e agrestes; estas são as características de Citora, onde ele abunda. Frio é igualmente o Olimpo Macedónico, e lá o buxo também existe, ainda que não seja grande. Onde é maior e mais bonito é em Cirno[812]; aqui a árvore é mais alta e mais robusta do que em qualquer outro lugar. Mas por isso também o mel não é doce e cheira a buxo.

6. O *krátaigos*[813] é uma árvore muito comum, a que há quem chame *krataigôn*. Tem uma folha tenra, semelhante à da nespereira[814], mas maior; é mais larga do que comprida, sem ser dentada como a daquela. Esta é uma árvore que não é alta nem grossa. A madeira é matizada, dura e amarelada. Tem uma casca lisa, semelhante à da nespereira. Só tem uma raiz, que é

---

[809] São de facto galhas provocadas por insectos Afídeos (piolhos e pulgões), *Geoica utricularia* Pass. e *Baizongia pistaciae* L.

[810] *Buxus sempervirens* L.

[811] *Myrtus communis* L.

[812] Citora fica na Paflagónia, na costa sudoeste do mar Negro, o Olimpo Macedónico na Piéria e Cirno na Córsega.

[813] Provavelmente *Crataegus heldreichii* Boiss.; ao *Crataegus* chamamos, em Portugal, 'espinheiro' ou 'pilriteiro'. Amigües 2010: 108 considera que se trata de *Sorbus torminalis* (L.) Crantz; mas a afirmação que faz de que as características são indubitavelmente desta espécie não é exacta, pois Teofrasto diz que as folhas não são dentadas e que os frutos são amarelados e depois negros. Ora *Sorbus torminalis* (L.) Crantz tem folhas serradas e frutos castanhos, enquanto os do *Crataegus* são vermelhos, amarelos ou negros e as folhas não dentadas, nem serradas. Este *Crataegus heldreichii* Boiss.é tão parecido com a nespereira que até já esteve incluído no mesmo género: *Mespilus heldreichii* (Boiss.) Asch. & Graebn.

[814] *Mespilus germanica* L.

profunda. O fruto é redondo, do tamanho de uma azeitona selvagem. Com o amadurecimento torna-se amarelado e depois negro; em paladar e aroma parece-se com a nêspera. Por isso, poderia pensar-se que se trata de uma nespereira silvestre. Dele há apenas um tipo, sem diferenciações.

3.16.1. As diferentes espécies de carvalho, o medronheiro, o medronheiro-do-oriente e o sumagre

O quermes[815] tem uma folha idêntica à do carvalho, mas mais pequena e espinhosa, e a casca mais lisa do que a daquele. A árvore em si é grande, como o carvalho, se tiver espaço e terreno apropriado. A madeira é compacta e resistente. Tem raízes razoavelmente profundas e múltiplas. O fruto é de tipo bolota, mas de tamanho pequeno; o de um novo ano coincide com o do ano anterior, porque a maturação é tardia; há por isso quem diga que frutifica duas vezes. A par da bolota, produz também um bago vermelho[816], além de acolher o visco do carvalho[817] e o visco comum[818]. O que significa que, por vezes, chega a juntar quatro frutos ao mesmo tempo, dois que lhe são próprios e dois outros, ou seja, os do visco do carvalho e os do comum. O visco do carvalho produz-se do lado norte, o do comum do lado sul.

2. A gente da Arcádia tem uma árvore a que chama *smilax*[819], que é semelhante ao quermes, mas sem folha espinhosa; tem-na sim mais macia e mais comprida, além de outras diferenças. A madeira do *smilax* não é como a do quermes, espessa e compacta, mas maleável quando se trabalha.

3. A árvore a que os Árcades chamam carvalho-sobreiro[820] tem as seguintes características naturais: em síntese, é um compromisso entre o quermes e o carvalho. Há quem a considere a variante fêmea do quermes; por isso, nos locais onde o quermes não se produz, usa-se a madeira dessa árvore para se construir carros e coisas do género, como acontece na Lacedemónia e

---

[815] *Quercus coccifera* L.
[816] Este bago vermelho é uma galha ou bugalha, muito característica de algumas espécies de carvalhos, provocada, neste caso, pelo insecto *Kermes vermilio* Planchon (*vide supra* nota 679). Não é o fruto dos viscos, pois o do visco comum é branco e o do visco do carvalho é amarelo. Os viscos pertencem à família das Lorantáceas, que são plantas hemi-parasitas de árvores e arbustos.
[817] *Loranthus europaeus* Jacq.
[818] *Viscum album* L.
[819] *Quercus ilex* L.
[820] *Quercus ilex* L. Apesar da designação que lhe é dada na Arcádia, parece de facto tratar-se da 'azinheira'. A ressalva que Teofrasto aplica à designação – como regional – denuncia que ela não é generalizada. De resto, Amigües 2010: 111 dá conta das dificuldades técnicas que esta designação suscita. A composição do termo em grego é clara, 'carvalho-sobreiro', mas a existência de tal espécie na Grécia (sobreiro) não é plausível. No entanto, Pausânias 8. 12. 1 refere-se-lhe de novo a propósito da Arcádia; Teofrasto, por sua vez, expande a sua existência geográfica a várias regiões do Peloponeso, além da Arcádia, também à Lacónia e à Élide.

na Élide. Os Dórios designam esta árvore por azinheira[821]. É mais frágil e menos compacta do que o quermes, mas mais dura e mais resistente do que o carvalho. Quando a madeira está descascada, tem uma cor mais clara do que a do quermes, mas mais avermelhada do que a do carvalho. As folhas parecem-se com as de ambos, mas são maiores se se comparar com o quermes, e mais pequenas em comparação com o carvalho. O fruto é, em tamanho, mais pequeno que o do quermes, mas semelhante às bolotas minúsculas; é mais doce do que o do quermes e mais ácido do que o do carvalho. Há quem chame ao fruto do quermes e da azinheira 'glande' e ao do carvalho 'bolota'. Tem uma medula mais visível do que a do quermes. São estas as características naturais do carvalho-sobreiro.

4. O medronheiro[822], que produz um fruto comestível chamado 'medronho', não é muito grande. Tem uma casca fina e parecida com a da tamargueira[823], e a folha intermédia entre a do quermes e a do loureiro. Floresce no Pianépsion[824]. Dá flores em cacho, na ponta dos ramos, suspensas de um só pedúnculo. Pela forma, cada uma delas se assemelha a um bago de mírtilo alongado, e é de um tamanho praticamente equivalente. Não tem pétalas, mas forma uma campânula semelhante a uma casca de ovo; a boca é aberta. Quando a flor cai, abre-se um orifício no sítio onde está presa; a flor que cai é delicada e parecida com a espiral de um fuso ou um *kárneios* dórico[825]. O fruto leva um ano a amadurecer, de onde resulta que, ao mesmo tempo, se junta o fruto que tem com a flor que está a nascer.

5. O medronheiro-do-oriente[826] tem a folha parecida com a do medronheiro e, de tamanho, não é uma árvore muito grande. A casca é lisa e fendida. O fruto é também parecido com o do medronheiro.

6. Semelhante a estas árvores na folha é o sumagre[827], que é uma árvore pequena. É-lhe peculiar que o fruto tenha uma plumagem; nunca se ouviu dizer que tal acontecesse com outra árvore. Estas são espécies comuns em muitas regiões e lugares.

---

[821] *Quercus ilex* L.
[822] *Arbutus unedo* L.
[823] *Tamarix tetrandra* Pall. ex M. Bieb.
[824] Outubro.
[825] *Kárneios* é uma palavra desconhecida; por isso se produziu uma outra leitura – κίονος - que designa o tambor de uma coluna dórica; há que reconhecer, no entanto, que esta não é uma solução ajustada. Amigües 2010: 111, por seu lado, chama a atenção para o termo dórico κάρνος, para designar o 'carneiro'; entende, em consequência, que κάρνειος se aplique ao badalo dos carneiros, com a mesma forma que Teofrasto atribui à flor do medronheiro. Esta tem uma configuração característica, que em botânica designamos por 'flores de forma gomilosa'.
[826] *Arbutus andrachne* L.
[827] *Cotinus coggygria* Scop.

3.17.1. Espécies peculiares do Mediterrâneo

Há algumas árvores mais específicas, caso do sobreiro[828], que se dá na Tirrénia[829]. É uma árvore com tronco simples e poucos ramos, bastante alta e bem desenvolvida. A madeira é robusta. A casca é bastante grossa e fendida, como a do Alepo, só que com fendas maiores. A folha é semelhante à do freixo, grossa e alongada, que não é perene, mas caduca. Dá sempre um fruto tipo bolota, semelhante ao da azinheira. Quem lhe tira a casca recomenda que se lha retire toda, ou a árvore degrada-se; casca essa que se renova ao fim de três anos.

2. A colútea[830] é própria das ilhas Lipari[831]. É uma árvore de bom porte e produz, numa vagem, um fruto semelhante a uma lentilha[832], que é excelente para a engorda do gado. Reproduz-se a partir de uma semente e muito bem se se fertilizar com estrume também animal. A estação para a plantar é o ocaso do Arcturo[833]. Há que pôr primeiro a semente de molho e semeá-la quando já germinou dentro de água. Tem uma folha idêntica à da alforva[834]. Primeiro rebenta com um só talo, durante três anos, e nesse tempo corta-se para bengalas, que parecem excelentes. Nessa fase, se se lhe podar o topo, ela morre, porque não dá rebentos laterais. Depois divide-se e, no quarto ano, constitui uma árvore.

3. A árvore do Ida a que se chama *koloitía*[835] é de uma espécie completamente diferente, de tipo arbusto, nodosa e com muitos ramos, mas rara e pouco difundida. Tem uma folha parecida com a do loureiro de folha larga, mas mais arredondada e maior, de tal maneira que se assemelha à do ulmeiro, embora mais longa; a cor de ambas as faces é verde, mas na de baixo mais claro; também nesta face a folha é muito fibrosa, com nervuras finas que saem da nervura central e do intervalo das nervuras que dela provêm. A casca não é lisa, mas semelhante à da videira. A madeira é rija e espessa. As raízes são superficiais, finas e extensas, ainda que algumas vezes compactas, e de um amarelo forte. Diz-se que não tem fruto nem flor. Mas possui rebentos de inverno salientes e olhos. Estes formam-se em torno das folhas e são muito lisos, lustrosos e claros, e, em forma, semelhantes aos rebentos de inverno. A árvore, se cortada ou queimada, volta a crescer e a rebentar.

---

[828] *Quercus suber* L.
[829] Na Etrúria. Aos Etruscos, assim designados pelos Romanos, os Gregos chamavam Tirrenos. Este povo ocupava a Itália Central já em época pré-romana (séc. VIII a. C.) e tornou-se, para uma Roma nascente, o pior inimigo.
[830] *Colutea arborescens* L. *Vide supra* nota 360.
[831] Amigües 2010: 113 imagina que o conhecimento que Teofrasto pudesse ter tido das espécies das ilhas Lipari lhe chegasse através de testemunhos de gregos radicados na Sicília.
[832] *Lens culinaris* Medik.
[833] Finais do outono.
[834] *Trigonella foenum-graecum* L.
[835] Salgueiro-cinzento, *Salix caprea* L.

4. Específicas da região do Ida são também estas espécies: a que se chama 'loureiro de Alexandria'[836], um certo tipo de figueira[837] e outro de videira[838]. Particular deste tipo de loureiro é produzir fruto sobre as folhas[839], como acontece com o azevinho; de facto ambos apresentam o fruto sobre a nervura central da folha.

5. A tal figueira[840] é arbustiva e de pouca altura, mas grossa, podendo atingir um côvado de perímetro[841]. A madeira é retorcida e dura. Na parte de baixo é lisa e sem nós, mas em cima é bem copada. A folha e a casca são de uma cor verde fosco; o formato das folhas é idêntico ao das da tília; tem-nas macias, largas e de um tamanho também equivalente às daquela. A flor é semelhante à da nespereira[842] e floresce ao mesmo tempo que esta. O fruto, a que chamam 'figo', é vermelho, do tamanho de uma azeitona, mas mais arredondado e com um sabor próximo do da nêspera. Tem raízes grossas como as da figueira de cultivo, e rijas. É uma árvore que não se degrada, tem um coração sólido e não um interior comum.

6. A tal videira nasce na região do Ida chamada Fálacras (Montes Calvos). É arbustiva e com hastes pequenas. Os ramos atingem algo como um côvado de comprimento, e a eles estão presos, de lado, uns bagos negros, do tamanho de uma fava e doces; dentro têm uma espécie de grainha tenra. A folha é redonda, sem fendas e pequena[843].

3.18.1. Espécies arbustivas das montanhas

Há também outras montanhas que têm especificidades naturais no que se refere a árvores, arbustos e outras plantas lenhosas. Mas o que é facto é que

---

[836] Pela descrição, trata-se de um *Ruscus*, talvez *Ruscus aculeatus* L., por ser o mais comum, ou mais provavelmente *Ruscus hypoglossum* L. que é uma espécie que ocorre na Grécia, no nordeste e centro leste europeu. Esta é também a opinião de Amigües 2010: 115. Baumann 1982: 16 prefere a identificação com o *Ruscus aculeatus* L. e esclarece que o que Teofrasto entende por 'folhas' são de facto pequenos caules em forma de folha. As flores desenvolvem-se-lhes em cima e, com o tempo, tornam-se em bagos rubros. Tratando-se do Ida, esta designação de 'loureiro de Alexandria' tem a ver com um local preciso onde a tradição situava o julgamento das deusas por Páris Alexandre.

[837] Provavelmente *Amelanchier ovalis* Medik.

[838] *Vaccinium myrtillus* L.

[839] Na verdade não são folhas, são caules achatados que parecem folhas. Designam-se por cladódios.

[840] *Amelanchier ovalis* Medik. (cf. Díaz Regañón 1988: 208). Amigües 2010: 115 prefere a identificação de *Sorbus graeca* (Lodd. ex Spach) Klotzsch (*vide supra* notas 522 e 551). Provavelmente tem razão pois os frutos desta espécie são vermelhos, como refere Teofrasto, e os de *Amelanchier ovalis* Medik negro-azulados.

[841] Cerca de 40 centímetros.

[842] *Mespilus germanica* L.

[843] Pela descrição das folhas e do fruto, não pode ser a verdadeira videira, *Vitis vinifera* L. Será talvez a 'uva-do-monte', *Vaccinium myrtillus* L.

já por várias vezes nos referimos a particularidades que ocorrem conforme os lugares. Em contrapartida, a diferença entre tipos da mesma espécie, que afecta árvores e arbustos, ocorre também com muitas outras plantas, como já foi dito[844]; é o caso do espinheiro[845], do paliuro, do vitex, do sumagre[846], da hera, das silvas e de muitas outras.

2. Assim, do espinheiro há a variante negra[847] e a branca[848]; é no fruto que reside a diferença. Mas ambas têm picos.

Do vitex[849], há também o branco e o negro. A flor e o fruto de cada um deles corresponde ao nome respectivo. Há certos casos de compromisso, que têm uma flor purpúrea, que não é nem cor de vinho nem esbranquiçada, como a das outras variantes. O tipo branco tem também as folhas e as hastes mais delgadas e mais macias[850].

3. O paliuro[851] apresenta diferenças (...) todas estas frutíferas. Tem, numa vagem, um fruto que se parece com uma folha, com três ou quatro sementes. Os médicos esmagam-no e usam-no para a tosse, por ter uma certa viscosidade e ser oleoso, como as sementes do linho. Dá-se tanto em sítios húmidos como secos, à semelhança das silvas (é uma árvore que não gosta menos de humidade). É de folha caduca e não, como o espinheiro, de folha perene.

4. Das silvas[852] há ainda várias espécies, com diferenças assinaláveis. Há uma que nasce erecta e é alta, e uma outra rasteira, que desde o princípio fica pendente e, quando toca o solo, ganha novas raízes; a esta chama-se 'silva da terra'[853]. A silva canina[854] dá um fruto avermelhado e muito parecido com a romã. É um compromisso entre um arbusto e uma árvore e semelhante à romãzeira, mas de folha espinhosa.

5. Do sumagre[855] há o que se chama o macho e a fêmea, o primeiro estéril e o segundo frutífero. Não tem hastes altas nem grossas; a folha é semelhante à do ulmeiro, mas pequena, mais alongada e peluda. Nos ramos novos, as folhas nascem aos pares e a espaços iguais, em correspondência de um e outro lado,

---

[844] *Vide supra* 1.3.6.
[845] Provavelmente *Rhamnus lycioides* L. *Vide supra* nota 106.
[846] *Rhus coriaria* L.
[847] *Rhamnus lycioides* L. subsp. *oleoides* Jahand. & Maire. Amigües 2010: 116 considera que o de fruto negro é *Rhamnus saxatilis* Jacq. e o de fruto branco o *Rhamnus lycioides* L. subsp. *oleoides* Jahand. & Maire. Discordamos, pois esta subespécie tem fruto negro.
[848] *Rhamnus lycioides* L. subsp. *graeca* (Boiss. & Reut.) Tutin.
[849] *Vitex agnus-castus* L.
[850] Trata-se na verdade de dois cultivares da mesma espécie.
[851] *Paliurus spina-christi* Mill.
[852] Provavelmente *Rubus fruticosus* L., *lato sensu*. *Vide supra* nota 49.
[853] *Rubus fruticosus* L., *lato sensu*.
[854] Muito provavelmente, pela descrição do fruto, trata-se de *Rosa canina* L. ou *Rosa sempervirens* L.
[855] *Rhus coriaria* L.

de modo a formarem uma fileira. É com o sumagre que os curtidores tingem os couros claros. A flor é branca e em cacho, e, quanto à forma geral, pelas curvaturas, parece um cacho de uvas. Terminada a floração, o fruto ganha cor ao mesmo tempo que as uvas, e torna-se semelhante a um aglomerado de lentilhas pequenas, também com forma de cacho. O fruto contém uma droga, a que se dá o mesmo nome, e é de uma natureza óssea; essa droga, muitas vezes, ainda se encontra quando se peneira o sumagre. A raiz é superficial e simples, de modo que estas árvores facilmente se arrancam com raiz e tudo. A madeira tem um interior comum, que tende a deteriorar-se e se toma do bicho. Dá-se em todo o tipo de lugar, mas prospera sobretudo em terrenos argilosos.

6. A hera tem várias formas[856]. Há uma que é rasteira e outra que cresce em altura. Desta última há também vários tipos. Os três mais relevantes parecem ser a branca, a negra e a trepadeira. Cada um destes tipos ainda se subdivide em outros. Em relação à branca, uma só o é no que respeita ao fruto, outra também em relação às folhas. E se considerarmos apenas a de fruto branco, há uma que o tem bem formado, fechado e compacto como uma bola, a que se chama *korymbías*, e, em Atenas, 'acarnense'[857]. Há outra que o tem pequeno e com um desenvolvimento débil, como também a hera negra. Neste último há igualmente variantes, mas não tão distintas.

7. A hera trepadeira é a que apresenta maiores diferenças; a principal está nas folhas, que são pequenas, angulosas e bem proporcionadas, enquanto as da hera propriamente dita são mais arredondadas e simples. Há também diferenças no comprimento dos sarmentos e no facto de este tipo de hera ser estéril. Essa esterilidade advém do facto de que – ao contrário do que pretendem alguns, ou seja, que, por um processo espontâneo, a hera trepadeira se pode transformar em hera comum – não é isso o que se passa, como outros argumentam; estes dão por certo que só o que começou por ser hera comum se mantém hera comum (na verdade, se toda a trepadeira se convertesse em hera comum, como defendem algumas opiniões, a diferença seria apenas de idade e de condição, mas não de tipo, como a que distingue a pereira doméstica da selvagem). No entanto, a folha da trepadeira difere muito da da hera comum. Em casos esporádicos e em exemplos pontuais, pode acontecer que, quando envelhece, mude a folha, do mesmo modo que o álamo[858] e o rícino[859].

---

[856] *Hedera helix* L., polimorfa e de que há várias subespécies.
[857] Do nome de Acarnas, um dos distritos suburbanos em torno de Atenas, situado a noroeste da cidade, no sopé do monte Parnes. Era conhecida na Antiguidade como uma região rústica, de lavradores e carvoeiros. Aristófanes intitulou *Acarnenses* a sua comédia do ano de 425 a. C. – a mais antiga que conservamos –, para que criou um coro de carvoeiros dessa região.
[858] *Populus nigra* L. ou *Populus alba* L. Segundo Amigües 2010: 119, trata-se deste último.
[859] *Ricinus communis* L.

8. Há várias espécies de trepadeira, de que as três mais conhecidas e mais importantes são: a verde, de tipo herbáceo e muito comum; a branca, e uma terceira, matizada, a que há quem chame 'hera da Trácia'. Cada uma destas apresenta variantes; assim, da verde, há uma que é mais tenra, com folhagem mais regular e mais espessa, e outra com estas características em menor grau. Da matizada, há uma de folha maior e outra de folha mais pequena; o próprio matiz varia; do mesmo modo também os tipos da branca diferem em tamanho e em cor. A mais vigorosa é a herbácea, e a que mais se estende. Aquela que supostamente se converte em hera comum conhece-se bem não só pelas folhas, que são maiores e mais largas, mas também pelos rebentos; tem-nos, desde o início, erectos, e não, como os da outra, pendentes, devido à fragilidade e ao comprimento. Os da verdadeira hera comum são mais curtos e mais grossos. A hera comum, quando começa a produzir semente, tem também os rebentos a crescer em altura e erectos.

9. Qualquer tipo de hera tem raízes múltiplas e espessas, entrelaçadas umas nas outras, lenhosas, grossas e não demasiado profundas; estas são características em particular da negra e das variedades mais rudes e mais selvagens da branca. Por isso prejudica todas as árvores da vizinhança, porque, ao roubar-lhes a nutrição, as destrói e faz secar[860]. É sobretudo esta variedade a que ganha grossura e se arboriza, tornando-se uma hera arborizada independente; porque, em geral, a hera procura encostar-se a outra árvore, e tende a ser parasita.

10. Logo desde o início tem também esta particularidade natural: a de, a partir dos rebentos, projectar sempre, no meio das folhas, raízes, que lhe permitem agarrar-se às árvores e aos muros, como se a natureza as tivesse formado com esse propósito. Eis porque, ao extrair e consumir a seiva, ela seca aquela a que se agarra, que, se se cortar pela base, consegue resistir e sobreviver. Apresenta ainda uma outra diferença não despicienda quanto ao fruto que, tanto na branca como na negra, ora é adocicado, ora extremamente ácido. Prova disso é que as aves consomem um e o outro não. Eis o que há a dizer sobre a hera.

11. A salsaparrilha[861] é uma trepadeira, com um caule espinhoso e com picos erectos; a folha é do tipo da da hera, pequena, sem ângulos, e seca no ponto de junção com o pedúnculo. Tem a particularidade de apresentar

---

[860] Hughes 1988: 71 valoriza esta percepção que Teofrasto tem da influência, benéfica ou negativa, que as plantas vizinhas têm umas sobre as outras; é o que este estudioso reconhece como 'um primeiro passo na direcção do conceito de ecossistema'. Na verdade, o que acontece entre espécies vizinhas é que se disputam em relação à nutrição, ao espaço de crescimento, à água e à luz; *vide infra* 4. 16. 5-6. Conceitos de simbiose e parasitismo estão também associados a esta avaliação.

[861] *Smilax aspera* L.

uma espécie de espinha dorsal fina, ao centro, que a divide ao meio, e de não ter, a partir dela, como nas restantes folhas, ramificações filiformes; em vez disso, tem-nas em forma de círculo, em volta, começando no ponto em que o pedúnculo se prende à folha. Dos nós do caule e dos espaços entre as folhas produz, do mesmo pedúnculo destas, um tufo fino e em espiral. A flor é branca e perfumada, como a da açucena[862]. O fruto lembra o do solano[863], ou o da briónia[864], ou sobretudo o da chamada 'uva-do-monte'[865].

12. Tem os cachos pendentes à maneira dos da hera, mas a disposição regular dos bagos lembra muito os da uva. É que os pedúnculos que suportam os bagos partem de um único ponto. O fruto é vermelho, em geral com dois caroços, mas nos maiores com três e nos pequenos com um só. O caroço é muito duro e de cor negra por fora. Uma particularidade dos cachos é que se dispõem em fila dos lados do caule, em cuja ponta existe o cacho maior, como no espinheiro e nas silvas. Trata-se de um caso típico de planta que dá fruto na ponta e nos lados.

13. A árvore chamada 'evónimo'[866] nasce, entre outros sítios, na montanha de Lesbos conhecida por Ordino[867]. É do tamanho da romãzeira, tem uma folha parecida com a dela, mas maior do que a da lauréola[868], e tenra como a da romãzeira. Começa a rebentar por volta do Poseidon[869], mas floresce na primavera. Na cor, a flor é semelhante à do goivo, mas tem um cheiro horrível a sangue derramado. O fruto lembra, pela forma, com o respectivo invólucro, a cápsula do sésamo. Dentro é rijo, mas parte-se facilmente pelas quatro divisórias. Esta árvore, se for comida pelos carneiros, mata-os, tanto a folha como o fruto; mas é sobretudo fatal para as cabras, se se não conseguir purgá-las[870]. (E purgam-se com uma diarreia.) Tratámos, portanto, das árvores e dos arbustos. A seguir abordaremos as restantes plantas.

---

[862] *Lilium candidum* L.
[863] *Solanum nigrum* L.
[864] *Bryonia cretica* L.
[865] *Tamus communis* L. (cf. Amigües 2010:121), 'uva-de-cão', que, tal como a salsaparrilha, é uma trepadeira (muitos as confundem) e tem frutos igualmente vermelhos.
[866] *Rhododendron luteum* Sweet. Cf. Amigües 2010: 121.
[867] Na verdade Teofrasto recordava uma realidade conhecida da sua região natal, Éreso, na ilha de Lesbos. Ordino é o monte situado junto a Éreso, no extremo ocidental da ilha.
[868] *Daphne laureola* L.
[869] Dezembro-Janeiro.
[870] É realmente venenoso e pode ser letal para a espécie humana, particularmente o fruto.

Livro IV

Cynomorium coccineum L.
4. 7. 2 (nota 1087)
Imagem 1 - Espanha, Almería, F. J. F. Casas
Imagem 2 - Espanha, Mar Menor, Isla del Barón, C. Aedo

Livro IV

4.1.1. Importância do ecossistema
As diferenças entre plantas da mesma espécie foram anteriormente consideradas. Mas todas elas, em localização favorável, são mais bonitas e mais vigorosas. De facto as espécies silvestres, como as de cultivo, têm a sua localização própria. Há as que gostam de locais húmidos e pantanosos – caso do choupo[871], do álamo[872] e do salgueiro[873] e, em geral, de todas as que crescem junto aos rios. Outras dão-se em locais bem expostos e soalheiros, outras ainda em lugares sombrios. Assim o pinheiro[874], se exposto ao sol, é muito bonito e bem desenvolvido, enquanto, em sítios sombrios, simplesmente não se dá. O abeto[875], pelo contrário, é muito pujante em locais sombrios, e não tanto se exposto ao sol.

2. Assim na Arcádia, na região chamada Crane[876], existe um lugar baixo e protegido do vento, onde dizem que o sol nunca bate. Pois aí os abetos distinguem-se claramente em tamanho e espessura, embora não tenham uma madeira nem tão compacta nem de tão boa qualidade, mas mais fraca – como acontece com os pinheiros em lugares sombrios. Por isso não são usados em trabalhos de qualidade, como portas ou outro tipo de artigos especiais, mas sobretudo na construção naval e civil. Prestam-se para excelentes vigas, barrotes e vergas, bem como para mastros de tamanho grande, mas não com a mesma robustez daqueles que são feitos de árvores criadas ao sol; estes são curtos, mas mais espessos e robustos do que aqueles.

3. Também o teixo[877], a cerejeira mahaleb[878] e o abrunheiro-bravo[879] se dão muito bem em lugares sombrios. A *thuía*[880], no alto das montanhas e em sítios frios, atinge grande altura; o abeto[881] e o *arceuthos*[882] crescem, mas não muito em altura, em sítios como por exemplo o cimo do monte Cilene[883]. O azevinho[884] dá-se em locais altos e muito invernosos. Estas são, portanto,

---

[871] *Populus nigra* L.
[872] *Populus alba* L.
[873] *Salix*.
[874] Provavelmente *Pinus nigra* J. F. Arnold.
[875] *Abies cephalonica* Loudon.
[876] Hoje impossível de identificar.
[877] *Taxus baccata* L.
[878] *Prunus mahaleb* L., a que chamamos 'abrunheiro-bravo', tal como a *Prunus spinosa* L.
[879] *Prunus spinosa* L.
[880] *Juniperus foetidissima* L.
[881] *Abies cephalonica* Loudon.
[882] Provavelmente *Juniperus drupacea* Labill.
[883] No nordeste do Peloponeso.
[884] *Ilex aquifolium* L.

árvores que se pode dizer amantes do frio. Mas praticamente todas as outras preferem a exposição ao sol. No entanto, tudo depende também do solo mais ou menos propício a cada uma dessas árvores. Diz-se que em Creta, na montanha do Ida e nos chamados Montes Brancos[885], o cipreste[886] se dá nos picos de neves eternas. De facto, esta é a espécie florestal mais abundante em toda a ilha em geral e nas montanhas.

4. Há também, como atrás se disse[887], entre as plantas quer silvestres quer de cultivo, umas mais próprias da montanha e outras da planície. E, de modo análogo, mesmo nas montanhas, há as que se dão em pontos mais baixos e outras nos cumes, o que lhes permite tornarem-se mais bonitas e mais vigorosas. Mas seja lá onde for, qualquer espécie florestal, se virada a norte, tem a madeira mais espessa e mais compacta, e globalmente melhor. Em termos gerais, a maioria das árvores cresce em lugares virados a norte. Se mais próximas umas das outras, as árvores crescem mais e ganham mais altura; por isso não têm ramos, são direitas e erectas; são estas as que fornecem remos de melhor qualidade. As que crescem separadas tendem a ser mais ramosas e grossas; por isso são mais retorcidas e com mais ramos, e, em geral, com uma madeira mais rija e espessa.

5. Neste caso as árvores apresentam praticamente as mesmas diferenças que quando crescem em lugares sombrios ou soalheiros, sem vento ou ventosos. Assim as árvores que crescem em lugares bem expostos ao sol ou batidos pelo vento têm mais ramos, são mais baixas e menos erectas. Que cada uma procura um terreno e um clima adequados é evidente; basta ver que alguns sítios produzem certas espécies e outros não – destas nem a produção espontânea nem o cultivo se faz facilmente; e mesmo se ganharem raiz, não produzem fruto – como se disse a respeito da tamareira[888], do sicómoro egípcio[889] e de outras. Porque há muitas árvores que na maior parte dos lugares ou simplesmente não crescem, ou, mesmo que ganhem raiz, não dão fruto e são, globalmente, deficientes. Este é talvez um assunto a discutir, à medida que formos desenvolvendo a nossa investigação.

---

[885] As grandes montanhas de Creta são o Ida e os Montes Brancos (estes últimos do lado ocidental da ilha), que, no entanto, não possuem neves eternas a justificar-lhes o nome, como Teofrasto pretende; este advém-lhes da tonalidade branca do calcário que os constitui. O Ida situa-se no centro da ilha, onde, numa caverna, se diz ter nascido Zeus.
[886] *Cupressus sempervirens* L.
[887] *Vide supra* 3. 2. 4.
[888] *Phoenix dactylifera* L. *Vide supra* 2. 2. 10, 3. 3. 5.
[889] *Ficus sycomorus* L.

4.2.1. Espécies próprias do Egipto

Pois então, no Egipto, há umas tantas árvores que lhe são peculiares: o sicómoro[890], a chamada *pérsea*[891], a árvore das bolotas[892], a acácia[893] e mais umas tantas.

O sicómoro é bastante semelhante à árvore a que cá se dá o mesmo nome. De facto a folha é parecida, como também o tamanho e o aspecto geral. Mas, comparada com outras árvores, dá fruto de um modo particular, como se disse logo nos capítulos iniciais[894]. Assim o fruto não nasce nem dos rebentos, nem dos ramos, mas do tronco. Em tamanho é tipo figo, a que se assemelha também no aspecto; em paladar e doçura é como o figo tardio, apenas muito mais doce e sem qualquer grainha; é produzido em quantidade. A árvore não consegue amadurecê-lo a menos que se golpeie; mas golpeiam-no com umas garras de ferro e, feita esta operação, ele amadurece em quatro dias. Se se removerem uns, nascem outros e outros ainda, exactamente no mesmo ponto. E diz-se que isso acontece por três vezes, ou mesmo mais, segundo outros.

2. Esta é uma árvore saturada de seiva e com uma madeira útil para muitos fins. Parece ter também uma outra particularidade em relação a outras espécies. Mal se corta, quando ainda verde, põe-se a secar mergulhada em água. Enfiam-na numa fossa ou num solo pantanoso e deixam-na macerar. À medida que se vai embebendo de água, lá no fundo, ela seca; quando estiver completamente seca, vem à tona e fica a flutuar. É então que se considera bem macerada, porque fica leve e porosa[895]. São estas as particularidades do sicómoro.

3. Parece ser de natureza idêntica a esta a árvore a que, em Creta, se chama 'figueira de Chipre'[896]. Também esta produz o fruto a partir do tronco e dos ramos mais grossos. Só que emite uma espécie de rebento pequeno, sem folhas, tipo raiz, a que o fruto está preso. O tronco é grande e parecido com o do álamo, e a folha com a do ulmeiro. Amadurece quatro séries de fruto ao

---

[890] *Ficus sycomorus* L.
[891] *Mimusops laurifolia* (Forssk.) Friis. Esta é uma espécie típica da África oriental e da Península Arábica. A transplantação desta planta para Rodes, referida por Teofrasto em 3. 3. 5, não permitiu mais do que uma floração.
[892] *Balanites aegyptiaca* (L.) Delile, que designamos por 'tamareira-do-deserto'. A identificação preferida por Amigües 2010: 127, *Moringa peregrina* (Forssk.) Fiori, não corresponde à designação que Teofrasto lhe dá de 'árvore das bolotas'; de facto os frutos da *Moringa peregrina* (Forssk.) Fiori são mais compridos do que as vagens do feijoeiro.
[893] Tanto pode ser a *Vachellia nilotica* (L.) P. J. H. Hurter & Mabb., como *Vachellia seyal* (Delile) P. J. H. Hurter ou, menos provavelmente, *Faidherbia albida* (Delile) A. Chev.
[894] *Vide supra* 1. 1. 7. Hort 1980: 291 e Amigües 2010: 127 identificam, sem uma razão válida, esta árvore como sendo a amoreira, *Morus nigra* L.
[895] É então que está pronta a ser trabalhada, sobretudo na estatuária, no mobiliário e na construção naval, suas principais utilizações.
[896] Uma cultivar de *Ficus sycomorus* L.

ano, tantas quantas as fases de germinação. Mas não matura nenhum fruto se se não golpear o figo e deixar correr o suco. O grau de doçura é semelhante ao do figo doméstico[897], e o interior parecido com o do figo selvagem[898]. Em tamanho equivale a uma ameixa[899].

4. Próxima desta é também a árvore a que os Iónios chamam alfarrobeira[900], porque também esta produz, do tronco, a maior parte dos seus frutos; dos ramos, como dissemos[901], poucos brotam. O fruto, que está dentro de uma vagem, é por alguns designado – erradamente – por 'figo egípcio'; porque ele não existe, em absoluto, no Egipto[902], mas na Síria, na Iónia, em Cnidos e em Rodes[903]. Tem folha persistente, e uma flor esbranquiçada e um tanto áspera. Não atinge grande altura e vai produzindo rebentos em baixo, à medida que vai secando em cima. Tem ao mesmo tempo frutos do ano anterior e novos. Se se colher os primeiros a seguir à Canícula, os outros engrossam imediatamente, como se se tratasse de algo semelhante a um cacho. Este, por sua vez, cresce e floresce até ao Arcturo e ao equinócio. A partir daí mantém-se durante o inverno até à Canícula[904]. A tal semelhança consiste em que ambas as árvores produzem o fruto do tronco; as diferenças entre elas e o sicómoro foram acima referidas[905].

5. No Egipto, há uma outra árvore chamada *pérsea*[906], que, à vista, é grande e bonita, e muito semelhante à pereira[907] na folhagem, na flor, nos ramos e no aspecto geral; salvo que é de folha persistente, enquanto aquela a tem caduca. Produz um fruto abundante e em qualquer estação, porque o novo fruto junta-se sempre ao do ano anterior. Amadurece-o na altura dos ventos

---

[897] *Ficus carica* L. Os figos, comuns na paisagem ática, constituíam um produto vulgar na alimentação e uma guloseima apreciada pelas crianças (cf. Aristófanes, *Acarnenses* 805, 809-810, *Vespas* 297-298, 302); consumiam-se frescos, σῦκα, e passos ou secos, ἰσχάδες.
[898] *Ficus carica* L. Os figos doméstico e selvagem pertencem ambos à mesma espécie.
[899] *Prunus domestica* L.
[900] *Ceratonia siliqua* L.
[901] *Vide supra* 1. 14. 2.
[902] Além de que se não dá no Egipto, este não é também um 'figo'.
[903] Quer a cidade de Cnidos, na costa da Cária, a sudoeste da Ásia Menor, quer a ilha de Rodes eram colónias gregas de origem dórica, constituindo com outras cidades um conjunto de seis, que se designava por 'Hexápole dórica'. Devido à localização muito favorável, Cnidos veio a ter grande desenvolvimento comercial. Era célebre no mundo grego o culto de Afrodite de Cnidos. No séc. V a. C., existiu na cidade, tal como na ilha de Cós que fazia parte do mesmo grupo de cidades dóricas, uma escola de medicina muito reconhecida.
[904] Estas são as etapas do calendário agrícola: a Canícula, em final de Julho – a constelação a que os gregos chamam Cão e os latinos Canícula marca o tempo de um calor forte e de certa forma penoso para os homens -, o nascer do Arcturo (*vide supra* nota 264) e o equinócio, em final de Setembro e início de Outubro.
[905] *Vide supra* 4. 2. 1.
[906] *Mimusops laurifolia* (Forssk.) Friis.
[907] *Pyrus communis* L.

etésios⁹⁰⁸. O outro fruto apanha-se ainda verde e armazena-se. Tem também um tamanho correspondente ao da pera, mas é oblongo, tipo amêndoa, e com uma cor verde-erva. Tem dentro um caroço, como a ameixa⁹⁰⁹, mas muito mais pequeno e mais macio. A polpa é bastante doce, agradável ao paladar e de fácil digestão; não faz mal, mesmo se comido em quantidade. É uma árvore com boas raízes, em comprimento, em espessura e em quantidade. Tem também uma madeira resistente e com bom aspecto, escura como a do *lótus*⁹¹⁰. Dela fazem-se imagens, camas, mesas e outras coisas do género.

6. A árvore da bolota⁹¹¹ recebe o nome do fruto que produz. A folha é parecida com a do mirto⁹¹², mas mais comprida. Trata-se de uma árvore com boa estatura e bastante alta, mas pouco elegante porque retorcida. Os perfumistas servem-se da casca do fruto, esmagando-a, porque ela é aromática, embora o fruto não se aproveite. Em tamanho e aspecto assemelha-se a uma alcaparra⁹¹³. A madeira é resistente e própria para a construção naval e outras finalidades.

7. A chamada 'tamareira do Egipto'⁹¹⁴ é semelhante à tamareira⁹¹⁵. A semelhança reside no tronco e na folhagem; em contrapartida difere dela porque a tamareira é uma árvore com um só tronco indiviso, enquanto o da tamareira do Egipto, à medida que cresce, se divide e se bifurca, e, a partir daí, cada uma dessas duas partes continua a bifurcar-se. Mais ainda, tem umas hastes bastante curtas e pouco numerosas. Usa-se-lhe a folhagem, de resto como também a da tamareira, para fazer cestos. Tem um fruto peculiar, muito diferente em tamanho, aspecto e paladar. Em tamanho cabe, por assim dizer, numa mão fechada; é mais redondo do que alongado, de cor amarelada, com um paladar doce e agradável. Não se dispõe em cacho, como o da tamareira, mas distribui-se um a um. Tem um caroço grande e bastante rijo, de que se fabrica, no torno, os ilhós das tapeçarias bordadas. A madeira é muito diferente da da tamareira; enquanto a desta última é pouco densa, fibrosa e porosa, a daquela é compacta, pesada, carnuda e, quando se racha, muito espessa e dura. Os Persas costumavam⁹¹⁶ dar-lhe muito valor e usá-la para fabricar os pés dos leitos.

---

⁹⁰⁸ *Vide supra* 2. 7. 5 e respectiva nota.
⁹⁰⁹ *Prunus domestica* L.
⁹¹⁰ *Ziziphus lotus* (L.) Lam. *Vide supra* 3. 13. 3.
⁹¹¹ *Balanites aegyptiaca* (L.) Delile.
⁹¹² *Myrtus communis* L.
⁹¹³ *Capparis spinosa* L.
⁹¹⁴ *Vide supra* 1. 10. 5, 2. 6. 6, 2. 6. 10. O nome dado a esta árvore em grego, *koukióphoron*, provém do fruto, na versão egípcia *qouqou*. Pela descrição de Teofrasto (que o tronco da tamareira do Egipto, à medida que cresce, se divide e se bifurca, e, a partir daí, cada uma dessas duas partes continua a bifurcar-se), é indubitavelmente *Hyphaene thebaica* (L.) Mart.
⁹¹⁵ *Phoenix dactylifera* L.
⁹¹⁶ No tempo em que ocupavam o Egipto.

8. A acácia (*ákantha*)[917] recebe o nome do facto de toda esta árvore estar cheia de picos (*ákanthos*), menos o tronco; porque de resto tem-nos nos ramos, nos rebentos e na folhagem. É de grande porte; é dela que se cortam tábuas com doze côvados[918] para o travejamento dos telhados. Há duas variedades, a branca e a negra. A branca é fraca e apodrece facilmente; a negra é mais resistente e sem tendência para apodrecer. Por isso se usa também na construção naval para os flancos do casco. Não se trata de uma árvore muito erecta. O fruto está dentro de uma vagem, como o das leguminosas, e os nativos usam-no nos curtumes, em vez de bugalhos. A flor tem um aspecto bonito e daí que se use para fazer coroas; tem propriedades medicinais, pelo que os médicos a recolhem. Da acácia se extrai igualmente a goma, que escorre não só quando se golpeia a árvore, mas também de forma espontânea, sem se fazer qualquer incisão. Quando se abate a árvore, ao fim de três anos ela rebenta outra vez. É uma árvore comum, de que existe uma grande área florestal na Tebaida[919], onde abunda também o carvalho[920], a *pérsea*[921] em grandes quantidades e a oliveira[922].

9. De facto a oliveira dá-se nessa região, que não é alagada pelo rio, pois dista dele mais do que 300 estádios[923], mas por cursos de água, das inúmeras nascentes que lá existem. O azeite não é pior do que o daqui, salvo que tem um cheiro pouco agradável, devido ao grau reduzido de sal que o caracteriza. A madeira desta árvore é, de natureza, dura e, quando se racha, assemelha-se pela cor à do *lótus*.

10. Uma outra árvore é a ameixieira[924], de grande porte e, pela natureza do seu fruto, semelhante à nespereira[925] (dá um fruto idêntico à nêspera em tamanho, mas com um caroço redondo). Começa a florescer no mês Pianépsion[926] e amadurece o fruto por volta do solstício de inverno; é uma árvore de folha persistente. Os habitantes da Tebaida, dada a abundância

---

[917] *Vachellia nilotica* (L.) P. J. H. Hurter ou *Vachellia seyal* (Delile) P. J. H. Hurter ou, menos provavelmente, *Faidherbia albida* (Delile) A. Chev.

[918] Cerca de 5,30 metros.

[919] Região do Alto Egipto, mais a norte. Recebia o nome da sua principal cidade, Tebas, a capital do Alto Egipto, onde actualmente se situam as povoações de Karnak e Luxor. Já Homero (*Ilíada* 9. 381) se deixava impressionar pelas dimensões majestosas de Tebas, que justificavam as suas cem portas.

[920] Provavelmente *Quercus cerris* L.

[921] *Mimusops laurifolia* (Forssk.) Friis.

[922] *Olea europaea* L. subsp. *europaea* var. *europaea*.

[923] Isto é, cerca de 54 quilómetros. Amigües 2010: 133 assinala o erro da informação sobre a distância: tratando-se do intervalo entre o Nilo e o mar Vermelho, o espaço correcto anda mais próximo dos 160 quilómetros. Este é de resto o único território no Egipto onde a oliveira resiste.

[924] *Prunus domestica* L.; no entanto, neste caso, deve tratar-se da ameixieira da Assíria, que é *Cordia myxa* L. Esta é uma espécie própria do sul da Península Arábica e do Sudão. Naturalmente que o nome lhe vem da semelhança com a ameixieira conhecida na Grécia.

[925] *Mespilus germanica* L. Vide supra 3. 12. 5 e nota respectiva.

[926] Outubro.

desta árvore, secam-lhe o fruto; depois retiram-lhe o caroço, esmagam-no e fazem com ele uns doces.

11. Há uma planta lenhosa particular da região de Mênfis[927], cuja peculiaridade não reside nas folhas, nem nos rebentos, nem na configuração geral, mas numa característica estranha que possui[928]. Tem um aspecto espinhoso; a folha parece-se com a do feto[929]. Mas diz-se que, quando se lhe toca nos ramos, as folhas caem, como se ficassem secas; passado algum tempo, revitalizam-se de novo e ganham viço. São estas as espécies particulares mais relevantes daquele país, para falar só das árvores e dos arbustos. Daquelas espécies que se dão no rio e nos pântanos, falaremos mais adiante, quando tratarmos também das outras plantas aquáticas[930].

12. Todas as espécies de árvores referidas são, no Egipto, de grandes dimensões, quer em altura, quer em espessura. Diz-se que, em Mênfis, há uma árvore com um tal diâmetro que nem três homens conseguem abraçá-la. Quando cortada, tem uma madeira de qualidade, particularmente compacta e, em cor, semelhante à do *lótus*[931].

4.3.1. Espécies da Líbia

É na Líbia que o *lótus*[932] é mais abundante e mais bonito; como também o paliuro[933] e, em certas regiões como na Nasamónia e junto ao templo de Ámon[934], a tamareira[935]. Na Cirenaica[936] dá-se o cipreste[937], as oliveiras[938] são

---

[927] Sobre Mênfis, *vide supra* nota 258.
[928] Segundo Díaz Regañón 1988: 225, trata-se da *Mimosa asperata* L., o que não é correcto, dado que essa espécie é neotropical. Trata-se de facto da *Mimosa pigra* L., uma espécie de área muito mais vasta.
[929] *Dryopteris filix-mas* (L.) Schott.
[930] O que acontece adiante, no cap. 8 deste mesmo Livro.
[931] Esta árvore é *Mimusops laurifolia* (Forssk.) Friis.
[932] *Ziziphus lotus* (L.) Lam.
[933] Não se trata, neste caso, do *Paliurus spina-christi* Mill. (que não é africano, mas do sudoeste e centro oeste europeu), mas de uma outra Ramnácea, muito parecida com o paliuro, *Ziziphus spina-christi* (L.) Desf. De facto, Teofrasto está a referir-se a plantas da Líbia e esta última é nativa das regiões áridas de África. Antigamente – como, de resto, ainda hoje -, havia tendência para confundir estas duas espécies; por haver entre elas muita semelhança, são muitas vezes designadas pelo mesmo nome vulgar.
[934] O oráculo de Ámon, situado no oásis de Siwah, no deserto da Líbia, era extremamente famoso na Antiguidade, rivalizando com os de Dodona e Delfos na Grécia. Ámon, tal como Zeus, era uma divindade solar. Alexandre Magno visitou o oráculo de Ámon, na sua campanha pelo Egipto; *vide* Plutarco, *Vida de Alexandre* 26-27, que, segundo a tradição, lhe deu importantes informações sobre a sua origem divina. Cf. ainda, sobre esta visita de Alexandre ao oráculo, Diodoro Sículo 17. 50-52; Quinto Cúrcio 4. 8. 1; Justino 11. 11. 13; Pseudo-Calístenes 1. 30-31; Arriano 3. 3; Estrabão 17. 1. 43
[935] *Phoenix dactylifera* L.
[936] Sobre a Cirenaica e a forma como Teofrasto a descreve, *vide supra* nota 168.
[937] *Cupressus sempervirens* L.
[938] *Olea europaea* L. subsp. *europaea* var. *europaea*.

pujantes e o azeite muito abundante. Mas a espécie local por excelência é o sílfio[939]; este é um país que produz também com fartura um açafrão[940] bem odorífero. Quanto ao *lótus*, toda a árvore em si é peculiar, de bom tamanho, correspondente ao da pereira, ou pouco menos. A folha tem nervuras e é parecida com a do quermes[941]. A madeira é escura. Há várias espécies, que diferem no fruto. Estes são do tamanho de uma fava[942], e, no processo de amadurecimento, como acontece com os cachos de uva, mudam de cor. Crescem, tal como os mirtos[943], apertados uns contra os outros, nos ramos. Quando se come, aquele que se dá entre os chamados Lotófagos[944] é doce, agradável e inofensivo, ou mesmo bom para o estômago; o que não tem caroço (porque há igualmente uma variante com esta característica) é mais agradável ainda. Dele se faz também vinho[945].

2. É uma árvore abundante e muito frutífera. Assim o exército de Ofelas[946], no avanço sobre Cartago, foi do que se alimentou – ao que se conta – durante vários dias, quando as provisões lhe faltaram. Abunda também na chamada ilha dos Lotófagos, situada ao largo da costa a uma distância pequena; mas não é menos abundante, bem pelo contrário, produz-se em maior quantidade no continente. De facto, como atrás se disse[947], trata-se de uma árvore muito comum na Líbia, essa e o paliuro. Nas chamadas Hespérides[948] usa-se como combustível. Só que este *lótus* difere do do país dos Lotófagos.

---

[939] *Ferula tingitana* L.
[940] *Crocus sativus* L.
[941] *Quercus coccifera* L.
[942] *Vicia faba* L.
[943] *Myrtus communis* L.
[944] 'Comedores de lótus' (*Ziziphus lotus* (L.) Lam.). Trata-se de um povo mítico, do Norte de África, por onde passou Ulisses (*Odisseia* 9. 82-104). De acordo com a versão épica, os Lotófagos davam a comer aos seus hóspedes o lótus e, por ele, retiravam-lhes a vontade de partir e de regressar à pátria, isto é, infligiam-lhes uma certa abulia ou esquecimento. Este efeito não é registado por Teofrasto. Esta ilha, hoje designada por Djerba, situa-se na Tunísia.
[945] Cf. Heródoto 4. 177; Políbio 12. 2.
[946] Trata-se de uma invasão da região de Cartago, levada a cabo por Ofelas, senhor de Cirene (c. 308 a. C.). Cartago era uma cidade estrategicamente situada no norte de África, na costa tunisina, com uma existência tão remota como o séc. IX a. C. Fundaram-na Fenícios oriundos de Tiro, certamente aliciados pela sua posição. Dotada de um porto acolhedor, veio a impor-se como cidade comercial de grande actividade. Essa pujança ameaçou a existência de outras cidades na região e submeteu ao domínio de Cartago um vasto território. Não surpreende, portanto, a instabilidade política e bélica na região, suscitada por diversos conflitos de interesses.
[947] *Vide supra* 4. 3. 1.
[948] No extremo ocidental da Cirenaica. Na mitologia, as Hespérides eram filhas da Noite e da Sombra (Nux e Érebo) e habitavam no extremo ocidental do mundo conhecido, na margem do Oceano. Tinham à sua guarda uma árvore que produzia maçãs de ouro, vigilância que partilhavam com um dragão. Matá-lo constituiu um dos doze trabalhos de Héracles.

3. O paliuro é mais arbustivo do que o *lótus*. Tem uma folha parecida com o de cá, mas o fruto é diferente[949]. Assim, não é achatado, mas redondo e vermelho[950], do tamanho do do *kédros* ou um pouco maior. Tem um caroço que não é comestível, como o da romã. O fruto é doce e se se regar de vinho torna-se – ao que se diz – ainda mais doce, dando ao vinho um paladar mais agradável[951].

4. Há quem diga que a árvore do *lótus* é arbustiva e com muitos ramos, embora tenha um tronco grosso. O fruto tem um caroço grande. A parte de fora não é carnuda, mas um tanto coriácea. Não é propriamente doce, mas agradável ao paladar. O vinho que dele se produz não se conserva mais do que dois ou três dias sem azedar. Mais agradável é a variedade do fruto que se produz na ilha dos Lotófagos, e a madeira na Cirenaica de melhor qualidade. É que na ilha dos Lotófagos faz mais calor. A raiz é muito mais escura do que a madeira, mas muito menos consistente e com menor utilidade. Serve apenas para cabos de faca e contraplacados, enquanto da madeira se faz flautas e muitas outras coisas.

5. Na parte da Líbia onde não chove é onde, entre outras árvores, se dão as tamareiras[952], que aí são grandes e bonitas. Os terrenos onde existem tamareiras são salinos e bem irrigados, não a grande profundidade mas até umas três braças[953] no máximo. Há sítios onde a água é bastante doce, mas em lugares muito próximos entre si já pode ser salobra. Nos locais onde se dão outras espécies, o solo é seco e sem água. Em alguns sítios os poços têm umas cem braças de profundidade[954], de tal modo que se tira a água com uma nora movida por animais de carga. É espantoso como se conseguiu escavar até uma tal profundidade. É esse o caso das águas que alimentam as tamareiras no templo de Ámon[955], ao que consta. Dá-se em territórios onde não chove o timo[956], com abundância, bem como muitas outras plantas específicas da região; são sítios onde existem lebres[957], gazelas[958], avestruzes[959] e outros animais.

---

[949] O que Teofrasto diz 'de cá' é *Paliurus spina-christi* Mill.; o 'de lá' é *Ziziphus spina-christi* (L.) Desf.
[950] É assim, de facto: o fruto do *Paliurus spina-christi* Mill. é achatado e o do *Ziziphus spina-christi* (L.) Desf. é globoso.
[951] Os vinhos podiam ser aromatizados com recurso a pétalas de rosa, mirto, anis, timo e mel.
[952] *Phoenix dactylifera* L.
[953] C. 5,40 metros.
[954] C. 180 metros.
[955] *Vide supra* 4.3.1 e nota respectiva.
[956] Muito provavelmente Amigües 2010: 137 tem razão; trata-se de *Thymus capitatus* (L.) Hoffmanns. & Link *Vide supra* nota 394.
[957] *Lepus capensis* L.
[958] *Gazella dorcas* L.
[959] *Struthio camelus* L.

6. Mas não é claro se estes animais não migram em busca de bebida (porque graças à velocidade que atingem podem aparecer a uma longa distância em pouco tempo), uma vez que aguentam alguns dias sem beber, pois até mesmo quando em cativeiro estes animais bebem apenas cada três ou quatro dias. Em contrapartida, há outros animais, como as serpentes, os lagartos e outras espécies semelhantes, que claramente não precisam de beber. Dizem os Líbios – ao que se ouve – que estes animais se alimentam do bicho-da-conta[960], que é idêntico ao que existe entre nós, com muitas patas, de cor negra e enrolando-se numa bola. Este existe com fartura e é, por natureza, bastante suculento.

7. Dizem também que o orvalho se forma com abundância no terreno onde não chove, de tal maneira que se torna evidente que a tamareira, tal como tudo o mais que cresce em terrenos sem água, se alimenta da humidade que provém da terra, como também do orvalho. De facto, este último é suficiente, dado o tamanho e a natureza dessas árvores, que são secas e formadas de componentes também secos. Árvores deste tipo são múltiplas e muito específicas da região. Sobre o sílfio[961] e a sua natureza própria teremos de falar mais adiante.

4. 4. 1. Árvores e plantas típicas da Ásia

Na Ásia, de acordo com a região, há umas tantas espécies particulares, que certos solos produzem e outros não. Assim diz-se que a hera[962] e a oliveira[963] não se dão na Ásia, na parte alta da Síria, a uns cinco dias do mar. Em contrapartida na Índia, a hera aparece na montanha chamada Meros, de onde, conta a lenda, proveio Dioniso[964]. Por isso também se diz que Alexandre, de regresso de uma expedição, se coroou de hera, ele próprio e o exército[965]. Das outras regiões da Ásia, a hera só se dá na Média, porque esta

---

[960] *Oniscus asellus* L.

[961] *Ferula tingitana* L.

[962] *Hedera helix* L.

[963] *Olea europaea* L. subsp. *europaea* var. *europaea*.

[964] Beneficiando certamente da marcha de Alexandre para o interior da Ásia, a caminho da Índia, Teofrasto dispõe agora de informações sobre as plantas do interior desse continente. Um desses territórios de referência na Ásia profunda é identificado como terra natal do deus Dioniso, o monte Meros, onde vegeta uma espécie de hera diferente da europeia, a *Hedera nepalensis* K. Koch. O nome de *Meros*, 'coxa', lembra a tradição do nascimento do filho de Zeus: após a morte de Sémele, vítima do fogo que rodeava o seu amante supremo quando se lhe mostrou em todo o seu esplendor, a criança ainda em gestação foi salva pelo progenitor divino, que completou na própria coxa o tempo até ao parto. Na altura do nascimento, Zeus depositou o recém-nascido num monte então designado por 'Monte da Coxa'.

[965] O chefe e os seus homens festejavam certamente o achado de uma planta que na Grécia se considerava insígnia de Dioniso. Na *Vida de Alexandre*, Plutarco explora a relação constante que o deus teve na existência do conquistador; inspirada decerto numa opinião corrente, o deus desempenhou, para o rei macedónio, o papel de um *daimon*, presente mas traiçoeiro. O consumo

é um território que parece rodear e ligar-se ao Ponto⁹⁶⁶. No entanto, quando Hárpalo⁹⁶⁷ tentou, com todo o empenho, vezes sem conta, fazê-la crescer nos jardins de Babilónia, nunca foi bem sucedido. A hera nunca conseguiu adaptar-se, como aconteceu com outras espécies provindas da Grécia. É um tipo de planta que essa região não contempla devido ao clima; enquanto o buxo⁹⁶⁸ e a tília⁹⁶⁹ só por imposição prosperam; e mesmo essas dão muito trabalho a quem cuida dos jardins. Mas há outras plantas, árvores e espécies florestais, que lhe são próprias.

2. Em geral, é próprio de regiões do Oriente e do Sul produzirem – como acontece também com os animais – espécies de plantas específicas. Assim a Média e a Pérsia têm, entre muitas outras, o limão chamado 'maçã' da Média

---

exagerado de vinho sem mistura, que fazia parte dos hábitos macedónios, ganhou, em Plutarco, um estatuto transcendente; no empenho de Olímpia, mãe de Alexandre, nos ritos báquicos (2. 7-9), muito populares na Trácia e na Macedónia, parecia residir a origem dessa influência do deus sobre o destino da corte e do seu jovem rei. Plutarco concilia este lado 'mítico' da interferência de Dioniso na vida de Alexandre com uma tendência natural, ou mesmo cultural, do consumo do vinho; mas procura aligeirar essa tendência relacionando-a com momentos de ócio (23. 1-2), com um forte pendor social, pelas longas conversas a que davam motivo. Também o vinho, à partida um hábito sem maior relevo, potenciava, em Alexandre, atitudes de excesso, com consequências no futuro. Sobre a presença de Dioniso como um *kakodaimon*, que antecede o nascimento de Alexandre e o acompanha até ao seu momento derradeiro, dão conta alguns episódios cruciais na narrativa de Plutarco (e. g., 9. 6-11, 13. 3-4, 50-51, 70. 1-2).

O vinho serve ainda, entre alguns historiadores do rei macedónio, para desmontar a imagem organizada e eficaz do exército de Alexandre, responsável por tantos sucessos. Embora Plutarco se não refira ao pormenor das coroas de hera, parece evidente que Teofrasto se reporta à descrição da travessia da Carmânia, que Alexandre fez com os seus homens (*Vida de Alexandre* 67); depois de tantas e tão empenhadas campanhas, escudos, elmos e lanças são substituídos por taças, copos e vasos; neste cortejo, onde ao vinho abundante se juntaram os brados orgiásticos e os gracejos obscenos, não deixou de se perceber a profunda semelhança com o *komos* dionisíaco (67. 6): 'A acompanhar este cortejo, desorganizado e disperso, sucediam-se as piadas atrevidas, como se o próprio deus estivesse presente e conduzisse a festa'. Não é a historicidade o que conta nesta marcha, mas um claro simbolismo de decadência.

⁹⁶⁶ A Média é uma região asiática montanhosa, localizada a sudoeste do mar Cáspio. Deteve um império, com a sua capital em Ecbátana, antes de ter sido anexada ao império persa por Ciro-o-Grande; sobre esta fase da história da Média, *vide* Heródoto 1. 95-103.

⁹⁶⁷ Um dos companheiros de Alexandre, que veio a ser sátrapa da Babilónia. Hárpalo foi tesoureiro de Alexandre, de quem tinha sido amigo de infância. Seguiu Alexandre na campanha da Ásia e tornou-se, depois da batalha de Gaugamelos, o responsável financeiro pela administração do império. Não se mostrou, porém, digno da confiança que a função e a relação pessoal exigiam. Quando Alexandre regressou da Índia, Hárpalo desertou primeiro para a Cilícia e, em 324 a. C., fugiu para Atenas portador de uma boa soma de dinheiro, com que pretendia – sem ter obtido sucesso – incitar uma rebelião grega contra Alexandre. Acabou morto em Creta por um dos seus homens. Cf. *Vida de Demóstenes* 25-26. Na *Vida de Alexandre* 35. 15, Plutarco relata a mesma tentativa de Hárpalo de transplantar para um jardim em Babilónia espécies gregas, sem sucesso no caso da hera.

⁹⁶⁸ *Buxus sempervirens* L.

⁹⁶⁹ Provavelmente *Tilia tomentosa* Moench.

ou da Pérsia⁹⁷⁰. Esta é uma árvore com a folha semelhante, ou praticamente igual, à do medronheiro-do-oriente⁹⁷¹, mas tem picos idênticos aos da pereira e do *oxyakanthos*⁹⁷², lisos, muito agudos e resistentes. Esse fruto não se come, mas é muito aromático, bem como a folha da árvore. Se se puser entre a roupa, protege-a da traça. É igualmente útil quando se ingere um veneno letal; misturado com vinho, ele revolve o estômago e faz expelir o veneno. Produz também bom hálito; porque, se se ferver numa infusão, ou num outro líquido qualquer, o interior desta 'maçã' e se meter na boca e se engolir, produz um aroma agradável.

3. Na primavera, retira-se a semente do fruto e semeia-se em platibandas cuidadosamente preparadas, e vai-se regando cada quatro ou cinco dias. Quando ganhar força, transplanta-se, também na primavera, para uma terra leve e bem irrigada, que não seja demasiado fina. É esse o tipo de terreno de que ela gosta. Produz as suas 'maçãs' em todas as estações. Quando umas se colhem, outras estão em flor e outras amadurecendo. Dessas flores, aquelas que, como atrás se disse⁹⁷³, têm ao centro, projectado para fora, uma espécie de fuso são as férteis; as que o não têm são estéreis. Pode semear-se também em vasos com um furo, do mesmo modo que as tamareiras. Esta é uma árvore, como se disse⁹⁷⁴, própria da Pérsia e da Média.

4. A Índia tem a chamada 'figueira'⁹⁷⁵, que cada ano faz brotar dos ramos raízes que pendem, como acima se afirmou⁹⁷⁶. E projecta-as não dos ramos novos, mas dos do ano anterior ou de outros mais antigos ainda. Estas raízes tocam na terra e formam, em volta da árvore, um abrigo, uma espécie de tenda, onde há mesmo quem passe a viver⁹⁷⁷. As raízes, à medida que crescem, distinguem-se bem dos rebentos; são mais claras, peludas, retorcidas e sem folhas. A árvore é muito copada na parte superior; no seu conjunto, tem uma forma arredondada e com bastante volume. Há quem diga que projecta sombra a dois estádios de distância⁹⁷⁸. A espessura do tronco pode ser, em alguns casos, superior a sessenta passos, mas atinge com muita frequência os quarenta⁹⁷⁹.

---

⁹⁷⁰ *Citrus medica* L., a que chamamos 'cidreira' e ao fruto 'cidra'.
⁹⁷¹ *Arbutus andrachne* L.
⁹⁷² *Pyracantha coccinea* M. Roemer.
⁹⁷³ Vide supra 1. 13. 4.
⁹⁷⁴ Vide supra 4. 4. 2.
⁹⁷⁵ *Ficus benghalensis* L.
⁹⁷⁶ Vide supra 1. 7. 3. Dos ramos mais ou menos horizontais e grossos, estas figueiras arbóreas emitem ramos verticais (espeques) de geotropismo positivo (crescem em direcção ao solo e não para o ar), portadores de raízes na extremidade.
⁹⁷⁷ Como facilmente se depreende, não são as raízes que formam os abrigos, mas sim o conjunto de espeques (ramos), que chegam a engrossar formando verdadeiros troncos, à volta do tronco central. Há figueiras destas cujas copas abrigam praticamente pequenas aldeias.
⁹⁷⁸ C. 360 metros.
⁹⁷⁹ Entre 35 e 40 metros.

A folha não é menor do que um escudo, mas o fruto é muito pequeno, tipo grão-de-bico, e parecido com um figo. Daí que os Gregos lhe chamem 'figueira'. O fruto é espantosamente escasso, não só em proporção com o tamanho da árvore, mas também em termos absolutos. Esta é uma árvore que se dá junto ao rio Acésines[980].

5. Há também uma outra árvore de grande porte[981] e com um fruto extraordinariamente doce e grande. É dele que se alimentam os Sábios da Índia que não usam roupa[982].

Há outra espécie com uma folha oblonga, parecida com as plumas de avestruz; os indianos prendem-nas nos elmos; medem cerca de dois côvados de comprimento[983].

Há outra ainda com um fruto comprido, que não é direito mas retorcido e doce ao paladar. Este provoca dores de barriga e disenteria; por isso Alexandre proibiu que o consumissem[984]. Há ainda uma outra espécie com um fruto parecido com o do 'corniso'[985].

Além destas, há muitas outras espécies diferentes das que existem na Grécia e sem nome. Não há nada de surpreendente nestas particularidades. Em contrapartida – é o que alguns dizem – lá não há árvores, plantas florestais ou ervas, salvo raras excepções, como as que existem na Grécia.

6. O ébano[986] é também particular desta região. Há duas espécies, uma com boa madeira e bonita, e a outra de uma qualidade inferior[987]. A primeira é rara

---

[980] Actualmente Chenab, afluente da margem esquerda do Indo.

[981] *Artocarpus heterophyllus* Lam., 'jaqueira'. Amigües 2010: 141 admite que se trate da mangueira, *Mangifera indica* L., mas não parece ter razão, pois Teofrasto diz que o fruto é grande e extraordinariamente doce, como é o da jaqueira.

[982] Cf. Plutarco, *Vida de Alexandre* 59. 8, 64. 1. Os Gimnosofistas, ou 'filósofos nus' – os Brahmans do Punjab -, a que Plutarco se refere em 59. 8 como rebeldes ao poder de Alexandre e agentes de insurreição dos reis locais, protagonizam, em 64. 1, um episódio convencional: o diálogo com um senhor poderoso a quem respondem sobre grandes questões universais. Acresce-lhe o facto de este encontro representar também o confronto de duas culturas, os valores da grega, que Alexandre representa, com os de uma filosofia oriental. Sobre o assunto cf. Whitmarsh 2002: 174-192. Foi em 326 a. C. que Alexandre, em campanha pela Índia, tomou conhecimento dos Brahmans residentes em Taxila. O fruto aqui referido é certamente a jaca.

[983] Trata-se do híbrido, cultivado há muitos séculos, *Musa x paradisiaca* L., comum na Índia. O comprimento das folhas, avaliado em dois côvados, equivale a cerca de 90 cm. É por o limbo da folha ser cheio de ranhuras que se sugere uma pluma de avestruz.

[984] A campanha de Alexandre pela Índia, e os técnicos que a integravam, são aqui as principais fontes de informação. Neste caso, pela descrição que é feita, deve tratar-se do tamarindo (*Tamarindus indica* L.).

[985] Segundo Amigües 2010: 142, a jujubeira (*Ziziphus jujuba* Mill.), abundante no Paquistão. O corniso aqui referido deve ser *Crataegus monogyna* Jacq., que tem frutos semelhantes aos da jujubeira.

[986] *Diospyros ebenum* J. Koenig ex Retz.

[987] Trata-se do falso-ébano, *Laburnum anagyroides* Medik., que é arbustivo e parecido com os cítisos. Nós chamamos 'falso-ébano' à *Albizia lebbeck* (L.) Benth., que é uma árvore de flores

e esta última frequente. A cor bonita que tem não resulta do armazenamento, mas é-lhe natural. É uma árvore arbustiva, como o 'cítiso'[988].

7. Dizem alguns que lá existe também o terebinto, o que para outros é apenas uma espécie semelhante ao terebinto[989]. Essa última variedade, pela folha, pelos ramos e por tudo o mais assemelha-se ao terebinto, mas o fruto é diferente e parecido com a amêndoa[990]. Diz-se que esta espécie de terebinto existe igualmente na Bactriana[991] e que produz uma noz parecida com as amêndoas, por não ser grande. À vista assemelha-se a elas, mas a casca não é áspera. Em paladar e doçura é melhor do que a amêndoa. Por isso é mais consumida do que esta.

8. As árvores de que se confecciona roupa[992] têm uma folha idêntica à da amoreira[993], mas no aspecto geral a planta parece-se com a roseira selvagem[994]. Plantam-na nas planícies, em fileiras, e por isso, vistas à distância, parecem videiras[995]. Em certas regiões abundam também as tamareiras[996]. Eis o que há a dizer no que toca a árvores.

9. Mas lá se produzem ainda algumas sementes específicas, umas semelhantes às dos legumes, outras ao trigo[997] e à cevada[998]. O grão-de-bico[999], a lentilha[1000] e outras plantas que cá se encontram, lá não se dão. Mas há-as de outro tipo que lhes permitem fazer papas tão parecidas com as nossas que nem se distinguem – ao que se ouve dizer – a menos que nos avisem.

---

rosadas. Amigües 2010: 143 admite ser *Dalbergia sissoo* DC., mas esta é uma árvore e bem diferente dos cítisos.

[988] *Laburnum anagyroides* Medik.

[989] *Pistacia terebinthus* L., a árvore a que chamamos 'cornalheira', é muito comum na zona mediterrânica; tem um fruto muito pequeno, do tamanho de uma ervilha, não comestível. O terebinto que Teofrasto refere com fruto do tamanho de uma amêndoa e comestível é *Pistacia vera* L.

[990] *Pistacia vera* L., que nós designamos por 'pistacheiro' e ao fruto 'pistáchio'. Foi portanto na Bactriana que o exército de Alexandre a encontrou.

[991] Região do interior do Irão que Alexandre percorreu entre 330-327 a. C., conquistando vastas zonas da Hircânia, Drangiana, Bactriana e Sogdiana.

[992] Amigües 2010: 144 entende que Teofrasto se refere à árvore produtora do algodão, desde data muito recuada existente no vale do rio Indo.

[993] Muito provavelmente *Morus nigra* L., pois a que dá as amoras brancas (*Morus alba* L.) não era ainda tão comum.

[994] Trata-se de um algodoeiro, um *Gossypium*, portanto. Como Teofrasto se lhe refere como uma árvore, é *Gossypium arboreum* L.

[995] *Vitis vinifera* L.

[996] *Phoenix dactylifera* L.

[997] *Triticum aestivum* L.

[998] *Hordeum vulgare* L.

[999] *Cicer arietinum* L.

[1000] *Lens culinaris* Medik. O seu valor alimentar está bem atestado na comédia; um puré de lentilhas bem quente (*Vespas* 811, 814, 918, *Aves* 811, 984, *Pluto* 191) faz parte de uma dieta caseira elementar, do agrado de gente modesta e olhada com sobranceria pelos endinheirados (*Pluto* 192, 1004).

Têm cevada, trigo e uma outra espécie de cevada selvagem[1001], de que fazem um pão agradável e uma farinha de boa qualidade[1002]. Quando os cavalos a consumiam[1003], a princípio causava-lhes a morte, mas pouco a pouco foram-se habituando a misturá-la na palha e deixou de haver problema.

10. Mas, mais do que qualquer outra planta, os Indianos semeiam o chamado arroz[1004], de que fazem farinha. Este arroz é semelhante à escanha[1005], e, depois de descascado, produz uma espécie de papa, muito digerível. De aspecto, parece-se com o joio[1006] e desenvolve-se a maior parte do tempo mergulhado na água. Quando cresce forma não uma espiga, mas uma espécie de pluma, como o milho-alvo[1007] e o milho-painço[1008]. Há também uma outra planta[1009] a que os Gregos chamavam[1010] lentilha[1011]; no aspecto esta parece-se com o corno-de-boi (feno grego)[1012], mas colhe-se por volta do ocaso das Plêiades[1013].

11. Além disso, esta região prima por outra diferença: o que uma parte dela produz, a outra não produz. Assim a zona montanhosa produz a videira, a oliveira e outras árvores de fruto; só que lá a oliveira é estéril e tem uma natureza por assim dizer de compromisso entre a oliveira selvagem[1014] e a doméstica[1015]; e o mesmo acontece com o seu aspecto geral. Tem uma folha mais larga do que a daquela e mais estreita do que a desta última. São estas as espécies da Índia.

[1001] O sorgo-bravo ou sorgo-de-alepo, *Sorghum halepense* (L.) Pers.

[1002] Amouretti 1986: 117 define as qualidades apreciadas no pão como sendo a leveza e brancura, embora reconheça que se elas garantem um toque agradável e uma digestão fácil, significam também perda de fibras e dificuldades na conservação. No entanto são indício de progresso, ainda que, na Grécia clássica, o pão não pareça ser um alimento primordial.

[1003] Os que acompanhavam a expedição de Alexandre. Os cavalos não morriam propriamente por comerem o cereal, mas porque, misturadas com o cereal, comiam plantas tóxicas ainda não reconhecidas como tal. Os que sobreviviam davam-se conta disso e passavam a ter o cuidado de não as comerem, hábito que transmitiam aos descendentes.

[1004] *Oryza sativa* L.

[1005] *Triticum dicoccon* (Schrank) Schübl.

[1006] *Lolium temulentum* L.

[1007] *Panicum miliaceum* L.

[1008] *Setaria italica* (L.) P. Beauv.

[1009] Esta outra planta é *Vigna umbellata* (Thunb.) Ohwi & H. Ohashi, a que chamamos 'feijoeiro-arroz'. Díaz Regañón 1988: 234 chama-lhe *Phaseolus calcaratus* Roxb., e não *Phaseolus mungo* L. [(nome válido *Vigna mungo* (L.) Hepper], como o espanhol também refere, pois Teofrasto diz que é semelhante a *Trigonella foenum-graecum* L.

[1010] Ao tempo da expedição de Alexandre.

[1011] *Lens culinaris* Medik.

[1012] *Trigonella foenum-graecum* L.; realmente a vagem desta planta e a de *Vigna umbellata* (Thunb.) Ohwi & H. Ohashi assemelham-se ao corno do boi e a de *Vigna mungo* (L.) Hepper não, pois não é curva, mas cilíndrica e direita.

[1013] Início de Novembro.

[1014] *Olea europaea* L. subsp. *europaea* var. *sylvestris* (Mill.) Lehr.

[1015] *Olea europaea* L. subsp. *europaea* var. *europaea*.

12. Na região chamada Ária dá-se uma planta espinhosa, de que se produz uma goma parecida com a mirra, em aspecto e em aroma, que, quando lhe bate o sol, se derrete[1016]. Há também muitas outras espécies além das que nós cá temos, quer na terra, quer nos rios. Noutros lugares há uma espécie espinhosa, de cor branca, com uma ramificação tripla, de que se fazem bastões e bengalas. Tem uma seiva leitosa e uma textura frágil. Chamam-lhe 'espinho de Héracles'[1017].

Há uma outra planta lenhosa do tamanho da couve, com uma folha parecida com a do loureiro, em dimensão e na forma. Se um animal a comer, morre. Por isso, onde houvesse cavalos traziam-nos vigiados e conduzidos pela rédea[1018].

13. Na Gedrósia[1019], dizem que se dá uma espécie semelhante, pela folha, ao loureiro, que, se as bestas de carga ou qualquer outro animal a comer, em pouco tempo morrem, com uns sintomas de convulsão parecidos com os da epilepsia[1020].

Dizem que nessa região há uma outra planta de tipo espinhoso, que não dá folhas e nasce de uma só raiz. Em cada um dos ramos projecta um pico muito agudo; se estes se partirem ou esmagarem, brota uma grande quantidade de seiva, que cega todo e qualquer animal e até mesmo as pessoas, se forem atingidos por alguma gota[1021]. Em certos lugares dá-se uma erva, sob a qual se enroscam umas serpentezinhas muito pequenas[1022]. Se se lhes puser o pé

[1016] *Commiphora mukul* (Hook. ex Stocks) Engl., que é a 'mirra' utilizada na 'medicina ayurvédica' indiana. A mirra 'bíblica' extrai-se de coníferas do sudoeste asiático e do nordeste de África, particularmente de *Commiphora myrrha* (Nees) Engl., *Commiphora habessinica* (O. Berg) Engl. e *Commiphora gileadensis* (L.) C. Chr.

[1017] *Euphorbia nivulia* Buch.-Ham. Por um lado, a menção do nome de Héracles justifica-se porque um dos trabalhos do herói o levou àquelas paragens; por outro a utilidade da madeira para a confecção de bastões e bengalas lembra uma das insígnias do herói, o bastão que o auxiliou nas suas lutas míticas.

[1018] Provavelmente *Rhazya stricta* Decne., que é uma planta com latex tóxico, como *Euphorbia nivulia* Buch.-Ham. e, portanto, venenosa. Os cuidados com os cavalos competem certamente à cavalaria macedónia. Com as tropas terrestres, Alexandre atravessou esta região em 325 a. C.

[1019] O inventário de Teofrasto prossegue de acordo com o avanço da campanha de Alexandre, que fez a travessia do deserto de Gedrósia (Baluchistan, território preenchido pelo deserto de Makrán) com os seus homens, já de regresso do limite sul da Índia; cf. Plutarco, *Vida de Alexandre* 66.

[1020] Trata-se da cevadilha, *Nerium oleander* L., uma planta conhecida há muito pela sua extraordinária toxicidade.

[1021] A descrição um pouco vaga de Teofrasto não permite a distinção entre duas possibilidades: *Euphorbia neriifolia* L. ou *Euphorbia antiquorum* L. Mas como a primeira ocorre no Baluchistan, território percorrido por Alexandre, o informador de Teofrasto, é dela que provavelmente se trata.

[1022] É difícil saber-se de que erva se trata. É natural que seja a *Bryonia cretica* L., uma erva volúvel, muito comum junto a muros de pedras, onde aparecem cobras. É uma planta que existe

em cima e se se for mordido, morre-se. Pode-se sufocar se se comer tâmaras verdes, e só mais tarde se chegou a esta conclusão. Pode acontecer que estas características dos animais e das plantas existam noutros lugares.

14. Mas mais extraordinárias, e realmente distintas de quaisquer outras, são, das plantas nascidas na Arábia, Síria e Índia, o caso do incenso[1023], da mirra[1024], da cássia[1025], do bálsamo de Meca[1026], do cinamomo[1027], e de todas as outras do mesmo género, de que já falámos longamente noutra ocasião[1028]. É portanto nas regiões a oriente e a sul que existem estas espécies particulares e muitas outras mais.

4. 5. 1. A flora das regiões a norte

Nada disso se passa nas regiões a norte. Desse quadrante nada digno de registo se pode mencionar, além das árvores comuns que gostam de frio, e que também existem entre nós: o pinheiro, o carvalho, o abeto, o buxo, o castanheiro, a tília, e outras do género. Não há praticamente mais nenhuma além destas; mas entre as plantas lenhosas, há algumas que procuram sobretudo as regiões frias, caso da centáurea[1029] e do absinto[1030], além daquelas que têm propriedades medicinais nas raízes e nas seivas, caso do heléboro[1031], do pepino selvagem[1032], da escamónea[1033], e de todas aquelas cujas raízes se apanham.

---

na Europa e Ásia, utlizada medicinalmente e como antídoto nas mordeduras de cobras desde a Antiguidade grega; daí ser conhecida por 'erva-cobra'. Mas é uma planta muito tóxica e pode-se 'morrer da cura'. Amigües 2010: 147 admite poder ser uma das espécies odoríficas de *Cymbopogon*, comuns nessas regiões secas. As serpentezinhas pertencem, provavelmente, à espécie *Echis carinatus* Schneider, de mordedura letal.

[1023] *Boswellia sacra* Flueck., ou, menos provavelmente, *Boswellia serrata* Roxb. ex Colebr.

[1024] É natural que se trate de *Commiphora myrrha* (Nees) Engl., mas também se extrai mirra de *Commiphora habessinica* (O. Berg.) Engl. Plutarco (*Vida de Alexandre* 25. 6-8) narra um pequeno episódio, que serve para mostrar a surpresa que o oriente reservava, pela abundância de mirra que produzia, aos europeus, para quem ela era escassa. Com a remessa de um saque para familiares e amigos da Macedónia, Alexandre dirigia a Leónidas, um parente e seu antigo mestre, uma mensagem, lembrado do dia em que, era ele ainda um jovem, Leónidas o reprendera pela forma imoderada como gastava mirra nos sacrifícios: 'Aqui te mando incenso e mirra com fartura, para que te deixes de economias com os deuses'.

[1025] Pode tratar-se de *Cinnamomum cassia* (L.) J. Presl, que é a cássia-da-china, da cássia- -da-índia, *Cinnamomum tamala* (Buch.-Ham.) Nees & Eberm., ou, mais provavelmente, da cássia-do-ceilão, *Cinnamomum verum* J. Presl.

[1026] *Commiphora gileadensis* (L.) C. Chr.

[1027] Provavelmente a canforeira, *Cinnamomum camphora* (L.) J. Presl.

[1028] Esta matéria é desenvolvida no Livro 9 (4-7), que terá então sido escrito antes dos restantes oito.

[1029] *Centaurium amplifolia* Boiss. & Heldr.

[1030] *Artemisia absinthium* L.

[1031] Deve tratar-se de *Helleborus cyclophyllus* (A. Braun) Boiss. e não de *Veratrum nigrum* L., embora também este se conheça por 'heléboro-negro'.

[1032] *Ecballium elaterium* (L.) A. Rich.

[1033] *Convolvulus scammonia* L.

2. Há umas tantas que crescem no Ponto[1034] e na Trácia[1035], outras na região do Eta, do Parnaso, do Pélion, do Ossa e do Telétrion[1036]. São estes os lugares onde, ao que se diz, elas sobretudo abundam. Há também muitas na Arcádia e na Lacónia, onde se produzem igualmente plantas medicinais. Das aromáticas nenhuma se dá nessas regiões, à excepção da íris[1037] na Ilíria[1038] e na costa adriática; aqui realmente é de excelente qualidade e muito superior à que existe noutras regiões. Em contrapartida, é nas zonas quentes e situadas a sul que as plantas aromáticas se dão. As regiões quentes têm também o cipreste e com maior abundância, caso de Creta, da Lícia[1039] e de Rodes; o *kédros* dá-se nas montanhas da Trácia e da Frígia[1040].

3. Das plantas de cultivo, diz-se que as que pior resistem em lugares frios são o loureiro e o mirto, e, destas duas, principalmente a última; prova disso – ao que se afirma – é que, no monte Olimpo, há muito loureiro, mas nenhum mirto. No Ponto, na região de Panticápeon[1041], nem um nem outro se dão, apesar de todos os esforços e artifícios para o conseguir, para fins religiosos[1042]. Em contrapartida, não faltam figueiras bem desenvolvidas e romãzeiras, que

---

[1034] Os Gregos designavam por 'Ponto' sobretudo o Ponto Euxino, ou seja, o mar Negro e toda a região vizinha, em particular a zona da Ásia Menor, a sul do mar Negro, entre a Bitínia e a Arménia.

[1035] Esta é a zona limite da Grécia do norte. Descreve Howatson 1989: 805: 'Limitada pelo rio Istro a norte, pelo mar Negro e pelo Bósforo a leste, a Propôntide, o Helesponto e o norte da Macedónia a sul, e a Ilíria a ocidente'.

[1036] O Telétrion fica na ilha de Eubeia. O Eta (*vide infra* 9. 10. 2), o Pélion e o Ossa são as principais montanhas da Tessália oriental (*vide infra* 9. 15. 4). De entre elas tornou-se particularmente célebre o Pélion, onde, segundo a tradição, o Centauro Quíron ensinou Aquiles na manipulação de drogas. O Telétrion volta a ser referido *infra* 9. 15. 8, 9. 20. 5 como uma das regiões que melhores drogas produz.

[1037] *Iris x germanica* L., muitíssimo comum por toda a Europa.

[1038] A Ilíria situa-se no lado oriental do Adriático, e faz fronteira com a Macedónia e o Epiro.

[1039] No catálogo dos aliados dos Troianos (*Ilíada*, Canto II) são referidos os Lícios (2. 876-877; cf. 5. 482, 645, 10. 430), povo da região da 'ampla' Lícia (6. 173, 188, 210), cortada pelos torvelinhos do rio Xanto (5. 478-479, 6. 172). E o poema detém-se na enumeração da sua aparatosa prosperidade (12. 310-321). No poema, os Lícios vêm acrescentar, aos elementos convencionais na caracterização dos diferentes povos asiáticos, um outro requinte civilizacional; além de ricos (6. 481) eles são – tal como os Troianos – requintados no uso dos seus bens; os banquetes abundantes e faustosos que animam a vida da corte lícia, farta e hospitaleira, são disso a prova (6. 174). Mesmo assim, a combatividade é um dote que lhes é reconhecido (cf. 12. 346-347, 359-360, 375, 16. 659). Distinguem-nos ainda, no campo de batalha, 'as túnicas não cingidas' (16. 419), e, ao seu chefe, Glauco, as armas de ouro (6. 235).

[1040] Os Frígios fazem também parte do catálogo dos aliados troianos na *Ilíada*. É-lhes valorizada a valentia e referida a sua remota terra de origem, 'a longínqua Ascânia' (2. 862-863, 13. 793). No entanto, Príamo, na *teichoskopia* do Canto III (184-190), manifesta-se impressionado antes de mais com o número de combatentes de que dispõem, 'donos de cavalos rutilantes' (3. 185, 10. 431), e com a valentia no enfrentar de duras campanhas. Da paisagem que habitam sobressaem os vinhedos (3. 184) e o curso do rio Sangário (3. 187, 16. 719).

[1041] Cidade do Bósforo Cimério, na região que liga o mar Negro ao de Azov.

[1042] Como plantas consagradas a Apolo a primeira e a Afrodite a segunda.

são cobertas para protecção. Abundam as pereiras e as macieiras, de todos os tipos e de boa qualidade. Estas são árvores de primavera, só que lá podem frutificar mais tarde. Das espécies selvagens, dá-se lá o carvalho, o ulmeiro, o freixo e outras do género. Pelo contrário, o pinheiro, o abeto e o Alepo não existem, nem qualquer outra resinosa. Mas nesta região estas espécies têm muito mais seiva e uma madeira muito inferior à de Sinope[1043], de modo que não tem grande utilidade a não ser para obras de exterior. É o que há a dizer sobre as espécies do Ponto, ou pelo menos de alguns lugares da região.

4. Na Propôntide[1044], também o mirto e o loureiro são comuns um pouco por toda a parte em lugares montanhosos. Mas talvez algumas árvores devam ser relacionadas com localizações específicas. Porque cada lugar, como já foi dito, tem plantas florestais diferentes, não só porque possuam a mesma espécie com mais ou menos qualidade, mas por as produzirem ou não produzirem. Por exemplo, o Tmolo e o Olimpo Mísio[1045] têm fartura de nogueiras e castanheiros, além da videira, da macieira e da romãzeira. O Ida[1046], quanto a estas espécies, ou não as tem ou tem-nas em pouca quantidade. Na Macedónia e no Olimpo da Piéria[1047], algumas destas existem e outras não. Na Eubeia e na Magnésia[1048], castanheiros há muitos, mas nenhuma das outras espécies. Nem no Pélion, ou nas outras montanhas da região.

5. São em geral pequenas as regiões que produzem floresta para a construção naval[1049]; assim, na Europa, a Macedónia, alguns territórios da Trácia e a Itália. Na Ásia, a Cilícia[1050], Sinope, Amiso, além do Olimpo Mísio e do Ida, de resto sem grande abundância. A Síria possui o *kédros*, que usa para as trirremes.

6. Outro tanto se diga das árvores que gostam de água ou que se dão junto aos rios. Na costa adriática, diz-se que não se encontra o plátano, excepto junto ao templo de Diomedes[1051], como de resto por toda a Itália é raro. E,

---

[1043] Na costa do mar Negro.

[1044] Zona do mar da Mármara, entre o Egeu e o mar Negro.

[1045] Estas são actualmente montanhas da Turquia, o Olimpo situado em Bursa, no noroeste, e o Tmolo na região de Sárdis. *Ilíada* 2. 864-866, 20. 385 refere os Meónios, 'que nasceram debaixo do Tmolo', na 'agradável' Meónia (3. 401, 18. 291), designação antiga da Lídia.

[1046] *Vide supra* nota 616.

[1047] *Vide supra* nota 558.

[1048] A chamada Magnésia fica mais a sul, ainda no actual território turco, próxima de uma cidade precisamente chamada *Kastanéa*.

[1049] Esta observação reporta-se à necessidade que Atenas tinha de importar madeira para manter e renovar a sua frota. A Macedónia era, para este efeito, o seu principal fornecedor.

[1050] A Cilícia situa-se no sudeste da Turquia; *Vide supra* nota 470.

[1051] Ou seja, numa das ilhas Tremiti, frente à costa da Apúlia. Conta o mito que, no regresso de Tróia, Diomedes foi afastado de Argos por intrigas da mulher. Partiu então para a Itália, onde ficou sepultado e recebeu um culto. Durante a sua permanência, o herói teria fundado várias cidades gregas. Sobre esta tradição ligada com a estadia de Diomedes na Apúlia, *vide* Fraser 1994: 183-184.

no entanto, em ambas as regiões rios não faltam e de grande curso. Apesar disso, dá ideia de que estes territórios o não produzem. Todavia aqueles que, em Régio, o soberano Dionísio o Antigo plantou no seu parque[1052] e que ainda hoje existem no ginásio, apesar de muito cuidados, nunca atingiram grandes proporções.

7. Há, no entanto, alguns lugares que têm plátanos com fartura, outros têm o ulmeiro e o salgueiro, outros a tamargueira como a zona do Hemo[1053]. De tal modo que todas estas árvores, como foi dito, se devem considerar próprias de certos lugares, sejam elas selvagens ou domésticas. Mas talvez se desse o caso de algumas destas regiões poderem produzir algumas destas espécies, se tomados os devidos cuidados. Isso é o que se verifica com certos animais, como também com certas plantas.

4. 6. 1. Plantas aquáticas do Mediterrâneo

No entanto, deve dizer-se que a diferença mais relevante na própria natureza das árvores e em geral das espécies florestais – como atrás se afirmou[1054] - é o facto de umas serem terrestres e outras aquáticas, como acontece também com os animais. É não só nos pântanos, nos lagos e nos rios, mas até no mar que se dão algumas espécies florestais, e no mar exterior[1055] chega a haver árvores. No nosso mar, todas as plantas que se desenvolvem são pequenas, e nenhuma, por assim dizer, ultrapassa a superfície das águas. Mas no oceano estas mesmas plantas chegam a ultrapassá-la, além de que há outras árvores maiores[1056].

2. As que se encontram nas nossas águas são as seguintes. As mais importantes e mais vulgares em qualquer lugar são o *phykos*[1057], a alface-do-mar[1058] e outras do género. Por outro lado, as mais evidentes e mais específicas de certos

---

[1052] Dionísio, tirano de Siracusa, conquistou Régio de Calábria em 387 a. C. Dionísio I assumiu o poder em Siracusa no termo da campanha ateniense contra a Sicília (415-413 a. C.) e exerceu-o entre 405-367 a. C. A sua autoridade estendeu-se pela Sicília e também por algumas regiões da Itália, controlando a maior parte da Magna Grécia.

[1053] Nome antigo dos Balcãs.

[1054] *Vide supra* 1. 4. 2.

[1055] Designação dada ao Oceano, que circunda o mundo conhecido, por oposição ao mar interior, que é o Mediterrâneo.

[1056] Ao 'mar interior' – o Mediterrâneo -, Teofrasto opõe o 'oceano' ou 'mar exterior', designação que aplica aos oceanos que com ele confinam, o Atlântico, a ocidente, e o Índico, a oriente. Seguramente ouvira referências aos mangais indianos, pois os mangais são florestas com árvores que podem atingir mais de 50 m de altura.

[1057] Planta marinha, submersa e com flor e fruto, *Posidonia oceanica* (L.) M. Del.

[1058] Alga verde *(Ulva lactuca* L.). Amigües 2010: 150 considera que a alface-do-mar é *Ulva rigida* C. Agardh (mas esta é tubolosa e não laminar como a alface) e *Ulva linza* L., que não aparece junto à costa.

lugares são o abeto[1059], a figueira[1060], o carvalho[1061], a videira[1062] e a tamareira[1063] marinhas. Destas, umas encontram-se nas proximidades de terra, outras no mar alto, outras ainda em qualquer uma das duas localizações. Há as que têm muitas formas, como o *phykos*[1064], e outras apenas uma. Do *phykos*, há o de folha larga, tipo fita, e de cor verde, a que há quem chame 'alho-porro', e outros 'cinto'. Tem uma raiz peluda por fora e com um interior em películas, muito comprida e compacta, parecida com o cebolinho.

3. Outra variante tem uma folha tipo cabelo, como o funcho, que não é verde, mas amarelada[1065]; não tem caule, mas ergue-se direita sobre si própria. Cresce sobre as conchas e as pedras, sem tocar o fundo como a outra. Ambas são plantas de costa, a que tem folha capiloforme dá-se perto de terra firme e com frequência é apenas banhada pelo mar; a outra vive mais longe da costa.

4. No oceano, junto às colunas de Héracles[1066], nasce uma espécie com um tamanho fantástico, ao que se ouve dizer, com uma largura superior a um palmo[1067]. Esta é arrastada do oceano para o mar interior pela corrente e chamam-lhe 'alho-porro'. Neste mar, em certos lugares, pode chegar à altura do umbigo. Diz-se que é uma planta anual, que brota no fim da primavera e atinge o pleno desenvolvimento no verão; no outono vai perecendo e no inverno morre e afunda-se. Todas as outras plantas marinhas tornam-se mais fracas e débeis no inverno. Estas são, portanto, as plantas marinhas que se dão perto da costa. O *phykos* de alto mar, que os pescadores de esponjas colhem quando mergulham, é planta de mar aberto.

5. Em Creta, há uma vegetação abundante e bonita que cresce junto ao litoral, sobre as pedras[1068], com que os Cretenses tingem não só os cintos, como também as lãs e as roupas. E enquanto o tinto estiver fresco, tem uma cor muito mais bonita do que a da púrpura. É sobretudo na costa norte que

---

[1059] *Cystoseira abies-marina* (S. G. Gnel.) C. Agardh., alga castanha. Amigües 2010: 150 considera ser *Chylocladia verticillata* (Lightf.) Bliding, mas esta é uma alga vermelha, portanto de águas mais profundas.

[1060] Trata-se de um pólipo (coral) avermelhado do filo *Cnidaria* e pertencente ao género *Alcyonium*, que, outrora, se julgava corresponder a plantas.

[1061] *Cystoseira ericoides* (L.) C. Agardh., alga castanha. Amigües 2010: 150 considera ser *Plocamium carilagineum* (L.) P. S. Dixon, mas esta é uma alga vermelha de águas mais profundas.

[1062] *Fucus spiralis* L., alga castanha. Amigües 2010: 150 considera ser uma espécie de *Sargassum*, o que é muito improvável no Mediterrâneo e nada comparável a uma videira.

[1063] *Callophyllis laciniata* (Huds.) Kutz., alga vermelha.

[1064] *Posidonia oceanica* (L.) M. Del.

[1065] Esta é a *Cystoseira foeniculacea* (L.) Grev., alga castanha.

[1066] Ou seja, em Gibraltar, perto do Atlântico. Esta é a forma que Teofrasto usa para designar este oceano.

[1067] *Saccharina latissima* (L.) C.E.Lane, C.Mayes, Druehl & G.W. Saunders.

[1068] *Lecanora tinctoria* (DC). Czerwiak, um líquene.

existe com maior abundância e qualidade, como acontece também com as esponjas e outros produtos do género.

6. Há um outro tipo de planta parecido com a grama; desde logo a folha é semelhante, e a raiz, nodosa e comprida, tem um crescimento lateral como a da grama. Tem um caule tipo cana como o daquela. Em tamanho é muito mais pequena do que o *phykos*[1069].

Outra espécie é a alface-do-mar[1070], que tem uma folha verde e larga, que não difere muito das da alface, embora seja mais enrugada e como que engelhada. Não tem caule, mas de um único ponto provêm muitas dessas folhas e de novo também de um outro ponto nascem outras. Dá-se nas pedras junto à costa e sobre as conchas. Estas são, por assim dizer, as espécies mais pequenas.

7. O carvalho e o abeto marinhos são ambos plantas costeiras. Nascem sobre as pedras e as conchas, sem raízes, mas agarrados a elas como lapas[1071]. Ambos têm folhas carnudas, mas a do abeto é mais alongada e mais espessa, tipo vagem das leguminosas. Mas dentro é oca e está vazia; a do carvalho é fina e parecida com a da tamargueira. A cor de ambas é purpúrea. A forma geral do abeto é direita, quer a planta em si mesma, quer os ramos. A do carvalho é mais sinuosa e a planta mais espalmada.

8. Ambas podem ter muitos caules ou um caule só, mas o abeto tem mais propensão para um caule único. Quanto aos prolongamentos tipo ramo, o abeto tem-nos compridos, direitos e espaçados, o carvalho tem-nos mais curtos, mais retorcidos e mais compactos. O tamanho geral de ambos é de cerca de um côvado[1072] ou um pouco mais, mas em geral o do abeto é maior[1073]. O carvalho é usado pelas mulheres para tingir as lãs. Presos aos ramos estão uns bichinhos com concha, como também por baixo, agarrados ao caule, que o podem cobrir por completo. Entre eles estão aí alojados uma espécie de bicho-de-conta, uns outros bichinhos e um parecido com o polvo[1074].

9. Estas são, portanto, plantas de costa e de fácil observação. Há quem diga que existe um outro carvalho de mar aberto, que até produz fruto e cuja bolota tem utilidade. E, segundo o testemunho de náufragos e de mergulhadores, também pode haver outras espécies de grandes dimensões.

[1069] É outra planta com flor e fruto, *Cymodocea nodosa* (Ucria) Asch. Amigües 2010: 152 considera que é *Zoostera marina* L., mas pela descrição do caule (tipo cana), consideramos mais provável tratar-se de *Cymodocea nodosa* (Ucria) Asch.

[1070] *Ulva lactuca* L.

[1071] *Patella vulgata* L., um molusco.

[1072] Cerca de 40 centímetros.

[1073] São muito interessantes estas observações de Teofrasto, pois os arbustos e árvores, para se protegerem da salinidade e do vento, 'agacham-se', adquirindo um hábito em coxim (parecem umas semi-esferas sobre as rochas ou sobre as areias).

[1074] Estes "bichinhos" são invertebrados marinhos que vivem sobre algumas algas, por exemplo, isópodes marinhos (crustáceos), quitonídeos (moluscos, cujo género típico é *Chiton* L.), anelídeos (bicho-da-conta) e ofiuroídeos (equinodermes, 'parecidos com um polvo').

A videira-marinha dá-se nas duas situações, ou junto ao litoral ou no mar aberto, tendo esta última folhas, ramos e frutos maiores.

A figueira não tem folhas, de tamanho não é grande e tem uma casca de cor vermelha.

10. A tamareira-marinha é um planta de alto mar, com um tronco muito curto[1075]. As projecções dos seus ramos são bastante rectilíneas. Desde a parte de baixo que não estão dispostas em círculo, como os ramos que nascem das estacas, mas estendem-se, espalmadas, numa única direcção e são uniformes, ainda que uma vez por outra possam ser irregulares. A natureza destes ramos e das apófises tem alguma semelhança com as folhas das plantas espinhosas, tipo cardo – a serralha[1076] ou coisa parecida; mas têm-nas na vertical e não, como aquelas, pendentes; as folhas têm-nas corroídas pela salmoura. Na medida em que o caule central cruza todo o conjunto parecem-se com aquelas e o aspecto geral é semelhante. A cor dos ramos e do caule, como de toda a planta, é um vermelho forte ou purpurino.

São estas as plantas marinhas. As esponjas, as chamadas *aplysiai*[1077] e espécies semelhantes têm uma outra natureza.

4. 7. 1. Plantas de alto mar

No mar exterior, na região das colunas de Héracles, produz-se, como atrás ficou dito[1078], o alho marinho[1079] e aquelas plantas que se convertem em pedra[1080], como a *thyma*[1081], as de tipo loureiro[1082] e outras. No chamado mar Vermelho, na Arábia, um pouco acima de Copto[1083], não há qualquer árvore terrestre a não ser a acácia a que se chama 'sequiosa'[1084]. E mesmo essa é rara,

---

[1075] *Callophyllis laciniata* (Huds.) Kutz.

[1076] Há várias espécies, mas é natural que Teofrasto se esteja a referir à comestível *Sonchus arvensis* L. ou a *Sonchus oleraceus* L.

[1077] Cf. Aristóteles, *História dos animais* 5. 16. Estas são as esponjas não laváveis. São de facto animais, mas na Antiguidade eram consideradas plantas.

[1078] *Vide supra* 4. 6. 4.

[1079] *Posidonia oceanica* (L.) M. Del.

[1080] Este processo de petrificação resulta da acumulação de calcário sobre as plantas. A estas espécies, mal conhecidas dos Gregos, são postas designações inspiradas na sua semelhança com espécies terrestres.

[1081] Ou são animais celenterados que fazem parte dos corais, ou, como admite Amigües 2010: 155, são algas coralígenas, provavelmente *Corallina elongata* J. Ellis & Solander.

[1082] Para lá de Gibraltar, Atlântico, portanto, a ser uma *Avicennia* (costa da África Ocidental), só pode ser *Avicennia germinans* (L.) L. Esta tem folhas algo parecidas com as do loureiro. Poderia ser também uma *Rhizophora*, particularmente a *Rhizophora racemosa* G.F.W. Meyer, que é a mais comum das três espécies da costa ocidental africana. As outras duas são *Rhizophora mangle* L. e *Rhizophora x harrisonii* Leechm. Discordamos de Amigües 2010: 155, que considera ser uma alga vermelha, *Lithophyllum incrustans* Philippi.

[1083] Copto, situada no vale do Nilo, era o ponto de partida das caravanas em direcção ao mar Vermelho.

[1084] *Acacia tortilis* (Forssk.) Hayne.

por causa das temperaturas elevadas e da falta de água. Porque não chove, a não ser com intervalos de quatro ou cinco anos, e aí há aguaceiros torrenciais, mas por pouco tempo.

2. No mar, pelo contrário, há plantas a que chamam loureiro e oliveira[1085]. Quanto à folha, o loureiro assemelha-se à azinheira[1086], a oliveira à própria oliveira. Esta última dá um fruto parecido com as azeitonas. Verte também uma goma, de que os médicos fabricam um medicamento hemostático, muito eficaz. Quando cai mais chuva, nascem cogumelos[1087] num determinado sítio junto ao mar, que vão empedernindo devido ao sol. O mar está repleto de animais ferozes, sobretudo de tubarões, o que torna o mergulho impossível.

No chamado golfo dos Heróis[1088], para onde desce quem vem do Egipto, dá-se um loureiro, uma oliveira e um timo, que não são verdes, mas tipo pedra, quando se projectam acima da superfície marinha; quanto às folhas e aos rebentos parecem-se com as suas correspondentes verdes[1089]. No timo, a cor da flor é bem visível, como se não tivesse ainda desabrochado por completo. Estas plantas de aspecto arbóreo têm uns três côvados de altura[1090].

3. Há quem conte – quando, na Índia, se efectuou a expedição marítima de regresso das tropas de Alexandre[1091] - que as plantas que crescem no mar, enquanto tiverem humidade, mantêm uma cor semelhante à das algas; mas quando retiradas da água e postas ao sol, em pouco tempo ficam tipo sal[1092]. Contam também que, junto ao mar, há juncos de pedra[1093], que não

---

[1085] No mar Vermelho é *Avicennia marina* (Forssk.) Vierh.

[1086] No mar Vermelho, com folha parecida com a do loureiro e porte da azinheira, pode ser a *Rhizophora mucronata* Lam., que é muito menos frequente do que a *Avicennia marina* (Forssk.) Vierh. Esta última é a planta do mangal que chega mais a Norte no mar Vermelho.

[1087] Junto ao mar não há cogumelos. Em zonas calcárias costeiras, aparecem inflorescências de uma planta parasita de halófitas, que na realidade parecem cogumelos. Trata-se do *Cynomorium coccineum* L.

[1088] O Suez, de onde se partia para a Arábia.

[1089] Correspondem às formações emersas e mortas do rift de coral, das quais muitas têm aspecto arborescente; muitas vezes são esverdeadas pelas algas verdes que as colonizam.

[1090] Cerca de 1, 20 metros. Este 'timo' é, provavelmente, uma quenopodiácea, característica das costas do Mediterrâneo e mar Vermelho, *Arthrocnemum macrostachyum* (Moric.) K. Koch.

[1091] O contexto referido por Teofrasto é, naturalmente, o da campanha de Alexandre na Índia. Este é o momento em que o Macedónio, depois de ter atingido o delta do Indo, para efectuar o regresso dividiu as suas tropas entre um corpo de infantaria que, sob seu comando, atravessou o deserto de Gedrósia, até ao golfo Pérsico, e uma armada, comandada por Nearco, que fez o mesmo percurso por via marítima (cf. Plutarco, *Vida de Alexandre* 66). Já acima (*Vide supra* 4. 4. 13) Teofrasto se referiu a algumas espécies observadas pela expedição terrestre; vai agora mencionar as que foram relatadas pela armada.

[1092] São os corais, que depois de mortos (fora de água) ficam brancos, pois o 'esqueleto' que lhes confere suporte é calcário. Estes corais pertencem aos *Coralliidae*.

[1093] São os corais, considerados pelos antigos como plantas. Cf. Arriano, *Anábase* 3. 5. 4, 7. 290. 1-2; Plínio, *História Natural* 13. 25, 51. Trata-se de esqueletos calcários de corais, neste caso não arborescentes, mas junciformes.

se consegue distinguir à vista dos verdadeiros. Mas relatam ainda algo mais extraordinário: dizem que há um tipo de árvores com uma cor parecida com os cornos do boi, mas com os ramos rugosos e vermelhos na ponta. E que estes, se se dobrarem, se partem. Alguns deles, se se lhes pegar o fogo, tornam-se incandescentes como o ferro; mas logo regressam à normalidade quando arrefecem e recuperam a cor original[1094].

4. Nas ilhas que são inundadas pelas marés[1095], dão-se umas árvores de grande porte, do tamanho de plátanos e dos choupos mais altos. Ora o que acontece, quando a maré sobe, é que, enquanto as outras plantas ficam completamente submersas, os ramos das maiores emergem; e então prende-se neles as amarras das embarcações; quando a maré baixa, prendem-nas às raízes. Estas árvores têm uma folha semelhante à do loureiro, uma flor com um colorido e um aroma parecido com o das violetas, e um fruto do tamanho da azeitona, que é também muito aromático. As folhas não caem, a flor e o fruto formam-se juntamente no outono e na primavera caem[1096].

5. Mas dizem também que há plantas que nascem no próprio mar, de folha persistente e com um fruto parecido com o tremoço[1097].

Na Pérsia, na região da Carmânia[1098], onde a maré chega, há umas árvores de grande porte, parecidas com o medronheiro-do-oriente, no formato e nas folhas. Dão muito fruto idêntico, pela cor exterior, às amêndoas, mas lá dentro está todo amachucado, como se os grãos estivessem todos comprimidos. Estas árvores são completamente desgastadas, até meio, pelo mar; mantêm-se de pé graças às raízes, tipo polvo[1099]. É o que se pode observar quando a maré desce. **6.** Esta é uma região onde a água falta por completo, mas deixam-se alguns canais para a navegação, que fazem parte do mar. Pelo que se torna evidente – pensam alguns – que é do mar que essas plantas se alimentam e não da água doce, excepto o que possam extrair da terra pelas raízes. Mas é razoável pensar que também esse solo é salobro, porque as raízes não ganham profundidade. Em geral são de uma só espécie as plantas que nascem no

---

[1094] Teofrasto continua a descrever formas de corais, mas agora imersos, que são corados.

[1095] Amigües 2010: 157 identifica estas ilhas com as do delta do Indo. Fraser 1994: 176 aproxima esta descrição da flora, vista na viagem feita pelas forças de Alexandre a partir do delta do Indo até ao cimo do golfo Pérsico, com a produzida por Andróstenes de Tasos (*FGrHist* 711 F5) do percurso feito até ao Barhain. Andróstenes é citado por Teofrasto em *Causas das plantas* 2. 5. 5.

[1096] *Rhizophora mucronata* Lam.

[1097] *Aegiceras corniculatum* (L.) Blanco. Esta planta é dos mangais do Índico e do Pacífico; Teofrasto deve ter recebido esta informação através das descrições que obteve da flora vista na viagem feita pelas forças de Alexandre à Índia.

[1098] Depois de, no regresso do delta do Indo, ter atravessado o deserto de Gedrósia, enquanto a sua armada fazia percurso equivalente por mar, Alexandre reuniu de novo todas as suas forças na Carmânia, ou seja, na zona do estreito de Hormuz (cf. Plutarco, *Vida de Alexandre* 67-68. 1).

[1099] *Avicennia marina* (Forssk.) Vierh.

mar e as que nascem em terra e são banhadas pela maré. Mas as que nascem no mar são pequenas e parecem algas; as que nascem em terra são grandes, verdes, com uma flor cheirosa e um fruto tipo tremoço.

7. Na ilha de Tilo[1100], situada no golfo Arábico, diz-se que, na costa leste, há uma tal quantidade de árvores que, quando a maré baixa, formam uma barreira. Todas elas são, em tamanho, equivalentes à figueira; têm uma flor excepcionalmente aromática; o fruto, que não é comestível, assemelha-se à vista ao tremoço[1101]. Diz-se também que a ilha produz, em quantidade, a árvore do algodão[1102]. Este tem uma folha parecida com a da videira, mas pequena, e não dá fruto. Nela, o algodão está contido numa cápsula do tamanho de um damasco[1103], que está fechada. Na fase de maturidade, ela abre e projecta o algodão, com que se fabrica os tecidos, uns baratos e outros de preço elevado.

8. Esta árvore existe também na Índia, como se disse[1104], e na Arábia. Há outras árvores[1105] com uma flor parecida com o goivo, mas sem cheiro, e, em tamanho, com quatro vezes a dimensão daquela. E ainda existe uma outra espécie[1106] com muitas pétalas, como a rosa, que durante a noite se fecha, ao amanhecer volta a abrir e ao meio dia desabrocha completamente; ao entardecer volta, pouco a pouco, a fechar-se e de noite fica cerrada. Diz a gente da região que ela dorme. Na ilha há também tamareiras, videiras e outras espécies frutíferas, incluindo figueiras de folha persistente. Têm água vinda do céu, mas não a usam para os frutos. Na ilha há muitas fontes, que permitem regar todas as culturas, sendo esta água mais benéfica para o trigo e para as árvores. Por isso, mesmo quando chove, eles deixam correr essa água das fontes pelos campos[1107], como para lavá-los. São mais ou menos estas as árvores, até agora conhecidas, que se dão no alto mar.

4. 8. 1. Plantas dos rios, dos pântanos e dos lagos (sobretudo no Egipto)
De seguida, vamos tratar das plantas dos rios, dos pântanos e dos lagos. Estas dividem-se em três tipos, árvores, outras do género erva e outras das

---

[1100] Ou seja, o Bahrain.
[1101] Talvez *Dalbergia sissoo* DC.
[1102] *Gossypium arboreum* L. Já Heródoto 3. 106. 3 se refere ao algodão, no séc. V a. C.; falando do extremo oriente conhecido – a Índia – diz Heródoto: 'As árvores selvagens dão aí, como fruto, uma lã, que em beleza e em qualidade suplanta a que provém dos carneiros; é com a lã destas árvores que os Indus se vestem'. *Vide* (1994), *Heródoto. Histórias livro 3º*, tradução de M. F. Silva e C. Abranches, Lisboa, Edições 70. Na Grécia só foi introduzido após as campanhas de Alexandre.
[1103] Literalmente 'maçã / fruto de primavera'.
[1104] *Vide supra* 4. 4. 8.
[1105] *Delonix elata* (L.) Gamble.
[1106] *Bruguiera gymnorhiza* (L.) Lam.
[1107] Cf. Teofrasto, *Causa das plantas* 2. 5. 5, onde esta informação é dada por Andróstenes, general de Alexandre.

moitas. Por 'ervas' refiro-me, por exemplo, ao aipo dos pântanos[1108] e a todas as outras do género; das moitas são o caniço, a junça, a erva-de-ravena[1109], o junco, o bútomo[1110], que são, por assim dizer, comuns a todos os rios e lugares semelhantes.

Em alguns desses sítios há também silvas, paliuros e outras árvores, tipo salgueiro, álamo e plátano. Algumas das plantas aquáticas estão mergulhadas, outras têm uma pequena parte emersa; há algumas que têm as raízes e um pouco do tronco dentro de água, mas todo o resto do corpo fora. É o caso do salgueiro, do amieiro, do plátano, da tília e de todas as que gostam de água.

2. Também estas são, por assim dizer, comuns a todos os rios, porque até mesmo no Nilo se dão. Em contrapartida, o plátano não é muito comum nos rios, mas mais raro ainda é o álamo, enquanto o freixo comum[1111] e o grande[1112] são muito abundantes. Das espécies do Egipto, há uma variedade demasiado grande para se enumerar uma a uma. No entanto, em termos genéricos, todas elas são comestíveis e com um paladar adocicado. Parecem diferir em doçura e pelo valor alimentar três delas, que passamos a distinguir: o papiro[1113], a chamada *sari*[1114] e, em terceiro lugar, o que se chama *mnásion*[1115].

3. O papiro[1116] não nasce em águas profundas, vai só até uns dois côvados[1117] de profundidade, ou até menos. A grossura da raiz é equivalente à do punho de um homem robusto, e, em comprimento, atinge algo como quatro côvados. Eleva-se acima do próprio solo, projectando para baixo raízes, finas e compactas, que se prendem à lama; e para cima, umas hastes triangulares a que se chama papiros; estes têm uns dez côvados de altura, rematados por uma cabeleira sem utilidade e frágil; não dá qualquer fruto. Essas hastes partem de vários pontos.

4. Usam-se as raízes em vez de madeira, não apenas para queimar, mas para fazer objectos de todo o tipo; porque a madeira é abundante e de boa

---

[1108] *Apium graveolens* L.

[1109] *Saccarum ravennae* (L.) L.

[1110] Díaz Regañón 1988: 253 identifica neste caso *Carex riparia* Curtis e não *Butomus umbellatus* L., identificação anterior do bútomo (cf. Amigües 2010: 160 com quem estamos de acordo).

[1111] O freixo comum é *Fraxinus angustifolia* Vahl. subsp. *angustifolia*, mas o álamo não é o europeu, mas o do Egipto, *Populus euphratica* Oliv.

[1112] *Fraxinus angustifolia* Vahl. subsp. *oxycarpa* (Vahl) Franco & Rocha Afonso.

[1113] *Cyperus papyrus* L.

[1114] *Cyperus alopecuroides* Rottb.

[1115] *Cyperus esculentus* L., a que chamamos 'juncinha'.

[1116] Sem dúvida que a popularidade do papiro como material de escrita justifica a atenção que Teofrasto dá a esta planta. Mas, curiosamente, neste caso é o valor alimentar e outras utilidades o que é valorizado. Na Grécia, provavelmente já desde o séc. VII a. C., que o papiro era usado na escrita.

[1117] Um côvado corresponde a 44 cm.

qualidade. O próprio papiro tem múltiplas utilidades. De facto serve para construir embarcações, e da casca entrelaçam-se velas, esteiras, algum vestuário, mantas, cordas e muitas outras coisas. Mais conhecidos para quem é de fora são os rolos de papiro. Mas sobretudo esta planta tem inúmeros recursos na alimentação. Toda a gente da região masca o papiro, cru, cozido ou assado; chupam-lhe o suco e deitam fora a pasta. Eis o que é o papiro e quais são as suas utilidades. Dá-se igualmente na Síria, perto do lago[1118], onde também existe o caniço aromático[1119]. Foi dele que Antígono fez as cordas para os navios.

5. O *sari*[1120] dá-se na água, nos pântanos e nas planícies, quando o nível do rio baixa. Tem uma raiz dura e retorcida e é dela que nascem o que se chama *sária*. De comprimento tem cerca de dois côvados e a grossura corresponde a um polegar. Também as suas hastes são triangulares, como as do papiro, e com uma cabeleira parecida. Do mesmo modo masca-se e deita-se fora a pasta. Os ferreiros usam-lhe a raiz, de que se faz excelente carvão devido à dureza da madeira.

6. O *mnásion* é herbáceo, de forma que não tem qualquer outra utilidade que não seja alimentar[1121].

São estas as plantas que se distinguem pela doçura. Há uma outra planta[1122] que nasce nos pântanos e nos lagos, mas que não se firma na terra. Tem uma natureza idêntica à da açucena, mas com mais pétalas e com as folhas opostas umas às outras, como se em fila dupla. De cor é muito verde. Os médicos usam-na nas doenças das mulheres e nas fracturas.

7. Estas são plantas que nascem no rio, a menos que a corrente as deposite em terra. Acontece então que podem ser arrastadas e que delas nasçam outras.

A fava do Egipto[1123] nasce nos pântanos e nos lagos. Tem um caule que pode chegar a atingir quatro côvados[1124] de comprimento, com a grossura de um dedo; parece-se com uma cana flexível e sem nós. Dentro tem uns compartimentos, que se distribuem por toda ela, semelhantes a favos. Sobre este talo assenta a cabeça, parecida com um ninho de vespas arredondado, e em cada uma das cápsulas há uma fava, um pouco proeminente. No máximo

---

[1118] Este é o lago Huleh. Quanto a Antígono, contava-se entre os generais de Alexandre. Já depois da morte deste, ocorrida em 323 a. C., desencadeou-se uma grande rivalidade entre esses homens pela partilha dos territórios conquistados. Assim Antígono procurou construir, na Síria, uma armada, capaz de lhe permitir controlar o Mediterrâneo oriental.

[1119] *Acorus calamus* L., a que chamamos 'ácoro-cheiroso'.

[1120] *Cyperus alopecuroides* Rottb.

[1121] *Cyperus esculentus* L.

[1122] *Ottelia alismoides* (L.) Pers.

[1123] *Nelumbo nucifera* Gaertn., a que chamamos 'lótus'. A designação que lhe é dada na Grécia de 'fava do Egipto' refere-lhe o valor alimentar. Cf. Estrabão 17. 1. 15.

[1124] Cerca de 1,80m.

há umas trinta favas. A flor tem duas vezes o tamanho do da papoila, e em cor assemelha-se à rosa, de tom forte. A cabeça fica fora de água. Produz folhas grandes do lado da planta, em tamanho equivalentes a um chapéu da Tessália, que tem um pé semelhante ao da própria planta. Se se esmagar qualquer das favas, brota um líquido amargo, de que se forma o embrião.

8. É tudo quanto ao fruto. A raiz é mais grossa do que a da cana mais grossa, e com compartimentos, como o caule. Come-se crua, cozida e assada, e as gentes dos pântanos usam-na como alimento. É sobretudo uma planta de geração espontânea. No entanto, enterram-na na lama, depois de a terem envolvido bem numa argila, de modo a que ela vá ao fundo e ali permaneça sem se estragar. É assim que lá se preparam as plantações de favas. Se a planta pega, resiste eternamente. Porque tem uma raiz rija e não muito diferente da dos caniços, só que tem espinhos. É por isso que o crocodilo, que não tem uma vista penetrante, foge, para não bater com os olhos nela. Esta planta dá-se também na Síria e em certas zonas da Cilícia, mas nestas regiões não matura. Em Torone, na Calcídica[1125], existe num lago de pequena dimensão. E aqui ela atinge a maturidade completa e faz amadurecer o fruto.

9. O chamado lotus[1126] dá-se sobretudo nas planícies, quando há inundações. A natureza do caule que ele tem é semelhante à do da fava, como também as folhas em forma de chapéu, mas mais pequenas e mais finas. Também o fruto se desenvolve como o da fava. A flor é branca e lembra, por ter as pétalas estreitas, a açucena; muitas delas nascem apertadas umas contra as outras. Quando o sol se põe, elas fecham-se e escondem a cabeça; mas com o raiar do dia, abrem-se e ficam à superfície da água. E isto continua a acontecer até que a cabeça amadurece plenamente e as flores caem.

10. Em tamanho, a cabeça assemelha-se a uma papoila grande, com ranhuras à volta, como aquela. O fruto está, neste caso, mais comprimido. Parece-se com o milho-alvo. No Eufrates[1127] dizem que a cabeça e as flores mergulham e ficam submersas, desde o crepúsculo até meio da noite, e a uma profundidade considerável, de modo que não se consegue agarrá-las com a mão. Depois, com o amanhecer, elas voltam a subir e cada vez mais com o avanço do dia; com o sol, vêem-se à tona da água; então a flor abre-se e, já aberta, continua a projectar-se. A parte que fica acima da água é considerável.

11. Essas cabeças, os Egípcios amontoam-nas e deixam-nas apodrecer. E quando a casca apodrece, lavam-nas no rio e tiram-lhes o fruto; depois

---

[1125] Torone é uma localidade situada na península da Calcídica. Esta é uma região situada entre os golfos Termaico e Estrímon, que remata em três penínsulas.

[1126] Pela cor da flor (branca, diz Teofrasto), é a forma albina de *Nymphaea lotus* L.

[1127] Heródoto 1. 180. 1, ao descrever Babilónia, refere-se ao rio Eufrates nestes termos: 'A cidade está dividida ao meio por um rio, o Eufrates; vindo da Arménia, este curso de água, grande, profundo e rápido, desagua no mar de Eritreia (Vermelho)'.

deixam secar, e então esmagam-no e fazem pão, que usam como alimento. À raiz do lotus chamam *kórsion*; é redonda, e do tamanho do marmelo. A casca que a envolve é escura, parecida com a da castanha. A parte de dentro é branca; mas quando se coze ou assa torna-se da cor da gema de ovo e tem um paladar agradável. Também se come crua, mas é melhor se cozida em água ou assada. São estas, por assim dizer, as plantas que se dão na água.

12. Nas regiões arenosas, que não ficam longe do rio, dá-se, na terra, o que se chama *malinathálle*, de forma redonda, de tamanho equivalente ao da nêspera, mas sem caroço e sem casca[1128]. Perde as folhas, que são semelhantes às da junça. Estas, a gente da região apanha-as, coze-as em cerveja feita de cevada e elas ficam muito doces. Todos as usam como guloseimas.

13. Todas as plantas que se dão nessas regiões são comestíveis para os bovinos e caprinos, em particular uma espécie[1129] que existe nos lagos e nos pântanos. Usam-na como pasto quando verde, ou secam-na e dão-na a comer aos bois durante o inverno, depois do trabalho. E com isso os mantêm bem nutridos, quando não têm mais nada.

14. Há ainda uma outra planta[1130] de geração espontânea, que nasce entre o trigo. Quando o trigo fica limpo, trituram essa tal planta ao de leve e enterram-na, durante o inverno, em solo húmido. Quando ela rebenta, corta-se, seca-se e dá-se também aos bois, cavalos e bestas de carga, com o fruto que dela se formou. Esse fruto é do tamanho do sésamo, mas redondo e de cor verde, e muito bom. Estas são, por assim dizer, as espécies particulares que se pode encontrar no Egipto.

4. 9. 1. Um caso particular: a castanha da água

Cada rio parece produzir uma vegetação específica, como acontece com os solos. A castanha da água[1131], por exemplo, não se dá em todos eles, nem em qualquer parte, mas somente nos rios pantanosos, cuja profundidade ronde os cinco côvados, ou pouco mais[1132], como o Estrímon[1133]. Em rios com esta profundidade, dá-se também o caniço e outras plantas. Nenhuma das suas partes emerge, a não ser as folhas, que como que nadam; são elas que escondem a castanha da água, que está submersa e virada para o fundo. A folha é larga, parecida com a do ulmeiro, mas com um pé bastante comprido.

[1128] *Cyperus esculentus* L.
[1129] *Saccharum spontaneum* L. subsp. *aegyptiacum* (Will) Hack.
[1130] *Corchorus olitorius* L.
[1131] *Trapa natans* L.
[1132] Cerca de 2,20 metros.
[1133] O Estrímon é um rio do norte da Grécia, na Calcídica, próximo de Estagira, a pátria de Aristóteles. Heródoto refere-o com insistência no percurso do invasor oriental até à Grécia; cf. 7. 107. 2, 7. 113. 1-2, 7. 114. 1.

2. O caule, de onde saem as folhas e o fruto, é muito espesso no topo e vai afilando sempre para baixo, até à raiz. Dele saem uns filamentos, na sua maioria paralelos entre si, mas outros irregulares; em baixo, a partir da raiz, são grandes, mas para cima tornam-se sempre mais pequenos, de tal maneira que os últimos são minúsculos; daí que a diferença seja grande entre a raiz e o cimo, onde está o fruto. De um só caule formam-se muitos rebentos laterais; ou seja, três ou quatro, e deles o maior é sempre o mais próximo da raiz, o segundo é o que vem a seguir a este, e assim sucessivamente. O rebento lateral é uma espécie de outro caule, mais fino do que o primeiro, e, tal como ele, com folhas e fruto. O fruto é negro e muito duro. O tamanho e as características da raiz são assunto a considerar mais tarde. Tal é a natureza desta planta. Germina do fruto que cai e começa a rebentar na primavera.

3. Há quem diga que é anual, outros afirmam que a raiz persiste por um tempo e que é dela que o novo caule cresce. É esse um assunto a considerar. Muito específica desta planta é a formação dos seus filamentos a partir do caule, que não são nem folhas, nem um caule propriamente; porque rebentos laterais também os têm o caniço e outras plantas.

4. 10. 1. Plantas aquáticas na Grécia

É claro que as plantas que são peculiares devem ser consideradas à parte, e as que são comuns em conjunto. Mas mesmo estas, é preciso avaliá-las de acordo com os lugares, conforme são de pântano, de lago, de rio, ou de todos estes habitats indistintamente. Há também que ter em conta as que se dão igualmente em sítios húmidos e secos, ou apenas nos que são húmidos, distinguindo, por assim dizer, estas últimas daquelas mais comuns que referimos atrás.

No lago junto de Orcómeno[1134], dão-se as seguintes árvores e espécies florestais: o salgueiro[1135], o agno-casto[1136] aquático, o nenúfar branco[1137], o caniço[1138] (o que se usa para as flautas e o outro), a junça[1139], a erva-de-ravena[1140],

---

[1134] Possivelmente Teofrasto refere-se à parte noroeste do lago Copaís, na Beócia. Na verdade, Orcómeno é nome de diversas cidades, mas esta é a mais conhecida e a mais importante da região, antes de ter sido eliminada por Tebas. Era conhecida a sua prosperidade, sobretudo em consequência da fertilidade da planície do lago Copaís, depois que foi drenado.

[1135] *Salix fragilis* L.

[1136] O agno-casto aquático não é *Vitex agnus-castus* L., mas *Lythrum salicaria* L., a que chamamos 'salgueirinha'.

[1137] *Nymphaea alba* L.

[1138] *Arundo donax* L.

[1139] *Cyperus rotundus* L.

[1140] *Saccarum ravennae* (L.) L.

a tifa[1141], e ainda o menanto[1142], a lentilha de água[1143] e a chamada "cauda-de-
-cavalo"[1144]. Aquela que se designa por "estrela de água" na sua maior parte
está submersa[1145].

2. Se dessas há algumas que são bem conhecidas - o agno-casto, o nenúfar
branco, o menanto -, a lentilha de água e a cauda-de-cavalo talvez se dêem
também noutros lugares, mas designadas por nomes diferentes. É sobre estas
que importa dizer alguma coisa. O agno-casto aquático (*elaíagnos*) é, por
natureza, arbustivo e semelhante aos outros agno-castos (*agnos*); apresenta
uma folha que lhes é idêntica no formato, mas mole, como a da macieira, e
peluda. A flor é idêntica à do álamo, mas mais pequena. Não produz fruto.
Abunda sobretudo nas ilhas flutuantes (porque também cá há algumas dessas
ilhas, como nos pântanos do Egipto, na Tesprótide[1146] e noutros lagos). Debaixo
de água cresce menos. É assim o agno-casto aquático.

3. O nenúfar branco, em formato, é semelhante à papoila[1147]. De facto, a
parte superior parece-se com o fruto da romãzeira, mas, proporcionalmente,
maior. O tamanho geral corresponde ao de uma maçã. Mas não é despido,
tem em volta umas fibras brancas e, presas a elas no exterior, umas folhas
verdes, parecidas com as das rosas quando em botão, em número de quatro.
Quando abre, tem uns grãos vermelhos; estes, em forma, não se parecem com
os das romãs, são redondos, pequenos, não muito maiores do que um grão
de milho. Têm um paladar insípido, como o dos grãos de trigo. Amadurece
no verão e tem um pedúnculo comprido. A flor é parecida com o botão de
rosa, mas maior, praticamente o dobro. Flor e folha flutuam na água. Mais
tarde, quando a floração termina e o pericarpo do fruto está formado, diz-se
que fica mais mergulhada na água e, por fim, atinge o fundo e solta o fruto.

4. Das plantas lacustres, além desta produzem fruto o bútomo e a erva-
-de-ravena; o do bútomo é negro e de um tamanho parecido com o do nenúfar
branco; o da erva-de-ravena é designado por "pluma" e usado para sabão.
Parece um bolo, mole e avermelhado. Mais ainda, há uma variante fêmea
estéril, tanto do bútomo como da erva-de-ravena, útil para fazer cestos; a
variante macho não tem utilidade.

[1141] *Typha angustifolia* L. ou *Typha latifolia* L. Amigües 2010: 167 considera ser apenas a primeira.

[1142] *Nymphoides peltata* (S.G. Gmel.) Kuntze.

[1143] Provavelmente *Lemna minor* L.

[1144] *Hippuris vulgaris* L. Amigües 2010: 168 admite ser um *Equisetum* (*Equisetum telmateia Ehrh* ou *Equisetum palustre* L.), plantas vulgarmente designadas por 'cavalinhas', mas estas plantas não dão flor (pteridófitas) e Teofrasto está a referir angiospérmicas (plantas com flor).

[1145] *Potamogeton natans* L. (cf. Amigües 2010: 168).

[1146] Na costa grega do mar Iónio.

[1147] Provavelmente *Papaver somniferum* L.

Sobre a lentilha de água, o menanto e a cauda-de-cavalo há ainda investigação a fazer.

5. De entre estas plantas, a mais peculiar é a tifa[1148], por não ter folhas, nem ter raízes em número tão elevado como as outras. É que as restantes distribuem a sua força e vitalidade para baixo não menos do que para cima, sobretudo a junça, como também o dente-de-cão[1149]; por isso, estas plantas, como todas as outras do mesmo género, são muito resistentes. A raiz da junça ultrapassa de longe qualquer outra em irregularidade, porque tem uma parte espessa e carnuda, e outra leve e lenhosa. É também específica no modo como rebenta e se reproduz. De um pedúnculo nasce, lateralmente, outra raiz fina; e sobre esta forma-se outra vez uma parte carnuda, que contém o rebento, de que brota o caule. De igual modo, projecta também raízes em profundidade; por isso é, dentre todas as plantas, a que mais resiste à deterioração e a que mais custa a arrancar.

6. O dente-de-cão[1150] nasce, praticamente da mesma maneira, dos nós; assim, as raízes são nodosas e, de cada um desses nós, irrompe para cima um rebento e para baixo uma raiz. Idêntica é também a reprodução do acanto espinhoso[1151], cuja raiz não é tipo cana, nem nodosa. Sobre estas plantas alargámo-nos mais devido à semelhança que apresentam.

Nascem, tanto em terra como na água, o salgueiro, o caniço (à excepção do que se usa para as flautas), a junça, a tifa, a erva-de-ravena e o bútomo; o nenúfar branco só na água. No caso da tifa as opiniões dividem-se. É voz corrente que, das que nascem nos dois habitats, são sempre mais bonitas e mais desenvolvidas as que nascem na água. Algumas destas dão-se também nas ilhas flutuantes, caso da junça, do bútomo e da erva-de-ravena; logo todas as partes do lago possuem estas plantas.

7. Das plantas lacustres são comestíveis as seguintes: o nenúfar branco, ele próprio e as folhas são bons para os carneiros; os rebentos para os porcos e o fruto para os seres humanos. Da erva-de-ravena, da tifa e do bútomo, a parte tenra junto à raiz é sobretudo consumida pelas crianças. A raiz é, da erva-de-ravena, a única parte comestível para o gado. Em tempo de seca e de falta de água das chuvas, todas as plantas lacustres murcham, sobretudo o caniço, de que ainda nos falta falar. Porque das outras já dissemos o suficiente.

[1148] *Typha angustifolia* L. ou *Typha latifolia* L. Amigües 2010: 167 considera ser apenas a primeira.
[1149] *Cynodon dactylon* (L.) Pers.
[1150] *Cynodon dactylon* (L.) Pers.
[1151] *Cirsium creticum* Lam. d'Urv. Esta é uma planta muito divulgada na Grécia e muito inspiradora da decoração escultórica. Amigües 2010: 171 considera ser *Acanthus spinosus* L. Admitimos que tenha razão, mas Teofrasto não refere dados suficientes para uma decisão exacta.

4. 11. 1. Os caniços

Do caniço diz-se que há duas espécies, a que se usa nas flautas e a outra. Esta última tem uma única variedade, se bem que se distingam dois tipos, uma forte e grossa, outra fina e frágil. À que é forte e grossa chama-se "cana das sebes", e à outra "cana para encanastrados"[1152]. Esta dá-se nas ilhas flutuantes e a anterior nos canaviais. Canaviais são os lugares onde as canas se aglomeram, com as raízes emaranhadas. Isto acontece em qualquer lugar do lago que tenha um solo rico. A cana das sebes aparece por vezes no mesmo sítio que a que serve para flautas; nesse caso, é mais alta do que as da sua espécie, mas ganha bicho. São estas, portanto, as diferenças nas canas de que se costuma falar.

2. Da cana para flautas não é verdade, como é uso dizer, que ela aparece de nove em nove anos, e que este intervalo seja de regra. Nasce, geralmente, quando o lago fica cheio[1153]. Mas como dantes parecia que tal acontecia de nove em nove anos, admitia-se que o crescimento da cana seguia o mesmo ritmo, considerando-se um mero acaso como uma ocorrência regular.

3. Cresce quando, depois de umas chuvas fortes, a água permanece no lago pelo menos dois anos, e quanto mais tempo melhor. Há sobretudo memória de que tal aconteceu, em tempos recentes, quando se deu a batalha de Queroneia[1154]. Antes – ao que me disseram – o lago ganhou profundidade durante vários anos. Tempos depois, quando se deu aquela peste tremenda, ele encheu-se; mas como a água não se manteve e faltou no inverno, o caniço não cresceu. Diz-se, e parece que com razão, que, se o lago ganhar profundidade, as canas aumentam de altura e, se ficarem até ao ano seguinte, elas engrossam. A cana que engrossa assim serve para os tubos, enquanto a que não esteve mergulhada na água serve para as boquilhas[1155]. É este o processo de desenvolvimento da cana.

[1152] Parece tratar-se de formas variadas de uma única espécie, *Arundo donax* L., ou, como Amigües 2010: 171-172 admite e com razão, a cana das sebes ser *Arundo donax* L. e a cana dos encanastrados *Phragmites australis* (Cav.) Trin. ex Steud.

[1153] Teofrasto refere-se ao movimento das águas do lago. Embora, em condições normais, o lago encha com as chuvas de outono e vaze com a primavera, se a drenagem for ficando obstruída, ao fim de um lapso de tempo as cheias ocorrem de uma forma mais extensa e acentuada.

[1154] Em 338 a. C., quando a Grécia foi ocupada pela Macedónia. A seguir houve uma época de chuva forte e uma peste. Queroneia era uma cidade da Beócia, onde ocorreu a célebre batalha em que Tebanos e Atenienses saíram derrotados pelas tropas macedónias de Filipe II, o pai de Alexandre Magno. Este foi um acontecimento referencial para a perda da independência grega, sucessivamente renovada ao longo dos séculos.

[1155] O *aulos* é um instrumento musical sem uma correspondência exacta com qualquer um outro nosso contemporâneo, embora em geral aproximado erroneamente da flauta. Howatson 1991: 573 considera que, pelas suas características, o *aulos* poderia corresponder melhor a um clarinete ou a um oboé. A deusa Atena passava por ter sido a sua inventora. O tubo, feito de cana, era cilíndrico e levemente cónico. O número de orifícios nele perfurados foi aumentando, de acordo com as exigências maiores da execução e da melodia. O *aulos* tinha em geral duas

4. Esta cana apresenta, no geral, diferenças em relação às outras, por uma certa maturidade natural; é mais vigorosa, mais carnuda e com um aspecto de fêmea. De facto, tem uma folha mais larga e mais branca, mas a pluma é mais pequena do que a das outras canas, ou pode até nem existir. Estas são as chamadas "canas eunuco". É delas, ao que se diz, que se fazem os melhores tubos, embora poucas resistam na fabricação.

Até à época de Antigénidas[1156], em que se tocava de um modo elementar, a estação própria para cortar as canas era o mês Boedrómion[1157], até ao nascer do Arcturo. E embora a cana assim cortada não fosse operacional senão muitos anos depois, e exigisse uma grande utilização prévia, a boquilha comprimia-se, o que era bom para os sons mais agudos.

5. Mas quando a execução evoluiu para um padrão mais sofisticado, também o corte da cana se alterou. E hoje em dia corta-se nos meses do Cirrofórion e do Hecatombeion[1158], pelo solstício ou pouco antes. Diz-se que a cana fica utilizável ao fim de três anos, sem necessitar de mais do que breves ensaios prévios, e que as linguetas ganham então uma vibração mais ampla, necessária a uma execução sofisticada. São estas as estações próprias para o corte da cana usada nos tubos do *aulos*.

6. O processo de fabrico é o seguinte. Colhem-se as canas e deixam-se ao ar livre, durante o inverno, sem lhes tirar a casca. Na primavera descascam-se, raspam-se bem e põem-se ao sol. A seguir, no verão, cortam-se em secções marcadas pelos nós, e volta-se a pô-las ao sol durante um certo tempo. Nesse segmento internodal deixa-se ficar o nó superior. O comprimento destes segmentos não é inferior a dois palmos[1159]. Para fazer os tubos, os melhores segmentos são os do meio da cana; em contrapartida, os da parte de cima produzem tubos muito moles, e os próximos da raiz tubos muito rígidos.

7. Os tubos que provêm do mesmo segmento são compatíveis, mas os outros não. Aquele que provém da secção próxima da raiz dá o tubo da esquerda, e o que provém da parte superior da cana o da direita. Mais ainda, quando se corta o segmento, a abertura, em ambos os tubos, faz-se do lado do

---

canas, ligadas por uma cinta que as mantinha juntas, de modo a poderem ser tocadas uma de cada vez ou em conjunto. Este instrumento era usado para o acompanhamento do ditirambo, e nos coros de tragédia e comédia.

[1156] Músico beócio, considerado no seu tempo (392-354 a. C.) um executante exímio. A reforma que introduziu na execução da melodia implicou uma mudança no fabrico do instrumento. O corte mais tardio, quando a cana se tornou lenhosa, produz sons mais agressivos e agudos; o corte antecipado, numa fase em que a cana é ainda mais flexível, permite modular a execução de uma forma mais rica.

[1157] Setembro.

[1158] Junho e Julho.

[1159] Cerca de 15 centímetros.

corte da própria cana. Porque se os tubos forem fabricados de outra maneira, perdem qualidade. É este o processo de fabrico.

8. Esta cana produz-se com maior abundância entre o Cefiso[1160] e o Rio Negro. Esta é a região a que se chama Pelecânia[1161], onde existem uns baixios no lago a que se dá o nome de 'Panelas'; e é daí que vêm as canas melhores. Mas existem também no local onde o chamado 'Rio dos Carneiros' desemboca; trata-se de um rio que provém de Lebadia. Mas as melhores canas, de todas elas, parecem ser as que se produzem no chamado 'Cotovelo', que é a embocadura do Cefiso. Lá perto fica uma planície fértil a que chamam 'dos Cavalos'[1162].

9. Há uma outra região a norte do Cotovelo, a que chamam Boédria, onde também, ao que se diz, a cana produzida é de boa qualidade, como acontece, em geral, onde houver um terreno com baixios, com um solo rico e de aluvião; ora no lugar onde o Cefiso se mistura com este tipo de solo e onde o lago tem baixios, a qualidade da cana é ideal. E a verdade é que, na zona do Cotovelo e da Boédria, todas estas condições estão reunidas. O Cefiso dá um grande contributo à produção de uma cana de qualidade, como se pode provar. Assim, no lugar em que o chamado Rio Negro desemboca no lago, apesar da sua profundidade, da qualidade do solo e do aluvião, a cana ou não existe ou, se existe, é fraca. E basta como informação sobre a produção e a natureza da cana para flautas, sobre o seu fabrico e sobre as diferenças em relação às outras canas.

10. Mas não são estas as únicas espécies de cana, há mais, com diferenças de fácil percepção. Assim: há uma compacta, carnuda e nodosa, e uma outra mais rala e com poucos nós. Há a cana oca, a que há quem chame 'siríngia'[1163], que, por assim dizer, não tem nem madeira nem carne. Há outra sólida e praticamente cheia por dentro; outra curta, outra bem desenvolvida, alta e grossa. Há uma fina e com muitas folhas, outra com poucas folhas e outra só com uma. Em geral há também muitas diferenças de utilidade, porque cada uma serve para um objectivo distinto.

11. Há quem distinga as diferentes espécies por diferentes designações. A mais comum é chamada *dónax*[1164], que é, ao que dizem, a que mais se concentra em maciços e que sobretudo se dá junto aos rios e aos lagos. Ora diz-se que há uma grande diferença entre qualquer cana que nasça em terreno seco ou na água. Muito peculiar é a *toxikós* ('do archeiro'), a que há quem

---

[1160] Trata-se aqui do rio mais caudaloso da Fócida e da Beócia, que desaguava no lago Copaís. No entanto, o Cefiso mais conhecido era o que atravessava a planície ateniense.

[1161] Naturalmente por servir de ponto de passagem para as migrações dos pelicanos.

[1162] Esta é a configuração do lago Orcómeno, ou Copaís, na Beócia.

[1163] Isto é, útil para construir a siringe, ou flauta de Pã, que resulta da reunião de várias canas ocas.

[1164] A cana *dónax* é *Arundo donax* L. e a *toxikós* é, muito provavelmente, *Arundo plinii* Turra.

chame 'cretense'; esta tem poucos nós, mas é mais carnuda do que qualquer outra; dobra-se com muita facilidade e, em termos gerais, se aquecida pode fazer-se dela o que se quiser.

12. As diversas espécies têm, com atrás se disse[1165], diferenças substanciais no que respeita às folhas, não apenas em quantidade e em tamanho, mas também na cor. A cana chamada 'da Lacónia' é matizada. Há ainda diferenças na disposição e na forma como estão presas. Há as que produzem a maior parte das suas folhas em baixo, e a cana propriamente dita projecta-se de uma espécie de arbusto. Por outro lado, há quem diga que o traço distintivo das dos lagos[1166] é este, terem muitas folhas e, de certa forma, semelhantes às da junça, da erva-de-ravena, do junco e do bútomo. É um caso a aprofundar melhor.

13. Há também uma espécie de cana rastejante, que não é erecta, mas projecta o caule pelo chão como a grama, e é assim que se processa o seu crescimento. A cana macho é sólida, e há quem lhe chame *eiletías* (...)[1167].

A cana da Índia[1168] é muito diferente, como se fosse uma espécie totalmente distinta. Há uma variante macho que é sólida[1169], e outra fêmea que é oca[1170] (porque neste tipo de cana faz-se também a distinção entre macho e fêmea). Nascem muitas de uma só base, sem formarem um maciço. A folha não é comprida, mas parecida com a do salgueiro. Em tamanho estas canas são grandes e vigorosas, de modo que se podem usar para dardos. Dão-se junto ao rio Acésines[1171]. Toda e qualquer cana tem muita vitalidade e, se se cortar ou queimar, volta a rebentar com mais força. Tem raízes espessas e numerosas, e por isso é resistente. A raiz é nodosa, como a da grama, apesar de que tal não aconteça por igual em todas. Sobre a cana ficou dito o essencial.

4. 12. 1. Os juncos

Falta falar do junco, que pertence a este mesmo tipo de plantas. De facto também ele se integra nas plantas aquáticas. Apresenta três espécies, segundo algumas classificações: há o que é pontiagudo e estéril, a que chamam 'macho'[1172]; o que é frutífero, chamado 'de cabeça negra'[1173], por dar um fruto negro (este é mais grosso e mais carnudo); e um terceiro, que é diferente em tamanho, grossura e em carne, que se designa por 'junco inteiro'[1174].

[1165] *Vide supra* 4. 11. 10.
[1166] *Imperata cylindrica* (L.) Raeusch.
[1167] *Ammophila arenaria* (L.) Link.
[1168] *Bambusa bambos* (L.) Voss. Ou seja, o bambu.
[1169] *Dendrocalamus strictus* (Roxb.) Nees.
[1170] *Calamagrostis epigejos* (L.) Roth.
[1171] Hoje designado por Chenab, um afluente do Indo, a leste do Punjab. *Vide supra* 4. 4. 4.
[1172] *Juncus acutus* L.
[1173] *Schoenus nigricans* L.
[1174] *Scirpus holoschoenus* L.

2. O junco de cabeça negra tem uma origem autónoma, o pontiagudo e o junco inteiro brotam do mesmo pé, o que parece extraordinário e foi espantoso de ver quando nos trouxeram o tufo inteiro de juncos[1175]; porque, do mesmo pé, provinham os juncos estéreis, a maioria, mas também uns poucos frutíferos. Esta é uma questão a averiguar. Os frutíferos existem, em geral, em menos quantidade, enquanto o junco inteiro, pela sua consistência e flexibilidade, é mais útil para encanastrados. Geralmente o frutífero produz uma cabeça que se projecta de um pé fino, e, quando incha, dá origem a uma espécie de bolbilhos semelhantes a ovos. De um só pé saem ramos espiciformes, que têm na extremidade umas cápsulas arredondadas, dispostas lateralmente e abertas. É nelas que se encontram umas sementinhas minúsculas, pontiagudas e negras, parecidas com as do áster[1176], só que menos sólidas.

3. Tem uma raiz longa e mais espessa do que a do junco comum. Essa raiz vai secando todos os anos e logo outra nasce de novo da cabeça do junco. Este é um processo fácil de observar, que há umas raízes secas enquanto outras, verdes, brotam. A cabeça é semelhante à da cebola e à do cebolinho-de-flor--azul, formada de várias camadas juntas numa só. É larga e, por baixo, tem umas cascas avermelhadas. Dá-se, portanto, uma situação particular com as raízes desta planta: secam todos os anos, mas o crescimento de outras faz-se da parte que está fora da terra. É esta a natureza dos juncos.

4. Se também as silvas e o paliuro são de certa forma plantas aquáticas ou que se dão perto da água, como acontece em certas regiões, as diferenças que as distinguem são bem claras; mas de ambas já falámos mais atrás[1177]. As ilhas flutuantes do lago Orcómeno[1178] variam de tamanho, tendo as maiores de todas cerca de uns três estádios de perímetro[1179]. No Egipto constituem-se algumas realmente grandes, de tal forma que há nelas um número elevado de javalis; então os caçadores atravessam-nas para os perseguir. Sobre plantas aquáticas é quanto basta.

4. 13. 1. A durabilidade das plantas

A caducidade das plantas e das árvores aquáticas merece uma observação de carácter geral e que é esta: tal como os animais aquáticos, também elas têm uma vida mais curta do que as da terra. Mas há que investigar, uma a uma, a vida das terrestres. Dizem os lenhadores que as plantas selvagens, todas elas praticamente sem excepção, têm uma vida mais longa e que não há

[1175] Esta será uma situação que abona a intervenção dos colaboradores de Teofrasto, que lhe facultam plantas e informações colhidas nos diversos locais.
[1176] *Pallenis spinosa* (L.) Cass., a que os pre-lineanos chamavam 'Aster' (cf. Amigües 2010: 177).
[1177] *Vide supra* 3. 18. 3-4.
[1178] *Vide supra* 4. 10. 2.
[1179] Cerca de 530 metros.

entre elas exemplos de plantas de curta duração. E muito provavelmente têm razão. De facto, todas elas vivem muito mais do que as outras. No entanto, como acontece também com as de cultivo, há umas que duram mais do que outras e há que ter em consideração quais são essas. Em contrapartida, as plantas de cultivo apresentam diferenças claras quanto a viverem mais ou menos; mas, em termos gerais, as selvagens têm vida mais longa do que as cultivadas, quer se considerem por espécies, quer quando comparadas com as suas correspondentes, a de cultivo e a selvagem, caso a caso, tipo oliveira, pereira ou figueira selvagem e doméstica. Em todas estas, as variantes selvagens são mais resistentes, mais grossas, mas incapazes de produzir frutos bem desenvolvidos.

2. A longevidade de algumas plantas, quer cultivadas quer selvagens, é também testemunhada por versões transmitidas pelo mito; assim acontece, ao que dizem, com a oliveira em Atenas, com a palmeira em Delos e, em Olímpia, com a oliveira selvagem de que se faz as coroas; ou ainda com os carvalho-avelanedos em Ílion, plantados no memorial de Ilo[1180]. Há quem diga também que foi Agamémnon quem plantou o plátano em Delfos, e também o de Cáfias, na Arcádia[1181]. Como é que tal acontece poderá decerto ser uma outra história, mas que há uma grande diferença entre as árvores nesse aspecto, isso há. São de longa duração as acima referidas e muitas mais. Enquanto estas outras são, consensualmente, de curta duração: a romãzeira, a figueira, a macieira; desta última, a chamada 'de primavera' e a 'doce' têm vida mais curta ainda do que a 'ácida'; e outro tanto acontece com a romã sem caroço. Há igualmente algumas espécies de videira de vida curta, sobretudo as que produzem mais fruto. Dá ainda ideia de que as plantas que se dão perto da água têm vida mais curta do que as que se dão em terreno seco, caso do salgueiro, do álamo, do sabugueiro e do choupo.

[1180] Conta o mito que dois deuses, Posídon e Atena, disputaram Atenas como seu território sagrado. Foi a deusa vencedora quem plantou, como sua dádiva, a primeira oliveira, no terreno sagrado da Acrópole. O ramo de oliveira, associado com a coruja, tornou-se logótipo de Atenas e símbolo de vitória e paz. A palmeira de Delos, recordada por Ulisses na *Odisseia* 6. 162-168 como paralela em beleza a Nausícaa, princesa dos Feaces, estava ligada ao nascimento de Apolo e Ártemis. A iniciativa de plantar oliveiras selvagens em Olímpia era atribuída a Héracles, o primeiro vencedor dos jogos (Píndaro, *Olímpica* 3. 33-34, 10. 46-48). A socialização do espaço mereceu, de resto, a Píndaro tratamento amplo na *Olímpica* 3. 11-40; à nudez do lugar, Héracles trouxe a sombra das oliveiras, que deram aos peregrinos protecção contra o sol agreste e aos vencedores garantiram as coroas da vitória (Píndaro, *Olímpica* 3. 13, 3. 17-18, 3. 23-24, 8. 9-10). Aos carvalho-avelanedos plantados no túmulo de Ilo não há outra menção. É na planície de Ílion que se localiza o emblema fundacional dos Troianos, o túmulo de Ilo, o fundador epónimo de Tróia (Ílion) e avô de Príamo (*Ilíada* 10. 415, 11. 371-372, 24. 349).

[1181] Testemunhos antigos consideram que este plátano ficava vizinho de uma fonte – talvez uma das duas mais célebres de Delfos, Cassótis e Castália; cf. Pausânias 8. 23. 3 que lhe chama 'plátano de Menelau', considerando que foi Menelau, já a caminho de Tróia, o autor dessa plantação.

3. Há árvores que, embora envelheçam e apodreçam rapidamente, voltam a rebentar da mesma cepa, caso dos loureiros, das macieiras, das romãzeiras, e da maior parte das espécies aquáticas. Nessa situação, há que observar se se pode falar das mesmas árvores ou de outras. Era como se se cortasse o tronco, como fazem os lavradores, e se estimulasse a formação de novos rebentos, ou se se cortasse a árvore por completo até às raízes e se queimasse. De facto essas são práticas que se usam, e que por vezes também acontecem espontaneamente. E então deve falar-se da mesma árvore ou de outra? Na medida em que as partes da árvore parecem alternar fases de crescimento e de degeneração, ou ainda de purga que elas mesmas desencadeiam, poderia tratar-se então da mesma árvore. Pois que diferenças assinalar entre um caso e o outro? **4.** Por outro lado, dado que o tronco parece sobretudo corresponder ao que é essencial e natural da árvore, quando este muda passaríamos a ter um conjunto diferente, a menos que demos por adquirido que um e outro provenham da mesma cepa. No entanto, acontece muitas vezes que as raízes são também outras e que se alteram, apodrecendo umas e outras rebentando de novo. Porque, se é verdade, como há quem afirme, que a razão por que as videiras são as plantas de maior longevidade é por, em vez de produzirem novas raízes, procederem a uma renovação permanente das mesmas, chegaríamos ao que pode parecer uma conclusão absurda, a menos que se assumisse que o tronco permanece, sendo este o fundamento natural das árvores. De toda a forma esta é matéria que pouco importa à presente reflexão, por qual dos dois pontos de vista há que optar.

5. Para abreviar, talvez a planta de maior longevidade seja aquela que, em todos os seus elementos, consegue persistir, como faz a oliveira, no que se refere ao tronco, aos rebentos e às raízes tão difíceis de destruir. Parece que a existência de uma determinada oliveira, cujo tronco devemos tomar como padrão para lhe avaliar a idade, pode rondar os 200 anos. E se, quanto à videira, como alguns pretendem, é certo que, retiradas parcialmente as raízes, o tronco consegue sobreviver, sem que a sua natureza deixe de ser globalmente a mesma e idênticos os frutos que produz ao longo do tempo, então ela seria, de facto, entre todas, a planta com maior longevidade. Diz-se também que, quando já há sinais de deterioração, o procedimento a adoptar é este: deixar crescer os ramos e colher o fruto nesse ano. Depois deve-se cavar de um lado da vinha e limpar-lhe todas as raízes; a seguir encher o buraco de aparas de madeira e pôr-lhes terra em cima.

6. Nesse ano a produção é bastante má, no ano seguinte melhora, no terceiro e no quarto anos estabiliza e produz frutos mais e melhores, de tal modo que pouca diferença faz do seu estado primitivo. Mas quando volta a degradar-se, deve cavar-se do outro lado e aplicar-lhe o mesmo tratamento; e aí ela permanece para sempre. É isto que se deve fazer de dez em dez anos. É por isso que, quem lhe aplica este tratamento, nunca corta a vinha, de modo que os mesmos troncos permanecem por muitas gerações, a ponto de se perder a memória de quem as plantou. Mas talvez seja bom ouvir os que fizeram a experiência antes de dar o caso por aceite. Estes são exemplos a considerar para saber quais as árvores com vida longa ou com vida breve.

4. 14. 1. Doenças e agressões climáticas

Quanto às doenças, diz-se que as plantas selvagens não estão sujeitas a enfermidades que as liquidem, mas que podem, de certa forma, depauperar-se; tal acontece claramente sobretudo quando cai uma camada de geada no momento de rebentarem, ou quando começam a florir; ou quando sopra um vento frio ou quente nessas ocasiões. As tormentas próprias das estações, mesmo se violentas, não as afectam; na verdade é favorável a todas estarem expostas ao tempo; se assim não for, não se desenvolvem convenientemente.

2. As plantas de cultivo estão sujeitas a mais doenças, umas que são, por assim dizer, comuns a todas ou à maioria, e outras particulares de algumas espécies. São doenças comuns a infestação pela lagarta, as queimaduras solares e o apodrecimento. Todas, pode dizer-se, estão infestadas de insectos, umas menos e outras mais, caso da figueira, da macieira e da pereira. Em termos gerais, as menos susceptíveis aos insectos são as que têm uma seiva amarga e acre, como também são essas as mais resistentes às queimaduras solares. É sobretudo nas plantas novas, mais do que nas que atingem o seu pleno desenvolvimento, que isso acontece; particularmente vulneráveis são a figueira e a videira.

3. A oliveira, além de estar infestada de lagartas (que, ao reproduzirem-se na figueira, a destroem também), produz um 'cravo', a que há quem chame 'cogumelo' e outros 'tumor da casca'[1182]. O seu efeito é equivalente à queimadura do sol. Pode acontecer por vezes que as oliveiras novas pereçam por excesso de frutificação. A sarna e os caracóis que se fixam na árvore atacam a figueira[1183]. Neste caso da figueira, este fenómeno não ocorre em toda a parte, mas, tal como acontece com os animais, as doenças das árvores estão relacionadas com a localização; assim, em certos sítios, como em Enia[1184], as figueiras não ganham sarna[1185].

[1182] Deve tratar-se da traça da oliveira (*Prays oleae* Bern.) e os 'cravos' ou 'cogumelos' que Teofrasto refere devem ser as pupas do insecto.

[1183] Deve tratar-se da ferrugem (*Cerotelium fici* (Cast.) Arth.), um fungo que forma manchas amareladas e "pústulas" nas folhas das figueiras; por isso Teofrasto lhe chama 'sarna'. Segundo Amigües 2010: 180 trata-se de cochinilhas (*Ceroplastes rusci* L.).

[1184] Na Macedónia, situada no extremo sudoeste da baía de Tessalonica. Possivelmente este conhecimento e informação que Teofrasto pode dar, com alguma minúcia, sobre a flora da Macedónia deve-se a uma estadia no local; cf. *Vida de Alexandre* 7. 2-4.

[1185] Nota Amouretti 1986: 68 que Teofrasto, que é minucioso na descrição das doenças ou fenómenos naturais que infestam as árvores, não propõe qualquer defesa ou tratamento, apenas

4. A figueira em particular é achacada ao apodrecimento e necrose. Fala-se de apodrecimento quando as raízes ficam negras[1186], e de necrose (*krádos*) quando o mesmo se passa com os ramos. Porque aos ramos (*kladoi*) há quem chame *krádos*; daí o nome da doença. A figueira selvagem nem sofre de necrose nem de apodrecimento, nem de sarna, nem as raízes se lhe infestam de insectos. E mesmo algumas, se enxertadas numa figueira de cultivo, não perdem os seus figos.

5. A sarna ataca sobretudo quando, depois do surgir das Plêiades[1187], não chove muito. Porque se chover com abundância, a própria chuva lava a sarna; mas pode acontecer que os figos de primavera e de inverno caiam. Das lagartas que existem nas figueiras, umas formam-se da própria árvore, outras são geradas pela chamada 'lagarta com cornos'[1188], em que todas acabam por se transformar. Produzem uma espécie de som estridente. A figueira adoece também se chover demasiado. Nesse caso, as partes junto à raiz e a própria raiz ficam empapadas. É o que se chama 'pelada'.

6. A videira pode tornar-se estéril. É este, além da queimadura solar, o mal que mais a afecta, ou quando os rebentos se partem com o vento, ou é vítima de um cultivo desadequado; ou, em terceiro lugar, se tiver sido podada com o corte para cima.

A vinha pode perder os bagos, processo a que há quem chame 'perda do fruto', se apanhar neve quando perde a flor ou quando se torna demasiado pujante. O que se passa é que uns bagos caem e os que ficam são atrofiados. Há plantas, como a videira, que adoecem por efeito do frio; então os olhos da videira já podada abortam. E outro tanto acontece com o excesso de calor. É que a vinha necessita de equilíbrio quanto a estes factores, como também quanto à nutrição. Em geral, tudo o que é contrário ao curso regular da natureza oferece perigo.

7. As feridas e os golpes infligidos por quem as cava em volta tornam-nas mais susceptíveis para suportar as variações de calor e frio. Então a árvore fica debilitada pelas lesões e afecções causadas e torna-se muito sensível às temperaturas extremas. Pode assim dizer-se, como alguns pensam, que, na sua maioria, as doenças provêm de um golpe; de facto, as chamadas insolações e o apodrecimento derivam de as raízes terem sido atingidas desta

---

os classifica ou descreve. O reconhecimento de que, em certos lugares, não ocorrem determinadas doenças comporta o raciocínio de que a escolha da localização pode ser, em si mesma, uma forma de defesa contra esses elementos agressores.

[1186] Geralmente isso resulta da acção de um fungo cosmopolita, mas de origem neotropical, *Sclerotium rolfsii* Sacc. Provavelmente a necrose resultaria da acção de *Rosellinia necatrix* Prill.

[1187] Início de Maio.

[1188] Díaz Regañón 1988: 280 diz tratar-se da lagarta do besouro-europeu, *Melolontha majalis* Razoum., cujo nome válido é *Amphimallon majalis* (Razoum.) Reitt. ou da vacaloura, *Lucanus cervus* L. Por seu lado Amigües 2010: 181 considera ser o coleóptero *Hesperophanes griseus* (Fabricius) Andre, cujo nome válido é *Trichoferus griseus* Fabricius, um parasita específico da figueira.

forma. Pensa-se também que estas são as duas únicas doenças, mas não há propriamente um grande consenso nesta matéria.

De todas, as de constituição mais fraca são a macieira de primavera, sobretudo a doce[1189].

8. Algumas mutilações não provocam propriamente a destruição completa da árvore, mas tornam-na estéril. Assim por exemplo, se se arrancar a parte de cima do Alepo ou da tamareira, ambas, ao que parece, se tornam estéreis, sem no entanto perecerem por completo.

Há doenças que afectam os próprios frutos, se os ventos e as chuvas não vierem na altura própria. Acontece, por exemplo, que o fruto cai por haver ou não haver água, caso da figueira; ou que se torna de pior qualidade, porque apodrece por efeito de um tempo abafado ou por uma desidratação excessiva. Mas pior do que tudo o mais é, para árvores como a oliveira e a videira, apanhar chuva quando estão a perder a flor; porque nessa altura o fruto não tem resistência e cai também.

9. Em Mileto[1190], as oliveiras, na época da floração, são devoradas pelas lagartas, umas que lhes comem as folhas e outras, de uma espécie diferente, as flores, acabando por despir a árvore[1191]. Isto acontece se houver ventos do sul e bom tempo. E sob o efeito da canícula as árvores morrem.

Em Tarento, as oliveiras prometem sempre muito fruto, mas boa parte dele perde-se com a queda da flor. E são estas as características próprias dos diferentes lugares.

10. Mas há ainda uma outra doença da oliveira, conhecida por 'teia de aranha'[1192], que se forma na árvore e destrói o fruto. Também a canícula queima superficialmente a azeitona, os cachos de uva e outros frutos. Há alguns frutos que são devorados pelo bicho, a azeitona, a pera, a maçã, a nêspera e a romã. A lagarta da azeitona[1193], se lhe penetrar debaixo da pele, destrói o fruto; se, pelo contrário, lhe comer o caroço, é benéfica. Para evitar que ela lhe penetre a pele, é preciso que chova após o nascimento do Arcturo. A lagarta aparece também nas azeitonas que amadurecem na árvore, que se tornam de pior qualidade para o fabrico do azeite. Estas lagartas parecem completamente podres; aparecem sobretudo com ventos do sul e em lugares

---

[1189] Este comentário está aqui claramente deslocado.

[1190] Ao sugerir como exemplos de certas agressões climáticas Mileto e Tarento, Teofrasto escolhe dois lugares reconhecidos como dos mais quentes do mundo grego.

[1191] *Prays oleae* Bern. tem um ciclo biológico com três fases (gerações); uma fitófaga (alimenta-se de folhas), outra antófaga (alimenta-se de flores) e outra carpófaga (alimenta-se de frutos).

[1192] *Euphyllura olivina* Costa. Não parece ter razão Díaz Regañón 1988: 281-282 que identifica a doença como sendo provocada por *Clisiocampa neustria* (L.) Curtis, cujo nome válido é *Malacosoma neustria* (L.) Hübner; pois não se trata de um aracnídeo, mas de um psilídeo (insecto, hemíptero).

[1193] É a lagarta da mosca da azeitona, *Dacus oleae* Rossi.

húmidos. Há também, em certas árvores, como o carvalho e a figueira, uma vespa[1194]; esta parece produzir-se a partir da humidade existente sob a casca, que é adocicada. Há também bichos que atacam alguns legumes, como as lagartas, mas neste caso, naturalmente, com uma origem diversa.

11. São estas, em termos gerais, as doenças e as plantas que elas afectam. Além disso, há algumas afecções devidas à estação e ao habitat, que podem até destruir a planta, a que não chamaríamos propriamente doenças. Refiro-me à geada e ao que alguns chamam 'queimadura'. Há ventos que sopram num ou noutro lugar e que podem destruir ou queimar as plantas. Assim em Cálcis, na Eubeia, o chamado vento 'do Olimpo'[1195], quando sopra frio um pouco antes ou depois do solstício de inverno. Este é um vento que queima as árvores, e as deixa desidratadas e calcinadas que nem sob o efeito de uma longa exposição ao sol; daí falar-se de 'queimadura'. No passado, este fenómeno era frequente e, no tempo de Arquipo[1196], ocorreu com particular inclemência, depois de um intervalo de quarenta anos.

12. Dos vários lugares, os que mais sofrem com estes inconvenientes são as zonas profundas, os vales, as margens dos rios, ou seja, genericamente aqueles em que não há ventos. Das árvores, a mais susceptível é a figueira e, em segundo lugar, a oliveira. A oliveira selvagem, apesar de mais resistente, é mais sensível do que a doméstica, por mais espantoso que isso possa parecer. Em contrapartida, as amendoeiras foram sempre totalmente isentas de doenças, como também as macieiras, as pereiras e as romãzeiras, o que é também surpreendente. A árvore começa por se queimar a partir do tronco e, em geral, pode dizer-se que as partes de cima se deterioram mais e mais depressa do que as de baixo. Em certos casos, esse processo torna-se evidente quando a árvore rebenta, mas na oliveira, por ser de folha persistente, só mais tarde. Se, por um lado, todas as árvores que perdem a folha voltam a renascer, aquelas em que isso não acontece morrem. Em alguns sítios, houve casos de exemplares que se queimaram, que ficaram com as folhas calcinadas, e que voltaram a rebentar, sem terem chegado a perder a folhagem, e as próprias folhas revigoraram-se também. Há regiões, particularmente Filipos[1197], onde esta situação ocorre com frequência.

13. As plantas atingidas pela geada, quando não ficam completamente destruídas, rapidamente voltam a rebentar, de tal forma que a videira volta

---

[1194] A vespa que provoca galhas nos carvalhos é *Diplolepis quercus-folii* L.; na figueira (*Ficus carica* L.), é *Blastophaga psenes* L.

[1195] Esta designação implica a ideia de um vento que sopra do continente, do monte Olimpo, sobre a ilha fronteiriça de Eubeia. Como Cálcis se situa na face da ilha voltada para o continente, no próprio canal do Euripo que os separa, é agredida por esse vento de uma forma directa.

[1196] Provavelmente o arconte de 318-317 a. C.

[1197] Cidade da Trácia, fundada por Filipe II da Macedónia em 356 a. C.; *Vide supra* 2. 2. 7. Esta é uma região que surpreende pela resistência da sua vegetação.

logo a dar fruto, por exemplo na Tessália. No Ponto, junto a Panticápeon[1198], a ocorrência de geada está condicionada por dois factores: ou devido ao frio, se o inverno, naquele ano, for rigoroso; ou devido às neves, se se prolongarem por muito tempo. Uma e outra situação ocorre geralmente nos quarenta dias a seguir ao solstício. Essas neves formam-se com tempo limpo, e são as rajadas de frio as principais responsáveis pelos nevões, quando, com o céu limpo, caem flocos de neve. Estes são tipo lasca, mas maiores; são visíveis ao cair, mas depois não duram. Na Trácia transformam-se em gelo.

14. Eis as considerações que há a fazer sobre as doenças, quantas e quais são, identificá-las e aos resultados destrutivos do excesso de frio ou de calor, ou aos efeitos dos ventos frios ou quentes. Algumas destas condições podem afectar também as espécies selvagens, produzindo a destruição total da árvore, ou, principalmente, a dos frutos. É o que vemos que realmente acontece. De facto, com frequência as árvores selvagens não produzem uma colheita de fruto aceitável; mas julgo que, neste caso, a observação não se fez da mesma forma.

4. 15. 1. Causas da morte das árvores

Resta falar das plantas que morrem por se lhes ter cortado alguma parte. É comum a todas que pereçam se se lhes cortar a casca a toda a volta. Nestas circunstâncias pode dizer-se que todas, salvo o medronheiro-do-oriente, morrem. E mesmo a este acontece-lhe o mesmo, se se lhe atingir profundamente a carne, e se se lhe arrasar os rebentos que estão em formação. Pode talvez excluir-se o sobreiro. Este, ao que se diz, torna-se até mais forte se se lhe tirar a casca, ou seja, a parte exterior e a que lhe fica por baixo, até à carne, como também no medronheiro-do-oriente. Tira-se também a casca da cerejeira, da videira e da tília (de que se faz cordas); e, de entre plantas menores, também da malva[1199]; só que não é a parte nobre nem a principal que se retira, mas a que lhe está por cima, que por vezes até cai espontaneamente, devido à formação de outra por baixo.

2. Há algumas árvores, como o medronheiro-do-oriente e o plátano, que têm a casca quebradiça. Pensam alguns que, por baixo, se forma uma nova casca; então a exterior seca, fende-se e, na maior parte dos casos, cai espontaneamente; mas este processo não é tão evidente como os anteriores. Assim, há quem pense que, se todas as árvores perecem se se lhes cortar a casca, este processo se verifica com diferentes níveis de rapidez e em maior ou menor quantidade. Há as que resistem mais tempo (a figueira, a tília e o carvalho). Há até quem diga que estas se recuperam, como também o ulmeiro

---

[1198] *Vide supra* 4. 5. 3.
[1199] *Malva arborea* (L.) Webb & Berthel.

e a tamareira. A casca da tília regenera-se à excepção de uma pequena parte. Noutras forma-se uma espécie de calo, de uma natureza particular. Procura-se socorrer a árvore com um emplastro de lama, e atando à árvore cascas, canas ou outros materiais do género, de modo a protegê-la do frio e para que não seque. Dizem que já aconteceu que a casca se regenere, como em Heracleia de Tráquis[1200] com a figueira.

3. No entanto, tudo depende da excelência do terreno, da moderação do clima e de que as outras condições sejam também favoráveis. Porque se houver excesso de frio ou de calor, as árvores morrem logo. As estações fazem também diferença. Na altura em que o abeto ou o pinheiro rebentam, quando a casca se separa, nos meses do Targélion ou do Escirrofórion[1201], se se lha tirar, eles morrem. Se se proceder assim no inverno, a árvore dura mais tempo, e isto acontece sobretudo com espécies mais resistentes, como o quermes e o carvalho. Estas são as que levam mais tempo a definhar.

4. Para tal é preciso que o pedaço que se retira seja extenso, principalmente com todas as árvores mais resistentes. Porque se se fizer esse corte em grau reduzido, não surpreende que a árvore não pereça. No entanto, há quem diga que, seja qual for a quantidade retirada, é certo que a árvore morre. Mas é provável que tal aconteça apenas com as árvores mais débeis. Há até algumas que, ao que se diz, perecem mesmo que se lhes não retire a casca, por estarem num solo pobre e sem nutrientes. Este é, como ficou dito, um motivo geral de morte para todas as árvores.

4.16.1. Reacções das árvores a diferentes lesões

O processo a que se chama 'decote' das árvores só é fatal para o pinheiro, o abeto, o Alepo e a tamareira, a que alguns acrescentam o *kédros* e o cipreste. Estas árvores, se se lhes retirar a folhagem em cima e se se lhes cortar o topo, morrem por completo e não voltam a rebentar, como acontece com todas ou pelo menos com algumas se forem queimadas. Todas as outras, mesmo se podadas, voltam a rebentar e algumas até, caso da oliveira, com mais vigor. A maioria perece se se lhe fender o tronco. De facto, nenhuma parece superar esta lesão a não ser a videira, a figueira, a romãzeira e a macieira. Há mesmo as que, se forem golpeadas de forma intensa e profunda, morrem. Há também as que não se ressentem, como o pinheiro quando se sangra e outras árvores de que se recolhe a resina, caso do abeto e do terebinto. E o que é certo é que esse golpe e esse corte são feitos em profundidade. Podem até, de estéreis, tornar-se frutíferas, ou passarem a produzir mais fruto do que o que produziam.

[1200] Na Grécia central, perto das Termópilas, situada no sopé do monte Eta. Esta era uma região que serve de contexto a um passo da vida de Héracles, motivo para a tragédia de Sófocles intitulada *Traquínias* (*Mulheres de Tráquis*).

[1201] Maio e Junho.

2. Há árvores que aguentam os golpes do machado, estejam elas de pé ou dobradas pelo vento, de tal modo que podem erguer-se de novo, viver e rebentar, caso do salgueiro e do plátano. Foi isto o que aconteceu em Antandro e Filipos. Um plátano, que tinha caído, a que se tinha cortado os ramos e golpeado o tronco à machadada, durante a noite soergueu-se, porque aliviado do peso; voltou então à vida e a casca regenerou-se outra vez. O que se passa é que lhe tinham cortado dois terços da casca. Ora a árvore era grande, com mais de dez côvados de altura[1202], e grossa, de forma que nem quatro homens facilmente a poderiam abraçar. **3.** O salgueiro em Filipos tinha sofrido o corte dos ramos, mas não golpes no tronco. Um adivinho persuadiu a população local a fazer um sacrifício e a cuidar da árvore, porque o que ocorrera era de bom presságio. Também em Estagira, nos jardins da escola, um álamo que tinha caído voltou a soerguer-se[1203].

4. Se se lhe retirar a medula, nenhuma árvore por assim dizer perece. Prova disso é que há muitas árvores de grande porte que são ocas. A população da Arcádia afirma que, nessas condições, uma árvore vive durante um certo tempo, mas se for por completo desprovida da sua medula, quer se trate de um pinheiro, de um abeto, ou de qualquer outra, acaba por morrer.

5. A destruição é também generalizada a todas as árvores, se se lhes cortar as raízes, todas, a maior parte, ou as maiores, ou aquelas de que a sua sobrevivência mais depende. São estas as circunstâncias que advêm de uma mutilação.

A destruição sob o efeito do azeite é mais por acréscimo do que por mutilação. É que o azeite é maléfico para todas elas. É por isso que se derrama azeite sobre o que resta das raízes; actua mais sobre as árvores novas, ainda em desenvolvimento, porque são mais fracas. Por isso se lhe não permite que as toque.

As plantas podem destruir-se umas às outras, numa disputa pelos nutrientes ou ao atropelarem-se de outras formas. A vizinhança da hera é nociva, como também a do 'cítiso'[1204], porque destroem praticamente tudo. Mas mais potente do que esse é ainda a salgadeira[1205], porque até o 'císifo' ela mata.

[1202] Cerca de 4, 5 m.

[1203] Plutarco, *Vida de Alexandre* 7. 2-4, refere-se a Estagira, cidade da Calcídica de onde Aristóteles era natural, e que Filipe II da Macedónia destruiu em 350 a. C. Mas quando o rei macedónio se propôs contratar o Estagirita, em função da sua reputação, como educador do príncipe Alexandre, não só lhe atribuiu um salário generoso, como reconstruiu a cidade que antes arrasara. Aí estabeleceu um local de estudo, num parque, de que – pode dizer Plutarco – 'ainda hoje nos são mostrados os assentos de pedra e as alamedas cobertas de sombra de Aristóteles'. Pensa Amigües 1988: XI que esta referência concreta signifique que também Teofrasto lá ensinou.

[1204] Alguns autores fazem equivaler 'cítiso', neste passo, a *Medicago arborea* L., uma planta da mesma família do *Laburnum anagyroides* Medik. Como Teofrasto aqui refere que se trata de uma planta ' que destrói praticamente tudo', como a hera, deve estar de facto a referir-se a *Medicago arborea* L., uma planta ornamental, forrageira e invasora.

[1205] *Atriplex halimus* L., também referida por Dioscórides 1. 91.

6. Há plantas que, sem destruir propriamente, deterioram a qualidade das árvores, no que respeita às suas seivas e ao seu aroma, caso da couve e do loureiro que prejudicam a videira. Diz-se que esta tem olfacto e absorve os cheiros. Por isso, o rebento da videira, quando lhe está próximo, vira-se e volta-se para o outro lado, como se o cheiro lhe fosse hostil. Andrócides[1206] serviu-se deste exemplo para provar o efeito da couve[1207] sobre o vinho, para anular os efeitos da embriaguez. Porque mesmo se viva, a videira evita esse cheiro. É agora claro do que se disse quais as causas da destruição das árvores, quantas elas são, e de que forma actuam.

[1206] Médico de Alexandre Magno.
[1207] *Brassica oleracea* L.

Livro V

Bruguiera gymnorhiza (L.) Lam.
5. 4. 7 (nota 1238)
Imagem 1 e 2 - Moçambique, Ilha de Vamizi, P. Silveira

Livro V

5. 1. 1. Sobre as diversas madeiras e a sua utilização

Da mesma forma, temos de procurar abordar a questão das espécies florestais: quais as características da madeira de cada árvore, quando é o tempo certo para as cortar, quais as respectivas utilidades, qual é difícil ou fácil de trabalhar, e todas as outras questões relacionadas com este tipo de investigação.

Estações próprias para o corte

São estas as alturas certas para o corte das madeiras: as cilíndricas[1208] e as que se destinam a ser descascadas, quando a árvore rebenta; de facto, é nessa ocasião que a casca é mais fácil de retirar (processo que se designa por 'descortiçar'), devido à humidade que se lhe forma por baixo. Depois a casca resiste mais e a madeira apresenta-se negra e com mau aspecto. Mesmo assim, depois da época de 'descortiçar' a árvore, pode cortar-se tacos de madeira, porque se pode desbastar com o machado as irregularidades. Em geral, qualquer madeira atinge, sob o ponto de vista da resistência, o seu melhor momento não só quando a árvore já terminou de rebentar, mas principalmente quando já amadureceu o fruto. No entanto, devido à desfolha, acontece que as madeiras 'cilíndricas' estão no ponto antes do amadurecimento do fruto, de tal modo que, por acidente, as estações estão, neste caso, invertidas. Além disso, a madeira do abeto tem uma cor melhor quando ele é descortiçado pela primeira vez.

2. Uma vez que é sobretudo ou apenas ao abeto, ao pinheiro e ao Alepo que se retira a casca, esses abatem-se na primavera, porque é essa a época em que rebentam. As outras cortam-se ou depois da ceifa, ou após a vindima e o nascimento do Arcturo[1209], caso da azinheira, do ulmeiro, do ácer[1210], do freixo, da *zygia*, da faia, da tília, do carvalho-avelanedo e, em geral, de todas as que são usadas em obras subterrâneas. O carvalho é o que se corta mais tarde, já no início do inverno quando o outono terminou. Se se cortar na altura da desfolha, ele apodrece – pode dizer-se – muito rapidamente, tenha ou não tenha casca. Este processo acontece sobretudo na primeira descortiçada, na segunda menos e, na terceira, menos ainda. As árvores cortadas depois do amadurecimento do fruto permanecem ilesas, mesmo se não tiverem sido descortiçadas. A menos que as lagartas se introduzam sob a casca e criem

---

[1208] Ou seja, aquelas que, depois de 'descortiçadas', conservam a forma natural do tronco.
[1209] *Vide supra* nota 264.
[1210] Provavelmente *Acer campestre* L., de acordo com Díaz Regañón 1988: 292.

estrias à superfície do tronco, que há quem use como timbres[1211]. Se cortada na altura própria, a madeira do carvalho não apodrece e fica totalmente limpa de bicho; é então rija e compacta como um corno. É, toda ela, idêntica à da zona do coração, exceptuando-se a do carvalho de casca marinha[1212] que, mesmo então, é fraca.

3. O resultado é diferente quando as árvores são cortadas na altura em que rebentam ou depois de frutificarem; assim, no primeiro caso, os troncos secam e as árvores não rebentam; após a frutificação, ganham rebentos laterais. Nessa altura, porém, são mais difíceis de cortar, porque a madeira é mais dura. É recomendável que se proceda ao corte quando a lua decresce, porque então a madeira é mais resistente e menos sujeita a apodrecer. Mas como o amadurecimento do fruto varia de árvore para árvore, é evidente que a fase de as cortar varia também, sendo portanto as que frutificam mais tarde as que se cortam mais tarde.

4. Por isso há quem procure estabelecer um tempo certo para cada caso. Por exemplo, o pinheiro e o abeto quando soltam a casca; a faia, a tília, o ácer e a *zygia* no outono; o carvalho, como atrás se disse[1213], no fim do outono. Há, no entanto, quem diga que o pinheiro está no ponto para abate na primavera, quando tem aquilo a que se chama 'rebento de inverno', e o Alepo quando tem pinhas na antese. Portanto distingue-se, para cada caso, o tempo próprio para o corte. Mas, de toda a forma, é evidente que uma árvore na sua plenitude é melhor para o abate do que uma muito nova ou já envelhecida; porque a madeira das novas é demasiado húmida, e a das velhas demasiado terrosa.

5. As que mais utilidades têm e mais variadas são o abeto e o pinheiro, cuja madeira é também mais bonita e de maiores dimensões. No entanto diferem uma da outra em muitos aspectos. Assim, o pinheiro é mais carnudo e com pouca fibra; o abeto muito fibroso e sem carne, de modo que, quanto aos seus componentes, são o inverso uma da outra, tendo o abeto fibras resistentes, mas a carne mole e pouco consistente. Por isso, a madeira de um é pesada e a do outro leve; a do primeiro é resinosa e a do outro sem resina[1214] e, em consequência, mais clara.

6. O pinheiro tem também ramos em maior quantidade, enquanto o abeto os tem muito mais rijos, ou mesmo mais rijos do que os de qualquer outra árvore. Mesmo assim ambos os têm consistentes, córneos, de cor acastanhada

---

[1211] Estes são os sulcos produzidos pelas lagartas de coleópteros. Como Teofrasto refere que as larvas parasitam o carvalho, trata-se de *Anobium tessellatum* Oliv.; não de *Ips typographus* L. (como é proposto por Díaz Regañón 1988: 293), que parasita resinosas, como os abetos, por exemplo, nem *Agrilus viridis* L., que parasita outras folhosas (faias, por exemplo) e não carvalhos.

[1212] *Vide supra* nota 698.

[1213] *Vide supra* 5.1.2.

[1214] O abeto também é uma árvore resinosa, mas em grau muito menor do que o pinheiro.

e resinosos. Quando são cortados, deles escorre uma seiva durante muito tempo, sobretudo no caso do abeto. A madeira deste último tem também muitas camadas, tipo cebola[1215]; há sempre uma outra por baixo da que está à vista, e toda a madeira é assim composta. **7.** Por isso, os fabricantes de remos procuram soltar estas camadas uma a uma e de acordo com a própria estrutura; porque se procederem assim, conseguem um remo resistente; se as soltarem de forma irregular e sem evitarem desníveis, o remo é frágil; é que desta forma o que fazem é golpear a madeira, não soltar-lhe as camadas. A madeira do abeto é também a que tem maior comprimento e a mais rectilínea. Daí que se faça com ela vergas e mastros[1216]. É ainda, de todas, a que tem veios e fibras mais visíveis.

8. Primeiro cresce em altura, até atingir a luz do sol. Nessa fase não produz nenhum ramo, nem rebento, nem ganha grossura. A seguir cresce em volume e em espessura, à medida que desenvolve ramos e rebentos.

9. São estas as características particulares do abeto, a que se somam as comuns ao pinheiro e às outras árvores. Assim, por exemplo, há casos de fissura quádrupla e outros de fissura dupla. Chama-se 'de fissura quádrupla' àquelas madeiras em que, por natureza, existe de cada lado do coração duas linhas de fissura distintas e opostas[1217]. Sendo assim, os golpes do machado seguem estas linhas até encontrarem resistência de um ou de outro lado da medula. Porque a própria natureza das fissuras obriga a que assim seja. A este tipo de abeto e de pinheiro chama-se ' de fissura quádrupla'. Por esta razão são também estas as melhores madeiras para a carpintaria; por terem uma textura compacta e produzirem uma medula.

10. As árvores de dupla fissura têm apenas duas linhas, uma de cada lado do coração, que não se correspondem uma à outra, de tal modo que o corte do machado segue também esta linha dupla, e atinge a zona da medula de cada lado em ângulos diferentes. Diz-se que esta madeira é a mais maleável, mas muito má para a carpintaria, justamente porque lasca com muita facilidade. Chamam-se 'de fissura única' aquelas árvores que só têm uma linha de fissura contínua, ainda que, também neste caso, o golpe seja dado dos dois lados do coração. Estas madeiras têm, ao que se diz, uma textura lassa, mas muito pouco propensa a lascar.

11. A nível das cascas há diferenças que permitem conhecer, a um simples olhar, para cada árvore, que tipo de madeira é que ela tem. Assim se a madeira

---

[1215] Trata-se dos anéis de crescimento característicos das plantas lenhosas.

[1216] A especificação do tipo de madeiras e do respectivo uso na construção naval assinala a importância que esta indústria tinha para Atenas, dada a relevância da sua frota para a defesa e economia da cidade.

[1217] Amigües 2010: 193 dá sobre o corte de acordo com as fissuras da madeira uma explicação circunstanciada.

tiver fissuras rectas e não sinuosas, a casca é também lisa e regular; se aquela for do tipo oposto, também a casca é áspera e retorcida. E o mesmo se passa com os outros elementos. De fissuras quádruplas há poucas árvores, sendo a maioria das restantes de fissura única. Todas as espécies florestais, como atrás ficou dito[1218], que estiverem numa posição virada a norte, são maiores, mais erectas, menos sinuosas, mais resistentes e, em geral, mais bonitas e mais abundantes. Na própria árvore, a parte virada a norte é mais densa e mais vigorosa. Mas aquelas árvores que estão numa posição oblíqua em relação ao norte, e expostas ao vento, essas, pouco a pouco, a nortada vai-as retorcendo e deformando, de tal maneira que a própria medula fica retorcida em vez de ser erecta.

12. A madeira deste tipo de árvore enquanto inteira é resistente; mas quando cortada torna-se frágil, por ter as fibras muito irregulares. Os construtores designam-na por 'de troncos pequenos', por ser assim que a cortam antes de a usar. Em geral, a madeira proveniente de lugares húmidos, abrigados, sombrios e apertados é de pior qualidade, quer para a carpintaria, quer para a combustão. São estas, em termos gerais, as diferenças entre árvores da mesma espécie, devido ao seu habitat.

5. 2. 1. Efeitos do clima sobre a madeira

Há quem faça uma distinção por regiões, e considere que a espécie florestal melhor, que se importa na Grécia, para a carpintaria é a da Macedónia[1219], por ser lisa, não sinuosa e com resina. Em segundo lugar vem a do Ponto[1220], em terceiro a do Ríndaco[1221] e em quarto a de Enianes[1222]; a pior é a do Parnaso e a de Eubeia, por serem nodosas, ásperas e de apodrecimento fácil. Sobre a da Arcádia há dúvidas.

2. As madeiras mais resistentes são as que não têm nós e são lisas. Desde logo de aspecto são as mais bonitas. As árvores tornam-se nodosas por má nutrição e por terem sido duramente atingidas pelo mau tempo ou por qualquer outro factor do género. Porque desde logo a existência de muitos nós indica falta de nutrição. Mas quando, depois de uma fase de carência nutritiva, a árvore recupera de novo e ganha vigor, o que acontece é que os nós são absorvidos pelas zonas periféricas. A árvore, então bem alimentada e bem desenvolvida, recupera; com frequência a madeira fica lisa por fora, mas quando se abre, aparecem os nós. É por isso que se observa as medulas que

---

[1218] *Vide supra* 4. 1. 4.
[1219] Sobre a qualidade das espécies florestais da Macedónia, *vide supra* 4. 5. 5.
[1220] Sobre as espécies florestais do Ponto, *vide supra* 4. 5. 3.
[1221] Nome de um rio que cruza a Propôntide, na antiga região asiática da Mísia. Esta região corresponde às proximidades da actual cidade turca de Bursa.
[1222] Região do monte Eta, na Grécia Central.

foram cortadas. Se elas tiverem nós, a parte exterior é também nodosa. Estes nós são mais difíceis de tratar do que os exteriores e também mais evidentes.

3. Também 'as espirais' da madeira resultam igualmente das intempéries e da má nutrição. Fala-se de 'espirais' quando existem nela umas sinuosidades maiores do que é habitual, constituídas por um grande número de anéis; não se trata de algo parecido simplesmente com o nó, nem com os veios naturais da madeira, que é algo que a percorre a toda de modo uniforme. Este tipo de sinuosidade é muito mais difícil de trabalhar do que os nós. Parece corresponder ao que, nos minerais, se chama 'cálculos'. Que um crescimento pujante cobre os nós é muito evidente à simples observação, ou pela consideração de outros fenómenos semelhantes.

4. Assim, muitas vezes, uma parte da própria árvore é absorvida por outra que entretanto se formou. E se se lhe cavar um buraco e lá se puser uma pedra ou outra coisa parecida, esta fica enquistada, quando envolvida pela madeira que se lhe forma em volta. Foi o que aconteceu com a oliveira selvagem na praça de Mégara. Segundo um oráculo, se ela fosse cortada, a cidade seria arrasada e tomada, o que aconteceu ... quando Demétrio a tomou[1223]. Quando a racharam, foram encontradas cnémides e outras manufacturas da Ática penduradas pois o oco da árvore formou-se justamente no sítio onde estes objectos tinham sido postos como oferenda. Desta árvore resta ainda uma pequena parte, mas em muitos outros sítios produziram-se fenómenos do género. Além de que, como foi dito acima, situações semelhantes acontecem com muitas outras espécies.

5. 3. 1. Diferenças na textura das madeiras

De acordo com as características próprias de cada árvore, assim também há diferenças no que se refere a consistência ou fragilidade, peso ou leveza, dureza ou flexibilidade, e assim por diante, sob pontos de vista equivalentes. Estas são diferenças aplicáveis às espécies domésticas e selvagens, pelo que falaremos de todas sem distinção.

Assim, parece ser o buxo e o ébano as que têm a madeira mais consistente e mais pesada, de modo que nem sequer flutua na água. Isto aplica-se ao buxo na sua totalidade, e à medula do ébano, que é onde se encontra também a pigmentação negra. O mesmo se passa, entre as restantes, com o *lótus*. É igualmente consistente a medula do carvalho, a que há quem chame 'carvalho negro'; e mais ainda a do cítiso, que equivale à do ébano.

[1223] Após a morte prematura de Alexandre, em 323 a. C., o império macedónio e o vasto território asiático conquistado pelo monarca caíram num terrível caos, fragmentados pelas disputas entre os seus generais e familiares. A tomada de Mégara por Demétrio Poliorceta, governante macedónio, aconteceu em 307 a. C.

2. Muito escura e consistente é também a madeira do terebinto. Pelo menos a da Síria dizem que consegue ser mais negra ainda do que a do ébano. É dela que se fabrica cabos de punhais, como também, ao torno, as taças de Téricles[1224], de tal forma que ninguém as distinguiria das de cerâmica. Para esse efeito utiliza-se o coração da madeira, que deve ser oleada para ficar mais bonita e mais negra.

Existe ainda uma outra árvore que, além da cor negra, tem também uns laivos vermelhos, o que lhe dá o aspecto de um ébano matizado. Com ela faz-se camas, assentos e outros produtos de qualidade. Trata-se de uma árvore enorme, com uma bela folhagem e parecida com a pereira[1225].

3. Estas são, portanto, as árvores com uma madeira, além de negra, consistente. Compacta é também a do ácer e a da *zygia* e, em geral, de todas as que têm uma madeira coesa. São-no também a oliveira doméstica e a selvagem, que a têm, no entanto, quebradiça. Das espécies selvagens usadas na construção de telhados, a madeira do abeto é a mais rarefeita e, das restantes, também a do sabugueiro[1226], a da figueira, a da macieira e a do loureiro. As madeiras mais duras são as do carvalho, da *zygia* e da azinheira. De facto, é costume mergulhá-las em água, para as amaciar e poder furá-las. São moles as madeiras leves e porosas; das espécies carnudas, a mais leve é a da tília. Esta última parece ser também a mais quente[1227]. Prova disso está em que, mais do que nenhuma outra, amacia os utensílios de ferro, que perdem o fio devido a esse calor.

4. Quente é também a madeira da hera, do loureiro e, de um modo geral, a daquelas árvores que se usam como combustível. Menestor[1228] acrescenta-lhes a amoreira. As mais frias são as das plantas aquáticas e de tipo aquoso. Flexíveis são as madeiras do salgueiro e da videira e por isso delas se faz os escudos, porque, depois de golpeados, voltam a consolidar-se. A do salgueiro, no entanto, é mais leve, mais rarefeita, e por isso a preferida. A do plátano tem flexibilidade, mas por natureza é mais aquosa, como também a do ulmeiro. Prova disso é que, se se mantiver erecta depois do abate, ela solta muita água. A da amoreira é, ao mesmo tempo, compacta e flexível.

[1224] Que possivelmente recebem este nome da semelhança com as fabricadas por Téricles, um conhecido oleiro de Corinto (séc. V a. C.). O terebinto da Síria é *Pistacia atlantica* Desf., de maior porte do que o terebinto do Mediterrâneo, *Pistacia terebinthus* L.

[1225] *Dalbergia sissoo* DC., que é um pau preto e tem folhas parecidas com as da pereira.

[1226] *Sambucus nigra* L.

[1227] Amigües 2010: 197 observa, a propósito do critério de classificação de 'quente' e 'frio' aplicado às plantas, que no primeiro grupo se incluíam as espécies de suco acre e oleoso, e no segundo as de ambiente húmido. No entanto não é este o factor que torna a tília útil para amaciar objectos de ferro, mas a sua textura.

[1228] *Vide supra* 1. 2. 3.

5. A madeira do ulmeiro é igualmente a menos propensa a torcer-se e, por isso, se faz com ela os gonzos das portas. Porque, se eles resistirem, as portas mantêm-se também direitas; caso contrário, elas próprias empenam. Fazem-se também os gonzos pondo em cima a madeira da raiz e em baixo a da folhagem (os carpinteiros chamam 'madeira de folhagem' à de cima); logo, quando se encaixa uma na outra, elas compensam-se mutuamente, por tenderem para direcções opostas. Porque se a madeira ficasse de acordo com a direcção de crescimento, todas as portas cederiam no ponto de encaixe.

As portas não são terminadas logo de uma vez. Quando estão já montadas, põem-se direitas e, só mais tarde, no ano seguinte ou mesmo dois anos depois, é que se rematam, para se obter um trabalho de qualidade. De facto no verão, a madeira seca e estala; no inverno, fica coesa; a razão para que tal aconteça é que a madeira pouco compacta e carnuda do abeto absorve a humidade atmosférica.

6. A tamareira é leve, fácil de trabalhar e mole, como o sobreiro, mas é melhor por ser flexível, enquanto a do sobreiro é quebradiça. Daí que as imagens hoje em dia sejam feitas de tamareira e se prescinda do sobreiro. No entanto, não tem as fibras regularmente distribuídas, nem muito extensas, nem com uma disposição simétrica todas elas, mas dispersas em todas as direcções. É uma madeira que seca, enquanto se serra e se aplaina.

7. O *thyon*, a que há quem chame *thya*[1229], existe na região de Ámon e na Cirenaica[1230]. De aspecto é parecido com o cipreste, nos ramos, nas folhas, no tronco e no fruto, particularmente com o cipreste selvagem. Abundava onde agora fica a cidade, e ainda há quem se lembre de alguns telhados de antigamente feitos com ele. De facto é uma madeira que nunca apodrece e muito compacta sobretudo na raiz. Com ela se fabrica as peças de melhor qualidade. Servem para esculpir imagens o *kédros*, o cipreste, o *lótus* e o buxo; as mais pequenas são também feitas de raízes de oliveira, por serem inquebráveis e de uma natureza carnuda mais ou menos uniforme. Estas são considerações que dizem respeito à especificidade da localização, da natureza e da utilidade.

5. 4. 1. Diferenças de dureza e peso nas madeiras

Para definir se uma madeira é pesada ou leve há evidentemente que considerar o seu carácter compacto ou rarefeito, o grau de humidade ou secura, a flexibilidade e o seu carácter duro ou mole. Algumas são ao mesmo tempo duras e pesadas, como o buxo e o carvalho; enquanto há outras que são frágeis e muito duras por serem secas, mas não têm peso. Todas as

---

[1229] *Tetraclinis articulata* (Vahl) Mast., resinosa que ocorre nessa área do Norte de África.
[1230] *Vide supra* notas 168 e 936.

madeiras de espécies selvagens em relação às de cultivo, ou dos machos em relação às fêmeas, são mais compactas, mais duras, mais pesadas e, em geral, mais resistentes, como atrás ficou dito[1231]. Há também vantagem das que não dão fruto sobre as que o dão, ou das que o dão de pior qualidade em relação às que o têm de boa qualidade. Casos há em que o macho dá mais fruto, por exemplo, ao que se diz, o cipreste, o corniso e outras. Mas, no caso das videiras, são claramente as que dão menos fruto as que têm mais nós e são mais sólidas; o mesmo se passa com as macieiras e outras árvores de cultivo.

2. Resistentes por natureza a apodrecer são o cipreste, o *kédros*, o ébano, o *lótus*, o buxo, a oliveira doméstica e a selvagem, o pinheiro resinoso, a azinheira, o carvalho e o castanheiro. Destas, a madeira mais duradoura parece ser a do cipreste. Pelo menos a madeira de cipreste em Éfeso, de que se fizeram as portas do templo novo, esteve armazenada durante quatro gerações[1232]. Esta é também a única madeira que ganha polimento, pelo que dela se fazem objectos de qualidade. Das restantes, a menos sujeita a apodrecer, a seguir ao cipreste e à *thya*, é, ao que se diz, a amoreira, que tem uma madeira ao mesmo tempo resistente e fácil de trabalhar. Com o envelhecimento, esta madeira escurece, como a do *lótus*.

3. Há madeiras que resistem a diferentes formas de apodrecimento e em diferentes condições; assim acontece com o ulmeiro exposto ao ar, ou com o carvalho se enterrado ou mergulhado na água, que parece ser totalmente incorruptível. Daí que se construam barcos de carvalho para navegar nos rios e nos lagos; no mar, porém, apodrece, enquanto nesse caso há outras madeiras que resistem melhor, o que é lógico, porque ficam calcinadas pela salmoura.

4. Parece que também a faia é incorruptível em contacto com a água e que ganha qualidade se mergulhada. Incorruptível é também a madeira de castanho. Diz-se que o pinheiro é mais susceptível a ser comido pelo teredo do que o abeto; é que, enquanto este último é seco, o pinheiro tem uma seiva

---

[1231] *Vide supra* 1. 8. 2, 3. 2. 3.

[1232] Éfeso foi fundada por colonos gregos ao tempo das migrações, no séc. X a. C. Foi depois conquistada pelo lídio Creso, e já a este propósito Heródoto comenta (1. 26. 1-2): 'dos Helenos atacou em primeiro lugar os Efésios. E estes, cercados por ele, consagraram a *polis* a Ártemis, atando um cabo desde o templo à muralha. A distância entre a cidade antiga, que então estava sitiada, e o templo era de seis estádios'. Esta era já uma menção do famoso templo dedicado a Ártemis, que, no período helenístico, foi considerado uma das sete maravilhas do mundo. Já no séc. VIII a. C. haveria um primeiro templo, que foi reconstruído três vezes durante a ocupação lídia (séc. VII-VI a. C.), obras essas que só terminaram já em meados do séc. V; seria este o templo a que Heródoto se referia. Mas esta impressionante construção foi destruída por um incêndio, ateado por Heróstrato, em 356 a. C., sendo de novo erguida na segunda metade do séc. IV, em data bem próxima da vida de Teofrasto. Sobre este edifício, *vide* A. Bammer (1984), *Das Heiligtum der Artemis von Ephesus*, Graz; J. Ribeiro Ferreira (2009), 'O Artemísion de Éfeso', in J. Ribeiro Ferreira, L. N. Ferreira (eds.), *As Sete Maravilhas do Mundo Antigo. Fontes, fantasias e reconstituições*, Lisboa, Edições 70: 55-64.

adocicada, em grau tanto mais elevado quanto mais resinoso ele for. Todas as madeiras são corroídas pelo teredo, à excepção da oliveira selvagem e da doméstica, que resistem por serem acres. Madeiras que se corrompam na água são corroídas pelo teredo[1233], as que se corrompem na terra pelas lagartas e pelo caruncho; é que o teredo só aparece no mar. Tem um tamanho minúsculo, mas uma cabeça grande e dentes.

5. O caruncho[1234] parece-se com as lagartas, e é um animal que vai penetrando pouco a pouco na madeira[1235]. Mas esta é uma situação fácil de tratar, revestindo a madeira de pez para que os buracos fiquem calafetados quando a embarcação está no mar. Em contrapartida os danos causados pelo teredo são irreparáveis. Das lagartas que existem na madeira, umas provêm da podridão, outras são geradas pelas próprias lagartas. De facto, estas reproduzem-se na madeira, como o chamado 'bicho de cornos' nas árvores, perfurando e corroendo, como uma espécie de broca, uma galeria de rato; mas evitam árvores aromáticas, ásperas e duras que não conseguem perfurar, como o buxo, por exemplo.

6. Diz-se que também o abeto, se se lhe tirar a casca antes de rebentar, se mantém intacto dentro de água. Que tal se tornou evidente em Feneu, na Arcádia[1236], quando a planície se converteu num lago por se ter entupido o escoamento. Nessa altura as pontes fabricavam-se de abeto, e, quando a água as cobria, punha-se mais e mais tábuas em cima; quando, por fim, a água rompeu e se escoou, verificou-se que toda a madeira se tinha conservado. Foi algo que se ficou a saber por mero acaso.

7. Na ilha de Tilo, junto à costa arábica[1237], diz-se que há uma madeira usada na construção naval que, na água do mar, é praticamente incorruptível; resiste para cima de duzentos anos se mergulhada na água[1238]. Cá fora, aguenta-se por algum tempo e depois apodrece rapidamente. Há outra coisa espantosa que se ouve dizer, embora não tenha nada a ver com apodrecimento. Que há uma árvore, de onde se talham bengalas, que são muito bonitas, de

---

[1233] Nome de moluscos bivalves, teredinídios (*Teredinidae*), frequentes no litoral marítimo europeu (atlântico e mediterrânico), nocivos por perfurarem as madeiras imersas (das embarcações, portanto). Pertencem a cerca de uma quinzena de géneros, sendo o mais frequentemente referido o género *Teredo*, com a espécie *Teredo navalis* L.

[1234] Ou carcoma, que é a designação de uma praga, provocada por insectos xilófagos da ordem *Coleoptera* (coleópteros), sendo um dos designados 'bicho dos cornos' o cerambicídeo dos carvalhos, *Cerambyx cerdo* L.

[1235] Por ser xilófago.

[1236] *Vide supra* 3. 1. 2.

[1237] No Barhain. *Vide supra* 4. 7. 7.

[1238] Provavelmente a *Tectona grandis* L., uma árvore da Ásia tropical, de excelente madeira, e que é referida para o Bahrain, país com 33 ilhas no golfo Pérsico, entre as quais a de Tilo. Amigües 2010: 201 considera a probabilidade de serem árvores do mangal, como *Rhizophora mucronata* Lam. e *Bruguiera gymnorhiza* (L.) Lam., mas a madeira destas árvores não é, geralmente, usada para a construção naval.

uma cor matizada tipo pele de tigre. Trata-se de uma madeira muito pesada que, quando se deixa cair num chão duro, se parte como se fosse loiça[1239].

8. A madeira da tamargueira lá não é frágil como aqui, é resistente como a do quermes ou qualquer outra das madeiras robustas. Este facto ilustra as diferenças nas características de acordo com a região e o clima. Das madeiras da mesma espécie, como a do carvalho e a do pinheiro, quando se põem de molho em água salgada – e nem todas se põem de molho, mergulhadas na água do mar, à mesma profundidade, mas umas junto à costa, outras um pouco mais ao largo, outras ainda a maior profundidade – em todas elas, a parte mais próxima da raiz afunda-se mais rapidamente; e mesmo se isso não acontece, tem uma maior tendência para ir ao fundo.

5.5.1. Madeiras mais ou menos duras para certas finalidades

Há madeiras fáceis de trabalhar e outras difíceis. São fáceis as que são maleáveis e, entre todas, a melhor é a tília. Difíceis são as duras, nodosas e com uma estrutura compacta e sinuosa. As mais difíceis são a azinheira, o carvalho e as partes nodosas do pinheiro e do abeto. Dentro do mesmo tipo de árvore, a parte mais maleável é sempre melhor do que a mais dura, por ser mais carnuda. É assim que os carpinteiros avaliam logo as tábuas. As ferramentas de ferro de má qualidade cortam melhor as partes duras do que as maleáveis; nas maleáveis perdem o fio, como atrás se disse[1240] a propósito da tília, nas duras seguem bem a linha de corte. É por isso que os sapateiros fazem os seus amoladores de pereira selvagem.

2. Os carpinteiros dizem que todas as madeiras têm medula, mas aquela que é mais vistosa é a do abeto, em que se pode detectar uma espécie de anéis tipo casca. Na oliveira, no buxo e em madeiras semelhantes, essa estrutura não é igualmente evidente. Por isso alguns dizem que o buxo e a oliveira não têm esta característica e daí serem, de todas as madeiras, as que menos 'puxam'. 'Puxar' é a contracção que se produz com o movimento da medula. Como esta vive, ao que parece, por muito tempo, é sempre retirada seja de que artigo for, sobretudo das portas, para que não empenem. Eis porque a madeira fende[1241].

[1239] Provavelmente *Diospyros quaesita* Thwaites, mas este ébano é nativo do Ceilão. Como no Mediterrâneo Oriental já eram conhecidas muitas plantas asiáticas com relevante interesse, pode admitir-se que este ébano fosse conhecido. É, presentemente, uma espécie protegida por correr risco de extinção. Amigües 2010: 202 admite tratar-se de *Excoecaria agallocha* L., uma planta de mangal, mas é de *Diospyros quaesita* Thwaites que se fazem bengalas e a madeira é matizada e listada, semelhante à pele de tigre, como refere Teofrasto. Assim, também, a tamargueira (asiática, como diz Teofrasto; 5.4.8) não é nenhuma das espécies europeias; trata-se de *Tamarix aphylla* (L.) H. Karst., de madeira sólida e resistente.

[1240] *Vide supra* 5.3.3.

[1241] Ou seja, porque com o tempo seca e se retrai ao longo dos raios formados a partir da medula. Se se retirar a medula, pode prevenir-se, de certa forma, este processo.

3. Estranho pode parecer que, nas madeiras cilíndricas, a medula não cause dano e se mantenha imóvel, enquanto nas que sofreram intervenção, se ela lhes não for totalmente retirada, move-se e empena-as. Seria mais natural que morresse, quando posta a descoberto. No entanto, os mastros e as hastes dos arcos, se se lhes retirar a medula da madeira, ficam imprestáveis. Isto é um caso raro, porque a madeira tem muitas camadas, de que a mais resistente e também a mais fina é a exterior, por ser a mais seca, e as outras proporcionalmente a esta. Quando a madeira é fendida, as partes mais secas desprendem-se.

4. Se, ao retirar-se-lhe a zona medular, ela se torna seca necessita de verificação. Quando a medula 'puxa', empena a madeira, quer nas árvores fendidas como nas serradas, quando não se serram convenientemente. A serra deve actuar a direito e não em linha oblíqua. Assim, se A é a linha que representa a medula, o corte deve corresponder à linha BD e não à BC[1242]; porque, ao que se diz, neste caso a medula é destruída, no outro mantém-se viva. É por isso que se pensa que toda a madeira tem medula; porque é evidente que mesmo aquelas que parecem não a ter – o buxo, o *lótus* e o quermes – a têm. Eis a prova de que assim é: é delas que se faz os gonzos para portas de alto preço; mas os mestres de obras determinam que não deve usar-se madeira com medula. Este facto deixa também provado que qualquer medula puxa, mesmo as de madeiras muito duras, a que há quem chame 'coração'.

5. Por assim dizer em todas as madeiras, até na do abeto, a medula é a parte mais dura e mais rarefeita; é a mais rarefeita, porque as fibras estão separadas e têm uma substância carnuda entre elas; e a mais dura, porque as fibras e a tal substância carnuda são muito duras. Por isso, os mestres de obras determinam que se retire também as partes anexas à medula, para ficarem com a parte mais compacta e mais maleável da madeira.

6. As madeiras podem ser fendidas, cortadas a machado ou redondas. Fendidas são aquelas que se dividem ao meio com uma serra; cortadas a machado aquelas a que se retirou a parte exterior; redondas, como é evidente, aquelas em que se não tocou. Dessas, as fendidas não podem sofrer nenhuma racha, porque a medula, posta a descoberto, seca e morre. As cortadas a machado e as redondas podem ferir-se, sobretudo as redondas, por terem a medula protegida. Não há nenhuma madeira que não ganhe fendas. A madeira do *lótus* e outras, que se usam no fabrico de gonzos de portas, são revestidas de estrume para evitar fendas, de tal modo que, pouco a pouco, a humidade da medula seca e se evapora. São estas as características da medula.

[1242] Estas indicações pressupõem a remissão para um esquema. Tal como reconstituído pelos estudiosos, tomando A pelo centro do círculo correspondente à medula, BD marcam os extremos de um diâmetro; BC estabelecem uma tangente entre dois pontos; cf. Amigües 2010: 203.

5. 6. 1. Madeiras mais resistentes ao peso

Para suportar pesos são resistentes o abeto e o pinheiro se colocados transversalmente; não cedem, como é o caso do carvalho e das madeiras mineralizadas, mas resistem bem. Prova disso é que nunca estalam, como a oliveira ou o carvalho, sem antes apodrecerem ou se deteriorarem de outra forma. Resistente é também a tamareira, porque se curva ao contrário das outras madeiras; estas curvam-se para baixo, e a tamareira para cima. Há quem diga que o pinheiro e o abeto também se curvam para cima. O castanheiro, que atinge grande altura e se usa nos telhados, quando está em risco de fractura, dá um estalido, de tal maneira que se fica de sobreaviso. Foi o que aconteceu em Antandro, nos balneários, e todos que lá estavam escaparam[1243]. A figueira é também resistente, mas só se estiver em posição vertical.

2. A madeira do abeto pode dizer-se que é a mais sólida. Mas para os trabalhos de carpintaria o pinheiro é o que encaixa melhor, por ser flexível e por ter os poros alinhados[1244]. De facto dizem que se estiver encaixado nunca fende. O aderno-bastardo é óptimo para ser trabalhado ao torno, e tem uma cor clara como a do azevinho. Das restantes é boa a tília, toda ela, como atrás se disse[1245], fácil de trabalhar por ser flexível. Todas as madeiras maleáveis se podem dobrar facilmente, em particular a amoreira e a figueira selvagem; é por isso que são usadas para fazer assentos, estruturas para coroas e, em geral, objectos ornamentais.

3. São mais fáceis de serrar e de rachar as madeiras mais húmidas do que as que são totalmente secas, porque aquelas cedem e estas resistem. As madeiras muito verdes contraem-se à medida que a serra as penetra e bloqueiam-lhe os dentes com serradura. Por isso usa-se uma serra de dentes desencontrados para soltar a serradura. As madeiras verdes são também difíceis de perfurar, já que a serradura produzida sai pouco a pouco, por ser pesada. Com as madeiras secas, pelo contrário, o ar aquece e faz sair logo e rapidamente a serradura produzida. Em contrapartida, as madeiras muito secas, por serem duras, são difíceis de serrar. É como quem serra um caco; por isso molham-se antes de perfurar.

4. Para trabalhar com o machado, com o torno e com a plaina as madeiras verdes são melhores, porque a lâmina agarra melhor e não salta. O trabalho com o machado e com a plaina é mais fácil com madeiras maleáveis, de que se obtém um polimento mais liso. A madeira de corniso é também muito

---

[1243] *Vide supra* 2. 2. 6. Amigües 2010: 205 dá, para este acontecimento decerto recente, uma explicação técnica: a fragilidade do travejamento em castanheiro resulta dos contrastes de temperatura e de humidade próprios de um balneário.

[1244] O sistema de encaixe, em vez da colagem, é o que dá mais solidez aos trabalhos de carpintaria em geral e de construção naval em particular.

[1245] *Vide supra* 5. 5. 1.

resistente; das restantes, a menos má é a do ulmeiro; é por isso, como se disse[1246], que dele se fazem dobradiças para as portas. As mais húmidas são as do freixo e da faia, de que se fabricam camas mais elásticas[1247].

5. 7. 1. Madeiras para a construção naval e civil
Procuraremos abordar, em geral, que utilidade tem cada uma das espécies, quais se usam na construção naval e na construção civil, porque estes são usos múltiplos e de enorme importância.

O abeto, o pinheiro e o *kédros* são, em termos gerais, usados na construção naval. Assim as trirremes e os navios de grande dimensão são feitos de abeto, por ser uma madeira leve, e os navios de carga são feitos de pinheiro, porque não apodrece[1248]. Há também quem fabrique de pinheiro as trirremes, por não ter acesso ao abeto. As gentes da Síria e da Fenícia fazem-nas de *kédros*, por terem dificuldade em conseguir até o pinheiro. Em Chipre usam o Alepo, que se produz na ilha e parece de melhor qualidade do que o pinheiro.

2. Enquanto outras partes são feitas destas madeiras, a quilha de uma trirreme é feita de carvalho, para resistir ao reboque para terra. Na frota mercante faz-se de pinheiro, mas põe-se-lhe por baixo uma quilha de carvalho, quando há que fazer o reboque; nas embarcações pequenas é de faia, que se usa em geral para a camada protectora[1249].

No entanto, a madeira de carvalho não adere bem, com cola, à do pinheiro e à do abeto. Porque uma é compacta e as outras flexíveis, uma é homogénea e as outras não. Ora tudo aquilo que vai entrar na construção de uma peça única deve ser idêntico e não o oposto, como pedra e madeira, por exemplo.

3. O trabalho de torno, nos navios, faz-se de amoreira, de freixo, de ulmeiro e de plátano, porque se requer uma madeira maleável e robusta. A pior de todas é a do plátano, porque rapidamente apodrece. Nas trirremes há quem, neste tipo de trabalho, use o Alepo por ser leve. O talha-mar que vai encastoar na quilha e as vigas da âncora[1250] são feitos de freixo, de amoreira e de ulmeiro, porque devem ser resistentes. É esta portanto a espécie de madeira usada na construção naval.

4. Na construção civil recorre-se a uma variedade muito maior; abeto, pinheiro, *kédros*, e ainda cipreste, carvalho e *arceuthos*; ou seja, pode dizer-se que todas as madeiras, a menos que sejam muito fracas, se podem usar.

[1246] *Vide supra* 5. 3. 5.
[1247] Amigües 2010: 206 hesita entre 'leitos' usados para acomodação à mesa, durante as refeições, e camas para crianças.
[1248] Privilegiando-se, no primeiro caso, a velocidade e ligeireza de manobra, para efeitos de combate, e no segundo a resistência, no transporte de grandes cargas.
[1249] Certamente um revestimento para a quilha, destinado a protegê-la.
[1250] Trata-se de saliências em madeira, existentes de um e de outro lado da proa, de onde se suspendiam as âncoras.

Nem todas para o mesmo fim, como de resto no caso da construção naval. Enquanto há madeiras utilizáveis em produtos de qualidade, como mobiliário, utensílios vários e outros artigos do género, o abeto, mais do que qualquer outra madeira, serve praticamente para tudo, até para tábuas de pintura. Para a carpintaria, quanto mais antiga for a madeira, melhor, desde que esteja bem conservada; porque nesse caso serve para tudo. Na construção naval, onde é necessário arquear a madeira, é preciso uma que seja mais húmida (ainda que, se houver que aplicar cola, a madeira mais seca tenha vantagem). Porque, na construção naval, as peças novas, que são rígidas, quando ficam bem encaixadas, mergulham-se na água para as fazer apertar bem, a menos que não se lhes tenha retirado por completo a humidade; nesse caso não aceitam a cola, ou pelo menos não a aceitam tão bem.

5. Devemos ainda ter em conta para que fins cada madeira serve. Assim, o abeto e o pinheiro, como se disse[1251], são usados na construção naval, na construção civil e para outros trabalhos, principalmente o abeto. O Alepo serve para ambas as coisas, principalmente para a construção naval, embora apodreça rapidamente. O carvalho usa-se na construção civil, na naval e também para obras no subsolo. A tília para os cascos das grandes embarcações, para caixas e para o fabrico de medidas; tem uma casca útil para cordas e para cestos, que por vezes se fazem com ela.

6. O ácer e a *zygia* usam-se no fabrico de camas e de cangas para animais de carga. O teixo para objectos que levem cola, como cofres, tamboretes e outros do género. O quermes para eixos de carros de roda única[1252], para as travessas das liras e para as harpas[1253]. A faia para a construção de carros e de carroças de baixo preço. O ulmeiro para o fabrico de portas, armadilhas de caça e, em certa medida, também para carros. O *pedos*[1254] para eixos de carros e para o timão do arado. O medronheiro-do-oriente é usado pelas mulheres nas rocas. O *arceuthos* na carpintaria, para obras expostas ao ar ou feitas no subsolo, porque não apodrece.

7. Do mesmo modo, usa-se o castanheiro que, para obras no subsolo, é ainda menos susceptível a apodrecer. O buxo tem várias utilidades; no entanto, aquele que nasce no monte Olimpo não serve para nada, por fornecer tábuas

---

[1251] *Vide supra* 5. 7. 1.

[1252] Ou seja, em que a parte que roda é constituída por uma peça única e, por isso, em que o eixo roda com a própria roda.

[1253] A invenção da lira era, no mito, atribuída ao deus Hermes, que a fabricara com uma carapaça de tartaruga coberta por uma pele de boi, e com dois braços ligados por uma travessa, que prendia as sete cordas. Este era o instrumento usado no acompanhamento da poesia lírica, do ditirambo e dos coros de tragédia e comédia, além da sua utilização em momentos sociais, como banquetes, sacrifícios e funerais. As cordas eram, portanto, verticais, e faziam-se vibrar com os dedos. Logo a madeira que as mantinha tensas devia ser resistente.

[1254] *Prunus mahaleb* L.

curtas e nodosas. O terebinto não tem outra serventia a não ser pelo fruto e pela resina. O aderno-bastardo usa-se apenas para o gado, porque tem sempre muita folhagem. O medronheiro-híbrido serve para estacas e para queimar. O azevinho[1255] e a bétula[1256] para bengalas, que alguns fazem também de loureiro; este produz bengalas leves para pessoas de idade. O salgueiro serve para escudos, cestas, encanastrados e coisas do género. Poderíamos acrescentar ainda a utilidade de cada uma das restantes madeiras.

8. Há também que estabelecer diferenças entre as madeiras pela sua utilidade no fabrico das ferramentas usadas pelos carpinteiros. Assim os martelos e as brocas melhores são de oliveira selvagem, embora se use também o buxo, o ulmeiro e o freixo. Os maços grandes fazem-se de Alepo. De igual modo, cada uma das outras ferramentas obedece também a uma convenção. São estas as diferentes utilidades das madeiras.

5. 8. 1. Lugares de origem das madeiras de qualidade

Cada uma das espécies florestais, como atrás ficou dito[1257], difere de acordo com o seu habitat; num lugar é o *lótus*, noutro, na Síria por exemplo, é o *kédros*[1258] que pode ser notável. De facto, nas montanhas da Síria, os *kédroi* fazem diferença, em altura e em diâmetro. Por vezes são de tal forma corpulentos que três homens não conseguem abraçá-los[1259]. Nos parques são ainda maiores e mais bonitos. Dá ideia de que uma árvore, se se lhe não fizer nada e se mantiver no seu habitat, sem lhe fazer cortes, atinge dimensões extraordinárias em altura e grossura. Em Chipre, por exemplo, os soberanos não cortavam as árvores, tanto por preocupação em cuidá-las e em gerir a floresta, como pela dificuldade em transportá-las[1260]. As tábuas cortadas para o barco de onze fileiras de Demétrio mediam treze orgias[1261], eram de um comprimento assombroso, sem nós e lisas. Mas de longe as maiores de todas são, ao que consta, as árvores da Córsega[1262]. Pois se é certo que, no Lácio, o abeto e o pinheiro atingem dimensões enormes – maiores ainda e

---

[1255] *Ilex aquifolium* L.
[1256] *Betula alba* L. ou *Betula pendula* Roth.
[1257] *Vide supra* 2. 2. 5, 3. 2. 6, 4. 1. 1.
[1258] *Cedrus libani* A. Rich.
[1259] Este tipo de medida, correspondente a três braças, equivale a cerca de cinco metros e meio.
[1260] Este é um exemplo de intervenção para protecção da natureza, numa altura em que alguma devastação se começava a fazer já sentir. *Vide infra* 6. 3. 2, a propósito dos limites colocados à colheita do sílfio em Cirene, para proteger uma espécie fundamental na economia da região.
[1261] O barco de Demétrio Poliorceta. Treze orgias corresponde, segundo uns, a cerca de 23 metros, segundo outros a 38.
[1262] A ideia que os antigos tinham da Córsega coincide na descrição de uma ilha montanhosa e fortemente arborizada.

mais pujantes do que no resto da Itália – não se comparam nem de longe com os da Córsega[1263].

2. Diz-se que os Romanos se propuseram navegar com vinte e cinco navios e fundar uma cidade nessa ilha. E que tal era o tamanho das árvores que lá encontraram que, na entrada dos golfos e dos portos, se viram em risco de partir os mastros. Toda a ilha, em geral, está coberta de uma vegetação densa e como que selvagem. Daí que tenham desistido de fundar a cidade. Houve, no entanto, alguns que fizeram uma incursão e cortaram uma enorme quantidade de árvores de um espaço curto, suficiente para construir uma embarcação com cinquenta velas, que foi ao fundo no alto mar. Assim a Córsega, ou seja pela sua natureza selvagem, ou devido ao solo ou ao clima, é muito diferente das restantes regiões.

3. A região ocupada pelos Latinos é toda ela bem irrigada. Nas zonas baixas tem loureiro, mirtos e uma faia admirável. Dela se cortam tábuas de uma tal dimensão que corresponde ao comprimento integral dos navios tirrenos. Na zona montanhosa dá-se o pinheiro e o abeto. A região chamada Circeia é um promontório elevado muito arborizado, com carvalhos, loureiros e mirtos em abundância. Dizem as gentes da região que aí vivia Circe e mostram o túmulo de Elpenor[1264], onde crescem mirtos como os que se usam nas coroas, mas também outros de grande dimensão. Afirma-se que este lugar é um acrescento recente à terra; antes tinha sido a ilha de Circe, mas hoje em dia, graças aos aluviões de alguns rios, ficou ligada ao continente. O tamanho dessa ilha ronda os oitenta estádios[1265]. Há, portanto, como repetidamente se tem vindo a afirmar, grandes diferenças no que toca às particularidades de certas regiões.

5. 9. 1. Madeiras que se usam como combustível

Temos também de referir e de tentar estabelecer as qualidades de cada uma das espécies florestais como combustível. Os melhores carvões são os feitos de madeiras mais compactas, como a azinheira, o carvalho

---

[1263] O abeto (*Abies alba* Mill.) é a mesma espécie no Lácio e na Córsega, mas o pinheiro não; o da Córsega é *Pinus nigra* J. F. Arnold subsp. *laricio* Maire (Amigües 2010: 211 refere, além deste pinheiro, o pinheiro-bravo, *Pinus pinaster* Aiton) e o do Lácio é *Pinus nigra* J. F. Arnold subsp. *nigra*. Hort 1968: 465 traduz por 'abeto' (que seria um *Abies*), em particular o abeto-prateado, *Abies alba* Mill.

[1264] Era esta, portanto, a região em que se situava o episódio de Circe, na saga de Ulisses. De acordo com a tradição Circe vivia na ilha de Eeia, identificada mais tarde pelos Romanos com o promontório de Circeia, no Lácio. Cf. *Odisseia* 10. 551-560 sobre a história de Elpenor, um companheiro jovem e pouco sensato de Ulisses. Com o sono pesado do vinho, não se apercebeu dos preparativos da partida dos companheiros. Mas ao dar-se conta dos ruídos, com a precipitação, em vez de descer pela escada, caiu de cabeça do alto do telhado e ali acrescentou mais uma vítima à aventura.

[1265] Cerca de 14 km de perímetro.

e o medronheiro. Estas são as madeiras mais sólidas e por isso resistem por mais tempo e são as mais potentes. Daí que se usem nas minas de prata para a primeira fundição[1266]. A pior das madeiras atrás referidas é o carvalho, por conter muito minério. As madeiras de espécimes mais velhos são inferiores aos novos, e por igual razão quanto mais antigas pior. Como são muito secas, com a combustão saltam. Ora para este fim a madeira precisa de humidade.

2. Os melhores carvões são os fornecidos pelas árvores quando em plenitude, sobretudo se se lhes cortou o cimo. Porque são essas as que têm, numa proporção equilibrada, uma textura compacta, o elemento mineral e a humidade. São melhores os carvões de árvores bem expostas ao sol, secas, voltadas a norte do que das que provêm de lugares sombrios, húmidos e virados a sul. Ora se a madeira for mais húmida, é compacta. Porque as espécies compactas são muito húmidas. Logo, em termos gerais, todas aquelas que, ou por natureza, ou por ser seco o lugar de onde provêm, são mais compactas, de todas elas, por essa mesma razão, o carvão é melhor. Diferentes carvões têm diferentes utilidades. Para certos fins prefere-se os menos duros, caso do castanheiro para a metalurgia, quando o ferro já estiver bem consumido[1267]; nas minas de prata usa-se carvão de Alepo; são estas também as espécies usadas pelos artesãos.

3. Os ferreiros preferem o carvão do pinheiro ao do carvalho; embora seja mais fraco, reage melhor ao sopro porque demora mais a apagar-se. A chama que produz é mais forte. Em geral a chama mais forte é produzida não só por este tipo de madeira, mas também por madeiras de estrutura mais frouxa, leves, ou então secas. A produzida por madeiras compactas ou verdes é mais ténue e espessa. De todas a chama mais viva é a produzida pelas plantas lenhosas. Mas delas não se pode fazer carvão, por não terem suficiente consistência. **4.** Corta-se e procura-se para fazer carvão ramos direitos e lisos, porque devem ser apertados de forma muito compacta para o processo de carbonização. Depois de calafetada a pilha, pega-se fogo à lenha e, pouco a pouco, abre-se fendas com barras de ferro. É esta a madeira própria para fazer carvão.

De um modo geral, todo o tipo de madeiras húmidas produz um mau fumo e, pela mesma razão, também as verdes. Refiro-me às madeiras húmidas

---

[1266] A exploração da prata do Láurion, na região do cabo Súnion, veio a ser uma das riquezas de Atenas. Esta actividade remontava à época micénica e processava-se por arrendamento por parte do Estado. Constituía o material de cunhagem da moeda, as famosas 'corujas do Láurion'. O combustível para a fundição deste minério devia ter alto teor calórico e arder com lentidão e persistência.

[1267] A exploração do ferro não tinha grande significado na Grécia, mas em contrapartida em Itália, na Etrúria, essa actividade provinha já do séc. VII a. C.

dos pântanos, como o plátano, o salgueiro, o álamo e o choupo. Porque até a videira, quando húmida, produz mau fumo. O mesmo se passa, pela sua natureza, com a tamareira, que é, segundo alguns, a que pior fumo produz. Daí as palavras de Quéremon: "as veias que provêm das raízes subterrâneas com o seu fumo pestilento"[1268]. **5.** O fumo mais acre é o da figueira, doméstica ou selvagem, ou de qualquer outra espécie rica em seiva. A razão está na humidade. Mas depois de descascadas, mergulhadas em água corrente e, a seguir, secas, estas madeiras são de todas as que produzem a menor quantidade de fumo; a chama que emitem é muito fraca, por terem perdido a humidade que lhes é própria. A cinza e o pó produzidos por estas árvores são também acres, principalmente, ao que se diz, os da amendoeira.

6. Para trabalhos que exijam forno e para outras artes, há madeiras com utilidade de acordo com as circunstâncias. As que melhores brasas produzem são a figueira e a oliveira; a figueira, porque é flexível e pouco compacta, de tal modo que absorve o fogo e não o deixa escapar; a oliveira, porque é compacta e gordurosa.

As achas para o lume são feitas de muitas madeiras, mas as melhores, ao que afirma Menestor[1269], são as da hera, porque ardem muito rapidamente e com chama viva. Mas muito boa para arder é também, ao que se diz, aquela que há quem designe por clematite[1270]; trata-se de uma árvore semelhante à videira doméstica e à selvagem (bacelo)[1271] e, como estas, também a clematite trepa pelas árvores.

7. A lareira deve ser feita de uma destas madeiras, enquanto a verruma se deve fazer de loureiro, porque a parte activa e a passiva desse utensílio não devem ser do mesmo material; estas devem ser peças de qualidade diferente, de acordo com o seu papel, por um ser de tipo passivo e outro activo. No entanto, são por vezes da mesma madeira e pensam alguns que não faz diferença. Fazem-se do espinheiro, do quermes, da tília e da maioria das madeiras, menos da oliveira. O que de resto parece estranho, por a oliveira ser bastante dura e oleosa; é, porém, evidente que a humidade que tem a torna menos própria para produzir fogo. A madeira do espinheiro é boa e produz uma lareira de qualidade; além de ser seca e pouco compacta, deve ser também de textura mais lassa, para que a fricção seja poderosa; enquanto a verruma deve ser resistente; daí que a madeira melhor seja o loureiro, porque,

---

[1268] Poeta trágico do séc. IV a. C., contemporâneo, portanto, de Aristóteles e de Teofrasto. Aristóteles, *Poética* 1447b 21-23, 1460a 2 dá-o por autor de um poema intitulado *Centauro*, com a particularidade de misturar todos os metros; cf. ainda Ateneu 608 e.

[1269] *Vide supra* 1. 2. 3.

[1270] *Clematis vitalba* L.

[1271] Nome que significa literalmente 'flor (com cheiro) de vinho'. Tanto a videira cultivada como a selvagem (antigamente designada por *Vitis sylvestris* C. C. Gmel.) são a mesma espécie botânica (*Vitis vinifera* L.).

como se gasta pouco, tem melhor qualidade para morder. Todas as madeiras para a fogueira ardem mais rapidamente e melhor por acção do vento norte e menos por efeito do do sul; e melhor também num espaço aberto do que num lugar cerrado.

8. Há madeiras, como a do *kédros* e, em geral, as de tipo oleaginoso, que exudam um humor; é por isso também que se diz que as estátuas suam, por serem feitas deste tipo de madeiras. Aquele processo a que os adivinhos de Ilítia chamam *áphedron*[1272] e que suscita um sacrifício expiatório, produz-se com o abeto por acumulação de seiva. Este é um produto de forma redonda, do tamanho de uma pera, mais coisa menos coisa. É sobretudo a madeira de oliveira que mais rebentos ganha, quer em bruto quer trabalhada; tal acontece com frequência se apanha humidade ou se estiver num lugar húmido. Como já ocorreu com o gonzo de uma porta que rebentou, e o mesmo com um remo, pousado na lama dentro de uma vasilha de barro.

[1272] Associado com Ilítia, a deusa dos partos, os sacerdotes falam de 'corrimento ou fluxo das águas', ou seja, da expulsão do líquido amniótico após o parto. Na verdade, Teofrasto encontra uma explicação natural para aquilo em que os sacerdotes vêem razões sobrenaturais, explorando a crendice popular.

Livro VI

Thymus sibthorpii Benth.
6. 6. 2 (nota 1399), 6. 7. 2 (nota 1428)
Imagem - Portugal, Coimbra, L. Salgueiro

Livro VI

6.1. 1. Os subarbustos
Tratámos antes das árvores e dos arbustos; a seguir falaremos dos subarbustos e das ervas, como também de outras espécies naturais incluídas nestes grupos; assim, por exemplo, os cereais que entram nas ervas.

Falemos em primeiro lugar dos subarbustos, porque esta é uma classe próxima das atrás mencionadas, por ser lenhosa. Em todos os casos, sempre as variedades selvagens são mais abundantes do que as domésticas. E se não for exactamente assim, é-o pelo menos para os subarbustos. São poucas as espécies domésticas que existem - praticamente as que se usam nas coroas[1273]-, caso da roseira[1274], do goiveiro[1275], do cravo[1276], da manjerona[1277], do lírio purpúreo[1278], e ainda do tomilho-tufoso[1279], da hortelã-pimenta[1280], da calaminta[1281] e da artemísia[1282]. Todas estas são plantas lenhosas e de folha pequena, logo também subarbustivas.

2. São-no ainda os legumes, como a couve[1283], a arruda[1284] e outros do mesmo estilo. Estas, não é talvez pior abordá-las sob a sua própria designação, ou seja quando nos referirmos às plantas para coroas e aos legumes. Por enquanto, tratemos, antes de mais, das espécies selvagens. Entre elas existem vários grupos e subdivisões, que se devem distinguir quer pelas características de cada um, quer pelas que são extensivas a toda a classe.

[1273] Em vez de ramos de flores, os antigos faziam coroas que se usavam nos banquetes ou na decoração das casas.
[1274] Talvez *Rosa gallica* L.
[1275] *Matthiola incana* (L.) R. Br.
[1276] Para Hort 1980: 3 trata-se de *Dianthus caryophyllus* L., o craveiro cultivado há tantos séculos, que não se conhece de onde é originário; Díaz Regañón 1988: 326 identifica-o com *Dianthus sylvestris* Wulfen. Qualquer deles ocorre na Grécia, mas talvez *Dianthus caryophyllus* L. seja o mais provável, em função de 'que se utiliza nas coroas'.
[1277] *Origanum majorana* L.
[1278] *Lilium martagon* L. Amigües 2010: 219 e 240 considera ser *Asphodeline lutea* (L.) Rchb., mas na p. 238 *Lilium martagon* L., por Teofrasto referir que o *krínon* 'tem uma variedade purpúrea'. Como *Lilium martagon* L. tem flores desde brancas e rosado-claras a vermelhas e purpúreas, entendemos tratar-se sempre de *Lilium martagon* L.
[1279] *Thymus sibthorpii* Benth.
[1280] *Mentha aquatica* L. Amigües 2010: 219 considera que se trata da erva-moscada, *Ajuga iva* (L.) Schreb., opinião que não partilhamos.
[1281] *Calamintha incana* (Sibth. & Sm.) Boiss., que é *Clinopodium insulare* (Candargy) Govaerts.
[1282] *Artemisia arborescens* (Vaill.) L.
[1283] *Brassica oleracea* L.
[1284] *Ruta graveolens* L.

A maior diferença que se encontra entre as classes no seu todo é a que distingue grupos sem e com espinhos. E, de novo, em cada um destes grupos há muitas diferenças de espécie e de forma, de que procuraremos falar em separado.

3. Das espécies espinhosas, umas consistem apenas nos espinhos, como o espargo[1285] e a soda[1286]; ou seja, não têm folhagem além dos espinhos. Outras têm as folhas com espinhos, caso do cardo-espinhoso[1287], do cardo-corredor[1288] e do cártamo[1289]. Estas, e as que lhes são semelhantes, têm picos nas folhas; daí o nome que se lhes dá. Outras, além de picos, têm também outra folha, como a gatunha[1290], o abrolho[1291] e a pimpinela-espinhosa[1292], a que há quem chame *stoibe*[1293]. O abrolho tem ainda o fruto espinhoso, com espinhos no pericarpo, o que faz dele, por assim dizer, um caso à parte em relação a todas as outras plantas. Há também muitas árvores e arbustos com espinhos nos talos ou troncos, caso da pereira selvagem, da romãzeira, do paliuro, das silvas, da roseira e da alcaparra. São estas, em geral, as principais diferenças a estabelecer entre as plantas espinhosas.

4. Entre os grupos sem espinhos, não há como fazer estas distinções por espécie; é que a variedade das folhas em tamanho, dimensão e forma é infinita e confusa. Há então que tentar distingui-las por outro critério. Há muitas classes destas plantas e com enormes diferenças entre si, por exemplo, o cisto[1294], a briónia[1295], a granza[1296], o ligustro[1297], o *kneoron*[1298], o orégão[1299], a segurelha[1300], a salva[1301], a salva retorcida[1302], o marroio[1303], a

---

[1285] Muito provavelmente *Asparagus officinalis* L., podendo também ser *Asparagus acutifolius* L. ou *Asparagus aphyllus* L. Cf. Dioscórides 2.125.

[1286] *Salsola kali* L.

[1287] *Carlina gummifera* (L.) Less. Amigües 2010: 219, 231 tem opinião diferente, optando por outra Asterácea, *Picnomon acarna* (L.) Cass.

[1288] *Eryngium campestre* L.

[1289] *Carthamus tinctorius* L.

[1290] *Ononis spinosa* L. subsp. *antiquorum* (L.) Arcang.; cf. Dioscórides 3.18.

[1291] Trata-se de uma planta da família das *Zygophyllaceae*, *Tribulus terrestris* L., pelo que diz Teofrasto: 'de fruto espinhoso, com espinhos no pericarpo'.

[1292] *Sarcopterium spinosum* (L.) Spach.; cf. Amigües 2010: 220 e Dioscórides 4.12.

[1293] Esta designação, aplicada a tudo que serve para tampar, deve-se ao facto de esta planta ser usada para vedar os vasos de água ou de vinho.

[1294] Talvez *Cistus creticus* L. ou *Cistus salvifolius* L. (cf. Dioscórides 1. 97, 1. 97. 3).

[1295] *Bryonia cretica* L.

[1296] *Rubia tinctorum* L.

[1297] *Ligustrum vulgare* L.

[1298] *Thymelaea tartonraira* (L.) All.

[1299] *Origanum vulgare* L.

[1300] *Satureja thymbra* L.

[1301] *Salvia pomifera* L.

[1302] *Salvia fruticosa* Mill., nome válido para *Salvia triloba* L. f.

[1303] *Marrubium vulgare* L. (cf. Dioscórides 3.105).

ínula[1304], a erva-cidreira[1305] e outras do género. A estas podem acrescentar-se ainda as de tipo férula[1306] ou de talo fibroso, como o funcho[1307], o funcho-
-de-cavalo[1308], a férula pequena[1309], a férula comum[1310], aquilo a que por vezes se chama mata-ratos[1311] e outras do mesmo tipo. Todas estas, como também quaisquer outras plantas de tipo férula, podem integrar-se no grupo dos subarbustos.

6.2.1. Os subarbustos sem espinhos

As formas e as diferenças entre as plantas acima referidas são mais ou menos perceptíveis. Assim pode distinguir-se duas espécies de cisto, o macho[1312] e a fêmea[1313], sendo aquele maior, mais duro, mais oleoso e com uma flor encarnada. Ambas se parecem com a rosa brava[1314], salvo que a flor é mais pequena e sem cheiro.

2. Há também duas espécies de *knéoron*, uma branca e uma negra. A branca tem a folha coriácea e oblonga, de tipo semelhante à da oliveira; a da negra é do tipo da da tamargueira[1315], e carnuda. A branca[1316] é sobretudo rasteira e odorífera, a negra[1317] sem cheiro. Ambas têm uma raiz profunda e grande, ramos abundantes, espessos e lenhosos, que se dividem a partir do chão ou pouco acima; a raiz é também muito lenhosa. Esta é uma planta muito flexível, e por isso se usa para atar ou apertar, como o vitex. Rebenta e floresce após o equinócio de outono e mantém-se florida durante muito tempo.

[1304] *Dittrichia viscosa* (L.) Greuter ou *Dittrichia graveolens* (L.) Greuter; *vide infra* notas 1327 e 1328.
[1305] *Melissa officinalis* L.
[1306] *Ferula communis* L.
[1307] *Foeniculum vulgare* Mill.
[1308] *Prangos ferulacea* (L.) Lindl.
[1309] Provavelmente *Thapsia garganica* L., que atinge 1/1,30 m. Cf. Dioscórides 4.153.
[1310] *Ferula communis* L., que atinge 3,5 m de altura.
[1311] Hort e Díaz Regañón traduzem por 'mata-lobos', planta que tanto pode ser *Aconitum anthora* L., como *Aconitum napellus* L. ambos citados por Dioscórides (4.76, 4.77). 'Mata-ratos' é *Aconitum anthora* L. Amigües 2010: 220 admite ser uma Umbelífera - tal como o são as anteriores referidas por Teofrasto -, a *Oenanthe fistulosa* L., que foi utilizada em Portugal para matar peixes dos rios.
[1312] *Cistus creticus* L., de que se extraía uma resina; tem, de resto, uma flor grande e purpúrea como diz Teofrasto; cf. Dioscórides 1.97.3.
[1313] *Cistus salvifolius* L., de flores mais pequenas e brancas. Ambas, macho e fêmea, são nativas da Grécia.
[1314] Talvez *Rosa gallica* L.
[1315] *Tamarix tetrandra* Pall. ex M. Bieb.
[1316] *Thymelaea tartonraira* (L.) All.
[1317] Amigües 2010: 221 considera que as Timeleáceas referidas por Teofrasto não são do género *Daphne*, mas *Thymelaea*. Pelo que diz Teofrasto da folha ('a da negra é do tipo da da tamargueira e carnuda'), só pode ser *Thymelaea hirsuta* (L.) Endl.

3. Do orégão, a variante negra é estéril[1318], a branca frutífera[1319]. Há um timo[1320] branco e outro negro, que dão muita flor. A flor é produzida sobretudo no solstício de verão. É dessa flor que a abelha colhe o mel e é a partir dele que os apicultores avaliam se terão boa colheita de mel ou não; porque se o timo der muita flor, a colheita é boa; mas a floração sofre dano e fica destruída se apanhar chuva.

A segurelha[1321], e ainda mais o orégão, têm uma semente frutífera bem visível; a do timo, em contrapartida, não se consegue identificar, porque se mistura com a flor. Planta-se a flor e ela volta a rebentar.

4. Esta espécie é procurada e colhida em Atenas por aqueles que se dedicam a exportá-la. Tem uma particularidade, em relação às plantas mencionadas acima e a outras, de acordo com a localização; assim dizem que o timo não pode produzir-se ou prosperar em locais onde não chegue uma brisa vinda do mar. Por isso, não se dá na Arcádia, enquanto a segurelha, o orégão e outras são vulgares e existem em muitos sítios. Uma particularidade semelhante ocorre com a oliveira, porque dá ideia de que também esta se não dá a mais de trezentos estádios do mar[1322].

5. A salva comum[1323] e a retorcida[1324] diferem por uma ser de cultivo e a outra selvagem. A folha da salva comum é mais lisa, mais pequena e menos suculenta; a da retorcida é mais áspera.

Há também duas espécies de marroio[1325]; uma tem a folha herbácea e mais dentada, com recortes muito marcados e profundos, de que os farmacêuticos se servem para vários fins; a outra tem uma folha mais arredondada que, como a da salva, é muito pouco suculenta; os recortes são menos visíveis e os ângulos menos pronunciados[1326].

6. A ínula pode ser macho e fêmea, com as diferenças típicas desse tipo de classificação. A fêmea[1327] tem uma folha mais fina, é mais compacta e, em

---

[1318] *Origanum vulgare* L.

[1319] *Origanum onites* L.

[1320] *Thymbra capitata* (L.) Cav. É uma espécie calcícola, que ocorre em terrenos calcários, como são os terrenos das ilhas e de quase toda a Grécia litoral (ora Teofrasto afirma que o timo aparece mais no litoral). Condiz, de resto, com a descrição geral feita pelo autor do tratado: tem formas de flores brancas (menos vulgares) e formas de flores purpúreas muito escuras, a que ele chama 'negras'.

[1321] *Satureja thymbra* L.

[1322] Cerca de 54 km.

[1323] *Salvia pomifera* L.

[1324] *Salvia fruticosa* Mill., nome válido para *Salvia triloba* L. f.

[1325] *Marrubium vulgare* L.

[1326] Provavelmente este é o que chamam 'marroio-negro', *Ballota nigra* L., referido por Dioscórides (3.103).

[1327] *Dittrichia graveolens* (L.) Greuter.

geral, é uma planta mais pequena. O macho[1328] é maior, com um caule mais grosso e com mais ramos; tem uma folha maior, mais oleosa, e uma flor mais atraente. Ambas produzem fruto. Em geral esta planta é de crescimento tardio, floresce tardiamente por volta do Arcturo e só depois atinge a plenitude. O macho tem um cheiro forte, o da fêmea é intenso. Por isso são úteis para afastar as feras selvagens.

Assim estas plantas e outras do género têm este tipo de diferenças. Em contrapartida, há outras de uma só espécie, quer entre as atrás mencionadas, quer ainda noutros casos, que são inúmeras.

7. As férulas – que se incluem nos subarbustos – compreendem inúmeras variedades. Neste caso, há que considerar primeiro características comuns a todas, quer se trate da férula propriamente (*narthex*) ou da férula pequena (*narthekía*), pertençam ambas à mesma espécie e difiram apenas no tamanho, ou, como afirmam alguns, sejam de espécies diferentes. A semelhança no aspecto geral de ambas é evidente, salvo no tamanho; a férula é uma planta bastante grande[1329], a outra é pequena. Ambas têm um caule único, com articulações, de onde nascem as folhas e uns caules pequenos.

8. As folhas nascem alternadamente; por 'alternadamente' quero dizer não da mesma parte da articulação, mas ora de um lado ora do outro. Em boa parte, as folhas envolvem o caule, como acontece com a cana, salvo que pendem mais por serem frágeis e devido ao tamanho. De facto a folha é grande, tenra e muito repartida, de tal modo que parece um cabelo. As folhas maiores tem-nas em baixo, junto ao chão, e assim por diante proporcionalmente. A flor é cor de marmelo e pouco vistosa; o fruto parece-se com o do aneto[1330], mas maior. Em cima, a planta divide-se e tem alguns caules pequenos. É aí que nasce a flor e o fruto. Produz também flor e fruto nos caules laterais em toda a altura, como o aneto. O caule dura um ano, e é na primavera que rebenta, primeiro as folhas e a seguir o caule, como nas outras plantas. Tem uma raiz profunda, mas única. Eis as características da férula.

9. Das outras plantas há umas tantas bastante parecidas com a férula, pelo facto de terem o caule oco, como a mandrágora[1331], a cicuta[1332], o heléboro[1333] e o asfódelo[1334]; outras têm um caule fibroso, caso do funcho, do mata-ratos

---

[1328] *Dittrichia viscosa* (L.) Greuter.
[1329] A férula pode atingir, na Grécia, uma altura de três ou quatro metros.
[1330] *Anethum graveolens* L.
[1331] *Mandragora officinarum* L., ou *Mandragora autumnalis* Bertol, ou *Atropa belladonna* L.
[1332] *Conium maculatum* L. Estas são plantas tóxicas. A beladona provoca alucinações e em dose excessiva é mortal. A cicuta foi usada na execução de Sócrates; é uma planta calmante, mas também mortal, provocando uma imobilização progressiva a partir dos extremos dos membros.
[1333] *Helleborus cyclophyllus* (A. Braun) Boiss.
[1334] *Asphodelus ramosus* L.

e de outras parecidas. O fruto da mandrágora é peculiar por ser negro, tipo bago de uva e com sabor a vinho.

6. 3. 1. O sílfio

Muito importantes e muito específicas na sua natureza são o sílfio[1335] e o papiro do Egipto[1336]. Também elas são do tipo férula. Destas, do papiro já falámos acima a propósito das espécies aquáticas[1337]; do sílfio, temos de tratar agora.

O sílfio tem uma raiz desenvolvida e espessa; o caule é do tamanho do da férula e praticamente equivalente em grossura; a folha, a que se chama *máspeton*, é parecida com a do aipo. Tem um grão alongado, tipo folha, conhecido por *phyllon*. O caule é de duração anual, como o da férula. Na primavera produz esse tal *máspeton*, que purga os carneiros, os engorda muito e lhes torna a carne particularmente saborosa. A seguir produz o caule, que se come de todas as maneiras, cozido ou assado; também ele, ao que se diz, purga o organismo em quarenta dias.

2. Tem dois tipos de suco, um do caule e outro da raiz, que por isso se designam por 'suco do caule' e 'suco da raiz'. A raiz tem uma casca negra, que se retira. Há, neste caso, como para os minérios, regras para cortar a raiz, segundo as quais parece estabelecer-se rigorosamente a quantidade a cortar, tendo em conta o abastecimento e os cortes anteriores; de facto, não é permitido nem cortar de qualquer maneira, nem mais do que o estabelecido, porque o produto não utilizado, com a passagem do tempo, estraga-se e apodrece[1338]. Quando o levam para o Pireu procedem desta forma: depois de o porem em recipientes e de lhe misturarem farinha, agitam-no durante bastante tempo, de forma a que ganhe cor; este tratamento preserva-o e não o deixa apodrecer. São estes os procedimentos de tratamento e corte.

3. Este produto encontra-se em grande parte da Líbia, numa extensão, ao que se diz, superior a 4.000 estádios; mas é sobretudo abundante na região de Sirte, a partir das ilhas Evespérides[1339]. É uma particularidade do

---

[1335] Sobre o sílfio e a sua produção abundante na região de Cirene, *vide supra* 168.
[1336] *Cyperus papyrus* L.
[1337] *Vide supra* 4. 8. 3-4.
[1338] São evidentes as precauções que visam a rentabilização do produto e procuram evitar, sem sucesso de resto, o seu esgotamento.
[1339] O sílfio não se encontrava, de acordo com os testemunhos antigos, na costa de Cirene, mas na estepe, na borda do Sara, numa extensão de c. 720 km (4.000 estádios) entre o golfo de Bomba e a Sirte, a partir de Bengasi. Esta é uma zona de pastoreio, percorrida por populações nómadas; daí o pormenor referido por Teofrasto sobre o efeito que o consumo do sílfio tem no gado. Estrabão (17. 3. 22) informa que, já no seu tempo, a produção de sílfio tinha reduzido. As suas propriedades e aroma eram muito apreciados na culinária e na medicina. Constituía por isso um comércio importante para a região produtora, que se foi exaurindo com o tempo e com os excessos de exploração.

sílfio evitar solos cultivados; sempre que o solo é cultivado ou tratado ele desaparece, como para tornar evidente que não necessita de cuidados e que é selvagem. A gente de Cirene afirma que o sílfio apareceu sete anos antes de terem fundado a cidade. Ora a cidade foi fundada cerca de 300 anos antes do arcontado de Simónides, em Atenas[1340].

4. É esta a versão que alguns dão. Há outros, no entanto, que afirmam que a raiz do sílfio atinge um côvado de comprimento[1341] ou até um pouco mais; a meio dela há uma cabeça, que é a parte mais saliente e que sobressai do solo, designada por 'leite'. É daí que depois cresce o caule, e dele a magídaris também chamada *phyllon*. Trata-se mais propriamente dito da semente; ora quando, após a Canícula[1342], sopra um vento forte do sul, ela espalha-se e dá origem ao sílfio. No mesmo ano crescem a raiz e o caule, o que não é uma particularidade, já que noutros casos acontece o mesmo – a menos que se pretenda dizer que eles nascem logo após a dispersão da semente.

5. Há uma versão peculiar, contraditória em relação ao que atrás se disse, que afirma a necessidade de cavar o solo todos os anos; diz-se então que, se se deixar estar, a planta produz a semente e o caule, mas de má qualidade, como também a raiz; se se cavar o terreno, eles melhoram por se revolver a terra. Ora está-se a entrar em contradição com a ideia de que o sílfio evita terrenos cultivados. Acrescentam ainda que as raízes se cortam, se mergulham em vinagre e se comem frescas. A folha é de uma cor dourada.

6. Há ainda uma outra contradição; a de que os carneiros não se purgam ao comer-lhe as folhas. Diz-se então que, na primavera e no inverno, eles são levados para a montanha, onde pastam esta planta e outra parecida com a artemísia[1343]. Ora ambas parecem ser plantas quentes, que não purgam; pelo contrário, têm o efeito de secar e são digestivas. Se um carneiro estiver doente ou debilitado e for para essa região, ou recupera rapidamente ou morre, mas na maior parte dos casos salva-se. Qual das duas versões é a correcta é caso a esclarecer.

7. A chamada magídaris[1344] é uma planta diferente do sílfio, menos massiva, menos acre e sem suco. Os conhecedores facilmente a distinguem à vista. Dá-se na Síria, mas não em Cirene; diz-se também que abunda no monte Parnaso. Há quem lhe chame igualmente sílfio. Resta saber se, tal como o sílfio, é uma planta que evita o cultivo, se há alguma semelhança ou proximidade quanto à folha e ao caule e, em geral, se produz alguma seiva.

[1340] *Vide supra* nota 168.
[1341] Cerca de 44 cm.
[1342] Fim de Julho.
[1343] Provavelmente *Artemisia arborescens* (Vaill.) L.
[1344] *Vide supra* nota 169.

Nestes exemplos há que considerar, por fim, as plantas tipo férula (e as de tipo espinhoso em geral).

6. 4. 1. Subarbustos espinhosos

Quanto às espécies espinhosas – pois é delas que falaremos a seguir -, uma vez que já distinguimos[1345] as que são totalmente espinhosas das que têm folhas com espinhos, há que falar agora de cada grupo em separado, e também, em terceiro lugar, das que têm folhas a par dos espinhos, caso da pimpinela-espinhosa[1346] e do abrolho[1347]. Além disso, a alcaparra[1348] tem a particularidade de ter espinhos não só nos caules, mas também uma folha espinhosa. Das classes assim repartidas, a mais abundante é a que tem as folhas com espinhos, e a que tem um número mais reduzido de exemplares a completamente espinhosa. Esta é, de facto, como ficou dito, muito circunscrita, e não é muito fácil de encontrar outros exemplos além do espargo[1349] e da soda[1350].

2. Estas duas plantas florescem após o equinócio de outono. A soda produz a sua flor na protuberância carnuda situada na base dos espinhos; a flor de princípio é branca e depois torna-se encarnada. O espargo produz, ao longo dos espinhos, um gomo pequeno, de onde brota uma flor também pequena. A soda tem uma raiz única e profunda; a do espargo é muito profunda, mas com outras raízes múltiplas e robustas, de tal modo que a parte de cima é compacta e dela partem os rebentos dos caules. O caule rebenta na primavera e é comestível. Com o passar da estação, a planta torna-se áspera e formam-se-lhe os espinhos. A floração ocorre não só a partir deste caule, mas também dos dos anos anteriores, dado que o caule não é de formação anual. São estas as características das plantas totalmente espinhosas.

3. Das plantas com folha espinhosa, a espécie mais comum, por assim dizer, é a de tipo cardo[1351]; por 'cardo' pretendo sugerir que o botão, onde se encontra a flor e o fruto, é um cardo ou algo parecido. Há, no entanto, diferenças no próprio botão, quanto ao tamanho, ao formato, à cor, ao número maior ou menor de espinhos, e sob outros aspectos. Porque fora um

---

[1345] *Vide supra* 6. 1. 3.
[1346] *Sarcopterium spinosum* (L.) Spach.
[1347] *Tribulus terrestris* L.
[1348] *Capparis spinosa* L.
[1349] *Asparagus acutifolius* L.
[1350] Trata-se provavelmente de *Salsola kali* L. (que floresce até Novembro), cujas folhas são linear-assoveladas e rígidas, lembrando espinhos. Por isso, Teofrasto só refere os 'espinhos' e afirma que a planta não tem folhas, tal como outros autores pré-lineanos, Bauhin, por exemplo. Teofrasto fornece mais características que podem ajudar na sua identificação, entre as quais a cor da flor (branca, depois avermelhada). Há uma ilha grega denominada *Skórpios*, provavelmente a partir do nome da planta, que vegeta frequentemente em solos salgadiços do litoral marinho.
[1351] *Carlina gummifera* (L.) Less.

número reduzido de casos – como a saponária[1352], a serralha[1353] e mais umas tantas -, todas as demais, por assim dizer, têm essas características. Apesar de a serralha ter uma natureza espinhosa, o seu processo de germinação não é o mesmo. Pertencem a este grupo as espécies seguintes: o cardo-santo[1354], o cardo-leiteiro[1355], o cardo-de-cobre[1356], o cártamo[1357], o cardo acantóide[1358], o cardo-de-roca[1359], o cardo-do-demónio[1360], o cardo viscoso[1361] e o camaleão[1362]. Este último é o único que não tem folhas com espinhos; em contrapartida, o cardo bravo[1363], também chamado dos prados, tem uma folha espinhosa. E, além destas, há ainda muitas outras.

4. Diferem umas das outras não só pelas características atrás mencionadas, mas também por algumas terem muitos caules e rebentos laterais, caso do cardo-espinhoso, enquanto as há também de um só caule e sem essas formações laterais, por exemplo o cártamo; e também as que têm apófises em cima, no topo, como o *echinops*[1364]. Há as que rebentam logo com as primeiras chuvas,

---

[1352] *Saponaria officinalis* L. Planta cujo nome lhe provém da utilização na lavagem da roupa; vide infra 9. 12. 5.

[1353] Deve tratar-se de *Sonchus asper* (L.) Hill, por ter folhas mais 'espinhosas', de preferência a *Sonchus oleraceus* L., como sugere Amigües 2010: 230; cf. *infra* 6. 4. 8 e Dioscórides 2. 131.

[1354] *Cnicus benedictus* L., que tem flores amarelas, de acordo com o que Teofrasto diz *infra* 6. 4. 6. Díaz Regañón e Hort preferiram manter, na tradução, a simples transcrição do grego, '*ákorna*', que é *Cnicus acarna* (L.) L., cujo nome válido é *Picnomon acarna* (L.) Cass., com flores violáceas. Este também existe na Grécia e é referido por Dioscórides 3.12.

[1355] *Silybum marianum* (L.) Gaertn., que tem folhas espinhosas, como diz Teofrasto; cf. Dioscórides 4.155.

[1356] Não há uniformidade, entre os comentadores, na identificação desta espécie; Díaz Regañón 1988: 339 identifica-a com *Carlina corymbosa* L.; Hort manteve, na tradução, a versão do grego, '*khálkeios*', que é *Carlina graeca* Heldr. & Sart.; cf. Amigües 2010: 230.

[1357] *Carthamus tinctorius* L.; cf. Dioscórides 3. 93. Esta era, de resto, uma espécie muito cultivada na época, como Teofrasto afirma *infra* 6. 4. 5.

[1358] *Carduus acanthoides* L. Um pré-lineano, R. Morison (1680), chamou-lhe *Carduus polyacanthos* Curtis. Amigües 2010: 230 considera ser *Notobasis syriaca* (L.) Cass., por ser uma Asterácea com brácteas dos capítulos espinhosas, purpurascentes e ser abundante na Grécia. Preferimos a identificação que tem por base os dois epítetos específicos ('*acanthoides*' e '*polyacanthos*').

[1359] *Carthamus lanatus* L. Vide infra 6. 4. 6.

[1360] *Onopordum illyricum* L.; para Dioscórides (3. 17) pode tratar-se desta espécie ou de *Onopordum acanthium* L.

[1361] *Carlina gummifera* (L.) Less. Amigües 2010: 219 tem opinião diferente, considerando ser outra Asterácea, *Picnomon acarna* (L.) Cass.

[1362] Provavelmente *Cirsium arvense* (L.) Scop., que é extremamente variável e pode apresentar folhas não espinhosas. Dioscórides refere *Cirsium ferox* (L.) DC. (3.12) e *Cirsium tuberosum* (L.) All. (3.19), que têm folhas bem espinhosas. C. L'Éscluse, um pre-lineano (1610), chamou *Chamaeleon salmaticensis* Curtis ao *Picnomon acarna* (L.) Cass., que tem também folhas bem espinhosas.

[1363] *Scolymus hispanicus* L.; cf. *infra* 6. 4. 7 (em que Teofrasto lhe identifica a raiz como 'comestível') e Dioscórides 3.14.

[1364] *Echinops sphaerocephalus* L. Amigües 2010: 231 considera ser *Echinops ritro* (DC.) Kozuharov, opinião que não partilhamos.

outras mais tarde, algumas no verão, como aquela que há quem designe por 'cardo de quatro pontas'[1365] e o cardo viscoso[1366]. Com a floração há a mesma variedade; o cardo bravo[1367], por exemplo, é de floração tardia e assim se mantém por muito tempo.

5. Não há diferenças entre os cardos espinhosos, mas entre os cártamos[1368] sim. Há a espécie selvagem e a doméstica. A selvagem tem duas variantes, uma muito parecida com a doméstica, mas com o caule mais direito, pelo que nos velhos tempos havia mulheres que o usavam como roca; este tem um fruto negro, grande e ácido. A outra é frondosa, com caules parecidos com os da serralha, de modo que, em certo sentido, se torna uma planta rastejante; graças à flexibilidade dos caules tende a pender para o chão. Tem um fruto pequeno e com barba. Todos os cárdamos produzem muitas sementes, ainda que maiores e mais compactas nas variantes selvagens. Há neles também uma particularidade em relação às outras plantas selvagens. Estas são mais duras e mais espinhosas do que as espécies domésticas, mas o cártamo é mais flexível e mais liso.

6. O cardo-santo[1369], em termos gerais, apresenta, de aspecto, grande semelhança com o cártamo doméstico, mas tem uma cor amarelada e um suco oleoso. Há uma outra planta chamada cardo da roca, que é mais branca do que as anteriores. Tem uma particularidade na folha, que é a seguinte: se se lhe arrancar a folha e se puser em contacto com a carne, a seiva torna-se sanguinolenta; daí que há quem chame a esta planta espinhosa 'cardo de sangue'. Tem um cheiro fétido, a sangue. Matura o fruto tarde, por volta do outono. Em geral, de resto, todos os cardos frutificam tarde. Todas estas plantas germinam ou de semente ou de raiz, pelo que é curto o tempo que medeia entre que começa a germinação e se completa a maturação da semente.

7. O cardo bravo[1370] tem não só a particularidade seguinte - a de ter uma raiz comestível, cozida ou crua -, mas também a de esta ter melhor qualidade quando a planta floresce; ao endurecer, produz um suco. A floração, por ocorrer na altura do solstício, é também peculiar.

8. A raiz da serralha[1371] é carnuda e comestível; mas o botão, em vez de ser espinhoso, é alongado. Entre as plantas de folha espinhosa, ela é a única com esta característica, pelo que se opõe ao camaleão[1372]: é que este, que não tem folha espinhosa, tem um botão de cardo. Quando envelhece, a flor da

---

[1365] *Centaurea solstitialis* L.
[1366] *Carlina gummifera* (L.) Less.
[1367] *Scolymus hispanicus* L.
[1368] *Carthamus tinctorius* L.
[1369] *Vide supra* nota 1354.
[1370] *Scolymus hispanicus* L.
[1371] *Sonchus asper* (L.) Hill.
[1372] *Vide supra* nota 1362.

serralha transforma-se em pluma, como acontece com a do dente-de-leão[1373], da tamargueira[1374] e de outras parecidas. Até ao verão, mantém uma floração contínua, com parte das flores em botão, outras já abertas, outras a produzirem semente; tem então pouca seiva e picos. Em contrapartida a folha, quando seca, torna-se mole e deixa de picar.

9. O cardo viscoso[1375] não se dá em muitos sítios[1376]; é uma planta com folhas na raiz. Do meio da raiz nasce o cardo que produz sementes, como uma espécie de maçã muito escondida pelas folhas.

Este, no topo, produz uma goma agradável ao paladar, que é a 'mastique espinhosa'. Estas plantas, e outras do mesmo tipo, existem praticamente em toda a parte.

10. A chamada alcachofra[1377] só existe na Sicília, na Grécia não. É uma planta muito diferente de qualquer outra: projecta logo, a partir da raiz, caules rastejantes e tem uma folha larga e espinhosa. Chamam a esses caules *kaktoi*. São comestíveis, depois de se lhes retirar a pele, e ligeiramente acres; conservam-se em salmoura.

11. Há uma outra espécie[1378] que produz um caule erecto, a que se chama *ptérnix*, também comestível, mas que se não conserva. O pericarpo, que contém a semente, tem forma de cardo. Se se lhe retirar as sementes, que são peludas, é também comestível e parecido com o 'miolo' da tâmara. Chamam-lhe *skalías*. São estas as diferenças a ter em conta ao observar as plantas de folha espinhosa.

6. 5. 1. Subarbustos espinhosos

As plantas com folhas a par dos espinhos são, por exemplo, a pimpinela[1379], a gatunha[1380], o cardo estrelado[1381], o abrolho[1382], o eufórbio espinhoso[1383],

---

[1373] *Taraxacum officinale* (L.) Web. ex F.H. Wigg., *lato sensu*, actualmente *Taraxacum campylodes* G.E. Haglund.
[1374] *Tamarix tetrandra* Pall. ex M. Bieb.
[1375] *Carlina gummifera* (L.) Less.
[1376] Esta informação contradiz a que é dada em 9. 12. 1, que o considera existente em todo o lado. Amigües 2010: 233 concilia as duas versões de acordo com o critério de maior ou menor abundância desta planta conforme as regiões; na Grécia, ela abunda nas regiões mais a sul (Ática, Peloponeso, ilhas), mas escasseia no norte.
[1377] *Cynara cardunculus* L.
[1378] *Cynara scolymus* L.
[1379] *Sarcopterium spinosum* (L.) Spach.
[1380] *Ononis spinosa* L. subsp. *antiquorum* (L.) Arcang.
[1381] *Centaurea calcitrapa* L.
[1382] *Tribulus terrestris* L.
[1383] *Euphorbia acanthothamnos* Heldr. & Sart. ex Boiss.

a gilbardeira[1384] (...)[1385] que tem uma folha bastante carnuda. É uma planta com muitas ramificações e muitas raízes, a pouca profundidade. Rebenta juntamente com as Plêiades[1386], no início da época da lavra, e é então que dá folha. Não se trata de uma planta anual, mas com uma duração muito maior.

2. A alcaparra[1387] é, como se disse[1388], muito diferente destas. Assim, tem a folha[1389] e o caule espinhosos, enquanto a pimpinela e o eufórbio espinhoso não têm espinhos nas folhas. É de raiz única, rasteira, e com um caule junto ao chão. Rebenta e floresce no verão, e conserva a folha verde até ao ocaso das Plêiades[1390]. Gosta de solos arenosos e leves; diz-se que não se dá bem em terrenos cultivados, embora nasça junto a zonas urbanas e em bons terrenos, não como o sílfio, em locais montanhosos. Tal descrição não é, porém, rigorosamente exacta.

3. A peculiaridade do abrolho[1391] é ter o fruto espinhoso. Há duas espécies: uma que tem a folha do tipo da do grão-de-bico[1392], outra com uma folha espinhosa[1393]. Ambas são rasteiras e muito ramificadas, mas a de folha espinhosa rebenta mais tarde e dá-se junto às cercas. A semente é precoce e parecida com a do sésamo; a da espécie tardia é redonda, negra e está envolvida por uma vagem. Estas plantas exemplificam as que têm folhas e espinhos.

A gatunha[1394] tem espinhos nos ramos. A folha é anual, parecida com a da arruda[1395], e nasce ao longo de todo o caule, dando-lhe o aspecto geral de uma coroa, com uma distribuição alternada. A flor é irregular, e o fruto está dentro de uma vagem indivisa.

4. Dá-se em terrenos leves e ricos, sobretudo se semeados e cultivados. É, portanto, um inimigo dos lavradores e difícil de eliminar. Porque, quando

---

[1384] *Ruscus aculeatus* L. Provavelmente a designação desta planta – à letra 'espinho-dos-ratos' - provém da sua utilidade para proteger as provisões do ataque dos ratos. Amigües 2019: 235 considera ser uma planta completamente diferente, *Cichorium spinosum* L. Esta espécie parece condizer mais com as características indicadas por Teofrasto.

[1385] Faltam algumas palavras no texto, o que interrompe a frase anterior e omite o nome de uma planta inicial da frase seguinte. Amigües 2010: 234 salienta que, da enumeração de plantas que acaba de fazer, Teofrasto retoma algumas para uma maior especificação adiante, e, relativamente a outras, se limita a citá-las, admitindo que, neste caso, a vulgaridade dispense o autor do tratado de ir mais longe.

[1386] Início de Novembro.

[1387] *Capparis spinosa* L.

[1388] *Vide supra* 6. 1. 3, 6. 4. 1.

[1389] A folha não é espinhosa, é pungente, por ter um mucrão no ápice. Tem estípulas (brácteas na base das folhas) transformadas em espinhos.

[1390] Início de Maio.

[1391] *Tribulus terrestris* L.

[1392] *Cicer arietinum* L.

[1393] *Fagonia cretica* L., que não tem folhas espinhosas, mas sim estípulas espinhosas, que para Teofrasto eram também folhas.

[1394] *Ononis spinosa* L. subsp. *antiquorum* (L.) Arcang.

[1395] *Ruta graveolens* L.

se implanta num solo, imediatamente se enraíza em profundidade; cada ano projecta novas ramificações laterais e, no ano seguinte, o processo continua. Pelo que tem de ser arrancada por inteiro. Isto faz-se quando o solo está empapado e fica mais fácil acabar com ela. Mas se ficar um pedacinho que seja, ela volta a rebentar. Começa a crescer no verão e completa o crescimento no outono. É a partir de exemplos como estes que se deve considerar os subarbustos selvagens.

6. 6. 1. Os subarbustos de cultivo

Sobre as plantas de cultivo há pouco a dizer, uma vez que se trata de espécies para coroas.

Sobre as plantas para coroas tentaremos fazer uma abordagem em termos gerais, de modo a englobar todo o grupo. Este tipo de plantas tem uma classificação particular, que se reparte entre os subarbustos e as ervas. Por isso, estas últimas têm de ser tidas em consideração e iremos referi-las quando for oportuno, dando prioridade aos subarbustos.

2. Devem repartir-se em dois grupos, de acordo com o uso que se lhes dá. Há algumas de que só a flor tem utilidade; entre estas há as perfumadas, como a violeta[1396], e as que não têm cheiro, como o cravo[1397] e o goiveiro-amarelo[1398]. Há outras cujos ramos, folhas e a planta em geral são aromáticos, caso do tomilho-tufoso[1399], da calaminta[1400], da hortelã-pimenta[1401] e de outras. Ambos os grupos pertencem aos subarbustos. As primeiras, as que são apreciadas pela flor, são na maioria de natureza subarbustiva, nuns casos anual, noutros com maior duração, excepção feita do goivo negro[1402]. Esta não apresenta qualquer ramo, tem a folhagem próxima da raiz e persistente. Dizem alguns que é capaz de produzir flor continuamente, desde que se lhe preste determinados cuidados, o que pode considerar-se uma característica particular.

3. Das outras, e tendo em conta o grupo inteiro, o aspecto geral é manifesto praticamente em todas. Mas se existem algumas particularidades, há que referi-las, caso, por exemplo, das que apresentam uma forma simples, e outras alguma variedade.

[1396] *Viola odorata* L.; cf. Dioscórides 4.121.

[1397] *Dianthus caryophyllus* L.

[1398] O goiveiro cultivado é *Erysimum x cheiri* (L.) Crantz, antigamente *Cheiranthus x cheiri* L.; cf. Dioscórides 3.123. Amigües 2010: 237 prefere, sem que para isso tenha fundamento, plantas de flores amarelas, completamente diferentes desta, como *Calendula officinalis* L. ou *Calendula arvensis* L.

[1399] *Thymus sibthorpii* Benth.

[1400] *Calamintha incana* (Sibth. & Sm.) Boiss. *Vide* notas 429 e 1281.

[1401] *Mentha aquatica* L.

[1402] *Matthiola incana* (L.) R. Br.

São de forma simples as lenhosas, como o tomilho-tufoso, a hortelã-pimenta e a calaminta, a menos que se considere as selvagens e as domésticas, as aromáticas e as inodoras como distintas. Entre elas há também diferenças quanto aos cuidados a ter, aos solos e ao clima. É o caso de certas flores, como a violeta negra[1403], que parece não ter diferentes formas, e a branca. Neste caso é evidente que há variação de cor. E mais ainda o *krínon*[1404] se, como se ouve dizer, tem uma variedade purpúrea[1405].

4. Entre as rosas as diferenças são muitas, no número maior ou menor de pétalas, no toque áspero ou macio, no colorido e no perfume. A maioria tem cinco pétalas, mas há-as também de doze ou de vinte pétalas, e outras ainda que as superam. Há mesmo, ao que se diz, algumas chamadas 'de cem pétalas'[1406]. Estas são muito comuns em Filipos. A gente da região apanha-as no Pangeu[1407], onde abundam, e planta-as[1408]. No entanto as pétalas de dentro são muito pequenas (de facto, da forma como se desenvolvem resultam pétalas que ficam na parte de fora e outras na de dentro). Há-as que não são perfumadas nem grandes em tamanho. Nas de grandes dimensões, as mais perfumadas são as que têm a parte de baixo áspera.

5. Em termos gerais, como se disse[1409], o colorido e o perfume dependem da localização. Inclusivamente rosas que crescem no mesmo solo podem variar entre terem ou não perfume. As rosas mais perfumadas são as de Cirene, que, por isso, permitem a produção de uma essência muito suave. De resto em termos globais, nesse mesmo lugar os aromas das violetas e das outras flores são os mais puros, principalmente o da flor do açafrão[1410], planta que parece apresentar as maiores variações.

[1403] *Viola odorata* L. (no grego *íon*), cujas cores da flor variam entre o violeta escuro e o branco. Hort 1980: 37-37 e Amigües 2010: 237 preferem considerar como 'violeta' a 'negra' e como 'goiveiro' (*Matthiola incana* (L.) R. Br.) a 'branca', ainda que os dois qualificativos se apliquem, no grego, ao mesmo *íon*.

[1404] Muito provavelmente *Lilium candidum* L., nativo no Norte da Grécia e cultivado como ornamental desde a Antiguidade.

[1405] *Lilium martagon* L.

[1406] *Rosa gallica* L. (cf. Dioscórides 1. 99), que é o nome válido da *Rosa centifolia* L. ou *Rosa centipetala* Stokes. Heródoto 8. 138. 2 menciona esta espécie de rosa particular da Macedónia: 'os fugitivos, reunidos numa outra região da Macedónia, estabeleceram-se perto dos chamados 'jardins de Midas', filho de Górdias, onde nascem espontaneamente rosas, com sessenta pétalas cada uma e mais aromáticas do que as outras'.

[1407] Um monte antes vizinho de Filipos e hoje da cidade de Kavala, na região oriental da Macedónia.

[1408] A cidade de Filipos e o monte Pangeu situam-se na Macedónia oriental, na fronteira com a Trácia. Sobre Filipos *vide supra* nota 468.

[1409] *Vide supra* 6. 6. 3.

[1410] *Crocus sativus* L.

6. A roseira pode nascer também de uma semente, que se encontra por baixo da flor, na 'maçã', parecida com a do cártamo[1411] ou com a do cardo espinhoso[1412], mas com uma espécie de penugem, de tal maneira que não difere das sementes peludas. Como a planta se vai formando lentamente, há quem lhe corte – como atrás se disse[1413] – as ramadas. Se for queimada ou cortada, a roseira produz melhores flores; porque se for deixada sem cuidados, cresce muito e produz muitos talos. É preciso transplantá-las com frequência, porque, nesse caso, a rosa sai mais bonita. As variantes selvagens são mais ásperas, nas hastes e nas folhas; têm a flor menos colorida e mais pequena.

7. A violeta negra difere da branca (o goivo), sob outros aspectos, mas também na própria planta, porque aquela tem folha larga, a roçar o chão, e carnuda, e muitas raízes.

8. Os *kría*[1414] têm uma variação de cor já atrás referida[1415]. Têm, em geral, um só caule e raramente dois, o que decerto se deve às diferenças de solo e de clima. Em cada caule ora nasce uma só flor, ou por vezes mais do que uma, dado que a flor rebenta no cimo (a última situação é mais rara). Tem uma raiz grande, carnuda e redonda. Se se lhe tirar o fruto, ele germina e produz uma nova planta, que dá flores, mas mais pequenas. Produz também um corrimento tipo lágrima, que se pode plantar, como acima dissemos[1416].

9. O narciso ou *leírion* (porque há quem lhe dê um nome ou o outro)[1417] tem uma folha rastejante, parecida com a do asfódelo[1418], mas muito mais larga, como a do *krínon*. Apresenta um caule sem folhas de tipo herbáceo, com a flor no topo. O fruto está contido numa membrana, tipo cápsula, e é muito grande, de cor negra e de um formato alongado. Este, ao cair, germina automaticamente; mesmo assim, há quem o apanhe e o enterre. Pode também plantar-se a raiz, que é carnuda, redonda e grande. O narciso é uma planta de germinação tardia, cuja floração só acontece após o Arcturo, no equinócio[1419].

10. O açafrão[1420] é de natureza herbácea, como as plantas atrás mencionadas[1421], mas com uma folha estreita, praticamente tipo cabelo. Tem uma floração muito tardia e germina tarde ou cedo, conforme se considerar a

---

[1411] *Carthamus tinctorius* L.
[1412] *Carlina gummifera* (L.) Less.
[1413] *Vide supra* 6. 6. 4.
[1414] Muito provavelmente *Lilium candidum* L., nativo no Norte da Grécia e cultivado como ornamental desde a Antiguidade.
[1415] *Vide supra* 6. 6. 3.
[1416] *Vide supra* 2. 2. 1.
[1417] *Narcissus serotinus* L. (νάρκισσος) ou *Narcissus tazetta* L. (λείριον). Amigües 2010: 239 inclui ainda neste grupo o narciso-das areias, *Pancratium maritimum* L.
[1418] *Asphodelus ramosus* L.
[1419] Meados de Setembro.
[1420] *Crocus sativus* L.
[1421] *Vide supra* 6. 6. 8.

estação[1422]; ou seja, floresce após o nascer das Plêiades[1423] e durante poucos dias. Projecta logo, juntamente com a folha, também a flor, ou parece até que primeiro. A raiz é forte, carnuda e a planta, no seu todo, vigorosa. Gosta de ser pisada e desenvolve-se até melhor quando a raiz é esmagada na terra. Daí que seja sobretudo bonita ao longo dos caminhos e nos trilhos. Propaga-se a partir da raiz.

11. São estes os processos de germinação das plantas acima citadas. Todas as flores mencionadas nascem de semente, caso do goivo, do cravo, da nigela-dos-trigos[1424], do goiveiro-amarelo[1425] e do lírio purpúreo[1426]. Todas estas plantas, como as suas raízes, são lenhosas. Nasce também da semente a videira selvagem (bacelo)[1427], que pertence às plantas florais. Estas e outras plantas semelhantes devem ser tidas como exemplo das espécies florais.

6. 7. 1. Particularidades no cultivo de certas plantas florais

Todas as outras plantas florescem e produzem semente, embora nem todas pareçam fazê-lo, por o fruto não ser visível. Há até algumas em que a própria flor não se distingue. Como a germinação, nesse caso, acontece lentamente e com dificuldade, há quem prefira plantá-las, como temos dito desde o princípio.

2. Todavia há quem defenda que aquelas plantas não dão fruto. Dizem ter feito as experiências seguintes: que, muitas vezes, secaram, esmagaram e plantaram, sem nunca terem conseguido fazê-las germinar, o tomilho--tufoso[1428], a calaminta[1429], a hortelã[1430] e a menta[1431] (até esta foi sujeita à experiência). No entanto, a primeira opinião tem mais razão de ser, tido em conta o testemunho das espécies selvagens. Porque há também um tomilho--tufoso selvagem[1432], que se traz das montanhas e se planta em Sícion e, em Atenas, o que se traz do Himeto[1433]. Há outras regiões em que montanhas e

---

[1422] Isto é, tarde, se se considerar o fim de uma estação, ou cedo, se se considerar o início da seguinte.
[1423] Início de Maio.
[1424] *Lavandula stoechas* L.; cf. Dioscórides 3. 26. Amigües 2010: 240 prefere a identificação de *Agrostemma githago* L., provavelmente com razão, pois Teofrasto está a referir plantas *arvensis* e esta é uma planta dos campos cultivados; *Lavandula stoechas* L., em contrapartida, é uma planta dos montes e terrenos incultos. *Vide infra* nota 1458.
[1425] *Erysimum x cheiri* (L.) Crantz, antigamente *Cheiranthus x cheiri* L.
[1426] *Lilium martagon* L.
[1427] *Vitis vinifera* L.
[1428] *Thymus sibthorpii* Benth.
[1429] *Calamintha incana* (Sibth. & Sm.) Boiss. *Vide* notas 429 e 1281.
[1430] *Mentha aquatica* L.
[1431] *Mentha spicata* L.
[1432] *Thymus atticus* Celak.
[1433] Logo os Atenienses vão buscar o seu tomilho-tufoso às alturas do monte Himeto, e no norte do Peloponeso, os Siciónios fazem outro tanto a partir do monte Cilene.

colinas estão inteiramente cobertas dele, caso da Trácia. A hortelã tem uma variante selvagem, como também as há das outras plantas referidas, com um cheiro mais agressivo. O tomilho-tufoso, por vezes, parece-se muito com o timo. Ora é evidente que estas plantas selvagens têm este tipo de reprodução.

3. A artemísia[1434] desenvolve-se melhor a partir de uma semente do que de uma raiz ou de um renovo (mas mesmo da semente com dificuldade). No entanto, pode reproduzir-se em vasos, como os 'jardins de Adónis'[1435], no verão. De facto é muito sensível ao frio e, em geral, susceptível nos sítios onde o sol bate com força. Mas depois de pegar e de crescer, torna-se grande, resistente e arbórea, como a arruda, salvo que esta é muito mais lenhosa, mais seca e menos suculenta.

4. A manjerona[1436] nasce pelos dois processos, de um renovo e da semente. Produz muitas sementes, que são aromáticas e com um cheiro suave. Pode-se transplantar. A artemísia tem também muitas sementes, que não deixam de ter cheiro; tem raízes direitas e profundas. Grossa tem apenas uma raiz, de onde partem as outras. Em contrapartida, a manjerona, o tomilho-tufoso, a hortelã-pimenta e a calaminta têm raízes superficiais, muito ramificadas e emaranhadas. Todas são lenhosas, principalmente a raiz da artemísia, devido ao tamanho e à secura.

5. O crescimento dos rebentos do tomilho-tufoso é peculiar. Se estacado ou plantado junto a uma parede é capaz de trepar seja até que altura for, ou então se crescer suspenso. É sobretudo vigoroso quando cresce na boca de um poço. Não se pode distinguir diferentes espécies na variante doméstica, como acima se disse, mas da selvagem há várias[1437]. Daquele que nasce nas montanhas há um parecido com a segurelha[1438], muito acre, e outro aromático e mais suave.

6. A estação para plantar a maior parte destas espécies é o outono, altura em que os lavradores se apressam a plantá-las o mais cedo possível. Algumas,

---

[1434] *Artemisia arborescens* (Vaill.) L.

[1435] 'Jardins de Adónis' são vasos onde se plantavam raízes de crescimento rápido, para fazer oferendas aos deuses. A lenda de Adónis é um mito de vegetação, que narra a morte e o renascer, cada ano, do deus, por altura das novas sementeiras. O culto de Adónis, em Atenas, era uma importação oriental, possivelmente cipriota, popular a partir do séc. V a. C., e festejava Adónis, o amado de Afrodite, morto na caça quando era ainda jovem (cf. Menandro, *Samia* 39-46). Na festa, descrita como ruidosa e desbragada, as mulheres, tomadas de frenesi, choravam, rasgavam os vestidos e batiam no peito, lamentando a morte do jovem caçador. Mas, ao mesmo tempo, um dos hábitos mais característicos ligados com estes festejos consistia em fazer germinar plantas em vasos, onde nasciam e murchavam, simbolizando deste modo o ciclo da vida, que o próprio Adónis representava. Cf. M. P. Nilsson (1972), *Greek Folk Religion*, Philadelphia: 96-97. Cf. Aristófanes, *Lisístrata* 387-393.

[1436] *Origanum majorana* L.

[1437] *Vide supra* 6. 7. 2.

[1438] *Satureja thymbra* L.

no entanto, plantam-se também na primavera. Todas gostam de sombra, de água e sobretudo de estrume. Todavia o tomilho-tufoso suporta bem o calor e, em geral, precisa de pouca humidade. São plantas que apreciam o estrume, principalmente o das bestas de carga[1439]. Diz-se que se devem transplantar com frequência, o que as torna mais bonitas. A hortelã, como foi dito, até degenera se não for mudada[1440].

6. 8. 1. Estações em que rebentam as flores

Das flores, a primeira a aparecer é a violeta branca[1441]. Onde o clima for mais suave, aparece logo no início do inverno; onde o tempo for mais rigoroso, vem mais tarde, por vezes na primavera. Ao mesmo tempo que a violeta, ou pouco depois, aparece também o chamado 'malmequer pequeno' selvagem[1442]. Este, das flores que os fabricantes de coroas usam, antecipa-se largamente às outras. A seguir vem o narciso[1443] e o *leírion*[1444] (e, entre as plantas selvagens, um tipo de anémona dita 'do monte'[1445]), e o jacinto-das-searas[1446]. Há também quem a use para entrelaçar coroas. Depois dessas vem a videira selvagem, a violeta negra e, das flores selvagens, a perpétua[1447], a anémona dita 'dos prados'[1448], o gladíolo[1449], o jacinto[1450] e praticamente todas as flores do monte que se costuma usar. **2.** A rosa é mais tardia do que estas e a primeira das flores de primavera a fenecer, porque tem uma floração curta. O mesmo se passa com as restantes flores selvagens, exceptuado o jacinto, tanto o selvagem[1451] como o de cultivo[1452]. Este é duradoiro, como o é também a violeta branca e, ainda por mais tempo, o malmequer do monte. A violeta negra, como se disse[1453], se receber cuidados pode dar flor o ano inteiro, como também o enanto (uma planta apreciada pelas suas flores apesar de ser de natureza herbácea), se se lhe descascar e tirar a flor, se não se deixar que ganhe semente e, ainda, se

---

[1439] Amouretti 1986: 63 enuncia, com base nos testemunhos antigos, os diversos tipos de estrume: animal, vegetal, mineral e industrial, considerando o vegetal o mais utilizado.
[1440] *Vide supra* 2. 4. 1.
[1441] *Viola odorata* L.
[1442] *Erysimum x cheiri* (L.) Crantz.
[1443] *Narcissus serotinus* L.
[1444] *Narcissus poeticus* L. (cf. Dioscórides 4.158), ou *Narcissus tazetta* L. (cf. Dioscórides 1. 53) ou *Pancratium maritimum* L. (*Vide supra* nota 1417).
[1445] *Anemone blanda* Schott & Kotschy.
[1446] *Leopoldia comosa* (L.) Parl.
[1447] *Helichrysum italicum* (Roth) G. Don, mais provavelmente *Helichrysum stoechas* (L.) Moench.
[1448] *Anemone coronaria* L.
[1449] *Gladiolus italicus* Mill. (cf. Dioscórides 4. 20 e Amigües 2010: 244).
[1450] Provavelmente *Hyacinthus orientalis* L. ou *Scilla bifolia* L.
[1451] Provavelmente *Hyacinthus orientalis* L. ou *Scilla bifolia* L.
[1452] *Consolida ajacis* (L.) Schur.
[1453] *Vide supra* 6. 6. 2.

estiver num lugar bem exposto ao sol. A flor é em cacho e branca, como a da...[1454] selvagem. Estas são, por assim dizer, as plantas de primavera.

3. Mais próprias do verão são as seguintes: a candelária[1455], o cravo[1456], a açucena[1457], a nigela-dos-trigos[1458] e a manjerona da Frígia[1459]. Há ainda a chamada 'saudade'[1460], de que existem duas variedades: uma que tem a flor parecida com a do jacinto, e a outra não colorida, mas branca, que se usa nos funerais[1461]. Esta última é mais duradoira. Floresce também no verão a íris[1462], e a chamada saponária[1463], com uma flor bonita à vista, que não é aromática. No outono vem o outro narciso (*leírion*)[1464] e o açafrão[1465], tanto o do monte que não tem cheiro, como o de cultivo. Estes florescem mal chegam as primeiras chuvas. Usam-se também para as coroas o fruto do *oxyakanthos*[1466] e a flor da salsaparrilha[1467], ambas espécies selvagens.

4. São portanto estas as estações em que cada uma destas plantas floresce. Em termos gerais, não há nenhum intervalo de tempo nem nenhum período em que não haja flores, pois mesmo o inverno as produz; e embora pareça, devido ao frio, não ter capacidade de as produzir, vão-se prolongando as do outono, sobretudo se a estação for amena. Porque todas as florações, ou pelo menos a maioria, podem estender-se para além da estação própria e melhor ainda se estiverem em sítio soalheiro. Por isso há uma continuidade. São estes os períodos e as estações para a floração.

5. A vida do goiveiro branco[1468] dura no máximo três anos. À medida que envelhece, degenera e produz flores mais desbotadas. As roseiras, a menos que se queimem, duram cinco anos, após o que o seu momento de apogeu termina. Também neste caso as rosas degeneram com o envelhecimento. A

[1454] Há uma fracção de texto omisso.
[1455] *Silene coronaria* (Desr.) Clairv. ex Rchb.
[1456] *Vide supra* nota 1276.
[1457] *Lilium candidum* L.
[1458] *Agrostemma githago* L. (*Vide supra* nota 1424).
[1459] *Origanum majorana* L. Esta variedade identificada como 'da Frígia' pode representar uma cultivar desta espécie ou um híbrido entre ela e *Origanum vulgare* L. Sobre a Frígia, *vide supra* nota 1040.
[1460] *Consolida orientalis* (J. Gay) Schrödinger.
[1461] O nome desta planta, em grego πόθος, 'saudade', o sentimento que se tem de nostalgia por alguém querido que se perdeu, advém desta relação com os funerais.
[1462] *Iris x germanica* L.
[1463] *Saponaria officinalis* L.
[1464] *Narcissus tazetta* L.
[1465] *Crocus sativus* L. é o de cultivo; o do monte e inodoro, que Teofrasto refere, é *Crocus cancellatus* Herb.
[1466] *Vide supra* nota 231.
[1467] *Smilax aspera* L.
[1468] Neste caso trata-se de uma forma de flor branca de *Matthiola incana* (L.) R. Br. (*ionía*) e não de 'violeta branca' (*íon*).

localização e um clima propício a cada caso contribuem decisivamente para o perfume das rosas, das violetas e das outras flores. Assim no Egipto, enquanto todas as outras flores e plantas aromáticas não têm cheiro, os mirtos têm um perfume maravilhoso. Diz-se que lá as rosas, as violetas e as restantes flores se antecipam às daqui em dois meses. E que duram mais, ou pelo menos não duram menos do que as nossas.

6. Parece haver grandes variações no perfume, como se disse[1469], segundo o ano se apresente de uma forma ou de outra, não apenas em função das chuvas ou dos períodos de seca, mas também dependendo de as chuvas, os ventos e, em geral, as alterações de clima ocorrerem na altura própria. Pode dizer-se, em termos gerais, que, nos montes, as rosas, as violetas e as outras espécies florescem melhor, mas com um perfume menos intenso. No que respeita a flores para coroas e aos subarbustos em geral, é nestes exemplos e noutros semelhantes que assenta a nossa investigação.

[1469] *Vide supra* 6. 8. 5.

Livro VII

Cichorium intybus L.
7. 7. 1 (nota 1548)
Imagem - Hoffmannsegg and Kink, *Fl. Portugaise*, Lam. 95

Livro VII

7.1.1. Outras plantas herbáceas, de cultivo ou selvagens

De seguida vamos tratar das ervas. Estas constituem o último grupo, de acordo com a nossa classificação inicial, e nele incluem-se, na prática, os legumes e os cereais. Temos de abordar, desde logo, os legumes, começando pelos de cultivo, porque se dá o caso de estes nos serem mais conhecidos do que os selvagens.

Existem três épocas de sementeira para todas as plantas hortícolas, nas quais se semeia cada uma das espécies, distinguindo-as por estações. Uma é a sementeira de inverno, outra a de verão, e a terceira situa-se entre essas duas, após o solstício de inverno[1470].

2. Estas designações, no entanto, não têm em consideração a época da sementeira, mas sim a do crescimento e da utilização de cada planta. Porque a sementeira acontece, por assim dizer, nas estações contrárias. Assim o período 'de inverno' começa a seguir ao solstício de verão, no mês do Metagítnion[1471], altura em que se semeia a couve[1472], o rabanete[1473], o nabo[1474] e as chamadas 'culturas secundárias'[1475], ou seja, a beterraba[1476], a alface[1477], a eruca[1478], a paciência[1479], a mostarda[1480], o coentro[1481], o aneto[1482] e o agrião[1483]. Esta é também chamada a primeira sementeira. A segunda começa depois do solstício de inverno, no mês Gamélion[1484], altura em que se semeia ou se

---

[1470] Amouretti 1986: 17, depois de definir as características do clima mediterrânico de que a Grécia é o exemplo máximo, relaciona o calendário das sementeiras com esse factor. Considera como 'o corte' do ano agrícola a estação seca, enquanto os extremos do outono e do inverno aconselham as sementeiras dos cereais no outono. Quanto às sementeiras de primavera, a pouca abundância das chuvas e a iminência do verão tornam-nas menos apropriadas e até excepcionais (*vide infra* 8.1.4).
[1471] Julho.
[1472] *Brassica oleracea* L.
[1473] *Raphanus sativus* L.
[1474] *Brassica rapa* L.
[1475] Legumes que se associam a uma cultura principal, de modo a obter uma rentabilização plena do terreno.
[1476] *Beta vulgaris* L.
[1477] *Lactuca serriola* L.
[1478] *Eruca vesicaria* (L.) Cav.
[1479] *Rumex patientia* L. A tradução adoptada por Hort, 'ruibarbo', implica a identificação como *Rheum officinale* Baill. (Dioscórides 3.2).
[1480] *Sinapis alba* L.
[1481] *Coriandrum sativum* L.
[1482] *Anethum graveolens* L.
[1483] *Lepidium sativum* L.
[1484] Janeiro.

planta o alho-porro[1485], o aipo[1486], o cebolinho[1487] e o armoles[1488]. A terceira, a que se chama 'de verão', começa no mês Muníquion[1489], e nela semeia-se o pepino[1490], a abóbora[1491], o bredo[1492], o basilisco[1493], a beldroega[1494] e a segurelha[1495]. Pode fazer-se várias sementeiras da mesma planta em cada estação, caso do rabanete, da segurelha e de outras. As culturas secundárias fazem-se em todas as épocas de sementeira.

3. Nem todas as plantas herbáceas se reproduzem no mesmo espaço de tempo; há as que são mais rápidas e outras mais lentas, caso das que têm mais dificuldade em germinar. As mais rápidas são o basilisco, o bredo, a eruca, e, das de sementeira de inverno, o rabanete, que germinam em cerca de três dias. As alfaces levam quatro ou cinco dias; o pepino e a abóbora uns cinco ou seis, ou, segundo alguns, sete. Mesmo assim o pepino vem antes e é mais rápido; a beldroega leva mais tempo; o aneto uns quatro dias; o agrião e a mostarda cinco; a beterraba, no verão, seis, no inverno, dez; o armoles oito; e a couve dez. O alho-porro e o cebolinho não levam o mesmo tempo; o primeiro leva dezanove ou vinte dias, e o segundo dez ou doze. O coentro é de difícil germinação; assim, a nova semente não germina se não for humedecida. A segurelha e o orégão[1496] levam para cima de trinta dias. Mas o legume que mais dificuldade tem em germinar é o aipo; aqueles que fazem o cálculo por baixo falam em quarenta dias, outros em cinquenta; pode semear-se em qualquer altura, porque há quem, como cultura secundária, o semeie em todas as épocas.

4. Em geral, todas as ervas que são semeadas em várias estações não medram mais rapidamente no verão. No entanto, é estranho que a estação e as condições atmosféricas não contribuam em nada para uma germinação mais rápida, nem para que, quando o tempo está rigoroso e frio e o céu carregado, a germinação seja mais lenta, de modo a que, quando, à sementeira, se siga a

---

[1485] *Allium porrum* L., cujo nome válido agora é *Allium ampeloprasum* L.; cf. Dioscórides 2.149.

[1486] *Apium graveolens* L.

[1487] *Allium schoenoprasum* L.

[1488] *Atriplex hortensis* L.

[1489] Abril.

[1490] *Cucumis sativus* L.

[1491] *Cucurbita pepo* L. *Vide* nota 374.

[1492] *Amaranthus blitum* L.

[1493] *Ocimum basilicum* L.

[1494] Já antes identificámos *andráchle* / *andráchne* como *Arbutus andrachne* L., 'medronheiro-do-oriente', que, no entanto, não é uma erva. Neste caso, por força do contexto, deve tratar-se de uma erva. Hort 1980: 61, Díaz Regañón 1988: 356 e Amigües 2010: 251 identificam-na com *Portulaca oleracea* L. (cf. Dioscórides 2. 124), em português 'beldroega'.

[1495] *Satureja thymbra* L.

[1496] *Origanum vulgare* L.

invernia ou o bom tempo, a germinação seja mais lenta ou mais rápida. Há um factor que motiva diferenças no desenvolvimento de cada uma das ervas: a germinação é mais precoce em lugares soalheiros e com uma temperatura moderada.

5. Em termos gerais, as causas destas diferenças residem em vários factores, que têm a ver com as próprias sementes, com o solo, com o clima e com as estações em que cada uma é semeada, se é mais invernosa ou mais suave. Mas há um aspecto a ter em conta: quais são as ervas para que os tempos de sementeira têm importância, ou não. Assim, há quem diga que o rabanete leva três dias a germinar seja verão ou seja inverno, e que a beterraba, como atrás se disse[1497], se comporta de forma diferente de acordo com a estação. Portanto são estes os tempos de germinação referidos para cada caso.

6. Faz também diferença para uma germinação mais rápida ou mais lenta a idade das sementes. Há ervas com uma germinação mais rápida a partir de sementes novas, caso do alho-porro, do cebolinho, do pepino e da abóbora (há quem molhe o pepino em leite ou água para que germine mais depressa). Há outras ervas que germinam mais rapidamente de sementes velhas, como o aipo, a beterraba, o agrião, a segurelha, o coentro e o orégão – a menos que germinem de sementes novas, pelo processo que referimos[1498]. Há, ao que se diz, uma particularidade quanto à beterraba; esta não germina toda logo, mas muito mais tarde, no ano seguinte ou mesmo no terceiro; eis porque de uma grande quantidade de semente poucas plantas nascem.

7. Qualquer semente, se, quando madura, cair da planta, espera até à sua própria estação e não germina prematuramente. O que tem lógica; de facto constatamos que o mesmo acontece com as espécies selvagens, se não sofrerem danos. Mas todas elas maturam os seus frutos no verão, mais cedo ou mais rapidamente, falando em geral, quanto mais cedo for a sementeira. A estação tem também importância. Tudo o que for semeado no tempo mais quente ganha caule e semente mais depressa, caso do rabanete e do nabo. Há algumas espécies que não produzem fruto no próprio ano, mas só no seguinte, como o aipo, o alho-porro e o cebolinho, plantas que duram mais tempo e não são anuais. De facto, na sua maioria, as ervas secam ao mesmo tempo que as suas sementes atingem a plenitude.

8. Em geral, tudo o que ganha caule e amadurece o fruto atinge o apogeu da sua forma quando tiver ramos laterais que nascem a partir do caule central; exceptuam-se aquelas plantas que têm um só caule, como o alho-porro, o cebolinho, a cebola e o alho.

[1497] *Vide supra* 7. 1. 3.
[1498] Isto é, sendo as sementes demolhadas primeiro.

Todas estas plantas gostam de água e de estrume, principalmente as mais frágeis, que precisam de mais cuidados e algumas até de mais alimento.

7. 2. 1. A produção de legumes

Todas as ervas nascem de semente, algumas também de um renovo, de um ramo ou de uma raiz. De um renovo nasce a couve, que tem de se colher com raiz. De rebentos nasce a arruda[1499], o orégão e o basilisco (que se planta também quando atinge a altura de um palmo ou mais, cortando-o pelo meio). De uma raiz nasce o alho[1500], a cebola[1501], o bolbo[1502], o árum[1503] e, por assim dizer, todas as plantas que têm por raiz um bolbo. Esta plantação pode fazer-se também se as raízes persistirem por mais tempo, mesmo que os caules durem um ano. É evidente que todas estas ervas podem rebentar de uma semente; até a arruda nasce assim – do que há quem discorde -, embora tenha um crescimento lento; daí que também se usem renovos.

2. Naquelas plantas que germinam de uma raiz, esta é de longa duração, ainda que as próprias plantas sejam anuais; daí que as raízes destas espécies rebentem e se multipliquem, não só nas plantas de cultivo e hortícolas mas também nas selvagens, como dissemos[1504], caso dos bolbos, do cebolinho, da cila[1505] e de outras. Há mesmo algumas plantas, de entre as que não têm uma raiz bolbosa, mas de longa duração, que rebentam assim, por exemplo o aipo e a beterraba; estas projectam raízes de que nascem folhas e caules. Rebentam também assim o cebolinho e o alho-porro; estas produzem, em baixo, uma cabeça tipo bolbo, de que nascem folhas, o que acontece quando o caule seca e a semente se solta. Mas como as cabeças dessas plantas não têm utilidade, não se apanham para as pôr a secar; porque também se não plantam. **3.** Estas são plantas aparentadas e próximas, pela sua natureza, da cebola, logo não admira que assim aconteça. No entanto, em todas as plantas, de cultivo e selvagens, todas as que forem de longa duração, embora com caule anual, em todas elas as raízes rebentam, como acontece com os subarbustos e com os arbustos. Mas no caso das cebolas, dos alhos e dos bolbos são em grande número as raízes que se formam. A reprodução faz-se, portanto, como dissemos[1506], por três processos: da semente, em todos os casos, de um caule e de uma raiz, nas espécies que especificámos.

[1499] *Ruta graveolens* L.
[1500] *Allium sativum* L.
[1501] *Allium cepa* L.
[1502] *Leopoldia comosa* (L.) Parl.
[1503] Pode ser *Arum italicum* Mill. (*Vide supra* notas 143, 154, 161, 350), como *Arum maculatum* L.
[1504] *Vide supra* 7. 2. 1.
[1505] *Drimia maritima* (L.) Stearn.
[1506] *Vide supra* 7. 2. 1.

4. Quando se lhes parte os caules, todas as plantas por assim dizer rebentam outra vez (excepto as que não têm caule); é particularmente evidente o caso do basilisco, da alface e da couve, por motivo de consumo. Diz-se que os caules da alface que rebentam de novo são mais agradáveis, enquanto os primeiros são mais leitosos e amargos, como se lhes faltasse maturidade. Mas há quem diga o contrário, que estes últimos é que são mais leitosos, mas que enquanto são tenros, parecem mais adocicados. No que se refere à couve, há que concordar que o caule é mais doce se rebenta de novo, desde que se lhe retire as folhas antes de ganhar talo.

5. Na maior parte dos casos as raízes persistem, mas há as que voltam a rebentar e outras não. Assim, as do rabanete e do nabo permanecem até ao verão, se se lhes puser terra por cima, e aumentam de tamanho. Há lavradores que procedem assim de propósito. Mas essas raízes não rebentam, nem produzem folhas, mesmo que se lhes retire a terra que as cobre. O mesmo se pode observar noutras plantas. Na sua maioria, os legumes têm uma só raiz, grossa e profunda. Porque, mesmo nos que produzem essas raízes laterais de grossura uniforme, como o aipo e a beterraba, é da raiz central que o crescimento se faz e a separação não se produz logo do ponto de partida. É apenas a esta raiz que estão ligados os rebentos pequenos, tanto no rabanete como no nabo. Estes são exemplos por demais conhecidos, devido ao uso que se dá a essas plantas.

6. A raiz da beterraba é única, comprida, grossa e direita, como a dos rabanetes, com ramificações grossas, ora duas, ora três, ora só uma, estando as pequenas presas a essas outras. É uma raiz carnuda, com um paladar doce e agradável, que, por isso, há quem coma crua. A casca não é grossa, nem se consegue retirar, como a do rabanete; assemelha-se mais à da salsa-de-cavalo[1507]; da mesma forma, a raiz do armoles é única, profunda e com outras agarradas.

7. A planta mais característica como sendo de raiz única é a paciência. Em vez de ramificações grossas, tem-nas finas; é também a que, entre todas, as tem mais profundas, com mais de um pé e meio de comprimento[1508]. A variante selvagem tem-na mais curta, mas em contrapartida tem vários caules e ramos, e a sua forma geral, depois de desenvolvida, parece-se muito com a da beterraba. A longevidade da paciência doméstica é maior do que a da selvagem e, em geral, por assim dizer, do que a de qualquer outro legume; pode, é o que se diz, resistir por um tempo indeterminado. Tem uma raiz carnuda e suculenta e, por isso também, depois de arrancada, dura muito tempo.

O basilisco tem uma só raiz, grossa e profunda; as outras, que são laterais, apresentam-se finas e medianamente compridas.

[1507] *Smyrnium olusatrum* L.
[1508] Cerca de 45 cm.

Algumas ervas, caso do bredo, têm, em vez de uma raiz direita, várias, que nascem da ponta, bastante grossas e mais compridas do que as do armoles.

8. De entre as raízes, as mais lenhosas de todas são as do basilisco, como o é também o seu caule. A do bredo, a do armoles e as de outras plantas do género são-no menos. De resto pode dizer-se que as raízes de todas as ervas ou são carnudas ou lenhosas. Carnudas são as da beterraba, do aipo, da salsa-de-cavalo, da paciência, do rabanete, do nabo, e sobretudo a de todas as bolbosas; porque todas elas, nem mesmo se secas, enrijecem por completo. Por outro lado, lenhosas são as do basilisco, do bredo, do armoles, da eruca, do aneto, da paciência, do coentro e, de um modo geral, das que têm caule fibroso. Assim, também no aneto e no coentro, que têm raiz única, esta é lenhosa, não muito comprida nem com muitas ramificações laterais finas. Em contrapartida, ambas têm muitos caules e muitos ramos. Logo, logicamente, em nenhuma delas a parte de cima é proporcional à de baixo.

9. Têm as raízes curtas plantas como a alface e a beldroega; a sua raiz central, que é direita, é curta, como o são também as laterais. A alface não tem propriamente esse tipo de ramificações laterais, mas apenas umas raízes finas. É, portanto, no sentido estrito da palavra, uma planta de raiz única. Pode dizer-se, em geral, que todas as espécies de verão têm raízes curtas. São assim o pepino, a abóbora e a cabaça, devido à estação e talvez mais ainda à sua própria natureza, que está de acordo com a estação. A alface transplantada tem a raiz mais pequena do que a que foi semeada. Por isso produz mais rebentos laterais. A variante selvagem tem a raiz mais curta do que a de cultivo e a parte que fica acima do solo tem mais caules.

7. 3. 1. Flores e frutos das ervas

Enquanto todas estas plantas florescem de uma só vez, apenas o basilisco vai por partes; floresce primeiro a parte de baixo e depois, quando esta floração terminou, a de cima. Por isso tem uma floração longa, como a da fava[1509], e, entre as ervas, a do chamado heliotrópio[1510] e de outras de tipo selvagem. O pepino tem também uma floração longa, porque acontece que esta planta tem uma segunda fase de germinação. Em alguns casos as flores são brancas, noutros amareladas e noutros ligeiramente avermelhadas, mas nunca têm uma cor vistosa.

2. As sementes diferem também no formato. A maior parte delas é redonda, mas há-as alongadas; outras são achatadas, tipo folha, como as

---

[1509] *Vicia faba* L.

[1510] Amigües 2010: 257 recorda que esta designação alude a duas circunstâncias: a uma planta que se desenvolve no tempo em que o sol se vira, ou seja, no solstício de verão, e àquelas plantas que giram em procura do sol, como o nosso 'girassol'. E reconhece que estas duas características se aplicam ao heliotrópio mais comum, o *Heliotropium europaeum* L. (cf. Dioscórides 4.198).

do armoles (que são semelhantes às do sílfio[1511]). Há-as finas e com estrias, como as dos cominhos[1512]. Variam também na cor; há-as negras, outras cor de madeira e outras ainda esbranquiçadas. As sementes de todas as plantas ou estão contidas numa vagem ou a nu, ou são revestidas por uma casca ou têm uma penugem. O rabanete, a mostarda e o nabo têm a semente contida numa vagem; o coentro, o funcho[1513], o aneto e os cominhos têm-na a nu; o bredo, a beterraba, o armoles e o basilisco têm a semente revestida de uma casca; e a alface tem-na com penugem.

3. Todas têm frutos e rebentos numerosos, mas a que mais frutos tem são os cominhos. E sobre esta planta menciona-se ainda uma particularidade. Diz-se que, na altura da sementeira, se deve amaldiçoá-la e insultá-la, para que a colheita seja bonita e abundante.

Todas estas sementes, por assim dizer, menos as dos cominhos, são difíceis de secar, ao contrário do trigo[1514]; este, mal que amadurece, seca e cai. Mais difíceis ainda de secar são as sementes com casca, e muito especialmente a do basilisco.

4. Mas todas, depois de secas, produzem mais fruto, pelo que se apanham cedo e se põem a secar. Todas elas são muito férteis e com muita semente, mas a que mais fruto dá é a do basilisco.

Há umas que dão fruto no cimo, o basilisco, o alho-porro e a cebola. Outras têm-no mais lateral, o rabanete, o nabo e outras do género. Há as que o produzem das duas maneiras, caso do bredo e do armoles, que o têm tanto em cima como aos lados; o bredo, por exemplo, tem as sementes em cacho, bem presas a cada ramo. Há as que rebentam muito cedo de sementes mais antigas, mas são as sementes das plantas em plena maturidade as que germinam mais depressa. Porque também estas plantas têm a sua época de apogeu. A pujança acompanha ...[1515] proporcionalmente, se também noutros aspectos se lhes dispensar o mesmo cuidado.

Parece também que, se se puser uma certa quantidade de sementes no mesmo sítio, a planta nasce e rebenta melhor. Assim põe-se a semente do alho-porro e do aipo num pano, antes de semear, e a colheita é maior.

5. A localização também influencia o crescimento. Recomenda-se, por exemplo, quando se transplanta o aipo, que, com um martelo, se enterre uma estaca do tamanho que se pretende que o aipo atinja. Que se deve pôr a semente num pano, depois de martelar a estaca, e encher o buraco de estrume e de terra. Há plantas que ganham uma forma semelhante à dos

---

[1511] *Ferula tingitana* L.
[1512] *Cuminum cyminum* L.
[1513] *Foeniculum vulgare* Mill.
[1514] *Triticum aestivum* L.
[1515] Há uma lacuna no texto.

recipientes em que estão; é o caso da cabaça, que ganha a forma do vaso em que estiver plantada.

Pode haver também mudança de paladar, em certos casos, quando a semente tiver sido especialmente tratada; é o que acontece com a do pepino, se tiver sido mergulhada em leite antes de semear. Mas estes são aspectos que talvez digam mais respeito ao cultivo.

7. 4. 1. Variedades de legumes

De algumas espécies há muitas variedades, mas de outras não, por exemplo do basilisco, da paciência, do bredo, do agrião, da eruca, do armoles, do coentro, do aneto e da arruda. De todas estas, ao que se diz, não há variedades. Das outras há, caso do rabanete, da couve, da beterraba, do pepino, da abóbora, dos cominhos, do alho e da alface. As diferenças registam-se nas folhas, nas raízes, na cor, no paladar e assim sucessivamente.

2. Do rabanete, há o de Corinto, o de Cleonas[1516], o de Liotásia[1517], o *amorea* e o da Beócia[1518]. O de Corinto é o que cresce mais; tem uma raiz a descoberto, que se desenvolve para cima e não para baixo, como a dos outros. O de Liotásia é aquele a que alguns chamam 'trácio', que é o mais resistente à invernia. O da Beócia é o mais doce e de forma arredondada, e não, como o de Cleonas, alongado. Aqueles que têm as folhas lisas são mais doces e mais agradáveis ao paladar, os que as têm ásperas são mais acres. Além das espécies mencionadas, há um que tem a folha parecida com a da eruca. São então estas as variedades de rabanete.

3. Do nabo há quem diga que há variedades, outros que não, mas que se distinguem macho e fêmea, provindos ambos de uma mesma semente. Para se obter espécies fêmea é preciso plantá-las distanciadas; porque se ficarem amontoadas, saem todas macho. E o mesmo acontece se forem plantadas em solo pobre. Daí que, quando se lançam as plantas à terra para semente, planta-se cada pé bem separado. Facilmente se distingue à vista a semente de pior e a de melhor qualidade; a semente de uma planta de boa qualidade é fina, a de uma de má qualidade grossa. Tanto o nabo como o rabanete gostam do tempo frio. Pensa-se que, com esse clima, eles ficam mais doces e ganham mais raiz do que folhas. Com vento sul e com tempo quente o nabo

---

[1516] Cleonas é referida por Heródoto em 7. 22. 3 nos seguintes termos: 'Para além de Sane, em pleno maciço do Atos, são estes os povoamentos que o rei persa tentava tornar insulares, de continentais que eles eram: Dio, Olofixo, Acrotoo, Tisso e Cleonas'; cf. ainda Tucídides 4. 109. 3. Amigües 2010: 261 identifica-a, neste caso, 'com uma cidade pequena da região de Corinto'.

[1517] A ilha de Tasos situa-se na costa da Trácia e foi já colonizada, a partir de Paros, no séc. VII a. C.

[1518] Amigües 2010: 261, apesar de reconhecer a nossa dificuldade em identificar com clareza as cinco variedades de rabanete aqui citadas, dá por seguro que nenhuma delas corresponde ao que hoje conhecemos, só importado para a Europa, a partir do Oriente, no final da Idade Média.

ganha talo depressa. Este é um aspecto que necessita de justificação: que as duas plantas se adaptem de forma particular.

4. Da couve há que distinguir três espécies, a de folha frisada, a de folha lisa e, em terceiro lugar, a de tipo selvagem[1519]. Esta última tem a folha lisa, pequena e arredondada; tem muitos ramos e muita folhagem, e um paladar acre, a remédio. Por isso os médicos usam-na para tratar o estômago. Entre as outras duas, parece haver diferenças, dado que uma delas não produz semente ou a produz de qualidade inferior. Em geral a de folha frisada é mais saborosa do que a lisa e tem folhas maiores.

Quanto à beterraba, a branca é mais apaladada do que a negra e produz menos semente; há quem lhe chame beterraba da Sicília.

5. Outro tanto se passa com a alface. A branca é mais doce e mais tenra. Desta planta há outras três variedades, a de caule achatado, a de caule arredondado e a da Lacónia. Esta última tem uma folha tipo a do cardo bravo[1520], é direita, forte e sem ramos laterais a partir do caule. Das de caule achatado, algumas têm-no tão chato que há quem diga que se podem usar para vedações das hortas. A terceira variedade, que é bastante suculenta, de folha pequena e de caule mais esbranquiçado, tem ar de planta selvagem[1521].

6. Do aipo, as diferenças entre as variedades têm a ver com as folhas e os caules. Há um tipo que é compacto, espesso, com a folhagem hirsuta; outro mais aberto, mais distendido e com um caule maior. Há variedades com o caule branco, outras vermelho ou matizado. Em geral todas estas variedades se parecem mais com o selvagem.

Quanto ao pepino e à abóbora, diz-se que do primeiro há diferentes tipos, mas da segunda não, e que nesta última – como no rabanete e no nabo -, as diferenças estão na qualidade melhor ou pior. Do pepino há três variedades, o da Lacónia, o que tem forma de um pau e o Beócio. De entre eles, o Lacónio é melhor se regado e os outros sem rega.

7. Há também diferentes espécies de cebola e de alho. Os tipos de cebola são em grande número, por exemplo, os que recebem o nome de acordo com as regiões: de Sárdis[1522], de Cnidos[1523], da Samotrácia[1524]; ou então o chamado 'anual', o 'dividido' e o de Áscalon[1525]. O tipo 'anual' é pequeno e muito doce;

[1519] *Brassica cretica* Lam., a couve selvagem de Creta (*Vide supra* nota 63).
[1520] *Scolymus hispanicus* L.
[1521] A alface selvagem é *Lactuca serriola* L. (cf. Dioscórides 2.136. 2).
[1522] Sárdis era a capital da Lídia, uma região situada no centro oeste da Ásia Menor. Confinava a norte com a Mísia, a leste com a Frígia e sul com a Cária.
[1523] Cnidos situava-se na Cária, a sudoeste da Ásia Menor. Contava-se entre as seis cidades de origem dórica da região. No séc. V a. C. desenvolveu-se em Cnidos uma escola médica de grande projecção.
[1524] A ilha de Samotrácia era fronteiriça à Trácia oriental.
[1525] Cidade costeira de Israel.

o 'dividido' e o de Áscalon diferem quer pelo cultivo quer evidentemente pela própria natureza. O dividido deixa-se ficar com a folhagem durante o inverno; na primavera tira-se-lhe as folhas exteriores e presta-se-lhe outros cuidados. Quando se lhe tira as folhas, rebentam outras e, ao mesmo tempo, a cebola divide-se em baixo; daí o nome de 'dividida'. Há quem diga que se devia tirar as folhas de todas, de modo a que o vigor da planta se concentrasse em baixo e não ganhasse semente.

8. As de Áscalon[1526] têm uma natureza particular; são as únicas que não se dividem e que não se reproduzem da raiz; além disso, na própria planta não há capacidade de crescimento nem de reprodução. Daí que não se plantam, semeiam-se, e tarde, já perto da primavera. Nessa altura, quando rebentam, transplantam-se. Atingem a maturidade tão depressa, que se colhem juntamente com as outras ou até antes. Em contrapartida, se se deixarem muito tempo na terra, apodrecem. Se se plantarem, projectam um caule e só produzem semente; a seguir, depauperam e secam. São estas as suas características.

9. Algumas diferem na cor. Em Isso[1527], há plantas que, sob outros pontos de vista, se assemelham às restantes, mas são de uma cor muito branca. Diz-se que lá se produz cebolas idênticas às de Sárdis. Muito particulares são as características das de Creta, que de certa forma se assemelham às de Áscalon, se é que não se trata da mesma espécie. De facto em Creta há um tipo que, quando se semeia, produz uma raiz, mas se se plantar, dá um caule e uma semente, mas não ganha cabeça. De paladar é doce. Neste aspecto, portanto, tem características contrárias às das restantes.

10. Todas elas, se plantadas, crescem mais e mais depressa. Todas se plantam após o Arcturo[1528], quando a terra ainda está quente, de modo a que, já plantadas, apanhem as chuvas. Plantam-se ou inteiras, ou em secções cortadas junto à cabeça. O crescimento que daí resulta não é uniforme; da parte de baixo forma-se a cebola, e da de cima só folhagem. Mas se a planta for cortada na vertical, não há qualquer crescimento. A cebola chamada 'cebolinho' não tem bolbo; tem uma espécie de pescoço comprido, em cuja ponta se produz a germinação. Muitas vezes corta-se, como acontece também com o alho-porro. Daí que se semeie e não se plante. São estes, por assim dizer, os tipos de cebola.

11. O alho planta-se um pouco antes ou um pouco depois do solstício, quando se divide em dentes[1529]. Há diferentes espécies, repartidas entre tardias

---

[1526] *Allium ascalonicum* L.

[1527] Isso era uma cidade da Cilícia (no sudoeste do que hoje é a Turquia), uma região célebre pela batalha aí travada por Alexandre Magno contra as tropas persas de Dario; cf. Plutarco, *Vida de Alexandre* 24. 1. Era também conhecida pela sua fertilidade agrícola.

[1528] Meados de Setembro.

[1529] Teofrasto refere-se ao solstício de inverno, iniciado em meados de Dezembro.

e temporãs – há um tipo que chega a levar 60 dias a desenvolver-se – e pelo tamanho grande ou pequeno. Há uma espécie que se distingue pela dimensão, concretamente aquela a que se chama cipriota, que não se cozinha mas se usa moída[1530]. Quando se esmaga, cresce de um modo fantástico, formando uma pasta espumosa. Há ainda uma outra diferença: é que algumas variedades não se dividem em dentes. O paladar, o aroma e o viço dependem da região e do cultivo, como acontece com qualquer outra planta. O alho cresce a partir de uma semente, mas devagar. No primeiro ano ganha apenas uma cabeça do tamanho da do alho-porro; no ano seguinte reparte-se em dentes; no terceiro completa o crescimento e não é inferior – pelo contrário, há quem diga que é até superior – ao que foi plantado.

12. A formação da raiz, no alho e na cebola, não é semelhante. No alho, quando os dentes incham, toda ela se arredonda; aí aumenta de tamanho e divide-se de novo em dentes; de um só alho formam-se muitos através da maturação da cabeça. Em contrapartida a cebola faz brotar logo da raiz um ou outro rebento, como acontece com os bolbos, a cila e todas as do mesmo género. De facto as cebolas e os alhos multiplicam-se se, em vez de os retirar, se deixarem estar na terra. Diz-se que o alho, em cima do talo, produz alhos e a cebola cebolas. Sobre a reprodução destas plantas ficou dito o suficiente.

7. 5. 1. Sobre o cultivo das ervas

Todos os legumes em geral gostam de água e de estrume, excepto a arruda[1531], que é completamente avessa ao estrume. É assim com as espécies de inverno e não menos com as de verão, e com as mais frágeis em relação às mais fortes. O estrume mais recomendado é o da cama do gado, enquanto o das bestas de carga não presta por ser muito sujeito a perder a humidade. Recomenda-se sobretudo estrume misturado com a semente[1532]. Há, por outro lado, quem, ao semear, ponha o estrume por cima, ou então dejectos humanos como uma componente líquida. As variantes de inverno são mais amigas de água do que as de verão, e as frágeis mais do que as fortes, e ainda aquelas que mais carecem de nutrição. Precisam também de água a cebola e o cebolinho, embora haja quem diga que essa necessidade não existe, se, à partida, se tiverem regado duas ou três vezes.

2. As melhores são as águas potáveis e frias, e as piores são as salobras e turvas. Por isso, a água dos canais de rega não é aconselhável, porque arrasta

---

[1530] Trata-se de uma massa de alho moído, com utilização culinária e terapêutica. Este preparado podia ser acrescentado de azeitonas, queijo, mel, ou ervas aromáticas, por exemplo.
[1531] *Ruta graveolens* L.
[1532] Amigües 2010: 267 valoriza esta referência repetida a 'diversas recomendações' como alusiva a prescrições feitas por agrónomos, 'que atestam uma literatura agronómica grega de que nenhuma obra completa nos chegou'.

sementes da erva. Boas são as águas da chuva, porque parece que, ao mesmo tempo, destroem os bichos que se alimentam das plantas tenras. Mas, segundo alguns, não beneficiam os pepinos e as cebolas. A maior parte dos legumes rega-se de manhã cedo e à tardinha para não secarem. O basilisco também se rega ao meio dia, porque se diz que rebenta mais depressa se começar por ser regado com água quente. Em geral a água é-lhes muito benéfica, sobretudo se contiver estrume. Diz-se que, com frequência, os legumes têm fome, e que os agricultores experimentados reconhecem quando isso acontece.

3. Todas as ervas, se transplantadas, crescem mais bonitas e maiores. Assim o tamanho do alho-porro e dos rabanetes depende da transplantação. Esta é feita sobretudo para se obter semente. Uma boa parte das plantas suporta-a bem, caso do cebolinho, do alho-porro, da couve, do pepino, do aipo, do nabo, da alface; outras aguentam-na com dificuldade. Mas todas crescem melhor e atingem maior desenvolvimento se, em vez de se espalhar a semente, esta for enterrada na terra.

4. Quanto aos parasitas: as pulgas da terra[1533] atacam os rabanetes, as lagartas-da-couve[1534] e as larvas as couves, enquanto as alfaces, os alhos-porros e muitas outras são atacadas pelos ralos[1535]. Estes matam-se se se acumular forragem verde, ou quando se lhes põe uma camada de estrume em cima. É que, como são insectos que gostam de estrume, aparecem, enfiam-se nele e lá se mantêm adormecidos. Aí é mais fácil apanhá-los. Se não, não se consegue. Para se proteger os rabanetes das pulgas é conveniente semear com eles o órobo[1536], porque se diz que contra as pulgas não há remédio. Por ocasião da Ursa Maior, o basilisco torna-se mais pálido e o coentro ganha sal[1537]. É através destes exemplos que temos de observar as circunstâncias a que estão sujeitos os legumes.

5. Entre as sementes, há umas com mais vitalidade do que outras em termos de conservação. Entre as mais resistentes contam-se o coentro, a beterraba, o alho-porro, o agrião, a mostarda, a eruca, a segurelha e, em geral, as das plantas com um sabor amargo; com pouca vitalidade são as do cebolinho – que, de resto, nem se conserva -, do armoles, do basilisco, da abóbora e do pepino; ou seja, em geral as dos legumes de verão preservam-se menos bem do que as dos de inverno. Mas nenhuma semente resiste mais de quatro anos com capacidade para ser semeada. Embora a melhor fase seja

---

[1533] *Halticus saltator* Geoffr.

[1534] *Pieris rapae* L., *Pieris napi* L., ou outras pulgas de outros géneros.

[1535] *Gryllotalpa gryllotalpa* L., de acordo com o que Teofrasto diz a seguir: "enfiam-se nele (no estrume) e lá se mantêm adormecidos".

[1536] *Vicia ervilia* (L.) Willd. (cf. Dioscórides 2. 108 e Amigües 2010: 268). Díaz Regañón e Hort traduziram por 'ervilhas' (*Pisum sativum* L.).

[1537] Trata-se, na verdade, de um cogumelo minúsculo que se fixa nas folhas e lhes dá um tom esbranquiçado.

o segundo ano, há as que ao terceiro se mantêm em boas condições; mas a partir deste limite, a semente perde qualidade.

6. Para aplicações culinárias, as sementes aguentam mais tempo, salvo que se tornam necessariamente mais fracas em consequência da secura e do ataque dos vermes. Estes últimos são a causa principal da sua deterioração, porque aparecem em todas elas, mesmo nas acres, embora nas do pepino em muito pouca quantidade. À medida que vão perdendo o suco, as sementes ganham um sabor amargo e perdem qualidade para essa utilização. Sobre as sementes e, em geral, sobre as ervas de cultivo, eis o que há a dizer.

7. 6. 1. Tipos silvestres de ervas

Do mesmo modo, devemos agora procurar tratar dos tipos silvestres e das chamadas 'ervas dos campos'. Ora acontece que há umas tantas com o mesmo nome das de cultivo. De facto, todas as espécies de cultivo existem também na versão silvestre; pode dizer-se que a maioria se parece, no aspecto, com as de cultivo, salvo que, nas silvestres, as folhas e os caules são mais pequenos e mais ásperos, mas sobretudo têm um paladar mais acre e mais forte; é o caso da segurelha, do orégão, da couve e da arruda. Mesmo a paciência silvestre[1538], embora tenha um paladar mais agradável do que a de cultivo, tem ainda assim um travo mais amargo; é esta a principal diferença. Todas são igualmente menos suculentas do que as de cultivo e talvez seja esta a razão por que a maioria é mais acre e mais rija.

2. É uma particularidade da couve silvestre[1539], se comparada com as restantes espécies, ter os talos mais arredondados e mais lisos do que a de cultivo; além de que esta última tem a articulação da folha mais achatada, enquanto a silvestre a tem mais redonda e a própria folha menos recortada. Nos outros casos é a variante silvestre a mais rugosa, tanto nos caules como nas folhas.

O nabo tem uma raiz comprida, parecida com a do rabanete, e o caule curto.

A alface silvestre[1540] tem a folha mais curta do que a de cultivo, folha essa que, quando a planta atinge a maturidade, se torna espinhosa. O caule é também curto e com um suco acre e medicinal. Cresce nos campos. Extrai-se-lhe o suco na época da ceifa e diz-se que elimina a hidropisia, e que combate as cataratas e as úlceras oculares, diluída em leite de mulher.

[1538] *Rumex conglomeratus* Murray.

[1539] Trata-se da mesma espécie da cultivada *Brassica oleracea* L. ou de *Brassica cretica* Lam. (*Vide supra* nota 63).

[1540] *Lactuca serriola* L.

3. O aipo-de-cavalo[1541], o aipo-dos-pântanos[1542] e o aipo-da-montanha[1543] são diferentes entre si e também das variantes de cultivo. Assim, o aipo-dos--pântanos nasce junto dos riachos e nos pântanos; tem poucas folhas e não é compacto, mas tem certas semelhanças com o aipo de cultivo, no cheiro, no paladar e no aspecto. O aipo-de-cavalo tem uma folha parecida com a do aipo-dos-pântanos, mas é espessa, tem um caule alongado, e a raiz, como a do rabanete, é grossa e escura. Negro é também o fruto, em tamanho maior do que o grão do órobo[1544]. Diz-se que o fruto e a raiz são bons para tratar da retenção de urina e para quem sofre de cálculos, ministrados em vinho doce branco. Dá-se em toda a parte. Produz ainda uma espécie de lágrima semelhante à mirra[1545], ou, dizem alguns, que é mesmo mirra.

4. O aipo-da-montanha apresenta ainda maiores diferenças. Assim a folha parece-se com a da cicuta[1546], a raiz é delgada, e dá um fruto semelhante ao do aneto[1547], mas mais pequeno. Ministra-se, misturado em vinho seco, para doenças de mulheres.

Alguns tipos silvestres diferem totalmente dos de cultivo, no paladar e nas propriedades que têm. É o caso do pepino silvestre e do de cultivo, semelhantes apenas no aspecto, como, no caso das plantas para coroas, acontece com o goiveiro. Quanto à folha, são parecidas. São estas as diferenças que este tipo de planta apresenta.

7. 7. 1. Ervas silvestres de tipo legume

Consideremos de seguida as chamadas 'ervas dos campos' e, em geral, as ervas que não são comestíveis. Dá-se o nome de legumes às que são cultivadas para nosso consumo; mas, numa acepção geral, a mesma designação abrange também as não comestíveis. Logo teremos de as ter igualmente em conta. Por legumes entende-se ainda as seguintes: a chicória[1548], o dente-de-leão[1549], a

---

[1541] Ou 'salsa-de-cavalo', *Smyrnium olusatrum* L. É o tamanho e a robustez da planta o que lhe justifica o nome.

[1542] *Apium graveolens* L.

[1543] Ou salsa comum (*Petroselinum crispum* (Mill.) Fuss); é pela abundância com que a salsa comum existe nas montanhas da Macedónia que se lhe deu esta designação. As três espécies aqui enumeradas, em grego, designam-se com termos compostos, onde o segundo elemento – 'aipo' – é permanente, variando apenas o primeiro, 'de cavalo, dos pântanos, da montanha'.

[1544] *Vicia ervilia* (L.) Willd. (cf. Amigües 2010: 270). Díaz Regañón e Hort traduziram por 'ervilhas' (*Pisum sativum* L.).

[1545] *Commiphora myrrha* (Nees) Engl.

[1546] *Conium maculatum* L.

[1547] *Anethum graveolens* L.

[1548] *Cichorium intybus* L.

[1549] *Taraxacum officinale* (L.) Web. ex F.H. Wigg., *lato sensu*, actualmente *Taraxacum campylodes* G. E. Haglund.

condrilha[1550], a leituga[1551], a tasneirinha[1552] e, em geral, todas as que se designam por chicoráceas[1553], pela semelhança das folhas; porque, em certa medida, todas se parecem com a chicória quanto às folhas. Há ainda o tordílio[1554], o cerefólio[1555] e a hortelã[1556]. Há quem dê a mesma designação a uma infinidade de outras plantas, por exemplo ao scandix[1557] e a todas as outras do mesmo tipo, à barba-de-bode[1558] – a que há quem chame 'cabeleira'; esta tem uma raiz comprida e doce, folhas idênticas às do açafrão só que mais alongadas, caule curto, com um grande cálice em cima, rematado por muita plumagem esbranquiçada, de onde lhe vem o nome de 'barba-de-bode'.

2. Há também que considerar todas aquelas ervas de aspecto semelhante, mas com sucos comestíveis, quer em cru quer cozidos. Porque há algumas que necessitam de cozedura, caso da malva[1559], da beterraba[1560], da paciência[1561], da urtiga[1562] e da matricária[1563]; pelo contrário, o solano[1564] come-se também cru … , que, dantes, havia quem considerasse uma planta própria de jardim. E muitas outras para além destas, entre as quais o morrião[1565], com o seu amargor proverbial, que tem a folha tipo a do basilisco. Todas elas são anuais ou de caule anual; destas, as primeiras secam por completo, das outras a raiz persiste por mais tempo; é este o caso da maioria.

3. Há umas que nascem de raiz ou de semente, outras só de semente, se não mesmo de geração espontânea. A germinação destas e de outras plantas

---

[1550] *Chondrilla juncea* L.
[1551] *Hypochaeris radicata* L. Amigües 2010: 270 identifica esta planta como outra Asterácea, *Reichardia picroides* (L.) Roth, mas não temos conhecimento de que esta espécie tenha sido utilizada como legume.
[1552] *Senecio vulgaris* L.
[1553] *Asteraceae* ou *Compositae*.
[1554] *Tordylium apulum* L.
[1555] *Anthriscus cerefolium* (L.) Hoffm.
[1556] *Mentha spicata* L.
[1557] *Scandix pecten-veneris* L. subsp. *brachycarpa* (Guss.) Thell. Esta é a única sub-espécie existente na Grécia.
[1558] *Tragopogon porrifolius* L.
[1559] *Lavatera arborea* L. (agora *Malva arborea* (L.) Webb & Berthel.).
[1560] *Beta vulgaris* L.
[1561] *Rumex patientia* L.
[1562] *Urtica urens* L.
[1563] *Tanacetum parthenium* (L.) Shultz., segundo Díaz Regañón 1988: 379; Hort 1980: 105 considera ser outra Asterácea, *Cyanus segetum* Hill; por fim Amigües 2010: 271 prefere *Parietaria judaica* L. Na nossa opinião Amigües está certa pois esta planta ('alfavaca', em português) é da família das urtigas, referidas precisamente antes por Teofrasto como ervas comestíveis.
[1564] *Solanum nigrum* L.
[1565] Na opinião de Hort 1980: 105 e de Díaz Regañón 1988: 379 trata-se do morrião de flor azul, *Anagallis arvensis* L. subsp. *foemina* (Mill.) Schinz & Thell. Amigües 2010: 271 atesta a popularidade desta planta que deu origem a uma metáfora convencional alusiva 'a pessoas obscuras e sem mérito, que aspiram a uma vénia superior à que merecem'.

processa-se juntamente na época das primeiras chuvas, após o equinócio (por exemplo, o dente-de-leão[1566], o olho-de-cão[1567] e aquela a que há quem chame *buprestis* ('queima-boi')[1568]; outras após as Plêiades, caso da chicória[1569] e de praticamente todas as do mesmo tipo. Há algumas que, logo ao tempo da germinação, produzem flor, como a tussilagem[1570]; outras não muito tempo depois, como a anémona[1571]; outras, quando começa a primavera, dão caule e flor, caso da chicória e das que se lhe assemelham, além dos legumes com espinhos.

4. A variedade de flores é grande, assunto de que já falámos antes. E esta é uma diferença praticamente comum a todas as ervas. Algumas, no entanto, não produzem qualquer flor, por exemplo o saião[1572]. Acontece que naquelas que dão flor juntamente com o caule, a floração termina rapidamente. É excepção o dente-de-leão que, quando a primeira floração envelhece, vai produzindo outra e outra; e isto acontece durante todo o inverno e durante a primavera, até ao verão. Também a tasneirinha[1573] tem um longo tempo de floração. As outras não fazem o mesmo; não é isso que acontece, por exemplo, com o açafrão, seja com o aromático[1574], com o branco[1575], ou com o espinhoso[1576] (estes últimos não aromáticos).

7. 8. 1. Características próprias de todas as ervas

Há uma característica comum a todas as ervas, que é a seguinte: há umas que têm um caule erecto e fibroso, e outras que o têm rastejante, como

---

[1566] *Taraxacum officinale* (L.) Web. ex F.H. Wigg., *lato sensu*, actualmente *Taraxacum campylodes* G. E. Haglund.

[1567] *Plantago afra* L., a que chamamos 'erva-das-pulgas'.

[1568] *Vide* Amigües 2010: 273. A identificação desta planta esbarra com a dificuldade de distinguir entre duas espécies cujo nome científico lembra o da *Eruca vesicaria* (L.) Cav. (εὔζωμον), também com um gosto forte. Uma é o agrião do Oriente (*Erucaria hispanica* (L.) Druce); a outra é a falsa eruca, *Bunias erucago* L., caracterizada por um sabor forte e considerada na Grécia como uma boa planta alimentar. Critérios decisivos – como a cor da flor e a forma do fruto – não são fornecidos por nenhum texto antigo. No entanto, o facto de a *Erucaria hispanica* (L.) Druce ser nativa do sul da Grécia e da região do mar Egeu e cultivada desde uma antiguidade remota sugere a preferência por esta espécie.

[1569] *Cichorium intybus* L.

[1570] *Tussilago farfara* L. Hort 1980: 107 e Díaz Regañón 1988: 380 identificam-na como 'celidónia-menor', que é *Ficaria verna* Huds.

[1571] *Anemone coronaria* L.

[1572] *Sedum ochroleucum* Chaix, segundo Hort 1980: 107; Díaz Regañón 1988: 380 sugere *Umbilicus rupestris* (Salisb.) Dandy e Amigües 2010: 273 um *Sempervivum*. Como *Sedum ochroleucum* Chaix é uma planta rupestre comum na Grécia, consideramos que deve ser esta a espécie que Teofrasto refere. As que se consideraram como *Sempervivum* (notas 285 e 1681) traduziram-se por 'sempre-vivas' e não por 'saião'. *Epípetron* significa literalmente 'que vive sobre as pedras', como é o caso de muitas espécies de *Sedum*; cf. Aristóteles, *Partes dos animais* 681a 20-25.

[1573] *Senecio vulgaris* L.

[1574] *Crocus sativus* L.

[1575] *Crocus cancellatus* Herb.

[1576] *Carthamus tinctorius* L.

a malva[1577], o scandix[1578] e o pepino selvagem[1579]. O heliotrópio[1580] tem, por assim dizer, esta característica mais acentuada, do mesmo modo que, entre as plantas espinhosas, o abrolho[1581], a alcaparra[1582] e outras mais; de facto, nestas essa característica é ainda mais nítida. Há algumas que são trepadeiras, mas se não tiverem onde se agarrar, tornam-se rastejantes, caso da falópia[1583], do amor-de-hortelão[1584] e, em geral, daquelas que têm um caule fino, pouco consistente e comprido; é também por isso que estas, de um modo geral, nascem no meio de outras plantas. Este é um tipo de diferença comum a todas as espécies, não só às ervas, como aos subarbustos e também aos arbustos. Assim, são trepadeiras a hera e, sobretudo, a salsaparrilha[1585].

2. Além disso, entre as ervas há aquelas que têm vários caules e outras de caule único. A este último tipo pertencem as que não têm rebentos laterais ao longo do caule, e as que os têm, por exemplo, entre as de cultivo, o rabanete e mais algumas. As rastejantes têm, em geral, vários caules, enquanto as de caule erecto são de um só ou de poucos caules. Entre estas últimas, as de caule liso não têm rebentos laterais, caso da cebola, do alho-porro[1586] e do alho; também nos tipos de cultivo há-as de caule erecto e de caule sinuoso.

3. Em relação às ervas, há ainda este outro critério de distinção: entre as que têm folhas pousadas no chão, as que as têm no caule, ou, pode também acontecer, das duas formas. As que têm as folhas no chão são a zaragatoa[1587], a camomila[1588] cujas flores não têm pétalas, a orçaneta[1589], a anémona[1590], a *apargia* [1591], a língua-de-borrego[1592] e o dente-de-leão[1593]. Com folhas no caule

---

[1577] *Malva sylvestris* L.
[1578] *Scandix pecten-veneris* L. subsp. *brachycarpa* (Guss.) Thell.
[1579] *Ecballium elaterium* (L.) A. Rich.
[1580] *Heliotropium europaeum* L.
[1581] *Tribulus terrestris* L.
[1582] *Capparis spinosa* L.
[1583] *Fallopia convolvulus* (L.) Á. Love (= *Polygonum convolvulus* L.).
[1584] *Galium aparine* L. (cf. Dioscórides 3. 90).
[1585] *Smilax aspera* L.
[1586] *Allium ampeloprasum* L.
[1587] *Plantago coronopus* L. a que chamamos também 'diabelha' (cf. Dioscórides 2.130).
[1588] *Matricaria chamomilla* L.
[1589] *Alkanna tinctoria* (L.) Tausch (cf. Dioscórides 4. 23).
[1590] *Anemone coronaria* L.
[1591] *Crepis columnae* (Ten.) Froel. (Hort 1968: 111 e Díaz Regañón 1988: 382), cujo nome válido é *Crepis aurea* (L.) Cass. subsp. *glabrescens* (Caruel) Arcang. Amigües 2010: 275 sugere uma planta completamente distinta, *Ficaria verna* Huds. (*Vide supra* nota 1570).
[1592] *Plantago major* L. (cf. Dioscórides 2. 126).
[1593] *Taraxacum officinale* (L.) Web. ex F.H. Wigg., *lato sensu*, actualmente *Taraxacum campylodes* G. E. Haglund.

são a raspa-saias[1594], a camomila de flor com pétalas[1595], o trevo-morango[1596] e a violeta branca[1597]. E em ambos os sítios, a chicória; o que se passa é que esta planta produz no caule, além das folhas, uma flor, nos pontos de articulação dos rebentos laterais. O mesmo acontece com algumas plantas de folha espinhosa, excepção feita às que são totalmente espinhosas, como é o caso da serralha[1598].

7. 9. 1. Outras diferenças na forma das ervas

Há também as que não dão e as que dão fruto; ou seja, sobre as ervas em geral, há as que não ultrapassam a fase de dar folhas, outras têm caule e flor mas não dão fruto. Há também as que dão fruto atingindo a sua plenitude natural, e outras que frutificam sem dar flor, como é o caso de algumas árvores.

As folhas das ervas apresentam diferenças que não são menores, mas, pelo contrário, maiores, do que as das árvores. Ou seja, portanto, apresentam também diferenças em relação a estas. A principal é talvez que as há presas por um pedúnculo, ou então directamente, ou ainda por uma espécie de caule. Há ervas em que a primeira parte que rebenta é o caule, mas na maioria são as folhas, sendo que logo desde o início elas são muito grandes e sobretudo comestíveis. Ora as folhas das árvores sempre produzem primeiro uma espécie de caule.

2. São também profundas as diferenças no que respeita às flores. Assim, nas árvores, a maior parte delas é branca, algumas ligeiramente avermelhadas, outras são verdes, outras amareladas, mas em nenhuma elas têm cores vivas. Ora nas ervas, as flores têm cores muito variadas, quer sejam mono, quer multicolores, e pode-as haver com ou sem aroma. As árvores produzem a sua floração de uma só vez, enquanto algumas das ervas a produzem por fases, como se disse em particular a propósito do basilisco[1599]. Por isso ele está florido durante um longo período de tempo, como acontece de resto, entre muitas outras ervas, com o heliotrópio[1600] e a chicória[1601].

[1594] Seguimos a sugestão de Amigües 2010: 275, que identifica esta planta como *Cerinthe major* L., que de facto tem folhas caulinares. No entanto Hort 1980: 111 e Díaz Regañón 1988: 382 traduzem e identificam-na com o que chamamos 'raspa-saias', *Helminthotheca echioides* (L.) Holub, uma planta que tem folhas em roseta basilar contradizendo a descrição de Teofrasto. Tratando-se de uma referência única e com uma descrição sumária, uma identificação segura parece impossível.

[1595] *Matricaria aurea* (Loefl.) Sch. Bip. Amigües 2010: 276 sugere outra Asterácea, *Glebionis coronaria* (L.) Cass. ex Spach, mas são as *Matricaria* que apresentam capítulos com ou sem lígulas (a que Teofrasto chama 'pétalas').

[1596] *Trifolium fragiferum* L. Amigües 2010: 276 sugere, e provavelmente com razão, outra Leguminosa, *Melilotus officinalis* (L.) Pall.

[1597] *Viola odorata* L.

[1598] *Sonchus asper* (L.) Hill (cf. Dioscórides 2.131 e Amigües 2010: 276).

[1599] *Vide supra* 7. 3. 1.

[1600] *Heliotropium europaeum* L.

[1601] *Cichorium endivia* L. ou, mais provavelmente, *Cichorium intybus* L.

3. Há também muitas diferenças nas raízes que, de certa forma, neste caso são mais evidentes. Há as que são lenhosas, outras carnudas e fibrosas, à semelhança do que acontece nas de cultivo, caso do trigo e de boa parte das ervas. Mesmo entre estes diversos tipos de raízes, cada um apresenta inúmeras diferenças, na cor, no cheiro, no paladar e no tamanho. Há-as brancas, negras e vermelhas, como a da orçaneta[1602] e a da granza[1603]. Outras são amareladas ou então da cor da madeira. Há-as doces, ácidas, acres, com um aroma agradável ou desagradável. Algumas são medicinais, como se disse noutro lugar[1604].

4. Há também diferenças entre as raízes que são carnudas. Assim umas são redondas, outras alongadas ou em forma de bolota, como as do asfódelo[1605] ou do açafrão[1606]. Há outras com escamas, como a do bolbo[1607] e da cila[1608]; e outras ainda bolbosas, como a da cebola[1609], do cebolinho[1610] e de outras do género. Há as que são macias, lisas e tenras em toda a sua extensão, como se não tivessem casca; é o caso do árum[1611]. Outras têm casca, que adere à parte carnuda, como a do ciclame[1612] e a do nabo[1613]. Nem todas as que são aromáticas, ou doces, ou agradáveis ao paladar são também comestíveis, do mesmo modo que nem todas as amargas se não podem consumir. Mas todas as que são inofensivas para o organismo quando ingeridas são comestíveis. Há porém algumas doces que são mortais ou danosas para a saúde[1614]; por seu lado, as que são amargas ou pestilentas podem ser benéficas.

5. O mesmo se passa com as folhas e os caules, por exemplo do absinto[1615] ou da centáurea[1616]. Existem também diferenças quanto à germinação e à floração, que acontece ora no início ou no meio do inverno, ou, pelo contrário, na primavera, no verão ou no outono. Outro tanto se diga no referente aos frutos, que podem ser comestíveis e suculentos, e, em alguns casos, também às folhas, às sementes e às raízes. Em todas estas partes há diferenças no

---

[1602] *Alkanna tinctoria* (L.) Tausch.
[1603] *Rubia tinctorum* L.
[1604] Esta matéria é amplamente tratada no Livro IX. Amigües 2010: 277 vê nesta referência a prova de que a matéria que, no texto como o temos, integra a segunda parte do Livro IX (8-20) tinha sido estudada e tratada antes dos Livros I-VIII.
[1605] *Asphodelus ramosus* L.
[1606] *Crocus sativus* L.
[1607] *Leopoldia comosa* (L.) Parl.
[1608] *Drimia maritima* (L.) Stearn.
[1609] *Allium cepa* L.
[1610] *Vide supra* nota 1487.
[1611] *Arum italicum* Mill. ou *Arum maculatum* L.
[1612] *Cyclamen graecum* Link (cf. Dioscórides 4.126 e Amigües 2010: 278).
[1613] *Brassica rapa* L.
[1614] *Vide infra* 9. 13. 4.
[1615] *Artemisia absinthium* L.
[1616] *Centaurium amplifolia* Boiss. & Heldr.

paladar, que pode ser amargo, acre, doce, seco ou apresentar outras variantes do género, em maior ou menor grau. São estas as diferenças a ter em conta.

7. 10. 1. Diferenças no ciclo biológico

Sendo que cada planta tem a sua estação própria para germinar, para florescer ou para maturar o fruto, nenhuma nasce antes da estação adequada, nem a partir de raízes nem de sementes; antes cada uma aguarda o tempo próprio e nem as chuvas têm interferência. Há plantas que são próprias do verão, no que se refere à germinação e à floração, como o cardo bravo[1617] e o pepino selvagem[1618]; e o mesmo se disse a propósito dos subarbustos, da ínula[1619], da alcaparra[1620] e de outras. Pois também destas nenhuma floresce e germina antes da estação própria.

2. Daí que, também sob este ponto de vista, parece haver diferenças em relação às árvores. Nestas, a germinação dá-se em todas ao mesmo tempo ou quase, ou, pelo menos, pode dizer-se que numa só estação. Enquanto as ervas têm a sua germinação, ou principalmente a floração, em estações muito variadas ou, melhor dizendo, em todas. De tal maneira que, pensando bem, se pode considerar que a sua germinação e floração é praticamente contínua ao longo do ano inteiro. É que uma espécie segue-se sempre à outra, cobrindo todas as estações. Assim, a seguir ao dente-de-leão[1621] vem o açafrão[1622], a anémona[1623], a tasneirinha[1624] e as outras ervas de inverno; e a seguir a estas, as de primavera, de verão e de outono.

3. Muitas, como atrás se disse[1625], porque vão florescendo por partes, prolongam esse processo pelas estações. Há de facto umas tantas que têm esse tipo de floração, caso do dente-de-leão, da viperina[1626], da chicória, da língua-de-borrego[1627] e de outras. Devido a esta continuidade e à sobreposição entre umas e outras, não parece fácil, em alguns casos, nem distinguir quais rebentam em primeiro lugar, nem quais rebentam mais tarde; a menos que se considerasse que o ano começa quando uma certa estação começa.

4. Nestas plantas também não é fácil definir o momento da gestação, nem aquele em que maturam o fruto, antes de passarem a uma nova gestação.

[1617] *Scolymus hispanicus* L.
[1618] *Ecballium elaterium* (L.) A. Rich.
[1619] *Dittrichia viscosa* (L.) Greuter ou *Dittrichia graveolens* (L.) Greuter.
[1620] *Capparis spinosa* L.
[1621] *Taraxacum officinale* (L.) Web. ex F.H. Wigg., *lato sensu*, actualmente *Taraxacum campylodes* G.E. Haglund.
[1622] *Crocus sativus* L.
[1623] *Anemone coronaria* L.
[1624] *Senecio vulgaris* L.
[1625] *Vide supra* 7. 10. 2.
[1626] *Echium angustifolium* Mill. (cf. Dioscórides 4. 24).
[1627] *Plantago major* L.

Tal parece sobretudo acontecer após o equinócio de outono, pois é nessa altura que a maior parte das sementes já atingiu a sua maturação, tal como boa parte dos frutos das árvores. E aí dá-se uma mudança na própria planta, juntamente com a mudança de estação. Mas naquelas espécies que ainda não tenham terminado o seu ciclo e estejam imaturas quando são apanhadas pelo inverno, nesses casos a germinação, a floração e a maturação adiam-se em proporção equivalente. Daí resulta que umas florescem no solstício, outras quando chega a canícula, outras a seguir ao Arcturo e ao equinócio de outono.

5. Estas são matérias que parecem exigir uma observação mais ampla para se determinar o início do ciclo. Porque é evidente que as diferenças que estas plantas apresentam são pelo menos tantas quantas as que existem nas árvores. De resto, até há, entre elas, umas tantas de folha perene, como o pólio[1628], o heliotrópio[1629] e o adianto[1630].

7. 11. 1. As chicoráceas[1631] e as ervas com espiga

Feitas estas considerações sobre as diferenças e dito em que plantas ocorrem e em que consistem, há que expor agora a nossa investigação sobre cada grupo, excluindo questões que dizem respeito à natureza particular de cada uma. Refiro-me, por exemplo, a plantas com espiga, às do tipo scandix[1632] e às de escapo simples, ou a qualquer outro grupo em que se possa encontrar características comuns a todas e que sejam perceptíveis pelos sentidos, pertençam elas às folhas, às flores, às raízes ou aos frutos. Porque a classificação deve fazer-se a partir do que está à vista, como também das raízes.

2. Entre as plantas com espiga existe aquela a que alguns chamam 'olho-de-cão'[1633] que apresenta vários tipos. Há também a cauda-de-raposa[1634], a tanchagem[1635], a que há quem chame 'língua-de-borrego'[1636] e outros 'planta-da-codorniz'[1637]. Em certa medida semelhante a esta é o verbasco[1638]. Estas

---

[1628] *Teucrium polium* L.
[1629] *Heliotropium europaeum* L.
[1630] *Asplenium adiantum-nigrum* L., uma planta de folha perene e pecíolos negros (que lembram fios de cabelo) tal como refere Teofrasto.
[1631] *Asteraceae* ou *Compositae*.
[1632] *Anthriscus sylvestris* (L.) Hoffm.
[1633] *Plantago afra* L.
[1634] *Polypogon monspeliensis* (L.) Desf.
[1635] *Plantago major* L.
[1636] *Plantago major* L.
[1637] *Plantago lagopus* L. Porque as codornizes se alimentam dos seus grãos.
[1638] Díaz Regañón 1988: 388 considera, de forma pouco convincente, que se trata do Plantago de folhas espessas, *Plantago crassifolia* Forssk. Hort opta por não traduzir a palavra grega. Por fim Amigües 2010: 280, depois de valorizar a dificuldade que resulta de esta ser a única menção a esta planta, admite a identificação de *thryallis* com um verbasco (*Verbascum*). Mais provável parece ser a identificação com *Verbascum nigrum* L. (cf. Dioscórides 4. 103), porque Teofrasto afirma que se trata apenas de uma semelhança e na realidade os verbascos têm folhas em roseta

são plantas simples e uniformes, com uma espiga que não é pontiaguda nem com barbas. A cauda-de-raposa tem uma espiga macia e bastante peluda, pelo que se parece muito com a cauda da raposa, de onde lhe vem o nome. Semelhante a esta é também a tanchagem, salvo que não floresce, como a cauda-de-raposa, pouco a pouco, mas por espigas inteiras, como o trigo. A floração em ambas é peluda, também como nos cereais. E igualmente se assemelha ao trigo no aspecto geral, mas tem as folhas mais largas. Sobre as outras plantas que também têm espiga o que há a dizer é semelhante.

3. As chicoráceas são todas de folha anual e de tipo raiz; rebentam a seguir às Plêiades[1639], excepto o dente-de-leão; nos caules e nas raízes apresentam grandes diferenças. Assim, em algumas, estes são mais simples e em menor quantidade, mas o caule da chicória é grande e com muitos rebentos laterais; além disso, é rijo e difícil de quebrar, pelo que se usa como atilho. Ganha também rebentos laterais na raiz, sendo que a tem comprida e, por isso, também difícil de exterminar. Quando se lhe retira a parte comestível, o que fica volta de novo a rebentar. Acontece também que há partes da planta que florescem em diferentes ocasiões, processo que se prolonga até ao outono, sendo que o caule parece ser forte. Produz ainda uma vagem, no extremo do caule, que contém a semente.

4. A leituga[1640] é mais lisa e com um aspecto mais doméstico, além de ser mais doce e não como a condrilha[1641]; esta última é uma planta totalmente imprestável para consumo e não comestível, e sobretudo a raiz contém uma quantidade grande de um suco amargo.

Não comestível e amargo é também o dente-de-leão. Dá uma flor precoce, que envelhece rapidamente e se transforma numa pluma. A seguir produz outra e outra flor, e isso acontece durante todo o inverno, e na primavera até ao verão. A flor é amarela.

Outro tanto se pode dizer da chicória amarga[1642]; também ela floresce na primavera e, como o dente-de-leão, vai florescendo ao longo de todo o inverno e de todo o verão. De paladar é amarga, de onde lhe vem o nome. Eis, no caso destas plantas, em que consistem as principais diferenças. Vamos agora tentar, como foi dito[1643], abordar as particularidades das restantes.

---

basilar, tal como o *Plantago lagopus* L., e inflorescências espiciformes.

[1639] Início de Maio.

[1640] *Hypochaeris radicata* L. (*Vide supra* nota 1551).

[1641] *Chondrilla juncea* L.

[1642] *Urospermum picroides* (L.) Scop. ex F.W. Scmidt (cf. Dioscórides 3. 64). Amigües 2010: 282 sugere, com alguma hesitação, *Crepis zacintha* (L.) Babc.

[1643] *Vide supra* 7. 1. 2.

7. 12. 1. Ervas com bolbos e tubérculos

Há um grande grupo de plantas deste tipo de raiz carnuda e bolbosa, que, quer em relação a outras plantas, quer entre si, apresentam diferenças nas raízes, nas folhas, nos caules e em outros aspectos. Assim, em relação às raízes, como atrás se disse[1644], há-as com escamas e outras carnudas, há-as com casca e sem casca, redondas ou alongadas, comestíveis e não comestíveis. Entre as comestíveis contam-se não apenas os bolbos e outras semelhantes, mas também a raiz do asfódelo e a da cila, embora, neste último caso, não de qualquer uma, mas apenas da do tipo chamado 'Epiménides'[1645], que vai buscar o nome à utilização que lhe é dada. Este tipo é de folha mais afilada e mais lisa do que as restantes.

2. Comestível é também a raiz do árum, além das folhas, se forem primeiro cozidas em vinagre; são agradáveis e boas no tratamento de fracturas[1646]. Para fazer aumentar essa raiz, depois de se lhe tirar as folhas – que são bastante grandes – desenterra-se e vira-se, de modo a que não volte a rebentar e que assimile para si toda a nutrição. Há quem faça o mesmo com os bolbos, quando se armazenam. A raiz da serpentária – dá-se este nome a uma espécie de árum por ter o caule matizado[1647] – não é comestível, mas tem valor medicinal.

3. A raiz do chamado gladíolo[1648] é doce e, se cozida, esmagada e misturada com farinha torna o pão doce e saudável. É redonda, sem casca, com pequenas apófises, como o cebolinho. Encontram-se muitas nas tocas das toupeiras[1649], porque este é um animal que as aprecia e as armazena.

A raiz da erva-de-teseu[1650] tem um paladar amargo, mas, se esmagada, serve de purgante. Há também outras raízes com propriedades medicinais; mas de um sem número de plantas, as raízes nem são medicinais, nem comestíveis. E são estas as diferenças nas raízes.

[1644] *Vide supra* 7.9.4.

[1645] Um curandeiro mais ou menos lendário, que se servia desta planta para as suas curas mágicas. *Ornithogalum narbonense* L.

[1646] Amigües 2010: 282 esclarece que a cozedura em vinagre se destina a diluir os cristais calcários que o tubérculo e as folhas possuem, elemento esse que justifica uma intervenção curativa nas fracturas.

[1647] *Dracunculus vulgaris* Schott (cf. Dioscórides 2. 166; esta é também a identificação dada por Amigües 2010: 282).

[1648] *Gladiolus italicus* Mill., antigamente *Gladiolus segetum* Ker Gawl. (cf. Dioscórides 4. 20).

[1649] *Talpa europaea* L.

[1650] Hort 1980: 127 e Díaz Regañón 1988: 391 sugerem *Corydalis solida* (L.) Clairv. subsp. *densiflora* (C.Presl) Hayek. De acordo com a tradição, o novelo fornecido por Ariadne que orientou Teseu na saída do labirinto de Creta era feito de fibras desta planta, vulgar em Cnossos. Foi, portanto, a própria paisagem local o que sugeriu a identificação do fio do novelo com esta planta. Por isso, Amigües 2010: 282 sugere, com razão, *Leontice leontopetalum* L., uma planta que pode dar fibras por esmagamento do caule, o que não acontece com *Corydalis solida* (L.) Clairv., que é uma planta herbácea (cf. Dioscórides 3. 96).

7. 13. 1. Diferenças morfológicas entre estas plantas

No que se refere às folhas, as diferenças residem no tamanho e no formato. O asfódelo tem a folha comprida, bastante estreita e viscosa, a cila tem-na larga e quebradiça, o gladíolo, a que há quem chame 'espada'[1651], tem-na dessa forma e daí lhe vem o nome. A íris[1652] tem-na mais tipo cana. A do árum, além de ser larga, é côncava semelhante a um pepino. O narciso tem-na estreita, abundante e lustrosa. O bolbo e as bolbosas têm-nas muito estreitas, e o açafrão mais estreitas ainda.

2. Há as que carecem de caule e de flor, como o árum comestível. Outras só têm o pé da flor, caso do narciso tardio e do açafrão. Há, porém, as que têm caule, por exemplo, a cila, o bolbo, a íris e a espadilha[1653]. Mas a que o tem maior do que qualquer outra é o asfódelo – esse, de facto, o chamado *antherikos*[1654], é muito comprido. O da íris é mais curto, mas mais rijo e, em geral, parecido com o do asfódelo. Além disso, o asfódelo produz fruto abundante, de tipo lenhoso, de forma triangular e de cor escura; forma-se na cápsula redonda na parte de baixo da flor e, no verão, cai, quando a cápsula se rompe.

3. A antese do asfódelo vai acontecendo pouco a pouco, no que se assemelha à cila, mas começa pela parte de baixo. No caule forma-se-lhe uma lagarta, que evolui para outro animal tipo zangão, bicho esse que, quando o caule seca, abre uma passagem e voa. Parece ainda ter uma particularidade em relação às outras plantas de caule liso: é que, embora sendo estreito, tem umas apófises em cima. Produz muitos elementos úteis na alimentação. Assim, o caule pode comer-se frito, a semente assada, e principalmente a raiz, cortada aos bocados, come-se com figos. Ou seja, como diz Hesíodo[1655], trata-se de uma planta de inúmeras utilidades.

4. Todas as plantas bolbosas têm uma vida longa, sobretudo a cila; de facto, mesmo depois de pendurada, continua viva e assim permanece durante muito tempo. Pode mesmo ajudar na conservação de outros produtos armazenados, como a romã, se se lhe enfiar na cila o pedúnculo. As plantas embutidas nela rebentam mais depressa. Por isso se diz que, se se plantar junto à porta da entrada, ela protege a casa do mau olhado. Todas estas plantas crescem em grupos, como as cebolas e os alhos. Despontam a partir da raiz; mas há, claramente, as que provêm de sementes, caso do asfódelo, do narciso, do gladíolo e do bolbo.

[1651] *Gladiolus italicus* Mill. As duas palavras gregas – *phásganon*, 'gladíolo', e *xíphos*, 'espada' –, são sinónimas e aludem de facto ao formato da folha.

[1652] *Iris x germanica* L.

[1653] *Gladiolus italicus* Mill.

[1654] Cf. Díaz Regañón 1988: 392; este é o nome grego do escapo (caule) dos asfódelos. Este caule é atacado pela lagarta, como diz Teofrasto, de um insecto (*Diptera, Syrphidae*, mais conhecidos por 'moscas das plantas').

[1655] *Trabalhos e Dias* 41: '... que riqueza existe na malva e no asfódelo'.

5. Há, no entanto, esta particularidade no bolbo que se costuma assinalar: é que nem todas as suas sementes germinam ao mesmo tempo, mas umas tantas no mesmo ano e outras no ano seguinte; e o mesmo se pode dizer do trigo-de-perdiz[1656] e do trevo-morango[1657]. Ora tal característica, a ser verdade, é comum a outras plantas. Como comum talvez seja também a que se vai referir a seguir, que não é extensiva a muitas plantas, mas que é espantosa sempre que ocorre – e acontece na cila e no narciso: assim, nas outras plantas, quer se encontrem no estado inicial de germinação, quer estejam a recomeçar o seu ciclo na estação própria, primeiro rebenta a folha e depois o caule; ora nestas é o caule que se forma primeiro.

6. No caso do narciso, é apenas o pé da flor o que rebenta, mas logo a seguir vem a flor. Na cila, pelo contrário, é o caule propriamente dito que aparece, e depois, sobre ele, nasce a flor, que lhe fica aderente. Produz três florações, das quais a primeira parece assinalar a primeira colheita, a segunda a colheita intermédia e a terceira a última colheita; é que, de acordo com o momento em que se produzem estas florações, acontecem, por assim dizer, também as colheitas. Quando este caule envelhece, segue-se-lhe o rebentar das folhas muitos dias depois. E o mesmo se passa com o narciso, excepto que não tem outro caule além do da flor, como dissemos[1658], nem qualquer fruto visível. Mas a própria flor perece juntamente com o caule, e é quando seca que as folhas brotam.

7. Logo, se comparadas com as outras, estas duas plantas são peculiares. E em relação àquelas que dão flor antes das folhas e dos caules – como parece ser o caso do *típhyon*[1659] e de outras plantas que dão flor; e ainda, entre as árvores, sobretudo o da amendoeira[1660], se é que não é caso único -, parece distingui-las também este facto: enquanto estas produzem a folha ao mesmo tempo que a flor ou logo a seguir – de tal forma que, sobre algumas, é preciso uma investigação minuciosa -, naquelas duas primeiro a flor aparece num momento diferente, e com muitos dias de intervalo, depois porque não dão folhas, num caso antes que a flor e no outro antes que o caule sequem por completo. No caso da cila, as folhas nascem primeiro, no do narciso, depois. É que este último produz muito mais folhas e a raiz em si é pequena, sem grandes dimensões, parecida no formato com o bolbo, salvo que não tem escamas. Estes são processos que carecem de observação.

[1656] *Aegilops neglecta* Req. ex Bertol., antigamente *Aegilops ovata* L. (cf. Dioscórides 4.137). Chama-se-lhe 'trigo-de-perdiz'.

[1657] *Trifolium fragiferum* L. Amigües 2010: 285 considera que é um *Lotus*.

[1658] *Vide supra* 7. 13. 2.

[1659] *Prospero autumnale* (L.) Speta, antigamente *Scilla autumnalis* L. Amigües 2010: 286 sugere *Sternbergia lutea* (L.) Ker Gawl. ex Spreng. e pode ter razão, pois às espécies de *Scilla* Teofrasto chama 'cilas'.

[1660] *Prunus dulcis* (Mill.) D. A. Webb.

8. Quanto aos bolbos, é evidente que há várias espécies, que diferem no tamanho, na cor, no formato e no paladar. Em certos lugares há-os tão doces que se comem crus, como no Quersoneso da Táuride[1661]. Mas a diferença principal e mais peculiar é a dos que produzem lã; de facto, há uma espécie com essa característica, que se dá nas zonas costeiras e que tem a lã sob a túnica exterior[1662]; de tal modo que fica entre o miolo comestível e a parte de fora[1663]. Com ela se faz peúgas e outros artigos de vestuário. Por isso também este tipo com lã é diferente do que tem cabelos, como existe na Índia.

9. Há também plantas de tipo bolbo, que são numerosas mas mais pequenas. É o caso da violeta branca[1664], do cebolinho-de-flor-branca[1665], da noz-da-terra[1666], da fritilária[1667] e, em certa medida, do sisirínquio[1668]. Estas são plantas bolbosas, por terem a raiz redonda, de cor branca e sem escamas. Uma particularidade do sisirínquio é que a raiz cresce primeiro em baixo, a que chamam ...[1669] no inverno, mas quando chega a primavera, esta parte diminui e é a de cima, a comestível, que se desenvolve. São estas as diferenças neste tipo de plantas.

7. 14. 1. Peculiaridades de algumas ervas

Há ainda estas particularidades nas ervas, por exemplo aquela que ocorre no adianto[1670]: tem uma folha que, nem mergulhada na água, fica molhada, nem retém o orvalho, porque a humidade lhe não adere; daí lhe vem o nome[1671]. Há duas espécies, a branca[1672] e a negra[1673], ambas úteis contra a queda do cabelo, se moídas em azeite. Crescem sobretudo junto a lugares alagados. Há quem pense que a variante branca é boa no tratamento da retenção de urinas. Tem o caule parecido com o do adianto negro, mas as folhas bastante

---

[1661] Ou seja, na península da Crimeia.

[1662] Díaz Regañón 1988: 395 sugere *Pancratium maritimum* L. (cf. Dioscórides 2.172), que designamos por 'narciso-da-praia'. Amigües 2010: 287 prefere, no que estamos de acordo, *Tulipa goulimyi* Sealy & Turrill, cujo nome válido é *Tulipa orphanidea* Boiss. ex Heldr.

[1663] Witztum and Negbi 1991: 97-102 identificam duas espécies deste bolbo lanífero: a *Scilla peruviana* L., da Espanha; e a *Scilla hyacinthoides* L., oriunda da Europa oriental e da Ásia Menor, que é certamente a referida por Teofrasto.

[1664] *Viola odorata* L.

[1665] Provavelmente *Ornithogalum narbonense* L.

[1666] *Bunium ferulaceum* Sibth. & Sm., na identificação de Amigües 2010: 287, que adoptamos.

[1667] *Fritillaria graeca* Boiss. & Spruner (cf. Dioscórides 3.128). Díaz Regañón e Hort optam por não traduzir o grego *kýïx*, que se refere a uma planta bolbosa, como o são as fritilárias.

[1668] *Moraea sisyrinchium* (L.) Ker Gawl.

[1669] Lacuna no texto.

[1670] *Asplenium adiantum-nigrum* L.

[1671] Adianto, 'que não humedece'.

[1672] *Asplenium trichomanes* L.

[1673] *Asplenium adiantum-nigrum* L.

pequenas, compactas e opostas umas às outras, e não tem raiz em baixo. Gosta de sítios à sombra.

2. Das plantas que não florescem de uma só vez, a camomila[1674] tem a particularidade seguinte: enquanto todas as outras começam por florir em baixo, ela floresce primeiro em cima. O rebordo da flor é branco e o centro esverdeado. O fruto, deixa-o cair, como acontece nas plantas espinhosas, ficando o ponto onde ele se prendia vazio. Esta planta pode ter várias espécies.

3. Outra particularidade é a do amor-de-hortelão[1675], que se prende à roupa, por ser áspero, e é difícil de arrancar. Ora é nesta parte áspera que está a flor; esta nem se projecta, nem se deixa ver, antes se desenvolve e germina em si mesma. De modo que tem um comportamento semelhante ao do cação e dos tubarões[1676]; ou seja, como estes animais produzem ovos em si mesmos e dão origem às crias, também esta planta retém a flor dentro de si, aí a matura e produz o fruto.

7. 15. 1. Mais algumas particularidades das ervas

Quanto às plantas que florescem de acordo com os astros, caso do chamado heliotrópio[1677] e do cardo bravo[1678] (que também floresce no solstício), bem como da quelidónia[1679] (que floresce quando sopra o vento quelidónio)[1680], poderia pensar-se que elas são condicionadas em parte por uma causa natural, e em parte pelo acaso.

2. Particularidades semelhantes são vulgares noutras plantas. Assim faz parte da natureza da sempre-viva[1681] manter-se húmida e sempre verde, com uma folha carnuda, lisa e alongada. Dá-se em planícies costeiras, nos cimos dos muros e sobretudo nos telhados, quando lá se acumula uma camada de terra arenosa.

3. Certamente se poderá ainda apontar muitas outras excentricidades. Deve-se, porém, como já se tem repetido vezes sem conta, considerar as particularidades e diferenças entre umas plantas e outras. Há plantas que aparecem sob diversas formas e que têm praticamente o mesmo nome, caso do *lótus*[1682]; dele existem muitas variedades que diferem nas folhas, nos caules,

---

[1674] *Matricaria chamomilla* L.
[1675] *Galium aparine* L.
[1676] É com razão que Amigües 2010: 289 considera esta comparação um tanto gratuita e justificada pelo convívio científico com Aristóteles e os seus estudos sobre biologia animal.
[1677] *Heliotropium europaeum* L.
[1678] *Scolymus hispanicus* L.
[1679] *Chelidonium majus* L.
[1680] Ou seja, ventos que sopram nos primeiros dias de Março, no tempo em que as andorinhas (*chelidones*) estão de regresso.
[1681] *Sedum sediforme* (Jacq.) Pau (cf. Amigües 2010: 290).
[1682] *Trifolium fragiferum* L. Amigües 2010: 285 considera ser um *Lotus*.

nas flores e nos frutos, entre as quais o chamado *melilotus*[1683]. Mas pode haver também diferenças no valor alimentar, como na preferência por diferentes lugares. E o mesmo se passa com muitas outras plantas.

4. De outras há menos variedades, caso das solanáceas, que, sob uma designação geral, revestem diferenças. Há uma comestível, de tipo doméstico, que tem um fruto parecido com um bago de uva[1684]; e há mais duas, uma das quais pode produzir sono[1685] e a outra demência[1686], e mesmo, se ministrada em maior quantidade, a morte.

Outro tanto se pode verificar noutras plantas que são profundamente diferentes. Sobre as outras ervas em geral já se disse o suficiente. É sobre o trigo e os cereais que, a seguir, temos de falar. Pois este é um assunto que ainda nos falta tratar.

[1683] Provavelmente *Melilotus officinalis* (L.) Pall.
[1684] *Solanum nigrum* L. (cf. Dioscórides 4.70).
[1685] *Withania somnifera* (L.) Dunal (cf. Dioscórides 4. 72).
[1686] *Atropa belladonna* L. (cf. Dioscórides 4.73).

Livro VIII

Linum usitatissimum L.
8. 7. 1 (nota 1759)
Imagens 1, 2, 3 - Portugal, Ermelo, M. Sequeira

Livro VIII

8. 1. 1. Épocas de sementeira e tempo de germinação dos cereais
Consideremos que, sobre as outras ervas, já se disse o suficiente. Falemos então agora do trigo[1687] e dos cereais, seguindo o mesmo processo usado com as anteriores, porque essa é a classe de ervas que ainda nos falta.

Há duas espécies principais; os cereais, por exemplo o trigo, a cevada[1688], o trigo candial[1689], a escanha[1690], e todas as demais espécies semelhantes ao trigo e à cevada; e as leguminosas, como a fava[1691], o grão-de-bico[1692], a ervilha[1693] e em geral aquelas que se designam por 'legumes secos'. Além destes, há ainda um terceiro tipo, onde se incluem o milho-alvo[1694], o milho-painço[1695], o sésamo[1696] e todas as outras plantas de cultura estival, sem uma designação colectiva[1697].

2. Há uma só forma de os fazer germinar, que é simples: reproduzem-se por semente, salvo uns casos raros e pouco numerosos que se reproduzem a partir de uma raiz. São duas as estações da sementeira para a maior parte deles: a primeira, e principal, é por volta do ocaso das Plêiades[1698], que também Hesíodo[1699] aceita, como praticamente a maioria dos autores; pelo que há quem lhe chame 'época das sementeiras'. A outra é no começo da primavera, após o equinócio de inverno. Em cada uma das estações não se semeiam os

---

[1687] *Triticum aestivum* L.
[1688] *Hordeum vulgare* L.
[1689] *Triticum monococcum* L.
[1690] *Triticum dicoccon* (Schrank) Schübl.
[1691] *Vicia faba* L.
[1692] *Cicer arietinum* L.
[1693] *Pisum sativum* L.
[1694] *Panicum miliaceum* L.
[1695] Amouretti 1986: 40 estabelece também dois tipos de milho no mundo antigo: o 'comum ou miúdo', *Panicum miliaceum* L., chamado no grego κέγχρος, e o 'milho-painço' ou dos pássaros, *Setaria italica* (L.) P. Beauv., em grego μελίνη ou ἔλυμος. Acrescenta a mesma autora que o milho comum não foi muito apreciado pelos Atenienses, embora fosse largamente cultivado na Lacónia, na Trácia, nas costas do mar Negro e na Cilícia. Em Teofrasto, o milho miúdo merece apreço e é amplamente referido.
[1696] *Sesamum indicum* L.
[1697] Quanto aos legumes de verão, Teofrasto não dispõe de um nome técnico para os designar. As leguminosas, nesta tripartição, são postas ao mesmo nível dos cereais. Parece não haver diferenças entre os dois termos que as designam, χεδροπά e ὄσπρια. Diversos testemunhos que reproduzem a vida comum, como é o caso da comédia, ou, para a intervenção médica, os tratados hipocráticos, testemunham a importância das leguminosas no quotidiano da época clássica. Em contrapartida, Amouretti 1986: 56 regista-lhes a omissão nas tradições religiosas e míticas.
[1698] Início de Novembro.
[1699] *Trabalhos e Dias* 383-384.

mesmos cereais. Há uns que gostam de ser semeados cedo, outros tarde, por não aguentarem bem o inverno; há ainda os que toleram bem qualquer uma das duas estações, o inverno ou a primavera.

3. Os cereais que preferem ser semeados cedo são o trigo, a cevada, sendo esta última a que se semeia mais cedo. Junte-se-lhes a escanha, o trigo candial, a espelta[1700] e qualquer outro parecido com o trigo. Todos estes se semeiam praticamente ao mesmo tempo. Entre as leguminosas, as que têm a mesma preferência são, por assim dizer, a fava e a ervilhaca-dos-campos[1701], que, por serem plantas frágeis, gostam de ganhar raiz antes do inverno. O tremoço[1702] é também semeado cedo. Diz-se até que deve ir directo da eira para a terra.

4. Os que se semeiam tarde são certas variedades especiais destes mesmos grupos, por exemplo um tipo determinado de trigo, e um outro de cevada a que chamam 'trimestral', porque é esse o tempo que leva a maturar. Das leguminosas estão neste caso as seguintes: a lentilha[1703], a *apháke*[1704] e a ervilha[1705]. Deste grupo, algumas podem semear-se em ambas as estações, caso do órobo[1706] e do grão-de-bico[1707]. Há também quem semeie a fava tarde, se se tiver deixado passar a primeira fase das sementeiras. Em termos gerais, há cereais que são semeados cedo porque são resistentes e aguentam bem o inverno; outros, porque são frágeis, de modo a que antecipem o seu crescimento aproveitando os dias bons. São então estas as duas épocas. Mas há uma terceira, a dos cereais de verão, de que já falámos[1708], em que se semeia o milho-alvo[1709], o *mélinos*[1710] e o sésamo[1711], além do sisímbrio[1712] e da salva[1713]. São estas, portanto, as épocas para cada planta.

5. Há aqueles casos em que a germinação é mais rápida, noutros mais lenta. Assim a cevada e o trigo rebentam geralmente ao fim de sete dias, mas a cevada primeiro. Os legumes secos ao fim de quatro ou cinco dias, excepto

---

[1700] *Triticum spelta* L.
[1701] *Lathyrus ochrus* (L.) DC.
[1702] *Lupinus albus* L.
[1703] *Lens culinaris* Medik.
[1704] Hort 1980: 145 e Díaz Regañón 1988: 403 traduziram para 'ervilhaca', *Vicia sativa* L. Amigües 2010: 296 traduziu para 'chícharo-miúdo', *Lathyrus cicera* L. Consideramos que Amigües tem razão pois o autor pré-lineano Dodoens 1583: 523, designa esta planta por *Aracus f. Cicera*. O termo *Aracus* é similar ao termo *apháke*, utilizado por Teofrasto.
[1705] *Pisum sativum* L.
[1706] *Vicia ervilia* (L.) Willd.
[1707] *Cicer arietinum* L.
[1708] Vide supra 8. 1. 1.
[1709] *Panicum miliaceum* L.
[1710] *Setaria italica* (L.) P. Beauv.
[1711] *Sesamum indicum* L.
[1712] *Sisymbrium polyceratium* L.
[1713] *Salvia viridis* L., antigamente *Salvia horminum* L.

a fava que, tal como certos tipos de cereal, leva uns dias mais. Há lugares em que pode levar quinze dias, ou até mesmo vinte. Esta é, de facto, a planta que mais dificuldade tem em germinar, e se, depois de semeada, levar com uma carga de chuva em cima, então mais tempo demora ainda. Por outro lado, se a germinação das plantas semeadas na primavera é mais rápida devido à estação é o que temos de observar.

6. Estes períodos em que as plantas rebentam ou germinam devem ser entendidos em termos gerais. Porque há certas alturas e certos lugares em que esses processos demoram menos, caso da cevada no Egipto, onde se diz que ela pode germinar ao terceiro ou quarto dia. Em contrapartida noutras regiões leva mais tempo do que o referido acima, o que não é estranho, uma vez que o terreno e o clima diferem; pode então fazer-se a sementeira mais cedo ou mais tarde e ocorrerem diferentes condições durante o processo. Assim, um solo permeável e leve, com um clima favorável, produz um crescimento rápido e fácil, enquanto um outro solo compacto e duro produz um crescimento lento; como um outro em regiões muito secas o produzirá ainda mais lento.

7. Têm também influência o frio, a seca, o bom tempo e a chuva; porque com estes factores produzem-se grandes variações. Do mesmo modo é importante se a terra foi bem trabalhada e estrumada, ou se não teve nenhum destes tratamentos. Como também há terrenos próprios para sementeiras precoces e tardias. Há quem, na Grécia, tenha o costume de semear tudo cedo, por o clima ser frio, como acontece na Fócida[1714]; procura-se assim evitar que o inverno apanhe as sementeiras ainda tenras.

8. 2. 1. Diferentes ciclos biológicos

Quando germinam, algumas destas plantas produzem a raiz e a folhagem do mesmo ponto; outras produzem-nas em separado, de cada um dos topos da semente. Assim, o trigo, a cevada, o trigo candial e, de um modo geral, todos os cereais produzem-nas de lados diferentes, tal como se encontram naturalmente na espiga. Do topo de baixo, que é grosso, nasce a raiz, do de cima, o rebento. Mas a parte correspondente à raiz e ao caule forma um todo contínuo. A fava e as outras leguminosas não germinam da mesma maneira; nelas a raiz e o caule brotam do mesmo ponto, ou seja, daquele em que eles se ligam à vagem, onde claramente reside o seu ponto de origem. Em alguns casos aparece uma formação tipo pénis[1715], como nas favas, no grão-de-bico e sobretudo nos tremoços. A partir daí, a raiz cresce para baixo, a folha e o caule para cima.

[1714] A Fócida, a região de Delfos, porque em geral muito montanhosa, tende a ser fria.
[1715] Em resultado de a radícula germinar.

2. São estas as diferenças que ocorrem na germinação. Em contrapartida, há um aspecto coincidente em todas elas, a saber, que é do ponto de ligação à vagem e à espiga que a raiz se forma, e não ao contrário como acontece com as de algumas árvores (a amendoeira[1716], a nogueira[1717], a árvore das bolotas[1718] e outras do género). Em todas estas plantas, a raiz começa a formar-se um pouco antes do caule. Ora o que acontece em algumas árvores é que o rebento primeiro se forma dentro da própria semente e, quando cresce, a semente abre – porque todas essas sementes se formam de duas partes, enquanto as das leguminosas, todas elas, têm claramente dois lobos[1719] e são duplas – e a raiz projecta-se de imediato para fora. Nos cereais, dado que as sementes constituem um só elemento, isto não acontece, antes a raiz antecipa-se um pouco.

3. A cevada e o trigo nascem com uma só folha, enquanto a ervilha, a fava e o grão-de-bico têm várias. Todas as leguminosas têm uma raiz lenhosa e única, de onde se formam ramificações delgadas[1720]. A que tem, por assim dizer, entre todas elas, as raízes mais profundas é o grão-de-bico, que por vezes apresenta raízes laterais. Por sua vez o trigo, a cevada e os outros cereais têm muitas raízes delgadas[1721], que, por isso, se emaranham. Todas estas plantas têm também muitos ramos e muitos caules. Existe, no entanto, um certo contraste entre estas duas classes: as leguminosas, que têm uma raiz única[1722], têm em cima muitas ramificações, formadas a partir do caule, excepção feita da fava. Pelo contrário os cereais têm muitas raízes[1723], produzem muitos rebentos que, por sua vez, não têm outros rebentos laterais – excepto aqueles tipos de trigo chamados *sitanías* e *krithanías*[1724].

4. Durante o inverno, os cereais permanecem em estado vegetativo, mas quando a estação começa a sorrir, surge um caule lá do meio que ganha nós. Ora acontece que logo no terceiro nó, ou, em certos casos, no quarto, ele ganha a espiga, que não se distingue logo naquela massa (no conjunto da cana há mais nós do que estes), de tal maneira que a sua formação acompanha o crescimento da cana ao mesmo tempo, ou um pouco mais tarde. Mas não é visível até que, terminada essa fase de crescimento, se forma dentro da vagem. Nessa altura, o volume que atinge deixa-lhe perceber o desenvolvimento.

[1716] *Prunus dulcis* (Mill.) D. A. Webb.
[1717] *Juglans regia* L.
[1718] *Balanites aegyptiaca* (L.) Delile (*Vide supra* nota 911).
[1719] Os cotilédones.
[1720] Estas são as raízes aprumadas características das Dicotiledóneas.
[1721] Estas são as raízes fasciculadas, características deste grupo de plantas, as Monocotiledóneas.
[1722] Que é aprumada.
[1723] Raízes fasciculadas.
[1724] Amigües 2010: 298 reconhece a impossibilidade actual de distinguir todas estas variantes de trigo, resultantes, na antiguidade, de hibridismo produzido naturalmente ou de modo deliberado, por cultura.

5. Depois de se terem soltado das brácteas, o trigo e a cevada, passados uns quatro ou cinco dias, florescem logo, e assim ficam em flor praticamente outro tanto tempo; quem aponta para um número de dias máximo fala em floração ao fim de sete dias. Em contrapartida, a floração das leguminosas dura muito tempo. Mais longa entre todas é a do órobo e a do grão-de-bico, sendo que a da fava ultrapassa de longe qualquer uma destas; diz-se, de facto, que neste caso o processo de floração dura quarenta dias; salvo que há quem diga que ela vai florescendo por partes, cada parte a seu tempo, enquanto outros falam em termos absolutos. Realmente a floração das plantas com espiga dá-se de uma só vez, enquanto as que têm vagem e as leguminosas florescem por partes; a parte de baixo floresce primeiro e, quando estas flores murcham, floresce a seguinte e assim sucessivamente até cima. Logo, quando se lhe tira as vagens, as sementes da parte de baixo já caíram, enquanto as de cima continuam bem viçosas.

6. Após a queda da flor, o trigo e a cevada desenvolvem-se e atingem a maturidade ao fim de cerca de quarenta dias. E praticamente o mesmo tempo leva o trigo candial e outras plantas do género. Dizem que outro tanto se passa com a fava, que também floresce e matura no mesmo lapso de tempo; as restantes em menos. A que leva menos tempo é o grão-de-bico; ao que se ouve dizer, desde a sementeira até à maturação plena leva quarenta dias. Seja como for, evidente é que esta planta em geral se desenvolve muito depressa. Quanto ao milho-alvo, ao sésamo, ao *mélinos* e, em geral, aos cereais de verão, é opinião unânime que levam os mesmos quarenta dias; mesmo assim há quem diga que levam menos.

7. Como sempre a maturação depende do solo e do clima. Há solos que parecem produzir cereais em menos tempo, sendo que o Egipto pode ser tomado como um caso exemplar. De facto lá as cevadas amadurecem em seis meses e os trigos em sete, enquanto, na Grécia, a cevada leva a amadurecer sete meses ou, na maior parte das regiões, oito, e o trigo precisa ainda de mais tempo. Mas nem mesmo no Egipto é a colheita no seu todo que se comporta assim, mas apenas as primeiras colheitas. Com efeito, eles apanham o grão novo para satisfazer necessidades de alguns rituais no sexto mês, e isso na zona norte, cerca de Mênfis[1725].

[1725] Os rituais, aqui globalmente referidos, incluíam oferendas aos deuses, a que se vieram a associar, como destinatários, os heróis e os mortos. Como oferta, podia usar-se elementos vegetais ou animais. No caso dos vegetais, a escolha recaía em frutos e verduras, que ora se depositavam num altar, ora se queimavam. Associou-se-lhes ainda pães ou bolos, leite, mel, vinho e azeite. Os grãos de cereal integravam-se nos sacrifícios de animais, depositados no cesto, conduzido por uma jovem, que ocultava a faca para a degola da vítima. Sobre Mênfis, *vide supra* nota 258.

8. Diz-se também que na Sicília[1726], na região de Messina, naquela zona que se chama Moinhos, a maturação dos cereais semeados tarde é rápida; assim semeiam-se legumes secos durante seis meses e quem semeia tarde acaba colhendo ao mesmo tempo que quem semeou primeiro. O solo é de tal modo fértil que produz trinta vezes mais, além de ter pastagens e floresta excelentes. Em Melos[1727], ao que se diz, passa-se algo ainda mais extraordinário: a colheita faz-se nos trinta ou quarenta dias após a sementeira; daí eles dizerem que se deve continuar a semear enquanto se vir um feixe. Em contrapartida, quanto aos legumes secos, nessa região, nem se comportam assim nem são abundantes. No entanto, é voz corrente que o solo é de uma capacidade produtiva fantástica, próprio para cereais e azeitonas e razoável para a videira.

9. Mas o que se passa em Cálcia, a ilha que pertence aos Ródios[1728], ainda ultrapassa estas ocorrências por ser mais espantoso: lá dizem que há um lugar que é tão precoce e tão fértil, que, quando as cevadas semeadas juntamente com as de outros lugares estão maduras, voltam a semeá-las, e elas maturam de novo ao mesmo tempo que as restantes. A ser verdadeira, esta é uma enorme particularidade. Menos estranho é que haja diferenças quando se transfere um cereal de uma região para outra, como se diz que acontece da Cilícia[1729] para a Capadócia[1730] e, em geral, para o território além da Táuride[1731], que são regiões claramente muito distintas.

10. Mas que o mesmo território dê colheitas duas vezes no tempo em que outros produzem uma só, quando ficam na vizinhança e formam um todo, é realmente notável. Portanto este é um local de facto peculiar.

As colheitas noutras regiões não apresentam muitas, ou melhor dizendo, nenhumas disfunções temporais. A colheita em Atenas, por exemplo, antecede a do Helesponto nuns trinta dias ou pouco mais. De facto, se a sementeira se faz mais cedo, pode haver mudança de estação; se se faz ao mesmo tempo, é evidente que a demora é maior.

[1726] Ainda que a referência de Teofrasto à Sicília pressuponha uma informação intermédia, há que ter em conta que colonos gregos habitavam a ilha desde o séc. VIII a. C. É sobre o sul que incide a atenção do autor do tratado. A região chamada Moinhos, que ainda hoje conserva o mesmo nome – Mili San Pietro – fica a poucos quilómetros de Messina.

[1727] A ilha de Melos, pela sua natureza vulcânica, gozava de fama de uma grande fertilidade.

[1728] Cálcia é uma ilha pequena, muito próxima de Rodes e, na Antiguidade, sob sua jurisdição. Aqui esta ilha minúscula é mencionada como um caso excepcional de micro-clima e de fertilidade.

[1729] *Vide supra* 2. 2. 7.

[1730] Região situada na Anatólia Central. Diz Heródoto (1. 72. 1): 'Os Capadócios são chamados Sírios pelos Gregos'.

[1731] Na península da Crimeia.

11. Não é pequena a diferença por que as regiões são responsáveis, mesmo que se trate de lugares próximos. Assim, as colheitas em Salamina[1732] antecedem de longe as do resto da Ática, como em geral as das zonas costeiras. Esta é uma circunstância que se aplica a estes como a outros frutos; é o caso dos da região chamada Acte, no Peloponeso[1733], e dos de Fálico, na Megárida[1734]. Salvo que aqui há um factor que contribui para isso, ou seja, o solo é leve e friável. Quanto à germinação e ao desenvolvimento é assim que esses processos ocorrem.

8. 3. 1. Morfologia de cada grupo

Há diferenças entre todos os grupos que mencionámos, ou seja, cereais, leguminosas e legumes de verão, como também entre espécimes do mesmo grupo. Assim, os cereais têm a folha de cana, enquanto, entre as leguminosas, há umas que a têm arredondada, caso da fava e, por assim dizer, da maioria; outras têm-na alongada, como a ervilha, o chícharo[1735], a ervilhaca-dos-campos e outras do género. Há-as com folhas fibrosas, e outras que as têm sem veios e sem fibras. O sésamo e o sisímbrio têm folhas muito diferentes destas.

2. Em relação ao caule, os cereais têm-no nodoso e oco, daí que se lhe chame 'cana'. O da fava é oco, o das outras leguminosas mais lenhoso, sendo o mais lenhoso de todos o do grão-de-bico. Dos legumes de verão, o do milho-alvo e o do *mélinos* são tipo cana, mas o do sésamo e o do sisímbrio são mais tipo férula[1736]. Há os que o têm erecto, como o trigo, a cevada e, de um modo geral, os cereais e os legumes de verão. Outros têm-no mais sinuoso, caso do grão-de-bico, do órobo e da lentilha; outros rastejante, como o da ervilhaca-dos-campos, o da ervilha e o do chícharo. O dólico[1737], se se lhe puser uma estaca de madeira comprida, ele trepa e frutifica; se não, torna-se fraco e atreito à ferrugem. A única, ou aquela que, das leguminosas, tem o caule mais erecto é a fava.

3. As flores apresentam também diferenças, quer pela natureza, quer pela posição (assunto que, praticamente, em boa medida foi abordado[1738] na nossa

---

[1732] Salamina é uma ilha fronteiriça à costa da Ática, frente a Atenas, e separada do continente por um canal estreito.

[1733] Acte designa a faixa costeira do Peloponeso oriental, correspondente ao Istmo de Corinto e ao golfo da Argólida. O nome – 'costa rochosa' – advém-lhe da configuração.

[1734] *Vide supra* 2. 8. 1.

[1735] Provavelmente *Lathyrus sativus* L.

[1736] *Ferula communis* L.

[1737] Dólico significa justamente 'alongado'. Díaz Regañón 1988: 411 diz ser *Vigna unguiculata* (L.) Walp. (cf. Dioscórides 2.107), com o nome antigo de *Vigna sinensis* (L.) Savi ex Hauskn., uma planta tropical, cultivada há muito na Europa. Hort 1980: 161 aponta para o *Dolichos sinensis* L., cujo nome válido é *Vigna unguiculata* (L.) Walp. Amigües 2010: 302-303 sugere não só esta última espécie, como ainda *Lablab purpureus* (L.) Sweet, que Lineu designou por *Dolichos lablab* L. e cuja semente designamos por 'feijão-cutelinho'.

[1738] *Vide supra* 1. 13. 1.

introdução geral). Assim, há umas que a têm peluda, como o trigo e todas as que têm espiga. Outras têm-na tipo folha, por exemplo as leguminosas, e, na maior parte dos casos, as flores são irregulares (e muitas são as que têm este tipo de flor). São peludas as do milho-alvo e as do *mélinos*. A do sésamo e a do sisímbrio são tipo folha; há casos em que a flor rodeia o fruto, por exemplo as dos trigos e dos milhos-alvos, em que a flor rodeia a espiga. Nas leguminosas, o fruto nasce da própria flor, ou pelo menos do mesmo ponto de partida. Quanto à floração, há as que a produzem de uma só vez, outras por partes. Há ainda outras diferenças do mesmo género.

4. Da mesma maneira há também diferenças em relação aos frutos; há espécies que têm uma espiga, as leguminosas uma vagem, os milhos-alvos uma pluma (pluma é a floração da cana[1739]). Em termos gerais, umas têm as sementes numa cápsula, outras numa membrana e outras têm-nas desnudas. Há também as que têm os frutos no topo, outras apresentam-nos laterais. Sobre este tópico há ainda outras diferenças.

De um modo geral, as leguminosas são plantas que produzem mais fruto e são mais fecundas; e mais ainda do que elas são-no os legumes de verão, como o milho-alvo e o sésamo; entre as leguminosas e-ó sobretudo a lentilha.

5. Em termos globais, pode dizer-se que as plantas que têm as sementes mais pequenas produzem mais, como acontece, entre as leguminosas, com os cominhos[1740], sendo que todas estas têm muitas sementes. As sementes que melhor resistem ao inverno e ao clima em geral são as dos cereais; as das leguminosas são, por seu lado, as que mais contribuem com produtos alimentares. Mas, neste aspecto, talvez esta seja a situação em relação a nós, mas inversa para os outros animais.

8. 4. 1. Diferenças entre os cereais

São estas as diferenças existentes entre as espécies no seu conjunto. Mas entre as plantas que são do mesmo grupo, é evidente que as diferenças dizem respeito às partes; por exemplo, entre os cereais, o trigo tem, em relação à cevada, a folha mais estreita, o caule mais macio, mais compacto, mais robusto e menos quebradiço. Por outro lado, a semente do trigo tem várias camisas, enquanto a da cevada é desnuda (sendo que a cevada é a planta que tem a semente mais desnuda). Com muitas camadas é também a semente do trigo candial, a da espelta e de todas as do mesmo tipo, principalmente, pode dizer-se, a da aveia[1741]. A cana do trigo é mais alta do que a da cevada, enquanto o trigo tem a espiga mais próxima da folha.

[1739] Que é uma panícula.
[1740] *Cuminum cyminum* L.
[1741] *Avena sativa* L. cujo ancestral selvagem é o aveão, *Avena sterilis* L.

Peculiar é a palha da cevada em relação à do trigo, por ser menos seca e mais mole. Há também uma outra diferença entre a cevada e o trigo: **2.** aquela tem os grãos dispostos em fileiras, enquanto, no trigo, os grãos não estão alinhados, mas toda a espiga é completamente uniforme.

Estas são, portanto, as diferenças entre um género e outro, entendidos no seu conjunto. Mas uma vez mais dentro de cada género, por exemplo do trigo e da cevada, há muitos sub-grupos que diferem nos frutos, nas espigas e nas outras características, bem como nas suas capacidades e propriedades. Assim, há variedades de cevada com duas, três, quatro ou cinco fileiras de grão. O número máximo é seis, porque há uma variedade com este número. As variedades com mais fileiras de grão têm-no sempre mais apertado. Outra diferença relevante é terem rebentos alterais, como dissemos[1742] a propósito da variedade indiana. As espigas da cevada são, nuns casos, grandes e mais soltas, noutros são mais pequenas e compactas; e ora estão mais ou menos próximas da folha, como naquela variedade a que chamamos 'de Aquiles'[1743]. Os grãos propriamente ditos, ora são mais redondos e mais pequenos, ora alongados, maiores e mais intervalados na espiga. Há ainda uns que são brancos, outros negros, outros avermelhados, sendo estes últimos os que parecem produzir mais farinha, ser mais resistentes do que os brancos aos ventos de inverno e, de um modo geral, às condições climáticas.

3. Há também muitas espécies de trigo que simplesmente vão buscar o seu nome às regiões de origem, como o trigo líbico, o pôntico, o trácio, o assírio, o egípcio e o siciliano[1744]. Entre eles há diferenças na cor, no tamanho, na forma, nas propriedades que têm e noutros factores, nomeadamente o seu valor alimentar. Há também alguns que são designados de acordo com outros critérios, por exemplo o trigo *kankhrydías* (seco), o *stlengys* (estrígilo)[1745] e o de Alexandria[1746]. Para todos esses, as diferenças a estabelecer devem fazer-se pelos critérios referidos acima; mas não é de todo descabido utilizar também

---

[1742] *Vide supra* 4. 4. 9.

[1743] Esta era uma variedade particularmente apreciada. Amigües 2010: 306 comenta o nome como resultado de: a sua excelência que a relaciona com o herói da *Ilíada*; ou então com o nome de um agricultor desconhecido para nós que teria cultivado esta variante. Cf. Aristófanes, *Cavaleiros* 819.

[1744] Excluindo a Assíria, as outras regiões aqui mencionadas constituem os pontos de referência para a produção de cereais na Antiguidade mediterrânica. Sobre as diferentes espécies de trigo citadas por Teofrasto, *vide* Díaz Regañón 1988: 414. Na opinião deste comentador, o trigo assírio corresponde a *Sorghum bicolor* (L.) Moench, antigamente *Sorghum vulgare* Pers. (cf. Dioscórides 2. 91).

[1745] Que Díaz Regañón 1988: 414 identifica como *Triticum polystachyum* Lag. ex Steud., cujo nome válido é *Brachypodium distachyon* (L.) P. Beauv.

[1746] Amigües 2010: 307 duvida que esta Alexandria seja a cidade egípcia, tal como no caso da referência ao 'loureiro de Alexandria'; prefere entendê-la como a montanha designada pelo mesmo nome, sobranceira a Antandro (2. 2. 6), na Mísia.

os seguintes: o serem precoces ou tardios, uns bem desenvolvidos e fecundos, outros pequenos e pouco produtivos, de espiga grande ou pequena. Uns têm, na cápsula, espigas de longa duração, outros de pouca, como o tipo da Líbia. Uns têm a cana fina, outros grossa. O líbico tem esta última característica e o *kankhrydías* também. Quanto ao grão, há os que têm uma só e outros muitas túnicas, como o da Trácia. Há os que têm uma só ou várias canas, e, neste último caso, em maior ou menor número.

4. Do mesmo modo, devemos ter em conta outras características semelhantes, quer a estas, quer às que referimos atrás, no que tem a ver com as propriedades de cada um; porque pode considerar-se que estas são, de facto, as diferenças essenciais. Nesta perspectiva, há que distinguir espécies que maturam em três ou dois meses, ou ainda, se é que as há, espécies que o façam num número de dias menor. Diz-se, por exemplo, que, em Eneia[1747], há uma variedade de trigo que, a partir da sementeira, cresce e atinge a plenitude em quarenta dias; trata-se de um grão forte e pesado – e não, como o do de três meses, de um grão leve; por isso se dá à criadagem, por não ser rico em farelo. Esta é a variedade mais rara e que mais rapidamente matura. Há também um tipo de trigo que leva dois meses a maturar, trazido da Sicília para a Acaia[1748]; é pouco fecundo e pouco produtivo, embora, para consumo alimentar, seja leve e agradável. Há outro tipo de Eubeia e principalmente na região de Caristo. Há diversas variedades que maturam em três meses; estas, seja em que região for, são leves e pouco rentáveis; desenvolvem uma só cana e, em geral, são frágeis.

5. O mais leve de todos é, por assim dizer, o trigo do Ponto; o da Sicília, em contrapartida, é mais pesado do que outros que a Grécia importa, embora mais pesado do que ele seja o da Beócia. Prova disso é, segundo dizem, que os atletas na Beócia consumam, com dificuldade, três quartilhos[1749], e quando vêm para Atenas possam consumir, com facilidade, cinco. A variedade da Lacónia é também leve. A razão destas diferenças reside no solo e no clima. Assim, na Ásia, não longe de Bactras, numa determinada região, o trigo – ao que se diz – é tão pujante que o grão atinge o tamanho do caroço de uma azeitona; por outro lado, na região chamada Pissato[1750], é tão indigesto que, se alguém o consumir em demasia, rebenta, o que aconteceu com muitos Macedónios[1751].

[1747] Na Trácia, perto da foz do Hebro, na fronteira entre a Grécia e a Turquia.

[1748] A Acaia é uma região situada a norte do Peloponeso. No séc. VIII a. C., os povos desta região do Peloponeso fundaram um número significativo de colónias no sul da Itália e Sicília (como por exemplo Síbaris e Crotona). Logo esta permuta de experiências agrícolas é perfeitamente natural.

[1749] A medida referida no texto grego – *schoinix* – corresponde a 1,08 litros.

[1750] Embora esta região não tenha outra referência a não ser a que se encontra neste passo, é legítimo pensar que se situasse no território leste do Irão.

[1751] A informação tem a ver com a experiência das tropas de Alexandre na campanha contra

Estranho é o que se passa com o trigo do Ponto, de excepcional leveza em relação às variedades de três meses: é que lá as variedades de primavera são rijas e as de inverno moles, sendo estas últimas particularmente leves.

6. Do mesmo modo, lá há sempre, ao que parece, duas colheitas, uma no inverno e outra na primavera, momento esse em que também se lança à terra a semente dos legumes secos.

Há ainda variedades de trigo isentas de joio[1752], como o pôntico e o egípcio. O da Sicília é-lhe relativamente isento, mas é principalmente o de Agrigento[1753] o que é imune ao joio.

O da Sicília tem uma variedade específica conhecida por 'trigo negro'[1754], que não é nocivo nem – como o joio – pesado e susceptível de provocar dores de cabeça. Mas estas são características, como acima se disse, que se devem atribuir ao solo e, em certa medida, às características de cada espécie.

8. 5. 1. Diferenças entre as leguminosas

Nas leguminosas secas não se encontra, em igual medida, este tipo de diferenças, quer por falta de um estudo igualmente cuidado, quer por haver uniformidade entre estas plantas. Fora o grão-de-bico, a lentilha e, até certo ponto, a fava e o órobo – dado que, entre elas, existem diferenças de cor e de paladar -, das restantes não há distinções a fazer. Entre os grãos-de-bico há diferenças de tamanho, paladar, de cor e de formato; daí os tipos chamados 'carneiro', 'órobo' e os intermédios. Entre todos os legumes secos, os brancos são os mais doces; assim o órobo, a lentilha, o grão-de-bico, a fava e o sésamo (porque do sésamo há também uma variedade branca).

2. Todavia, é possível estabelecer diferenças nos aspectos seguintes: por exemplo, todas estas plantas têm vagem; mas enquanto, nuns casos, essas vagens não têm divisórias e os grãos estão como que apertados uns contra os outros – caso do órobo, da ervilha e da maioria das espécies -, noutros elas são divididas, por exemplo no tremoço e mais ainda, com uma disposição particular, no sésamo[1755]. Há as que têm a vagem alongada, outras redonda, como o grão-de-bico. A quantidade de grãos é-lhes proporcional, sendo em

---

a Bactriana. Plutarco, *Vida de Alexandre* 42. 5 refere-se a esta campanha em anos próximos de 330 a. C. A perseguição de Besso, sátrapa da Bactriana e assassino do rei persa Dario, levou Alexandre ao interior do Irão, que percorreu entre 330-327 a. C., conquistando vastas zonas da Hircânia, Drangiana, Bactriana e Sogdiana.

[1752] *Lolium temulentum* L.

[1753] Agrigento, antes designada por Acragante, foi uma importante cidade da costa sudeste da Sicília, de fundação grega.

[1754] *Melampyrum arvense* L.

[1755] Teofrasto considera erradamente o sésamo uma leguminosa, por interpretar o seu fruto (cápsula) como uma vagem.

menor número nas vagens mais pequenas, como acontece nas do grão-de-
-bico e das lentilhas.

3. Talvez estas diferenças sejam equivalentes às que definimos, para os cereais, quanto às espigas e aos próprios frutos. De facto, o que chamamos vagens pode, na prática, equivaler pelo formato às sementes, sendo umas achatadas (as da lentilha e da *apháke*), outras mais cilíndricas (as do órobo e da ervilha), sendo que em cada um destes pares de espécies as sementes se correspondem na forma. Mas, de umas para as outras, pode encontrar-se muitas outras diferenças equivalentes, umas comuns a todas as leguminosas, outras próprias de cada variedade.

4. Todas elas têm as sementes ligadas às vagens, havendo uma espécie de ponto de partida, nuns casos saliente (como na fava e no grão-de-bico) e noutros côncavo (como no tremoço e mais numas tantas); há casos em que é menos visível e mais pequeno, e como que apenas assinalado, o que se constata com a simples observação. É a partir deste ponto que as sementes, quando se semeiam, rebentam e ganham raiz, como atrás se disse[1756]; mas, de início, as próprias sementes alimentam-se por estarem ligadas à vagem, até amadurecerem. Esta circunstância é evidente tanto pelo que estamos a dizer agora como pelo que já dissemos antes. E é tudo o que há a referir sobre as diferenças.

8. 6. 1. As culturas, em função do solo e do clima

Convém semear todas estas espécies de preferência na estação própria para as sementeiras. Mas há quem lance a semente mesmo em terra seca, particularmente a do trigo e da cevada, com a ideia de que eles resistem melhor numa altura em que a terra não está infestada de pássaros e de outros bichos. Na verdade, parece que a primeira sementeira é a melhor, e a pior a que é feita em terrenos meio empapados. Aí as sementes tornam-se leitosas e morrem, ao mesmo tempo que rebenta uma grande quantidade de erva. Todavia, após a sementeira, é para todas as plantas benéfico que venha uma chuva, menos para aquelas que têm uma germinação mais difícil, como parece ser o caso da fava e, entre os legumes de verão, do sésamo, dos cominhos e do sisímbrio.

2. Deve fazer-se uma sementeira mais apertada ou mais larga tendo em consideração o solo. Uma terra forte e boa pode levar mais semente do que outra arenosa e fina. No entanto, costuma dizer-se que a mesma terra recebe umas vezes mais semente e outras menos. O primeiro caso é entendido como um presságio desfavorável, porque se vai logo dizer que a terra está faminta. Mas esta é talvez uma história sem sentido. Se, pelo contrário, se tivesse em consideração a qualidade das sementes, e sobretudo a localização no que

---

[1756] *Vide supra* 8. 2. 1.

respeita ao solo, e se ponderasse a exposição aos ventos e ao sol, ter-se-ia uma melhor compreensão das diferenças.

3. Também o estrume a ser aplicado nas sementeiras varia em proporção com o terreno. Para revolver a terra em pousio é melhor o inverno do que a primavera. Há lugares, como a Síria, em que revolver a terra em profundidade não é conveniente; por isso se usa arados pequenos. Noutros lugares, trabalhar a terra demasiado é prejudicial, caso da Sicília. Daí que, ao que parece, muitos colonos cometam esse erro. Sob todos os pontos de vista, há portanto que ter em conta os terrenos.

4. As sementes distinguem-se igualmente de acordo com o solo que convém a cada uma. Assim, em territórios fustigados pelo frio, recomenda-se mais o trigo do que a cevada e, em geral, diz-se que, em terrenos áridos e mexidos a longos intervalos, é melhor semear cereais do que leguminosas. Este é um tipo de solo que produz mais trigo do que cevada. Por outro lado, o trigo suporta melhor uma boa chuvada do que a cevada e produz mais em terrenos não estrumados. Da mesma maneira há que ver, entre os próprios trigos, qual o terreno que convém a cada um, se forte e rico, ou arenoso e pobre ou de outro tipo.

5. A chuva em abundância convém mais a estas plantas quando estão a dar folha e flor; mas é prejudicial aos trigos, às cevadas e aos cereais quando já estão floridos, porque aí dá cabo deles. Para os legumes secos é inofensiva, salvo para o grão-de-bico. De facto estes, quando se lhes lava o sal, morrem, ou porque apodrecem ou porque são comidos pela lagarta. Mais resistente é o grão-de-bico negro e o vermelho, do que o branco. Mas é conveniente, ao que se diz, semeá-lo tarde em terrenos húmidos. A fava gosta sobretudo de chuva quando está em flor. É por isso que, como dissemos[1757], não se gosta de a semear tarde, porque fica em flor durante muito tempo. Mas depois de ter perdido a flor, precisa de muito pouca água, por já estar próxima a fase da maturação. Quando os cereais estão maduros, parece que a chuva os danifica, a cevada mais do que o trigo.

6. No Egipto, na Babilónia e em Bactras, onde o terreno não é molhado pela chuva ou o é raramente, os orvalhos são todo o alimento que existe. E o mesmo se passa na região de Cirene e de Evespérides[1758]. As chuvas mais oportunas, para todas estas plantas, são, por assim dizer, as da primavera; eis porque a Sicília é tão boa produtora de cereais: é que lá as chuvas de primavera são frequentes e ligeiras, e as de inverno poucas. Um solo pobre precisa de muita chuva, mas pouca de cada vez, enquanto outro que seja rico pode aguentar chuva com fartura e também uma seca (para os terrenos

---

[1757] *Vide supra* 8.1.4.
[1758] *Vide supra* nota 1339.

secos, os ventos e as brisas marítimas parecem convenientes, e brisas desse tipo existem noutros lugares, como atrás se disse). Em termos gerais, uma seca convém mais aos cereais do que uma chuvada; **7.** é que os aguaceiros, além de outros inconvenientes, muitas vezes destroem as próprias sementes, ou, pelo menos, fazem brotar uma tal quantidade de erva que os cereais são asfixiados e privados de alimento.

8. 7. 1. Particularidades do crescimento e nutrição

Enquanto que, das outras sementes, nenhuma degenera e se transforma noutra, dizem que o trigo e a cevada se transformam em joio, sobretudo o trigo. Isso acontece mais em zonas chuvosas e principalmente em terrenos muito húmidos e fustigados pela chuva. É que o joio não é uma planta de primavera, como a outra erva – apesar do que alguns tentam fazer crer –, e a prova está em que: é logo que o inverno começa que ele aparece e se desenvolve; e há muitas formas de o distinguir: tem a folha estreita, peluda e lustrosa, sendo este lustro a sua principal característica. A penugem existe também nas folhas do trigo-de-perdiz, mas neste caso só se torna visível na primavera. Esta é uma particularidade deste tipo de plantas, e ainda do linho[1759], que também, ao que se diz, se transforma em joio.

2. Uma particularidade do grão-de-bico, em relação às outras leguminosas, diz portanto respeito, como ficou dito, à floração; além disso, há que referir que é a que mais rapidamente matura o fruto, a mais resistente e a mais lenhosa. Não revigora, de um modo geral, o solo, porque o esgota. Mas liquida as ervas, e sobretudo e mais rapidamente o abrolho[1760]. Em termos globais, não é um solo qualquer que o consegue produzir; necessita de uma terra negra e forte. Das restantes leguminosas, são as favas as que melhor revigoram o solo, mesmo que se semeiem de uma forma compacta e produzam muito fruto.

3. Quanto às plantas semeadas no verão, todas elas necessitam de poucos cuidados; costuma dizer-se que lhes convém mais água das nascentes do que da chuva; os *mélinos*[1761] e os milhos-alvos de menos água gostam ainda, porque se levarem água a mais perdem a folha. A mais resistente é o milho-alvo; os *mélinos* são mais doces, mas mais frágeis. Nem o sésamo nem o tremoço verdes são atacados por qualquer bicho; se outro tanto se passa com o sisímbrio e com a salva[1762] é um aspecto a considerar, porque também eles são amargos. O sisímbrio é parecido com o sésamo e oleoso. A salva é tipo cominhos, negra, e semeia-se juntamente com o sésamo. Estas são questões a avaliar melhor.

[1759] *Linum usitatissimum* L. (cf. Dioscórides 2.103 e Amigües 2010: 312).
[1760] *Tribulus terrestris* L.
[1761] *Setaria italica* (L.) P. Beauv.
[1762] *Salvia viridis* L.

4. Nos terrenos de boa qualidade, para se evitar que os cereais ganhem demasiada folha, põe-se o gado a pastar e corta-se as pontas do trigo, como acontece na Tessália. E o resultado é o seguinte: por mais que os façam servir de pasto ao gado, o fruto não se altera. Mas basta que o cortem uma única vez para o trigo se alterar: torna-se alto e adelgaça; é o que se chama 'trigo taludo', e se se voltar a semear, não recupera o seu aspecto inicial. Dizem os Tessálios que isso acontece excepcionalmente. Mas, na Babilónia, por princípio cortam-no sempre duas vezes e, numa terceira vez, soltam o gado[1763]. Porque assim ganha caule; se não, amontoa folha. Se o terreno não estiver bem trabalhado, produz numa proporção de cinquenta por um; num bem cuidado a proporção é cem por um. E esse cuidado consiste em o deixar permanecer coberto de água todo o tempo possível, de modo a que ganhe limo em quantidade. Porque se a terra for forte e compacta, tem de tornar--se mais solta[1764]. Na Babilónia, a terra não produz matas nem pastos, como no Egipto. Estas são características que dependem da qualidade do terreno.

5. O trigo e a cevada germinam também, em muitas regiões, a partir de uma raiz no ano seguinte, ou também no mesmo ano a partir de pedaços cortados para forragem, dado que uma outra cana rebenta. Outro tanto se passa se a planta tiver sofrido com a invernia, porque volta a rebentar na estação das chuvas. Deste tipo de plantas, a espiga produzida é imperfeita e pequena. Rebentam também no ano seguinte as plantas danificadas e pisadas a ponto de que nada, por assim dizer, fique à vista. É o que acontece quando um exército atravessa um campo. Do mesmo modo, neste caso as espigas são pequenas e há quem lhes chame 'cordeiros'. Das leguminosas nenhuma consegue fazer isto, nem nada parecido. São estes os processos de germinação.

6. Para o crescimento e a nutrição o clima é o factor essencial, ou, numa palavra, o equilíbrio das estações do ano. Porque quando as chuvas, o bom tempo e os frios ocorrem na altura própria, tudo produz bem e o fruto é abundante, nem que seja em solo ensalitrado e pobre. Por isso há um provérbio que diz bem a propósito: 'É o ano que faz a colheita, não a terra'.

Mas o terreno condiciona também grandes diferenças, não apenas por ser rico ou pobre, húmido ou seco, mas também em função do clima e dos ventos da região. Há terrenos que, embora pobres e fracos, produzem bem por terem uma boa exposição aos ventos marítimos. **7.** Mas os mesmos ventos, noutros lugares, não produzem o mesmo efeito, como já se disse e repetiu.

[1763] Heródoto 1. 193. 3-4 refere a fertilidade da Babilónia em termos que se assemelham aos aqui usados por Teofrasto; e reconhece que, para um grego que não visitou Babilónia, o seu relato pode até parecer fantástico, semelhante a uma descrição utópica.

[1764] De facto, a arqueologia provou a existência de um sistema de canais de irrigação que mantinham o solo coberto de água, trazida do rio Eufrates.

É que há terrenos que beneficiam de um vento de ocidente, outros de um do norte, outros de um do sul.

Têm ainda uma importância que não é de somenos os cuidados que se prestam, sobretudo antes da sementeira. Depois de bem trabalhado, o solo produz com facilidade. O estrume é também um recurso de grande utilidade para proporcionar calorias e boa maturação. As culturas estrumadas antecipam-se às não estrumadas uns vinte dias. Mas o estrume não as beneficia a todas sem excepção; ou seja, é benéfico para tudo o que é cereal e também para as outras plantas, menos para o feto, que arrasa se se puser por cima. Aí o feto[1765] morre (o feto morre também quando o gado se lhe deita em cima e, ao que se diz, a luzerna[1766] morre também devido ao estrume e à urina).

8. 8. 1. Variações nas espécies de acordo com o clima

Cada tipo de semente requer um terreno de uma certa natureza, quer a comparação seja feita de classe para classe, ou entre sementes da mesma classe; e tem-se feito tentativas para essa distinção. Sementes vindas de fora levam três anos a comportar-se como as naturais. É conveniente que a mudança se processe de climas quentes para outros um pouco menos quentes, ou vice-versa, de um clima frio para outro menos frio. As que provêm de um clima rigoroso, se são de colheita precoce, passam a produzir tarde, de modo que morrem devido à seca, a menos que alguma chuvada tardia as salve. Por isso se recomenda que se deve ter cuidado em não misturar plantas importadas com nativas, a menos que provenham de regiões idênticas; se não elas não acertam com o solo, quanto ao momento da sementeira e da germinação, e, em consequência, necessitam de cuidados diferentes. Portanto há que atender às diferenças do solo, às características das sementes e às estações apropriadas a cada uma.

2. Quando o ano é bom, as sementes também produzem com maior abundância. Assim, em Atenas, as cevadas dão farinha como em nenhum outro lado, porque a região é óptima para este tipo de produção. E isso acontece não quando ela se semeia em grande quantidade, mas quando tiver estado bom tempo. Na Fócida, na zona de Elateia[1767], o trigo produz uma vez e meia mais farinha do que o normal, e em Solo, na Cilícia[1768], acontece o mesmo tanto com o trigo como com a cevada. E noutras regiões há outras sementes a que o solo está particularmente adaptado. Assim, as sementes tornam-se melhores ou piores quer devido ao cultivo, quer ao solo. Estas

---

[1765] *Dryopteris filix-mas* (L.) Schott.
[1766] *Medicago sativa* L. (cf. Dioscórides 2.147 e Amigües 2010: 314).
[1767] Embora se situe na Fócida, tal como Delfos, Elateia localiza-se num terreno plano e irrigado pelas águas do Cefiso, portanto é dotada de boas condições agrícolas.
[1768] *Vide supra* 2. 2. 7.

plantas podem, em função dele, tornar-se selvagens ou domésticas, como as árvores. Em geral mudam de acordo com o terreno, tal como algumas árvores que, se transplantadas, rapidamente se degradam.

3. Mas nenhuma espécie se pode transformar por completo noutra, à excepção do trigo candial e da escanha, como, a propósito das nossas primeiras pesquisas, referimos[1769], e do joio, que resulta da degradação do trigo e da cevada. E mesmo que esta afirmação não seja exacta, o joio gosta de se formar juntamente com o trigo, como também o trigo negro do Ponto e a semente dos bolbos (do mesmo modo que outras plantas adventícias aparecem noutros cereais). Por exemplo: o trigo-de-perdiz parece preferir a cevada, e, entre as lentilhas, a ervilhaca é mais áspera e mais rija, ou, entre a *apháke*, o *pelekínos*[1770] tem um aspecto parecido com um machado de dois gumes (*pélekos*). Praticamente para cada um dos cereais há uma planta que se cria e se infiltra nele, quer devido ao terreno – o que não é absurdo -, quer a qualquer outro factor.

4. Há também algumas destas plantas adventícias que claramente são comuns a vários cereais, mas por ser sobretudo com alguns que elas se desenvolvem mais, parece que lhes são específicas. É o caso da cuscuta[1771] em relação ao órobo, e do amor-de-hortelão em relação à lentilha. A primeira invade principalmente o órobo por este ser uma planta frágil; o amor-de-hortelão ganha um vigor especial entre as lentilhas. Até certo ponto, este último é parecido com a cuscuta, porque invade e bloqueia a planta inteira, de uma forma tentacular. E assim acaba por a estrangular, e daí lhe vem o nome[1772].

5. A planta que brota directamente da raiz dos cominhos e do feno-grego[1773], a chamada orobanca[1774], é ainda mais especial. A orobanca é uma planta com um só caule, que não é muito diferente ..., só que muito mais curto; no topo tem uma espécie de cabeça, mas a raiz é arredondada. A única planta que ela faz secar é o feno-grego. Estas são plantas que se dão em solos pobres, não nos fortes; assim, na Eubeia, não se dão em Lelanto[1775], mas sim na região de Caneto e noutras do mesmo tipo. O motivo por que estas plantas, que se juntam com vários cereais, prosperam melhor com os que referimos, reside no facto de estes serem frágeis.

[1769] *Vide supra* 2. 4. 1.
[1770] *Securigera securidaca* (L.) Degen & Dorfl., antigamente *Securigera coronilla* DC.
[1771] *Cuscuta epithymum* (L.) L. (cf. Dioscórides 4.177).
[1772] Ou seja, ὀροβάγχη, 'estranguladora do órobo'.
[1773] *Trigonella foenum-graecum* L. (cf. Dioscórides 1. 47, 2.102).
[1774] *Orobanche gracilis* Sm., uma espécie de *Orobanche* que parasita leguminosas herbáceas e ocorre na Grécia.
[1775] Esta região, situada na Eubeia central, entre Cálcis e Erétria, era particularmente fértil. Em compensação Caneto, fronteiriça a Cálcis, era árida.

6. As expressões 'fácil de cozinhar' e 'difícil de cozinhar' dizem-se apenas a propósito dos legumes secos, mas não deixa de ser razoável pensar que uma situação muito parecida, para não dizer a mesma, se aplica aos cereais. Só que não se torna tão evidente, porque as utilizações que se lhes dá não são as mesmas. Assim estas expressões nem mesmo se aplicam a todos os legumes secos por igual, mas sobretudo às favas e às lentilhas, ou porque estas são as que têm esse carácter seco mais acentuado, ou porque, em função da sua utilidade, assim parece. Há muitas razões para que tal aconteça; há uma quantidade de lugares que dão sempre produtos fáceis de cozinhar, enquanto outros os produzem difíceis para esse efeito. Mas de um modo geral são os terrenos leves aqueles que produzem os do primeiro tipo.

7. Determinadas condições climáticas produzem também essa variação. A prova está em que o mesmo terreno, trabalhado da mesma maneira, produz por vezes grãos fáceis de cozinhar e outras vezes o contrário. Na região de Filipos, se a fava, ao ser joeirada, for apanhada pelo vento da região, ela que é fácil torna-se difícil de cozinhar. Estes são factos que provam também que, por vários motivos, parcelas de terreno de uma mesma região, com a mesma localização e sem que haja, quanto ao solo, diferenças assinaláveis, umas dão legumes comestíveis e outras não. Pode até acontecer que as separe um único rego.

8. 9. 1. Espécies empobrecedoras ou enriquecedoras dos solos

O trigo é o cereal que mais empobrece a terra, seguido da cevada. Eis porque o trigo precisa de um solo rico, enquanto a cevada pode produzir mesmo em solos arenosos. Entre as leguminosas, é sobretudo o grão-de-bico a mais desgastante, embora permaneça na terra muito pouco tempo. Em contrapartida a fava, como antes se disse[1776], que é, de resto, pouco exigente, parece até estrumar o terreno, por ser uma planta porosa e que facilmente apodrece. Daí que as populações da Macedónia e da Tessália revolvam o terreno quando a fava está em flor.

2. Entre as espécies parecidas com o trigo e a cevada, caso da escanha, do trigo candial, da espelta, da aveia e do trigo-de-perdiz, a escanha é a que mais desgasta o terreno. De facto tem muitas raízes, muito profundas, e muitos talos. Mas dá um fruto muito leve e bem aceite por todos os animais. Das restantes, a mais desgastante é a aveia, também ela com muitas raízes e muitos talos. A espelta é uma planta mais delicada e mais frágil do que as anteriores. O trigo candial é de todas a menos exigente; só tem um talo e fino; por isso também procura um solo leve e não, como a escanha, uma terra gordurosa e boa. Estas duas últimas espécies, a escanha e o trigo candial,

---

[1776] *Vide supra* 8. 7. 2.

são as mais parecidas com o trigo; o trigo-de-perdiz e a aveia mais parecem plantas selvagens e não de cultivo.

3. O trigo-de-perdiz é também bastante desgastante para o terreno, com muitas raízes e talos. O joio é uma planta completamente selvagem. Das sementeiras de verão, o sésamo parece ser o mais exigente para a terra e o que mais a desgasta. Todavia o milho-alvo tem talos mais numerosos, mais grossos, e possui mais raízes. Há, no entanto, uma diferença entre as espécies que são leves para a terra e as que o são para a nossa alimentação. Porque algumas – como as leguminosas e o milho-alvo – não o são igualmente para uma coisa e para a outra. Além de que, como se disse[1777], as que são leves para nós não o são necessariamente para os animais. Sobre este assunto é o que há a dizer.

8. 10. 1. Doenças dos cereais

As doenças dos grãos são em parte comuns a todos – como a ferrugem[1778] –, ou exclusivas de uns tantos, caso do apodrecimento do grão-de-bico, dos que são comidos pelas lagartas e pelas pulgas, como também por outros bichinhos pequenos. Alguns são atacados pelo cancro e pelo míldio[1779], como os cominhos. Os bichos que não se originam das próprias plantas, mas que vêm de fora, não lhes são tão nocivos. Assim o gorgulho que ataca os trigos[1780], o brucho, o órobo[1781] e outros parasitas que atacam outros cereais.

2. Em termos gerais, os cereais são mais susceptíveis à ferrugem do que os legumes secos e, entre estes, ela ataca mais a cevada do que o trigo. Mesmo entre as cevadas, há as que são mais susceptíveis do que outras, principalmente, pode dizer-se, a de tipo Aquiles. Além disso, a localização e a natureza dos terrenos tem uma influência que não é pequena. A verdade é que terrenos expostos ao vento e elevados não são vulneráveis à ferrugem ou são-no menos, ao contrário dos sítios baixos e pouco arejados. Por outro lado a ferrugem aparece sobretudo com a lua cheia. **3.** Quer o trigo quer a cevada são arrasados pelos ventos, se forem apanhados por eles quando ainda em flor, ou quando acabaram de a perder e são mais frágeis. Isto dá-se principalmente com a cevada, muitas vezes quando já está na fase de amadurecer, se os ventos forem fortes e se fizerem sentir durante muito tempo. Porque eles secam-na e queimam-na, processo a que há quem chame 'queimadura

---

[1777] *Vide supra* 8. 3. 5.

[1778] A ferrugem é causada por várias espécies de fungos (*Uredinales*) do género *Puccinia* - sendo a mais comum nas folhas dos cereais a provocada pela *Puccinia graminis* Pers., além do oídio nas sementes provocado por espécies do género *Erysiphe*.

[1779] Esta é a designação dada a um conjunto de doenças das plantas causadas por fungos parasitas da família *Peronosporaceae*, do grupo *Oomycota*.

[1780] O gorgulho-do-trigo é o coleóptero *Sitophilus granarius* L.

[1781] Este é o coleóptero *Bruchus pisorum* L.

do vento'. Destrói-os também a ambos o sol que surge entre nuvens, mais ao trigo do que à cevada, de tal maneira que a espiga nem se vê por estar vazia.

4. O trigo é também danificado pela lagarta, que, mal que se forma, lhe come as raízes[1782], ou quando a planta seca e não se consegue desenvolver. Aí forma-se-lhe dentro a lagarta, que lhe come a cana em desenvolvimento. Vai-a comendo até à espiga, e depois de a consumir, morre[1783]. Se a tiver comido inteira, o próprio trigo também não resiste. Em contrapartida, se tiver comido apenas um lado da cana, e a planta continuar a produzir a espiga, uma parte desta seca, mas a outra resiste. Este processo que afecta o trigo não ocorre em toda a parte; não se verifica, por exemplo, na Tessália, mas apenas em algumas regiões, como na Líbia e em Lelanto da Eubeia.

5. As lagartas aparecem também na ervilhaca-dos-campos, no chícharo e nas ervilhas, quando, depois de apanharem grandes chuvadas[1784], vem muito calor; e outro tanto se passa com as lagartas no grão-de-bico. Todos estes parasitas morrem quando esgotam o alimento, quer nos frutos verdes, quer nos secos. Assim acontece com o caruncho[1785] e com os insectos que se formam nas favas e noutras plantas, como se disse[1786] também das pestes das árvores e das madeiras, exceptuados os chamados longicórnios[1787]. Em relação a todas estas doenças, as regiões fazem muita diferença, como é lógico. Desde logo o clima ser quente ou frio, húmido ou seco muda tudo. Porque é exactamente o clima que dá origem a estas pestes. Daí que nem sempre ocorram onde costumavam ocorrer[1788].

8. 11.1. Capacidade de germinação e de conservação

Nem todas as sementes têm a mesma capacidade de germinação e de conservação. Há as que germinam e maturam muito rapidamente e que se conservam muito bem, caso do milho-painço e do milho-alvo. Outras há

[1782] Apesar da afirmação de Teofrasto de que as lagartas comem as raízes do trigo, o que em geral acontece é que lhe devoram as folhas e o caule. Há, porém, o pulgão (Hemíptero, Afídeo; *Rhopalosiphum rufiabdominale* Sasaki) que digere as raízes do trigo, e as lagartas do Díptero, *Chlorops pumilionis* Bjerk., que parasitam os colmos do trigo e da cevada.

[1783] A lagarta que mais destrói a cana dos cereais, e da maneira como Teofrasto descreve, é a de um Himenóptero (*Cephidae*), *Cephus cinctus* Norton.

[1784] As mais vulgares são a lagarta da borboleta, *Lampides boeticus* L., e a lagarta verde da borboleta, *Chrysodeixis eriosoma* Doubleday.

[1785] Os gorgulhos são insectos, coleópteros, da família *Bruchidae*, sendo alguns filófagos, alimentando-se, por exemplo, de cereais e leguminosas; é o caso do Curculionídeo, já referido, *Sitophilus granarius* L., que ataca grãos de cereais e sementes de leguminosas; outros são xilófagos, corroendo madeiras (o mais comum é *Anobium punctatum* De Geer, a que se refere Teofrasto).

[1786] *Vide supra* 5. 4. 5.

[1787] Os mais comuns são coleópteros, como por exemplo o Cerambicídeo (*Monochamus galloprovincialis* Oliv.), xilófago da madeira de pinheiro.

[1788] Com a própria mudança das condições climáticas.

que germinam bem, mas apodrecem rapidamente, como a fava e, sobretudo, a variedade que se cozinha. Apodrecem também depressa a *apháke* e o dólico, e a cevada mais depressa do que o trigo. Mais depressa apodrecem também os cereais pulverulentos ou os que estão armazenados em sítios pulverulentos do que o contrário.

2. À medida que se deterioram, as sementes produzem parasitas próprios, como atrás se disse[1789], à excepção do grão-de-bico; esta é a única que não ganha bicho. Quando apodrecem, todas produzem uma lagarta, mas quando atacadas, cada uma o é por um bicho diferente. De entre todas as que melhor se conservam são a do grão-de-bico e a do órobo, e melhor do que estes a do tremoço (mas este tem aspecto de uma planta selvagem).

3. Dá ideia de que, de lugar para lugar e de clima para clima, há diferenças no que respeita a que as sementes sejam ou não vulneráveis ao bicho. Assim – ao que se diz – em Apolónia[1790], na zona do mar Iónio, a fava não é susceptível de ser comida pelo bicho, o que permite guardá-la e armazená--la. Em Cízico, resiste ainda por mais tempo. É também decisivo para a conservação colher a semente seca, porque assim tem menos humidade. No entanto, as sementes das leguminosas colhem-se com mais alguma seiva, o que permite colhê-las em maior quantidade e mais facilmente. É que as sementes rapidamente caem e, se estiverem secas, racham. Outro tanto se passa com o trigo e com um certo tipo de cevada, que se apanham antes de secarem por completo, porque então produzem melhor farinha.

4. É pela mesma razão que os trigos e as cevadas são armazenados em feixes, e desta forma parece que maturam mais do que perdem substância. O cereal não é atacado pelo bicho quando é armazenado depois de apanhar chuva. O trigo resiste muito bem sem ser armazenado, e ainda mais o tremoço. Este, de resto, não se colhe antes de ter apanhado chuva, porque, se for colhido, a semente solta-se e perde-se.

5. Para a proliferação e para a sementeira em geral as melhores sementes parecem ser as que têm um ano. As de dois e de três anos são de pior qualidade, e as que têm mais tempo são praticamente estéreis, mas ainda capazes para consumo alimentar. De facto, para cada espécie há um tempo próprio para a reprodução. No entanto, estas sementes têm diferentes capacidades de acordo com o lugar em que são armazenadas. Por exemplo, na Capadócia, numa região chamada Petra, dizem que as sementes permanecem durante quarenta anos, férteis e aptas para serem semeadas; para consumo alimentar

---

[1789] *Vide supra* 8. 10. 1.

[1790] Apolónia, no mar Iónio, situa-se na geografia política actual na Albânia. Cízico, por sua vez, fica nas margens do mar da Mármara. Uma e outra região, pela sua proximidade com o mar, caracterizam-se por uma grande humidade; são, portanto, um caso específico pela resistência que oferecem aos bichos.

podem resistir durante sessenta ou setenta anos. Em geral não se deterioram, como de resto as roupas e outros produtos em armazém[1791]. **6.** O que se passa é que esta região é alta, bem arejada e sempre batida pelos ventos de leste, de oeste e do sul. Diz-se também que, na Média[1792] e em outras regiões elevadas, as sementes armazenadas resistem por muito tempo. É ainda evidente que o grão-de-bico, o tremoço, o órobo, o milho-alvo e outras do género resistem ainda por muito mais tempo, como acontece igualmente nas regiões da Grécia. Mas estas são particularidades – como já se disse[1793] – que dependem dos lugares.

7. Parece haver, em certos locais, um tipo de terra que, se derramado sobre a semente, ajuda a conservar o trigo, caso da de Olinto e de Cerinto, na Eubeia. Esta terra torna o grão de pior qualidade alimentar, mas dá-lhe um aspecto encorpado. A proporção é de um litro por medimno[1794].

Se sujeitas ao fogo, todas as sementes perecem e se tornam estéreis. Todavia, diz-se que, na Babilónia, os grãos de cevada e trigo saltam na eira, como quando se assam[1795]. Mas é evidente que a diferença está na temperatura, ou esse saltitar é simplesmente o efeito do aquecimento. E o mesmo efeito parece passar-se em todos os casos ou, pelo menos, com a maioria.

8. Algumas dessas sementes, que parecem de certo modo selvagens, têm uma particularidade, no que se refere à germinação e ao crescimento, caso do tremoço e do trigo-de-perdiz. O primeiro, embora sendo muito resistente, se não for plantado logo depois de sair da eira, passa, como se disse atrás, a desenvolver-se mal e, em geral, não suporta ser enterrado. Por isso o semeiam sem ter revolvido a terra. É frequente também que, se a semente cair sobre uma camada de detritos ou de erva, ela a perfure, ganhe raiz e germine. O tremoço procura um solo arenoso e sobretudo pobre, e de forma alguma rebenta em cultivo[1796].

9. Com o trigo-de-perdiz passa-se o contrário; cresce melhor em solo cultivado. Em certos lugares onde antes não se dava, se se preparar a terra,

---

[1791] Petra constitui uma colina, na planície da Capadócia, com um clima seco e frio. Daí a sua capacidade de conservação.

[1792] A Média, situada a noroeste do planalto do Irão, tem um clima semelhante ao da Capadócia e com as mesmas virtualidades.

[1793] *Vide supra* 8. 11. 3.

[1794] Teofrasto remete de novo para regiões específicas, Olinto na Grécia do norte e Cerinto, na ilha de Eubeia. A proporção estabelecida equivale a 1/48 (1, 01 l de terra / 51, 84 l de grão).

[1795] Esta é certamente uma informação proveniente do testemunho dos homens de Alexandre (cf. Plutarco, *Vida de Alexandre* 35. 14-15). Depois de relatar o mesmo fenómeno – 'o solo da Babilónia é muito inflamável, a ponto de que os grãos de cevada saltam e se projectam no ar, como se o calor fizesse palpitar a terra' -, Plutarco relata a experiência de Hárpalo, um dos homens de Alexandre, que tentou recriar na Babilónia um jardim com plantas gregas, sem sucesso no que toca à hera, incompatível com o calor do solo.

[1796] *Vide supra* 8. 11. 2.

ele germina e torna-se abundante; em geral gosta de um solo rico. Há uma particularidade que se lhe atribui, em comparação com as sementes dos outros cereais: é que, em cada duas sementes, há uma que não germina todos os anos. Por isso quem quer eliminá-lo por completo – porque se trata de uma planta naturalmente difícil de eliminar – deixa os campos sem os semear durante dois anos; e quando ele rebenta, solta o gado uma e outra vez, até o ter tosado por completo. Este é um processo de o eliminar totalmente e, ao mesmo tempo, uma prova de que a germinação se não processa toda de uma só vez.

Livro IX

Misopates orontium (L.) Raf.
9. 19. 2 (nota 2084)
Imagem - Hoffmannsegg and Kink, *Fl. Portugaise*, Lam. 52

Livro IX[1797]

9. 1. 1. Diferentes tipos de seiva

A humidade típica das plantas, que alguns designam por 'seiva' – dando-lhe uma designação abrangente -, tem também, como é evidente, propriedades diferentes de caso para caso. Este elemento é acompanhado, nuns casos mais e noutros menos, de um sabor; casos há em que este parece não existir, de tal forma neles a seiva é fraca e aguada. A seiva existe com a máxima abundância, em todas as plantas, quando elas germinam, mas torna-se mais vigorosa e mais capaz de manifestar a sua natureza quando se ultrapassa a fase do crescimento e da frutificação. Acontece que, em certas plantas, a seiva tem uma cor particular; numas é branca, como nas que a têm leitosa; noutras é vermelha, caso da centáurea[1798] e da planta espinhosa conhecida por 'cardo de roca'[1799]; noutras verde e noutras ainda de outra cor. Estas são características mais evidentes nas plantas anuais ou com caules anuais do que nas árvores[1800].

[1797] Há uma controversa questão a respeito do número de livros que compõem este tratado, identificados por Diógenes Laércio como dez, e de que nos chegaram apenas nove. Ora no códice *Vaticanus Urbinas* Gr. 61 (U), o manuscrito mais antigo e mais fiável do texto de Teofrasto, embora estejam identificados dez livros, a verdade é que o X repete, apenas com ligeiras alterações, a segunda parte do IX. Por isso Hort, entre outros editores (Schneider, Wimmer), adopta apenas o livro IX, ainda que retocado com elementos do X. Por outro lado, o códice parisino Gr. 1823 e a edição aldina intitulam o Livro IX como *Sobre as seivas das plantas* ou *Sobre o poder das raízes*. Esta divisão vai ao encontro da própria constituição do Livro IX como actualmente o temos, que parece de facto repartir-se em dois blocos, talvez figurando inicialmente como dois livros: a primeira parte (1-7) é dedicada às seivas, a segunda (8-20) ao potencial das raízes. Esta é uma divisão que Amigües (2010) mantém na sua edição; para esta autora (2010) 325, trata-se de dois opúsculos anteriores à composição da *História das plantas* e que não pertencem ao plano geral do tratado. Scarborough 1978: 353 lembra ainda a controvérsia existente em termos de autoria; de facto há quem defenda que o Livro IX não seria do punho de Teofrasto, mas de um qualquer colhedor de ervas desconhecido. No entanto, o facto de, à menção a várias ervas ao longo do tratado, se associar agora a especificação das suas propriedades medicinais sustenta a tese de um só autor.

[1798] *Centaurium amplifolia* Boiss. & Heldr.

[1799] *Carthamus lanatus* L., a que chamamos 'cardo-sanguinho' (cf. Dioscórides 3. 93 e Amigües 2010: 325).

[1800] Teofrasto vai ocupar-se agora das propriedades terapêuticas de algumas seivas, pelo que vários autores consideram o livro IX da *História das plantas* uma referência na história da medicina na Antiguidade. Díocles de Caristo (c. 384-322 a. C.), um físico de respeitada competência de uma geração pouco mais nova do que Aristóteles, residente em Atenas, terá sito também autor de uma farmacopeia, para nós perdida. Cf. Scarborough 1978: 354-356 e Stannard 1962: 275 que defendem uma influência directa e significativa de Díocles sobre Teofrasto, sem deixar, mesmo assim, de afirmar uma grande independência científica por parte do discípulo de Aristóteles, que se tornou remissão incontornável para os tratados posteriores sobre drogas, desde logo o *De Materia Medica* de Dioscórides.

2. A humidade em certas plantas é apenas compacta, caso das que a têm leitosa. Mas noutras é tipo lágrima, caso da do abeto[1801], do pinheiro[1802], do terebinto[1803], do pinheiro de Alepo[1804], da amendoeira[1805], da cerejeira brava[1806], da ameixieira[1807], do *arceuthos*[1808], do *kédros*[1809], da acácia egípcia[1810] e do ulmeiro[1811]. De facto também este último produz uma goma, que, no entanto, não lhe brota da casca, mas está contida numa bolsa foliar[1812]. Semelhantes são as seivas de que provêm o incenso[1813] e a mirra[1814], também tipo lágrima. Existe ainda o bálsamo de Meca[1815], o gálbano[1816], e outros do mesmo tipo, como o junípero da Índia[1817], que produz uma substância semelhante à mirra. Uma goma forma-se ainda no lentisco[1818] e numa planta espinhosa chamada 'cardo viscoso'[1819], de que se faz o mástique[1820].

3. Todas estas são aromáticas, como também praticamente todas aquelas que têm uma substância viscosa e gordurenta. Pelo contrário, as que não têm gordura também não têm odor, como a goma e aquela seiva que escorre da amendoeira. Forma também uma lágrima a 'planta viscosa' de Creta[1821] e a chamada 'tragacanto'[1822]. Dantes pensava-se que esta planta só se dava em

---

[1801] *Vide supra* nota 19.
[1802] *Pinus nigra* J. F. Arnold.
[1803] *Pistacia terebinthus* L.
[1804] *Pinus halepensis* Mill.
[1805] *Prunus dulcis* (Mill.) D. A. Webb.
[1806] *Prunus avium* (L.) L.
[1807] *Prunus domestica* L.
[1808] Provavelmente *Juniperus drupacea* Labill.
[1809] *Juniperus oxycedrus* L.
[1810] *Vachellia nilotica* (L.) P. J. H. Hurter & Mabb., ou *Faidherbia albida* (Delile) A. Chev.
[1811] *Ulmus minor* Mill.
[1812] Esta bolsa foliar no ulmeiro é uma galha devida a insectos afídeos, *Byrsocrypta ulmi* L. ou *Eriosoma lanuginosum* Hartig, sendo as galhas provocadas por este último afídeo, lanosas (pubesescentes), como indica o restritivo específico.
[1813] *Boswellia sacra* Flueck.
[1814] *Commiphora myrrha* (Nees) Engl., ou *Commiphora habessinica* (O. Berg.) Engl.
[1815] *Commiphora gileadensis* (L.) C. Chr.
[1816] *Ferula galbaniflua* Boiss. & Buhse (cf. Dioscórides 1. 59). Amigües 2001: 326 sugere *Ferula gummosa* Boiss., que é outra planta (*vide infra* nota 1875).
[1817] Díaz Regañón 1988: 438 traduz por 'acácia da Índia', que identifica como *Commiphora mukul* (Hook. ex Stocks) Engl.; à mesma planta se refere Amigües 2010: 326 com o nome antigo de *Balsamodendrum mukul* Hook. ex Stocks; Hort 1980: 219, por seu lado, traduz por 'akantha da Índia'. Poderá ainda pôr-se a hipótese de se tratar de *Vachellia nilotica* (L.) J. H. Hurter & Mabb. subsp. *cupressiformis* (J. L. Stewart) Ali & Faruqi, por ter folhas semelhantes às dos juníperos e por ser da Índia e Paquistão.
[1818] *Pistacia lentiscus* L.
[1819] *Carlina gummifera* (L.) Less.
[1820] Ou seja, 'substância para mascar'.
[1821] *Carlina gummifera* (L.) Less.
[1822] Provavelmente *Astracantha gummifera* (Labill.) Podlech, embora outros autores tenham uma interpretação diferente: Díaz Regañón 1988: 439 e Amigües 2010: 327 identificam a de

Creta, mas hoje em dia é evidente que se dá também na Acaia, em território do Peloponeso, em outras regiões da Grécia, e ainda na Ásia, na zona da Média. Em todas estas plantas, a lágrima existe nos caules, nos troncos e nos ramos; mas outras há em que existe nas raízes, caso da salsa-de-cavalo[1823], da escamónia[1824] e de muitas outras com propriedades medicinais. Em algumas encontra-se no caule e na raiz; de facto, de certas plantas, ela extrai-se do caule e da raiz, como acontece com o sílfio[1825].

4. A seiva da salsa-de-cavalo é semelhante à mirra. Ora houve quem, por ouvir dizer que é dela que a mirra provém, pensasse que a salsa-de-cavalo advém da mirra; ora é certo, como atrás se disse[1826], que esta planta brota de uma lágrima, do mesmo modo que o lírio e outras. O suco do sílfio é ácido, como de resto o próprio sílfio; de facto a chamada 'seiva' do sílfio é uma lágrima. A escamónia e outras do género, como acima se afirmou[1827], têm propriedades medicinais.

5. Em todas as plantas mencionadas, a coagulação ora se faz espontaneamente, ora por incisão, ou por ambos os processos. Mas é óbvio que só se fazem incisões em plantas úteis ou mais procuradas. Por exemplo, a lágrima da amendoeira não tem nenhuma aplicação, e portanto não se recolhe. É, no entanto, patente que, nas plantas em que a coagulação da seiva é espontânea, o fluxo do elemento líquido é maior.

6. As incisões e a coagulação não ocorrem em todas as plantas ao mesmo tempo; por exemplo, o suco da videira coagula melhor, ao que se diz, se a incisão foi feita um pouco antes de ela rebentar, e menos bem se se fizer no outono ou no início do inverno. E, todavia, para a produção do fruto estas são, para a maior parte das videiras, as melhores épocas. No caso do terebinto, do pinheiro ou de outra qualquer árvore que produza resina, a incisão ocorre depois da fase em que elas rebentam. De um modo geral esta colheita não se faz anualmente, mas com intervalos de tempo maiores. Nas árvores do incenso e da mirra, ao que se diz, a incisão faz-se no verão e nos dias mais quentes, e assim também com o bálsamo da Síria[1828].

7. Nestes casos, a incisão é mais delicada e em menor escala, porque o fluxo da seiva é menor. Nas plantas deste tipo em que a incisão é feita no caule e na raiz, faz-se primeiro a do caule, como acontece também com o sílfio. Os sucos que se obtêm desta forma são chamados 'seivas do caule' e 'seivas da

---

Creta como *Astragalus creticus* Lam. subsp. *creticus*. Amigües 2010: 327 considera a da Grécia como *Astracantha parnassi* (Boiss.) Podlech.

[1823] *Smyrnium olusatrum* L.
[1824] *Convolvulus scammonia* L.
[1825] *Ferula tingitana* L.
[1826] *Vide supra* 2. 2. 1, 6. 6. 8.
[1827] *Vide supra* 9. 1. 3.
[1828] Ou de Meca, *Commiphora gileadensis* (L.) C. Chr.

raiz'. O da raiz é melhor, por ser puro, transparente e menos aquoso. A seiva do caule é mais líquida, e por isso borrifam-na com farinha para facilitar a coagulação. Os Líbios conhecem a época própria para a incisão do sílfio, porque são eles que lhe recolhem o suco. E o mesmo se passa com quem apanha as raízes e recolhe as substâncias medicinais, que também fazem a extracção do caule em primeiro lugar. Mas todos eles – tanto os que recolhem as raízes, como os que extraem os sucos – escolhem a estação apropriada a cada caso. Esta é uma regra geral.

9. 2. 1. A resina do pinheiro e a sua exploração

A resina produz-se da forma seguinte. No pinheiro, quando se lhe retira a madeira resinosa depois de sangrar a árvore, o fluxo húmido escorre com maior abundância do ponto de incisão. No abeto e no pinheiro de Alepo, faz-se uma incisão na madeira depois de a ter provado. Porque não há uma regra única válida para todos os casos. No terebinto, faz-se uma incisão em dois pontos, no tronco e nos ramos. Mas o fluxo que se obtém do tronco é sempre mais abundante e de melhor qualidade do que o que se obtém dos ramos.

2. Há também diferenças na resina de árvore para árvore. A resina melhor é a do terebinto, por ser compacta, muito perfumada, com um aroma muito suave, só que é pouca. Em segundo lugar vêm as do abeto e do pinheiro de Alepo, que são mais suaves do que as do pinheiro. Em contrapartida, esta última é a mais abundante, a mais compacta e a mais semelhante ao pez, porque esta é a árvore que mais madeira resinosa possui. Transporta-se, em estado líquido, em odres, e a seguir naturalmente ganha consistência. Diz-se, no entanto, que na Síria também o terebinto, sob acção do fogo, produz pez. É que lá existe uma montanha que, como acima dissemos[1829], está carregada de ponta a ponta de terebintos enormes.

3. Dizem alguns que o mesmo se passa com o pinheiro de Alepo e com o *kédros* da Fenícia[1830]. Mas esta circunstância deve ser referida como uma mera possibilidade, dada a escassez com que ocorre. Por outro lado as gentes da Macedónia não produzem pez por combustão, nem mesmo do pinheiro, à excepção do tipo 'macho'. Chamam 'macho' ao que não produz fruto. Do tipo 'fêmea' só se lhe usarem alguma das raízes, porque todos os pinheiros têm resina na raiz. O pez mais fino e mais puro é o que se obtém das árvores bem expostas ao sol e voltadas a norte; o que é produzido por árvores situadas na sombra é mais grosseiro e barrento. A verdade é que em lugares muito sombrios o pinheiro nem mesmo se dá.

[1829] *Vide supra* 3. 2. 6, 3. 15. 3.
[1830] *Juniperus phoenicea* L. Amigües 2010: 329 sugere *Juniperus excelsa* M. Bieb.

4. Pode haver também má ou boa produção de resina, em quantidade e qualidade. Quando o inverno é moderado, a resina é abundante, de boa qualidade e de cor mais branca; quando é rigoroso, produz-se pouca e de qualidade inferior. São estas as condições, e não tanto a capacidade frutífera dos pinheiros, o que determina a quantidade e a qualidade do pez.

5. As gentes do Ida distinguem diferentes tipos de pinheiro: o que eles chamam 'do Ida' e o 'marítimo'[1831]. A resina extraída do do Ida é mais abundante, mais negra, mais doce e, em geral, com um aroma mais perfumado, em cru; mas depois de cozida, perde peso. O que se passa é que ela possui mais água e por isso torna-se também mais fluida. A que se extrai do marítimo é mais amarelada e mais compacta em cru, e por isso com a cozedura perde menos peso. No entanto, o pinheiro do Ida é mais resinoso. Em termos gerais, da mesma quantidade de madeira resinosa produz-se resina em maior quantidade e de um tipo mais fluido com tempo húmido mais do que seco, e mais de um lugar frio e sombrio do que um batido pelo sol e de clima ameno. Esta é a informação que uns e outros dão[1832].

6. A reposição de resina nas cavidades, de modo a permitir nova colheita, faz-se, nos pinheiros de qualidade, num ano, nos de qualidade média em dois anos, e nos de má qualidade em três. Essa reposição não se faz com o restabelecimento contínuo da madeira, mas com o pez. De facto, a madeira não tem capacidade para se regenerar e se homogeneizar; o processo que demora o período de tempo referido é propriamente a reposição do pez. Mas claro que é inegável que alguma reposição na madeira ocorra também, na medida em que uma certa qualidade de madeira resinosa é retirada e queimada quando se procede à recolha do pez. Eis o que há a dizer sobre este assunto.

7. Afirmam os habitantes do Ida, quando descascam o tronco – e descascam a parte virada ao sol numa extensão de dois ou três côvados a partir do solo -, que é aí que brota o fluxo de resina e que, num ano, a produção de resina atinge o seu máximo. Mas se retirarem esta parte à machadada, o pez volta a formar-se no ano seguinte, e num terceiro ano outra vez. Cumprido esse processo, devido ao corte na base a árvore cai apodrecida por acção dos ventos. Nessa altura retiram-lhe o coração, onde a maior parte da resina se concentra, e extraem-lho também das raízes. De facto estas, como atrás dissemos[1833], são resinosas em todos os pinheiros.

8. É naturalmente esperável que, com as árvores de boa qualidade, como se disse, se repita este processo de modo contínuo, enquanto com árvores de

---

[1831] Teofrasto está a repetir, quase pelas mesmas palavras, a informação dada *supra* 3. 9. 1-2. Como aí identificado em nota, o pinheiro do Ida é o *Pinus nigra* J. F. Arnold e o marítimo o *Pinus halepensis* Mill.
[1832] Os povos do Ida e os da Macedónia.
[1833] *Vide supra* 9. 2. 3.

média qualidade se actue com intervalos maiores. Se se gerir bem o processo, a produção dura mais tempo, ao passo que se se fizer uma extracção completa da resina, dura menos. Ao que parece, a árvore resiste a três destas extracções. Por outro lado, os pinheiros não dão fruto e resina ao mesmo tempo; enquanto são bastante novos, dão fruto, mas passam a dar resina muito mais tarde, quando envelhecem.

9. 3. 1. O fabrico do pez

Fabrica-se pez por combustão desta forma: depois de se aplanar um terreno, como se se preparasse uma eira, com uma inclinação para que a resina escorra para o centro, racham-se as achas e dispõem-se do mesmo modo que os carvoeiros, só que não se lhes deixa uma abertura. Os troços de madeira ficam direitos, apertados uns contra os outros, de modo a que a pilha vá crescendo em altura de acordo com a quantidade de achas. Diz-se que a pilha está pronta quando atinge um perímetro de cento e oitenta côvados e cinquenta, ou no máximo sessenta, de altura[1834]; ou então cem em cada uma dessas dimensões, se a madeira for rica em pez.

2. Depois de montarem a pilha dessa forma, e de a cobrirem com lenha, atiram-lhe com terra para cima, para que fique totalmente tapada, de modo a que nem um resquício de fogo se veja; porque se tal acontecer, o pez estraga-se. Aí pegam-lhe fogo, por uma passagem que se deixou aberta. A seguir vedam também esta passagem com lenha e cobrem-na com terra. Então sobem a uma escada, vigiam se há alguma fuga de fumo e vão sempre pondo terra em cima para que o fogo não fique à vista. Abre-se uma passagem na pilha, para que o pez possa fluir para um depósito situado a uns quinze côvados de distância. À medida que escorre, o pez torna-se frio ao tacto.

3. Deixa-se arder durante uns dois dias e duas noites. Mas no segundo dia, antes do pôr-do-sol, a pilha, depois de arder completamente, abate. Isto acontece porque o pez deixou de fluir. Durante todo este tempo mantém-se uma vigilância sem descanso, de modo a que não haja qualquer fuga do fogo. Entretanto vão fazendo sacrifícios e festejos, para pedir que o pez seja abundante e de boa qualidade. É este o modo por que as gentes da Macedónia produzem pez por combustão[1835].

4. Na Ásia, ao que se diz, na região da Síria, não se extrai a madeira resinosa; faz-se fogo na própria árvore, usando um apetrecho próprio para esse efeito, com que lhe aplicam o fogo. Depois de extraírem o pez de uma

---

[1834] Ou seja, 80 metros de perímetro e entre 22-25 metros de altura; ou então 44 metros nas duas dimensões. Amigües 2010: 330-331 enuncia duas das principais utilizações do pez na antiguidade: para vedar recipientes contendo vinho e na construção naval.

[1835] O pez fabricava-se nas regiões de maior produção florestal, de que aqui é referida a Macedónia.

árvore, passam a outra com o mesmo apetrecho. Têm, no entanto, um limite e uma indicação para pôr fim ao processo[1836], quanto mais não seja, claro, quando o pez deixa de fluir. Produzem pez por combustão, como atrás se disse[1837], do terebinto, porque essas regiões não produzem pinheiros. Eis o que se passa com a resina e com o pez.

9. 4. 1. O incenso e a mirra

Sobre o incenso[1838], a mirra[1839], o bálsamo de Meca[1840] e outros produtos do género disse-se[1841] que se formam por incisão ou espontaneamente. Tentemos agora explicar qual é a natureza das árvores correspondentes, e quais as particularidades que têm no que respeita à origem da resina e à sua recolha, bem como a outros aspectos. Consideraremos do mesmo modo as restantes plantas aromáticas, que, na sua grande maioria, provêm de regiões do sul e do oriente.

2. O incenso, a mirra, a cássia[1842] e o cinamomo[1843] produzem-se na Arábia[1844], nas regiões de Saba, Hadrámita, Citibena e Mamali[1845]. As árvores do incenso e da mirra dão-se quer na montanha, quer em propriedades particulares no sopé dos montes; por isso umas são cultivadas e outras não. A montanha, ao que se diz, é alta, de vegetação densa, nevada, e dela correm rios para a planície. A árvore do incenso não é grande, rondará os cinco côvados de altura, mas tem muita ramagem. A folha é parecida com a da pereira[1846], mas muito mais pequena e de uma cor verde escura, como a da arruda[1847]. Tem a casca toda lisa, como o loureiro[1848].

3. A árvore da mirra, ao que se diz, é ainda mais pequena em tamanho e mais arbustiva; tem um tronco rijo, retorcido junto ao solo e mais grosso

---

[1836] Em nome da preservação ambiental, uma preocupação de que Teofrasto dá conta ao longo do tratado; cf. 5. 8. 1, 6. 3. 2.

[1837] *Vide supra* 9. 2. 2.

[1838] *Boswellia sacra* Flueck.

[1839] *Commiphora myrrha* (Nees) Engl., ou *Commiphora habessinica* (O. Berg.) Engl.

[1840] *Commiphora gileadensis* (L.) C. Chr.

[1841] *Vide supra* 9. 1. 6.

[1842] *Cinnamomum verum* J. Presl (cf. Dioscórides 1.14), com o nome sinónimo, *Cinnamomum zeylanicum* Nees; *vide supra* nota 1025. Amigües 2010: 335 sugere *Cinnamomum cassia* (L.) J. Presl, sem justificar tal ponto de vista.

[1843] *Cinnamomum camphora* (L.) J. Presl.

[1844] Ao incluir, juntamente com o incenso e a mirra que são de facto provenientes da península arábica, a canela e o cinamomo, que são oriundos da Índia, diz Amigües 2010: 331 que Teofrasto se deixa guiar por informações indirectas de mercadores que identificam os produtos não pelo seu lugar de origem, mas em função dos mercados em que se abastecem.

[1845] Estas são regiões do sul da península arábica, correspondentes ao actual Iémen.

[1846] *Pyrus communis* L.

[1847] *Ruta graveolens* L.

[1848] *Laurus nobilis* L.

do que a coxa de um homem. A casca tem-na lisa e parecida com a do medronheiro-do-oriente[1849]. Outros que afirmam tê-la visto manifestam-se em total acordo quanto à questão do tamanho; nenhuma destas árvores é, segundo eles, de grande porte, mas a da mirra é mais pequena e mais baixa. Enquanto a árvore do incenso tem uma folha do tipo da do loureiro e uma casca lisa, a da mirra, em vez de lisa, é espinhosa, tem uma folha parecida com a do ulmeiro[1850], embora frisada mas com um espinho na ponta, como a do quermes[1851].

4. Disseram eles que, na navegação costeira que fizeram a partir do golfo dos Heróis, desembarcaram à procura de água na montanha e assim puderam observar essas árvores e o modo de se lhes colher as seivas[1852]. Relatam então que, em ambas as árvores, as incisões são feitas nos troncos e nos ramos; no entanto, enquanto os troncos pareciam ter sido golpeados com o machado, nos ramos as incisões eram mais ligeiras. Uma parte da lágrima escorria, outra ficava presa à árvore. Havia lugares em que esteiras feitas de folhas de tamareira[1853] entrelaçadas estavam postas por baixo, e noutros havia apenas o chão puro e duro. Nas esteiras, o incenso era claro e transparente, o que estava no chão menos. Por seu lado o que ficou agarrado às árvores era raspado com instrumentos de ferro; daí que tivesse misturadas aparas de casca.

5. Toda a montanha estava repartida entre os Sabeus, eram eles os proprietários, gente que sabe respeitar os direitos uns dos outros; por isso não há necessidade de vigilância. Isso permitiu que os navegantes, aproveitando-se da solidão do lugar, colhessem e armazenassem nos navios uma boa quantidade de incenso e mirra, antes de partirem. Relatam também um outro facto que dizem ter ouvido contar: que a mirra e o incenso trazidos de todo o lado são depositados no templo do Sol. Este templo é o lugar mais sagrado dos Sabeus[1854] desta região, que está sob a vigilância de guardas árabes armados. **6.** Quando o trazem, cada um empilha o seu incenso, e da mesma forma a mirra, e confia-o aos guardas. Sobre a sua pilha coloca uma tabuinha com o registo da quantidade de medidas e do preço a que cada medida deve ser vendida. Assim, quando os comerciantes aparecem, olham para os registos

---

[1849] *Arbutus andrachne* L.
[1850] *Ulmus minor* Mill.
[1851] *Quercus coccifera* L.
[1852] Trata-se, uma vez mais, de uma expedição integrada na campanha de Alexandre na Ásia. Plutarco, *Vida de Alexandre* 68. 1 dá conta do plano do rei macedónio de fazer uma viagem em torno da Península da Arábia, em 324 a. C. Mas é Estrabão 16. 4. 4 quem relata este episódio concreto. O golfo dos Heróis corresponde ao actual golfo de Suez.
[1853] *Phoenix dactylifera* L.
[1854] Pensa Amigües 2010: 333 que se trate de populações da região de Hadrámita, 'em pleno coração da região das plantas aromáticas'. O culto do sol não é exclusivo da Arábia, mas de todo o Próximo Oriente antigo.

e aquela pilha que lhes interessa medem-na e deixam o dinheiro no lugar de onde a tiraram. Quando o sacerdote vem, retira um terço do dinheiro para o deus e o resto deixa-o ficar; o dinheiro fica a salvo até que os donos o venham levantar.

7. Há outros que relatam que a árvore do incenso é parecida com o lentisco[1855], bem como o seu fruto se lhe assemelha; mas a folha é mais avermelhada. Afirmam também que o incenso das árvores novas é mais claro e menos aromático; enquanto o das adultas é mais amarelado e mais odorífero. A árvore da mirra é parecida com o terebinto[1856], mas mais áspera e mais espinhosa; tem uma folha um pouco mais arredondada, que, quando se masca, tem um paladar semelhante à do terebinto. Também no caso da árvore da mirra, as adultas são as que a produzem mais aromática.

8. E continuam relatando que estas duas árvores se dão no mesmo lugar: de solo um tanto argiloso, empedernido e com poucos cursos de água. Estes relatos estão em contradição com os que afirmam que essa é uma região com neve, chuva e percorrida por rios. Outras versões referem que a árvore é parecida com o terebinto ou mesmo que se trata do terebinto; assim, as tábuas que foram fornecidas a Antígono pelos Árabes que faziam chegar ao mar o incenso[1857] em nada diferiam das do terebinto. Mas é preciso ter em conta que estes informadores patenteavam sobre outro assunto um desconhecimento profundo, por pensarem que o incenso e a mirra provêm da mesma árvore.

9. É exactamente por isso que a tal narrativa proveniente dos que navegaram da cidade dos Heróis é mais credível. Na verdade, a árvore do incenso que se dá acima de Sárdis[1858], num santuário, tem uma folha tipo loureiro, se é que se deve dar importância a esse pormenor. Mas o incenso, quer o que se extrai do tronco quer dos ramos, quando se faz arder, é parecido, de aspecto e de cheiro, com o outro incenso. É esta a única árvore que nunca se dá em cultivo.

10. Dizem alguns que o incenso é mais abundante na Arábia, mas de melhor qualidade nas ilhas adjacentes sob seu domínio[1859]. De facto, lá molda-se a seiva sobre as árvores, como se quiser. O que talvez não seja inverosímil, uma vez que é possível fazer-se a incisão que se pretender. Há cristais de seiva que são bastante grandes, de modo que enchem uma mão fechada, com um peso superior a uma terça parte de uma mina[1860]. Todo o incenso é transportado em bruto e tem o aspecto de uma casca. A mirra ora

---

[1855] *Pistacia lentiscus* L.
[1856] *Pistacia terebinthus* L.
[1857] Antígono, um dos companheiros de Alexandre, tornou-se, depois da partilha do império após a morte do rei entre os seus herdeiros, senhor da Ásia.
[1858] *Vide supra* nota 1522.
[1859] Ilhas Socotra.
[1860] Cerca de 200 gramas.

é fluida, ora sólida. A de melhor qualidade identifica-se pelo paladar, e dela prefere-se a que tem uma cor uniforme. Sobre o incenso e a mirra são estas as informações que até agora recebemos.

9. 5. 1. O cinamomo e a canela

Sobre o cinamomo e a canela eis o que se diz. Um e outra são arbustos de pequenas dimensões, do tamanho de um agno-casto[1861], com muitos ramos de tipo lenhoso. Quando se abate a planta inteira, o cinamomo é dividido em cinco partes. Delas a primeira, e também a melhor, está junto aos ramos e é partida em pedaços de um palmo ou pouco mais. Vem depois a segunda, que se corta em bocados mais pequenos. Depois a terceira e a quarta. Segue-se a que fica junto à raiz, que é a pior de todas, por ter muito pouca casca; ora é a casca o que tem utilidade, não a madeira. É pela mesma razão que a parte do topo é a melhor, por ser a que tem mais casca. É isto o que se ouve contar.

2. Dizem outros que o cinamomo é arbustivo, ou mais até subarbustivo. Há-o de duas espécies, o negro e o branco[1862]. Conta-se sobre ele uma lenda[1863]. Dizem que o cinamomo se dá em ravinas profundas, onde abundam serpentes com uma mordedura mortal; antes de lá se descer e de colher o cinamomo, as pessoas protegem as mãos e os pés; depois, quando o trazem para cima, dividem-no em três partes que sorteiam para dedicar uma ao sol. A parte que couber em sorte ao sol deixam-na ficar. Contam então que, quando se afastam, essa parte arde. Trata-se, claro, de pura lenda.

3. Há quem diga que a cássia tem hastes muito robustas, bastante fibrosas e difíceis de descascar. A sua parte útil é também a casca. Quando lhe cortam as hastes, racham-nas em pedaços do tamanho de dois dedos ou pouco mais, e cosem-nas numa pele de animal recém-esfolada. Dessa pele e dessa madeira apodrecida nascem umas lagartinhas que comem a madeira, sem tocarem na casca por ser acre e por ter um cheiro forte. Sobre a canela e o cinamomo é o que há a dizer.

[1861] *Vitex agnus-castus* L.

[1862] Esta distinção, segundo Amigües 2010: 336, não tem nada de científico ou de botânico; parece inspirar-se em referências meramente comerciais. Apela como testemunho ao que diz Dioscórides em 1.14 sobre o cinamomo: 'Existem diversas espécies de cinamomo que usam nomes locais'.

[1863] Heródoto, em 3. 107. 2, referindo-se à Arábia como produtora de incenso, conta também uma lenda que atribui às serpentes a vigilância das árvores, à volta das quais se acumulam. Constituindo verdadeiros 'exércitos', nada as afugenta a não ser 'o fumo da resina queimada'. E mais adiante (3. 111), retorna à 'forma espantosa' como se recolhe o cinamomo. Neste caso são enormes aves que levam consigo o cinamomo, cujo território de origem é desconhecido; para o detectarem nos ninhos, os Árabes atraem com carne as aves, levando-as, pelo instinto, à denúncia dos seus esconderijos.

9. 6. 1. O bálsamo

O bálsamo de Meca[1864] dá-se no vale da Síria. Dizem que só há dois jardins em que existe, um de uns vinte pletros[1865], e o outro bastante menor. A árvore, em tamanho, corresponde a uma romãzeira[1866] bem desenvolvida e tem muitos ramos. Tem uma folha parecida com a da arruda, salvo que é branca e perene. O fruto é semelhante ao do terebinto, em tamanho, formato e cor. É este que tem um cheiro muito agradável, mais do que propriamente a lágrima.

2. A lágrima recolhe-se de uma incisão, feita com garras de ferro, no verão, quando o calor aperta, nos troncos ou na parte de cima. A colheita vai-se fazendo ao longo do verão. O fluxo não é abundante; por dia e por pessoa pode colher-se uma concha. Tem um cheiro fastástico e forte, de tal modo que de uma pequena quantidade o aroma pode expandir-se a grande distância. Quando cá chega, o bálsamo de Meca já não é puro, aquilo que se recolheu vem misturado com outras substâncias, depois de sofrer uma grande diluição. Aquele que chega cá, à Grécia, já foi sendo várias vezes diluído[1867]. As hastes são também muito odoríferas. **3.** É este o motivo por que se poda esta árvore, como também por uma razão diferente: porque se vende por bom preço. O cultivo da árvore, por seu lado, faz-se pelo mesmo motivo, como também a irrigação (porque há que irrigá-la constantemente). O corte das hastes parece, em contrapartida, justificar que a árvore não cresça muito, porque à força de a podarem vezes sem conta, ela acaba por não desenvolver a energia vital num tronco único.

4. O bálsamo de Meca não existe em parte alguma em estado selvagem. Do jardim maior provêm doze vasos de dois litros cada, e do outro somente dois. O que é puro vende-se pelo dobro do seu peso em prata, o diluído em proporção com o seu grau de pureza. O bálsamo de Meca parece portanto distinguir-se por um aroma excepcional.

9. 7. 1. Outras plantas aromáticas

O acoro[1868] e a citronela da China[1869] dão-se para lá do Líbano, entre o Líbano e uma outra montanha mais pequena, no vale que as separa; e não, como alguns afirmam, no Antilíbano. De facto, uma grande distância separa o Líbano do Antilíbano, e entre eles existe uma planície enorme e bonita,

---

[1864] *Commiphora gileadensis* (L.) C. Chr.
[1865] Cerca de 1,75 hectares.
[1866] *Punica granatum* L.
[1867] Operação natural, dada a intensidade do cheiro do bálsamo.
[1868] *Acorus calamus* L. (cf. Dioscórides 1.18). Esta planta aromática é designada por Teofrasto com o mesmo nome do 'caniço', κάλαμος.
[1869] *Cymbopogon schoenanthus* (L.) Spreng. (cf. Dioscórides 1.17), a que Teofrasto aplica a mesma designação do 'junco', σχοῖνος.

a que se chama 'o Vale'[1870]. No local onde o acoro e a citronela da China prosperam existe um lago enorme; é nas suas margens, num pântano seco, que eles se dão, um espaço que mede para cima de trinta estádios. Não têm aroma enquanto estão verdes, mas apenas depois de secos, e de aspecto não diferem dos caniços[1871] e juncos[1872] comuns. Mas quem penetra nesse lugar sente-lhes o cheiro. **2.** No entanto, esse perfume não chega longe, como dizem alguns, aos navios que se aproximam da região; de facto, esse lugar dista do mar mais de cento e cinquenta estádios[1873]. Mas na Arábia, diz-se que ele impregna os ventos que sopram de terra.

Estas são então as plantas que, na Síria, se distinguem pela sua fragrância. Em contrapartida, o gálbano[1874] tem um cheiro mais intenso e possui propriedades medicinais; este é também um produto que existe na Síria, provindo da planta a que se chama panaceia[1875]. Quanto a todas as outras plantas aromáticas que se usam nos perfumes, umas vêm da Índia por via marítima, outras da Arábia, caso, além do cinamomo e da cássia, também do *kômakon*[1876]. O fruto chamado *kômakon* é uma coisa diferente; este de que falamos entra na composição dos perfumes mais sofisticados. O cardamomo[1877] e o amomo[1878] provêm ou da Média, ou da Índia, como o nardo[1879] e tantas outras plantas aromáticas, para não dizer praticamente todas.

3. São as seguintes, em termos gerais, as plantas usadas no fabrico de perfumes: a cássia[1880], o cinamomo[1881], o cardamomo, o nardo[1882], o *naîron*[1883], o bálsamo de Meca[1884], o alhagi[1885], o estoraque[1886], a íris[1887], a *narte*[1888], o *kostos*[1889],

---

[1870] Situado na actual Jordânia.
[1871] *Arundo donax* L.
[1872] *Schoenus nigricans* L.
[1873] Cerca de 27 km, além da distância cortados pelos montes Líbano.
[1874] *Ferula galbaniflua* Boiss. & Buhse. O gálbano é uma resina aromática produzida, em países do Médio Oriente, pelas plantas do tipo férula.
[1875] *Ferula gummosa* Boiss.
[1876] *Myristica fragrans* Houtt.
[1877] *Elettaria cardamomum* (L.) Maton.
[1878] *Amomum subulatum* Roxb.
[1879] *Nardostachys jatamansi* (D. Don) DC.
[1880] *Cinnamomum verum* J. Presl. *Vide supra* nota 1025.
[1881] *Cinnamomum camphora* (L.) J. Presl.
[1882] *Nardostachys jatamansi* (D. Don) DC.
[1883] *Origanum sipyleum* L.
[1884] *Commiphora gileadensis* (L.) C. Chr.
[1885] *Alhagi graecorum* Boiss. Amigües 2010: 341 admite ser *Alhagi maurorum* Medik., uma planta de Israel, mas Teofrasto não refere esta proveniência.
[1886] *Styrax officinalis* L. (cf. Dioscórides 1. 66).
[1887] *Vide infra* nota 1899.
[1888] Provavelmente *Ferula narthex* Boiss., uma planta aromática nativa do Paquistão e Afeganistão. Mas pode duvidar-se se não será uma outra férula desta região, *Ferula assa-foetida* L.
[1889] *Saussurea costus* (Falc.) Lipsch.

a panaceia[1890], o açafrão[1891], a mirra[1892], a junça[1893], a citronela da China[1894], o acoro[1895], a manjerona[1896], o meliloto[1897] e o anis[1898]. Delas são as raízes, as cascas, os ramos, as madeiras, as sementes, as lágrimas ou as flores o que possui o perfume. Há as que se dão em todo o lado, mas as mais requintadas e mais aromáticas todas elas provêm da Ásia e de regiões com muito sol. Na Europa propriamente dita nenhuma se dá, salvo a íris.

4. A íris[1899] atinge a sua melhor qualidade na Ilíria, não na zona costeira, mas na que fica mais para o interior e mais a norte. De lugar para lugar varia de qualidade. Não exige nenhuns cuidados, a não ser que se lhe mantenha a raiz limpa e seca.

Quanto às raízes que nascem na Trácia, como uma que tem um aroma semelhante ao do nardo[1900] e mais umas tantas, têm um cheiro esbatido e fraco. Sobre as plantas aromáticas é o que há a dizer.

9. 8. 1. Plantas medicinais

Consideremos agora também aquelas seivas a que ainda não fizemos referência, isto é, as que têm valor medicinal ou outras propriedades. Ao mesmo tempo vamos considerar as raízes, porque é delas que algumas das seivas provêm, além de que as próprias raízes têm, em si mesmas, todo o tipo de propriedades[1901]. Trataremos em geral de todos os elementos com capacidade medicinal, caso do fruto, do suco extraído, das folhas, das raízes e das ervas. De facto quem colhe as raízes chama 'ervas' às plantas com propriedades medicinais.

[1890] *Ferula gummosa* Boiss.
[1891] *Crocus sativus* L.
[1892] *Commiphora mukul* (Hook. ex Stocks) Engl.
[1893] *Cyperus rotundus* L.
[1894] *Cymbopogon schoenanthus* (L.) Spreng.
[1895] *Acorus calamus* L.
[1896] *Origanum majorana* L.
[1897] Pode ser *Trigonella foenum-graecum* L. ou *Melilotus officinalis* (L.) Pall.
[1898] *Pimpinella anisum* L.
[1899] Amigües 2010: 342 identifica dois tipos de íris aromáticas e pertencentes à flora europeia: a *Iris pallida* Lam., originária da Dalmácia e da Ilíria, na costa adriática, 'e uma variedade florentina dos jardins, a *Iris x germanica* L., talvez proveniente da Macedónia ou das costas do mar Negro, na Toscana, onde a sua flor se tornou o emblema de Florença'.
[1900] Segundo Díaz Regañón 1988: 456 e Hort 1980: 485 *Valeriana dioscoridis* Sm. Amigües 2010: 342 sugere *Nardostachys jatamansi* (D. Don) DC., que é uma planta dos Himalaias.
[1901] Este ponto de ordem assinala o momento de quebra ou de viragem no conteúdo deste livro IX, acima comentado em nota, na abertura do livro. Ao enunciar, entre as partes das plantas, a seiva, a fibra, a veia, a carne (1. 2. 1), Teofrasto está de certa forma a prometer uma abordagem mais detalhada da matéria 'seivas', que agora terá lugar (cf. ainda 1. 12. 1). Amigües 2010: 347 chama ainda a atenção para o uso múltiplo de 'raiz' para designar várias realidades: a raiz em si mesma; qualquer uma das partes da planta com propriedades medicinais; ou mesmo, uma planta com propriedades medicinais.

As propriedades das raízes são inúmeras e as suas aplicações infinitas. Mas as mais procuradas são as de uso medicinal, pela sua utilidade. Diferem entre si pelo facto de não terem todas a mesma aplicação, nem terem as suas propriedades sempre no mesmo ponto. Em termos gerais, há muitas raízes que as possuem em si mesmas, noutros casos elas residem nos frutos e nas seivas da planta, e algumas também nas folhas. É às propriedades das folhas, como se acabou de dizer, que os colhedores de raízes chamam 'ervas'.

2. A recolha do suco das plantas que o produzem faz-se sobretudo no verão, quer no início da estação, quer quando já vai avançada. O corte da raiz faz-se nuns casos na altura da ceifa ou pouco antes, mas na maior parte dos casos no outono, após a chegada do Arcturo, com o cair da folha, ou, no caso de todas aquelas que têm um fruto consumível, após perderem o fruto. A recolha do suco pode também fazer-se do caule, por exemplo do eufórbio[1902], da alface-brava[1903] e da maioria das plantas; ou das raízes ou, em terceiro lugar, da cabeça, como acontece com a papoila[1904]. Esta é a única planta com que se procede deste modo, e essa é uma particularidade que lhe é específica. Há plantas em que o suco se acumula espontaneamente, como uma espécie de lágrima, o tragacanto[1905] por exemplo. Nesta planta não se pode fazer uma incisão, que é o procedimento habitual na maioria dos casos. Há plantas em que a recolha é feita directamente para vasilhas, por exemplo o eufórbio e a papoila (porque a planta tem os dois nomes[1906]). Este é em geral o processo que se aplica nas plantas ricas em suco. Caso contrário, recolhem-no em panos de lã, como com a alface-brava.

3. Há casos em que não se faz propriamente uma colheita, mas sim uma extracção de seiva, como acontece com as plantas que são cortadas em pedaços e esmagadas; deita-se-lhes água em cima, filtra-se e recolhe-se o sedimento. Mas é evidente que o suco assim recolhido é seco e em menor quantidade. Se nas outras raízes o suco assim extraído é mais fraco do que o do fruto, no caso da cicuta[1907] é mais forte e causa uma morte mais fácil e mais rápida, mesmo se ministrado numa dose mínima; como é também mais activo para outras utilizações. O da tápsia[1908] é também forte, enquanto

---

[1902] Trata-se de uma *Euphorbia*, de espécie duvidosa. Díaz Regañón 1988: 458 considera ser *Euphorbia peplus* L. (a que chamamos 'ésula-redonda'). Outra possibilidade talvez mais viável é tratar-se de *Euphorbia peplis* L., cujo nome válido é *Chamaesyce peplis* (L.) Prokh. (nome português, 'maleiteira-das-areias'), que é uma planta das areias da praia. Dioscórides refere as duas (4.167 e 4.168).

[1903] *Lactuca serriola* L.

[1904] Tendo em consideração o que Teofrasto diz a seguir, trata-se da papoila-do-ópio ou papoila-dormideira, *Papaver somniferum* L. (cf. Dioscórides 4. 64).

[1905] *Astracantha gummifera* (Labill.).

[1906] Ou seja, 'eufórbio' (τιθύμαλλος) e (falsa) 'papoila' (μηκώνιον).

[1907] *Conium maculatum* L.

[1908] *Thapsia garganica* L. (cf. Dioscórides 4.153 e Amigües 2010: 348).

em todas as outras plantas é mais fraco. É este, em termos gerais, o processo para obter as seivas.

4. Quanto ao corte das raízes, não existe uma tal variedade de procedimentos, excepto no que se refere à estação, que pode ser o verão ou o outono, e à preferência por esta ou por aquela raiz. Assim, no caso do heléboro[1909] são as raízes profundas e mais finas que se prefere. A parte de cima, que é grossa e forma uma espécie de cabeça, diz-se que não tem utilidade e que se dá aos cães quando se quer purgá-los. Noutras plantas refere-se também o mesmo tipo de diferenças.

5. Há ainda que considerar o que os droguistas e os herbanários dizem, nuns casos correctamente, noutros com algum exagero[1910]. Recomendam, por exemplo, que para cortar certas raízes se deve estar a favor do vento – caso da tápsia entre outras – e untar-se primeiro com um óleo, porque, caso contrário, o corpo incha. Ou que é também a favor do vento que se colhe o fruto da roseira brava[1911], para se evitar pôr em risco os olhos. Há raízes que se apanham de noite e outras de dia[1912], algumas antes que o sol lhes bata, como acontece com a chamada madressilva[1913].

6. Estas e outras recomendações semelhantes não são despropositadas, porque há plantas com um potencial perigoso. Há quem diga que ardem, como o fogo, e provocam queimaduras. Assim o heléboro[1914] rapidamente causa dores de cabeça pelo que não se pode cavá-lo durante um período de tempo muito longo. Daí que se ingira primeiro alho[1915] e se beba por cima vinho sem mistura. Em contrapartida, são estranhas e a despropósito as recomendações seguintes: por exemplo, no caso da peónia[1916], a que há quem chame *glykyside*, recomendam que se apanhe de noite; porque se se apanhar de dia e se for visto a colher o fruto por um pica-pau[1917], corre-se o risco de perder os olhos; se se for visto a cortar a raiz fica-se com as nádegas descaídas.

7. Do mesmo modo, quando se corta a centáurea[1918], é preciso ter cuidado com o bútio[1919], para se voltar a salvo para casa. E outras tantas do estilo. Que

---

[1909] *Helleborus cyclophyllus* (A. Braun) Boiss.

[1910] Apesar de haver, entre as informações prestadas por este tipo de fontes, alguma discrepância ou imprecisão.

[1911] Díaz Regañón 1988: 459 opta pela identificação com *Rosa sempervirens* L. Mas talvez seja preferível a identificação com *Rosa canina* L. (*Vide supra* nota 854).

[1912] A ideia de colher plantas durante a noite tem apenas a ver com questões de superstição.

[1913] A madressilva é uma *Lonicera*, provavelmente *Lonicera xylosteum* L. Amigües 2010: 349 sugere *Lonicera implexa* Aiton.

[1914] *Helleborus cyclophyllus* (A. Braun) Boiss.

[1915] *Allium sativum* L.

[1916] *Paeonia officinalis* L. (cf. Dioscórides 3.149).

[1917] Trata-se de um *Dendrocopus*, provavelmente *Dendrocopus major* L.

[1918] *Centaurium amplifolia* Boiss. & Heldr.

[1919] Uma ave de rapina, *Buteo buteo* L.

se reze enquanto se corta a planta talvez não seja absurdo; já não assim com outras práticas que se lhe acrescentam, como por exemplo, no caso da chamada panaceia[1920] de Asclépio, que se deva pôr no chão, no sítio de onde ela saiu, todo o tipo de frutas e um bolo de mel. Ou que, quando se corta a íris fétida[1921], se deva pôr no chão, em seu lugar, a título de pagamento, um bolo de farinha de trigo de três meses, com mel. E que se deve cortá-la com uma espada de dois gumes, depois de se lhe traçar em volta um círculo por três vezes[1922]. O pedaço que se corta primeiro deve ser erguido no ar, enquanto se corta os restantes.

8. E muitas outras precauções do género são referidas. Diz-se, por exemplo, que se deve traçar com uma espada três círculos em volta da mandrágora[1923] e cortá-la voltando-se para ocidente[1924]. E que, ao cortar-se um segundo pedaço, se deve dançar-lhe em volta e dizer uma série de palavras eróticas. Esta é uma prática que se assemelha à recomendada para os cominhos[1925]: que se deve dizer blasfémias enquanto se semeia. Deve-se também traçar um círculo em volta do heléboro negro[1926] e cortá-lo virando-se para nascente e enquanto se reza[1927]. E há que prevenir-se de alguma águia[1928], olhando à direita e à esquerda; porque há perigo para quem corta, se houver uma águia por perto, de morrer naquele ano. Todas estas ideias são despropositadas, como atrás se disse[1929]. Pois não há processos de cortar as raízes a não ser os que referimos.

9. 9. 1. Partes úteis nas plantas medicinais

Há também, como foi dito[1930], plantas em que todas as partes são úteis, a raiz, o fruto, a seiva, como, entre outras, a panaceia[1931]. Há casos em que

---

[1920] *Ferula gummosa* Boiss. Amigües 2010: 349 sugere que a panaceia de Asclépio não seja esta espécie, mas sim *Ferulago nodosa* (L.) Boiss. (*vide infra* notas 1959, 1962 e 2039).

[1921] *Iris foetidissima* L. Amigües 2010: 350 considera ser uma orquídea que ocorre nas searas, *Serapias vomeracea* (Burm.f.) Briq., 'serapião'.

[1922] Teofrasto vai dando conta de uma série de superstições ligadas com a recolha ou com o uso das plantas. Traçar um círculo em volta do objecto que se pretende colher com todas as suas propriedades é sinal de preservação e posse. O número três tem certamente um valor simbólico particular.

[1923] *Mandragora officinarum* L., ou *Mandragora autumnalis* Bertol, ou ainda *Atropa belladonna* L.

[1924] Amigües 2010: 350 esclarece que, como o ocidente é o lado do pôr do sol, da sua extinção, cortar a planta voltado para esse quadrante alude às propriedades hipnóticas que possua. Por outro lado, pronunciar palavras eróticas valoriza as suas qualidades afrodisíacas.

[1925] *Cuminum cyminum* L.

[1926] *Helleborus cyclophyllus* (A. Braun) Boiss.

[1927] Preus 1988: 79 considera a divulgação destes perigos e dos rituais a respeitar na colheita de certas espécies um processo de preservar o monopólio daqueles que as colhem e pretendem evitar a concorrência. Por outro lado, toda esta mística funciona psicologicamente de modo positivo em relação à crença nos efeitos curativos da planta.

[1928] *Aquila chrysaetos* L., a que chamamos 'águia real'.

[1929] *Vide supra* 9. 8. 6.

[1930] *Vide supra* 9. 8. 1.

[1931] *Ferula gummosa* Boiss.

se usa a raiz e a seiva, tais como a escamónia[1932], o ciclame[1933], a tápsia[1934] e outras, caso também da mandrágora[1935]. A folha desta última, misturada com farinha, é útil, ao que se diz, para tratar de feridas; a raiz para a erisipela, depois de raspada e mergulhada em vinagre, como também contra a gota, contra a insónia e para filtros amorosos[1936]. Toma-se com vinho ou com vinagre. Corta-se em rodelas, como as do rabanete, que se enfiam num cordel e se põem ao fumeiro.

2. O heléboro[1937] serve, com a raiz e o fruto, os mesmos propósitos – se é que é verdade, como se diz, que a gente de Anticira[1938] usa o fruto como purgante. Este possui aquele conhecido produto, o *sesamodes*.

Muitas partes da panaceia são também úteis, mas nem todas para os mesmos fins. Assim o fruto é usado como abortivo e na retenção de urinas; por seu lado a seiva, chamada gálbano, usa-se como abortiva, mas igualmente nos espasmos e em afecções semelhantes, para os ouvidos e para a rouquidão. A raiz usa-se nos partos, nas doenças femininas e para as flatulências nas bestas de carga[1939]. Serve também para o fabrico de perfume de íris, pela fragrância que possui. Mas a semente é mais forte do que a raiz. Dá-se na Síria e corta-se na altura das ceifas.

3. A raiz do ciclame usa-se na supuração das infecções e como pessário para as mulheres; aplica-se ainda nas feridas misturada com mel. A seiva, do mesmo modo misturada com mel, usa-se para desanuviar a cabeça. Trata a embriaguez, se se der a beber diluída em vinho. A raiz é boa como feitiço para acelerar o parto e para os filtros amorosos. Depois de a desenterrarem, queimam-na, mergulham as cinzas em vinho e fazem umas pastilhas, como as de borra de vinho, que servem de detergente.

4. Do pepino selvagem[1940] a raiz usa-se contra a lepra branca e a sarna do gado, enquanto o suco extraído da semente produz o *elatérion*. Colhe-se no outono, altura em que é melhor.

5. As folhas da chamedris[1941] usam-se, esmagadas em azeite, nas fracturas, nas feridas e nas úlceras. O fruto purga a bílis e é bom para os olhos. Nas lesões oculares, aplica-se a folha depois de esmagada em

---

[1932] *Convolvulus scammonia* L.
[1933] *Cyclamen graecum* Link.
[1934] *Thapsia garganica* L.
[1935] *Mandragora officinarum* L., ou *Mandragora autumnalis* Bertol, ou *Atropa belladonna* L.
[1936] Ou seja, provavelmente com efeito sobre a potência sexual.
[1937] *Helleborus cyclophyllus* (A. Braun) Boiss.
[1938] Nas margens do golfo de Corinto. O uso terapêutico do heléboro, produzido na região, tornou célebre a capacidade médica dos técnicos de Anticira.
[1939] Talvez tenha sido a verificação dos efeitos das plantas sobre os animais o que inspirou a sua aplicação também no ser humano.
[1940] *Ecballium elaterium* (L.) A. Rich.
[1941] *Teucrium chamaedrys* L.

azeite. Tem folhas semelhantes às do carvalho[1942], mas, no conjunto, o seu tamanho não vai além de um palmo de altura. Tem um cheiro e um paladar agradável.

Que nem todas as partes sejam úteis para a mesma finalidade não é talvez de estranhar. Agora o que é de facto espantoso é que, numa mesma raiz, seja ora a parte de cima ora a de baixo que purgue, caso da tápsia, do eufórbio-figo[1943] – a que há quem chame 'pera' (*ápios*) – e do *libanotís*[1944]. Por outro lado, não é raro que as mesmas partes das plantas purguem por cima e por baixo ao mesmo tempo, caso do *elatérion*.

6. A tápsia tem uma folha semelhante à do funcho, mas mais larga, e um caule tipo férula; a raiz é branca.

O eufórbio-figo ou *ápios* têm uma folha tipo arruda[1945] e curta, três ou quatro caules rastejantes, uma raiz parecida com a do asfódelo[1946], mas escamosa. Dá-se bem em zonas montanhosas e em solos pedregosos. Colhe-se na primavera. Estas são características específicas das plantas que acabámos de mencionar.

9. 10. 1. O heléboro

O heléboro negro[1947] e branco[1948] em comum parece terem só o nome, porque de aspecto são diferentes. Há quem diga que são parecidos e que só se distinguem pela cor, tendo um uma raiz branca e outro uma negra. Mas há também quem afirme que a folha do negro é como a do loureiro, e a do branco como a do alho-porro, enquanto as raízes diferem na cor. Os que os consideram semelhantes descrevem-nos assim: o caule de ambos é idêntico ao do asfódelo e bastante curto; a folha tem ranhuras profundas e é muito parecida com a da férula, mas é comprida. Está logo agarrada à raiz e é rastejante. Trata-se de uma planta de raízes múltiplas, tidas em conta as finas que são de grande utilidade.

2. Diz-se ainda que o heléboro negro é fatal para os cavalos, para os bois e para os porcos e, por isso, nenhum destes animais o come. O branco é consumido pelos carneiros, e foi assim que pela primeira vez a virtude lhe foi reconhecida: a de lhes servir de purga. Atinge a plenitude no outono e passa de estação na primavera. Mesmo assim os habitantes do Eta colhem-no para

---

[1942] *Quercus*.
[1943] *Euphorbia apios* L. (cf. Dioscórides 4.175).
[1944] *Seseli libanotis* (L.) W. D. J. Koch.
[1945] *Ruta graveolens* L.
[1946] *Asphodelus ramosus* L.
[1947] *Helleborus cyclophyllus* (A. Braun) Boiss.
[1948] *Veratrum album* L.

as reuniões da Pileia. É lá que ele existe com maior abundância e qualidade, apenas numa região do Eta, em Pira¹⁹⁴⁹.

Mistura-se-lhe numa poção, para provocar um vómito mais fácil, a semente de herniária que é um tipo de erva pequena¹⁹⁵⁰.

3. O tipo negro dá-se em todo o lado, na Beócia, em Eubeia e em muitos outros lugares. O melhor é o do Hélicon, uma montanha em geral boa produtora de ervas medicinais. O heléboro branco dá-se em poucos sítios. O melhor e com maior utilidade tem uma de quatro proveniências, o Eta, o Ponto, Eleia e Málea¹⁹⁵¹. Diz-se que o de Eleia nasce nos vinhedos e torna o vinho tão diurético que quem o bebe enfraquece.

4. Mas o melhor de todos estes ou dos que se encontram em qualquer outro lado é o do Eta. Em contrapartida, os do Parnaso¹⁹⁵² e da Etólia¹⁹⁵³ – porque a planta existe também nesses lugares com fartura e lá se compra e vende sem haver termo de comparação – são duros e muito ásperos. Estas são, portanto, plantas que, embora semelhantes na constituição, têm diferentes capacidades.

Há quem chame ao negro 'heléboro de Melampo'¹⁹⁵⁴, por ter sido ele quem primeiro o cortou e o descobriu. Purifica-se com ele as casas e os carneiros, ao som de uma toada encantatória. Dá-se-lhe muitas outras utilidades.

9. 11. 1. Plantas medicinais: variedades de panaceia

Há também muitas variedades de panaceia, de eufórbio e de outras espécies. Em primeiro lugar, há, na Síria, aquela planta designada por panaceia que acabámos de referir¹⁹⁵⁵. Há depois mais três variedades, conhecidas uma por de Quíron, outra de Asclépio e outra de Héracles. A de Quíron¹⁹⁵⁶ tem

---

¹⁹⁴⁹ O Eta é uma montanha da Tessália (*vide supra* 4. 5. 2), conhecida do mito como o local onde Héracles se fez imolar pelo fogo. Era no sopé do Eta, que, na primavera, se fazia uma das duas reuniões anuais dos representantes das diversas cidades gregas, encarregados da administração do santuário de Delfos. Certamente esta era a oportunidade para a venda de alguns produtos, mesmo se já fora de época.

¹⁹⁵⁰ *Herniaria glabra* L. ou, como sugere Amigües 2010: 354, *Herniaria hirsuta* L.

¹⁹⁵¹ Eleia situa-se no Epiro, no noroeste da Grécia; Málea situa-se na região do Eta, o que significa que toda a Grécia do norte, até à região que hoje confina com a Albânia, era produtora de heléboro negro. Pelo contrário a produção da espécie branca estava confinada a uma região restrita.

¹⁹⁵² *Vide supra* nota 210.

¹⁹⁵³ *Vide supra* nota 699.

¹⁹⁵⁴ Atribuição popular da descoberta desta planta e dos seus efeitos a um desconhecido Melampo, 'de pés negros', um qualquer pastor que pode ter observado o efeito do heléboro sobre o seu gado.

¹⁹⁵⁵ *Vide supra* 9. 9. 2. *Ferula galbaniflua* Boiss.

¹⁹⁵⁶ Certamente assim designada pela abundância com que se produz no monte Pélion (Tessália), morada do centauro Quíron. Ainda que partilhasse com os outros centauros uma forma híbrida e monstruosa – meio homem, meio cavalo -, Quíron detinha um saber e uma generosidade invulgares. De Apolo e de Ártemis tinha recebido uma competência médica, que foi partilhando com vários discípulos famosos, desde logo Aquiles e Asclépio. *Inula helenium* L. (cf. Dioscórides 1. 28 e Amigües 2010: 355).

uma folha semelhante à da paciência[1957], mas maior e mais peluda, uma flor dourada e uma raiz pequena. Gosta sobretudo de solos ricos. Usa-se contra a mordedura de serpentes, de aranhas, de víboras e de outros répteis, ministrada com vinho e untando o sítio da mordedura com uma mistura desta panaceia e azeite[1958]. Para tratar a mordedura de uma víbora prepara-se um emplastro ou dá-se a beber uma mistura com vinagre. Diz-se também que é boa para as feridas misturada com vinho e azeite, e para os tumores misturada com mel.

2. A variedade de Asclépio[1959] tem uma raiz comprida, com cerca de um palmo, branca e muito compacta, com uma casca grossa e coberta de sal. O caule é todo ele nodoso, a folha como a da tápsia, mas mais espessa. Diz-se que é boa contra a mordedura dos répteis se se beber moída, que faz bem ao baço, quando acumula sangue, numa poção com mel, para as dores de cabeça esmagada com azeite e untando com ela a parte dorida; tem também outras aplicações em casos menos evidentes. Faz igualmente bem às dores de estômago ralada com vinho. Diz-se até que controla as doenças crónicas. No caso das feridas que supuram, borrifa-se com ela em seco a zona lesada, depois de se ter derramado sobre a ferida vinho quente; para feridas que não têm supuração, mergulha-se a planta em vinho e aplica-se um emplastro.

3. O tipo de Héracles[1960] tem uma folha grande e larga, com três palmos em todas as dimensões, uma raiz da grossura de um dedo, bifurcada ou trifurcada; tem um paladar um tanto amargo, e um cheiro como o do incenso puro. Bebê-la faz bem à epilepsia, misturada com coalho de foca[1961] numa proporção de um para quatro; ou com vinho doce para as dores de estômago; ou em seco para as feridas infectadas, ou com mel para as feridas secas. Estas são, no caso das plantas aqui referidas, as diferenças e as potencialidades.

4. Mas há ainda outros tipos de panaceia, a de folha fina[1962] e a que a não tem fina[1963], ambas com propriedades semelhantes; usam-se como pessário

---

[1957] *Rumex patientia* L.

[1958] Do vinho e do azeite, como também do mel, produtos abundantes na paisagem mediterrânica, eram conhecidas e exploradas as propriedades, como desinfectantes e cicatrizantes.

[1959] *Ferulago nodosa* (L.) Boiss. Talvez seja a variedade de aplicações medicinais o que justifica a adopção do próprio nome do deus da saúde para esta variedade de panaceia.

[1960] *Opopanax hispidus* (Friv.) Grieb. (cf. Dioscórides 3. 48). A relação desta planta com Héracles pode sublinhar simplesmente a sua potência, equivalente à do primeiro herói grego. Mas a sua capacidade no tratamento da epilepsia pode também relacioná-la com o herói, que sofria dessa enfermidade. Amigües 2010: 356 chama a atenção para o facto de outras plantas associadas com Héracles – a 'papoila de Héracles' (9. 12. 5) e a 'erva de Héracles' (9. 15. 5.) – terem o mesmo tipo de propriedade sobre a mesma doença.

[1961] Esta é a foca-monge-do-mediterrâneo, *Monachus monachus* Hermann, ainda existente no mar Egeu.

[1962] *Ferulago nodosa* (L.) Boiss.

[1963] Talvez *Ferula gummosa* Boiss. No entanto, Amigües 2010: 356 considera que não só estas variantes são indetermináveis hoje em dia, como lhe parecem também já confusas para o próprio Teofrasto.

para as mulheres, como emplastro misturadas com farinha para as feridas em geral, mas em particular para as úlceras corrosivas.

5. Coincidem também no nome os solanos[1964] e os eufórbios[1965]. Dos primeiros há um que provoca o sono, e outro que causa a loucura. O que provoca sono tem uma raiz que vai ficando de um vermelho sangue à medida que seca, mas que quando se arranca é branca. O fruto é de um amarelo mais forte do que o açafrão, a folha é parecida com a do eufórbio ou com a da macieira de fruto doce; é compacta e com um pé de altura. A casca da raiz desta planta esmaga-se bem esmagada, mergulha-se em vinho puro e serve de poção contra as insónias. Dá-se nos cursos de água e nos túmulos[1966].

6. A que causa a loucura – a que há quem chame *thryoron* e outros *perittón* – tem uma raiz branca e alongada, aí com a medida de um côvado, e oca. Ministra-se na dose de uma dracma[1967], de modo que o doente se sinta eufórico e de bom humor; dobra-se a dose para ele entrar numa crise de loucura com alucinações; dose tripla deixa-o numa loucura permanente (e nesse caso dizem que se lhe mistura suco de centáurea). Finalmente quatro vezes a dose mata-o[1968]. Tem a folha semelhante à da eruca, mas maior; o comprimento do caule é de uma braçada[1969], a cabeça como a do cebolinho, mas maior e mais áspera. Parece-se com o fruto do plátano[1970].

7. Dos eufórbios, o chamado 'marinho' tem uma folha escarlate e redonda. O caule e o tamanho da planta em geral corresponde a um palmo. O fruto é branco; colhe-se mal que as uvas pintam e, depois de seco, dá-se a beber esmagado, em dose correspondente a um terço de um *oxybaphon*[1971].

[1964] Família das *Solanacae*.

[1965] Espécies de *Euphorbia*.

[1966] Provavelmente, no primeiro caso, *Withania somnifera* (L.) Dunal, a que Lineu chamou *Physalis somnifera* L. e Bauhin, como Clusius, chamaram *Solanum somniferum*. Esta planta habita margens de rios e torrentes, tem um fruto pardo-avermelhado (cf. Dioscórides 4.72) e é nativa da Grécia.

[1967] Antes de ser uma moeda, a dracma era uma medida de peso equivalente a 3, 40 gramas.

[1968] Preus 1988: 86 chama a atenção para o facto de esta descrição de Teofrasto sobre os efeitos, progressivamente mais acentuados, do solano corresponder a uma leitura equivalente dos psicotrópicos nos nossos dias. Amigües 2010: 357, por seu lado, não deixa de se interrogar sobre possíveis experiências que pudessem levar a estas conclusões.

[1969] Cerca de um metro e oitenta.

[1970] Por esta descrição do fruto e sendo alucinogénica e uma Solanácea, só pode ser uma espécie de *Datura*, com certeza *Datura ferox* L. (Europa e Ásia) ou *Datura metel* L. (Sul da China). Como a primeira tem frutos com espinhos compridos e o fruto da segunda lembra as infrutescências esféricas dos plátanos, será certamente *Datura metel* L. Ou talvez *Datura stramonium* L., de acordo com Amigües 2010: 356.

[1971] *Euphorbia peplis* L., cujo nome válido é *Chamaesyce peplis* (L.) Prokh. (cf. Dioscórides 4. 168). *Oxybaphon* é, ao mesmo tempo, a designação de um recipiente / frasco para líquidos, e de uma medida (cerca de 6, 75 cl.), na proporção aqui citada equivalente a 2, 25 cl.

8. O chamado 'macho' tem uma folha semelhante à da oliveira e o tamanho geral da planta correspondente a um côvado. Recolhe-se-lhe o suco na época das vindimas, e depois de se fazer com ele um preparado, usa-se quando necessário. É sobretudo por baixo que o suco purga[1972].

9. O eufórbio que se designa por 'mirto' é branco. Tem a folha parecida com a do mirto, mas com um espinho na ponta[1973]. Projecta sarmentos para o chão com um palmo de comprido, que não produzem fruto todos ao mesmo tempo, mas em anos alternados, de modo que, da mesma raiz, se produzem frutos neste ano e no próximo. Prefere terrenos montanhosos. Ao fruto chama-se 'noz'. Colhe-se quando as cevadas amadurecem; então secam-no e lavam-no (é propriamente o fruto que é lavado em água). Volta-se a secar e ministra-se misturado com duas partes de papoila negra[1974]; a dose de ambos os componentes junta equivale a um *oxybaphon*. Purga as infecções por baixo. Se se ministrar a própria noz, esmaga-se primeiro em vinho doce e dá-se a beber, ou pode mascar-se misturada com sésamo torrado. Nestas plantas são, portanto, úteis as folhas, as seivas e os frutos.

10. Da planta do *libanotis* há dois tipos, um estéril e outro frutífero; neste último tanto o fruto como a folha são úteis, mas no primeiro apenas a raiz. Ao fruto chama-se *káchrys*. Tem a folha semelhante à do aipo dos pântanos, mas muito maior. O tamanho do caule é de um côvado ou mais, a raiz é grande, grossa, branca e cheira a incenso; o fruto é branco, áspero e alongado. Dá-se sobretudo em lugares áridos e pedregosos. A raiz serve para curar feridas e para as doenças femininas, tomada com vinho tinto seco. O fruto é bom para a estrangúria, para os ouvidos, para as úlceras oculares, para as oftalmias e para produzir leite nas mulheres[1975].

11. A variedade estéril tem a folha semelhante à da alface amarga, mas mais áspera e mais branca. A raiz é curta. Dá-se onde houver muitas urzes[1976]. A raiz pode purgar tanto por cima como por baixo, usando-se a parte junto aos rebentos para o primeiro efeito, a que fica junto à terra para o segundo. Se se puser na roupa, evita a traça. Colhe-se na época das ceifas[1977].

[1972] *Euphorbia characias* L. O nome *Euphorbia veneta* Willd. utilizado por alguns autores (Amigües 200: 358) é um sinónimo.

[1973] *Euphorbia myrsinites* L. (cf. Dioscórides 4.164. 5), que realmente tem as folhas mucronadas.

[1974] Não há papoilas de flores negras propriamente ditas, mas de vermelho intenso ou violáceo escuro. Pode ser *Papaver rhoeas* L., ou *Papaver somniferum* L. var. *nigrum* DC., cujo nome válido é *Papaver somniferum* L. subsp. *somniferum*.

[1975] Alguns autores admitem ser *Cachrys libanotis* L. ou *Lecokia cretica* (Lam.) DC., mas estas plantas não existem na Grécia. Concordamos com Amigües 2010: 354, que sugere *Athamanta macedonica* (L.) Spreng.

[1976] *Erica arborea* L.

[1977] É sem dúvida uma *Lactuca*. Pelo que diz Teofrasto das folhas, só pode ser *Lactuca serriola* L. (cf. Dioscórides 2. 136. 2) ou *Lactuca virosa* Habl. Pela descrição feita por Teofrasto, é

9. 12. 1. Outras plantas medicinais: o camaleão e a papoila

O camaleão pode ser branco ou negro. As potencialidades das raízes de um e de outro são diferentes e as próprias raízes de aspecto também. A do camaleão branco[1978] é branca, grossa, doce e com um cheiro intenso; dizem que é útil nas hemorragias, depois de cozida, partida às rodelas como um rabanete, e enfiada num junco; aplica-se também contra a ténia, depois de se ter ingerido primeiro uvas passas, diluída numa poção em dose equivalente a um frasco de vinho seco[1979]. É fatal para cães e porcos; mata um cão misturada com azeite e água, numa papa de farinha; e um porco se misturada com couve dos montes[1980]. Dá-se às mulheres com borra doce ou com vinho doce. Se se quiser testar a possibilidade de recuperação de um doente, recomenda-se que se lhe dê banho durante três dias com esta raiz; se ele aguentar, recupera. Dá-se também em todo o lado; tem uma folha semelhante à do cardo bravo, mas maior. A planta em si apresenta, junto ao chão, uma cabeça tipo cardo, grande, a que há quem chame justamente 'cardo'.

2. O camaleão negro[1981] assemelha-se-lhe na folha, parecida com a do cardo bravo, salvo que é mais pequena e mais lisa. No seu aspecto geral, esta planta parece-se com uma sombrinha. A raiz é grossa e negra; depois de partida, fica amarelada. Dá-se em regiões frias e incultas. Actua contra a lepra, esmagada em vinagre, ou raspada num emplastro; trata também a lepra branca. É igualmente fatal para os cães.

3. As variedades de papoila selvagem são muito numerosas[1982]. A chamada papoila com cornos[1983], por exemplo, é negra. Tem uma folha parecida com a do verbasco negro[1984], mas não tão escura. O caule atinge um côvado de altura, a raiz é grossa e superficial. O fruto é retorcido como um chifre. Colhe-se na altura das ceifas. Tem a capacidade de purgar o estômago; a folha usa-se

---

impossível tratar-se de *Lavandula stoechas* L., como sugere Amigües 2010: 359, talvez por este subarbusto (não é uma erva, como indica Teofrasto) ocorrer em urzais.

[1978] *Carlina gummifera* (L.) Less. (cf. Dioscórides 3. 8). O nome *Atractylis gummifera* L. utilizado por alguns autores (Amigües 200: 360) é um sinónimo.

[1979] Com uma capacidade de cerca de 6 cl. Dada a enorme toxicidade desta planta, há que rodear a sua ingestão de vários cuidados: cozê-la em água para lhe diluir os componentes, e ingerir previamente açúcar e álcool, para reforçar a capacidade defensiva do organismo.

[1980] *Euphorbia apios* L. (cf. Dioscórides 4.175 e Amigües 2010: 360). Com a fórmula descrita por Teofrasto eliminam-se os animais perigosos ou prejudiciais, em função da sua natureza ou de moléstias de que sofram, como é o caso dos que sofrem de raiva ou dos que dizimem as colheitas.

[1981] *Cardopatium corymbosum* (L.) Pers. (cf. Dioscórides 3. 9 e Amigües 2010: 360).

[1982] Scarborough 1978: 371-372 regista com estranheza a ausência de uma menção à papoila produtora de ópio (*Papaver somniferum* L.), muito conhecida, usada e citada entre os autores antigos.

[1983] *Glaucium flavum* Crantz (cf. Dioscórides 4. 65 e Amigües 2010: 361).

[1984] *Verbascum sinuatum* L.

para tratar as úlceras oculares do gado. Dá-se junto ao mar, onde houver um solo pedregoso.

4. Há uma outra papoila chamada *rhoiás*[1985], parecida com a chicória silvestre[1986], e por isso também comestível. Dá-se nos terrenos cultivados, sobretudo entre a cevada. Tem uma flor vermelha e uma cabeça do tamanho da unha de um dedo. Colhe-se antes da ceifa da cevada, quando ainda está bastante verde. Purga por baixo.

5. Há uma outra papoila chamada de Héracles[1987]; tem uma folha como a da saponária[1988], usada para branquear a roupa. A raiz é fina e superficial e o fruto é branco. A raiz desta papoila purga por cima. Há quem a use para tratar dos epilépticos, com água e mel.

Estas são plantas que de certa forma se aproximam pela designação que lhes é dada.

9. 13. 1. Características das raízes

As diferenças entre as raízes definem-se pelo paladar e pelo cheiro. Há umas que são ácidas, outras amargas e outras doces; umas perfumadas e outras fétidas. Tem uma raiz doce o chamado nenúfar amarelo[1989], que se dá nos lagos e nos pântanos, em Orcómeno[1990], em Maratona[1991] e em Creta, por exemplo. Os Beócios chamam-lhe *madonaís* e comem-lhe o fruto. Tem uma folha grande à superfície da água. Diz-se que é hemostática, se se esmagar e se aplicar sobre a lesão. Usa-se também como uma poção para a desinteria.

2. A raiz da Cítia[1992], a que há quem chame simplesmente 'raiz doce', é também adocicada. Dá-se no lago Meotis. Usa-se para a asma, para a tosse seca e, de um modo geral, para as afecções do peito. Com mel, trata também as feridas. Tem o efeito de matar a sede, se se andar com ela na boca. Daí que se diga que os Citas, com ela e com queijo de égua, sobrevivem onze ou doze dias[1993].

[1985] *Papaver rhoeas* L. (cf. Dioscórides 4. 63 e Amigües 2010: 361).

[1986] *Cichorium intybus* L. (cf. Dioscórides 2. 132 e Amigües 2010: 361).

[1987] Não se trata propriamente de uma papoila. É *Silene vulgaris* (Moench) Garcke (cf. Dioscórides 4. 66).

[1988] *Saponaria officinalis* L.

[1989] *Nuphar lutea* (L.) Sm. (cf. Dioscórides 3. 132. 3 e Amigües 2010: 362).

[1990] *Vide supra* 4. 10. 1.

[1991] Maratona fica situada na costa noroeste da Ática. Constitui-se de uma planície ampla e fértil.

[1992] *Glycyrrhiza glabra* L. ou *Glycyrrhiza echinata* L. (cf. Dioscórides 3. 5). Era assim designada pelos Gregos que a identificavam com a zona dos Citas nómadas, junto ao lago Meotis (mar de Azov), na Ásia central, hoje Ucrânia.

[1993] Teofrasto pensa nas necessidades de um regime de vida nómada, que se satisfaz com produtos hidratantes e de longa conservação.

3. A aristolóquia[1994] tem um aroma agradável, mas um paladar muito amargo. É de cor negra. A de melhor qualidade dá-se nas montanhas. Tem uma folha semelhante à da paritária[1995], mas mais redonda. Tem muitas utilidades; é óptima para as lesões na cabeça e boa também para outras lesões, como ainda para as mordeduras de serpentes, para as insónias e para o útero. Recomenda-se que se aplique, no primeiro caso, diluída em água, num emplastro, e noutros casos misturada com mel e azeite. Para as mordeduras de serpente deve beber-se com um vinho áspero, ou aplicar-se um emplastro sobre a mordedura. Para as insónias, toma-se misturada com um vinho tinto e seco. Para o útero descaído, numa loção de água.

4. Estas são as raízes doces. Mas há outras amargas e umas tantas desagradáveis ao paladar. De entre as que são doces, há umas que provocam desarranjos mentais, como aquela que é parecida com o cardo bravo[1996] e se dá em Tégea[1997]. Depois de a ter comido, Pandíon, o escultor, quando trabalhava na construção do templo, enlouqueceu[1998]. Há as que são mortais, como aquela que nasce junto às minas, nos campos da Trácia[1999]. Esta é, quanto ao paladar, branda e até bastante agradável, mas provoca uma morte fácil, como uma espécie de adormecimento. Há também, nas raízes, diferenças de cor, não apenas entre o branco, o negro e o amarelo, mas também algumas há cor de vinho e outras vermelhas, como a da granza[2000].

5. A raiz do quinquefólio ou erva de cinco folhas[2001], como também se lhe chama, quando se arranca é vermelha, mas à medida que seca torna-se negra e quadrangular. Tem a folha como a da videira, pequena, mas parecida com ela na cor. Cresce e fenece ao mesmo tempo que a da vinha. Só dá cinco folhas ao todo, de onde lhe vem o nome. Produz caules finos voltados para o chão, com nós.

[1994] *Aristolochia rotunda* L. (cf. Dioscórides 3. 4 e Amigües 2010: 363). O nome da planta, aristolóquia, 'planta que favorece os partos', denuncia uma das suas principais aplicações, a ginecológica.
[1995] Provavelmente *Parietaria officinalis* L. (Dioscórides 4. 85).
[1996] *Scolymus hispanicus* L.
[1997] *Carthamus lanatus* L.
[1998] Preus 1988: 87 vê neste exemplo um testemunho do uso abusivo de drogas praticado por alguém debaixo do stress de uma tarefa de enorme responsabilidade. Amigües 2010: 364 situa este episódio em data próxima de 370 a. C., ao tempo da construção do templo de Atena em Tégea.
[1999] Provavelmente *Rubia tinctorum* L. De facto, as raízes desta planta têm antraquinonas que podem provocar a morte, particularmente quando associadas a iões de metais pesados, como é o caso relatado por Teofrasto. Plantas altamente tóxicas são relacionadas com terrenos produtores de metais.
[2000] *Rubia tinctorum* L.
[2001] *Potentilla reptans* L. (cf. Dioscórides 4. 42).

6. A granza[2002] tem uma folha semelhante à da hera, só que mais redonda. Dá-se rente ao chão, como a grama, e gosta de lugares à sombra. É diurética e por isso usa-se para as dores de rins e para a ciática.

Há raízes com uma forma peculiar, como a da chamada 'escorpião'[2003] e a do polipódio[2004]. A primeira é parecida com um escorpião e usa-se para as feridas causadas por esse animal e outras[2005]. A raiz do polipódio é peluda e tem ventosas, como os tentáculos do polvo. Purga por baixo. Se se usar como amuleto, diz-se que evita os pólipos[2006]. Tem uma folha parecida com a do feto grande e nasce nos penedos.

9. 14. 1. Conservação das raízes medicinais

Entre as raízes, no seu conjunto, há as que duram mais ou menos tempo. O heléboro[2007], por exemplo, pode manter-se utilizável durante trinta anos, a aristolóquia cinco ou seis, o camaleão negro[2008] quarenta, a centáurea, que tem uma raiz carnuda e compacta, dez ou doze, o peucédano[2009] uns cinco ou seis, a raiz da videira selvagem[2010] um ano, se se mantiver à sombra e intacta; caso contrário apodrece e torna-se esponjosa. Outras raízes obedecem a outros períodos de duração. Mas, em termos gerais, de entre as raízes com propriedades medicinais a que dura mais tempo é a do pepino selvagem[2011], e até quanto mais antiga melhor. Houve mesmo um médico que, sem usar de charlatanice nem de mentira, dizia possuir uma com duzentos anos e com uma qualidade notável, que lhe tinha sido dada de presente.

2. A razão dessa sua longevidade é a humidade que possui. É justamente para a preservar que, quando a cortam, a depositam em cinza; sem secar, ela pode, durante cinquenta anos, apagar as lamparinas que se lhe aproximem. Diz-se que só a raiz do pepino selvagem, ou pelo menos mais do que qualquer

---

[2002] *Rubia tinctorum* L.

[2003] Díaz Regañón 1988: 475 identifica-o como *Doronicum columnae* Ten. e Amigües 2006: 355 *Doronicum orientale* Hoffm. As duas espécies ocorrem na Grécia e são muito semelhantes, mas trata-se provavelmente desta última, pelo que Teofrasto diz das raízes.

[2004] *Polypodium vulgare* L.

[2005] Preus 1988: 78-79 salienta, a propósito deste passo, a abertura que Teofrasto dá, nas suas considerações, a tradições populares, como por exemplo esta que se inspira no formato de uma raiz para definir qual a sua capacidade de intervenção.

[2006] As potencialidades atribuídas a esta planta, bem como o seu nome, parecem resultar de associações empíricas; primeiro da sua semelhança com os tentáculos do polvo, cobertos de ventosas; depois de uma relação entre as ventosas do polvo e o pólipo, também este uma excrescência, sobre que se imaginou que a planta poderia também exercer efeito curativo.

[2007] *Helleborus cyclophyllus* (A. Braun) Boiss.

[2008] *Cardopatium corymbosum* (L.) Pers.

[2009] *Peucedanum vittijugum* Boiss.

[2010] Hort 1980: 287, Díaz Regañón 1988: 476 e Amigües 2010: 365 identificam-na com a Briónia, *Bryonia cretica* L.

[2011] *Ecballium elaterium* (L.) A. Rich.

outra droga, é capaz de proceder a uma purga total por cima. Logo é uma planta peculiar por esta sua capacidade.

3. Todas as raízes com um certo grau de doçura acabam, com o tempo, por ser devoradas pelos bichos. Com as que são amargas, isso não acontece, ainda que as suas propriedades diminuam à medida que enfraquecem e se depauperam. Nenhum insecto vindo de fora ataca uma raiz amarga, salvo a barata[2012] que as ataca a todas. Esta é uma particularidade natural deste bicho.

4. Qualquer raiz se deteriora se se permitir que o fruto cresça e amadureça. E outro tanto se passa com o fruto, se se extrair o suco da raiz. Na maior parte dos casos, às plantas medicinais não se lhes extrai o suco, processo que só se aplica àquelas em que essas propriedades estão nas sementes. Dizem alguns que preferem usar as raízes, porque o fruto é demasiado forte para que o organismo o aguente. No entanto, em termos gerais, não parece que isso seja verdade. Assim, a gente de Anticira[2013] ministra o *sesamodes* do heléboro[2014], cujo fruto é semelhante ao do sésamo.

9. 15. 1. Distribuição geográfica das plantas medicinais

Fora da Grécia, os locais onde as plantas medicinais sobretudo se dão são as regiões da Tirrénia e o Lácio (onde se diz que vivia Circe)[2015]. E mais ainda, como diz Homero[2016], o Egipto. Foi de lá, diz o poeta, que Helena trouxe 'produtos de valor, que lhe deu Polidamna, a esposa egípcia de Ton. Lá, a terra produtora de grão dá muitas drogas, umas que são salutares, outras nocivas'. Entre elas – continua Homero -, está o célebre *nepenthes*[2017], que controla a tristeza, de modo a fazer esquecer e a criar indiferença perante a dor. Essas são, por assim dizer, as regiões identificadas pelos poetas. De facto Ésquilo, nas suas elegias, fala da Tirrénia como produtora de drogas – 'a raça tirrena, esse povo produtor de drogas'[2018].

[2012] Há cerca de 3.000 espécies de baratas, insectos da ordem *Blattodea*. Aqui deve tratar-se das mais comuns na Europa, *Blatta orientalis* L. ou *Blattella germanica* L.
[2013] *Vide supra* nota 1937.
[2014] *Helleborus cyclophyllus* (A. Braun) Boiss. *Sesamodes* é o nome dado ao preparado.
[2015] *Vide supra* 5. 8. 3.
[2016] *Odisseia* 4. 220-233. Esta é a forma que Helena encontra para desanuviar a tristeza que a lembrança de um Ulisses ausente e sujeito a um destino incerto causa no rei de Esparta e seu marido, Menelau, e nos seus hóspedes, Telémaco e Pisístrato, os filhos de Ulisses e de Nestor. A propósito da célebre passagem de Helena pelo Egipto a caminho de Tróia, Teofrasto reconhece a fertilidade do terreno egípcio em ervas terapêuticas e a natural tendência do seu povo para o exercício da medicina.
[2017] Este é nome de uma droga e não de uma planta.
[2018] Esta é uma citação que não se pode contextualizar por remeter para uma parte da produção de Ésquilo não conservada, as suas elegias. Na verdade, a 'raça tirrena', manipuladora de drogas, adviria, segundo a tradição, dos filhos de Circe e de Ulisses, tal como a mãe bons conhecedores da magia; cf. Hesíodo, *Teogonia* 1010-1016.

2. No entanto, todos os lugares são produtores de drogas, diferindo por as produzirem em maior ou menor quantidade. Assim, as regiões a norte, a sul, como também a oriente, produzem-nas com capacidades extraordinárias. Na Etiópia, há, por exemplo, uma raiz mortífera com que envenenam as flechas[2019]. Na Cítia, existe essa mesma raiz e muitas outras, umas que matam de imediato quem as ingere, outras com um intervalo de menos ou mais tempo, de modo a causarem uma morte lenta[2020]. Na Índia, há muitas outras espécies, mas as mais extraordinárias – se a versão que se conta é verdadeira – são as seguintes: uma que dispersa o sangue e como que o afugenta[2021]; outra, pelo contrário, que provoca o afluxo do sangue e o atrai a si mesma[2022]. Dizem eles que se lhes descobriu eficácia contra as mordeduras mortais das serpentes.

3. Na Trácia há outras em certa quantidade, mas, por assim dizer, a mais poderosa é 'a planta que retém o sangue'[2023], que, segundo uns, bloqueia ou evita as hemorragias, quando um vaso sanguíneo foi picado, ou mesmo, segundo outros, quando foi seccionado de modo mais profundo. Estas são plantas que, como dissemos, parecem ser comuns. Das regiões fora da Grécia, são estas as mais férteis em drogas.

4. Das regiões da Grécia, as que mais drogas produzem são o Pélion, na Tessália, o Telétrion em Eubeia, o Parnaso, a Arcádia e a Lacónia, estas duas últimas muito boas produtoras de drogas. É por isso que os Árcades, em vez de tomarem medicamentos, bebem leite na primavera, quando as seivas deste tipo de folhas estão no auge. É que nessa altura o leite é muito altamente medicinal. É leite de vaca que eles bebem, porque este é o animal que mais pasta e o que mais come todo o tipo de erva[2024].

[2019] *Acokanthera oppositifolia* (Lam.) Codd, muito comum (em toda a África Oriental) e extremamente utilizada, até como ornamental. Hort 1980: 291 e Díaz Regañón 1988: 478 sugerem *Acokanthera schimperi* (A.DC.) Schweinf. e Amigües 2010: 366 sugere outra Apocinácea, *Calotropis procera* (Ait.) Dryand., uma planta igualmente tóxica e que foi utilizada para envenenar flechas, não tanto como *Acokanthera oppositifolia* (Lam.) Codd.

[2020] Uma dessas plantas é *Cannabis sativa* L., Dioscórides 3. 148; outra o *Nerium oleander* L. (cf. Dioscórides 4. 81), ou ainda *Strychnos nux-vomica* L.

[2021] Há notícias de tempos remotos deste efeito provocado pelo incenso indiano, *Boswellia serrata* Roxb. ex Colebr. e pela mirra-da-índia, *Commiphora mukul* (Hook. ex Stocks) Engl. Estas duas plantas são utilizadas contra mordeduras de cobras.

[2022] Esta é, quase seguramente, *Azadirachta indica* A. Juss., utilizada na Índia como planta "ventosa" e contra mordedura de cobras.

[2023] *Bothriochloa ischaemum* (L.) Keng.

[2024] Amigües 2010: 367 comenta esta informação de Teofrasto, que põe em evidência o conhecimento que os antigos tinham de uma terapia por cadeia alimentar; ou seja, a ingestão da erva pelos seres humanos não se faz, neste caso, directamente, mas através dos produtos lácteos de bovinos alimentados com ela.

5. Na Arcádia dão-se ambas as espécies de heléboro, o branco[2025] e o negro[2026]. Como se lá dá também uma 'cenoura'[2027], uma planta tipo loureiro[2028], cor de açafrão, e aquela a que há quem chame couve selvagem[2029] e alguns médicos *keraís*. Há também outra conhecida por alteia[2030], ou ainda por malva silvestre, a aristolóquia[2031], o *séseli*[2032], a salsa-de-cavalo[2033], o peucédano[2034], a erva de Héracles[2035] e as duas espécies de solano[2036], uma de fruto encarnado e outra negro.

6. Na mesma região produz-se o pepino selvagem[2037], que entra na composição do *elatérion*, e o eufórbio, de que se obtém o *hippopháes*[2038]. Este último é de melhor qualidade em Tégea e é uma droga muito procurada. Produz-se nessa região com abundância, mas melhor ainda, em quantidade e qualidade, em Clitória.

7. A panaceia[2039] é sobre os penedos, em Psófis, que se produz em maior quantidade e qualidade. O *mólü*[2040] dá-se em Feneu e no monte Cilene. Dizem que

---

[2025] *Veratrum album* L.

[2026] *Helleborus cyclophyllus* (A. Braun) Boiss.

[2027] *Daucus carota* L. (cf. Dioscórides 3. 52).

[2028] A planta da família da cenoura (Apiáceas) com folhas simples, tipo loureiro, como diz Teofrasto, que ocorre na Grécia, só pode ser *Bupleurum fruticosum* L. (cf. Amigües 2010: 367).

[2029] *Raphanus raphanistrum* L.

[2030] *Althaea officinalis* L. (cf. Dioscórides 3.146).

[2031] *Aristolochia rotunda* L.

[2032] *Tordylium officinale* L. (cf. Dioscórides 3. 54). Amigües 2010: 369 sugere *Malabaila aurea* (Sm.) Boiss., uma outra Apiácea muito comum na Arcádia.

[2033] *Smyrnium olusatrum* L

[2034] *Peucedanum officinale* L. Amigües 2010: 369 sugere, com dúvida, *Peucedanum vittijugum* Boiss., mas a utilizada medicinalmente é *Peucedanum officinale* L.

[2035] *Lithospermum officinale* L. (cf. Dioscórides 3.141 e Amigües 2010: 369).

[2036] *Vide supra* 9. 11. 5-6 e respectivas notas, embora Amigües 2010: 369, o de fruto vermelho, neste caso, considere ser *Solanum dulcamara* L. Ora Teofrasto, nos casos anteriores, utilizou sempre outras duas espécies na comparação da cor dos frutos. Assim, não há razão para aqui ter utilizado uma outra espécia na comparação.

[2037] *Ecballium elaterium* (L.) A. Rich.

[2038] Trata-se de uma *Euphorbia*, mas provavelmente não a referida por Hort 1980: 293, que, seguindo Dioscórides 4.159, considera ser *Euphorbia spinosa* L.; esta, porém, não é nativa da Grécia. Amigües 2010: 369 identifica-a como *Euphorbia rigida* Bieb. Trata-se de uma droga de origem vegetal usada nos filtros amorosos, como excitante; cf. Teócrito, *Idílio* 2. 48-51. As regiões apontadas por Teofrasto situam-se na Arcádia. Aristófanes, *Mulheres na assembleia* 405 faz também referência ao eufórbio da Lacónia pela sua especial qualidade.

[2039] *Ferulago nodosa* (L.) Boiss. Amigües 2010: 369 sugere uma planta muito diferente, *Hypericum olympicum* L., mas como Teofrasto refere que a planta ocorre sobre os penedos, é muito mais provável tratar-se de *Ferulago nodosa* (L.) Boiss.

[2040] *Allium nigrum* L. (cf. Dioscórides 3. 47). Para Amigües 2010: 369 trata-se de *Leucojum aestivum* L. Na realidade, esta planta é a referida por Homero (*vide* nota 2041), por ter o bolbo castanho-escuro, o que é concordante com o que diz o poeta ('a raiz tem-na negra'). Segundo Teofrasto 'parece-se com o *mólü*', que é *Allium nigrum* L. Além disso, o *mólü* tem flores rosado--esbranquiçadas e não 'da brancura do leite' como diz Homero e como são as flores de *Leucojum aestivum* L.

esta planta se parece com a referida por Homero[2041]; tem uma raiz arredondada, parecida com uma cebola, e uma folha tipo cila. Usa-se para os antídotos[2042] e práticas de magia. Mas não é, como diz Homero, difícil de arrancar.

8. A cicuta[2043] é melhor em Susa[2044] e em regiões muito frias. Produz-se também na Lacónia, onde há muitas plantas deste género, com aplicações medicinais variadas. Na Acaia, o tragacanto[2045] é abundante e não fica atrás em qualidade – é voz comum – do de Creta; de aspecto, pelo menos, é muito melhor. O *dâukon*[2046] é excelente em Patras[2047], com uma natureza quente e com raiz negra. A maior parte destas plantas dá-se também no Parnaso e em Telétrion. Logo são espécies comuns a várias regiões.

9. 16. 1. Drogas de Creta

O dictamno[2048] é específico de Creta. Tem propriedades fantásticas e utilizações infinitas, sobretudo para mulheres em trabalho de parto. Tem uma folha parecida com a do poejo[2049], como também alguma semelhança de paladar; mas os ramos são mais finos. São as folhas que se utilizam, não os ramos nem o fruto. Entre muitos outros usos, como atrás se disse, aplica-se também nos partos difíceis. Diz-se, na verdade, que ou facilita o parto, ou, pelo menos, é consensual que tira as dores. Dá-se a beber diluído em água. É uma planta rara, porque se produz numa região pequena e as cabras gostam dela e comem-na. Conta-se como verdadeira aquela história dos dardos: que as cabras, quando atingidas por dardos, se livram deles comendo-o. É assim o dictamno e são estas as suas características.

[2041] Cf. *Odisseia* 10. 302-306, que constitui a referência mais antiga a esta planta, onde Hermes concede a Ulisses esta erva que lhe permite imunizar-se e aos companheiros dos encantos de Circe. E descreve-a o poeta: "a raiz tem-na negra, e a flor da brancura do leite. É *móly* o nome que os deuses lhe dão". Por Teofrasto, ela é referida como mais uma planta dos montes da Arcádia e dela são dados elementos de identificação ausentes de Homero, que eventualmente o autor do tratado poderia ter obtido de outra fonte e associado com os da épica. Sobre esta planta, *vide* Stannard 1962: 254-307, que se propõe distinguir as variantes diversas desta planta num plano diacrónico, nas múltiplas referências que lhe são feitas ao longo dos séculos. A referida por Teofrasto é, para este comentador, o *Allium nigrum* L., não exactamente a referida por Homero.

[2042] O conhecimento dos antídotos para as plantas mortíferas tornou-se de grande importância sobretudo nas cortes onde os soberanos corriam risco de envenenamento; Galeno refere-se com frequência a esta realidade (e. g., 12. 252, 13. 23, 52-54, 329-331, 14. 2-3, 152-154, 283-284).

[2043] *Conium maculatum* L.

[2044] Susa é o nome da antiga capital do império persa. Mas Hort 1980: 294-295 duvida que seja essa a Susa a que Teofrasto se está a referir e prefere entender que se trate de uma região ou localidade grega, num contexto onde se trata efectivamente da geografia da Grécia.

[2045] *Astracantha gummifera* (Labill.) Podlech.

[2046] *Daucus carota* L.

[2047] Região e hoje cidade do Peloponeso.

[2048] *Origanum dictamnus* L. (cf. Dioscórides 3. 32).

[2049] *Mentha pulegium* L. (cf. Dioscórides 3. 31).

2. O pseudodictamno[2050] assemelha-se-lhe na folha, mas tem os ramos mais pequenos e quanto a propriedades é muito inferior. Usa-se para os mesmos objectivos, mas tem um potencial menor e muito mais fraco. Basta metê-lo na boca para se ver logo o poder do dictamno. Mesmo em dose muito pequena dá logo uma sensação de calor. Chega-se a pôr em molhos, dentro de uma férula[2051] ou de uma cana[2052], para ele não perder o aroma. Porque se o perder, torna-se mais fraco. Há quem diga que a natureza do dictamno e do pseudodictamno é uma única, mas que este último é um tipo mais fraco porque cresce em lugares de solo mais rico; e outro tanto se passa com muitas outras plantas para além destas no que toca às suas propriedades, dado que o dictamno é uma espécie de solos pedregosos.

3. Há uma outra planta também chamada dictamno[2053], que nem de aspecto nem pelas propriedades que possui lhe corresponde. Tem a folha parecida com a da hortelã-pimenta[2054] e os ramos maiores. Quanto ao uso e às propriedades que possui também não são os mesmos. A primeira, como se disse, é fantástica e específica da ilha. De facto, dizem alguns que as plantas de Creta, no que se refere às folhas, aos talos e, em geral, às partes que ficam acima da terra, são superiores, enquanto as do Parnaso superam a maioria das que se produzem noutros lugares.

4. O *akóniton*[2055] dá-se também em Creta e em Zacinto, mas é muito superior, em quantidade e qualidade, em Heracleia, no Ponto[2056]. Tem uma folha semelhante à da chicória[2057] e uma raiz que se parece, na forma e na cor, com um camarão. É na raiz que residem as suas propriedades letais, enquanto – ao que se diz – nem a folha nem o fruto produzem qualquer efeito. O fruto corresponde ao de uma planta herbácea, não ao de uma lenhosa. Trata-se de uma erva baixa, sem nada de particular, que se assemelha ao trigo, salvo que não tem o grão numa espiga. Dá-se em qualquer lado e não apenas em Áconas (uma vila dos Mariandinos)[2058], de onde lhe vem o nome. Gosta sobretudo de

---

[2050] *Ballota pseudodictamnus* (L.) Benth. (cf. Dioscórides 3. 32. 2a e Amigües 2010: 371).

[2051] *Ferula communis* L.

[2052] *Arundo donax* L.

[2053] *Ballota acetabulosa* (L.) Benth. (cf. Dioscórides 3. 32. 2b e Amigües 2010: 371).

[2054] *Mentha aquatica* L.

[2055] *Aconitum anthora* L. (cf. Dioscórides 4. 76). Nome que significa 'sem combate, sem resistência', aplicado a uma planta contra cujo veneno não há defesa. Amigües 2010: 372 argumenta, com base bibliográfica e geográfica, que não se trata de um *Aconitum*, mas de *Hyoscyamus albus* L.

[2056] Nas costas do mar Negro.

[2057] *Cichorium intybus* L.

[2058] A distribuição geográfica que Teofrasto faz desta planta é realmente muito ampla: de Creta, a sul, a Zacinto, a ocidente da Grécia, a Áconas, na zona do mar Negro. Na colina de Áconas, de acordo com o mito, existia uma caverna por onde Héracles havia retirado o cão Cérbero das trevas do Hades para a luz, para o levar a Euristeu que o encarregara desse trabalho.

lugares pedregosos. Nem o gado nem qualquer outro animal a come. **5.** Para fazer efeito, tem de passar por uma determinada composição que nem toda a gente conhece. Por isso os próprios médicos, se a não sabem manipular, usam--na como um produto séptico e para outros fins. Se se beber, misturada com vinho ou com mel, não produz nenhuma sensação. Manipula-se de forma a causar a morte em tempos determinados, por exemplo dois meses, três meses, seis meses, um ano, ou até mesmo dois anos. E quanto mais tempo passar, mais dolorosa é a morte, porque o organismo vai-se depauperando. Se actuar a curto prazo, a morte é muito fácil. Não se descobriu ainda um antídoto, como ouvimos dizer que existem noutros casos. A gente das aldeias salva por vezes alguém usando-o com mel, vinho ou outros produtos do género, mas só em casos esporádicos e com dificuldade[2059].

6. Em contrapartida para o *ephémeron*[2060] já se descobriu um antídoto; há de facto uma outra raiz pequena que lhe anula o efeito. Este tem uma folha parecida com a do heléboro[2061] ou com a do narciso[2062], e toda a gente o conhece. Daí que se diga que os escravos muitas vezes recorrem a ele, num acesso de desespero, mas logo de seguida deitam mão ao antídoto para se curar. De facto, a droga não causa uma morte rápida nem fácil, mas penosa e lenta. A menos que não se consiga o efeito desejado por a droga não ter sido convenientemente manipulada. Dizem então que pode matar logo ou só muito mais tarde, em certos casos no ano seguinte, e que nesse caso as doses têm um efeito fatal. Estas são informações que foram cuidadosamente colhidas entre os Tirrenos de Heracleia. **7.** Não há nada de estranho se, nuns casos, a situação é irreversível e noutros se pode reverter, porque assim acontece também com as outras drogas mortíferas[2063].

O *akóniton*[2064] não tem utilidade, como já foi dito, para quem o não conhece. Diz-se que nem mesmo é legal que se tenha, e que dá direito a pena de morte[2065]. A diferença de tempo que ele leva a fazer efeito depende da colheita; porque o tempo que leva a produzir a morte corresponde ao intervalo de tempo desde que foi colhido.

[2059] Neste caso, parece haver uma comparação entre a actuação dos técnicos e a das populações rústicas, certamente inspiradas numa tradição espontânea.
[2060] *Colchicum autumnale* L. (cf. Dioscórides 3.122 e Amigües 2010: 373).
[2061] *Helleborus cyclophyllus* (A. Braun) Boiss.
[2062] *Narcissus poeticus* L. ou *Narcissus tazetta* L.
[2063] Scarborough 1978: 380 chama a atenção para a diferença de vocabulário usada por Teofrasto: enquanto *phármakon* é usado para significar 'droga' em geral, *thanatéphoros* aplica-se ao 'veneno ou droga mortífera'; cf. 9. 13. 4, 9. 15. 2, 9. 16. 4.
[2064] *Aconitum anthora* L. Amigües 2010: 372 volta a argumentar, com base bibliográfica e geográfica, que não se trata de um *Aconitum*, mas de *Hyoscyamus albus* L.
[2065] Scarborough 1978: 376 supõe que esta proibição seja dirigida aos funcionários que usavam venenos para eliminar os condenados à morte (cf. Platão, *Fédon* 63d 5-e 5, 117b 6-9). Por outro lado, esta determinação deixa pressupor que o acesso aos venenos parecia fácil na época.

8. Trásias de Mantineia descobriu[2066], ao que ele dizia, uma droga que provoca um desenlace fácil e indolor. Servia-se das seivas da cicuta, da papoila e de outras plantas semelhantes, de modo a obter uma dose equilibrada e pequena, com um peso próximo de uma dracma. O efeito desta mistura é irreparável e pode manter-se activo durante muito tempo sem perder propriedades. A cicuta que ele usou não vem de um lado qualquer, mas de Susa[2067], ou de um outro lugar frio e com pouco sol. E o mesmo se diga dos outros ingredientes. Manipulava também muitas outras drogas, feitas de componentes diversos. Teve como aluno Aléxias, também ele muito hábil e que lhe não ficava atrás em mestria, sendo igualmente versado em outros ramos da medicina.

9. Estes são produtos de que se conhece muito melhor as propriedades hoje em dia do que dantes. Porque as diferentes maneiras de usar cada uma delas dependem, naturalmente, de muitos factores. Assim a gente de Ceos dantes não usava a cicuta da forma que descrevi[2068], mas esmagava-a, como acontecia também noutros lugares. Ora hoje em dia ninguém se ia lembrar de a esmagar; descasca-se e tira-se-lhe a pele, por ser essa a parte que causa mal estar e que não é assimilada. A seguir mói-se no almofariz, passa-se num filtro fino, dilui-se em água e bebe-se; assim produz uma morte rápida e fácil.

9. 17. 1. Efeitos da habituação

Todas as drogas perdem propriedades com a habituação, podendo até tornar-se de todo ineficazes. Há assim quem ingira heléboro em quantidade, a ponto de consumir molhos inteiros, sem sofrer nenhum dano. Era isso o que fazia o próprio Trásias, que era tido como um profundo conhecedor de raízes. Dá ideia de que alguns pastores fazem o mesmo; assim o pastor que contactou um droguista, famoso por ter ingerido uma raiz ou duas, acabou-lhe com o prestígio por ter consumido um molho inteiro. Ora dizia-se que para este e outros sujeitos esta era uma prática quotidiana.

2. Há drogas que correm o risco de se tornar danosas por falta de hábito. Ou talvez corresponda melhor à verdade dizer-se que, com o uso, as drogas venenosas deixam de o ser. Porque quando o organismo as tolera e as neutraliza, elas deixam de ser venenosas, como Trásias afirmava. Ora observou ele também que o que é veneno para uns não o é para outros, tendo em conta a distinta natureza de cada um. Achava Trásias que era assim que

---

[2066] Trata-se provavelmente de alguém que colhia ervas e que Teofrasto usava como informador. É apenas referido por Teofrasto. Mantineia era uma zona plana e próspera, na região sudeste da Arcádia.

[2067] Provavelmente um lugar da Arcádia. A cicuta é *Conium maculatum* L.

[2068] Teofrasto alude ao suicídio colectivo das gentes da ilha de Ceos, uma das Cíclades, como uma forma de resistência contra a degradação da velhice.

se devia proceder e era hábil em fazê-lo. Torna-se ainda patente que, além da compleição natural, o hábito também interfere. Por exemplo Eudemo[2069], um droguista muito respeitado no seu ofício, depois de apostar que não teria nenhuma reacção antes do pôr-do-sol, ingeriu uma dose muito leve e não conseguiu tolerá-la nem assimilá-la.

3. Em contrapartida Eudemo de Quios bebia heléboro e não se purgava. E, ao que dizia, uma vez, num só dia, ingeriu vinte e duas doses no mercado, sentado na sua banca, e não saiu do sítio até se fazer noite. Nessa altura foi para casa, tomou banho e jantou como de costume sem ter tido qualquer vómito. Mas a verdade é que, se aguentou a droga, foi porque tinha preparado um antídoto. Contou ele que, após a sétima dose, tomou pedra pomes ralada e misturada com vinagre forte, e mais tarde voltou a ingerir outra poção idêntica em vinho. O efeito da pedra pomes é tão forte que, se se puser numa pipa de vinho em fermentação, o vinho deixa de fermentar, não apenas naquela altura, como em definitivo, porque a pedra pomes seca, absorve o vapor e dissipa-o. Foi graças a este antídoto que Eudemo se aguentou, apesar da quantidade de heléboro ingerida.

4. Mas provas não faltam de que o hábito faz a diferença. Assim há quem diga que em certos lugares os carneiros não pastam o absinto[2070]; ora os do Ponto não só o pastam, como até ficam mais gordos e com melhor aspecto, além de que, ao que se ouve dizer, não têm bílis. Mas estes são assuntos que talvez façam parte de outro tipo de investigação.

9. 18. 1. Efeitos vários das plantas

As raízes e as plantas lenhosas, como se disse[2071], têm muitas potencialidades, actuantes não só sobre organismos vivos, como sobre os que não têm vida. Diz-se, por exemplo, que existe uma planta espinhosa[2072] que, quando se mergulha, congela a água. O mesmo efeito é produzido pela raiz da alteia[2073] se, depois de triturada, se mergulhar em água e se deixar ao ar livre. A alteia tem uma folha semelhante à da malva[2074], só que maior e mais peluda; os caules são frágeis, a flor amarela[2075], o fruto também idêntico ao da malva, a raiz fibrosa e branca, com um paladar parecido com o do caule da malva.

[2069] Cf. Aristófanes, *Pluto* 883-884. Eudemo é com certeza o vendedor, também referido em Platão Cómico fr. 214 K.-A., conhecido pelos amuletos e unguentos que comercializava.
[2070] *Artemisia absinthium* L.
[2071] *Vide supra* 1. 12. 1, 7. 9. 4.
[2072] Talvez *Vachellia seyal* (Delile) P. J. H. Hurter, que é a acácia da goma arábica.
[2073] *Althaea officinalis* L.
[2074] *Lavatera arborea* L. (agora *Malva arborea* (L.) Webb & Berthel.).
[2075] Neste caso, Teofrasto equivocou-se, pois a planta que tem flores amarelas é a acácia, *Vachellia seyal* (Delile) P. J. H. Hurter.

Usa-se nas fracturas, para a tosse diluída em vinho doce e para as úlceras diluída em azeite.

2. Há uma outra planta que, se cozinhada com carne, é absorvida e como que a congela. Há outras com um poder magnético, à maneira de um íman ou do âmbar. Estes são exemplos que actuam sobre os organismos sem vida.

A 'morte-das-mulheres'[2076], a que há quem chame 'escorpião' por ter uma raiz com esse formato, se se esfarelar sobre um escorpião, mata-o; mas se se polvilhar o animal com heléboro branco, dizem que ele recupera. Liquida também os bois, os carneiros, as bestas de carga e, em geral, todos os quadrúpedes, no próprio dia, se se lhes aplicar a raiz ou as folhas nos órgãos genitais. Faz-se com ela uma infusão que trata a mordedura dos escorpiões. Tem uma folha semelhante à do ciclame[2077], e a raiz, como se disse, a um escorpião[2078]. Cresce como a grama e tem nós. Gosta de lugares sombrios. Se o que se disse sobre o escorpião for verdade, também as outras histórias do género não deixam de ser credíveis. Porque uma história fantástica tem sempre o seu fundo de verdade.

3. Em relação ao nosso organismo, além do efeito que têm no que toca à saúde, à doença e à morte, diz-se que as ervas podem ter outras propriedades, intervindo não só sobre questões físicas, como também mentais[2079]. Por questões físicas refiro-me à capacidade de gerar ou à sua ausência. Há drogas que, embora retiradas da mesma planta, produzem um e outro efeito, como a chamada 'erva-de-testículos' (*orchís*)[2080]. Esta planta tem dois tubérculos, um grande e um pequeno; o grande, se ministrado com leite de cabra apascentada no monte, estimula, ao que se diz, o apetite sexual; pelo contrário, o pequeno redu-lo ou elimina-o. Tem a folha parecida com a da cila, só que mais lisa e mais pequena; o caule muito semelhante ao rebento do espargo.

4. Estranha é, como atrás se disse[2081], a sua origem num só e mesmo elemento vegetal, porque a existência de tais propriedades não tem, em si

---

[2076] A planta 'absorvida' quando cozinhada com carne é, provavelmente, *Symphytum bulbosum* K.F. Schimp.; não há plantas com poder magnético; a 'escorpião' é, provavelmente, *Doronicum orientale* Hoffm. (cf. Amigües 2010: 376).

[2077] *Cyclamen graecum* Link.

[2078] Aracnídeo, da ordem *Scorpionida*, com vários géneros e espécies.

[2079] Hort exclui da sua edição o restante texto do capítulo 18. 3 e os seguintes, capítulos 18. 4-11 sem dar para essa opção qualquer justificativa. Este é um passo em que se enumeram espécies de plantas úteis na sexualidade masculina e feminina, razão pela qual, de acordo com alguns comentadores (e. g. Preus 1988), Hort a terá suprimido por decência ou censura. Optamos, para a tradução destes capítulos, pela edição de Amigües 2006.

[2080] Díaz Regañón 1988: 490 entende que se trata de *Anacamptis papilionacea* (L.) R.M. Bateman, Pridgeon & M.W. Chase, de *Anacamptis morio* (L.) R.M. Bateman, Pridgeon & M.W. Chase, ou ainda de *Orchis italica* Poir. Amigües 2010: 278 sugere *Orchis mascula* (L.) L. Provavelmente trata-se de um *Orchis*, porque são eles que apresentam dois tubérculos que sugerem testículos.

[2081] *Vide supra* 9. 8. 1.

mesma, nada de estranho. De facto, entre outros, Aristófilo, o vendedor de drogas de Plateias[2082], afirmava que podia haver produtos eficazes nos dois casos, para melhorar a potência masculina, e para produzir simplesmente a impotência. A impotência devida a esta droga podia ser definitiva ou limitada no tempo, a algo como dois ou três meses. Era deste produto que ele se servia quando queria castigar os seus escravos ou dar-lhes uma lição.

5. Existem também plantas que favorecem a gestação de rapazes ou de raparigas. Por isso as primeiras são designadas por 'geradoras de rapazes' e as segundas por 'geradoras de raparigas'. Umas e outras são idênticas e assemelham-se ao basilisco[2083]. O fruto da 'geradora de raparigas' é parecido com o amentilho da oliveira, mas mais amarelado. A 'geradora de rapazes' é tal qual uma azeitona, mal que nasce do amentilho, mas repartida em duas, como os testículos do homem. Para tornar o esperma estéril aplica-se, ao que se diz, o fruto da hera branca[2084].

6. E, pelo contrário, para o tornar fértil, usa-se o fruto da persicária[2085] com água. Esta planta germina como o linho dos trigos[2086], e tem um fruto idêntico ao milho-alvo[2087]. A infertilidade produz-se, ao que se diz, se se beber, durante trinta dias seguidos, o fruto da madressilva[2088] diluído em vinho branco, na quantidade de cerca de um litro por dia; se se levar essa poção até ao fim, é a esterilidade definitiva.

7. A folha da erva-da-mula[2089] é, para as mulheres, um anticonceptivo. Mistura-se, ao que se diz, com um pouco do casco e da pele da mula. Tem uma folha semelhante à escolopendra[2090], e raízes finas. Dá-se em regiões montanhosas e rochosas e é muito do agrado das mulas. Usa-se também para doenças do baço, tal como a madressilva.

8. O feto-fêmea[2091] usa-se como vermífugo, contra as ténias e os oxiuros[2092]; para as ténias misturado com mel; contra os oxiuros diluído em vinho doce

---

[2082] Trata-se de um droguista popular em Atenas na época de Teofrasto. Amigües 2010: 378 considera que Aristófilo possuía uma verdadeira 'indústria' de produtos naturais, que empregava mão de obra servil, os tais 'rapazes' sobre quem ele exercia uma autoridade pesada.

[2083] *Mercurialis annua* L. (cf. Dioscórides 4.189 e Amigües 210: 378), é uma planta dióica. A masculina (com amentilhos) é, segundo Teofrasto, a 'geradora de raparigas'; a feminina (com frutos) é a 'geradora de rapazes'.

[2084] Talvez a trepadeira vide-branca, *Clematis vitalba* L.

[2085] *Persicaria maculosa* Gray, referida muitas vezes com o nome sinónimo *Polygonum persicaria* L.

[2086] *Triticum aestivum* L.

[2087] *Panicum miliaceum* L.

[2088] *Lonicera xylosteum* L. Amigües 2010: 349 sugere *Lonicera implexa* Aiton. (*Vide supra* nota 1913).

[2089] Também chamada 'douradinha', *Ceterach officinarum* Willd. (cf. Dioscórides 3. 134).

[2090] *Asplenium scolopendrium* L., antigamente *Phyllitis scolopendrium* (L.) Newman; cf. Dioscórides 3.107. Este feto tem folhas muito diferentes das do *Ceterach officinarum* Willd., o que contradiz a afirmação do Teofrasto.

[2091] *Pteridium aquilinum* (L.) Kuhn (cf. Dioscórides 4.185).

[2092] Vermes, nemaltelmintas, sendo o mais comum *Enterobius vermicularis* L.

com farinha. Se se der a uma mulher durante a gravidez, ela aborta; se não estiver grávida, fica estéril para sempre. O feto-fêmea difere do macho[2093] por ter uma folha que não se forma de um só ramo, e uma raiz grande, comprida e escura. São estas as plantas com aplicações genéticas.

9. Mas a mais surpreendente era a droga que tinha o Indiano[2094]. De facto, ao que se contava, não depois de a ingerir, mas de esfregar com ela o pénis, os homens ficavam em erecção e de tal forma que podiam ter relações com quantas mulheres quisessem – até doze segundo os que tinham feito a experiência. Por seu lado o próprio droguista, um homem forte e robusto, dizia que uma vez teve relações setenta vezes; expulsou o esperma gota a gota e acabou por ejacular sangue. A excitação sexual é ainda mais forte nas mulheres depois de tomarem essa droga, que tem portanto – se isto é verdade – uma potência excepcional.

10. Mas, em termos gerais, que haja elementos com a capacidade de provocar a excitação sexual não é de estranhar. De facto, mesmo nos produtos alimentares se verifica essa capacidade, tanto nos sólidos como nos líquidos, e, para além dessa, outros efeitos ainda. Diz-se que há lugares em que a água favorece a concepção nas mulheres, caso de Téspias[2095], enquanto noutros as torna estéreis, como em Pirra[2096]. De facto os médicos atribuem-lhe estas consequências. Em Hereia – ouve-se dizer –, na Arcádia, há um vinho que, se ingerido pelos homens, os excita, e, se bebido pelas mulheres, as torna estéreis. **11.** Acrescente-se que na Acaia[2097], e sobretudo na região de Cerínia, há um tipo de videira cujo vinho provoca abortos nas grávidas; mesmo às cadelas, se ingerirem estas uvas, acontece-lhes o mesmo. E, no entanto, ao paladar este tipo de uva, bem como o vinho que dele se extrai, não produz qualquer sensação que o distinga dos outros. Em Trezena[2098], o vinho provoca esterilidade em quem o bebe. Em Tasos, fabrica-se um vinho soporífero; mas há outro que produz insónias nos que o consomem.

São estes os produtos que actuam sobre o nosso corpo e sobre as nossas condições físicas.

9. 19. 1. Efeitos psicológicos e físicos

Das que têm um efeito psicológico, o solano, como antes se disse[2099], provoca perturbações mentais e loucura. Em contrapartida, a raiz do oleandro[2100], se

---

[2093] *Dryopteris filix-mas* (L.) Schott (cf. Dioscórides 4. 184).
[2094] Esta é uma personagem que não está bem identificada.
[2095] Na Beócia.
[2096] *Vide supra* nota 460.
[2097] *Vide supra* nota 1748. Cerínia fica na costa norte da Acaia.
[2098] Trezena fica na Argólida, a sul de Epidauro.
[2099] *Vide supra* 9. 11. 6.
[2100] *Nerium oleander* L.

ministrada em vinho, produz boa disposição e optimismo. O oleandro tem uma folha parecida com a da amendoeira, mas mais pequena, e uma flor vermelha como a rosa. A planta em si é um arbusto grande. A raiz é vermelha e grande, e depois de seca cheira a vinho. Dá-se em regiões montanhosas. O que se disse não parece estranho, ou seja, que um elemento com propriedades semelhantes às do vinho produza um efeito parecido.

2. Em contrapartida, o que se ouve dizer sobre amuletos e encantamentos em geral, para o corpo e para a casa, é simplesmente um disparate inacreditável. Assim o *tripólion*[2101], ao que se diz, segundo Hesíodo[2102] e Museu é útil para qualquer empresa de vulto; eis porque se monta uma tenda e se arranca durante a noite. Outro tanto se passa, ao que ouve dizer, com a boa ou a má fama, uma tontice parecida com a anterior ou maior ainda. Por exemplo, diz-se que o chamado antirrino[2103] traz boa fama. Trata-se de uma planta parecida com o amor-de-hortelão[2104], mas sem raiz. O fruto tem uma espécie de focinho de boi. Pois quem se untar com esta planta – diz-se – ganha boa fama.

3. E outro tanto acontece se se usar uma coroa feita com a flor da perpétua[2105], aspergida com perfume de um frasco de ouro, que não tenha ido ao fogo. A perpétua tem uma flor que parece de ouro e uma folha branca; o caule é fino e resistente, e a raiz é também fina e superficial. Esta planta usa-se, misturada com vinho, para mordeduras, e para queimaduras reduz-se a cinza e mistura-se com mel. Histórias do género das que acima se referiu vêm de gente que pretende enaltecer as suas qualidades profissionais.

4. Ora dado que, pela sua natureza, as raízes, os frutos e as seivas têm inúmeras potencialidades de todo o tipo – que são iguais nuns tantos casos e, por isso, com efeitos semelhantes, e noutros têm características

---

[2101] *Tripolium pannonicum* (Jacq.) Dobrocz subsp. *tripolium* (L.) Greuter, antigamente *Aster tripolium* L. (cf. Dioscórides 4.132). Amigües 2010: 381 considera ser *Limoniastrum monopetalum* (L.) Boiss., uma planta comum no litoral mediterrânico.

[2102] Esta é uma referência não comprovável em nenhum dos textos conservados de Hesíodo. Museu, por seu lado, é um poeta mítico, oriundo da Trácia, dado como autor de uma colecção de oráculos (cf. Aristófanes, *Rãs* 1033). Heródoto (7. 6, 8. 96. 2, 9. 43) refere a popularidade de que os oráculos de Museu gozavam na Atenas do séc. VI a. C. Como poeta lendário, Museu aparece como próximo de Orfeu (como seu filho ou discípulo, Platão, *Apologia*, 41a, *Íon*, 536b, *Protágoras*, 316d, *República*, 364e), também ele autor de poemas cosmogónicos e de hinos que tinham poderes terapêuticos (cf. Platão, *República*, 364 e). Assim, os dois poetas lendários – Orfeu e Museu - precediam os nomes paradigmáticos de Hesíodo e Homero.

[2103] *Misopates orontium* (L.) Raf., antigamente *Antirrhinum orontium* L. (cf. Dioscórides 4.130).

[2104] *Galium aparine* L.

[2105] *Helichrysum italicum* (Roth) G. Don, *Helichrysum stoechas* (L.) Moench, ou, mais provavelmente, *Helichrysum orientale* (L.) Vaill.

opostas – há que suscitar uma questão que talvez coloque dificuldades semelhantes em relação a outras matérias: ou seja, se a razão de ser dos mesmos efeitos resulta de capacidades equivalentes, ou se o mesmo resultado pode ter diferentes motivações. Ponhamos o problema desta forma. Porém é a natureza e as potencialidades de outras plantas que agora temos de considerar.

9. 20. 1. Ainda algumas questões suscitadas por outras plantas

A pimenta[2106] é um fruto, de que existem duas variedades. Uma é redonda como o órobo[2107], com uma cápsula e carne, como os frutos do loureiro, e encarnada[2108]; a outra alongada, negra, e com sementes como a papoila[2109]. Esta é muito mais forte do que a anterior, mas ambas produzem bastante calor. Por isso funcionam, tal como o incenso[2110], de antídoto à cicuta[2111].

2. O bago de Cnidos[2112] é redondo, de cor vermelha, maior do que o fruto da pimenta e muito mais forte em calor. Por isso, quando se ministra em pílulas (porque se usa para a obstipação), amassa-se em pão ou em banha; caso contrário, põe a garganta a arder.

Quente é também a raiz do peucédano[2113]; daí que dela se produza – como aliás de outras raízes – um óleo sudorífero. A raiz do peucédano usa-se também no tratamento do baço. Nem a semente, nem a seiva se utilizam. Dá-se na Arcádia.

Uma 'cenoura'[2114] de grande qualidade dá-se na região de Patras, na Acaia, também quente de natureza. Tem uma raiz negra.

3. Quente e ácida é também a raiz da videira selvagem; por isso usa-se como depilatório e para tirar as sardas. Com o fruto depilam-se as peles. Corta-se em qualquer estação, mas de preferência no outono.

A raiz da serpentária[2115], tomada com mel, faz bem à tosse. Tem um caule matizado, tipo serpente. As sementes não têm utilidade.

A raiz da tápsia[2116] é emética. Mas se se retiver, ela purga por cima e por baixo. Produz efeito para eliminar equimoses e torna brancas outras partes

---

[2106] Provavelmente *Piper nigrum* L., ou *Piper retrofractum* Vahl, antigamente *Piper officinarum* (Miq.) C. DC. (cf. Dioscórides 2.159).
[2107] *Vicia ervilia* (L.) Willd.
[2108] Este é *Piper nigrum* L., cujos frutos, quando maduros, são vermelhos.
[2109] Provavelmente *Piper longum* L.
[2110] *Boswellia sacra* Flueck., ou, menos provavelmente, *Boswellia serrata* Roxb. ex Colebr.
[2111] O texto alude apenas às virtudes farmacológicas da pimenta e não ao uso culinário que se lhe veio a dar.
[2112] *Daphne gnidium* L. (cf. Dioscórides 1.36ª, 4.172 e Amigües 2010: 383).
[2113] *Peucedanum officinale* L.
[2114] *Daucus carota* L.
[2115] *Dracunculus vulgaris* Schott.
[2116] *Thapsia garganica* L.

pisadas. Possui um suco bastante forte, que purga por cima e por baixo. As sementes não são utilizadas. Dá-se noutras regiões também, mas é muito típica da Ática. O gado local não lhe toca, mas o importado pasta-a e morre de diarreia.

4. O polipódio[2117] rebenta após as chuvas e não produz semente. A madeira de ébano[2118] de aspecto é parecida com a do buxo[2119], mas se descascada torna-se negra. Trata a oftalmia se esmagada num almofariz.

A aristolóquia[2120] tem uma raiz grossa e com um paladar acre. Tem uma cor escura e é aromática. A folha é redonda, mas a parte aérea da planta é pouco desenvolvida. Dá-se sobretudo nas montanhas, onde atinge a sua melhor qualidade. Contam-se-lhe inúmeras utilidades para os mais variados fins. É excelente para contusões na cabeça, boa também para outro tipo de lesões, para mordeduras de serpente, contra as insónias, e para o útero, como um pessário. Há casos em que se amassa com água e se faz um emplastro, outros em que se mistura com mel e azeite. Para as mordeduras de serpente toma-se com vinho seco, ou então aplica-se um emplastro sobre a mordedura. Para as insónias toma-se misturada com vinho tinto seco. Para o útero descaído usa-se com água, tipo loção. Esta é, portanto, uma planta que se distingue pelas suas múltiplas utilidades.

5. Da escamónia[2121], em contrapartida, só o suco e nada mais tem utilidade.

Do feto só se usa a raiz, que tem um sabor doce e adstringente. Faz expelir a ténia[2122]. Não tem semente nem seiva. Está pronta a ser colhida, ao que se diz, no outono.

A ténia é endémica em certas raças[2123]. Têm-na geralmente os Egípcios, os Árabes, os Arménios, os Matádides, os Sírios e os Cilícios. Não são afectados por ela nem os Trácios, nem os Frígios. Entre os Gregos, estão-lhe sujeitos os Tebanos que frequentam as palestras e os Beócios em geral. Os Atenienses não[2124].

De todas as drogas, por assim dizer, as melhores são as que provêm de sítios frios, virados a norte e secos. Daí que, das que se produzem em Eubeia,

---

[2117] *Polypodium vulgare* L. (cf. Dioscórides 4.186).
[2118] *Diospyros ebenum* J. König. ex Retz.
[2119] *Buxus sempervirens* L.
[2120] *Aristolochia rotunda* L.
[2121] *Convolvulus scammonia* L.
[2122] Vermes, platelmintas, sendo as mais comuns *Taenia solium* L. (hospedeiro intermediário do porco) e *Taenia saginata* Goez (hospedeiro intermediário do gado bovino). A raiz é do feto *Dryopteris filix-mas* (L.) Schott (*Vide supra* nota 1765).
[2123] Por razões alimentares, nomeadamente de consumo de carne de porco crua ou mal cozinhada. Na Grécia são as populações mais rústicas as mais expostas a este parasita.
[2124] Considerando certamente as práticas de higiene de cada comunidade.

as melhores são as de Egas e as de Telétrion, que são lugares bastante secos; além disso Telétrion é também pouco soalheiro[2125].

6. Sobre as raízes com propriedades medicinais ou com quaisquer outras potencialidades, quer na raiz em si mesma, quer nas seivas ou em qualquer outra das suas partes, e em geral sobre os subarbustos e as ervas com capacidades semelhantes, como sobre os paladares que têm, sejam elas aromáticas ou não, e quais as diferenças que as distinguem, que fazem também parte da sua natureza, eis o que havia a dizer.

[2125] O Telétrion, uma montanha de pouco menos de mil metros situada na ilha de Eubeia, caracteriza-se por uma vegetação densa. Egas fica na costa ocidental da mesma ilha.

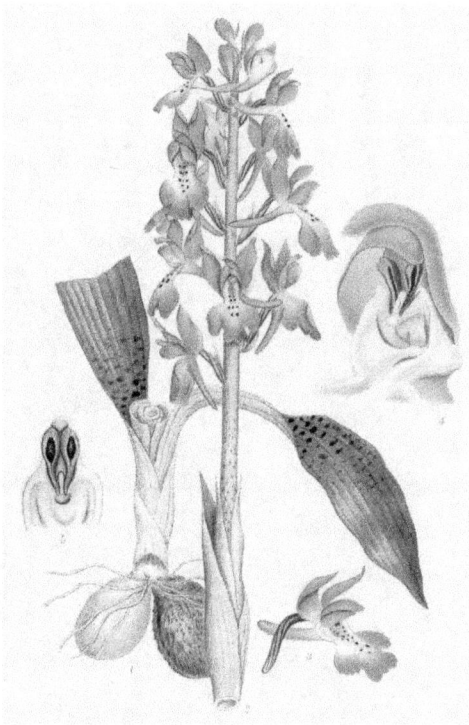

Orchis mascula (L.) L. (Erva-de-testículos)
9.18.3 (nota 2080)
Imagem - 1 , Portugal, Macedo de Cavaleiros. J. Monteiro, 2011.
Imagem - 2, C. A. M. Lindman, *Nordens Flora*: 401 (1901-1905).

ÍNDICES

ÍNDICE DAS FIGURAS
(os números remetem para as páginas do volume)

Bruguiera gymnorhiza (L.) Lam., "Mangue-preto" – 215
Chamaerops humilis L., Tamareira-anã – 99
Cichorium intybus L., Chicória – 259
Cynomorium coccineum L., Cogumelos – 165
Linum usitatissimum L., Linho – 289
Misopates orontium (L.) Raf., Antirrino – 315
Orchis mascula (L.) L., Erva-de-testículos – 358
Platanus orientalis L. var. *cretica* Dode, Plátano-de-creta – 119
Thymus sibthorpii Benth., Tomilho-tufoso – 237
Vicia amphicarpa L., "Ervilhaca-subterrânia" – 55

Índice dos nomes Gregos - Portugueses
das plantas e suas partes
(os números remetem para os capítulos de Teofrasto)

ἀβρότονον, artemísia - **Livro 1**: 9. 4; **Livro 6**: 1. 1, 3. 6, 7. 3, 7. 4
ἀγγεῖον, cápsula - **Livro 1**: 11. 1, 11. 2, 11. 3; **Livro 4**: 12. 2; **Livro 6**: 6. 9; **Livro 8**: 3. 4
ἄγνος, agno-casto - **Livro 1**: 3. 2, 14. 2; **Livro 3**: 12. 1, 12. 2; **Livro 4**: 10. 2; **Livro 9**: 5. 1
ἀγρία δάφνη, loureiro-selvagem - **Livro 1**: 9. 3
ἄγρωστις, grama, dente-de-cão - **Livro 1**: 6. 7, 6. 10; **Livro 2**: 2. 1; **Livro 4**: 6. 6, 10. 5, 10. 6, 11. 13; **Livro 9**: 13. 6, 18. 2
ἄγχουσα πόα, orçaneta - **Livro 7**: 8. 3, 9. 3
ἀδίαντον, adianto - **Livro 7**: 10. 5, 14. 1
ἀδράφακυς, ἀδράφαξυς, armoles - **Livro 1**: 14. 2; **Livro 3**: 10. 5; **Livro 7**: 1. 2, 1. 3, 2. 6, 2. 7, 2. 8, 3. 2, 3. 4, 4. 1, 5. 5
ἀείζωον, sempre-viva - **Livro 1**: 10. 4; **Livro 7**: 15. 2
ἀθραγένη, clematite - **Livro 5**: 9. 6
αἴγειρος, choupo - **Livro 1**: 2. 7, 5. 2; **Livro 2**: 2. 10; **Livro 3**: 1. 1, 3. 1, 3. 4, 4. 2, 6. 1, 13. 3, 14. 2; **Livro 4**: 1. 1, 7. 4, 13. 2; **Livro 5**: 9. 4
αἰγίλωψ, roble - **Livro 3**: 8. 2, 8. 4, 8. 6
αἰγίλωψ, trigo-de-perdiz - **Livro 7**: 13. 5; **Livro 8**: 7. 1, 8. 3, 9. 2, 9. 3, 11. 8, 11. 9
αἰγίς, *aigis* - **Livro 3**: 9. 3, 9. 7, 9. 8; **Livro 5**: 1. 9
αἱμόδωρον, orobanca - **Livro 8**: 8. 5
αἶρα, joio - **Livro 1**: 5. 2; **Livro 2**: 4. 1; **Livro 4**: 4. 10; **Livro 8**: 4. 6, 7. 1, 8. 3, 9. 3
ἀκαλύφη, ortiga - **Livro 7**: 7. 2
ἄκανθα, acácia - **Livro 4**: 2. 1, 2. 8, 7. 1; **Livro 9**: 1. 2
ἄκανθα, planta-espinhosa - **Livro 4**: 4. 12, 4. 13, 6. 10, 10. 6; **Livro 6**: 4. 6; **Livro 9**: 1. 1, 1. 2, 18. 1
ἄκανθα ἀκανώδης, acanto-espinhoso - **Livro 4**: 10. 6
ἄκανθα Ἡρακλέους, espinho-de-héracles - **Livro 4**: 4. 12
ἀκανθικὴ μαστίχη, mastique-espinhosa - **Livro 6**: 4. 9
ἄκανθος, espinho, pico - **Livro 1**: 5. 3, 10. 4, 10. 5, 10. 6, 10. 7, 10. 8, 13. 3; **Livro 3**: 3. 2, 10. 1, 11. 3, 11. 5, 12. 3, 12. 9, 16. 1, 16. 2, 18. 2, 18. 4, 18. 11; **Livro 4**: 2. 8, 2. 11, 4. 2, 8. 8; **Livro 6**: 1. 2, 1. 3, 1. 4, 3. 7, 4. 1, 4. 2, 4. 3, 4. 5, 4. 8, 4. 10, 4. 11, 5. 1, 5. 2, 5. 3; **Livro 7**: 6. 2, 7. 3, 7. 4, 8. 1, 8. 3, 14. 2; **Livro 9**: 4. 3, 4. 7, 11. 9
ἄκανος, cardo-espinhoso - **Livro I**: 10. 6, 13. 3; **Livro 4**: 6. 10; **Livro 6**: 1. 3, 4. 3, 4. 4, 4. 5 4. 6, 4. 8, 4. 9, 4. 11, 5. 3, 6. 6; **Livro 9**: 12. 1
ἀκόνιτον, *akóniton* - **Livro 9**: 16. 4, 16. 7
ἄκορνα, cardo-santo - **Livro I**: 10. 6; **Livro 6**: 4. 3, 4. 6
ἀκρεμών, ramo - **Livro I**: 1. 9, 1. 11, 3. 4, 6. 5, 8. 4, 9. 3, 10. 7, 10. 8, 12. 3, 14. 2; **Livro 2**: 1. 1, 1. 2, 7. 3; **Livro 3**: 6. 2; **Livro 4**: 2. 1, 2. 3, 2. 4, 2. 5, 2. 8, 6. 7, 6. 8, 6. 10, 16. 2, 16. 3; **Livro 6**: 2. 2; **Livro 7**: 1. 8, 8. 3; **Livro 9**: 1. 3, 2. 1, 4. 9
ἀκρόδρυα, árvores de fruto - **Livro 2**: 5. 7; **Livro 4**: 4. 11, 7. 8
ἀκτέα, ἀκτή, sabugueiro - **Livro 1**: 5. 4, 6. 1, 8. 1; **Livro 3**: 4. 2, 13. 4; **Livro 4**: 13. 2; **Livro 5**: 3. 3
ἄκυλος, glande - **Livro 3**: 16. 3
ἀλθαία, alteia - **Livro 9**: 15. 5, 18. 1
ἄλιμον, salgadeira - **Livro 4**: 16. 5

ἀλίφλοιος, carvalho-de-casca-marinha - **Livro 3:** 8. 2, 8. 3, 8. 5, 8. 6, 8. 7; **Livro 5:** 1. 2
ἀλσίνη, paritária - **Livro 9:** 13. 3
ἀλωπέκουρος, cauda-de-raposa - **Livro 7:** 11. 2
ἀμάρακον, ἀμάρακος, manjerona - **Livro 1:** 9. 4; **Livro 6:** 1. 1, 7. 4, 8. 3; **Livro 9:** 7. 3
ἄμπελος, vinha, videira, uva - **Livro 1:** 2. 1, 2. 7, 3. 1, 3. 5, 5. 2, 6. 1, 6. 3, 6. 5, 8. 5, 9. 1, 10. 4, 10. 5, 10. 7, 10. 8, 11. 4, 12. 1, 12. 2, 13. 1, 13. 3, 13. 4, 14. 1, 14. 4; **Livro 2:** 1. 3, 2. 4, 3. 1, 3. 2, 3. 3, 5. 3, 5. 5, 5. 7, 6. 12, 7. 1, 7. 2, 7. 5, 7. 6; **Livro 3:** 5. 4, 15. 3, 17. 3, 17. 4, 17. 6; **Livro 4:** 4. 8, 4. 11, 5. 4, 6. 2, 6. 9, 7. 7, 7. 8, 13. 2, 13. 4, 13. 5, 14. 2, 14. 6, 14. 8, 14. 13, 15. 1, 16. 1, 16. 6; **Livro 5:** 3. 4, 4. 1, 9. 4, 9. 6; **Livro 8:** 2. 8; **Livro 9:** 1. 6, 10. 3, 13. 5, 14. 1, 18. 11, 20. 3
ἀμυγδαλῆ, amendoeira, amêndoa - **Livro 1:** 6. 3, 9. 6, 11. 1, 11. 3, 12. 1, 13. 1, 14. 1; **Livro 2:** 1. 3, 2. 5, 2. 8, 2. 11, 5. 6, 7. 6, 7. 7, 8. 1; **Livro 3:** 11. 4, 12. 1, 12. 5; **Livro 4:** 2. 5, 4. 7, 7. 5, 14. 12; **Livro 5:** 9. 5; **Livro 7:** 13. 7; **Livro 8:** 2. 2; **Livro 9:** 1. 2, 1. 3, 1. 5, 19. 1
ἄμωμον, amomo - **Livro 9:** 7. 2
ἀνδράχλη, medronheiro-do-oriente - **Livro 1:** 5. 2, 9. 3; **Livro 3:** 3. 1, 3. 3, 4. 2, 4. 4, 4. 6, 6. 1, 16. 5; **Livro 4:** 4. 2, 7. 5, 15. 1, 15. 2; **Livro 5:** 7. 6;
ἀνδράχνη, beldroega - **Livro 7:** 1. 2, 1. 3, 2. 9; **Livro 9:** 4. 3
ἀνεμώνη, anémona - **Livro 6:** 8. 1; **Livro 7:** 7. 3, 8. 3, 10. 2
ἄνηθον, aneto - **Livro 1:** 11. 2, 12. 2; **Livro 6:** 2. 8; **Livro 7:** 1. 2, 1. 3, 2. 8, 3. 2, 4. 1, 6. 4
ἄνθεμον, camomila - **Livro 1:** 13. 3; **Livro 7:** 8. 3, 14. 2
ἀνθέρικος, asfódelo, caule do asfódelo - **Livro 1:** 4. 3; **Livro 6:** 2. 9; **Livro 7:** 13. 2, 13. 3, 13. 4; **Livro 9:** 10. 1
ἀνθηδών, espinheiro-alvar - **Livro 3:** 12. 5
ἀνθήλη, pluma - **Livro 4:** 11. 4
ἄνθος, flor - **Livro 1:** 1. 2, 1. 7, 1. 11, 2. 1, 3. 5, 10. 9, 10. 10, 12. 4, 13. 1, 13. 2, 13. 3, 13. 4, 13. 5, 14. 1, 14. 3; **Livro 2:** 6. 6, 8. 4; **Livro 3:** 1. 3, 2. 1, 3. 5, 3. 6, 3. 7, 3. 8, 4. 3, 4. 4, 4. 5, 5. 6, 7. 3, 10. 4, 11. 2, 11. 4, 12. 2, 12. 4, 12. 5, 12. 7, 13. 3, 13. 6, 14. 2, 15. 4, 16. 4, 17. 3, 17. 5, 18. 2, 18. 5, 18. 11, 18. 13; **Livro 4:** 2. 4, 2. 5, 2. 8, 2. 10, 4. 3, 7. 2, 7. 4, 7. 6, 7. 7, 7. 8, 8. 7, 8. 9, 8. 10, 10. 2, 10. 3, 14. 1, 14. 6, 14. 8, 14. 9, 14. 12; **Livro 5:** 1. 4; **Livro 6:** 2. 1, 2. 2, 2. 3, 2. 6, 2. 8, 4. 2, 4. 3, 4. 4, 4. 7, 4. 8, 5. 2, 5. 3, 6. 2, 6. 3, 6. 5, 6. 6, 6. 9, 6. 10, 6. 11, 7. 1, 8. 1, 8. 2, 8. 3, 8. 4, 8. 5, 8. 6; **Livro 7:** 3. 1, 7. 3, 7. 4, 8. 3, 9. 1, 9. 2, 9. 5, 10. 1, 10. 2, 10. 3, 10. 4, 11. 1, 11. 2, 11. 3, 11. 4, 13. 2, 13. 3, 13. 6, 13. 7, 14. 2, 14. 3, 15. 1, 15. 3; **Livro 8:** 2. 5, 2. 6, 3. 3, 6. 5, 7. 2, 9. 1, 10. 3; **Livro 9:** 7. 3, 11. 1, 12. 4, 18. 1, 19. 1, 19. 3
ἄννησον, ἄννητον, anis - **Livro 1:** 11. 2, 12. 1; **Livro 9:** 7. 3, 12. 4
ἀντίρρινον, antirrino - **Livro 9:** 19. 2
ἀπάπη, dente-de-leão - **Livro 6:** 4. 8; **Livro 7:** 7. 1, 7. 3, 7. 4, 8. 3, 10. 2, 10. 3, 11. 3, 11. 4
ἀπαργία, *apargia* - **Livro 7:** 8. 3
ἀπαρίνη, amor-de-hortelão - **Livro 7:** 8. 1, 14. 3; **Livro 8:** 8. 4; **Livro 9:** 19. 2
ἄπιος, pereira, pera - **Livro 1:** 2. 7, 3. 3, 8. 2, 10. 5, 11. 4, 11. 5, 12. 2, 13. 1, 13. 3, 14. 1, 14. 4; **Livro 2:** 1. 2, 2. 4, 2. 5, 2. 12, 5. 3, 5. 6, 7. 7, 8. 1; **Livro 3:** 2. 1, 3. 2, 4. 2, 6. 2, 10. 1, 10. 3, 11. 5, 12. 8, 13. 3, 14. 1, 14. 3, 18. 7; **Livro 4:** 2. 5, 3. 1, 4. 2, 5. 3, 13. 1, 14. 2, 14. 10, 14. 12; **Livro 5:** 3. 2, 9. 8; **Livro 9:** 4. 2, 9. 5, 9. 6
ἄρακος, ervilhaca - **Livro 1:** 6. 12; **Livro 8:** 8. 3
ἀραχίδνα, araquidna - **Livro 1:** 1. 7, 6. 12

Índice dos nomes Gregos - Portugueses das plantas e suas partes

ἀρία, azinheira - **Livro 3:** 3. 8, 4. 2, 4. 4, 16. 3, 17. 1; **Livro 4:** 7. 2; **Livro 5:** 1. 2, 3. 3, 4. 2, 5. 1, 9. 1
ἀριστολόχια, aristolóquia - **Livro 9:** 13. 3, 14. 1, 15. 5, 20. 4
ἄρκευθος, *arceuthos*- **Livro 1:** 9. 3; **Livro 3:** 3. 1, 3. 3, 3. 8, 4. 1, 4. 5, 4. 6, 6. 1, 6. 5, 12. 3, 12. 4; **Livro 4:** 1. 3; **Livro 5:** 7. 4, 7. 6; **Livro 9:** 1. 2
ἀρνόγλωσσον, língua-de-borrego - **Livro 7:** 8. 3, 10. 3, 11. 2
ἄρον, jarro, árum - **Livro 1:** 6. 6, 6. 7, 6. 8, 6. 10, 10. 10; **Livro 7:** 2. 1, 9. 4, 12. 2, 13. 1, 13. 2
ἄρωμα, planta aromática - **Livro 6:** 8. 5
ἀσπάλαθος, alhagi - **Livro 9:** 7. 3
ἄσπρις, *aspris* - **Livro 3:** 8. 7
ἀσταφίς, uva-passa - **Livro 9:** 12. 1
ἀστερίσκος, áster - **Livro 4:** 12. 2
ἀσφάραγος, espargo - **Livro I:** 10. 6; **Livro 6:** 1. 3, 4. 1, 4. 2; **Livro 9:** 18. 3
ἀσφόδελος, asfódelo - **Livro 1:** 6. 7, 10. 7; **Livro 6:** 6. 9; **Livro 7:** 9. 4, 12. 1, 13. 1, 13. 2; **Livro 9:** 9. 6, 10. 1
ἀσχίον, bexiga-de-lobo; cf. ὕδνον - **Livro 1:** 6. 9
ἀτρακτυλίς, cardo-de-roca - **Livro 6:** 4. 3, 4. 6; **Livro 9:** 1. 1
ἀφάκη, *apháke* - **Livro 8:** 1. 4, 8. 3, 11. 1
ἀφάρκη, medronheiro-híbrido - **Livro 1:** 9. 3; **Livro 3:** 3. 1, 3. 3, 4. 2, 4. 4; **Livro 5:** 7. 7
ἀφία, tussilagem - **Livro 7:** 7. 3
ἀχράς, pereira ou pera selvagem - **Livro 1:** 4. 1, 8. 2, 9. 7, 14. 4; **Livro 2:** 2. 5, 2. 12; **Livro 3:** 2. 1, 3. 1, 3. 2, 4. 2, 4. 4, 6. 1, 11. 5, 12. 8, 14. 2, 18. 7; **Livro 4:** 13. 1; **Livro 5:** 5. 1; **Livro 6:** 1. 3
ἄχυρος, palha - **Livro 4:** 4. 9; **Livro 8:** 4. 1
ἀψίνθιον, absinto - **Livro 1:** 12. 1; **Livro 4:** 5. 1; **Livro 7:** 9. 5; **Livro 9:** 17. 4
βάλανος, bolota - **Livro 1:** 11. 3; **Livro 3:** 8. 3, 8. 6, 10. 1, 16. 1, 16. 3, 17. 1; **Livro 4:** 6. 9; **Livro 7:** 9. 4
βάλανος, árvore das bolotas - **Livro 4:** 2. 1, 2. 6; **Livro 8:** 2. 2
βάλσαμον, bálsamo-de-meca - **Livro 9:** 1. 2, 1. 6, 4. 1, 6. 1, 6. 4, 7. 3
βάτος, silvas - **Livro 1:** 3. 1, 5. 3, 9. 4, 10. 6, 10. 7; **Livro 3:** 18. 1, 18. 3, 18. 4, 18. 12; **Livro 4:** 8. 1, 12. 4; **Livro 6:** 1. 3
βίβλος, casca - **Livro 4:** 8. 4
βλάστημα, rebento - **Livro 1:** 1. 9
βλαστός, rebento, ramo - **Livro 1:** 1. 2, 1. 3, 1. 7, 2. 5, 2. 6, 6. 10, 6. 11, 7. 3, 8. 4, 8. 5, 9. 5, 9. 6, 9. 7, 13. 4, 14. 1, 14. 2, 14. 3; **Livro 2:** 1. 2, 1. 3, 1. 4, 2. 1, 2. 2, 2. 3, 2. 4, 2. 8, 3. 3, 4. 4, 5. 5, 6. 1, 6. 11, 7. 1, 7. 2, 7. 6; **Livro 3:** 1. 1, 1. 3, 1. 5, 1. 6, 2. 1, 4. 1, 4. 2, 4. 5, 5. 1, 5. 2, 5. 3, 5. 4, 5. 5, 5. 6, 6. 2, 6. 3, 7. 1, 7. 2, 7. 3, 9. 5, 9. 6, 11. 2, 12. 8, 17. 2, 17. 3, 18. 8, 18. 10, 18. 13; **Livro 4:** 2. 1, 2. 3, 2. 4, 2. 8, 2. 11, 3. 1, 4. 4, 7. 2, 8. 14, 9. 2, 9. 3, 10. 5, 10. 6, 10. 7, 11. 6, 11. 7, 11. 13, 13. 3, 13. 4, 13. 5, 14. 1, 14. 6, 14. 12, 14. 13, 15. 1, 15. 3, 16. 1, 16. 2, 16. 6; **Livro 5:** 1. 1, 1. 2, 1. 3, 1. 8, 4. 6, 9. 8; **Livro 6:** 2. 2, 2. 3, 2. 6, 2. 8, 4. 2, 4. 4, 5. 1, 5. 2, 5. 3, 5. 4, 6. 8, 6. 9, 6. 10, 7. 2, 7. 3, 7. 5; **Livro 7:** 1. 3, 1. 4, 1. 5, 1. 6, 1. 7, 1. 8, 2. 1, 2. 2, 2. 3, 2. 4, 2. 5, 2. 9, 3. 1, 3. 3, 3. 4, 4. 5, 4. 7, 4. 8, 4. 10, 5. 2, 7. 3, 8. 2, 9. 1, 9. 5, 10. 1, 10. 2, 10. 3, 10. 4, 11. 3, 12. 2, 13. 4, 13. 5, 13. 6, 13. 7; **Livro 8:** 1. 5, 1. 6, 2. 1, 2. 2, 2. 3, 4. 2, 5. 4, 6. 1, 7. 5, 11. 1, 11. 7, 11. 8, 11. 9; **Livro 9:** 1. 1, 1. 4, 1. 6, 5. 1, 11. 11, 20. 4
βληχώ, poejo - **Livro 9:** 16. 1
βλίτον, bredo - **Livro 1:** 14. 2; **Livro 7:** 1. 2, 1. 3, 2. 7, 2. 8, 3. 2, 3. 4, 4. 1

βολβίνη, cebolinho-de-flor-branca - **Livro 7:** 13. 9
βολβός, bolbo - **Livro 1:** 6. 7, 6. 8, 6. 9, 10. 7; **Livro 6:** 8. 1; **Livro 7:** 2. 1, 2. 2, 2. 3, 4. 12, 9. 4, 12. 1, 12. 2, 13. 1, 13. 2, 13. 4, 13. 5, 13. 7, 13. 8, 13. 9; **Livro 8:** 8. 3
βοτάνη, erva, erva daninha - **Livro 2:** 7. 5; **Livro 4:** 4. 13; **Livro 8:** 6. 7, 11. 8
βότρυς, cacho de uvas - **Livro 1:** 11. 4, 11. 5; **Livro 2:** 3. 2, 7. 5; **Livro 3:** 4. 4, 5. 5, 7. 3, 12. 7, 12. 8, 13. 6, 16. 4, 18. 5, 18. 12; **Livro 4:** 2. 4, 3. 1, 14. 10; **Livro 5:** 1. 4; **Livro 6:** 8. 2; **Livro 7:** 3. 4; **Livro 9:** 18. 11
βούκερας, βούκερον, corno-de-boi, feno-grego - **Livro 4:** 4. 10; **Livro 8:** 8. 5
βουμέλιος, freixo-gigante - **Livro 3:** 11. 4, 11. 5; **Livro 4:** 8. 2
βούπρηστις, *buprestis* - **Livro 7:** 7. 3
βούτομος, bútomo - **Livro 1:** 5. 3, 10. 5; **Livro 4:** 8. 1, 10. 4, 10. 6, 10. 7, 11. 12
βρόμος, aveia - **Livro 8:** 4. 1, 9. 2
βρύον, amentilho, amento - **Livro 1:** 1. 2, 2. 1; **Livro 3:** 3. 8, 7. 3, 11. 4; **Livro 9:** 18. 5
βρύον, alface-do-mar - **Livro 4:** 6. 2, 6. 6
γήτειον, cebolinho-de-flor-azul (cf. γήθυον) - **Livro 1:** 10. 8; **Livro 4:** 12. 3
γήθυον, cebolinho - **Livro 1:** 6. 9; **Livro 7:** 1. 2, 1. 3, 1. 6, 1. 7, 1. 8, 2. 2, 5. 1, 5. 3, 5. 5, 9. 4, 12. 3; **Livro 9:** 11. 6
γίγαρτον, grainha - **Livro 1:** 11. 6; **Livro 3:** 17. 6
γλεῖνος, ácer, cf. σφένδαμνος, ζυγία, κλινότροχος - **Livro 3:** 3. 1
γογγυλίς, nabo - **Livro 1:** 6. 6, 6. 7; **Livro 7:** 1. 2, 1. 7, 2. 5, 2. 8, 3. 2, 3. 4, 4. 3, 4. 6, 5. 3, 6. 2, 9. 4
γόνυ, nó, articulação - **Livro 1:** 5. 3, 6. 7, 8. 3, 8. 5; **Livro 3:** 5. 3, 11. 3, 13. 5, 18. 11; **Livro 4:** 6. 6, 8. 7, 10. 6, 11. 6, 11. 7, 11. 10, 11. 11, 11. 13; **Livro 6:** 2. 7, 2. 8; **Livro 8:** 2. 4, 3. 2; **Livro 9:** 11. 2, 18. 2
δάκρυον, lágrima, goma, gema, resina, seiva (cf. ὑγρόν, ὀπόν) - **Livro 1:** 2. 3; **Livro 2:** 2. 1, 2. 11, 7. 7; **Livro 4:** 4. 2, 7. 2; **Livro 6:** 3. 7, 4. 9, 6. 8; **Livro 7:** 6. 3; **Livro 9:** 1. 2, 1. 3, 1. 4, 1. 5, 1. 6, 4. 4, 6. 1, 6. 2, 7. 3, 8. 2
δᾷς, resina - **Livro 3:** 9. 3, 9. 5, 9. 7; **Livro 4:** 5. 3, 16. 1; **Livro 5:** 1. 5, 1. 6, 4. 2, 4. 4; **Livro 9:** 2. 1, 2. 2, 2. 3, 2. 5, 2. 6, 2. 7, 2. 8, 3. 1, 3. 4
δαῦκος, cenoura - **Livro 9:** 15. 5, 15. 8, 20. 2
δάφνη, fruto do loureiro – **Livro I:** 5. 2, 6. 3, 6. 4, 8. 1, 9. 3, 12. 1, 14. 4; **Livro 2:** 1. 3, 2. 6, 5. 6, **Livro 3:** 3. 3, 4. 2, 7. 3, 11. 3, 11. 4, 12. 7, 13. 5, 14. 3, 15. 4, 16. 4, 17. 3; **Livro 4:** 4. 12, 4. 13, 5. 3, 5. 4, 7. 1, 7. 2, 7. 4, 13. 3, 16. 6; **Livro 5:** 3. 3, 3. 4, 7. 7, 8. 3, 9. 7; **Livro 9:** 4. 2, 4. 3, 4. 9, 10. 1, 15. 5, 20. 1
δάφνη Ἀλεξάνδρεια, loureiro-de-alexandria - **Livro 1:** 10. 8; **Livro 3:** 17. 4
δαφνίς, fruto do loureiro - **Livro 1:** 11. 3
δενδρολάχανα, legume arborizado - **Livro 1:** 3. 4
δένδρον, árvore – **Livro 1:**1. 2, 1. 7, 1. 9, 1. 11, 2. 2, 2. 7, 3. 1, 3. 2, 3. 4, 3. 6, 5. 2, 6. 2, 6. 6, 6. 8, 7. 3, 8. 1, 9. 2, 9. 4, 10. 1, 10. 5, 10. 6, 10. 8, 11. 2, 11. 3, 11. 4, 12. 2, 12. 3, 13. 1, 14. 1, 14. 2, 14. 3; **Livro 2:** 1. 1, 1. 2, 1. 3, 1. 4, 2. 2, 3. 1, 3. 2, 4. 1, 4. 3, 4. 4, 5. 3, 5. 5, 6. 3, 6. 5, 6. 7, 7. 2, 7. 3, 7. 6, 7. 7, 8. 1; **Livro 3:** 1. 1, 2. 1, 2. 4, 3. 7, 3. 8, 4. 2, 4. 5, 5. 1, 5. 3, 5. 4, 7. 2, 8. 1, 8. 5, 9. 2, 9. 3, 9. 5, 9. 6, 9. 7, 10. 1, 10. 2, 11. 5, 12. 5, 12. 6, 12. 8, 12. 9, 13. 1, 13. 2, 13. 3, 13. 7, 14. 1, 14. 4, 15. 1, 15. 3, 15. 6, 16. 1, 16. 2, 16. 3, 16. 6, 17. 1, 17. 2, 17. 5, 18. 1, 18. 3, 18. 4, 18. 9, 18. 10, 18. 13; **Livro 4:** 1. 3, 2. 1, 2. 2, 2. 5, 2. 6, 2. 8, 2. 9, 2. 10, 2. 11, 2. 12, 3. 1, 3. 2, 3. 4, 3. 7, 4. 1, 4. 2, 4. 4, 4. 5, 4. 6, 4. 8, 5. 1, 6. 1, 7. 1, 7. 2, 7. 3, 7. 4, 7. 5, 7. 7, 7. 8, 8. 1, 10. 1, 13. 1, 13. 2, 13. 4, 14. 9, 14. 10, 14. 11, 14. 12, 14. 14, 15. 2, 16. 1, 16. 2, 16. 3, 16. 4; **Livro 5:** 1. 3, 1. 4, 1. 11, 2. 4, 3. 2, 4. 5, 4. 7, 8. 1, 8. 2, 9. 6; **Livro 6:** 1. 1, 1. 3, 7. 3; **Livro 7:** 9. 1, 9. 2, 10. 2, 10.

4, 10. 5, 13. 7; **Livro 8:** 2. 2, 8. 2, 10. 5; **Livro 9:** 1. 1, 2. 2, 2. 7, 3. 4, 4. 1, 4. 2, 4. 3, 4. 4, 4. 7, 4. 8, 4. 9, 4. 10, 6. 1, 6. 3

δένδρον έριοφόρον, árvore do algodão - **Livro 4:** 7. 7, 7. 8

δέρμα, pele - **Livro 1:** 2. 6, 10. 10, 11. 3, 11. 5

δίκταμνον, dictamno - **Livro 9:** 16. 1, 16. 2, 16. 3

διόσανθος, cravo - **Livro 6:** 1. 1, 6. 2, 6. 11, 8. 3

διοσβάλανος, castanha, castanheiro - **Livro 1:** 12. 1; **Livro 3:** 2. 3, 3. 1, 3. 8, 4. 2, 4. 4, 5. 5, 10. 1; **Livro 4:** 5. 1, 5. 4

διόσπυρος, lódão - **Livro 3:** 13. 3

δόλιχος, dólico - **Livro 8:** 3. 2, 11. 1

δρακόντιον, serpentária - **Livro 7:** 12. 2; **Livro 9:** 20. 3

δριμύ, suco - **Livro 9:** 1. 4

δρυπίς, *drípis* - **Livro I:** 10. 6

δρῦς, carvalho – **Livro 1:** 2. 1, 2. 7, 5. 2, 5. 3, 5. 5, 6. 1, 6. 2, 6. 3, 6. 4, 8. 5, 9. 5, 10. 6, 10. 7; **Livro 2:** 2. 3, 2. 6, 7. 6; **Livro 3:** 3. 1, 3. 3, 3. 8, 4. 2, 4. 4, 5. 1, 5. 5, 6. 1, 6. 5, 7. 4, 7. 6, 8. 2, 8. 4, 8. 5, 8. 6, 8. 7 16. 1, 16. 3; **Livro 4:** 2. 8, 5. 1, 5. 3, 6. 2, 6. 7, 6. 8, 6. 9, 14. 10, 15. 2, 15. 3; **Livro 5:** 1. 2, 1. 4, 3. 1, 3. 3, 4. 1, 4. 2, 4. 3, 4. 8, 5. 1, 6. 1, 7. 2, 7. 4, 7. 5, 8. 3, 9. 1, 9. 3; **Livro 9:** 9. 5

ἔβενος, ἐβένη, ébano - **Livro 1:** 5. 4, 5. 5, 6. 1, 6. 2; **Livro 4:** 4. 6; **Livro 5:** 3. 1, 3. 2, 4. 2; **Livro 9:** 20. 4

ἐγκάρδιον, coração - **Livro 3:** 9. 3, 9. 5, 12. 3; **Livro 5:** 1. 2, 3. 2

ἐγκέφαλος, copa – **Livro 2:** 6. 2, 6. 11

ἐλάα, ἐλαία, oliveira, azeitona - **Livro 1:** 3. 1, 3. 3, 5. 4, 5. 5, 6. 2, 6. 3, 6. 4, 8. 1, 8. 2, 8. 6, 9. 3, 10. 1, 10. 2, 10. 4, 10. 7, 11. 1, 11. 3, 11. 4, 12. 1, 13. 1, 13. 2, 13. 3, 14. 1, 14. 2, 14. 4; **Livro 2:** 1. 2, 1. 4, 2. 5, 2. 12, 3. 1, 3. 3, 5. 3, 5. 4, 5. 5, 5. 6, 5. 7, 7. 2, 7. 3; **Livro 3:** 2. 1, 7. 4, 12. 2, 15. 4, 17. 5; **Livro 4:** 2. 8, 2. 9, 3. 1, 4. 1, 4. 11, 7. 2, 7. 4, 13. 1, 13. 2, 13. 5, 14. 3, 14. 8, 14. 9, 14. 10, 14. 12, 16. 1; **Livro 5:** 3. 3, 3. 7, 4. 2, 4. 4, 5. 2, 6. 1, 9. 6, 9. 7, 9. 8; **Livro 6:** 2. 2, 2. 4; **Livro 8:** 2. 8, 4. 5; **Livro 9:** 11. 8, 18. 5

ἐλαίαγνος, agno-casto-aquático - **Livro 4:** 10. 1, 10. 2

ἐλάτη, abeto, abeto-branco - **Livro 1:** 1. 8, 3. 6, 5. 1, 5. 2, 5. 3, 5. 4, 5. 5, 6. 1, 6. 3, 6. 4, 6. 5, 8. 2, 8. 3, 8. 4, 9. 1, 9. 2, 9. 3, 10. 5, 10. 6, 12. 1, 12. 2, 13. 1; **Livro 2:** 2. 2; **Livro 3:** 1. 2, 3. 1, 3. 3, 4. 4, 4. 5, 5. 1, 5. 3, 5. 5, 6. 1, 6. 2, 6. 4, 6. 5, 7. 1, 7. 2, 9. 5, 9. 6, 9. 7, 9. 8, 10. 1, 10. 2; **Livro 4:** 1. 1, 1. 2, 1. 3, 5. 1, 5. 3, 6. 2, 6. 7, 6. 8, 15. 3, 16. 1, 16. 4; **Livro 5:** 1. 1, 1. 2, 1. 4, 1. 5, 1. 6, 1. 7, 1. 9, 3. 3, 3. 5, 4. 4, 4. 6, 5. 1, 5. 2, 5. 5, 6. 1, 6. 2, 7. 1, 7. 2, 7. 4, 7. 5, 8. 1, 8. 3, 9. 8; **Livro 9:** 1. 2, 2. 1, 2. 2

ἐλατήριον, pepino-selvagem - **Livro 4:** 5. 1; **Livro 9:** 14. 1, 15. 6

ἐλειοσέλινον, aipo-dos-pântanos - **Livro 7:** 6. 3

ἐλειόχρυσος, perpétua - **Livro 6:** 8. 1; **Livro 9:** 19. 3

ἐλελίσφακος, salva-retorcida - **Livro 6:** 1. 4, 2. 5

ἐλένιον, calaminta - **Livro 2:** 1. 3; **Livro 6:** 1. 1, 6. 2, 6. 3, 7. 2, 7. 4

ἑλίκη, *hélice* (cf. ἰτέα) - **Livro 3:** 13. 7

ἕλιξ, gavinha, hera trepadeira - **Livro 1:** 2. 1; **Livro 3:** 7. 3, 18. 6, 18. 7, 18. 8, 18. 11; **Livro 7:** 8. 1

ἐλλέβορος, heléboro - **Livro 4:** 5. 1; **Livro 6:** 2. 9; **Livro 9:** 8. 4, 8. 6, 8. 8, 9. 2, 10. 1, 10. 2, 14. 1, 14. 4, 15. 5, 16. 6, 17. 1, 17. 3, 18. 2

ἔλλοβον, planta com vagem - **Livro 8:** 2. 5

ἔλυμος, milho-painço - **Livro 4:** 4. 10; **Livro 8:** 1. 1, 11. 1

ἐνδᾶς, resina - **Livro 1**: 6. 1,
ἔνθρυσκον, cerefólio - **Livro 7**: 7. 1
ἐντεριώνη, coração da madeira - **Livro 1**: 2. 6; **Livro 3**: 13. 4, 14. 3, 15. 2, 17. 5, 18. 5; **Livro 5**: 1. 9, 1. 10
ἐντόμη, nervura - **Livro 4**: 3. 1
ἐπετίνη, falópia - **Livro 7**: 8. 1
ἐπίπετρον, saião - **Livro 7**: 7. 4
ἐρέβινθος, grão-de-bico - **Livro 2**: 4. 2, 6. 6; **Livro 4**: 4. 4, 4. 9; **Livro 6**: 5. 3; **Livro 8**: 1. 1, 1. 4, 2. 1, 2. 3, 2. 5, 2. 6, 3. 2, 5. 1, 5. 2, 5. 4, 6. 5, 7. 2, 9. 1, 10. 1, 10. 5, 11. 2, 11. 6
ἐρείκη, urze - **Livro 1**: 14. 2; **Livro 9**: 11. 11
ἐρευθεδανόν, granza - **Livro 6**: 1. 4; **Livro 7**: 9. 3; **Livro 9**: 13. 4, 13. 6
ἐρινεός, figueira-selvagem - **Livro 1**: 8. 2, 14. 4; **Livro 2**: 2. 4, 2. 12, 3. 1, 8. 1, 8. 2, 8. 3; **Livro 3**: 3. 1, 4. 2; **Livro 4**: 13. 1, 14. 4; **Livro 5**: 6. 2, 9. 5
ἐρινός, ἐρινόν, figo-selvagem - **Livro 3**: 3. 8, 7. 3; **Livro 4**: 2. 3, 14. 4, 14. 5
ἔρνος, rebento - **Livro 2**: 1. 3, 3. 3, 5. 5
ἕρπυλλος, tomilho-tufoso - **Livro 1**: 9. 4; **Livro 2**: 1. 3; **Livro 6**: 1. 1, 6. 2, 6. 3, 7. 2, 7. 4, 7. 5, 7. 6
ἐρύσιμον, sisímbrio - **Livro 8**: 1. 4, 3. 1, 3. 2, 3. 3, 6. 1, 7. 3
Εὐβοικόν, castanha - **Livro 1**: 11. 3
εὔζωμον, eruca - **Livro 1**: 6. 6; **Livro 7**: 1. 2, 1. 3, 2. 8, 4. 1, 4. 2, 5. 5; **Livro 9**: 11. 6
εὐθεία, nervura - **Livro 3**: 10. 3
εὐθύφλοιος, carvalho-de-casca-direita - **Livro 3**: 8. 2
εὐώνυμος, evónimo - **Livro 3**: 18. 13
ἐφήμερον, *ephémeron* - **Livro 9**: 16. 6
ἔχινος, cápsula - **Livro 3**: 10. 1
ζειά, escanha - **Livro 2**: 4. 1; **Livro 4**: 4. 10; **Livro 8**: 1. 1, 1. 3, 8. 3, 9. 2
ζυγία, ácer, cf. σφένδαμνος, γλεῖνος, κλινότροχος - **Livro 3**: 3. 1, 4. 2, 6. 1, 11. 1, 11. 2; **Livro 5**: 1. 2, 1. 4, 3. 3, 7. 6
ἡδύοσμον, hortelã - **Livro 7**: 7. 1
ἡλακάτη, cana - **Livro 2**: 2. 1
ἡλιοτρόπιον, heliotrópio - **Livro 7**: 3. 1, 8. 1, 9. 2, 10. 5, 15. 1
ἡμερίς, *hemeris* - **Livro 3**: 8. 2, 8. 4, 8. 6
ἡμεροκαλλές lírio-purpúreo - **Livro 6**: 1. 1, 6. 11
ἡμίονος erva-da-mula - **Livro 9**: 18. 7
Ἡράκλεια, erva-de-héracles - **Livro 9**: 15. 5
ἠριγέρων, tasneirinha - **Livro 7**: 7. 1, 7. 4, 10. 2
ἠρύγγιον, cardo-corredor - **Livro 6**: 1. 3
θαλία, ramagem - **Livro 2**: 2. 12, 3. 3
θάμνος, arbusto - **Livro 1**: 3. 1, 3. 2, 3. 3, 3. 6, 5. 2, 5. 3, 6. 2, 9. 4, 10. 4, 10. 7, 14. 2; **Livro 2**: 6. 10; **Livro 3**: 12. 1, 13. 4, 14. 1, 15. 1, 15. 3, 17. 3, 17. 5, 17. 6, 18. 1, 18. 4, 18. 13; **Livro 4**: 2. 11, 3. 3, 3. 4, 4. 6, 10. 2, 11. 12; **Livro 6**: 1. 1, 1. 3; **Livro 7**: 2. 3, 8. 1; **Livro 9**: 4. 3, 5. 1, 5. 2, 19. 1
θαψία, tápsia - **Livro 9**: 8. 3, 8. 5, 9. 1, 9. 5, 9. 6, 11. 2, 20. 3
θέρμος, tremoço, tremoceiro - **Livro 1**: 3. 6, 7. 3; **Livro 3**: 2. 1; **Livro 4**: 7. 5, 7. 6, 7. 7; **Livro 8**: 1. 3, 2. 1, 5. 2, 5. 4, 7. 3, 11. 2, 11. 4, 11. 6, 11. 8
θηλυκράνεια, corniso-fêmea - **Livro 3**: 3. 1, 4. 2, 4. 3, 4. 6, 12. 1
θηλυπτερίς, feto-fêmea - **Livro 9**: 18. 8
θηλύφονον, morte-das-mulheres; cf. σκόρπιον - **Livro 9**: 18. 2

θήσειον, erva-de-teseu - **Livro 7:** 12. 3
θραύπαλος, abrunheiro-bravo - **Livro 3:** 6. 4; **Livro 4:** 1. 3
θριδακίνη, alface - **Livro 1:** 10. 7, 12. 2; **Livro 4:** 6. 6; **Livro 7:** 1. 2, 1. 3, 3. 2, 4. 1, 4. 5, 5. 4, 6. 2; **Livro 9:** 8. 2, 11. 11
θρῖδαξ, alface - **Livro 7:** 2. 4, 2. 9, 5. 3
θρῖον, folha da figueira - **Livro 2:** 3. 3
θρυαλλίς, verbasco - **Livro 7:** 11. 2
θρύον, junco - **Livro 4:** 11. 12
θύεια, θυία, *thuía* - **Livro 1:** 9. 3; **Livro 3:** 4. 2, 4. 6; **Livro 4:** 1. 3
θύμα, *thyma* - **Livro 4:** 7. 1
θύμβρα, θύμβρον, segurelha - **Livro 1:** 3. 1, 12. 1, 12. 2; **Livro 6:** 1. 4, 2. 3, 2. 4, 7. 5; **Livro 7:** 1. 2, 1. 3, 1. 6, 5. 5, 6. 1
θύμος, θύμον, timo - **Livro 1:** 12. 2; **Livro 3:** 1. 3; **Livro 4:** 3. 5, 7. 2; **Livro 6:** 2. 3, 7. 2
θύον, θύα, *thyon* - **Livro 5:** 3. 7, 4. 2
ἰασιώνη, campaínha - **Livro 1:** 13. 2
ἰκμάς, seiva - **Livro 6:** 4. 8
ἴκμη, lentilha-de-água - **Livro 4:** 10. 1, 10. 2, 10. 4
ἰξία, visco-do-carvalho, planta viscosa - **Livro 3:** 7. 6, 16. 1; **Livro 9:** 1. 3
ἰξίνη, cardo-viscoso - **Livro 6:** 4. 3, 4. 4, 4. 9; **Livro 9:** 1. 2
ἴον, violeta - **Livro 1:** 13. 2; **Livro 3:** 18. 13; **Livro 4:** 7. 4; **Livro 6:** 6. 2, 6. 3, 6. 5, 6. 7, 8. 1, 8. 2, 8. 5, 8. 6
ἴουλος, tufo, amentilho - **Livro 3:** 3. 8, 5. 5, 7. 3, 15. 2, 18. 11
ἵπνον, cauda-de-cavalo - **Livro 4:** 10. 1, 10. 2, 10. 4
ἱππομάραθον, funcho-de-cavalo - **Livro 6:** 1. 4
ἱπποσέλινον, salsa-de-cavalo, aipo-de-cavalo - **Livro 1:** 9. 4; **Livro 2:** 2. 1; **Livro 7:** 2. 6, 2. 8, 6. 3; **Livro 9:** 1. 3, 1. 4, 15. 5
ἱππόφεως, eufórbio-espinhoso - **Livro 6:** 5. 1, 5. 2
ἶρις, íris - **Livro 1:** 7. 2; **Livro 4:** 5. 2; **Livro 6:** 8. 3; **Livro 7:** 13. 1, 13. 2; **Livro 9:** 7. 3, 9. 2
ἴς, fibra, nervura - **Livro 1:** 1. 11, 2. 1, 2. 3, 2. 5, 2. 6, 2. 7, 5. 2, 5. 3, 6. 4, 6. 8, 10. 2, 10. 3, 10. 8, 10. 9, 10. 10; **Livro 3:** 9. 7, 10. 1, 10. 3, 10. 5, 11. 1, 11. 3, 12. 1, 12. 5, 12. 7, 13. 2, 13. 5, 14. 1, 14. 3, 17. 3; **Livro 4:** 2. 7; **Livro 5:** 1. 5, 1. 7, 3. 6, 5. 5; **Livro 7:** 9. 3; **Livro 8:** 3. 1; **Livro 9:** 5. 3, 18. 1
ἴσχαιμος, planta-que-retém-o-sangue - **Livro 9:** 15. 3
ἰσχάς, eufórbio-figo - **Livro 9:** 9. 5, 9. 6
ἰτέα, salgueiro (cf. ἑλίκη) - **Livro 1:** 4. 2, 4. 3, 5. 1, 5. 4; **Livro 3:** 1. 1, 1. 2, 1. 3, 3. 1, 3. 4, 4. 2, 6. 1, 13. 7, 14. 4; **Livro 4:** 1. 1, 5. 7, 8. 1, 10. 1, 10. 6, 11. 13, 13. 2, 16. 2, 16. 3; **Livro 5:** 3. 4, 7. 7, 9. 4
ἴφυον, nigela-dos-trigos - **Livro 6:** 6. 11, 8. 3
ἶψος, *ipsos* - **Livro 3:** 4. 2
ἰωνία, goiveiro, goivo - **Livro 1:** 9. 4; **Livro 2:** 1. 3; **Livro 6:** 1. 1, 6. 2, 6. 7, 6. 11, 8. 5; **Livro 7:** 6. 4
κάκτος, alcachofra - **Livro 6:** 4. 10
κάλαμος, caniço, cana, talo - **Livro 1:** 5. 2, 5. 3, 6. 2, 6. 7, 6. 10, 8. 3, 8. 5, 9. 4, 10. 5, 10. 8, 10. 9; **Livro 2:** 2. 1; **Livro 4:** 6. 6, 8. 1, 8. 4, 8. 7, 8. 8, 9. 1, 9. 3, 10. 1, 10. 6, 10. 7, 11. 1, 11. 2, 11. 3, 11. 4, 11. 6, 11. 7, 11. 9, 11. 10, 11. 11, 11. 13, 15. 2; **Livro 6:** 2. 8; **Livro 7:** 13. 1; **Livro 8:** 2. 4, 3. 1, 3. 2, 3. 4, 4. 1, 4. 3, 4. 4, 7. 5, 9. 2, 9. 3, 10. 4; **Livro 9:** 7. 1, 16. 2
κάλαμος, ácoro - **Livro 9:** 7. 1, 7. 3

κάλυξ, botão, cálice - **Livro 4:** 10. 3; **Livro 7:** 7. 1
κάλυξ, vagem, cápsula - **Livro 8:** 2. 4, 4. 3
κάππαρις, alcaparra - **Livro 1:** 3. 6; **Livro 3:** 2. 1; **Livro 4:** 2. 6; **Livro 6:** 1. 3, 4. 1, 5. 2; **Livro 7:** 8. 1, 10. 1
κάρδαμον, agrião - **Livro 1:** 12. 1; **Livro 7:** 1. 2, 1. 3, 1. 6, 4. 1, 5. 5
καρδάμωμον, cardamomo - **Livro 9:** 7. 2, 7. 3
καρδία, coração (cf. μήτρα) - **Livro 1:** 2. 6; **Livro 3:** 10. 2, 12. 1, 14. 1, 17. 5; **Livro 5:** 5. 4; **Livro 9:** 2. 7
καρπός, fruto - **Livro 1:** 1. 2, 1. 3, 1. 6, 1. 7, 1. 11, 2. 1, 2. 2, 3. 3, 3. 5, 4. 1, 4. 2, 6. 9, 6. 11, 6. 12, 7. 2, 9. 7, 10. 8, 10. 9, 10. 10, 11. 3, 11. 4, 12. 2, 12. 3, 12. 4, 13. 3, 13. 4, 13. 5, 14. 1, 14. 2, 14. 3, 14. 4; **Livro 2:** 2. 4, 2. 6, 2. 8, 2. 10, 3. 1, 3. 2, 3. 3, 4. 3, 5. 7, 6. 2, 6. 6, 6. 7, 6. 8, 6. 10, 6. 11, 6. 12, 7. 1, 7. 2, 7. 6, 7. 7, 8. 1, 8. 3, 8. 4; **Livro 3:** 1. 2, 1. 3, 1. 5, 2. 1, 2. 3, 3. 2, 3. 4, 3. 5, 3. 6, 3. 7, 3. 8, 4. 1, 4. 2, 4. 3, 4. 4, 4. 5, 4. 6, 5. 3, 5. 5, 5. 6, 6. 1, 7. 3, 7. 4, 7. 6, 8. 1, 8. 2, 8. 7, 9. 2, 9. 4, 10. 1, 10. 2, 10. 3, 10. 4, 10. 5, 11. 2, 11. 4, 11. 5, 12. 2, 12. 4, 12. 5, 12. 6, 12. 8, 13. 3, 13. 6, 13. 7, 14. 1, 14. 2, 14. 4, 15. 1, 15. 2, 15. 3, 15. 4, 15. 6, 16. 1, 16. 3, 16. 4, 16. 5, 16. 6, 17. 1, 17. 2, 17. 3, 17. 4, 17. 5, 18. 2, 18. 3, 18. 4, 18. 5, 18. 6, 18. 7, 18. 10, 18. 11, 18. 12, 18. 13; **Livro 4:** 1. 5, 2. 1, 2. 3, 2. 4, 2. 5, 2. 6, 2. 7, 2. 8, 2. 10, 3. 1, 3. 2, 3. 3, 3. 4, 4. 4, 4. 5, 4. 7, 4. 11, 6. 9, 7. 2, 7. 4, 7. 5, 7. 6, 7. 7, 7. 8, 8. 3, 8. 8, 8. 9, 8. 10, 8. 11, 8. 14, 9. 2, 10. 2, 10. 3, 10. 4, 10. 7, 12. 1, 12. 2, 13. 1, 13. 2, 13. 5, 14. 3, 14. 8, 14. 9, 14. 10, 14. 13, 14. 14; **Livro 5:** 1. 1, 1. 2, 1. 3, 3. 7, 4. 1, 7. 7; **Livro 6:** 2. 3, 2. 6, 2. 8, 2. 9, 4. 3, 4. 5, 4. 6, 5. 3, 6. 8, 6. 9, 7. 1, 7. 2, 8. 3; **Livro 7:** 1. 7, 1. 8, 3. 3, 3. 4, 6. 3, 6. 4, 9. 1, 9. 5, 10. 1, 10. 4, 11. 1, 13. 2, 13. 6, 14. 2, 14. 3, 15. 3, 15. 4; **Livro 8:** 2. 11, 3. 2, 3. 3, 3. 4, 4. 2, 5. 3, 7. 2, 7. 4, 7. 6, 9. 2, 10. 5; **Livro 9:** 1. 1, 1. 6, 2. 3, 2. 4, 2. 8, 4. 7, 6. 1, 7. 2, 8. 1, 8. 2, 8. 3, 8. 5, 8. 6, 8. 7, 9. 1, 9. 2, 9. 5, 11. 5, 11. 6, 11. 7, 11. 9, 11. 10, 11. 11, 12. 3, 12. 5, 13. 1, 14. 4, 15. 5, 16. 1, 16. 4, 18. 1, 18. 5, 18. 6, 19. 2, 19. 4, 20. 1, 20. 3
καρύα εὐβοική, castanheiro - **Livro 5:** 4. 2, 4. 4, 6. 1, 7. 7, 9. 2
καρύα ἡρακλεωτική / καρύα ἡρακλεῶτις, avelaneira-de-heracleia - **Livro 1:** 3. 3, 10. 6; **Livro 3:** 3. 8, 5. 5, 6. 2, 6. 5, 7. 3, 15. 1, 15. 2
καρύα περσική, avelaneira-de-bizâncio - **Livro 3:** 6. 2, 14. 4
κάρυον, καρύα, noz, nogueira - **Livro 1:** 11. 1, 11. 3, 12. 1; **Livro 3:** 11. 4; **Livro 4:** 4. 7, 5. 4; **Livro 8:** 2. 2; **Livro 9:** 11. 9
κάρυον, pinhão - **Livro 3:** 9. 5, 9. 6
κάρυον, avelã, avelaneira - **Livro 3:** 2. 3, 3. 1, 3. 8, 4. 2, 4. 4, 5. 5, 5. 6, 15. 2
κάρυον, caroço - **Livro 4:** 2. 5, 3. 4
κασία, cássia, canela - **Livro 4:** 4. 14; **Livro 9:** 4. 2, 5. 1, 5. 3, 7. 2, 7. 3
κασταναίκον κάρυον, castanha - **Livro 4:** 8. 11
καυκαλίς, tordílio - **Livro 7:** 7. 1
καυλός, caule – **Livro 1:** 1. 9, 1. 10, 1. 11, 2. 2, 2. 4, 3. 1, 5. 3, 6. 9, 6. 10, 10. 7, 10. 8, 10. 9, 12. 3; **Livro 2:** 2. 1; **Livro 3:** 18. 9, 18. 11, 18. 12; **Livro 4:** 6. 3, 6. 6, 6. 8, 6. 10, 8. 7, 8. 8, 8. 9, 9. 2, 9. 3, 10. 5, 11. 13; **Livro 6:** 1. 4, 2. 6, 2. 7, 2. 8, 2. 9, 3. 1, 3. 2, 3. 4, 3. 5, 3. 7, 4. 1, 4. 2, 4. 4, 4. 5, 4. 10, 4. 11, 5. 2, 5. 3, 6. 6, 6. 8, 6. 9; **Livro 7:** 1. 7, 1. 8, 2. 1, 2. 2, 2. 3, 2. 4, 2. 7, 2. 8, 2. 9, 3. 4, 4. 3, 4. 5, 4. 6, 4. 8, 4. 9, 6. 1, 6. 2, 6. 3, 7. 1, 7. 2, 7. 3, 7. 4, 8. 1, 8. 2, 8. 3, 9. 1, 9. 5, 11. 3, 12. 1, 12. 2, 13. 2, 13. 3, 13. 5, 13. 6, 13. 7, 14. 1, 15. 3; **Livro 8:** 2. 1, 2. 2, 2. 3, 2. 4, 3. 2, 4. 1, 7. 4, 8. 5; **Livro 9:** 1. 1, 1. 3, 1. 7, 8. 2, 9. 6, 10. 1, 11. 2, 11. 6, 11. 7, 11. 10, 12. 3, 13. 5, 18. 1, 18. 3, 19. 3, 20. 3

κάχρυς, rebento de inverno - **Livro 3:** 5. 5, 5. 6, 10. 4, 12. 8, 14. 1, 17. 3; **Livro 5:** 1. 4
κεγχραμίς, grainha do figo - **Livro 1:** 11. 3, 11. 6; **Livro 2:** 2. 4, 8. 2; **Livro 4:** 2. 1
κέγχρος, milho-alvo - **Livro 1:** 11. 2; **Livro 4:** 4. 10, 8. 10, 10. 3; **Livro 8:** 1. 1, 1. 4, 2. 6, 3. 2, 3. 3, 3. 4, 7. 3, 9. 3, 11. 1, 11. 6; **Livro 9:** 18. 6
κεδρίς, junípero - **Livro 1:** 9. 4, 10. 6, 12. 1
κέδρος, oxicedro, *kédros* - **Livro 1:** 5. 3, 9. 3, 10. 4, 10. 6; **Livro 3:** 2. 6, 6. 5, 10. 2, 12. 3, 12. 4, 13. 7; **Livro 4:** 3. 3, 5. 2, 5. 5, 16. 1; **Livro 5:** 3. 7, 4. 2, 7. 1, 7. 4, 8. 1, 9. 8; **Livro 9:** 1. 2, 2. 3
κέλυφος, casca, cápsula - **Livro 1:** 11. 3; **Livro 3:** 18. 13; **Livro 4:** 2. 6, 4. 7, 8. 11, 12. 3; **Livro 9:** 16. 9, 20. 1
κενταύριον, κενταυρίς, centáurea - **Livro 1:** 12. 1; **Livro 3:** 3. 6; **Livro 4:** 5. 1; **Livro 7:** 9. 5; **Livro 9:** 1. 1, 8. 7, 11. 6, 14. 1
κεντρομυρρίνη, azevinho - **Livro 3:** 17. 4
κέντρον, pico - **Livro 6:** 4. 8
κέρασος, cerejeira-brava, cereja - **Livro 3:** 13. 1, 13. 3, 17. 4; **Livro 4:** 15. 1; **Livro 9:** 1. 2
κεραύνιον, trufa-do-raio - **Livro 1:** 6. 5
κερκίς, *kerkis* - **Livro 1:** 11. 2; **Livro 3:** 14. 2
κερωνία, alfarrobeira - **Livro 1:** 11. 2, 14. 2; **Livro 4:** 2. 4
κέφυλος, tegumento - **Livro 3:** 8. 3
κηκίς, bugalho – **Livro 1:** 2. 1; **Livro 3:** 5. 2, 7. 4, 7. 5, 8. 6; **Livro 4:** 2. 8
κήλαστρος, azevinho - **Livro 1:** 3. 6, 9. 3; **Livro 3:** 3. 1, 3. 3, 4. 5, 4. 6; **Livro 4:** 1. 3; **Livro 5:** 6. 2, 7. 7
κινάμωμον, cinamomo - **Livro 4:** 4. 14; **Livro 9:** 4. 2, 5. 1, 5. 3, 7. 2, 7. 3
κίσθος, cisto - **Livro 6:** 1. 4, 2. 1
κιττός, hera - **Livro 1:** 3. 2, 9. 4, 10. 1, 10. 7, 13. 1, 13. 4; **Livro 2:** 1. 2; **Livro 3:** 4. 6, 10. 5, 14. 2, 18. 1, 18. 6, 18. 7, 18. 8, 18. 9, 18. 10, 18. 11, 18. 12; **Livro 4:** 4. 1, 16. 5; **Livro 5:** 3. 4, 9. 6; **Livro 9:** 13. 6, 18. 5
κιχόριον, κιχόρη, chicória - **Livro 1:** 10. 7; **Livro 7:** 7. 1, 7. 3, 8. 3, 9. 2, 10. 3, 11. 3; **Livro 9:** 12. 4, 16. 4
κλάδος, rebento, ramo - **Livro 1:** 1. 9, 1. 11, 3. 1, 5. 1, 8. 3, 8. 4, 8. 5, 9. 1, 10. 7, 10. 8; **Livro 3:** 14. 2, 17. 1; **Livro 4:** 3. 4, 4. 4, 7. 4, 14. 4; **Livro 5:** 3. 7; **Livro 7:** 2. 7, 4. 4; **Livro 8:** 2. 3; **Livro 9:** 4. 2, 4. 4, 5. 1, 6. 1
κλήθρα, amieiro - **Livro 1:** 4. 3; **Livro 3:** 3. 1, 3. 6, 4. 2, 4. 4, 6. 1, 6. 5, 14. 3, 15. 1; **Livro 4:** 8. 1
κλῆμα, sarmento - **Livro 1:** 8. 5, 13. 4; **Livro 2:** 1. 3, 5. 5, 6. 12; **Livro 3:** 18. 7; **Livro 4:** 6. 9, 13. 5; **Livro 9:** 11. 9
κλύμενον, madressilva - **Livro 9:** 8. 5, 18. 6, 18. 7
κλών, ramo, ramificação, estaca, renovo - **Livro 1:** 1. 8, 10. 2, 12. 4; **Livro 2:** 1. 1, 1. 2; **Livro 3:** 2. 3, 13. 5, 17. 6, 18. 5; **Livro 4:** 2. 11, 4. 7; **Livro 6:** 2. 6, 6. 2; **Livro 7:** 2. 1; **Livro 9:** 7. 3, 16. 1, 16. 2, 16. 3, 18. 8
κλώνιον, folíolo - **Livro 3:** 13. 5
κνέωρος, κνέωρον, *knéoros* - **Livro 1:** 10. 4; **Livro 6:** 1. 4, 2. 2
κνῆκος, cártamo - **Livro 1:** 11. 3, 13. 3; **Livro 6:** 1. 3, 4. 3, 4. 4, 4. 5, 4. 6, 6. 6
κνήμη, nó - **Livro 9:** 13. 5
κόιξ, palmeira-do-egipto - **Livro 1:** 10. 5; **Livro 2:** 6. 10
κόκκος, grão, bago - **Livro 2:** 2. 5; **Livro 3:** 7. 3, 16. 1; **Livro 4:** 10. 3; **Livro 9:** 20. 2
κοκκυγέα, sumagre - **Livro 3:** 16. 6
κοκκύμηλον, κοκκυμηλέα, ameixieira, ameixa - **Livro 1:** 10. 10, 11. 1, 12. 1, 13. 1, 13. 3; **Livro 3:** 6. 4, 6. 5; **Livro 4:** 2. 3, 2. 5, 2. 10

κολοιτία, *coloitía* - **Livro 1**: 11. 2; **Livro 3**: 17. 3
κολόκυνθα, κολοκύντη, abóbora - **Livro 1**: 11. 4, 12. 2, 13. 3; **Livro 2**: 7. 5; **Livro 7**: 1. 2. 1. 3, 1. 6, 2. 9, 4. 1, 4. 6, 5. 5
κολουτέα, colútea - **Livro 3**: 14. 4, 17. 2
κόμαρος, medronheiro - **Livro 1**: 5. 2, 9. 3; **Livro 3**: 16. 4, 16. 5; **Livro 5**: 9. 1
κόμη, cabeleira (cf. τραγοπώγων) - **Livro 2**: 6. 4, 6. 10; **Livro 3**: 8. 4, 12. 9; **Livro 4**: 4. 4, 8. 3, 8. 5, 16. 1; **Livro 7**: 7. 1
κόμμι, goma - **Livro 3**: 14. 1; **Livro 4**: 2. 8; **Livro 9**: 1. 2, 1. 3
κόνυζα, ínula - **Livro 6**: 1. 4, 2. 6; **Livro 7**: 10. 1
κορίαννον, coentros - **Livro 1**: 11. 2; **Livro 7**: 1. 2, 1. 3, 1. 6, 2. 8, 3. 2, 4. 1, 5. 4, 5. 5
κορύνη, protuberância, gomo - **Livro 3**: 5. 1, 8. 6, 12. 7, 12. 8, 17. 3; **Livro 6**: 4. 2
κόρχορος, morrião - **Livro 7**: 7. 2
κορωνόπους, zaragatoa - **Livro 7**: 8. 3
κόστος, *kóstos* - **Livro 9**: 7. 3
κότινος, zambujeiro, oliveira selvagem ou azeitona selvagem - **Livro 1**: 4. 1, 8. 1, 8. 2, 8. 3, 8. 6, 14. 4; **Livro 2**: 2. 12, 3. 1; **Livro 3**: 2. 1, 6. 2, 15. 6; **Livro 4**: 4. 11, 13. 1, 13. 2, 14. 12; **Livro 5**: 2. 4, 3. 3, 4. 2, 4. 4, 7. 8
κουκιόφορον, tamareira-do-egipto - **Livro 4**: 2. 7
κράδη, estaca - **Livro 2**: 1. 2, 5. 4
κράνεια, corniso - **Livro 1**: 6. 1, 8. 2; **Livro 3**: 2. 1, 3. 1, 4. 2, 4. 3, 6. 1, 12. 1; **Livro 4**: 4. 5; **Livro 5**: 4. 1, 6. 4
κράταιγος, *krátaigos*, espinheiro - **Livro 3**: 15. 6
κραταιόγονος, persicária - **Livro 9**: 18. 6
κρεμάστρα, pedúnculo - **Livro 3**: 16. 4
κρηπίς, chupa-mel - **Livro 7**: 8. 3
κριθή, cevada - **Livro 1**: 6. 5, 6. 6, 11. 5; **Livro 2**: 2. 9, 4. 1; **Livro 3**: 10. 3; **Livro 4**: 4. 9, 8. 12; **Livro 8**: 1. 1, 1. 3, 1. 4, 1. 5, 1. 6, 2. 1, 2. 3, 2. 5, 2. 6, 2. 7, 2. 9, 3. 2, 4. 1, 4. 2, 6. 1, 6. 4, 6. 5, 7. 1, 7. 5, 8. 2, 8. 3, 9. 1, 9. 2, 10. 2, 10. 3, 11. 1, 11. 3, 11. 4, 11. 7; **Livro 9**: 11. 9, 12. 4
κρίνον, açucena - **Livro 1**: 13. 2; **Livro 2**: 2. 1; **Livro 4**: 8. 6, 8. 9; **Livro 6**: 6. 3, 6. 8, 8. 3
κρινωνία, lírio - **Livro 2**: 2. 1; **Livro 6**: 6. 9; **Livro 9**: 1. 4
κρόκος, açafrão - **Livro 1**: 6. 6, 6. 7, 6. 11; **Livro 4**: 3. 1; **Livro 6**: 6. 5, 6. 10, 8. 3; **Livro 7**: 7. 1, 7. 4, 9. 4, 10. 2, 13. 1, 13. 2; **Livro 9**: 7. 3, 11. 5, 15. 5
κρομμυογήτειον, cebolinho - **Livro 4**: 6. 2
κρόμμυον, κρόμυον, cebola - **Livro 1**: 5. 2, 6. 7, 6. 9, 10. 7, 10. 8; **Livro 4**: 12. 3; **Livro 5**: 1. 6; **Livro 7**: 1. 8, 2. 1, 2. 3, 3. 4, 4. 7, 4. 10, 4. 12, 5. 1, 5. 2, 8. 2, 9. 4, 13. 4; **Livro 9**: 15. 7
κρότων, rícino - **Livro 1**: 10. 1; **Livro 3**: 18. 7
κύαμος, fava - **Livro 3**: 5. 2, 10. 2, 10. 5, 13. 3, 15. 3, 17. 6; **Livro 4**: 3. 1, 8. 7, 8. 8, 8. 9; **Livro 7**: 3. 1; **Livro 8**: 1. 1, 1. 3, 1. 4, 1. 5, 2. 1, 2. 3, 2. 5, 2. 6, 3. 1, 3. 2, 5. 1, 5. 4, 6. 1, 6. 5, 7. 2, 8. 6, 8. 7, 9. 1, 10. 5, 11. 1, 11. 3
κυδώνιος, μῆλον κωδώνιον, marmelo - **Livro 2**: 2. 5; **Livro 4**: 8. 11
κύημα, botão - **Livro 6**: 4. 3
κύησις, botão - **Livro 6**: 4. 8
κυίξ, fritilária - **Livro 7**: 13. 9
κυκλάμινος, ciclame - **Livro 7**: 9. 4; **Livro 9**: 9. 1, 9. 3, 18. 2
κῦμα, embrião - **Livro 1**: 6. 9
κύμινον, cominhos - **Livro 1**: 11. 2; **Livro 7**: 3. 2, 3. 3, 4. 1; **Livro 8**: 3. 5, 6. 1, 7. 3, 8. 5, 10. 1; **Livro 9**: 8. 8

372

κυνόροδον, roseira-selvagem - **Livro 4:** 4. 8
κυνόσβατος, roseira-brava - **Livro 9:** 8. 5
κύνωψ, olho-de-cão - **Livro 7:** 7. 3, 11. 2
κυπάριττος, cipreste - **Livro 1:** 5. 1, 5. 3, 6. 4, 6. 5, 8. 2, 9. 1, 9. 3, 10. 4; **Livro 2:** 2. 2, 2. 6, 7. 1; **Livro 3:** 1. 6, 2. 3, 2. 6, 12. 4; **Livro 4:** 1. 3, 3. 1, 5. 2, 16. 1; **Livro 5:** 3. 7, 4. 1, 4. 2, 7. 4
κύπειρος, junça - **Livro 1:** 5. 3, 6. 8, 8. 1, 10. 5; **Livro 4:** 8. 1, 8. 12, 10. 1, 10. 5, 10. 6, 11. 12; **Livro 9:** 7. 3
κύτινος, flor da romãzeira - **Livro 1:** 13. 5; **Livro 2:** 6. 12; **Livro 4:** 10. 3
κύτισος, cítiso, luzerna-arbórea - **Livro 1:** 6. 1; **Livro 4:** 4. 6, 16. 5; **Livro 5:** 3. 1
κύτταρος, tufo florido, cápsula - **Livro 3:** 3. 8, 7. 3; **Livro 4:** 8. 7
κωδύα, papoila - **Livro 4:** 8. 7
κωδύα, cabeça - **Livro 4:** 8. 9, 8. 10, 8. 11
κώδυον, jacinto-das-searas - **Livro 6:** 8. 1
κώμακον, *kômakon* - **Livro 9:** 7. 2
κώνειον, cicuta - **Livro 1:** 5. 3; **Livro 6:** 2. 9; **Livro 7:** 6. 4; **Livro 9:** 8. 3, 15. 8, 16. 8, 16. 9, 20. 1
κῶνος, cone, pinha - **Livro 1:** 11. 3; **Livro 3:** 9. 5, 9. 6
κωνοφόρος, conífera - **Livro 1:** 12. 2; **Livro 2:** 2. 2, 2. 6; **Livro 3:** 9. 4
κωρυκίς, bugalho - **Livro 3:** 14. 1
κώρυκος, sâmara, bolsa foliar - **Livro 2:** 8. 3; **Livro 9:** 1. 2
λάθυρος, chícharo - **Livro 8:** 3. 1, 3. 2, 10. 5
λακάρη, λάκαρα, *lakáre, lákara* - **Livro 3:** 3. 1, 6. 1
λάπαθον, paciência - **Livro 1:** 6. 6; **Livro 7:** 1. 2, 2. 7, 2. 8, 4. 1, 6. 1, 7. 2; **Livro 9:** 11. 1
λάχανα, legumes, leguminosas, verduras condimentares - **Livro 1:** 3. 1, 3. 4, 6. 6, 6. 7, 6. 8, 9. 2, 10. 7, 10. 8, 11. 2, 11. 3, 12. 2, 13. 3, 14. 2; **Livro 2:** 4. 3; **Livro 3:** 6. 4; **Livro 4:** 14. 10; **Livro 6:** 1. 2; **Livro 7:** 1. 1, 2. 5, 2. 7, 5. 1, 5. 2, 7. 1, 7. 3; **Livro 8:** 3. 5
λειμωνία, cardo-dos-prados (cf. σκόλυμος) - **Livro 6:** 4. 3
λείριον, narciso (cf. νάρκισσος) - **Livro 1:** 13. 2; **Livro 3:** 13. 6, 18. 11; **Livro 6:** 6. 9, 8. 1, 8. 3; **Livro 7:** 13. 4; **Livro 9:** 16. 6
λέμμα, casca - **Livro 4:** 11. 6
λέμνα, estrela-de-água - **Livro 4:** 10. 1
λευκάκανθα, cardo-leiteiro - **Livro 6:** 4. 3
λεύκη, álamo - **Livro 1:** 10. 1; **Livro 3:** 1. 1, 3. 1, 4. 2, 6. 1, 14. 2, 18. 7; **Livro 4:** 1. 1, 2. 3, 8. 1, 8. 2, 10. 2, 13. 2, 16. 2; **Livro 5:** 9. 4
λευκόιον, violeta-branca - **Livro 6:** 8. 1; **Livro 7:** 8. 3, 13. 9
λευκὸς ἴος, goivo - **Livro 3:** 18. 13; **Livro 4:** 7. 8
λιβανωτίς, *libanotís* - **Livro 9:** 9. 5, 11. 10
λιβάνωτος, λίβανος, incenso - **Livro 4:** 4. 14; **Livro 9:** 1. 2, 1. 6, 4. 1, 4. 2, 4. 3, 4. 4, 4. 5, 4. 7, 4. 8, 4. 9, 4. 10, 11. 3, 11. 10, 20. 1
λίνος, linho - **Livro 3:** 18. 3; **Livro 8:** 7. 1; **Livro 9:** 18. 6
λινόσπαρτον, giesta - **Livro 1:** 5. 2
λοβός, vagem, cápsula - **Livro 1:** 11. 1, 11. 2; **Livro 3:** 11. 4, 14. 4, 17. 2, 18. 3, 18. 13; **Livro 4:** 2. 4, 2. 8, 6. 7; **Livro 6:** 5. 3; **Livro 7:** 3. 2, 11. 3; **Livro 8:** 2. 1, 2. 2, 2. 5, 3. 4, 5. 2, 5. 3, 5. 4
λυχνίς, pulsatila - **Livro 6:** 8. 3
λωτός, *lótus* - **Livro 1:** 5. 3, 6. 1, 8. 2; **Livro 4:** 2. 5, 2. 9, 2. 12, 3. 1, 3. 2, 3. 3, 3. 4, 8. 9, 8. 11; **Livro 5:** 3. 1, 3. 7, 4. 2, 5. 4, 5. 6, 8. 1; **Livro 7:** 8. 3, 15. 3

λωτός, trevo-morango - **Livro 7:** 8. 3, 13. 5
λωτός, meliloto - **Livro 9:** 7. 3
μαγύδαρις, magídaris - **Livro 1:** 6. 12; **Livro 6:** 3. 4, 3. 7
μαλάχη, malva - **Livro 1:** 3. 2, 9. 2; **Livro 4:** 15. 1; **Livro 7:** 7. 2, 8. 1; **Livro 9:** 15. 5, 18. 1
μαλιναθάλλη, *malinathálle* - **Livro 4:** 8. 12
μανδραγόρας, mandrágora - **Livro 6:** 2. 9; **Livro 9:** 8. 8, 9. 1
μάραθον, funcho - **Livro 1:** 11. 2, 12. 2; **Livro 4:** 6. 3; **Livro 6:** 1. 4, 2. 9; **Livro 7:** 3. 2; **Livro 9:** 9. 5
μασχάλη, ramo - **Livro 3:** 8. 4, 10. 2, 12. 3, 15. 1, 17. 3
μελάνδρυος, carvalho-negro - **Livro 1:** 6. 2; **Livro 5:** 3. 1
μελία, μέλιον, freixo - **Livro 3:** 3. 1, 4. 4, 6. 1, 6. 5, 11. 3, 11. 4, 17. 1; **Livro 4:** 5. 3, 8. 2; **Livro 5:** 1. 2, 6. 4, 7. 3, 7. 8
μελίλωτος, meliloto - **Livro 7:** 15. 3
μέλινος, *mélinos* - **Livro 8:** 1. 4, 2. 6, 3. 2, 3. 3, 7. 3
μελισσόφυλλον, erva-cidreira - **Livro 6:** 1. 4
μεμαίκυλος, medronho - **Livro 3:** 16. 4
μεσπίλη, μέσπιλον, nespereira, nêspera - **Livro 3:** 12. 5, 12. 8, 12. 9, 13. 1, 13. 3, 15. 6, 17. 5; **Livro 4:** 2. 10, 8. 12, 14. 10
μήκων, papoila - **Livro 1:** 9. 4, 11. 2, 12. 2; **Livro 4:** 8. 7, 8. 10, 10. 3; **Livro 9:** 8. 2, 11. 9, 12. 3, 12. 4, 12. 5, 16. 8, 20. 1
μηλέα, macieira - **Livro 1:** 3. 3, 5. 2, 6. 1, 6. 3, 6. 4, 8. 4, 9. 1, 10. 4, 10. 5, 11. 4, 12. 2, 13. 1, 13. 3, 14. 1, 14. 4; **Livro 2:** 1. 2, 1. 3, 2. 4, 2. 5, 5. 3, 5. 6, 8. 1; **Livro 3:** 3. 1, 3. 2, 4. 2, 4. 4, 11. 5; **Livro 4:** 5. 3, 5. 4, 10. 2, 13. 2, 13. 3, 14. 2, 14. 7, 14. 10, 14. 12, 16. 1; **Livro 5:** 3. 3, 4. 1; **Livro 9:** 11. 5
μηλέα περσική, μηδική, cidreira - **Livro 1:** 11. 4, 13. 4
μήλινος, marmelo - **Livro 6:** 2. 8; **Livro 7:** 3. 1
μῆλον, maçã - **Livro 1:** 11. 5, 12. 1; **Livro 2:** 6. 6; **Livro 3:** 5. 2; **Livro 4:** 10. 3; **Livro 6:** 4. 9, 6. 6
μῆλον ἐαρινόν, damasco - **Livro 4:** 7. 7
μῆλον Μηδικόν ou Περσικόν, limoeiro - **Livro 4:** 4. 2, 4. 3
μήλωθρον, briónia - **Livro 3:** 18. 11; **Livro 6:** 1. 4
μήνανθος, menanto - **Livro 4:** 10. 1, 10. 2, 10. 4
μήτρα, medula - **Livro 1:** 1. 11, 2. 1, 2. 6, 2. 7, 6. 1, 6. 2, 6. 5; **Livro 2:** 7. 3; **Livro 3:** 9. 2, 9. 3, 9. 6, 10. 5, 12. 3, 16. 3; **Livro 4:** 16. 4; **Livro 5:** 1. 11, 2. 2, 3. 1, 5. 2, 5. 3, 5. 4, 5. 5, 5. 6
μίλαξ, salsaparrilha - **Livro 1:** 10. 5, 10. 6; **Livro 6:** 8. 3
μίλος, teixo - **Livro 1:** 9. 3; **Livro 3:** 3. 1, 3. 3, 4. 2, 4. 4, 4. 6, 6. 1, 10. 2; **Livro 4:** 1. 3; **Livro 5:** 7. 6
μίνθα, hortelã-pimenta-bastarda - **Livro 2:** 4. 1; **Livro 6:** 7. 2
μίσχος, pedúnculo, pé – **Livro 1:** 1. 7, 2. 1, 10. 7, 10. 8, 10. 9, 11. 5; **Livro 3:** 5. 5, 5. 6, 7. 5, 10. 4, 10. 5, 11. 3, 12. 2, 12. 5, 12. 7, 13. 5, 13. 6, 14. 2, 15. 4, 18. 11, 18. 12; **Livro 4:** 9. 1, 10. 3, 12. 2; **Livro 7:** 9. 1, 13. 4
μνάσιον, *mnásion* - **Livro 4:** 8. 2, 8. 6
μόσχευμα, renovo - **Livro 2:** 2. 5
μυάκανθος, gilbardeira - **Livro 6:** 5. 1, 5. 2
μυελός, zona medular - **Livro 1:** 2. 6
μύκης, fungo - **Livro 1:** 1. 11, 5. 3, 6. 5; **Livro 3:** 7. 6; **Livro 4:** 7. 2, 14. 3
μυοφόνον, mata-ratos - **Livro 6:** 1. 4, 2. 9

Índice dos nomes Gregos - Portugueses das plantas e suas partes

μυρίκη, tamargueira - **Livro 1**: 4. 3, 9. 3, 10. 4; **Livro 3**: 3. 1, 3. 3, 16. 4; **Livro 4**: 5. 7, 6. 7; **Livro 5**: 4. 8; **Livro 6**: 2. 2, 4. 8
μύρρα, mirra - **Livro 7**: 6. 3
μύρρινος, μυρρίνη, mirto - **Livro 1**: 3. 3, 9. 3, 10. 2, 10. 4, 10. 8, 13. 3, 14. 1, 14. 4; **Livro 2**: 1. 4, 2. 6, 5. 5, 5. 6, 7. 2, 7. 3; **Livro 3**: 6. 2, 15. 5; **Livro 4**: 2. 6, 5. 3, 5. 4; **Livro 5**: 8. 3; **Livro 6**: 8. 5; **Livro 9**: 11. 9
μύρτος, μύρτον, mírtilo, mirto - **Livro 1**: 12. 1; **Livro 3**: 12. 4, 16. 4; **Livro 4**: 3. 1; **Livro 9**: 11. 9
μῶλυ, *móly* - **Livro 9**: 15. 7
ναῖρον, *naîron* - **Livro 9**: 7. 3
νᾶπυ, mostarda - **Livro 1**: 12. 1; **Livro 7**: 1. 2, 1. 3, 3. 2, 5. 5
νάρδος, nardo - **Livro 9**: 7. 2, 7. 3, 7. 4
ναρθηκία, férula-pequena - **Livro 6**: 1. 4, 2. 7; **Livro 8**: 3. 2
νάρθηξ, férula - **Livro 1**: 2. 7, 6. 1, 6. 2, 6. 10; **Livro 6**: 1. 4, 2. 7, 2. 8, 3. 1, 3. 7; **Livro 8**: 3. 2; **Livro 9**: 9. 6, 10. 1, 16. 2
νάρκισσος, nasciso - **Livro 6**: 6. 9, 8. 1; **Livro 7**: 13. 1, 13. 2, 13. 5, 13. 6, 13. 7
νάρτη, *nárte* - **Livro 9**: 7. 3
νηπενθές, *nepenthes* - **Livro 9**: 15. 1
νυμφαία, nenúfar-amarelo - **Livro 9**: 13. 1
ξίρις, íris-fétida - **Livro 9**: 8. 7
ξίφιον, ξίφος, espadilha, gladíolo (cf. φάσγανον) - **Livro 6**: 8. 1; **Livro 7**: 13. 1, 13. 2
ξύλον, madeira - **Livro 1**: 2. 1, 2. 6, 2. 7, 5. 3, 6. 1, 6. 2, 6. 4, 6. 6, 6. 7, 11. 3; **Livro 2**: 1. 1, 1. 2, 1. 4, 5. 4; **Livro 3**: 3. 2, 4. 3, 5. 3, 8. 2, 8. 4, 8. 5, 8. 7, 9. 1, 9. 2, 9. 4, 9. 5, 9. 6, 9. 7, 10. 1, 10. 2, 10. 3, 10. 4, 10. 5, 11. 1, 11. 2, 11. 3, 11. 5, 12. 1, 12. 3, 12. 5, 12. 9, 13. 2, 13. 4, 14. 1, 14. 2, 14. 3, 14. 4, 15. 2, 15. 4, 15. 6, 16. 1, 16. 2, 16. 3, 17. 1, 17. 3, 17. 5, 18. 5, 18. 9; **Livro 4**: 1. 4, 2. 2, 2. 5, 2. 6, 2. 7, 2. 9, 2. 12, 3. 1, 3. 4, 4. 6, 8. 4, 8. 5, 10. 5, 11. 10; **Livro 5**: 1. 1, 1. 5, 1. 9, 1. 10, 2. 2, 2. 3, 3. 5, 3. 6, 3. 7, 4. 2, 4. 5, 4. 6, 4. 7, 4. 8, 5. 1, 5. 2, 5. 3, 5. 4, 5. 5, 5. 6, 7. 2, 8. 1, 9. 3, 9. 8; **Livro 6**: 1. 1, 2. 2, 6. 3, 6. 11, 7. 3, 7. 4; **Livro 7**: 2. 8, 3. 2, 9. 3, 13. 2; **Livro 8**: 2. 3, 3. 2, 7. 2, 10. 5; **Livro 9**: 2. 1, 2. 6, 4. 8, 5. 1, 5. 3, 7. 3, 20. 4
ὄα, ὄη, οἴη, sorbeira - **Livro 2**: 2. 10, 7. 7; **Livro 3**: 5. 5, 11. 3, 12. 6, 12. 9, 15. 4
ὄγχνη, pera (cf. ἄπιος) - **Livro 2**: 5. 6
ὄζος, ramo, nó - **Livro 1**: 1. 8, 1. 9, 3. 1, 5. 4, 6. 4, 8. 1, 8. 2, 8. 3, 8. 4, 8. 5, 9. 1, 9. 2; **Livro 3**: 3. 2, 5. 3, 6. 2, 7. 1, 7. 2, 8. 4, 8. 6, 9. 7, 10. 1, 10. 4, 11. 3, 11. 5, 12. 1, 12. 3, 13. 2, 13. 3, 14. 4, 15. 1, 17. 3, 17. 5; **Livro 4**: 1. 4, 1. 5, 4. 12, 4. 13, 7. 3; **Livro 5**: 1. 6, 1. 8, 2. 1, 2. 2, 2. 3, 5. 1, 7. 7, 8. 1; **Livro 7**: 2. 8, 3. 4
ὄη, corniso - **Livro 2**: 2. 10
οἰνάνθη, enanto - **Livro 5**: 9. 6; **Livro 6**: 6. 11, 8. 1, 8. 2
οἴναρον, folha da videira - **Livro 9**: 13. 5
οἶσος, vitex - **Livro 3**: 18. 1, 18. 2; **Livro 6**: 2. 2
ὄλυνθος, olinto, figo tardio - **Livro 1**: 14. 1; **Livro 2**: 8. 4; **Livro 4**: 2. 1
ὀλύρα, espelta - **Livro 8**: 1. 3, 4. 1, 9. 2
ὄμφαξ, cacho de uvas verde - **Livro 3**: 13. 6
ὄμφαλος, umbigo, protuberância - **Livro 3**: 7. 5
ὀνοθήρας, oleandro - **Livro 9**: 19. 1
ὀνόπυξος, cardo-do-demónio - **Livro 6**: 4. 3
ὀνοχειλές, viperina - **Livro 7**: 10. 3
ὀνωνίς, gatunha - **Livro 6**: 1. 3, 5. 1, 5. 3

ὀξυάκανθος, espinheiro-negro - **Livro 1**: 9. 3; **Livro 3**: 3. 1, 3. 3, 4. 2, 4. 4; **Livro 4**: 4. 2; **Livro 6**: 8. 3
ὀξύη, ὀξύα, faia - **Livro 3**: 3. 8, 6. 5, 10. 1, 10. 3, 11. 5; **Livro 5**: 1. 2, 1. 4, 4. 4, 6. 4, 7. 2, 7. 6, 8. 3
ὀξύκεδρος, oxicedro - **Livro 3**: 12. 3
ὀπιτίων, noz-da-terra - **Livro 7**: 13. 9
ὀποβάλσαμον, bálsamo - **Livro 4**: 4. 14
ὀπός, seiva, suco (cf. ὑγρόν) - **Livro 1**: 2. 3; **Livro 4**: 2. 2, 2. 3, 4. 12, 4. 13, 5. 1, 14. 2; **Livro 5**: 9. 5; **Livro 6**: 3. 2, 3. 7, 4. 7; **Livro 7**: 2. 4, 4. 5, 6. 2, 11. 4; **Livro 9**: 1. 1, 1. 2, 1. 4, 1. 7, 8. 1, 8. 2, 8. 3, 9. 1, 9. 2, 9. 3, 11. 6, 11. 8, 11. 9, 14. 4, 15. 4, 16. 8, 19. 4, 20. 2, 20. 3, 20. 5, 20. 6
ὀρεοσέλινον, aipo-das-montanhas - **Livro 7**: 6. 3, 6. 4
ὀρίγανον, ὀρίγανος, orégão - **Livro 1**: 9. 4, 12. 1; **Livro 6**: 1. 4, 2. 3, 2. 4; **Livro 7**: 1. 3, 1. 6, 2. 1, 6. 1
ὄρμινον, salva - **Livro 8**: 1. 4, 7. 3
ὀροβάγχη, orobanca - **Livro 8**: 8. 4
ὄροβος, órobo, grão de ervilha - **Livro 2**: 4. 2; **Livro 3**: 13. 6; **Livro 7**: 5. 4, 6. 3; **Livro 8**: 1. 4, 2. 5, 3. 2, 5. 1, 5. 2, 5. 3, 8. 4, 10. 1, 11. 2, 11. 6; **Livro 9**: 20. 1
ὀρόδαμνος, talo - **Livro 9**: 16. 3
ὄρτυξ, planta-da-codorniz - **Livro 7**: 11. 2
ὄρυζον, arroz - **Livro 4**: 4. 10
ὀρχίς, erva-dos-testículos, *orchís* - **Livro 9**: 18. 3
ὄσπριον, legume seco - **Livro 2**: 4. 2; **Livro 4**: 6. 7; **Livro 8**: 1. 1, 1. 5, 2. 8, 4. 6, 5. 1, 6. 5, 8. 6, 10. 2
ὀστρυίς, carpa - **Livro 1**: 8. 2
ὀστρύς, ὀστρύα, carpa-negra - **Livro 3**: 3. 1, 6. 1, 10. 3
οὔιγγον, *vingon* - **Livro 1**: 1. 7, 6. 9, 6. 11
οὖον, οὔα, sorbeira - **Livro 3**: 2. 1, 6. 5
ὀφθαλμός, olho - **Livro 1**: 8. 5; **Livro 3**: 8. 6, 17. 3; **Livro 5**: 4. 1
πάδος, cerejeira-mahaleb - **Livro 4**: 1. 3
παιωνία, peónia - **Livro 9**: 8. 6
παλίουρος, paliuro - **Livro 1**: 3. 1, 3. 2, 5. 3, 10. 6, 10. 7; **Livro 3**: 3. 1, 4. 2, 4. 4, 11. 2, 18. 1, 18. 3; **Livro 4**: 3. 1, 3. 2, 3. 3, 8. 1, 12. 4; **Livro 6**: 1. 3
πάνακες, πανάκεια, panaceia - **Livro 9**: 7. 2, 7. 3, 8. 7, 9. 1, 9. 2, 11. 1, 11. 4, 15. 7
παντάδουσα, cardo-estrelado - **Livro 6**: 5. 1
πάππος, pluma - **Livro 7**: 11. 4
πάπυρος, papiro - **Livro 4**: 8. 2, 8. 3, 8. 4, 8. 5; **Livro 6**: 3. 1
παραβλάστη, ramificação - **Livro 1**: 2. 5, 2. 6, 3. 3, 5. 1, 6. 5, 8. 6, 9. 1; **Livro 7**: 4. 5
παρασπάς, estaca - **Livro 2**: 1. 1, 1. 3, 2. 3, 2. 4; **Livro 3**: 1. 1, 12. 2, 12. 6, 12. 9; **Livro 6**: 7. 3, 7. 4; **Livro 7**: 2. 1
παραφυάς, rebento - **Livro 2**: 2. 4
παρθένιον, matricária - **Livro 7**: 7. 2
πάτταλος, estaca - **Livro 2**: 5. 5; **Livro 7**: 3. 5
πέζις, fungão - **Livro 1**: 6. 5
πελεκῖνος, *pelekínos* - **Livro 8**: 8. 3
πεντάφυλλον, quinquefólio - **Livro 9**: 13. 5
πέπερι, pimenta - **Livro 9**: 20. 1, 20. 2
περδίκιον, erva-das-perdizes - **Livro 1**: 6. 11
περιέχον, invólucro - **Livro 1**: 11. 1, 11. 4, 11. 5, 11. 6

Índice dos nomes Gregos - Portugueses das plantas e suas partes

περικάρπιον, pericarpo - **Livro 1**: 2. 1, 2. 6, 11. 5, 12. 1, 12. 2, 12. 4, 13. 3, 13. 4; **Livro 4**: 10. 3; **Livro 6**: 1. 3, 4. 11
περσέα, *pérsea* - **Livro 3**: 3. 5; **Livro 4**: 2. 1, 2. 5, 2. 8
πέρσιον, *pérsion* - **Livro 2**: 2. 10
πέτασος, folha em forma de chapéu - **Livro 4**: 8. 9
πευκέδανον, peucédano - **Livro 9**: 14. 1, 15. 5, 20. 2
πεύκη, pinheiro, resina - **Livro 1**: 3. 6, 5. 1, 5. 4, 6. 1, 6. 3, 6. 5, 8. 1, 9. 3, 10. 4, 10. 6, 12. 1, 12. 2; **Livro 2**: 2. 2, 2. 6, 5. 2; **Livro 3**: 1. 2, 2. 3, 3. 1, 3. 3, 3. 8, 4. 5, 4. 6, 5. 1, 5. 3, 5. 5, 5. 6, 6. 1, 6. 4, 7. 1, 7. 3, 9. 1, 9. 2, 9. 3, 9. 4, 9. 5, 9. 6, 9. 7, 9. 8; **Livro 4**: 1. 1, 1. 2, 5. 1, 5. 3, 15. 3, 16. 1, 16. 4; **Livro 5**: 1. 2, 1. 4, 1. 5, 1. 6, 1. 9, 4. 2, 4. 4, 4. 8, 5. 1, 6. 1, 6. 2, 7. 1, 7. 2, 7. 4, 7. 5, 8. 1, 8. 3, 9. 3; **Livro 9**: 1. 2, 1. 6, 2. 1, 2. 2, 2. 3, 2. 4, 2. 5, 2. 6, 2. 8, 3. 4
πήγανον, arruda - **Livro 1**: 3. 1, 3. 4, 9. 4, 10. 4; **Livro 2**: 1. 3; **Livro 6**: 1. 2, 5. 3, 7. 3; **Livro 7**: 2. 1, 4. 1, 5. 1, 6. 1; **Livro 9**: 4. 2, 6. 1, 9. 6
πηδός, *pedos* - **Livro 5**: 7. 6
πικρίς, chicória-amarga - **Livro 7**: 11. 4
πῖλος, bola, embrião - **Livro 3**: 7. 4; **Livro 4**: 8. 7
πισός, ervilha - **Livro 8**: 1. 1, 1. 4, 2. 3, 3. 1, 3. 2, 5. 2, 5. 3, 10. 5
πίττα, resina, pez - **Livro 3**: 5. 2, 7. 4, 9. 2, 9. 4, 9. 5; **Livro 9**: 2. 2, 2. 3, 2. 4, 2. 6, 3. 1, 3. 2, 3. 3, 3. 4
πίτυς, pinheiro-de-alepo - **Livro 1**: 6. 1, 9. 3, 10. 4, 10. 6, 12. 1; **Livro 2**: 2. 2, 2. 6; **Livro 3**: 1. 2, 3. 8, 4. 5, 5. 5, 6. 1, 9. 4, 9. 5, 11. 1, 17. 1; **Livro 4**: 5. 3, 14. 8, 16. 1; **Livro 5**: 1. 2, 1. 4, 7. 1, 7. 3, 7. 5, 7. 8, 9. 2; **Livro 9**: 1. 2, 2. 1, 2. 2, 2. 3
πίτυς ἀγρία, pinheiro-de-alepo-selvagem - **Livro 3**: 3. 1, 3. 3
πλάγια, ramos laterais – **Livro 1**: 1. 7
πλάτανος, plátano - **Livro 1**: 4. 2, 6. 3, 7. 1, 8. 5, 9. 5, 10. 4, 10. 7; **Livro 3**: 1. 1, 1. 3, 3. 3, 4. 2, 6. 1, 11. 1, 11. 4; **Livro 4**: 5. 6, 5. 7, 7. 4, 8. 1, 8. 2, 13. 2, 15. 2, 16. 2; **Livro 5**: 3. 4, 7. 3, 9. 4; **Livro 9**: 11. 6
πόα, erva, herbácea - **Livro 1**: 1. 10, 3. 1, 3. 6, 6. 5, 6. 6, 6. 11, 7. 3, 9. 4, 10. 4, 13. 1, 13. 3; **Livro 2**: 2. 1; **Livro 3**: 1. 3, 1. 5, 1. 6, 3. 6, 18. 8; **Livro 4**: 2. 5, 4. 5, 6. 2, 6. 3, 6. 6, 8. 1, 8. 6, 10. 3; **Livro 6**: 1. 1, 2. 5, 6. 1, 6. 9, 6. 10, 8. 2; **Livro 7**: 1. 1, 3. 1, 5. 2, 7. 1, 8. 1, 8. 2, 8. 3, 9. 1, 9. 2, 9. 3, 14. 1, 15. 4; **Livro 8**: 1. 1, 6. 1, 7. 1, 7. 2, 7. 4; **Livro 9**: 4. 2, 8. 1, 10. 2, 16. 4, 20. 6
πόθος, saudade - **Livro 6**: 8. 3
πόλιον, pólio - **Livro 1**: 10. 4; **Livro 2**: 8. 3; **Livro 7**: 10. 5
πολυάκανθος, cardo-acantóide - **Livro 6**: 4. 3
πολυπόδιον, polipódio - **Livro 9**: 13. 6, 20. 4
πράσιον, marroio - **Livro 6**: 1. 4, 2. 5
πράσον, alho-porro - **Livro 3**: 11. 3; **Livro 4**: 6. 2, 6. 4, 7. 1; **Livro 7**: 1. 2, 1. 3, 1. 6, 1. 7, 1. 8, 2. 2, 3. 4, 4. 10, 4. 11, 5. 3, 5. 4, 5. 5, 8. 2; **Livro 9**: 10. 1
πρέμνον, parte baixa do tronco, fragmento da raiz - **Livro 2**: 1. 2, 1. 3, 1. 4, 5. 4, 10. 5
πρῖνος, quermes - **Livro 1**: 6. 1, 6. 2, 9. 3, 10. 6; **Livro 3**: 3. 1, 3. 3, 3. 6, 4. 1, 4. 4, 4. 5, 4. 6, 6. 4, 7. 3, 16. 1, 16. 2, 16. 3, 16. 4; **Livro 4**: 3. 1, 15. 3; **Livro 5**: 4. 8, 5. 4, 7. 6, 9. 7; **Livro 9**: 4. 3
προύμνη, ameixieira - **Livro 9**: 1. 2
πρώρα, ponta - **Livro 2**: 1. 3
πτελέα, ulmeiro - **Livro 1**: 8. 5, 10. 1, 10. 6; **Livro 2**: 8. 3; **Livro 3**: 1. 1, 1. 2, 1. 3, 3. 1, 3. 4, 4. 2, 6. 1, 7. 3, 11. 5, 14. 1, 15. 4, 17. 3, 18. 5; **Livro 4**: 2. 3, 5. 3, 5. 7, 9. 1, 15. 2; **Livro 5**: 1. 2, 3. 4, 3. 5, 4. 3, 6. 4, 7. 3, 7. 6, 7. 8; **Livro 9**: 1. 2, 4. 3

πτερίς, feto - **Livro 1**: 10. 5; **Livro 4:** 2. 11; **Livro 8:** 7. 7; **Livro 9:** 13. 6, 18. 8, 20. 5
πτερίς, μηδική luzerna - **Livro 8:** 7. 7
πτέρνιξ, *ptérnix* - **Livro 6:** 4. 11
πύξος, buxo - **Livro 1**: 5. 4, 5. 5, 6. 2, 8. 2, 9. 3; **Livro 3:** 3. 1, 3. 3, 4. 6, 6. 1, 15. 5; **Livro 4:** 4. 1, 5. 1; **Livro 5:** 3. 1, 3. 7, 4. 1, 4. 2, 4. 5, 5. 2, 5. 4, 7. 7, 7. 8; **Livro 9:** 20. 4
πυρήν, caroço - **Livro 1**: 10. 10, 11. 1, 11. 3, 11. 6; **Livro 2:** 2. 5, 2. 7, 6. 4, 6. 6; **Livro 3:** 7. 4, 12. 2, 12. 5, 13. 3, 18. 12; **Livro 4:** 2. 7, 2. 10, 3. 1, 3. 3, 8. 12, 13. 2, 14. 10; **Livro 8:** 4. 5
πυρός, trigo - **Livro 1**: 5. 2, 6. 5, 6. 6, 11. 2, 11. 5; **Livro 2:** 2. 9, 4. 1; **Livro 3:** 4. 4; **Livro 4:** 4. 9, 10. 3; **Livro 7:** 11. 2; **Livro 8:** 1. 1, 1. 3, 1. 4, 1. 5, 2. 1, 2. 3, 2. 5, 2. 6, 2. 7, 3. 2, 4. 1, 4. 2, 4. 3, 4. 5, 4. 6, 6. 1, 6. 4, 6. 5, 7. 1, 7. 4, 7. 5, 8. 2, 8. 3, 9. 1, 9. 2, 10.1, 10. 2, 10. 3, 10. 4, 11. 1, 11. 3, 11. 4, 11. 7; **Livro 9:** 8. 2, 11. 11, 12. 3, 18. 6
ῥάβδος, haste - **Livro 1**: 3. 3; **Livro 2:** 1. 2, 1. 4, 2. 2, 6. 4, 6. 10; **Livro 3:** 7. 5, 12. 1, 13. 2, 13. 4, 13. 7, 14. 3, 15. 1, 15. 2, 17. 6, 18. 2, 18. 5; **Livro 4:** 2. 7, 6. 10; **Livro 6:** 6. 6; **Livro 9:** 5. 3, 6. 2, 6. 3
ῥάμνος, espinheiro - **Livro 1**: 5. 3, 9. 4; **Livro 3:** 18. 1, 18. 2, 18. 3, 18. 12; **Livro 5:** 9. 7
ῥάξ, bago de uva - **Livro 1**: 11. 5; **Livro 3:** 17. 6, 18. 12; **Livro 4:** 14. 6; **Livro 6:** 2. 9, 15. 4
ῥαφανίς, rabanete - **Livro 1**: 2. 7, 6. 6, 6. 7; **Livro 7:** 1. 2, 1. 3, 1. 5, 1. 7, 2. 5, 2. 6, 2. 8, 3. 2, 3. 4, 4. 1, 4. 2, 4. 3, 4. 6, 5. 3, 5. 4, 6. 2, 6. 3, 8. 2; **Livro 9:** 9. 1, 12. 1
ῥάφανος, couve - **Livro 1**: 3. 4, 6. 6, 9. 4, 10. 4, 14. 2; **Livro 4:** 4. 12, 16. 6; **Livro 6:** 1. 2; **Livro 7:** 1. 2, 1. 3, 2. 1, 2. 4, 4. 1, 4. 4, 5. 3, 5. 4, 6. 1, 6. 2; **Livro 9:** 12. 1, 15. 5
ῥάχις, nervura - **Livro 3:** 7. 5, 17. 4, 18. 11
ῥητίνη, resina - **Livro 3:** 15. 3, 15. 4; **Livro 4:** 16. 1; **Livro 5:** 7. 7; **Livro 9:** 1. 6, 2. 1, 3. 4
ῥίζα, raiz - **Livro 1**: 1. 2, 1. 5, 1. 9, 1. 10, 1. 11, 1. 12, 2. 4, 2. 7, 3. 1, 3. 3, 6. 3, 6. 4, 6. 5, 6. 6, 6. 7, 6. 8, 6. 9, 6. 10, 6. 11, 6. 12, 7. 1, 7. 2, 7. 3, 8. 6, 9. 1, 10. 7, 10. 8, 12. 3, 12. 4, 14. 2; **Livro 2:** 1. 1, 1. 3, 1. 4, 2. 1, 2. 2, 2. 3, 2. 4, 5. 1, 5. 2, 5. 3, 5. 4, 5. 6, 6. 1, 6. 2, 6. 11, 7. 6; **Livro 3:** 1. 1, 1. 2, 6. 4, 6. 5, 7. 1, 7. 6, 9. 5, 10. 1, 10. 2, 10. 3, 11. 1, 11. 4, 12. 2, 12. 4, 12. 5, 12. 9, 13. 1, 13. 3, 13. 4, 14. 3, 15. 4, 15. 6, 16. 1, 17. 3, 17. 5, 18. 4, 18. 5, 18. 9, 18. 10; **Livro 4:** 2. 3, 2. 5, 3. 4, 4. 4, 4. 13, 5. 1, 6. 2, 6. 6, 6. 7, 7. 4, 7. 5, 7. 6, 8. 1, 8. 3, 8. 4, 8. 5, 8. 8, 8. 11, 9. 2, 9. 3, 10. 5, 10. 6, 10. 7, 11. 1, 11. 6, 11. 7, 11. 13, 12. 3, 13. 3, 13. 4, 13. 5, 14. 4, 14. 5, 14. 7, 16. 5; **Livro 5:** 3. 5, 3. 7, 4. 8, 9. 4; **Livro 6:** 2. 2, 2. 8, 3. 1, 3. 2, 3. 4, 3. 5, 4. 2, 4. 6, 4. 7, 4. 9, 4. 10, 5. 1, 5. 2, 6. 2, 6. 7, 6. 8, 6. 9, 6. 10, 6. 11, 7. 3, 7. 4; **Livro 7:** 2. 1, 2. 2, 2. 3, 2. 5, 2. 6, 2. 7, 2. 8, 2. 9, 4. 1, 4. 2, 4. 3, 4. 8, 4. 9, 4. 12, 6. 2, 6. 3, 6. 4, 7. 1, 7. 2, 7. 3, 9. 3, 9. 5, 10. 1, 11. 1, 11. 3, 11. 4, 12. 1, 12. 3, 13. 3, 13. 4, 13. 7, 13. 9, 14. 1; **Livro 8:** 1. 2, 1. 3, 2. 1, 2. 2, 2. 3, 5. 4, 7. 5, 8. 5, 9. 2, 9. 3, 10. 4, 11. 8; **Livro 9:** 1. 3, 1. 7, 2. 3, 2. 7, 5. 1, 7. 3, 7. 4, 8. 1, 8. 2, 8. 3, 8. 4, 8. 5, 8. 6, 8. 8, 9. 1, 9. 2, 9. 3, 9. 4, 9. 5, 9. 6, 10. 1, 11. 1, 11. 2, 11. 3, 11. 5, 11. 6, 11. 9, 11. 10, 11. 11, 12. 1, 12. 2, 12. 3, 12. 5, 13. 1, 14. 1, 14. 3, 14. 4, 15. 2, 15. 7, 15. 8, 16. 4, 16. 6, 17. 1, 18. 1, 18. 2, 18. 8, 19. 1, 19. 2, 19. 3, 19. 4, 20. 2, 20. 3, 20. 5, 20. 6
ῥόδον, rosa - **Livro 1**: 13. 2, 13. 3, 13. 5; **Livro 4:** 7. 8, 8. 7, 10. 3; **Livro 6:** 2. 1, 6. 4, 6. 6, 8. 2, 8. 5, 8. 6; **Livro 9:** 19. 1
ῥοδωνία, roseira - **Livro 1**: 9. 4, 13. 3; **Livro 2:** 2. 1; **Livro 6:** 1. 1, 1. 3, 6. 6, 8. 5
ῥοιά, ῥόα, romãzeira, romã - **Livro 1**: 3. 3, 5. 1, 6. 1, 6. 3, 6. 4, 6. 5, 9. 1, 10. 4, 10. 10, 11. 4, 11. 5, 11. 6, 12. 1, 13. 1, 13. 3, 13. 4, 13. 5, 14. 1, 14. 4; **Livro 2:** 1. 2, 1. 3, 2. 4, 2. 5, 2. 7, 2. 8, 2. 10, 2. 11, 3. 1, 3. 2, 3. 3, 5. 5, 5. 6, 6. 8, 6. 12, 7. 1, 7.

3, 8. 1; **Livro 3:** 5. 4, 6. 2, 18. 4, 18. 13; **Livro 4:** 3. 3, 5. 3, 5. 4, 10. 3, 13. 2, 13. 3, 14. 10, 14. 12, 16. 1; **Livro 6:** 1. 3; **Livro 7:** 13. 4; **Livro 9:** 6. 1
ῥοῦς, sumagre - **Livro 3:** 18. 1, 18. 5
ῥύτρος, *echinops* - **Livro 6:** 4. 4
σάρι, *sari* - **Livro 4:** 8. 2, 8. 5
σάρξ, carne, polpa - **Livro 1:** 2. 1, 2. 6, 2. 7, 5. 2, 5. 3, 6. 1, 6. 4, 6. 6, 6. 7, 6. 8, 6. 10, 10. 4, 10. 8, 10. 10, 11. 1, 11. 3, 11. 6; **Livro 3:** 8. 3, 9. 7, 11. 1, 11. 5, 13. 5; **Livro 4:** 2. 5, 2. 7, 3. 4, 6. 7, 10. 5, 11. 4, 11. 10, 11. 11, 12. 1, 12. 2, 15. 1; **Livro 5:** 1. 5, 3. 3, 3. 5, 3. 7, 5. 1, 5. 5; **Livro 6:** 2. 2, 4. 2, 4. 8, 5. 1, 6. 7, 6. 8, 6. 9, 6. 10; **Livro 7:** 2. 6, 2. 7, 2. 8, 9. 3, 9. 4, 12. 1, 15. 2; **Livro 9:** 20. 1
σατάνειος, nespereira-comum - **Livro 3:** 12. 5
σέλινον, aipo - **Livro 1:** 2. 2, 6. 6, 9. 4, 10. 7, 12. 2; **Livro 2:** 4. 3; **Livro 3:** 12. 5; **Livro 4:** 8. 1; **Livro 6:** 3. 1; **Livro 7:** 1. 2, 1. 3, 1. 6, 1. 7, 2. 2, 2. 5, 2. 8, 3. 4, 3. 5, 4. 6, 5. 3, 6. 3; **Livro 9:** 11. 10
σέσελι, *séseli* - **Livro 9:** 15. 5
σημύδα, bétula - **Livro 3:** 14. 4; **Livro 5:** 7. 7
σήσαμον, sésamo - **Livro 1:** 11. 2; **Livro 3:** 13. 6, 18. 13; **Livro 4:** 8. 14; **Livro 6:** 5. 3; **Livro 8:** 1. 1, 1. 4, 2. 6, 3. 1, 3. 2, 3. 3, 3. 4, 5. 1, 5. 2, 6. 1, 7. 3, 9. 3; **Livro 9:** 11. 9, 14. 4
σίδη, nenúfar-branco - **Livro 4:** 10. 1, 10. 2, 10. 3, 10. 4, 10. 6, 10. 7
σικύα, cabaça - **Livro 1:** 11. 4, 13. 3; **Livro 7:** 2. 9, 3. 5
σίκυον, σίκυος, pepino - **Livro 1:** 10. 10, 12. 2, 13. 3, 13. 4; **Livro 2:** 7. 5; **Livro 7:** 1. 2, 1. 3, 1. 6, 2. 9, 3. 1, 3. 5, 4. 1, 4. 6, 5. 2, 5. 3, 5. 5, 5. 6, 6. 4, 8. 1, 10. 1, 13. 1; **Livro 9:** 9. 4, 15. 6
σίλφιον, sílfio - **Livro 1:** 6. 12; **Livro 3:** 1. 6, 2. 1; **Livro 4:** 3. 1; **Livro 6:** 3. 1, 3. 3, 3. 4, 3. 7, 5. 2; **Livro 7:** 3. 2; **Livro 9:** 1. 3, 1. 4, 1. 7
σισύμβριον, hortelã-pimenta - **Livro 2:** 1. 3, 4. 1; **Livro 6:** 1. 1, 6. 2, 6. 3, 7. 2, 7. 4, 7. 6; **Livro 9:** 16. 3
σισυρίγχινον, sisirínquio - **Livro 1:** 10. 7; **Livro 7:** 13. 9
σιτηρός, cereal - **Livro 1:** 10. 7, 14. 2; **Livro 6:** 1. 1
σῖτος, trigo, cereal, alimento - **Livro 1:** 3. 1, 10. 8, 10. 9; **Livro 3:** 6. 3; **Livro 4:** 7. 8, 8. 8, 8. 14; **Livro 7:** 1. 1, 3. 3, 9. 3, 11. 2, 15. 4; **Livro 8:** 1. 1, 1. 5, 2. 1, 2. 2, 2. 3, 2. 4, 2. 8, 3. 1, 3. 2, 3. 3, 3. 5, 4. 1, 4. 3, 4. 5, 4. 6, 5. 3, 6. 4, 6. 5, 6. 6, 7. 4, 7. 7, 8. 6, 10. 2, 11. 1, 11. 4, 11. 9; **Livro 9:** 16. 4
σκαμμωνία, escamónia - **Livro 4:** 5. 1; **Livro 9:** 1. 3, 1. 4, 9. 1, 20. 5
σκάνδιξ, scandix - **Livro 7:** 7. 1, 8. 1, 11. 1
σκίλλα, cila - **Livro 1:** 4. 3, 6. 7, 6. 8, 6. 9, 10. 7; **Livro 2:** 5. 5; **Livro 7:** 2. 2, 4. 12, 9. 4, 12. 1, 13. 1, 13. 2, 13. 3, 13. 4, 13. 5, 13. 6, 13. 7; **Livro 9:** 15. 7, 18. 3
σκολόπενδρον, escolopendra - **Livro 9:** 18. 7
σκόλυμος, cardo-bravo (cf. λειμωνία) - **Livro 6:** 4. 3, 4. 4, 4. 7; **Livro 7:** 4. 5, 10. 1, 15. 1; **Livro 9:** 12. 1, 12. 2, 13. 4
σκόροδον, σκόρδον, alho - **Livro 1:** 6. 9, 10. 7; **Livro 7:** 1. 8, 2. 1, 2. 3, 4. 1, 4. 7, 4. 11, 4. 12, 8. 2, 13. 4; **Livro 9:** 8. 6
σκορπίος, soda - **Livro 6:** 1. 3, 4. 1, 4. 2
σκορπίος, σκορπίον, escorpião - **Livro 9:** 13. 6, 18. 2
σμίλαξ, salsaparrilha - **Livro 3:** 18. 11; **Livro 7:** 8. 1
σμίλαξ, *smilax* - **Livro 3:** 16. 2
σμύρνα, mirra - **Livro 4:** 4. 12, 4. 14; **Livro 9:** 1. 2, 1. 4, 1. 6, 4. 1, 4. 2, 4. 3, 4. 5, 4. 6, 4. 7, 4. 8, 4. 10, 7. 3

σόγκος, serralha - **Livro 4:** 6. 10; **Livro 6:** 4. 3, 4. 5, 4. 8; **Livro 7:** 8. 3
σπάθη, espata - **Livro 2:** 6. 6, 8. 4
σπάλαξ, toupeira - **Livro 1:** 6. 11
σπειραία, ligustro - **Livro 1:** 14. 2; **Livro 6:** 1. 4
σπέρμα, semente, grão - **Livro 1:** 2. 1, 2. 2, 3. 1, 11. 1, 11. 2, 11. 3, 11. 5, 12. 3, 13. 3;
   Livro 2: 1. 1, 1. 3, 2. 1, 2. 2, 2. 3, 2. 6, 2. 7, 2. 11, 4. 1; **Livro 3:** 1. 1, 1. 2, 1. 3,
   1. 4, 1. 5, 1. 6, 6. 4, 10. 5, 12. 2, 12. 6, 12. 9, 14. 4, 17. 2, 18. 3, 18. 8; **Livro 4:**
   4. 3, 4. 9, 12. 2; **Livro 6:** 2. 3, 3. 1, 3. 4, 3. 5, 4. 3, 4. 5, 4. 6, 4. 8, 4. 9, 4. 11, 5.
   3, 6. 6, 7. 1, 7. 3, 7. 4, 8. 2; **Livro 7:** 1. 5, 1. 6, 1. 7, 2. 1, 2. 2, 2. 3, 3. 2, 3. 3, 3.
   4, 3. 5, 4. 3, 4. 4, 4. 7, 4. 8, 4. 9, 4. 11, 5. 2, 5. 3, 5. 5, 5. 6, 7. 3, 9. 5, 10. 1, 10. 4,
   11. 3, 13. 3, 13. 4, 13. 5, 14. 3; **Livro 8:** 1. 2, 2. 2, 3. 4, 3. 5, 4. 1, 5. 2, 5. 3, 6. 1,
   6. 2, 6. 4, 6. 7, 7. 1, 8. 1, 8. 2, 8. 3, 10. 1, 11. 1, 11. 2, 11. 3, 11. 4, 11. 7, 11. 9;
   Livro 9: 7. 3, 9. 2, 9. 4, 10. 2, 14. 4, 16. 4, 18. 5, 20. 1, 20. 2, 20. 3, 20. 4, 20. 5
σποδιάς, ameixieira selvagem - **Livro 3:** 6. 4
σταφυλή, uva - **Livro 3:** 18. 5, 18. 12; **Livro 9:** 11. 7
σταφυλὴ ἀγρία, uva-do-monte - **Livro 3:** 18. 11
στάχυς, espiga - **Livro 1:** 11. 4, 11. 5, 14. 2; **Livro 4:** 4. 10, 12. 2; **Livro 7:** 11. 1, 11.
   2; **Livro 8:** 2. 1, 2. 2, 2. 4, 2. 5, 3. 3, 3. 4, 4. 1, 4. 2, 4. 3, 5. 3, 7. 5, 10. 3, 10. 4;
   Livro 9: 16. 4
στελέφουρος, tanchagem - **Livro 7:** 11. 2
στέλεχος, tronco - **Livro 1:** 1. 7, 1. 9, 1. 12, 3. 1, 3. 3, 3. 4, 5. 1, 6. 5, 7. 3, 8. 4, 8. 5,
   8. 6, 9. 1, 10. 7, 14. 2; **Livro 2:** 1. 1, 1. 4, 2. 2, 2. 3, 3. 3, 5. 5, 6. 1, 6. 9, 6. 10,
   7. 3, 7. 6, 7. 7; **Livro 3:** 6. 2, 7. 1, 8. 4, 8. 5, 9. 4, 9. 5, 9. 6, 12. 1, 12. 2, 13. 4,
   15. 1, 17. 1; **Livro 4:** 2. 1, 2. 3, 2. 4, 2. 7, 2. 8, 3. 4, 4. 4, 6. 10, 8. 1, 13. 3, 13.
   4, 13. 5, 13. 6, 14. 12, 16. 1; **Livro 5:** 1. 2, 1. 3, 3. 7; **Livro 9:** 1. 3, 2. 1, 2. 7, 4.
   3, 4. 4, 4. 9, 6. 2
στοιβή, pimpinela-espinhosa (cf. φέως) - **Livro 1:** 10. 4; **Livro 6:** 1. 3
στρόβιλος, pinha - **Livro 3:** 5. 6, 9. 1
στρογγύλος, cápsula - **Livro 7:** 13. 2
στρούθιον, ovo-de-avestruz (cf. κυδώνιος) - **Livro 2:** 2. 5
στρουθίον, στρουθός, saponária - **Livro 6:** 4. 3, 8. 3; **Livro 9:** 12. 5
στρύχνος, solano – **Livro 3:** 18. 11; **Livro 7:** 7. 2, 15. 4; **Livro 9:** 11. 5, 15. 5, 19. 1
στύραξ, estoraque - **Livro 9:** 7. 3
σύγκον, serralha - **Livro 4:** 6. 10
συκάμινος, sicómoro, amoreira, amora - **Livro 1:** 6. 1, 9. 7, 10. 10, 12. 1, 13. 1, 13. 4;
   Livro 3: 7. 4; **Livro 4:** 2. 1, 4. 8; **Livro 5:** 3. 4, 4. 2, 6. 2, 7. 3
συκάμινος (αἰγυπτία), sicómoro-egípcio - **Livro 1:** 1. 7, 14. 2; **Livro 4:** 1. 5, 2. 1, 2.
   2, 2. 4
συκῆ, figueira, figo - **Livro 1:** 3. 1, 3. 3, 3. 5, 5. 1, 5. 2, 5. 3, 6. 1, 6. 3, 6. 4, 7. 2, 8. 1,
   8. 2, 8. 5, 9. 7, 10. 4, 10. 5, 10. 8, 11. 4, 12. 2, 14. 1, 14. 4; **Livro 2:** 1. 2, 2. 4,
   2. 12, 3. 1, 3. 3, 5. 3, 5. 4, 5. 5, 5. 6, 5. 7, 6. 6, 6. 12, 7. 1, 7. 5, 7. 6, 8. 1, 8. 3;
   Livro 3: 3. 8, 4. 2, 5. 4, 6. 2, 7. 3, 9. 3, 17. 4, 17. 5; **Livro 4:** 5. 3, 6. 2, 6. 9, 7.
   7, 7. 8, 13. 1, 13. 2, 14. 2, 14. 3, 14. 4, 14. 5, 14. 8, 14. 10, 14. 12, 15. 2, 16. 1;
   Livro 5: 3. 3, 6. 1, 9. 5, 9. 6
συκῆ ἀγρία, figueira-selvagem - **Livro 2:** 2. 4
συκῆ αἰγυπτία, figueira-do-egipto (cf. κερωνία) - **Livro 1:** 11. 2
συκῆ ἰνδική, figueira-da-índia - **Livro 1:** 7. 3; **Livro 4:** 4. 4
συκῆ κυπρία, figueira-de-chipre - **Livro 4:** 2. 3
συκῆ λακωνική, figueira-lacónia - **Livro 2:** 8. 1

σῦκον, figo - **Livro 1**: 11. 6, 12. 1, 14. 1; **Livro 2**: 3. 3; **Livro 3**: 17. 5; **Livro 4**: 2. 1, 2. 3, 4. 4; **Livro 7**: 13. 3
σῦκον αἰγύπτιον, figo-do-egipto - **Livro 1**: 14. 2; **Livro 4**: 2. 4
σφάκος, salva - **Livro 6**: 1. 4, 2. 5
σφένδαμνος, ácer, cf. ζυγία, γλεῖνος, κλινότροχος - **Livro 3**: 3. 1, 3. 8, 4. 4, 6. 1, 6. 5, 11. 1, 11. 2; **Livro 5**: 1. 2, 1. 4, 3. 3, 7. 6
σχῖνος, lentisco - **Livro 9**: 1. 2, 4. 7
σχοῖνος, junco - **Livro 1**: 5. 3, 8. 1; **Livro 4**: 7. 3, 8. 1, 12. 1, 12. 2, 12. 3; **Livro 9**: 7. 1, 12. 1
σχοῖνος, citronela-da-china - **Livro 9**: 7. 1, 7. 3
τερέβινθος, terebinto - **Livro 9**: 1. 2
τέρμινθος, terebinto - **Livro 1**: 9. 3; **Livro 3**: 2. 6, 3. 1, 3. 3, 4. 2, 4. 4, 15. 3; **Livro 4**: 4. 6, 16. 1; **Livro 5**: 3. 2, 7. 7; **Livro 9**: 1. 6, 2. 1, 2. 2, 3. 4, 4. 7, 4. 8, 6. 1
τετραγωνία, evónimo - **Livro 3**: 4. 2, 4. 6
τετράλιξ, cardo-de-quatro-pontas - **Livro 6**: 4. 4
τεύτλιον, τευτλίς, beterraba - **Livro 1**: 3. 2, 5. 3, 6. 6, 6. 7, 9. 2, 10. 4; **Livro 7**: 1. 2, 1. 3, 1. 5, 1. 6, 2. 2, 2. 5, 2. 6, 2. 7, 2. 8, 3. 2, 4. 1, 4. 4, 5. 5, 7. 2
τῆλος, alforvas - **Livro 3**: 17. 2
τιθύμαλλος, eufórbio - **Livro 9**: 8. 2, 11. 1, 11. 5, 11. 7, 11. 9, 15. 6
τίφη, trigo-candial - **Livro 1**: 6. 5; **Livro 2**: 4. 1; **Livro 8**: 1. 1, 1. 3, 2. 1, 2. 6, 4. 1, 8. 3, 9. 2
τίφυον, *típhyon* - **Livro 7**: 13. 7
τραγάκανθα, tragacanto - **Livro 9**: 1. 3, 8. 2, 15. 8
τραγοπώγων, barba-de-bode (cf. κόμη) - **Livro 7**: 7. 1
τρίβολος, abrolho - **Livro 3**: 1. 6; **Livro 6**: 1. 3, 4. 1, 5. 1, 5. 3; **Livro 7**: 8. 1; **Livro 8**: 7. 2
τρίβολος, castanha-de-água - **Livro 4**: 9. 1
τριπόλιον, *tripólion* - **Livro 9**: 19. 2
τύφη, tifa - **Livro 1**: 5. 3, 8. 1; **Livro 4**: 10. 1, 10. 5, 10. 6, 10. 7
ὑάκινθος, jacinto - **Livro 6**: 8. 1, 8. 2, 8. 3
ὑγρασία, pasta, sumo - **Livro 3**: 13. 2, 13. 6
ὑγρόν, elemento húmido, seiva - **Livro 1**: 2. 1, 2. 3, 2. 4, 2. 7, 10. 9, 10. 10, 11. 1; **Livro 3**: 8. 5; **Livro 4**: 5. 3
ὑγρότης, humidade, seiva - **Livro 1**: 2. 5, 2. 6, 5. 5, 11. 3, 11. 6, 12. 2; **Livro 3**: 13. 2, 18. 10; **Livro 4**: 14. 10; **Livro 5**: 1. 1, 1. 6, 5. 6, 9. 5, 9. 7, 9. 8; **Livro 9**: 1. 1, 1. 2, 1. 5, 1. 7, 2. 1, 14. 2
ὕδνον, trufa - **Livro 1**: 1. 11, 6. 5, 6. 9
ὕλη, floresta, planta florestal, vegetação, tábua, lenha, matas - **Livro 1**: 9. 2; **Livro 2**: 4. 4; **Livro 3**: 1. 5, 1. 6, 2. 6, 9. 3; **Livro 4**: 1. 3, 1. 4, 2. 8, 5. 3, 5. 4, 5. 5; **Livro 5**: 1. 1, 1. 11, 2. 1, 7. 1, 7. 3, 8. 1, 8. 2, 9. 1, 9. 2; **Livro 8**: 2. 8, 7. 4, 11. 8; **Livro 9**: 3. 2
ὕλημα, planta-lenhosa - **Livro 1**: 5. 3, 6. 2, 6. 7, 10. 6; **Livro 3**: 3. 6, 18. 1; **Livro 4**: 2. 11, 4. 1, 4. 5, 4. 12, 5. 1, 6. 1, 10. 1; **Livro 5**: 9. 3; **Livro 9**: 16. 4, 18. 1
ὑμήν, membrana, fibra - **Livro 1**: 6. 1, 6. 2, 11. 1, 11. 2, 11. 5; **Livro 4**: 10. 3; **Livro 6**: 6. 9; **Livro 8**: 3. 4
ὑποχοιρίς, leituga - **Livro 7**: 7. 1, 11. 4
ὑφέαρ, visco-comum - **Livro 3**: 16. 1
φακός, lentilha - **Livro 2**: 4. 2; **Livro 3**: 15. 3, 17. 2, 18. 5; **Livro 4**: 4. 9, 4. 10; **Livro 8**: 1. 4, 3. 2, 3. 4, 5. 1, 5. 2, 5. 3, 8. 3, 8. 4, 8. 6
φάσγανον, gladíolo (cf. ξίφιον) - **Livro 7**: 12. 3, 13. 1, 13. 4
φελλόδρυς, carvalho-sobreiro, azinheira (cf. ἀρία) - **Livro 1**: 9. 3; **Livro 3**: 3. 3, 16. 3

381

φελλός, sobreiro - **Livro 1**: 2. 7, 5. 2, 5. 4; **Livro 3**: 17. 1; **Livro 4**: 15. 1; **Livro 5**: 3. 6
φέως, pimpinela (cf. στοιβή) - **Livro 6**: 1. 3, 4. 1, 5. 1, 5. 2
φηγός, carvalho-avelanedo - **Livro 3**: 3. 1, 4. 2, 6. 1, 8. 2, 8. 3, 8. 4, 8. 7; **Livro 4**: 13. 2; **Livro 5**: 1. 2
φιλύκη, aderno-bastardo - **Livro 1**: 9. 3; **Livro 3**: 3. 1, 3. 3, 4. 2, 4. 4; **Livro 5**: 6. 2, 7. 7
φίλυρα, tília - **Livro 1**: 5. 2, 5. 5, 10. 1, 12. 4; **Livro 3**: 3. 1, 4. 2, 4. 6, 5. 5, 5. 6, 10. 4, 11. 1, 13. 1, 13. 3, 17. 5; **Livro 4**: 4. 1, 5. 1, 8. 1, 15. 1, 15. 2; **Livro 5**: 1. 2, 1. 4, 3. 3, 5. 1, 6. 2, 7. 5, 9. 7
φιλυρέα, filíria - **Livro 1**: 9. 3
φλέψ, veia - **Livro 1**: 1. 11, 2. 1, 2. 3, 2. 6, 5. 3, 10. 2, 10. 3, 10. 10; **Livro 5**: 1. 7, 9. 4; **Livro 8**: 3. 1
φλέως, erva-de-ravena - **Livro 4**: 8. 1, 10. 1, 10. 4, 10. 6, 10. 7, 11. 12
φλόγινον, malmequer-do-monte - **Livro 6**: 8. 1, 8. 2
φλοιός, casca - **Livro 1**: 1. 5, 1. 11, 2. 1, 2. 6, 2. 7, 4. 1, 5. 2, 6. 7, 6. 8, 8. 1, 10. 8, 10. 10; **Livro 2**: 1. 4, 5. 5; **Livro 3**: 2. 3, 5. 3, 8. 2, 8. 6, 9. 1, 10. 1, 10. 2, 10. 3, 10. 4, 10. 5, 11. 1, 11. 3, 12. 1, 12. 4, 12. 9, 13. 1, 13. 2, 13. 3, 13. 4, 13. 7, 14. 2, 14. 3, 14. 4, 15. 2, 15. 6, 16. 1, 16. 3, 16. 4, 16. 5, 17. 1, 17. 3, 17. 5; **Livro 4**: 6. 9, 8. 11, 8. 12, 14. 10, 15. 1, 15. 2, 16. 2; **Livro 5**: 1. 1, 1. 2, 1. 11, 4. 6, 5. 2, 7. 5, 9. 5; **Livro 6**: 3. 2; **Livro 7**: 2. 6, 3. 2, 3. 3, 9. 4, 12. 1, 12. 3; **Livro 9**: 1. 2, 4. 2, 4. 3, 4. 4, 4. 10, 5. 1, 5. 3, 7. 3, 11. 2, 11. 5, 20. 4
φλόμος, verbasco - **Livro 9**: 12. 3
φλόξ, goiveiro-amarelo - **Livro 6**: 6. 2, 6. 11
φόβη, pluma - **Livro 8**: 3. 4
φοῖνιξ, tamareira, tâmara - **Livro 1**: 2. 7, 4. 3, 5. 1, 5. 2, 5. 3, 6. 2, 8. 6, 9. 1, 9. 3, 10. 5, 11. 1, 11. 3, 12. 1, 13. 5, 14. 2; **Livro 2**: 2. 2, 2. 6, 2. 8, 2. 10, 6. 1, 6. 2, 6. 5, 6. 6, 6. 7, 6. 9, 6. 11, 8. 1, 8. 4; **Livro 3**: 3. 5, 13. 7; **Livro 4**: 1. 5, 2. 7, 3. 1, 3. 5, 3. 7, 4. 3, 4. 8, 4. 13, 6. 2, 6. 10, 7. 8, 13. 2, 14. 8, 15. 2, 16. 1; **Livro 5**: 3. 6, 6. 1, 9. 4; **Livro 6**: 4. 11; **Livro 9**: 4. 4
φρύγανον, subarbusto - **Livro 1**: 3. 1, 3. 4, 3. 6, 5. 3, 6. 5, 9. 4, 10. 4, 13. 3; **Livro 2**: 1. 3, 2. 1; **Livro 3**: 1. 3; **Livro 4**: 13. 5; **Livro 6**: 1. 1, 1. 4, 2. 7, 5. 4, 6. 1, 6. 2, 8. 6; **Livro 7**: 2. 3, 8. 1, 10. 1; **Livro 9**: 5. 2, 20. 6
φῦκος, alga - **Livro 4**: 6. 2, 6. 4, 6. 6, 7. 3, 7. 6
φύλλον, folha, pétala - **Livro 1**: 1. 2, 1. 3, 1. 5, 1. 6, 1. 7, 1. 11, 2. 1, 3. 1, 3. 5, 4. 1, 4. 2, 6. 11, 6. 12, 7. 3, 9. 3, 9. 5, 9. 6, 9. 7, 10. 1, 10. 2, 10. 4, 10. 5, 10. 6, 10. 7, 10. 8, 12. 3, 12. 4, 13. 1, 13. 2, 14. 2, 14. 3, 14. 4; **Livro 2**: 3. 3, 6. 8, 6. 10, 6. 11; **Livro 3**: 2. 1, 2. 3, 3. 3, 5. 5, 5. 6, 6. 3, 7. 3, 7. 5, 8. 2, 8. 4, 8. 5, 8. 6, 8. 7, 9. 1, 9. 2, 9. 4, 9. 5, 9. 6, 10. 1, 10. 2, 10. 3, 10. 4, 10. 5, 11. 1, 11. 3, 12. 1, 12. 3, 12. 5, 12. 7, 12. 8, 13. 1, 13. 2, 13. 4, 13. 5, 14. 1, 14. 2, 14. 3, 14. 4, 15. 1, 15. 4, 15. 5, 15. 6, 16. 1, 16. 2, 16. 3, 16. 4, 16. 5, 16. 6, 17. 1, 17. 2, 17. 3, 17. 4, 17. 5, 17. 6, 18. 2, 18. 3, 18. 4, 18. 5, 18. 6, 18. 7, 18. 8, 18. 10, 18. 11, 18. 13; **Livro 4**: 2. 1, 2. 3, 2. 4, 2. 5, 2. 6, 2. 7, 2. 8, 2. 10, 2. 11, 3. 1, 3. 3, 4. 2, 4. 4, 4. 5, 4. 7, 4. 8, 4. 11, 4. 12, 4. 13, 6. 2, 6. 3, 6. 6, 6. 7, 6. 9, 6. 10, 7. 2, 7. 4, 7. 5, 7. 7, 7. 8, 8. 6, 8. 7, 8. 9, 8. 12, 9. 1, 9. 2, 9. 3, 10. 2, 10. 3, 10. 5, 10. 7, 11. 4, 11. 10, 11. 12, 11. 13, 14. 9, 14. 12; **Livro 5**: 3. 2, 3. 5, 3. 7, ; **Livro 6**: 1. 1, 1. 3, 1. 4, 2. 2, 2. 5, 2. 6, 2. 7, 2. 8, 3. 1, 3. 4, 3. 5, 3. 6, 3. 7, 4. 1, 4. 3, 4. 6, 4. 8, 4. 9, 4. 10, 4. 11, 5. 1, 5. 2, 5. 3, 6. 2, 6. 4, 6. 6, 6. 7, 6. 9, 6. 10; **Livro 7**: 2. 2, 2. 4, 2. 5, 3. 2, 4. 1, 4. 2, 4. 3, 4. 4, 4. 5, 4. 6, 4. 7, 6. 1, 6. 2, 6. 3, 6. 4, 7. 1, 7. 2, 8. 3, 9. 1, 9. 5, 10. 5, 11. 1, 11. 2, 11. 3, 12. 1, 12. 2, 13. 1, 13. 5, 13. 6, 13. 7, 14. 1, 15. 2, 15. 3; **Livro 8**: 2. 1, 2. 3, 3. 1, 3. 3, 4. 1, 4. 2, 7. 1, 7. 3, 7. 4; **Livro 9**: 4. 2, 4.

Índice dos nomes Gregos - Portugueses das plantas e suas partes

3, 4. 7, 4. 9, 6. 1, 8. 1, 8. 2, 9. 1, 9. 5, 9. 6, 10. 1, 11. 1, 11. 2, 11.3, 11. 4, 11. 5, 11. 6, 11. 7, 11. 8, 11. 9, 11. 10, 11. 11, 12. 1, 12. 2, 12. 3, 12. 5, 13. 1, 13. 3, 13. 5, 13. 6, 15. 4, 15. 7, 16. 1, 16. 2, 16. 3, 16. 4, 16. 6, 18. 1, 18. 2, 18. 3, 18. 5, 18. 7, 18. 8, 19. 1, 19. 3, 20. 4

φυτόν, planta - **Livro 1**: 1. 1, 1. 2, 1. 10, 2. 1, 2. 3, 2. 7, 4. 2, 4. 3, 4. 4, 7. 2, 12. 2, 12. 3, 14. 2, 14. 3; **Livro 2**: 1. 1, 5. 1, 5. 3, 5. 4; **Livro 3**: 1. 4, 1. 5, 2. 4; **Livro 4**: 4. 2, 4. 8, 4. 13, 5. 7, 6. 1, 6. 10, 13. 1; **Livro 6**: 4. 10, 5. 1: **Livro 9**: 1. 1

χαλβάνη, gálbano - **Livro 9**: 1. 2, 7. 2, 9. 2

χάλκειος, cardo-de-cobre - **Livro 6**: 4. 3

χαμαιδάφνη, lauréola - **Livro 3**: 18. 13

χαμαίδρυς, chamedris - **Livro 9**: 9. 5

χαμαιλέων, camaleão - **Livro 6**: 4. 3, 4. 8; **Livro 9**: 12. 1, 14. 1

χάραξ, estaca - **Livro 2**: 1. 2, 1. 4; **Livro 5**: 7. 7; **Livro 6**: 7. 5

χεδροπά, leguminosas - **Livro 1**: 6. 5, 11. 2; **Livro 3**: 2. 1, 6. 3, 14. 4; **Livro 4**: 2. 8, 4. 9; **Livro 8**: 1. 1, 1. 3, 1. 4, 2. 1, 2. 2, 2. 3, 2. 5, 3. 1, 3. 2, 3. 3, 3. 4, 3. 5, 6. 4, 7. 2, 7. 5, 9. 1, 9. 3, 11. 3

χελιδόνιον, quelidónia - **Livro 7**: 15. 1

χνοῦς, tufo - **Livro 2**: 8. 4; **Livro 3**: 1. 3

χόνδρυλλα, condrilha - **Livro 7**: 7. 1, 11. 4

χραμίς, graínha - **Livro 4**: 2. 1

χυλισμός, suco extraído - **Livro 9**: 8. 1

χυλός, sumo, suco, seiva, paladar - **Livro 1**: 1. 6, 4. 1, 7. 2, 12. 1, 12. 2, 12. 3, 12. 4; **Livro 2**: 2. 5, 6. 6, 6. 8, 6. 10; **Livro 3**: 7. 2, 7. 4, 7. 6, 10. 1, 12. 6, 15. 6; **Livro 4**: 2. 1, 2. 7, 8. 2, 10. 3, 16. 6; **Livro 6**: 4. 6; **Livro 7**: 4. 1, 4. 4, 5. 1, 6. 1, 6. 3, 6. 4, 7. 2, 9. 4, 9. 5, 13. 8; **Livro 8**: 5. 1, 11. 3; **Livro 9**: 8. 3, 9. 4, 16. 1, 20. 5, 20. 6

ψευδοδίκταμνον, pseudodictamno - **Livro 9**: 16. 2

ὤκιμον, basilisco - **Livro 1**: 6. 6, 6. 7, 10. 7; **Livro 7**: 1. 2, 1. 3, 2. 1, 2. 4, 2. 7, 2. 8, 3. 1, 3. 2, 3. 3, 3. 4, 4. 1, 5. 2, 5. 4, 5. 5, 7. 2, 9. 2; **Livro 9**: 18. 5

ὦχρος, ervilhaca-dos-campos - **Livro 8**: 1. 3, 3. 1, 3. 2, 10. 5

Índice dos nomes Portugueses - Gregos
das plantas e suas partes
(os números remetem para os capítulos de Teofrasto)

abeto, abeto-branco, ἐλάτη - **Livro 1**: 1. 8, 3. 6, 5. 1, 5. 2, 5. 3, 5. 4, 5. 5, 6. 1, 6. 3, 6. 4, 6. 5, 8. 2, 8. 3, 8. 4, 9. 1, 9. 2, 9. 3, 10. 5, 10. 6, 12. 1, 12. 2, 13. 1; **Livro 2**: 2. 2; **Livro 3**: 1. 2, 3. 1, 3. 3, 4. 4, 4. 5, 5. 1, 5. 3, 5. 5, 6. 1, 6. 2, 6. 4, 6. 5, 7. 1, 7. 2, 9. 5, 9. 6, 9. 7, 9. 8, 10. 1, 10. 2; **Livro 4**: 1. 1, 1. 2, 1. 3, 5. 1, 5. 3, 6. 2, 6. 7, 6. 8, 15. 3, 16. 1, 16. 4; **Livro 5**: 1. 1, 1. 2, 1. 4, 1. 5, 1. 6, 1. 7, 1. 9, 3. 3, 3. 5, 4. 4, 4. 6, 5. 1, 5. 2, 5. 5, 6. 1, 6. 2, 7. 1, 7. 2, 7. 4, 7. 5, 8. 1, 8. 3, 9. 8; **Livro 9**: 1. 2, 2. 1, 2. 2
abóbora, κολόκυνθα, κολοκύντη - **Livro 1**: 11. 4, 12. 2, 13. 3; **Livro 2**: 7. 5; **Livro 7**: 1. 2. 1. 3, 1. 6, 2. 9, 4. 1, 4. 6, 5. 5
abrolho, τρίβολος - **Livro 3**: 1. 6; **Livro 6**: 1. 3, 4. 1, 5. 1, 5. 3; **Livro 7**: 8. 1; **Livro 8**: 7. 2
abrunheiro-bravo, θραύπαλος - **Livro 3**: 6. 4; **Livro 4**: 1. 3
absinto, ἀψίνθιον - **Livro 1**: 12. 1; **Livro 4**: 5. 1; **Livro 7**: 9. 5; **Livro 9**: 17. 4
acácia, ἄκανθα - **Livro 4**: 2. 1, 2. 8, 7. 1; **Livro 9**: 1. 2
açafrão, κρόκος - **Livro 1**: 6. 6, 6. 7, 6. 11; **Livro 4**: 3. 1; **Livro 6**: 6. 5, 6. 10, 8. 3; **Livro 7**: 7. 1, 7. 4, 9. 4, 10. 2, 13. 1, 13. 2; **Livro 9**: 7. 3, 11. 5, 15. 5
acanto-espinhoso, ἄκανθα ἀκανώδης - **Livro 4**: 10. 6
ácer, γλεῖνος, cf. σφένδαμνος, ζυγία, κλινότροχος - **Livro 3**: 3. 1
ácer, ζυγία, cf. σφένδαμνος, γλεῖνος, κλινότροχος - **Livro 3**: 3. 1, 4. 2, 6. 1, 11. 1, 11. 2; **Livro 5**: 1. 2, 1. 4, 3. 3, 7. 6
ácer, σφένδαμνος, cf. ζυγία, γλεῖνος, κλινότροχος - **Livro 3**: 3. 1, 3. 8, 4. 4, 6. 1, 6. 5, 11. 1, 11. 2; **Livro 5**: 1. 2, 1. 4, 3. 3, 7. 6
ácoro, κάλαμος - **Livro 9**: 7. 1, 7. 3
açucena, κρίνον - **Livro 1**: 13. 2; **Livro 2**: 2. 1; **Livro 4**: 8. 6, 8. 9; **Livro 6**: 6. 3, 6. 8, 8. 3
aderno-bastardo, φιλύκη - **Livro 1**: 9. 3; **Livro 3**: 3. 1, 3. 3, 4. 2, 4. 4; **Livro 5**: 6. 2, 7. 7
adianto, ἀδίαντον - **Livro 7**: 10. 5, 14. 1
agno-casto, ἄγνος - **Livro 1**: 3. 2, 14. 2; **Livro 3**: 12. 1, 12. 2; **Livro 4**: 10. 2; **Livro 9**: 5. 1
agno-casto-aquático, ἐλαίαγνος - **Livro 4**: 10. 1, 10. 2
agrião, κάρδαμον - **Livro 1**: 12. 1; **Livro 7**: 1. 2, 1. 3, 1. 6, 4. 1, 5. 5
aigis, αἰγίς - **Livro 3**: 9. 3, 9. 7, 9. 8; **Livro 5**: 1. 9
aipo, σέλινον - **Livro 1**: 2. 2, 6. 6, 9. 4, 10. 7, 12. 2; **Livro 2**: 4. 3; **Livro 3**: 12. 5; **Livro 4**: 8. 1; **Livro 6**: 3. 1; **Livro 7**: 1. 2, 1. 3, 1. 6, 1. 7, 2. 2, 2. 5, 2. 8, 3. 4, 3. 5, 4. 6, 5. 3, 6. 3; **Livro 9**: 11. 10
aipo-das-montanhas, ὀρεοσέλινον - **Livro 7**: 6. 3, 6. 4
aipo-dos-pântanos, ἐλειοσέλινον - **Livro 7**: 6. 3
akóniton, ἀκόνιτον - **Livro 9**: 16. 4, 16. 7
álamo, λεύκη - **Livro 1**: 10. 1; **Livro 3**: 1. 1, 3. 1, 4. 2, 6. 1, 14. 2, 18. 7; **Livro 4**: 1. 1, 2. 3, 8. 1, 8. 2, 10. 2, 13. 2, 16. 2; **Livro 5**: 9. 4
alcachofra, κάκτος - **Livro 6**: 4. 10
alcaparra, κάππαρις - **Livro 1**: 3. 6; **Livro 3**: 2. 1; **Livro 4**: 2. 6; **Livro 6**: 1. 3, 4. 1, 5. 2; **Livro 7**: 8. 1, 10. 1
alface, θριδακίνη - **Livro 1**: 10. 7, 12. 2; **Livro 4**: 6. 6; **Livro 7**: 1. 2, 1. 3, 3. 2, 4. 1, 4. 5, 5. 4, 6. 2; **Livro 9**: 8. 2, 11. 11
alface, θρῖδαξ - **Livro 7**: 2. 4, 2. 9, 5. 3

alface-do-mar, βρύον - **Livro 4:** 6. 2, 6. 6
alfarrobeira, κερωνία - **Livro 1:** 11. 2, 14. 2; **Livro 4:** 2. 4
alforvas, τῆλος - **Livro 3:** 17. 2
alga, φῦκος - **Livro 4:** 6. 2, 6. 4, 6. 6, 7. 3, 7. 6
alhagi, ἀσπάλαθος - **Livro 9:** 7. 3
alho, σκόροδον, σκόρδον - **Livro 1:** 6. 9, 10. 7; **Livro 7:** 1. 8, 2. 1, 2. 3, 4. 1, 4. 7, 4. 11, 4. 12, 8. 2, 13. 4; **Livro 9:** 8. 6
alho-porro, πράσον - **Livro 3:** 11. 3; **Livro 4:** 6. 2, 6. 4, 7. 1; **Livro 7:** 1. 2, 1. 3, 1. 6, 1. 7, 1. 8, 2. 2, 3. 4, 4. 10, 4. 11, 5. 3, 5. 4, 5. 5, 8. 2; **Livro 9:** 10. 1
alteia, ἀλθαία - **Livro 9:** 15. 5, 18. 1
ameixieira, ameixa, κοκκύμηλον, κοκκυμηλέα - **Livro 1:** 10. 10, 11. 1, 12. 1, 13. 1, 13. 3; **Livro 3:** 6. 4, 6. 5; **Livro 4:** 2. 3, 2. 5, 2. 10
ameixieira, προύμνη - **Livro 9:** 1. 2
ameixieira-selvagem, σποδιάς - **Livro 3:** 6. 4
amendoeira, amêndoa, ἀμυγδαλῆ - **Livro 1:** 6. 3, 9. 6, 11. 1, 11. 3, 12. 1, 13. 1, 14. 1; **Livro 2:** 1. 3, 2. 5, 2. 8, 2. 11, 5. 6, 7. 6, 7. 7, 8. 1; **Livro 3:** 11. 4, 12. 1, 12. 5; **Livro 4:** 2. 5, 4. 7, 7. 5, 14. 12; **Livro 5:** 9. 5; **Livro 7:** 13. 7; **Livro 8:** 2. 2; **Livro 9:** 1. 2, 1. 3, 1. 5, 19. 1
amentilho, amento, βρύον - **Livro 1:** 1. 2, 2. 1; **Livro 3:** 3. 8, 7. 3, 11. 4; **Livro 9:** 18. 5
amieiro, κλήθρα - **Livro 1:** 4. 3; **Livro 3:** 3. 1, 3. 6, 4. 2, 4. 4, 6. 1, 6. 5, 14. 3, 15. 1; **Livro 4:** 8. 1
amomo, ἄμωμον - **Livro 9:** 7. 2
amor-de-hortelão, ἀπαρίνη - **Livro 7:** 8. 1, 14. 3; **Livro 8:** 8. 4; **Livro 9:** 19. 2
anémona, ἀνεμώνη - **Livro 6:** 8. 1; **Livro 7:** 7. 3, 8. 3, 10. 2
aneto, ἄνηθον - **Livro 1:** 11. 2, 12. 2; **Livro 6:** 2. 8; **Livro 7:** 1. 2, 1. 3, 2. 8, 3. 2, 4. 1, 6. 4
anis, ἄννησον, ἄννητον - **Livro 1:** 11. 2, 12. 1; **Livro 9:** 7. 3, 12. 4
antirrino, ἀντίρρινον - **Livro 9:** 19. 2
apargia, ἀπαργία - **Livro 7:** 8. 3
apháke, ἀφάκη - **Livro 8:** 1. 4, 8. 3, 11. 1
araquidna, ἀραχίδνα - **Livro 1:** 1. 7, 6. 12
arbusto, θάμνος - **Livro 1:** 3. 1, 3. 2, 3. 3, 3. 6, 5. 2, 5. 3, 6. 2, 9. 4, 10. 4, 10. 7, 14. 2; **Livro 2:** 6. 10; **Livro 3:** 12. 1, 13. 4, 14. 1, 15. 1, 15. 3, 17. 3, 17. 5, 17. 6, 18. 1, 18. 4, 18. 13; **Livro 4:** 2. 11, 3. 3, 3. 4, 4. 6, 10. 2, 11. 12; **Livro 6:** 1. 1, 1. 3; **Livro 7:** 2. 3, 8. 1; **Livro 9:** 4. 3, 5. 1, 5. 2, 19. 1
arceuthos, ἄρκευθος - **Livro 1:** 9. 3; **Livro 3:** 3. 1, 3. 3, 3. 8, 4. 1, 4. 5, 4. 6, 6. 1, 6. 5, 12. 3, 12. 4; **Livro 4:** 1. 3; **Livro 5:** 7. 4, 7. 6; **Livro 9:** 1. 2
aristolóquia, ἀριστολόχια - **Livro 9:** 13. 3, 14. 1, 15. 5, 20. 4
armoles, ἀδράφακυς, ἀδράφαξυς - **Livro 1:** 14. 2; **Livro 3:** 10. 5; **Livro 7:** 1. 2, 1. 3, 2. 6, 2. 7, 2. 8, 3. 2, 3. 4, 4. 1, 5. 5
arroz, ὄρυζον - **Livro 4:** 4. 10
arruda, πήγανον - **Livro 1:** 3. 1, 3. 4, 9. 4, 10. 4; **Livro 2:** 1. 3; **Livro 6:** 1. 2, 5. 3, 7. 3; **Livro 7:** 2. 1, 4. 1, 5. 1, 6. 1; **Livro 9:** 4. 2, 6. 1, 9. 6
artemísia, ἀβρότονον - **Livro 1:** 9. 4; **Livro 6:** 1. 1, 3. 6, 7. 3, 7. 4
árvore, δένδρον – **Livro 1:** 1. 2, 1. 7, 1. 9, 1. 11, 2. 2, 2. 7, 3. 1, 3. 2, 3. 4, 3. 6, 5. 2, 6. 2, 6. 6, 6. 8, 7. 3, 8. 1, 9. 2, 9. 4, 10. 1, 10. 5, 10. 6, 10. 8, 11. 2, 11. 3, 11. 4, 12. 2, 12. 3, 13. 1, 14. 1, 14. 2, 14. 3; **Livro 2:** 1. 1, 1. 2, 1. 3, 1. 4, 2. 2, 3. 1, 3. 2, 4. 1, 4. 3, 4. 4, 5. 3, 5. 5, 6. 3, 6. 5, 6. 7, 7. 2, 7. 3, 7. 6, 7. 7, 8. 1; **Livro 3:** 1. 1, 2. 1, 2. 4, 3. 7, 3. 8, 4. 2, 4. 5, 5. 1, 5. 3, 5. 4, 7. 2, 8. 1, 8. 5, 9. 2, 9. 3, 9. 5, 9. 6, 9. 7, 10. 1, 10. 2, 11. 5, 12. 5, 12. 6, 12. 8, 12. 9, 13. 1, 13. 2, 13. 3, 13. 7, 14. 1,

Índice dos nomes Portugueses - Gregos das plantas e suas partes

14. 4, 15. 1, 15. 3, 15. 6, 16. 1, 16. 2, 16. 3, 16. 6, 17. 1, 17. 2, 17. 5, 18. 1, 18. 3, 18. 4, 18. 9, 18. 10, 18. 13; **Livro 4:** 1. 3, 2. 1, 2. 2, 2. 5, 2. 6, 2. 8, 2. 9, 2. 10, 2. 11, 2. 12, 3. 1, 3. 2, 3. 4, 3. 7, 4. 1, 4. 2, 4. 4, 4. 5, 4. 6, 4. 8, 5. 1, 6. 1, 7. 1, 7. 2, 7. 3, 7. 4, 7. 5, 7. 7, 7. 8, 8. 1, 10. 1, 13. 1, 13. 2, 13. 4, 14. 9, 14. 10, 14. 11, 14. 12, 14. 14, 15. 2, 16. 1, 16. 2, 16. 3, 16. 4; **Livro 5:** 1. 3, 1. 4, 1. 11, 2. 4, 3. 2, 4. 5, 4. 7, 8. 1, 8. 2, 9. 6; **Livro 6:** 1. 1, 1. 3, 7. 3; **Livro 7:** 9. 1, 9. 2, 10. 2, 10. 4, 10. 5, 13. 7; **Livro 8:** 2. 2, 8. 2, 10. 5; **Livro 9:** 1. 1, 2. 2, 2. 7, 3. 4, 4. 1, 4. 2, 4. 3, 4. 4, 4. 7, 4. 8, 4. 9, 4. 10, 6. 1, 6. 3

árvore das bolotas, βάλανος - **Livro 4:** 2. 1, 2. 6; **Livro 8:** 2. 2
árvore do algodão, δένδρον έριοφόρον - **Livro 4:** 7. 7, 7. 8
árvores de fruto, άκρόδρυα - **Livro 2:** 5. 7; **Livro 4:** 4. 11, 7. 8
asfódelo, caule do asfódelo, άνθέρικος - **Livro 1:** 4. 3; **Livro 6:** 2. 9; **Livro 7:** 13. 2, 13. 3, 13. 4; **Livro 9:** 10. 1
asfódelo, άσφόδελος - **Livro 1:** 6. 7, 10. 7; **Livro 6:** 6. 9; **Livro 7:** 9. 4, 12. 1, 13. 1, 13. 2; **Livro 9:** 9. 6, 10. 1
aspris, ἄσπρις - **Livro 3:** 8. 7
áster, άστερίσκος - **Livro 4:** 12. 2
aveia, βρόμος - **Livro 8:** 4. 1, 9. 2
avelã, avelaneira, κάρυον - **Livro 3:** 2. 3, 3. 1, 3. 8, 4. 2, 4. 4, 5. 5, 5. 6, 15. 2
avelaneira-de-bizâncio, καρύα περσική - **Livro 3:** 6. 2, 14. 4
avelaneira-de-heracleia, καρύα ήρακλεωτική / καρύα ήρακλεῶτις - **Livro 1:** 3. 3, 10. 6; **Livro 3:** 3. 8, 5. 5, 6. 2, 6. 5, 7. 3, 15. 1, 15. 2
azevinho, κεντρομυρρίνη - **Livro 3:** 17. 4
azevinho, κήλαστρος - **Livro 1:** 3. 6, 9. 3; **Livro 3:** 3. 1, 3. 3, 4. 5, 4. 6; **Livro 4:** 1. 3; **Livro 5:** 6. 2, 7. 7
azinheira, άρία - **Livro 3:** 3. 8, 4. 2, 4. 4, 16. 3, 17. 1; **Livro 4:** 7. 2; **Livro 5:** 1. 2, 3. 3, 4. 2, 5. 1, 9. 1
bago de uva, ῥάξ - **Livro 1:** 11. 5; **Livro 3:** 17. 6, 18. 12; **Livro 4:** 14. 6; **Livro 6:** 2. 9, 15. 4
bálsamo, όποβάλσαμον - **Livro 4:** 4. 14
bálsamo-de-meca, βάλσαμον - **Livro 9:** 1. 2, 1. 6, 4. 1, 6. 1, 6. 4, 7. 3
barba-de-bode, τραγοπώγων (cf. κόμη) - **Livro 7:** 7. 1
basilisco, ὤκιμον - **Livro 1:** 6. 6, 6. 7, 10. 7; **Livro 7:** 1. 2, 1. 3, 2. 1, 2. 4, 2. 7, 2. 8, 3. 1, 3. 2, 3. 3, 3. 4, 4. 1, 5. 2, 5. 4, 5. 5, 7. 2, 9. 2; **Livro 9:** 18. 5
beldroega, άνδράχνη - **Livro 7:** 1. 2, 1. 3, 2. 9; **Livro 9:** 4. 3
beterraba, τεύτλιον, τευτλίς - **Livro 1:** 3. 2, 5. 3, 6. 6, 6. 7, 9. 2, 10. 4; **Livro 7:** 1. 2, 1. 3, 1. 5, 1. 6, 2. 2, 2. 5, 2. 6, 2. 7, 2. 8, 3. 2, 4. 1, 4. 4, 5. 5, 7. 2
bétula, σημύδα - **Livro 3:** 14. 4; **Livro 5:** 7. 7
bexiga-de-lobo, άσχίον; cf. ὕδνον - **Livro 1:** 6. 9
bola, embrião, πῖλος - **Livro 3:** 7. 4; **Livro 4:** 8. 7
bolbo, βολβός - **Livro 1:** 6. 7, 6. 8, 6. 9, 10. 7; **Livro 6:** 8. 1; **Livro 7:** 2. 1, 2. 2, 2. 3, 4. 12, 9. 4, 12. 1, 12. 2, 13. 1, 13. 2, 13. 4, 13. 5, 13. 7, 13. 8, 13. 9; **Livro 8:** 8. 3
bolota, βάλανος - **Livro 1:** 11. 3; **Livro 3:** 8. 3, 8. 6, 10. 1, 16. 1, 16. 3, 17. 1; **Livro 4:** 6. 9; **Livro 7:** 9. 4
botão, cálice, κάλυξ - **Livro 4:** 10. 3; **Livro 7:** 7. 1
botão, κύημα - **Livro 6:** 4. 3
botão, κύησις - **Livro 6:** 4. 8
bredo, βλίτον - **Livro 1:** 14. 2; **Livro 7:** 1. 2, 1. 3, 2. 7, 2. 8, 3. 2, 3. 4, 4. 1
briónia, μήλωθρον - **Livro 3:** 18. 11; **Livro 6:** 1. 4

bugalho, κηκίς – **Livro 1**: 2. 1; **Livro 3**: 5. 2, 7. 4, 7. 5, 8. 6; **Livro 4**: 2. 8
bugalho, κωρυκίς - **Livro 3**: 14. 1
buprestis, βούπρηστις - **Livro 7**: 7. 3
bútomo, βούτομος - **Livro 1**: 5. 3, 10. 5; **Livro 4**: 8. 1, 10. 4, 10. 6, 10. 7, 11. 12
buxo, πύξος - **Livro 1**: 5. 4, 5. 5, 6. 2, 8. 2, 9. 3; **Livro 3**: 3. 1, 3. 3, 4. 6, 6. 1, 15. 5; **Livro 4**: 4. 1, 5. 1; **Livro 5**: 3. 1, 3. 7, 4. 1, 4. 2, 4. 5, 5. 2, 5. 4, 7. 7, 7. 8; **Livro 9**: 20. 4
cabaça, σικύα - **Livro 1**: 11. 4, 13. 3; **Livro 7**: 2. 9, 3. 5
cabeça, κωδύα - **Livro 4**: 8. 9, 8. 10, 8. 11
cabeleira, κόμη (cf. τραγοπώγων) - **Livro 2**: 6. 4, 6. 10; **Livro 3**: 8. 4, 12. 9; **Livro 4**: 4. 4, 8. 3, 8. 5, 16. 1; **Livro 7**: 7. 1
cacho de uvas, βότρυς - **Livro 1**: 11. 4, 11. 5; **Livro 2**: 3. 2, 7. 5; **Livro 3**: 4. 4, 5. 5, 7. 3, 12. 7, 12. 8, 13. 6, 16. 4, 18. 5, 18. 12; **Livro 4**: 2. 4, 3. 1, 14. 10; **Livro 5**: 1. 4; **Livro 6**: 8. 2; **Livro 7**: 3. 4; **Livro 9**: 18. 11
cacho de uvas verde, ὄμφαξ - **Livro 3**: 13. 6
calaminta, ἑλένιον - **Livro 2**: 1. 3; **Livro 6**: 1. 1, 6. 2, 6. 3, 7. 2, 7. 4
camaleão, χαμαιλέων - **Livro 6**: 4. 3, 4. 8; **Livro 9**: 12. 1, 14. 1
camomila, ἄνθεμον - **Livro 1**: 13. 3; **Livro 7**: 8. 3, 14. 2
campaínha, ἰασιώνη - **Livro 1**: 13. 2
cana, ἠλακάτη - **Livro 2**: 2. 1
caniço, cana, talo, κάλαμος - **Livro 1**: 5. 2, 5. 3, 6. 2, 6. 7, 6. 10, 8. 3, 8. 5, 9. 4, 10. 5, 10. 8, 10. 9; **Livro 2**: 2. 1; **Livro 4**: 6. 6, 8. 1, 8. 4, 8. 7, 8. 8, 9. 1, 9. 3, 10. 1, 10. 6, 10. 7, 11. 1, 11. 2, 11. 3, 11. 4, 11. 6, 11. 7, 11. 9, 11. 10, 11. 11, 11. 13, 15. 2; **Livro 6**: 2. 8; **Livro 7**: 13. 1; **Livro 8**: 2. 4, 3. 1, 3. 2, 3. 4, 4. 1, 4. 3, 4. 4, 7. 5, 9. 2, 9. 3, 10. 4; **Livro 9**: 7. 1, 16. 2
cápsula, ἀγγεῖον - **Livro 1**: 11. 1, 11. 2, 11. 3; **Livro 4**: 12. 2; **Livro 6**: 6. 9; **Livro 8**: 3. 4
cápsula, ἔχινος - **Livro 3**: 10. 1
cápsula, στρογγύλος - **Livro 7**: 13. 2
cardamomo, καρδάμωμον - **Livro 9**: 7. 2, 7. 3
cardo-acantóide, πολυάκανθος - **Livro 6**: 4. 3
cardo-bravo, σκόλυμος (cf. λειμωνία) - **Livro 6**: 4. 3, 4. 4, 4. 7; **Livro 7**: 4. 5, 10. 1, 15. 1; **Livro 9**: 12. 1, 12. 2, 13. 4
cardo-corredor, ἠρύγγιον - **Livro 6**: 1. 3
cardo-de-cobre, χάλκειος - **Livro 6**: 4. 3
cardo-de-quatro-pontas, τετράλιξ - **Livro 6**: 4. 4
cardo-de-roca, ἀτρακτυλίς - **Livro 6**: 4. 3, 4. 6; **Livro 9**: 1. 1
cardo-do-demónio, ὀνόπυξος - **Livro 6**: 4. 3
cardo-dos-prados, λειμωνία (cf. σκόλυμος) - **Livro 6**: 4. 3
cardo-espinhoso, ἄκανος - **Livro I**: 10. 6, 13. 3; **Livro 4**: 6. 10; **Livro 6**: 1. 3, 4. 3, 4. 4, 4. 5 4. 6, 4. 8, 4. 9, 4. 11, 5. 3, 6. 6; **Livro 9**: 12. 1
cardo-estrelado, παντάδουσα - **Livro 6**: 5. 1
cardo-leiteiro, λευκάκανθα - **Livro 6**: 4. 3
cardo-santo, ἄκορνα - **Livro I**: 10. 6; **Livro 6**: 4. 3, 4. 6
cardo-viscoso, ἰξίνη - **Livro 6**: 4. 3, 4. 4, 4. 9; **Livro 9**: 1. 2
carne, polpa, σάρξ - **Livro 1**: 2. 1, 2. 6, 2. 7, 5. 2, 5. 3, 6. 1, 6. 4, 6. 6, 6. 7, 6. 8, 6. 10, 10. 4, 10. 8, 10. 10, 11. 1, 11. 3, 11. 6; **Livro 3**: 8. 3, 9. 7, 11. 1, 11. 5, 13. 5; **Livro 4**: 2. 5, 2. 7, 3. 4, 6. 7, 10. 5, 11. 4, 11. 10, 11. 11, 12. 1, 12. 2, 15. 1; **Livro 5**: 1. 5, 3. 3, 3. 5, 3. 7, 5. 1, 5. 5; **Livro 6**: 2. 2, 4. 2, 4. 8, 5. 1, 6. 7, 6. 8, 6. 9, 6. 10; **Livro 7**: 2. 6, 2. 7, 2. 8, 9. 3, 9. 4, 12. 1, 15. 2; **Livro 9**: 20. 1

Índice dos nomes Portugueses - Gregos das plantas e suas partes

caroço, πυρήν - **Livro 1**: 10. 10, 11. 1, 11. 3, 11. 6; **Livro 2**: 2. 5, 2. 7, 6. 4, 6. 6; **Livro 3**: 7. 4, 12. 2, 12. 5, 13. 3, 18. 12; **Livro 4**: 2. 7, 2. 10, 3. 1, 3. 3, 8. 12, 13. 2, 14. 10; **Livro 8**: 4. 5
caroço, κάρυον - **Livro 4**: 2. 5, 3. 4
carpa, όστρυίς - **Livro 1**: 8. 2
carpa-negra, όστρύς, όστρύα - **Livro 3**: 3. 1, 6. 1, 10. 3
cártamo, κνῆκος - **Livro 1**: 11. 3, 13. 3; **Livro 6**: 1. 3, 4. 3, 4. 4, 4. 5, 4. 6, 6. 6
carvalho, δρῦς – **Livro 1**: 2. 1, 2. 7, 5. 2, 5. 3, 5. 5, 6. 1, 6. 2, 6. 3, 6. 4, 8. 5, 9. 5, 10. 6, 10. 7; **Livro 2**: 2. 3, 2. 6, 7. 6; **Livro 3**: 3. 1, 3. 3, 3. 8, 4. 2, 4. 4, 5. 1, 5. 5, 6. 1, 6. 5, 7. 4, 7. 6, 8. 2, 8. 4, 8. 5, 8. 6, 8. 7 16. 1, 16. 3; **Livro 4**: 2. 8, 5. 1, 5. 3, 6. 2, 6. 7, 6. 8, 6. 9, 14. 10, 15. 2, 15. 3; **Livro 5**: 1. 2, 1. 4, 3. 1, 3. 3, 4. 1, 4. 2, 4. 3, 4. 8, 5. 1, 6. 1, 7. 2, 7. 4, 7. 5, 8. 3, 9. 1, 9. 3; **Livro 9**: 9. 5
carvalho-avelanedo, φηγός - **Livro 3**: 3. 1, 4. 2, 6. 1, 8. 2, 8. 3, 8. 4, 8. 7; **Livro 4**: 13. 2; **Livro 5**: 1. 2
carvalho-de-casca-direita, εὐθύφλοιος - **Livro 3**: 8. 2
carvalho-de-casca-marinha, ἁλίφλοιος - **Livro 3**: 8. 2, 8. 3, 8. 5, 8. 6, 8. 7; **Livro 5**: 1. 2
carvalho-negro, μελάνδρυος - **Livro 1**: 6. 2; **Livro 5**: 3. 1
carvalho-sobreiro, azinheira, φελλόδρυς (cf. ἀρία) - **Livro 1**: 9. 3; **Livro 3**: 3. 3, 16. 3
casca, φλοιός - **Livro 1**: 1. 5, 1. 11, 2. 1, 2. 6, 2. 7, 4. 1, 5. 2, 6. 7, 6. 8, 8. 1, 10. 8, 10. 10; **Livro 2**: 1. 4, 5. 5; **Livro 3**: 2. 3, 5. 3, 8. 2, 8. 6, 9. 1, 10. 1, 10. 2, 10. 3, 10. 4, 10. 5, 11. 1, 11. 3, 12. 1, 12. 4, 12. 9, 13. 1, 13. 2, 13. 3, 13. 4, 13. 7, 14. 2, 14. 3, 14. 4, 15. 2, 15. 6, 16. 1, 16. 3, 16. 4, 16. 5, 17. 1, 17. 3, 17. 5; **Livro 4**: 6. 9, 8. 11, 8. 12, 14. 10, 15. 1, 15. 2, 16. 2; **Livro 5**: 1. 1, 1. 2, 1. 11, 4. 6, 5. 2, 7. 5, 9. 5; **Livro 6**: 3. 2; **Livro 7**: 2. 6, 3. 2, 3. 3, 9. 4, 12. 1, 12. 3; **Livro 9**: 1. 2, 4. 2, 4. 3, 4. 4, 4. 10, 5. 1, 5. 3, 7. 3, 11. 2, 11. 5, 20. 4
casca, cápsula, κέλυφος - **Livro 1**: 11. 3; **Livro 3**: 18. 13; **Livro 4**: 2. 6, 4. 7, 8. 11, 12. 3; **Livro 9**: 16. 9, 20. 1
casca, βίβλος - **Livro 4**: 8. 4
casca, λέμμα - **Livro 4**: 11. 6
cássia, canela, κασία - **Livro 4**: 4. 14; **Livro 9**: 4. 2, 5. 1, 5. 3, 7. 2, 7. 3
castanha, castanheiro, διοσβάλανος - **Livro 1**: 12. 1; **Livro 3**: 2. 3, 3. 1, 3. 8, 4. 2, 4. 4, 5. 5, 10. 1; **Livro 4**: 5. 1, 5. 4
castanha, Εὐβοικόν - **Livro 1**: 11. 3
castanha, κασταναίκον κάρυον - **Livro 4**: 8. 11
castanha-de-água, τρίβολος - **Livro 4**: 9. 1
castanheiro, καρύα εὐβοική - **Livro 5**: 4. 2, 4. 4, 6. 1, 7. 7, 9. 2
cauda-de-cavalo, ἵπνον - **Livro 4**: 10. 1, 10. 2, 10. 4
cauda-de-raposa, ἀλωπέκουρος - **Livro 7**: 11. 2
caule, καυλός – **Livro 1**: 1. 9, 1. 10, 1. 11, 2. 2, 2. 4, 3. 1, 5. 3, 6. 9, 6. 10, 10. 7, 10. 8, 10. 9, 12. 3; **Livro 2**: 2. 1; **Livro 3**: 18. 9, 18. 11, 18. 12; **Livro 4**: 6. 3, 6. 6, 6. 8, 6. 10, 8. 7, 8. 8, 8. 9, 9. 2, 9. 3, 10. 5, 11. 13; **Livro 6**: 1. 4, 2. 6, 2. 7, 2. 8, 2. 9, 3. 1, 3. 2, 3. 4, 3. 5, 3. 7, 4. 1, 4. 2, 4. 4, 4. 5, 4. 10, 4. 11, 5. 2, 5. 3, 6. 6, 6. 8, 6. 9; **Livro 7**: 1. 7, 1. 8, 2. 1, 2. 2, 2. 3, 2. 4, 2. 7, 2. 8, 2. 9, 3. 4, 4. 3, 4. 5, 4. 6, 4. 8, 4. 9, 6. 1, 6. 2, 6. 3, 7. 1, 7. 2, 7. 3, 7. 4, 8. 1, 8. 2, 8. 3, 9. 1, 9. 5, 11. 3, 12. 1, 12. 2, 13. 2, 13. 3, 13. 5, 13. 6, 13. 7, 14. 1, 15. 3; **Livro 8**: 2. 1, 2. 2, 2. 3, 2. 4, 3. 2, 4. 1, 7. 4, 8. 5; **Livro 9**: 1. 1, 1. 3, 1. 7, 8. 2, 9. 6, 10. 1, 11. 2, 11. 6, 11. 7, 11. 10, 12. 3, 13. 5, 18. 1, 18. 3, 19. 3, 20. 3

cebola, κρόμμυον, κρόμυον - **Livro 1**: 5. 2, 6. 7, 6. 9, 10. 7, 10. 8; **Livro 4**: 12. 3; **Livro 5**: 1. 6; **Livro 7**: 1. 8, 2. 1, 2. 3, 3. 4, 4. 7, 4. 10, 4. 12, 5. 1, 5. 2, 8. 2, 9. 4, 13. 4; **Livro 9**: 15. 7
cebolinho, γήθυον - **Livro 1**: 6. 9; **Livro 7**: 1. 2, 1. 3, 1. 6, 1. 7, 1. 8, 2. 2, 5. 1, 5. 3, 5. 5, 9. 4, 12. 3; **Livro 9**: 11. 6
cebolinho, κρομμυογήτειον - **Livro 4**: 6. 2
cebolinho-de-flor-azul, γήτειον (cf. γήθυον) - **Livro 1**: 10. 8; **Livro 4**: 12. 3
cebolinho-de-flor-branca, βολβίνη - **Livro 7**: 13. 9
cenoura, δαῦκος - **Livro 9**: 15. 5, 15. 8, 20. 2
centáurea, κενταύριον, κενταυρίς - **Livro 1**: 12. 1; **Livro 3**: 3. 6; **Livro 4**: 5. 1; **Livro 7**: 9. 5; **Livro 9**: 1. 1, 8. 7, 11. 6, 14. 1
cereal, σιτηρός, σιτηρόν - **Livro 1**: 10. 7, 14. 2; **Livro 6**: 1. 1
cerefólio, ἔνθρυσκον - **Livro 7**: 7. 1
cerejeira-brava, cereja, κέρασος - **Livro 3**: 13. 1, 13. 3, 17. 4; **Livro 4**: 15. 1; **Livro 9**: 1. 2
cerejeira-mahaleb, πάδος - **Livro 4**: 1. 3
cevada, κριθή - **Livro 1**: 6. 5, 6. 6, 11. 5; **Livro 2**: 2. 9, 4. 1; **Livro 3**: 10. 3; **Livro 4**: 4. 9, 8. 12; **Livro 8**: 1. 1, 1. 3, 1. 4, 1. 5, 1. 6, 2. 1, 2. 3, 2. 5, 2. 6, 2. 7, 2. 9, 3. 2, 4. 1, 4. 2, 6. 1, 6. 4, 6. 5, 7. 1, 7. 5, 8. 2, 8. 3, 9. 1, 9. 2, 10. 2, 10. 3, 11. 1, 11. 3, 11. 4, 11. 7; **Livro 9**: 11. 9, 12. 4
chamedris, χαμαίδρυς - **Livro 9**: 9. 5
chícharo, λάθυρος - **Livro 8**: 3. 1, 3. 2, 10. 5
chicória, κιχόριον, κιχόρη - **Livro 1**: 10. 7; **Livro 7**: 7. 1, 7. 3, 8. 3, 9. 2, 10. 3, 11. 3; **Livro 9**: 12. 4, 16. 4
chicória-amarga, πικρίς - **Livro 7**: 11. 4
choupo, αἴγειρος - **Livro 1**: 2. 7, 5. 2; **Livro 2**: 2. 10; **Livro 3**: 1. 1, 3. 1, 3. 4, 4. 2, 6. 1, 13. 3, 14. 2; **Livro 4**: 1. 1, 7. 4, 13. 2; **Livro 5**: 9. 4
chupa-mel, κρηπίς - **Livro 7**: 8. 3
ciclame, κυκλάμινος - **Livro 7**: 9. 4; **Livro 9**: 9. 1, 9. 3, 18. 2
cicuta, κώνειον - **Livro 1**: 5. 3; **Livro 6**: 2. 9; **Livro 7**: 6. 4; **Livro 9**: 8. 3, 15. 8, 16. 8, 16. 9, 20. 1
cidreira, μηλέα περσική, μηδική - **Livro 1**: 11. 4, 13. 4
cila, σκίλλα - **Livro 1**: 4. 3, 6. 7, 6. 8, 6. 9, 10. 7; **Livro 2**: 5. 5; **Livro 7**: 2. 2, 4. 12, 9. 4, 12. 1, 13. 1, 13. 2, 13. 3, 13. 4, 13. 5, 13. 6, 13. 7; **Livro 9**: 15. 7, 18. 3
cinamomo, κινάμωμον - **Livro 4**: 4. 14; **Livro 9**: 4. 2, 5. 1, 5. 3, 7. 2, 7. 3
cipreste, κυπάριττος - **Livro 1**: 5. 1, 5. 3, 6. 4, 6. 5, 8. 2, 9. 1, 9. 3, 10. 4; **Livro 2**: 2. 2, 2. 6, 7. 1; **Livro 3**: 1. 6, 2. 3, 2. 6, 12. 4; **Livro 4**: 1. 3, 3. 1, 5. 2, 16. 1; **Livro 5**: 3. 7, 4. 1, 4. 2, 7. 4
cisto, κίσθος - **Livro 6**: 1. 4, 2. 1
cítiso, luzerna-arbórea, κύτισος - **Livro 1**: 6. 1; **Livro 4**: 4. 6, 16. 5; **Livro 5**: 3. 1
citronela-da-china, σχοῖνος - **Livro 9**: 7. 1, 7. 3
clematite, ἀθραγένη - **Livro 5**: 9. 6
coentro, κορίαννον - **Livro 1**: 11. 2; **Livro 7**: 1. 2, 1. 3, 1. 6, 2. 8, 3. 2, 4. 1, 5. 4, 5. 5
coloitía, κολοιτία - **Livro 1**: 11. 2; **Livro 3**: 17. 3
colútea, κολουτέα - **Livro 3**: 14. 4, 17. 2
cominhos, κύμινον - **Livro 1**: 11. 2; **Livro 7**: 3. 2, 3. 3, 4. 1; **Livro 8**: 3. 5, 6. 1, 7. 3, 8. 5, 10. 1; **Livro 9**: 8. 8
condrilha, χόνδρυλλα - **Livro 7**: 7. 1, 11. 4
cone, pinha, κῶνος - **Livro 1**: 11. 3; **Livro 3**: 9. 5, 9. 6
conífera, κωνοφόρος - **Livro 1**: 12. 2; **Livro 2**: 2. 2, 2. 6; **Livro 3**: 9. 4

copa, ἐγκέφαλος – **Livro 2:** 6. 2, 6. 11
coração, ἐγκάρδιον - **Livro 3:** 9. 3, 9. 5, 12. 3; **Livro 5:** 1. 2, 3. 2
coração, καρδία (cf. μήτρα) - **Livro 1:** 2. 6; **Livro 3:** 10. 2, 12. 1, 14. 1, 17. 5; **Livro 5:** 5. 4; **Livro 9:** 2. 7
coração da madeira, ἐντεριώνη - **Livro 1:** 2. 6; **Livro 3:** 13. 4, 14. 3, 15. 2, 17. 5, 18. 5; **Livro 5:** 1. 9, 1. 10
corniso, κράνεια - **Livro 1:** 6. 1, 8. 2; **Livro 3:** 2. 1, 3. 1, 4. 2, 4. 3, 6. 1, 12. 1; **Livro 4:** 4. 5; **Livro 5:** 4. 1, 6. 4
corniso, ὄη - **Livro 2:** 2. 10
corniso-fêmea, θηλυκράνεια - **Livro 3:** 3. 1, 4. 2, 4. 3, 4. 6, 12. 1
corno-de-boi, feno-grego, βούκερας, βούκερον - **Livro 4:** 4. 10; **Livro 8:** 8. 5
couve, ῥάφανος - **Livro 1:** 3. 4, 6. 6, 9. 4, 10. 4, 14. 2; **Livro 4:** 4. 12, 16. 6; **Livro 6:** 1. 2; **Livro 7:** 1. 2, 1. 3, 2. 1, 2. 4, 4. 1, 4. 4, 5. 3, 5. 4, 6. 1, 6. 2; **Livro 9:** 12. 1, 15. 5
cravo, διόσανθος - **Livro 6:** 1. 1, 6. 2, 6. 11, 8. 3
damasco, μῆλον ἐαρινόν - **Livro 4:** 7. 7
dente-de-leão, ἀπάπη - **Livro 6:** 4. 8; **Livro 7:** 7. 1, 7. 3, 7. 4, 8. 3, 10. 2, 10. 3, 11. 3, 11. 4
dictamno, δίκταμνον - **Livro 9:** 16. 1, 16. 2, 16. 3
dólico, δόλιχος - **Livro 8:** 3. 2, 11. 1
drípis, δρυπίς - **Livro I:** 10. 6
ébano, ἔβενος, ἐβένη - **Livro 1:** 5. 4, 5. 5, 6. 1, 6. 2; **Livro 4:** 4. 6; **Livro 5:** 3. 1, 3. 2, 4. 2; **Livro 9:** 20. 4
echinops, ῥύτρος - **Livro 6:** 4. 4
elemento húmido, seiva, ὑγρόν - **Livro 1:** 2. 1, 2. 3, 2. 4, 2. 7, 10. 9, 10. 10, 11. 1; **Livro 3:** 8. 5; **Livro 4:** 5. 3
embrião, κῦμα - **Livro 1:** 6. 9
enanto, οἰνάνθη - **Livro 5:** 9. 6; **Livro 6:** 6. 11, 8. 1, 8. 2
ephémeron, ἐφήμερον - **Livro 9:** 16. 6
eruca, εὔζωμον - **Livro 1:** 6. 6; **Livro 7:** 1. 2, 1. 3, 2. 8, 4. 1, 4. 2, 5. 5; **Livro 9:** 11. 6
erva, erva daninha, βοτάνη - **Livro 2:** 7. 5; **Livro 4:** 4. 13; **Livro 8:** 6. 7, 11. 8
erva, herbácea, πόα - **Livro 1:** 1. 10, 3. 1, 3. 6, 6. 5, 6. 6, 6. 11, 7. 3, 9. 4, 10. 4, 13. 1, 13. 3; **Livro 2:** 2. 1; **Livro 3:** 1. 3, 1. 5, 1. 6, 3. 6, 18. 8; **Livro 4:** 2. 5, 4. 5, 6. 2, 6. 3, 6. 6, 8. 1, 8. 6, 10. 3; **Livro 6:** 1. 1, 2. 5, 6. 1, 6. 9, 6. 10, 8. 2; **Livro 7:** 1. 1, 3. 1, 5. 2, 7. 1, 8. 1, 8. 2, 8. 3, 9. 1, 9. 2, 9. 3, 14. 1, 15. 4; **Livro 8:** 1. 1, 6. 1, 7. 1, 7. 2, 7. 4; **Livro 9:** 4. 2, 8. 1, 10. 2, 16. 4, 20. 6
erva-cidreira, μελισσόφυλλον - **Livro 6:** 1. 4
erva-da-mula, ἡμίονος - **Livro 9:** 18. 7
erva-das-perdizes, περδίκιον - **Livro 1:** 6. 11
erva-de-héracles, Ἡράκλεια - **Livro 9:** 15. 5
erva-de-ravena, φλέως - **Livro 4:** 8. 1, 10. 1, 10. 4, 10. 6, 10. 7, 11. 12
erva-de-teseu, θήσειον - **Livro 7:** 12. 3
erva-dos-testículos, *orchís*, ὀρχίς - **Livro 9:** 18. 3
ervilha, πισός - **Livro 8:** 1. 1, 1. 4, 2. 3, 3. 1, 3. 2, 5. 2, 5. 3, 10. 5
ervilhaca, ἄρακος - **Livro 1:** 6. 12; **Livro 8:** 8. 3
ervilhaca-dos-campos, ὤχρος - **Livro 8:** 1. 3, 3. 1, 3. 2, 10. 5
escamónia, σκαμμωνία - **Livro 4:** 5. 1; **Livro 9:** 1. 3, 1. 4, 9. 1, 20. 5
escanha, ζειά - **Livro 2:** 4. 1; **Livro 4:** 4. 10; **Livro 8:** 1. 1, 1. 3, 8. 3, 9. 2
escolopendra, σκολόπενδρον - **Livro 9:** 18. 7
escorpião, σκορπίος, σκορπίον - **Livro 9:** 13. 6, 18. 2
espadilha, gladíolo, ξίφιον, ξίφος (cf. φάσγανον) - **Livro 6:** 8. 1; **Livro 7:** 13. 1, 13. 2

espargo, ἀσφάραγος - **Livro I**: 10. 6; **Livro 6**: 1. 3, 4. 1, 4. 2; **Livro 9**: 18. 3
espata, σπάθη - **Livro 2**: 6. 6, 8. 4
espelta, ὀλύρα - **Livro 8**: 1. 3, 4. 1, 9. 2
espiga, στάχυς - **Livro 1**: 11. 4, 11. 5, 14. 2; **Livro 4**: 4. 10, 12. 2; **Livro 7**: 11. 1, 11. 2; **Livro 8**: 2. 1, 2. 2, 2. 4, 2. 5, 3. 3, 3. 4, 4. 1, 4. 2, 4. 3, 5. 3, 7. 5, 10. 3, 10. 4; **Livro 9**: 16. 4
espinheiro, ῥάμνος - **Livro 1**: 5. 3, 9. 4; **Livro 3**: 18. 1, 18. 2, 18. 3, 18. 12; **Livro 5**: 9. 7
espinheiro-alvar, ἀνθηδών - **Livro 3**: 12. 5
espinheiro-negro, ὀξυάκανθος - **Livro 1**: 9. 3; **Livro 3**: 3. 1, 3. 3, 4. 2, 4. 4; **Livro 4**: 4. 2; **Livro 6**: 8. 3
espinho, pico, ἄκανθος - **Livro 1**: 5. 3, 10. 4, 10. 5, 10. 6, 10. 7, 10. 8, 13. 3; **Livro 3**: 3. 2, 10. 1, 11. 3, 11. 5, 12. 3, 12. 9, 16. 1, 16. 2, 18. 2, 18. 4, 18. 11; **Livro 4**: 2. 8, 2. 11, 4. 2, 8. 8; **Livro 6**: 1. 2, 1. 3, 1. 4, 3. 7, 4. 1, 4. 2, 4. 3, 4. 5, 4. 8, 4. 10, 4. 11, 5. 1, 5. 2, 5. 3; **Livro 7**: 6. 2, 7. 3, 7. 4, 8. 1, 8. 3, 14. 2; **Livro 9**: 4. 3, 4. 7, 11. 9
espinho-de-héracles, ἄκανθα Ἡρακλέους - **Livro 4**: 4. 12
estaca, κράδη - **Livro 2**: 1. 2, 5. 4
estaca, παρασπάς - **Livro 2**: 1. 1, 1. 3, 2. 3, 2. 4; **Livro 3**: 1. 1, 12. 2, 12. 6, 12. 9; **Livro 6**: 7. 3, 7. 4; **Livro 7**: 2. 1
estaca, πάτταλος - **Livro 2**: 5. 5; **Livro 7**: 3. 5
estaca, χάραξ - **Livro 2**: 1. 2, 1. 4; **Livro 5**: 7. 7; **Livro 6**: 7. 5
estoraque, στύραξ - **Livro 9**: 7. 3
estrela-de-água, λέμνα - **Livro 4**: 10. 1
eufórbio, τιθύμαλλος - **Livro 9**: 8. 2, 11. 1, 11. 5, 11. 7, 11. 9, 15. 6
eufórbio-espinhoso, ἱππόφεως - **Livro 6**: 5. 1, 5. 2
eufórbio-figo, ἰσχάς - **Livro 9**: 9. 5, 9. 6
evónimo, εὐώνυμος - **Livro 3**: 18. 13
evónimo, τετραγωνία - **Livro 3**: 4. 2, 4. 6
faia, ὀξύη, ὀξύα - **Livro 3**: 3. 8, 6. 5, 10. 1, 10. 3, 11. 5; **Livro 5**: 1. 2, 1. 4, 4. 4, 6. 4, 7. 2, 7. 6, 8. 3
falópia, ἐπετίνη - **Livro 7**: 8. 1
fava, κύαμος - **Livro 3**: 5. 2, 10. 2, 10. 5, 13. 3, 15. 3, 17. 6; **Livro 4**: 3. 1, 8. 7, 8. 8, 8. 9; **Livro 7**: 3. 1; **Livro 8**: 1. 1, 1. 3, 1. 4, 1. 5, 2. 1, 2. 3, 2. 5, 2. 6, 3. 1, 3. 2, 5. 1, 5. 4, 6. 1, 6. 5, 7. 2, 8. 6, 8. 7, 9. 1, 10. 5, 11. 1, 11. 3
férula, νάρθηξ - **Livro 1**: 2. 7, 6. 1, 6. 2, 6. 10; **Livro 6**: 1. 4, 2. 7, 2. 8, 3. 1, 3. 7; **Livro 8**: 3. 2; **Livro 9**: 9. 6, 10. 1, 16. 2
férula-pequena, ναρθηκία - **Livro 6**: 1. 4, 2. 7; **Livro 8**: 3. 2
feto, πτερίς - **Livro 1**: 10. 5; **Livro 4**: 2. 11; **Livro 8**: 7. 7; **Livro 9**: 13. 6, 18. 8, 20. 5
feto-fêmea, θηλυπτερίς - **Livro 9**: 18. 8
fibra, nervura, ἴς - **Livro 1**: 1. 11, 2. 1, 2. 3, 2. 5, 2. 6, 2. 7, 5. 2, 5. 3, 6. 4, 6. 8, 10. 2, 10. 3, 10. 8, 10. 9, 10. 10; **Livro 3**: 9. 7, 10. 1, 10. 3, 10. 5, 11. 1, 11. 3, 12. 1, 12. 5, 12. 7, 13. 2, 13. 5, 14. 1, 14. 3, 17. 3; **Livro 4**: 2. 7; **Livro 5**: 1. 5, 1. 7, 3. 6, 5. 5; **Livro 7**: 9. 3; **Livro 8**: 3. 1; **Livro 9**: 5. 3, 18. 1
figo, σῦκον - **Livro 1**: 11. 6, 12. 1, 14. 1; **Livro 2**: 3. 3; **Livro 3**: 17. 5; **Livro 4**: 2. 1, 2. 3, 4. 4; **Livro 7**: 13. 3
figo-do-egipto, σῦκον αἰγύπτιον - **Livro 1**: 14. 2; **Livro 4**: 2. 4
figo-selvagem, ἐρινός, ἐρινόν - **Livro 3**: 3. 8, 7. 3; **Livro 4**: 2. 3, 14. 4, 14. 5
figueira, figo, συκῆ - **Livro 1**: 3. 1, 3. 3, 3. 5, 5. 1, 5. 2, 5. 3, 6. 1, 6. 3, 6. 4, 7. 2, 8. 1, 8. 2, 8. 5, 9. 7, 10. 4, 10. 5, 10. 8, 11. 4, 12. 2, 14. 1, 14. 4; **Livro 2**: 1. 2, 2. 4, 2. 12, 3. 1, 3. 3, 5. 3, 5. 4, 5. 5, 5. 6, 5. 7, 6. 6, 6. 12, 7. 1, 7. 5, 7. 6, 8. 1, 8. 3;

Índice dos nomes Portugueses - Gregos das plantas e suas partes

Livro 3: 3. 8, 4. 2, 5. 4, 6. 2, 7. 3, 9. 3, 17. 4, 17. 5; **Livro 4:** 5. 3, 6. 2, 6. 9, 7. 7, 7. 8, 13. 1, 13. 2, 14. 2, 14. 3, 14. 4, 14. 5, 14. 8, 14. 10, 14. 12, 15. 2, 16. 1; **Livro 5:** 3. 3, 6. 1, 9. 5, 9. 6

figueira-de-chipre, συκῆ κυπρία - **Livro 4:** 2. 3

figueira-do-egipto, συκῆ αἰγυπτία (cf. κερωνία) - **Livro 1:** 11. 2

figueira-da-índia, συκῆ ἰνδική - **Livro 1:** 7. 3; **Livro 4:** 4. 4

figueira-lacónia, συκῆ λακωνική - **Livro 2:** 8. 1

figueira-selvagem, συκῆ ἀγρία - **Livro 2:** 2. 4

figueira-selvagem, ἐρινεός - **Livro 1:** 8. 2, 14. 4; **Livro 2:** 2. 4, 2. 12, 3. 1, 8. 1, 8. 2, 8. 3; **Livro 3:** 3. 1, 4. 2; **Livro 4:** 13. 1, 14. 4; **Livro 5:** 6. 2, 9. 5

filíria, φιλυρέα - **Livro 1:** 9. 3

flor, ἄνθος - **Livro 1:** 1. 2, 1. 7, 1. 11, 2. 1, 3. 5, 10. 9, 10. 10, 12. 4, 13. 1, 13. 2, 13. 3, 13. 4, 13. 5, 14. 1, 14. 3; **Livro 2:** 6. 6, 8. 4; **Livro 3:** 1. 3, 2. 1, 3. 5, 3. 6, 3. 7, 3. 8, 4. 3, 4. 4, 4. 5, 5. 6, 7. 3, 10. 4, 11. 2, 11. 4, 12. 2, 12. 4, 12. 5, 12. 7, 13. 3, 13. 6, 14. 2, 15. 4, 16. 4, 17. 3, 17. 5, 18. 2, 18. 5, 18. 11, 18. 13; **Livro 4:** 2. 4, 2. 5, 2. 8, 2. 10, 4. 3, 7. 2, 7. 4, 7. 6, 7. 7, 7. 8, 8. 7, 8. 9, 8. 10, 10. 2, 10. 3, 14. 1, 14. 6, 14. 8, 14. 9, 14. 12; **Livro 5:** 1. 4; **Livro 6:** 2. 1, 2. 2, 2. 3, 2. 6, 2. 8, 4. 2, 4. 3, 4. 4, 4. 7, 4. 8, 5. 2, 5. 3, 6. 2, 6. 3, 6. 5, 6. 6, 6. 9, 6. 10, 6. 11, 7. 1, 8. 1, 8. 2, 8. 3, 8. 4, 8. 5, 8. 6; **Livro 7:** 3. 1, 7. 3, 7. 4, 8. 3, 9. 1, 9. 2, 9. 5, 10. 1, 10. 2, 10. 3, 10. 4, 11. 1, 11. 2, 11. 3, 11. 4, 13. 2, 13. 3, 13. 6, 13. 7, 14. 2, 14. 3, 15. 1, 15. 3; **Livro 8:** 2. 5, 2. 6, 3. 3, 6. 5, 7. 2, 9. 1, 10. 3; **Livro 9:** 7. 3, 11. 1, 12. 4, 18. 1, 19. 1, 19. 3

flor da romãzeira, κύτινος - **Livro 1:** 13. 5; **Livro 2:** 6. 12; **Livro 4:** 10. 3

floresta, planta florestal, vegetação, tábua, lenha, matas, ὕλη - **Livro 1:** 9. 2; **Livro 2:** 4. 4; **Livro 3:** 1. 5, 1. 6, 2. 6, 9. 3; **Livro 4:** 1. 3, 1. 4, 2. 8, 5. 3, 5. 4, 5. 5; **Livro 5:** 1. 1, 1. 11, 2. 1, 7. 1, 7. 3, 8. 1, 8. 2, 9. 1, 9. 2; **Livro 8:** 2. 8, 7. 4, 11. 8; **Livro 9:** 3. 2

folha, pétala, φύλλον - **Livro 1:** 1. 2, 1. 3, 1. 5, 1. 6, 1. 7, 1. 11, 2. 1, 3. 1, 3. 5, 4. 1, 4. 2, 6. 11, 6. 12, 7. 3, 9. 3, 9. 5, 9. 6, 9. 7, 10. 1, 10. 2, 10. 4, 10. 5, 10. 6, 10. 7, 10. 8, 12. 3, 12. 4, 13. 1, 13. 2, 14. 2, 14. 3, 14. 4; **Livro 2:** 3. 3, 6. 8, 6. 10, 6. 11; **Livro 3:** 2. 1, 2. 3, 3. 3, 5. 5, 5. 6, 6. 3, 7. 3, 7. 5, 8. 2, 8. 4, 8. 5, 8. 6, 8. 7, 9. 1, 9. 2, 9. 4, 9. 5, 9. 6, 10. 1, 10. 2, 10. 3, 10. 4, 10. 5, 11. 1, 11. 3, 12. 1, 12. 3, 12. 5, 12. 7, 12. 8, 13. 1, 13. 2, 13. 4, 13. 5, 14. 1, 14. 2, 14. 3, 14. 4, 15. 1, 15. 4, 15. 5, 15. 6, 16. 1, 16. 2, 16. 3, 16. 4, 16. 5, 16. 6, 17. 1, 17. 2, 17. 3, 17. 4, 17. 5, 17. 6, 18. 2, 18. 3, 18. 4, 18. 5, 18. 6, 18. 7, 18. 8, 18. 10, 18. 11, 18. 13; **Livro 4:** 2. 1, 2. 3, 2. 4, 2. 5, 2. 6, 2. 7, 2. 8, 2. 10, 2. 11, 3. 1, 3. 3, 4. 2, 4. 4, 4. 5, 4. 7, 4. 8, 4. 11, 4. 12, 4. 13, 6. 2, 6. 3, 6. 6, 6. 7, 6. 9, 6. 10, 7. 2, 7. 4, 7. 5, 7. 7, 7. 8, 8. 6, 8. 7, 8. 9, 8. 12, 9. 1, 9. 2, 9. 3, 10. 2, 10. 3, 10. 5, 10. 7, 11. 4, 11. 10, 11. 12, 11. 13, 14. 9, 14. 12; **Livro 5:** 3. 2, 3. 5, 3. 7, ; **Livro 6:** 1. 1, 1. 3, 1. 4, 2. 2, 2. 5, 2. 6, 2. 7, 2. 8, 3. 1, 3. 4, 3. 5, 3. 6, 3. 7, 4. 1, 4. 3, 4. 6, 4. 8, 4. 9, 4. 10, 4. 11, 5. 1, 5. 2, 5. 3, 6. 2, 6. 4, 6. 6, 6. 7, 6. 9, 6. 10; **Livro 7:** 2. 2, 2. 4, 2. 5, 3. 2, 4. 1, 4. 2, 4. 3, 4. 4, 4. 5, 4. 6, 4. 7, 6. 1, 6. 2, 6. 3, 6. 4, 7. 1, 7. 2, 8. 3, 9. 1, 9. 5, 10. 5, 11. 1, 11. 2, 11. 3, 12. 1, 12. 2, 13. 1, 13. 5, 13. 6, 13. 7, 14. 1, 15. 2, 15. 3; **Livro 8:** 2. 1, 2. 3, 3. 1, 3. 3, 4. 1, 4. 2, 7. 1, 7. 3, 7. 4; **Livro 9:** 4. 2, 4. 3, 4. 7, 4. 9, 6. 1, 8. 1, 8. 2, 9. 1, 9. 5, 9. 6, 10. 1, 11. 1, 11. 2, 11.3, 11. 4, 11. 5, 11. 6, 11. 7, 11. 8, 11. 9, 11. 10, 11. 11, 12. 1, 12. 2, 12. 3, 12. 5, 13. 1, 13. 3, 13. 5, 13. 6, 15. 4, 15. 7, 16. 1, 16. 2, 16. 3, 16. 4, 16. 6, 18. 1, 18. 2, 18. 3, 18. 5, 18. 7, 18. 8, 19. 1, 19. 3, 20. 4

folha da figueira, θρῖον - **Livro 2:** 3. 3

folha em forma de chapéu, πέτασος - **Livro 4:** 8. 9

folha da videira, οἴναρον - **Livro 9:** 13. 5
folíolo, κλώνιον - **Livro 3:** 13. 5
freixo, μελία, μέλιον - **Livro 3:** 3. 1, 4. 4, 6. 1, 6. 5, 11. 3, 11. 4, 17. 1; **Livro 4:** 5. 3, 8. 2; **Livro 5:** 1. 2, 6. 4, 7. 3, 7. 8
freixo-gigante, βουμέλιος - **Livro 3:** 11. 4, 11. 5; **Livro 4:** 8. 2
fritilária, κυίξ - **Livro 7:** 13. 9
fruto, καρπός - **Livro 1:** 1. 2, 1. 3, 1. 6, 1. 7, 1. 11, 2. 1, 2. 2, 3. 3, 3. 5, 4. 1, 4. 2, 6. 9, 6. 11, 6. 12, 7. 2, 9. 7, 10. 8, 10. 9, 10. 10, 11. 3, 11. 4, 12. 2, 12. 3, 12. 4, 13. 3, 13. 4, 13. 5, 14. 1, 14. 2, 14. 3, 14. 4; **Livro 2:** 2. 4, 2. 6, 2. 8, 2. 10, 3. 1, 3. 2, 3. 3, 4. 3, 5. 7, 6. 2, 6. 6, 6. 7, 6. 8, 6. 10, 6. 11, 6. 12, 7. 1, 7. 2, 7. 6, 7. 7, 8. 1, 8. 3, 8. 4; **Livro 3:** 1. 2, 1. 3, 1. 5, 2. 1, 2. 3, 3. 2, 3. 4, 3. 5, 3. 6, 3. 7, 3. 8, 4. 1, 4. 2, 4. 3, 4. 4, 4. 5, 4. 6, 5. 3, 5. 5, 5. 6, 6. 1, 7. 3, 7. 4, 7. 6, 8. 1, 8. 2, 8. 7, 9. 2, 9. 4, 10. 1, 10. 2, 10. 3, 10. 4, 10. 5, 11. 2, 11. 4, 11. 5, 12. 2, 12. 4, 12. 5, 12. 6, 12. 8, 13. 3, 13. 6, 13. 7, 14. 1, 14. 2, 14. 4, 15. 1, 15. 2, 15. 3, 15. 4, 15. 6, 16. 1, 16. 3, 16. 4, 16. 5, 16. 6, 17. 1, 17. 2, 17. 3, 17. 4, 17. 5, 18. 2, 18. 3, 18. 4, 18. 5, 18. 6, 18. 7, 18. 10, 18. 11, 18. 12, 18. 13; **Livro 4:** 1. 5, 2. 1, 2. 3, 2. 4, 2. 5, 2. 6, 2. 7, 2. 8, 2. 10, 3. 1, 3. 2, 3. 3, 3. 4, 4. 4, 4. 5, 4. 7, 4. 11, 6. 9, 7. 2, 7. 4, 7. 5, 7. 6, 7. 7, 7. 8, 8. 3, 8. 8, 8. 9, 8. 10, 8. 11, 8. 14, 9. 2, 10. 2, 10. 3, 10. 4, 10. 7, 12. 1, 12. 2, 13. 1, 13. 2, 13. 5, 14. 3, 14. 8, 14. 9, 14. 10, 14. 13, 14. 14; **Livro 5:** 1. 1, 1. 2, 1. 3, 3. 7, 4. 1, 7. 7; **Livro 6:** 2. 3, 2. 6, 2. 8, 2. 9, 4. 3, 4. 5, 4. 6, 5. 3, 6. 8, 6. 9, 7. 1, 7. 2, 8. 3; **Livro 7:** 1. 7, 1. 8, 3. 3, 3. 4, 6. 3, 6. 4, 9. 1, 9. 5, 10. 1, 10. 4, 11. 1, 13. 2, 13. 6, 14. 2, 14. 3, 15. 3, 15. 4; **Livro 8:** 2. 11, 3. 2, 3. 3, 3. 4, 4. 2, 5. 3, 7. 2, 7. 4, 7. 6, 9. 2, 10. 5; **Livro 9:** 1. 1, 1. 6, 2. 3, 2. 4, 2. 8, 4. 7, 6. 1, 7. 2, 8. 1, 8. 2, 8. 3, 8. 5, 8. 6, 8. 7, 9. 1, 9. 2, 9. 5, 11. 5, 11. 6, 11. 7, 11. 9, 11. 10, 11. 11, 12. 3, 12. 5, 13. 1, 14. 4, 15. 5, 16. 1, 16. 4, 18. 1, 18. 5, 18. 6, 19. 2, 19. 4, 20. 1, 20. 3
fruto do loureiro, δαφνίς - **Livro 1:** 11. 3
funcho, μάραθον - **Livro 1:** 11. 2, 12. 2; **Livro 4:** 6. 3; **Livro 6:** 1. 4, 2. 9; **Livro 7:** 3. 2; **Livro 9:** 9. 5
funcho-de-cavalo, ἱππομάραθον - **Livro 6:** 1. 4
fungão, πέζις - **Livro 1:** 6. 5
fungo, μύκης - **Livro 1:** 1. 11, 5. 3, 6. 5; **Livro 3:** 7. 6; **Livro 4:** 7. 2, 14. 3
gálbano, χαλβάνη - **Livro 9:** 1. 2, 7. 2, 9. 2
gatunha, ὀνωνίς - **Livro 6:** 1. 3, 5. 1, 5. 3
gavinha, hera trepadeira, ἕλιξ - **Livro 1:** 2. 1; **Livro 3:** 7. 3, 18. 6, 18. 7, 18. 8, 18. 11; **Livro 7:** 8. 1
giesta, λινόσπαρτον - **Livro 1:** 5. 2
gilbardeira, μυάκανθος - **Livro 6:** 5. 1, 5. 2
gladíolo, φάσγανον (cf. ξίφιον) - **Livro 7:** 12. 3, 13. 1, 13. 4
glande, ἄκυλος - **Livro 3:** 16. 3
goiveiro, goivo, ἰωνία - **Livro 1:** 9. 4; **Livro 2:** 1. 3; **Livro 6:** 1. 1, 6. 2, 6. 7, 6. 11, 8. 5; **Livro 7:** 6. 4
goiveiro-amarelo, φλόξ - **Livro 6:** 6. 2, 6. 11
goivo, λευκὸς ἴος - **Livro 3:** 18. 13; **Livro 4:** 7. 8
goma, κόμμι - **Livro 3:** 14. 1; **Livro 4:** 2. 8; **Livro 9:** 1. 2, 1. 3
grainha, γίγαρτον - **Livro 1:** 11. 6; **Livro 3:** 17. 6
grainha, χραμίς - **Livro 4:** 2. 1
grainha do figo, κεγχραμίς - **Livro 1:** 11. 3, 11. 6; **Livro 2:** 2. 4, 8. 2; **Livro 4:** 2.

Índice dos nomes Portugueses - Gregos das plantas e suas partes

grama, dente-de-cão, ἄγρωστις - **Livro 1**: 6. 7, 6. 10; **Livro 2**: 2. 1; **Livro 4**: 6. 6, 10. 5, 10. 6, 11. 13; **Livro 9**: 13. 6, 18. 2
granza, ἐρευθεδανόν - **Livro 6**: 1. 4; **Livro 7**: 9. 3; **Livro 9**: 13. 4, 13. 6
grão, bago, κόκκος - **Livro 2**: 2. 5; **Livro 3**: 7. 3, 16. 1; **Livro 4**: 10. 3; **Livro 9**: 20. 2
grão-de-bico, ἐρέβινθος - **Livro 2**: 4. 2, 6. 6; **Livro 4**: 4. 4, 4. 9; **Livro 6**: 5. 3; **Livro 8**: 1. 1, 1. 4, 2. 1, 2. 3, 2. 5, 2. 6, 3. 2, 5. 1, 5. 2, 5. 4, 6. 5, 7. 2, 9. 1, 10. 1, 10. 5, 11. 2, 11. 6
haste, ῥάβδος - **Livro 1**: 3. 3; **Livro 2**: 1. 2, 1. 4, 2. 2, 6. 4, 6. 10; **Livro 3**: 7. 5, 12. 1, 13. 2, 13. 4, 13. 7, 14. 3, 15. 1, 15. 2, 17. 6, 18. 2, 18. 5; **Livro 4**: 2. 7, 6. 10; **Livro 6**: 6. 6; **Livro 9**: 5. 3, 6. 2, 6. 3
heléboro, ἐλλέβορος - **Livro 4**: 5. 1; **Livro 6**: 2. 9; **Livro 9**: 8. 4, 8. 6, 8. 8, 9. 2, 10. 1, 10. 2, 14. 1, 14. 4, 15. 5, 16. 6, 17. 1, 17. 3, 18. 2
hélice, ἑλίκη (cf. ἰτέα) - **Livro 3**: 13. 7
heliotrópio, ἡλιοτρόπιον - **Livro 7**: 3. 1, 8. 1, 9. 2, 10. 5, 15. 1
hemeris, ἡμερίς - **Livro 3**: 8. 2, 8. 4, 8. 6
hera, κιττός - **Livro 1**: 3. 2, 9. 4, 10. 1, 10. 7, 13. 1, 13. 4; **Livro 2**: 1. 2; **Livro 3**: 4. 6, 10. 5, 14. 2, 18. 1, 18. 6, 18. 7, 18. 8, 18. 9, 18. 10, 18. 11, 18. 12; **Livro 4**: 4. 1, 16. 5; **Livro 5**: 3. 4, 9. 6; **Livro 9**: 13. 6, 18. 5
hortelã, ἡδύοσμον - **Livro 7**: 7. 1
hortelã-pimenta, σισύμβριον - **Livro 2**: 1. 3, 4. 1; **Livro 6**: 1. 1, 6. 2, 6. 3, 7. 2, 7. 4, 7. 6; **Livro 9**: 16. 3
hortelã-pimenta-bastarda, μίνθα - **Livro 2**: 4. 1; **Livro 6**: 7. 2
humidade, seiva, ὑγρότης - **Livro 1**: 2. 5, 2. 6, 5. 5, 11. 3, 11. 6, 12. 2; **Livro 3**: 13. 2, 18. 10; **Livro 4**: 14. 10; **Livro 5**: 1. 1, 1. 6, 5. 6, 9. 5, 9. 7, 9. 8; **Livro 9**: 1. 1, 1. 2, 1. 5, 1. 7, 2. 1, 14. 2
incenso, λιβάνωτος, λίβανος - **Livro 4**: 4. 14; **Livro 9**: 1. 2, 1. 6, 4. 1, 4. 2, 4. 3, 4. 4, 4. 5, 4. 7, 4. 8, 4. 9, 4. 10, 11. 3, 11. 10, 20. 1
ínula, κόνυζα - **Livro 6**: 1. 4, 2. 6; **Livro 7**: 10. 1
invólucro, περιέχον - **Livro 1**: 11. 1, 11. 4, 11. 5, 11. 6
ipsos, ἴψος - **Livro 3**: 4. 2
íris, ἶρις - **Livro 1**: 7. 2; **Livro 4**: 5. 2; **Livro 6**: 8. 3; **Livro 7**: 13. 1, 13. 2; **Livro 9**: 7. 3, 9. 2
íris-fétida, ξίρις - **Livro 9**: 8. 7
jacinto, ὑάκινθος - **Livro 6**: 8. 1, 8. 2, 8. 3
jacinto-das-searas, κώδυον - **Livro 6**: 8. 1
jarro, árum, ἄρον - **Livro 1**: 6. 6, 6. 7, 6. 8, 6. 10, 10. 10; **Livro 7**: 2. 1, 9. 4, 12. 2, 13. 1, 13. 2
joio, αἴρα - **Livro 1**: 5. 2; **Livro 2**: 4. 1; **Livro 4**: 4. 10; **Livro 8**: 4. 6, 7. 1, 8. 3, 9. 3
junça, κύπειρος - **Livro 1**: 5. 3, 6. 8, 8. 1, 10. 5; **Livro 4**: 8. 1, 8. 12, 10. 1, 10. 5, 10. 6, 11. 12; **Livro 9**: 7. 3
junco, θρύον - **Livro 4**: 11. 12
junco, σχοῖνος - **Livro 1**: 5. 3, 8. 1; **Livro 4**: 7. 3, 8. 1, 12. 1, 12. 2, 12. 3; **Livro 9**: 7. 1, 12. 1
junípero, κεδρίς - **Livro 1**: 9. 4, 10. 6, 12. 1
kerkis, κερκίς - **Livro 1**: 11. 2; **Livro 3**: 14. 2
knéoros, κνέωρος, κνέωρον - **Livro 1**: 10. 4; **Livro 6**: 1. 4, 2. 2
kômakon, κώμακον - **Livro 9**: 7. 2
kóstos, κόστος - **Livro 9**: 7. 3
krátaigos, espinheiro, κράταιγος - **Livro 3**: 15. 6

lágrima, goma, gema, resina, seiva, δάκρυον (cf. ύγρόν, όπός) - **Livro 1**: 2. 3; **Livro 2**: 2. 1, 2. 11, 7. 7; **Livro 4**: 4. 2, 7. 2; **Livro 6**: 3. 7, 4. 9, 6. 8; **Livro 7**: 6. 3; **Livro 9**: 1. 2, 1. 3, 1. 4, 1. 5, 1. 6, 4. 4, 6. 1, 6. 2, 7. 3, 8. 2
lakáre, lákara, λακάρη, λάκαρα - **Livro 3**: 3. 1, 6. 1
lauréola, χαμαιδάφνη - **Livro 3**: 18. 13
legume arborizado, δενδρολάχανα - **Livro 1**: 3. 4
legume seco, όσπριον - **Livro 2**: 4. 2; **Livro 4**: 6. 7; **Livro 8**: 1. 1, 1. 5, 2. 8, 4. 6, 5. 1, 6. 5, 8. 6, 10. 2
legumes, verduras condimentares, λάχανα - **Livro 1**: 3. 1, 3. 4, 6. 6, 6. 7, 6. 8, 9. 2, 10. 7, 10. 8, 11. 2, 11. 3, 12. 2, 13. 3, 14. 2; **Livro 2**: 4. 3; **Livro 3**: 6. 4; **Livro 4**: 14. 10; **Livro 6**: 1. 2; **Livro 7**: 1. 1, 2. 5, 2. 7, 5. 1, 5. 2, 7. 1, 7. 3; **Livro 8**: 3. 5
leguminosas, χεδροπά - **Livro 1**: 6. 5, 11. 2; **Livro 3**: 2. 1, 6. 3, 14. 4; **Livro 4**: 2. 8, 4. 9; **Livro 8**: 1. 1, 1. 3, 1. 4, 2. 1, 2. 2, 2. 3, 2. 5, 3. 1, 3. 2, 3. 3, 3. 4, 3. 5, 6. 4, 7. 2, 7. 5, 9. 1, 9. 3, 11. 3
leituga, ύποχοιρίς - **Livro 7**: 7. 1, 11. 4
lentilha, φακός - **Livro 2**: 4. 2; **Livro 3**: 15. 3, 17. 2, 18. 5; **Livro 4**: 4. 9, 4. 10; **Livro 8**: 1. 4, 3. 2, 3. 4, 5. 1, 5. 2, 5. 3, 8. 3, 8. 4, 8. 6
lentilha-de-água, ίκμη - **Livro 4**: 10. 1, 10. 2, 10. 4
lentisco, σχίνος - **Livro 9**: 1. 2, 4. 7
libanotís, λιβανωτίς - **Livro 9**: 9. 5, 11. 10
ligustro, σπειραία - **Livro 1**: 14. 2; **Livro 6**: 1. 4
limoeiro, μήλον Μηδικόν ou Περσικόν - **Livro 4**: 4. 2, 4. 3
língua-de-borrego, άρνόγλωσσον - **Livro 7**: 8. 3, 10. 3, 11. 2
linho, λίνος - **Livro 3**: 18. 3; **Livro 8**: 7. 1; **Livro 9**: 18. 6
lírio, κρινωνία - **Livro 2**: 2. 1; **Livro 6**: 6. 9; **Livro 9**: 1. 4
lírio-purpúreo, ήμεροκαλλές - **Livro 6**: 1. 1, 6. 11
lódão, διόσπυρος - **Livro 3**: 13. 3
lótus, λωτός - **Livro 1**: 5. 3, 6. 1, 8. 2; **Livro 4**: 2. 5, 2. 9, 2. 12, 3. 1, 3. 2, 3. 3, 3. 4, 8. 9, 8. 11; **Livro 5**: 3. 1, 3. 7, 4. 2, 5. 4, 5. 6, 8. 1; **Livro 7**: 8. 3, 15. 3
loureiro, fruto do loureiro, δάφνη – **Livro I**: 5. 2, 6. 3, 6. 4, 8. 1, 9. 3, 12. 1, 14. 4; **Livro 2**: 1. 3, 2. 6, 5. 6, **Livro 3**: 3. 3, 4. 2, 7. 3, 11. 3, 11. 4, 12. 7, 13. 5, 14. 3, 15. 4, 16. 4, 17. 3; **Livro 4**: 4. 12, 4. 13, 5. 3, 5. 4, 7. 1, 7. 2, 7. 4, 13. 3, 16. 6; **Livro 5**: 3. 3, 3. 4, 7. 7, 8. 3, 9. 7; **Livro 9**: 4. 2, 4. 3, 4. 9, 10. 1, 15. 5, 20. 1
loureiro-de-alexandria, δάφνη Άλεξάνδρεια - **Livro 1**: 10. 8; **Livro 3**: 17. 4
loureiro-selvagem, άγρία δάφνη - **Livro 1**: 9. 3
luzerna, πτερίς μηδική - **Livro 8**: 7. 7
maçã, μήλον - **Livro 1**: 11. 5, 12. 1; **Livro 2**: 6. 6; **Livro 3**: 5. 2; **Livro 4**: 10. 3; **Livro 6**: 4. 9, 6. 6
macieira, μηλέα - **Livro 1**: 3. 3, 5. 2, 6. 1, 6. 3, 6. 4, 8. 4, 9. 1, 10. 4, 10. 5, 11. 4, 12. 2, 13. 1, 13. 3, 14. 1, 14. 4; **Livro 2**: 1. 2, 1. 3, 2. 4, 2. 5, 5. 3, 5. 6, 8. 1; **Livro 3**: 3. 1, 3. 2, 4. 2, 4. 4, 11. 5; **Livro 4**: 5. 3, 5. 4, 10. 2, 13. 2, 13. 3, 14. 2, 14. 7, 14. 10, 14. 12, 16. 1; **Livro 5**: 3. 3, 4. 1; **Livro 9**: 11. 5
madeira, ξύλον - **Livro 1**: 2. 1, 2. 6, 2. 7, 5. 3, 6. 1, 6. 2, 6. 4, 6. 6, 6. 7, 11. 3; **Livro 2**: 1. 1, 1. 2, 1. 4, 5. 4; **Livro 3**: 3. 2, 4. 3, 5. 3, 8. 2, 8. 4, 8. 5, 8. 7, 9. 1, 9. 2, 9. 4, 9. 5, 9. 6, 9. 7, 10. 1, 10. 2, 10. 3, 10. 4, 10. 5, 11. 1, 11. 2, 11. 3, 11. 5, 12. 1, 12. 3, 12. 5, 12. 9, 13. 2, 13. 4, 14. 1, 14. 2, 14. 3, 14. 4, 15. 2, 15. 4, 15. 6, 16. 1, 16. 2, 16. 3, 17. 1, 17. 3, 17. 5, 18. 5, 18. 9; **Livro 4**: 1. 4, 2. 2, 2. 5, 2. 6, 2. 7, 2. 9, 2. 12, 3. 1, 3. 4, 4. 6, 8. 4, 8. 5, 10. 5, 11. 10; **Livro 5**: 1. 1, 1. 5, 1. 9, 1. 10, 2. 2, 2. 3, 3. 5, 3. 6, 3. 7, 4. 2, 4. 5, 4. 6, 4. 7, 4. 8, 5. 1, 5. 2, 5. 3, 5. 4, 5. 5, 5. 6, 7. 2,

8. 1, 9. 3, 9. 8; **Livro 6:** 1. 1, 2. 2, 6. 3, 6. 11, 7. 3, 7. 4; **Livro 7:** 2. 8, 3. 2, 9. 3, 13. 2; **Livro 8:** 2. 3, 3. 2, 7. 2, 10. 5; **Livro 9:** 2. 1, 2. 6, 4. 8, 5. 1, 5. 3, 7. 3, 20. 4
madressilva, κλύμενον - **Livro 9:** 8. 5, 18. 6, 18. 7
magídaris, μαγύδαρις - **Livro 1:** 6. 12; **Livro 6:** 3. 4, 3. 7
malinathálle, μαλιναθάλλη - **Livro 4:** 8. 12
malmequer-do-monte, φλόγινον - **Livro 6:** 8. 1, 8. 2
malva, μαλάχη - **Livro 1:** 3. 2, 9. 2; **Livro 4:** 15. 1; **Livro 7:** 7. 2, 8. 1; **Livro 9:** 15. 5, 18. 1
mandrágora, μανδραγόρας - **Livro 6:** 2. 9; **Livro 9:** 8. 8, 9. 1
manjerona, ἀμάρακον, ἀμάρακος - **Livro 1:** 9. 4; **Livro 6:** 1. 1, 7. 4, 8. 3; **Livro 9:** 7. 3
marmelo, κυδώνιος, μῆλον κωδώνιον - **Livro 2:** 2. 5; **Livro 4:** 8. 11
marmelo, μήλινος - **Livro 6:** 2. 8; **Livro 7:** 3. 1
marroio, πράσιον - **Livro 6:** 1. 4, 2. 5
mastique-espinhosa, ἀκανθικὴ μαστίχη - **Livro 6:** 4. 9
mata-ratos, μυοφόνον - **Livro 6:** 1. 4, 2. 9
matricária, παρθένιον - **Livro 7:** 7. 2
medronheiro, κόμαρος - **Livro 1:** 5. 2, 9. 3; **Livro 3:** 16. 4, 16. 5; **Livro 5:** 9. 1
medronheiro-do-oriente, ἀνδράχλη - **Livro 1:** 5. 2, 9. 3; **Livro 3:** 3. 1, 3. 3, 4. 2, 4. 4, 4. 6, 6. 1, 16. 5; **Livro 4:** 4. 2, 7. 5, 15. 1, 15. 2; **Livro 5:** 7. 6
medronheiro-híbrido, ἀφάρκη - **Livro 1:** 9. 3; **Livro 3:** 3. 1, 3. 3, 4. 2, 4. 4; **Livro 5:** 7. 7
medronho, μεμαίκυλος - **Livro 3:** 16. 4
medula, μήτρα - **Livro 1:** 1. 11, 2. 1, 2. 6, 2. 7, 6. 1, 6. 2, 6. 5; **Livro 2:** 7. 3; **Livro 3:** 9. 2, 9. 3, 9. 6, 10. 5, 12. 3, 16. 3; **Livro 4:** 16. 4; **Livro 5:** 1. 11, 2. 2, 3. 1, 5. 2, 5. 3, 5. 4, 5. 5, 5. 6
meliloto, λωτός - **Livro 9:** 7. 3
meliloto, μελίλωτος - **Livro 7:** 15. 3
mélinos, μέλινος - **Livro 8:** 1. 4, 2. 6, 3. 2, 3. 3, 7. 3
membrana, fibra, ὑμήν - **Livro 1:** 6. 1, 6. 2, 11. 1, 11. 2, 11. 5; **Livro 4:** 10. 3; **Livro 6:** 6. 9; **Livro 8:** 3. 4
menanto, μήνανθος - **Livro 4:** 10. 1, 10. 2, 10. 4
milho-alvo, κέγχρος - **Livro 1:** 11. 2; **Livro 4:** 4. 10, 8. 10, 10. 3; **Livro 8:** 1. 1, 1. 4, 2. 6, 3. 2, 3. 3, 3. 4, 7. 3, 9. 3, 11. 1, 11. 6; **Livro 9:** 18. 6
milho-painço, ἔλυμος - **Livro 4:** 4. 10; **Livro 8:** 1. 1, 11. 1
mirra, μύρρα - **Livro 7:** 6. 3
mirra, σμύρνα - **Livro 4:** 4. 12, 4. 14; **Livro 9:** 1. 2, 1. 4, 1. 6, 4. 1, 4. 2, 4. 3, 4. 5, 4. 6, 4. 7, 4. 8, 4. 10, 7. 3
mírtilo, mirto, μύρτος, μύρτον - **Livro 1:** 12. 1; **Livro 3:** 12. 4, 16. 4; **Livro 4:** 3. 1; **Livro 9:** 11. 9
mirto, μύρρινος, μυρρίνη - **Livro 1:** 3. 3, 9. 3, 10. 2, 10. 4, 10. 8, 13. 3, 14. 1, 14. 4; **Livro 2:** 1. 4, 2. 6, 5. 5, 5. 6, 7. 2, 7. 3; **Livro 3:** 6. 2, 15. 5; **Livro 4:** 2. 6, 5. 3, 5. 4; **Livro 5:** 8. 3; **Livro 6:** 8. 5; **Livro 9:** 11. 9
mnásion, μνάσιον - **Livro 4:** 8. 2, 8. 6
móly, μῶλυ - **Livro 9:** 15. 7
morrião, κόρχορος - **Livro 7:** 7. 2
morte-das-mulheres, θηλύφονον; cf. σκόρπιον - **Livro 9:** 18. 2
mostarda, νᾶπυ - **Livro 1:** 12. 1; **Livro 7:** 1. 2, 1. 3, 3. 2, 5. 5
nabo, γογγυλίς - **Livro 1:** 6. 6, 6. 7; **Livro 7:** 1. 2, 1. 7, 2. 5, 2. 8, 3. 2, 3. 4, 4. 3, 4. 6, 5. 3, 6. 2, 9. 4
naîron, ναῖρον - **Livro 9:** 7. 3

narciso, λείριον (cf. νάρκισσος) - **Livro 1**: 13. 2; **Livro 3**: 13. 6, 18. 11; **Livro 6**: 6. 9, 8. 1, 8. 3; **Livro 7**: 13. 4; **Livro 9**: 16. 6
narciso, νάρκισσος - **Livro 6**: 6. 9, 8. 1; **Livro 7**: 13. 1, 13. 2, 13. 5, 13. 6, 13. 7
nardo, νάρδος - **Livro 9**: 7. 2, 7. 3, 7. 4
nárte, νάρτη - **Livro 9**: 7. 3
nenúfar-amarelo, νυμφαία - **Livro 9**: 13. 1
nenúfar-branco, σίδη - **Livro 4**: 10. 1, 10. 2, 10. 3, 10. 4, 10. 6, 10. 7
nepenthes, νηπενθές - **Livro 9**: 15. 1
nervura, ἐντόμη - **Livro 4**: 3. 1
nervura, εὐθεία - **Livro 3**: 10. 3
nervura, ῥάχις - **Livro 3**: 7. 5, 17. 4, 18. 11
nespereira, nêspera, μεσπίλη, μέσπιλον - **Livro 3**: 12. 5, 12. 8, 12. 9, 13. 1, 13. 3, 15. 6, 17. 5; **Livro 4**: 2. 10, 8. 12, 14. 10
nespereira-comum, σατάνειος - **Livro 3**: 12. 5
nigela-dos-trigos, ἴφυον - **Livro 6**: 6. 11, 8. 3
nó, articulação, γόνυ - **Livro 1**: 5. 3, 6. 7, 8. 3, 8. 5; **Livro 3**: 5. 3, 11. 3, 13. 5, 18. 11; **Livro 4**: 6. 6, 8. 7, 10. 6, 11. 6, 11. 7, 11. 10, 11. 11, 11. 13; **Livro 6**: 2. 7, 2. 8; **Livro 8**: 2. 4, 3. 2; **Livro 9**: 11. 2, 18. 2
nó, κνήμη - **Livro 9**: 13. 5
noz, nogueira, κάρυον, καρύα - **Livro 1**: 11. 1, 11. 3, 12. 1; **Livro 3**: 11. 4; **Livro 4**: 4. 7, 5. 4; **Livro 8**: 2. 2; **Livro 9**: 11. 9
noz-da-terra, ὀπιτίων - **Livro 7**: 13. 9
oleandro, ὀνοθήρας - **Livro 9**: 19. 1
olho, ὀφθαλμός - **Livro 1**: 8. 5; **Livro 3**: 8. 6, 17. 3; **Livro 5**: 4. 1
olho-de-cão, κύνωψ - **Livro 7**: 7. 3, 11. 2
olinto, figo tardio, ὄλυνθος - **Livro 1**: 14. 1; **Livro 2**: 8. 4; **Livro 4**: 2. 1
oliveira, azeitona, ἐλάα, ἐλαία - **Livro 1**: 3. 1, 3. 3, 5. 4, 5. 5, 6. 2, 6. 3, 6. 4, 8. 1, 8. 2, 8. 6, 9. 3, 10. 1, 10. 2, 10. 4, 10. 7, 11. 1, 11. 3, 11. 4, 12. 1, 13. 1, 13. 2, 13. 3, 14. 1, 14. 2, 14. 4; **Livro 2**: 1. 2, 1. 4, 2. 5, 2. 12, 3. 1, 3. 3, 5. 3, 5. 4, 5. 5, 5. 6, 5. 7, 7. 2, 7. 3; **Livro 3**: 2. 1, 7. 4, 12. 2, 15. 4, 17. 5; **Livro 4**: 2. 8, 2. 9, 3. 1, 4. 1, 4. 11, 7. 2, 7. 4, 13. 1, 13. 2, 13. 5, 14. 3, 14. 8, 14. 9, 14. 10, 14. 12, 16. 1; **Livro 5**: 3. 3, 3. 7, 4. 2, 4. 4, 5. 2, 6. 1, 9. 6, 9. 7, 9. 8; **Livro 6**: 2. 2, 2. 4; **Livro 8**: 2. 8, 4. 5; **Livro 9**: 11. 8, 18. 5
orçaneta, ἄγχουσα πόα - **Livro 7**: 8. 3, 9. 3
orégão, ὀρίγανον, ὀρίγανος - **Livro 1**: 9. 4, 12. 1; **Livro 6**: 1. 4, 2. 3, 2. 4; **Livro 7**: 1. 3, 1. 6, 2. 1, 6. 1
orobanca, αἱμόδωρον - **Livro 8**: 8. 5
orobanca, ὀροβάγχη - **Livro 8**: 8. 4
órobo, grão de ervilha, ὄροβος - **Livro 2**: 4. 2; **Livro 3**: 13. 6; **Livro 7**: 5. 4, 6. 3; **Livro 8**: 1. 4, 2. 5, 3. 2, 5. 1, 5. 2, 5. 3, 8. 4, 10. 1, 11. 2, 11. 6; **Livro 9**: 20. 1
ovo-de-avestruz, στρούθιον (cf. κυδώνιος) - **Livro 2**: 2. 5
oxicedro, *kédros*, κέδρος - **Livro 1**: 5. 3, 9. 3, 10. 4, 10. 6; **Livro 3**: 2. 6, 6. 5, 10. 2, 12. 3, 12. 4, 13. 7; **Livro 4**: 3. 3, 5. 2, 5. 5, 16. 1; **Livro 5**: 3. 7, 4. 2, 7. 1, 7. 4, 8. 1, 9. 8; **Livro 9**: 1. 2, 2. 3
oxicedro, ὀξύκεδρος - **Livro 3**: 12. 3
paciência, λάπαθον - **Livro 1**: 6. 6; **Livro 7**: 1. 2, 2. 7, 2. 8, 4. 1, 6. 1, 7. 2; **Livro 9**: 11. 1
palha, ἄχυρος - **Livro 4**: 4. 9; **Livro 8**: 4. 1
paliuro, παλίουρος - **Livro 1**: 3. 1, 3. 2, 5. 3, 10. 6, 10. 7; **Livro 3**: 3. 1, 4. 2, 4. 4, 11. 2, 18. 1, 18. 3; **Livro 4**: 3. 1, 3. 2, 3. 3, 8. 1, 12. 4; **Livro 6**: 1. 3

palmeira-do-egipto, κόιξ - **Livro 1**: 10. 5; **Livro 2**: 6. 10
panaceia, πάνακες, πανάκεια - **Livro 9**: 7. 2, 7. 3, 8. 7, 9. 1, 9. 2, 11. 1, 11. 4, 15. 7
papiro, πάπυρος - **Livro 4**: 8. 2, 8. 3, 8. 4, 8. 5; **Livro 6**: 3. 1
papoila, κωδύα - **Livro 4**: 8. 7
papoila, μήκων - **Livro 1**: 9. 4, 11. 2, 12. 2; **Livro 4**: 8. 7, 8. 10, 10. 3; **Livro 9**: 8. 2, 11. 9, 12. 3, 12. 4, 12. 5, 16. 8, 20. 1
paritária, ἀλσίνη - **Livro 9**: 13. 3
parte baixa do tronco, fragmento da raiz, πρέμνον - **Livro 2**: 1. 2, 1. 3, 1. 4, 5. 4, 10. 5
pasta, sumo, ὑγρασία - **Livro 3**: 13. 2, 13. 6
pedos, πηδός - **Livro 5**: 7. 6
pedúnculo, κρεμάστρα - **Livro 3**: 16. 4
pedúnculo, pé, μίσχος – **Livro 1**: 1. 7, 2. 1, 10. 7, 10. 8, 10. 9, 11. 5; **Livro 3**: 5. 5, 5. 6, 7. 5, 10. 4, 10. 5, 11. 3, 12. 2, 12. 5, 12. 7, 13. 5, 13. 6, 14. 2, 15. 4, 18. 11, 18. 12; **Livro 4**: 9. 1, 10. 3, 12. 2; **Livro 7**: 9. 1, 13. 4
pele, δέρμα - **Livro 1**: 2. 6, 10. 10, 11. 3, 11. 5
pelekínos, πελεκῖνος - **Livro 8**: 8. 3
peónia, παιωνία - **Livro 9**: 8. 6
pepino, σίκυον, σίκυος - **Livro 1**: 10. 10, 12. 2, 13. 3, 13. 4; **Livro 2**: 7. 5; **Livro 7**: 1. 2, 1. 3, 1. 6, 2. 9, 3. 1, 3. 5, 4. 1, 4. 6, 5. 2, 5. 3, 5. 5, 5. 6, 6. 4, 8. 1, 10. 1, 13. 1; **Livro 9**: 9. 4, 15. 6
pepino-selvagem, ἐλατήριον - **Livro 4**: 5. 1; **Livro 9**: 14. 1, 15. 6
pera, ὄγχνη (cf. ἄπιος) - **Livro 2**: 5. 6
pereira, pera, ἄπιος - **Livro 1**: 2. 7, 3. 3, 8. 2, 10. 5, 11. 4, 11. 5, 12. 2, 13. 1, 13. 3, 14. 1, 14. 4; **Livro 2**: 1. 2, 2. 4, 2. 5, 2. 12, 5. 3, 5. 6, 7. 7, 8. 1; **Livro 3**: 2. 1, 3. 2, 4. 2, 6. 2, 10. 1, 10. 3, 11. 5, 12. 8, 13. 3, 14. 1, 14. 3, 18. 7; **Livro 4**: 2. 5, 3. 1, 4. 2, 5. 3, 13. 1, 14. 2, 14. 10, 14. 12; **Livro 5**: 3. 2, 9. 8; **Livro 9**: 4. 2, 9. 5, 9. 6
pereira ou pera-selvagem, ἀχράς - **Livro 1**: 4. 1, 8. 2, 9. 7, 14. 4; **Livro 2**: 2. 5, 2. 12; **Livro 3**: 2. 1, 3. 1, 3. 2, 4. 2, 4. 4, 6. 1, 11. 5, 12. 8, 14. 2, 18. 7; **Livro 4**: 13. 1; **Livro 5**: 5. 1; **Livro 6**: 1. 3
pericarpo, περικάρπιον - **Livro 1**: 2. 1, 2. 6, 11. 5, 12. 1, 12. 2, 12. 4, 13. 3, 13. 4; **Livro 4**: 10. 3; **Livro 6**: 1. 3, 4. 11
perpétua, ἐλειόχρυσος - **Livro 6**: 8. 1; **Livro 9**: 19. 3
pérsea, περσέα - **Livro 3**: 3. 5; **Livro 4**: 2. 1, 2. 5, 2. 8
persicária, κραταιόγονος - **Livro 9**: 18. 6
pérsion, πέρσιον - **Livro 2**: 2. 10
peucédano, πευκέδανον - **Livro 9**: 14. 1, 15. 5, 20. 2
pico, κέντρον - **Livro 6**: 4. 8
pimenta, πέπερι - **Livro 9**: 20. 1, 20. 2
pimpinela, φέως (cf. στοιβή) - **Livro 6**: 1. 3, 4. 1, 5. 1, 5. 2
pimpinela-espinhosa, στοιβή (cf. φέως) - **Livro 1**: 10. 4; **Livro 6**: 1. 3
pinha, στρόβιλος - **Livro 3**: 5. 6, 9. 1
pinhão, κάρυον - **Livro 3**: 9. 5, 9. 6
pinheiro, resina, πεύκη - **Livro 1**: 3. 6, 5. 1, 5. 4, 6. 1, 6. 3, 6. 5, 8. 1, 9. 3, 10. 4, 10. 6, 12. 1, 12. 2; **Livro 2**: 2. 2, 2. 6, 5. 2; **Livro 3**: 1. 2, 2. 3, 3. 1, 3. 3, 3. 8, 4. 5, 4. 6, 5. 1, 5. 3, 5. 5, 5. 6, 6. 1, 6. 4, 7. 1, 7. 3, 9. 1, 9. 2, 9. 3, 9. 4, 9. 5, 9. 6, 9. 7, 9. 8; **Livro 4**: 1. 1, 1. 2, 5. 1, 5. 3, 15. 3, 16. 1, 16. 4; **Livro 5**: 1. 2, 1. 4, 1. 5, 1. 6, 1. 9, 4. 2, 4. 4, 4. 8, 5. 1, 6. 1, 6. 2, 7. 1, 7. 2, 7. 4, 7. 5, 8. 1, 8. 3, 9. 3; **Livro 9**: 1. 2, 1. 6, 2. 1, 2. 2, 2. 3, 2. 4, 2. 5, 2. 6, 2. 8, 3. 4

pinheiro-de-alepo, πίτυς - **Livro 1**: 6. 1, 9. 3, 10. 4, 10. 6, 12. 1; **Livro 2**: 2. 2, 2. 6; **Livro 3**: 1. 2, 3. 8, 4. 5, 5. 5, 6. 1, 9. 4, 9. 5, 11. 1, 17. 1; **Livro 4**: 5. 3, 14. 8, 16. 1; **Livro 5**: 1. 2, 1. 4, 7. 1, 7. 3, 7. 5, 7. 8, 9. 2; **Livro 9**: 1. 2, 2. 1, 2. 2, 2. 3
pinheiro-de-alepo-selvagem, πίτυς ἀγρία - **Livro 3**: 3. 1, 3. 3
planta, φυτόν - **Livro 1**: 1. 1, 1. 2, 1. 10, 2. 1, 2. 3, 2. 7, 4. 2, 4. 3, 4. 4, 7. 2, 12. 2, 12. 3, 14. 2, 14. 3; **Livro 2**: 1. 1, 5. 1, 5. 3, 5. 4; **Livro 3**: 1. 4, 1. 5, 2. 4; **Livro 4**: 4. 2, 4. 8, 4. 13, 5. 7, 6. 1, 6. 10, 13. 1; **Livro 6**: 4. 10, 5. 1: **Livro 9**: 1. 1
planta aromática, ἄρωμα - **Livro 6**: 8. 5
planta com vagem, ἔλλοβον - **Livro 8**: 2. 5
planta-da-codorniz, ὄρτυξ - **Livro 7**: 11. 2
planta-espinhosa, ἄκανθα - **Livro 4**: 4. 12, 4. 13, 6. 10, 10. 6; **Livro 6**: 4. 6; **Livro 9**: 1. 1, 1. 2, 18. 1
planta lenhosa, ὕλημα - **Livro 1**: 5. 3, 6. 2, 6. 7, 10. 6; **Livro 3**: 3. 6, 18. 1; **Livro 4**: 2. 11, 4. 1, 4. 5, 4. 12, 5. 1, 6. 1, 10. 1; **Livro 5**: 9. 3; **Livro 9**: 16. 4, 18. 1
planta-que-retém-o-sangue, ἴσχαιμος - **Livro 9**: 15. 3
plátano, πλάτανος - **Livro 1**: 4. 2, 6. 3, 7. 1, 8. 5, 9. 5, 10. 4, 10. 7; **Livro 3**: 1. 1, 1. 3, 3. 3, 4. 2, 6. 1, 11. 1, 11. 4; **Livro 4**: 5. 6, 5. 7, 7. 4, 8. 1, 8. 2, 13. 2, 15. 2, 16. 2; **Livro 5**: 3. 4, 7. 3, 9. 4; **Livro 9**: 11. 6
pluma, ἀνθήλη - **Livro 4**: 11. 4
pluma, πάππος - **Livro 7**: 11. 4
pluma, φόβη - **Livro 8**: 3. 4
poejo, βληχώ - **Livro 9**: 16. 1
pólio, πόλιον - **Livro 1**: 10. 4; **Livro 2**: 8. 3; **Livro 7**: 10. 5
polipódio, πολυπόδιον - **Livro 9**: 13. 6, 20. 4
ponta, πρῶρα - **Livro 2**: 1. 3
protuberância, gomo, κορύνη - **Livro 3**: 5. 1, 8. 6, 12. 7, 12. 8, 17. 3; **Livro 6**: 4. 2
pseudodictamno, ψευδοδίκταμνον - **Livro 9**: 16. 2
ptérnix, πτέρνιξ - **Livro 6**: 4. 11
pulsatila, λυχνίς - **Livro 6**: 8. 3
quelidónia, χελιδόνιον - **Livro 7**: 15. 1
quermes, πρῖνος - **Livro 1**: 6. 1, 6. 2, 9. 3, 10. 6; **Livro 3**: 3. 1, 3. 3, 3. 6, 4. 1, 4. 4, 4. 5, 4. 6, 6. 4, 7. 3, 16. 1, 16. 2, 16. 3, 16. 4; **Livro 4**: 3. 1, 15. 3; **Livro 5**: 4. 8, 5. 4, 7. 6, 9. 7; **Livro 9**: 4. 3
quinquefólio, πεντάφυλλον - **Livro 9**: 13. 5
rabanete, ῥαφανίς - **Livro 1**: 2. 7, 6. 6, 6. 7; **Livro 7**: 1. 2, 1. 3, 1. 5, 1. 7, 2. 5, 2. 6, 2. 8, 3. 2, 3. 4, 4. 1, 4. 2, 4. 3, 4. 6, 5. 3, 5. 4, 6. 2, 6. 3, 8. 2; **Livro 9**: 9. 1, 12. 1
raiz, ῥίζα - **Livro 1**: 1. 2, 1. 5, 1. 9, 1. 10, 1. 11, 1. 12, 2. 4, 2. 7, 3. 1, 3. 3, 6. 3, 6. 4, 6. 5, 6. 6, 6. 7, 6. 8, 6. 9, 6. 10, 6. 11, 6. 12, 7. 1, 7. 2, 7. 3, 8. 6, 9. 1, 10. 7, 10. 8, 12. 3, 12. 4, 14. 2; **Livro 2**: 1. 1, 1. 3, 1. 4, 2. 1, 2. 2, 2. 3, 2. 4, 5. 1, 5. 2, 5. 3, 5. 4, 5. 6, 6. 1, 6. 2, 6. 11, 7. 6; **Livro 3**: 1. 1, 1. 2, 6. 4, 6. 5, 7. 1, 7. 6, 9. 5, 10. 1, 10. 2, 10. 3, 11. 1, 11. 4, 12. 2, 12. 4, 12. 5, 12. 9, 13. 1, 13. 3, 13. 4, 14. 3, 15. 4, 15. 6, 16. 1, 17. 3, 17. 5, 18. 4, 18. 5, 18. 9, 18. 10; **Livro 4**: 2. 3, 2. 5, 3. 4, 4. 4, 4. 13, 5. 1, 6. 2, 6. 6, 6. 7, 7. 4, 7. 5, 7. 6, 8. 1, 8. 3, 8. 4, 8. 5, 8. 8, 8. 11, 9. 2, 9. 3, 10. 5, 10. 6, 10. 7, 11. 1, 11. 6, 11. 7, 11. 13, 12. 3, 13. 3, 13. 4, 13. 5, 14. 4, 14. 5, 14. 7, 16. 5; **Livro 5**: 3. 5, 3. 7, 4. 8, 9. 4; **Livro 6**: 2. 2, 2. 8, 3. 1, 3. 2, 3. 4, 3. 5, 4. 2, 4. 6, 4. 7, 4. 9, 4. 10, 5. 1, 5. 2, 6. 2, 6. 7, 6. 8, 6. 9, 6. 10, 6. 11, 7. 3, 7. 4; **Livro 7**: 2. 1, 2. 2, 2. 3, 2. 5, 2. 6, 2. 7, 2. 8, 2. 9, 4. 1, 4. 2, 4. 3, 4. 8, 4. 9, 4. 12, 6. 2, 6. 3, 6. 4, 7. 1, 7. 2, 7. 3, 9. 3, 9. 5, 10. 1, 11. 1, 11. 3, 11. 4, 12. 1, 12. 3, 13. 3, 13. 4, 13. 7, 13. 9, 14. 1; **Livro 8**: 1. 2, 1. 3, 2. 1, 2. 2, 2. 3, 5. 4,

Índice dos nomes Portugueses - Gregos das plantas e suas partes

7. 5, 8. 5, 9. 2, 9. 3, 10. 4, 11. 8; **Livro 9:** 1. 3, 1. 7, 2. 3, 2. 7, 5. 1, 7. 3, 7. 4, 8. 1, 8. 2, 8. 3, 8. 4, 8. 5, 8. 6, 8. 8, 9. 1, 9. 2, 9. 3, 9. 4, 9. 5, 9. 6, 10. 1, 11. 1, 11. 2, 11. 3, 11. 5, 11. 6, 11. 9, 11. 10, 11. 11, 12. 1, 12. 2, 12. 3, 12. 5, 13. 1, 14. 1, 14. 3, 14. 4, 15. 2, 15. 7, 15. 8, 16. 4, 16. 6, 17. 1, 18. 1, 18. 2, 18. 8, 19. 1, 19. 2, 19. 3, 19. 4, 20. 2, 20. 3, 20. 5, 20. 6
ramagem, θαλία - **Livro 2:** 2. 12, 3. 3
ramificação, παραβλάστη - **Livro 1:** 2. 5, 2. 6, 3. 3, 5. 1, 6. 5, 8. 6, 9. 1; **Livro 7:** 4. 5
ramo, ἀκρεμών - **Livro I:** 1. 9, 1. 11, 3. 4, 6. 5, 8. 4, 9. 3, 10. 7, 10. 8, 12. 3, 14. 2; **Livro 2:** 1. 1, 1. 2, 7. 3; **Livro 3:** 6. 2; **Livro 4:** 2. 1, 2. 3, 2. 4, 2. 5, 2. 8, 6. 7, 6. 8, 6. 10, 16. 2, 16. 3; **Livro 6:** 2. 2; **Livro 7:** 1. 8, 8. 3; **Livro 9:** 1. 3, 2. 1, 4. 9
ramo, nó, ὄζος - **Livro 1:** 1. 8, 1. 9, 3. 1, 5. 4, 6. 4, 8. 1, 8. 2, 8. 3, 8. 4, 8. 5, 9. 1, 9. 2; **Livro 3:** 3. 2, 5. 3, 6. 2, 7. 1, 7. 2, 8. 4, 8. 6, 9. 7, 10. 1, 10. 4, 11. 3, 11. 5, 12. 1, 12. 3, 13. 2, 13. 3, 14. 4, 15. 1, 17. 3, 17. 5; **Livro 4:** 1. 4, 1. 5, 4. 12, 4. 13, 7. 3; **Livro 5:** 1. 6, 1. 8, 2. 1, 2. 2, 2. 3, 5. 1, 7. 7, 8. 1; **Livro 7:** 2. 8, 3. 4
ramo, ramificação, estaca, renovo, κλών - **Livro 1:** 1. 8, 10. 2, 12. 4; **Livro 2:** 1. 1, 1. 2; **Livro 3:** 2. 3, 13. 5, 17. 6, 18. 5; **Livro 4:** 2. 11, 4. 7; **Livro 6:** 2. 6, 6. 2; **Livro 7:** 2. 1; **Livro 9:** 7. 3, 16. 1, 16. 2, 16. 3, 18. 8
ramo, μασχάλη - **Livro 3:** 8. 4, 10. 2, 12. 3, 15. 1, 17. 3
ramos laterais, πλάγια – **Livro 1:** 1. 7
rebento, βλάστημα - **Livro 1:** 1. 9
rebento, ramo, βλαστός - **Livro 1:** 1. 2, 1. 3, 1. 7, 2. 5, 2. 6, 6. 10, 6. 11, 7. 3, 8. 4, 8. 5, 9. 5, 9. 6, 9. 7, 13. 4, 14. 1, 14. 2, 14. 3; **Livro 2:** 1. 2, 1. 3, 1. 4, 2. 1, 2. 2, 2. 3, 2. 4, 2. 8, 3. 3, 4. 4, 5. 5, 6. 1, 6. 11, 7. 1, 7. 2, 7. 6; **Livro 3:** 1. 1, 1. 3, 1. 5, 1. 6, 2. 1, 4. 1, 4. 2, 4. 5, 5. 1, 5. 2, 5. 3, 5. 4, 5. 5, 5. 6, 6. 2, 6. 3, 7. 1, 7. 2, 7. 3, 9. 5, 9. 6, 11. 2, 12. 8, 17. 2, 17. 3, 18. 8, 18. 10, 18. 13; **Livro 4:** 2. 1, 2. 3, 2. 4, 2. 8, 2. 11, 3. 1, 4. 4, 7. 2, 8. 14, 9. 2, 9. 3, 10. 5, 10. 6, 10. 7, 11. 6, 11. 7, 11. 13, 13. 3, 13. 4, 13. 5, 14. 1, 14. 6, 14. 12, 14. 13, 15. 1, 15. 3, 16. 1, 16. 2, 16. 6; **Livro 5:** 1. 1, 1. 2, 1. 3, 1. 8, 4. 6, 9. 8; **Livro 6:** 2. 2, 2. 3, 2. 6, 2. 8, 4. 2, 4. 4, 5. 1, 5. 2, 5. 3, 5. 4, 6. 8, 6. 9, 6. 10, 7. 2, 7. 3, 7. 5; **Livro 7:** 1. 3, 1. 4, 1. 5, 1. 6, 1. 7, 1. 8, 2. 1, 2. 2, 2. 3, 2. 4, 2. 5, 2. 9, 3. 1, 3. 3, 3. 4, 4. 5, 4. 7, 4. 8, 4. 10, 5. 2, 7. 3, 8. 2, 9. 1, 9. 5, 10. 1, 10. 2, 10. 3, 10. 4, 11. 3, 12. 2, 13. 4, 13. 5, 13. 6, 13. 7; **Livro 8:** 1. 5, 1. 6, 2. 1, 2. 2, 2. 3, 4. 2, 5. 4, 6. 1, 7. 5, 11. 1, 11. 7, 11. 8, 11. 9; **Livro 9:** 1. 1, 1. 4, 1. 6, 5. 1, 11. 11, 20. 4
rebento, ἔρνος - **Livro 2:** 1. 3, 3. 3, 5. 5
rebento, παραφυάς - **Livro 2:** 2. 4
rebento, ramo, κλάδος - **Livro 1:** 1. 9, 1. 11, 3. 1, 5. 1, 8. 3, 8. 4, 8. 5, 9. 1, 10. 7, 10. 8; **Livro 3:** 14. 2, 17. 1; **Livro 4:** 3. 4, 4. 4, 7. 4, 14. 4; **Livro 5:** 3. 7; **Livro 7:** 2. 7, 4. 4; **Livro 8:** 2. 3; **Livro 9:** 4. 2, 4. 4, 5. 1, 6. 1
rebento de inverno, κάχρυς - **Livro 3:** 5. 5, 5. 6, 10. 4, 12. 8, 14. 1, 17. 3; **Livro 5:** 1. 4
renovo, μόσχευμα - **Livro 2:** 2. 5
resina, δᾷς - **Livro 3:** 9. 3, 9. 5, 9. 7; **Livro 4:** 5. 3, 16. 1; **Livro 5:** 1. 5, 1. 6, 4. 2, 4. 4; **Livro 9:** 2. 1, 2. 2, 2. 3, 2. 5, 2. 6, 2. 7, 2. 8, 3. 1, 3. 4
resina, ἐνδᾷς - **Livro 1:** 6. 1
resina, pez, πίττα - **Livro 3:** 5. 2, 7. 4, 9. 2, 9. 4, 9. 5; **Livro 9:** 2. 2, 2. 3, 2. 4, 2. 6, 3. 1, 3. 2, 3. 3, 3. 4
resina, ῥητίνη - **Livro 3:** 15. 3, 15. 4; **Livro 4:** 16. 1; **Livro 5:** 7. 7; **Livro 9:** 1. 6, 2. 1, 3. 4
rícino, κρότων - **Livro 1:** 10. 1; **Livro 3:** 18. 7
roble, αἰγίλωψ - **Livro 3:** 8. 2, 8. 4, 8. 6

romãzeira, romã, ῥοιά, ῥόα - **Livro 1**: 3. 3, 5. 1, 6. 1, 6. 3, 6. 4, 6. 5, 9. 1, 10. 4, 10. 10,
    11. 4, 11. 5, 11. 6, 12. 1, 13. 1, 13. 3, 13. 4, 13. 5, 14. 1, 14. 4; **Livro 2**: 1. 2, 1.
    3, 2. 4, 2. 5, 2. 7, 2. 8, 2. 10, 2. 11, 3. 1, 3. 2, 3. 3, 5. 5, 5. 6, 6. 8, 6. 12, 7. 1, 7.
    3, 8. 1; **Livro 3**: 5. 4, 6. 2, 18. 4, 18. 13; **Livro 4**: 3. 3, 5. 3, 5. 4, 10. 3, 13. 2, 13.
    3, 14. 10, 14. 12, 16. 1; **Livro 6**: 1. 3; **Livro 7**: 13. 4; **Livro 9**: 6. 1
rosa, ῥόδον - **Livro 1**: 13. 2, 13. 3, 13. 5; **Livro 4**: 7. 8, 8. 7, 10. 3; **Livro 6**: 2. 1, 6. 4,
    6. 6, 8. 2, 8. 5, 8. 6; **Livro 9**: 19. 1
roseira, ῥοδωνία - **Livro 1**: 9. 4, 13. 3; **Livro 2**: 2. 1; **Livro 6**: 1. 1, 1. 3, 6. 6, 8. 5
roseira-brava, κυνόσβατος - **Livro 9**: 8. 5
roseira-selvagem, κυνόροδον - **Livro 4**: 4. 8
sabugueiro, ἀκτέα, ἀκτή - **Livro 1**: 5. 4, 6. 1, 8. 1; **Livro 3**: 4. 2, 13. 4; **Livro 4**: 13.
    2; **Livro 5**: 3. 3
saião, ἐπίπετρον - **Livro 7**: 7. 4
salgadeira, ἅλιμον - **Livro 4**: 16. 5
salgueiro, ἰτέα (cf. ἑλίκη) - **Livro 1**: 4. 2, 4. 3, 5. 1, 5. 4; **Livro 3**: 1. 1, 1. 2, 1. 3, 3. 1,
    3. 4, 4. 2, 6. 1, 13. 7, 14. 4; **Livro 4**: 1. 1, 5. 7, 8. 1, 10. 1, 10. 6, 11. 13, 13. 2,
    16. 2, 16. 3; **Livro 5**: 3. 4, 7. 7, 9. 4
salsa-de-cavalo, aipo-de-cavalo, ἱπποσέλινον - **Livro 1**: 9. 4; **Livro 2**: 2. 1; **Livro 7**:
    2. 6, 2. 8, 6. 3; **Livro 9**: 1. 3, 1. 4, 15. 5
salsaparrilha, μίλαξ - **Livro 1**: 10. 5, 10. 6; **Livro 6**: 8. 3
salsaparrilha, σμίλαξ - **Livro 3**: 18. 11; **Livro 7**: 8. 1
salva, ὄρμινον - **Livro 8**: 1. 4, 7. 3
salva, σφάκος - **Livro 6**: 1. 4, 2. 5
salva-retorcida, ἐλελίσφακος - **Livro 6**: 1. 4, 2. 5
sâmara, bolsa foliar, κώρυκος - **Livro 2**: 8. 3; **Livro 9**: 1. 2
saponária, στρουθίον, στρουθός - **Livro 6**: 4. 3, 8. 3; **Livro 9**: 12. 5
sari, σάρι - **Livro 4**: 8. 2, 8. 5
sarmento, κλῆμα - **Livro 1**: 8. 5, 13. 4; **Livro 2**: 1. 3, 5. 5, 6. 12; **Livro 3**: 18. 7; **Livro
    4**: 6. 9, 13. 5; **Livro 9**: 11. 9
saudade, πόθος - **Livro 6**: 8. 3
scandix, σκάνδιξ - **Livro 7**: 7. 1, 8. 1, 11. 1
segurelha, θύμβρα, θύμβρον - **Livro 1**: 3. 1, 12. 1, 12. 2; **Livro 6**: 1. 4, 2. 3, 2. 4, 7. 5;
    Livro 7: 1. 2, 1. 3, 1. 6, 5. 5, 6. 1
seiva, ἰκμάς - **Livro 6**: 4. 8
seiva, suco, ὀπόν, ὀπός (cf. ὑγρόν) - **Livro 1**: 2. 3; **Livro 4**: 2. 2, 2. 3, 4. 12, 4. 13, 5.
    1, 14. 2; **Livro 5**: 9. 5; **Livro 6**: 3. 2, 3. 7, 4. 7; **Livro 7**: 2. 4, 4. 5, 6. 2, 11. 4;
    Livro 9: 1. 1, 1. 2, 1. 4, 1. 7, 8. 1, 8. 2, 8. 3, 9. 1, 9. 2, 9. 3, 11. 6, 11. 8, 11. 9,
    14. 4, 15. 4, 16. 8, 19. 4, 20. 2, 20. 3, 20. 5, 20. 6
semente, grão, σπέρμα - **Livro 1**: 2. 1, 2. 2, 3. 1, 11. 1, 11. 2, 11. 3, 11. 5, 12. 3, 13. 3;
    Livro 2: 1. 1, 1. 3, 2. 1, 2. 2, 2. 3, 2. 6, 2. 7, 2. 11, 4. 1; **Livro 3**: 1. 1, 1. 2, 1. 3,
    1. 4, 1. 5, 1. 6, 6. 4, 10. 5, 12. 2, 12. 6, 12. 9, 14. 4, 17. 2, 18. 3, 18. 8; **Livro 4**:
    4. 3, 4. 9, 12. 2; **Livro 6**: 2. 3, 3. 1, 3. 4, 3. 5, 4. 3, 4. 5, 4. 6, 4. 8, 4. 9, 4. 11, 5.
    3, 6. 6, 7. 1, 7. 3, 7. 4, 8. 2; **Livro 7**: 1. 5, 1. 6, 1. 7, 2. 1, 2. 2, 2. 3, 3. 2, 3. 3, 3.
    4, 3. 5, 4. 3, 4. 4, 4. 7, 4. 8, 4. 9, 4. 11, 5. 2, 5. 3, 5. 5, 5. 6, 7. 3, 9. 5, 10. 1, 10. 4,
    11. 3, 13. 3, 13. 4, 13. 5, 14. 3; **Livro 8**: 1. 2, 2. 2, 3. 4, 3. 5, 4. 1, 5. 2, 5. 3, 6. 1,
    6. 2, 6. 4, 6. 7, 7. 1, 8. 1, 8. 2, 8. 3, 10. 1, 11. 1, 11. 2, 11. 3, 11. 4, 11. 7, 11. 9;
    Livro 9: 7. 3, 9. 2, 9. 4, 10. 2, 14. 4, 16. 4, 18. 5, 20. 1, 20. 2, 20. 3, 20. 4, 20. 5
sempre-viva, ἀείζωον - **Livro 1**: 10. 4; **Livro 7**: 15. 2
serpentária, δρακόντιον - **Livro 7**: 12. 2; **Livro 9**: 20. 3

serralha, σόγκος - **Livro 4:** 6. 10; **Livro 6:** 4. 3, 4. 5, 4. 8; **Livro 7:** 8. 3
serralha, σύγκον - **Livro 4:** 6. 10
sésamo, σήσαμον - **Livro 1:** 11. 2; **Livro 3:** 13. 6, 18. 13; **Livro 4:** 8. 14; **Livro 6:** 5. 3; **Livro 8:** 1. 1, 1. 4, 2. 6, 3. 1, 3. 2, 3. 3, 3. 4, 5. 1, 5. 2, 6. 1, 7. 3, 9. 3; **Livro 9:** 11. 9, 14. 4
séseli, σέσελι - **Livro 9:** 15. 5
sicómoro, amoreira, amora, συκάμινος - **Livro 1:** 6. 1, 9. 7, 10. 10, 12. 1, 13. 1, 13. 4; **Livro 3:** 7. 4; **Livro 4:** 2. 1, 4. 8; **Livro 5:** 3. 4, 4. 2, 6. 2, 7. 3
sicómoro-egípcio, συκάμινος (αἰγυπτία) - **Livro 1:** 1. 7, 14. 2; **Livro 4:** 1. 5, 2. 1, 2. 2, 2. 4
sílfio, σίλφιον - **Livro 1:** 6. 12; **Livro 3:** 1. 6, 2. 1; **Livro 4:** 3. 1; **Livro 6:** 3. 1, 3. 3, 3. 4, 3. 7, 5. 2; **Livro 7:** 3. 2; **Livro 9:** 1. 3, 1. 4, 1. 7
silvas, βάτος - **Livro 1:** 3. 1, 5. 3, 9. 4, 10. 6, 10. 7; **Livro 3:** 18. 1, 18. 3, 18. 4, 18. 12; **Livro 4:** 8. 1, 12. 4; **Livro 6:** 1. 3
sisímbrio, ἐρύσιμον - **Livro 8:** 1. 4, 3. 1, 3. 2, 3. 3, 6. 1, 7. 3
sisirínquio, σισυρίγχινον - **Livro 1:** 10. 7; **Livro 7:** 13. 9
smilax, σμίλαξ - **Livro 3:** 16. 2
sobreiro, φελλός - **Livro 1:** 2. 7, 5. 2, 5. 4; **Livro 3:** 17. 1; **Livro 4:** 15. 1; **Livro 5:** 3. 6
soda, σκορπίος - **Livro 6:** 1. 3, 4. 1, 4. 2
solano, στρύχνος – **Livro 3:** 18. 11; **Livro 7:** 7. 2, 15. 4; **Livro 9:** 11. 5, 15. 5, 19. 1
sorbeira, ὄα, ὄη, οἴη - **Livro 2:** 2. 10, 7. 7; **Livro 3:** 5. 5, 11. 3, 12. 6, 12. 9, 15. 4
sorbeira, οὖον, οὖα - **Livro 3:** 2. 1, 6. 5
subarbusto, φρύγανον - **Livro 1:** 3. 1, 3. 4, 3. 6, 5. 3, 6. 5, 9. 4, 10. 4, 13. 3; **Livro 2:** 1. 3, 2. 1; **Livro 3:** 1. 3; **Livro 4:** 13. 5; **Livro 6:** 1. 1, 1. 4, 2. 7, 5. 4, 6. 1, 6. 2, 8. 6; **Livro 7:** 2. 3, 8. 1, 10. 1; **Livro 9:** 5. 2, 20. 6
suco, δριμύ - **Livro 9:** 1. 4
suco extraído, χυλισμός - **Livro 9:** 8. 1
sumagre, κοκκυγέα - **Livro 3:** 16. 6
sumagre, ῥοῦς - **Livro 3:** 18. 1, 18. 5
sumo, suco, seiva, paladar, χυλός - **Livro 1:** 1. 6, 4. 1, 7. 2, 12. 1, 12. 2, 12. 3, 12. 4; **Livro 2:** 2. 5, 6. 6, 6. 8, 6. 10; **Livro 3:** 7. 2, 7. 4, 7. 6, 10. 1, 12. 6, 15. 6; **Livro 4:** 2. 1, 2. 7, 8. 2, 10. 3, 16. 6; **Livro 6:** 4. 6; **Livro 7:** 4. 1, 4. 4, 5. 1, 6. 1, 6. 3, 6. 4, 7. 2, 9. 4, 9. 5, 13. 8; **Livro 8:** 5. 1, 11. 3; **Livro 9:** 8. 3, 9. 4, 16. 1, 20. 5, 20. 6
talo, ὀρόδαμνος - **Livro 9:** 16. 3
tamareira, tâmara, φοῖνιξ - **Livro 1:** 2. 7, 4. 3, 5. 1, 5. 2, 5. 3, 6. 2, 8. 6, 9. 1, 9. 3, 10. 5, 11. 1, 11. 3, 12. 1, 13. 5, 14. 2; **Livro 2:** 2. 2, 2. 6, 2. 8, 2. 10, 6. 1, 6. 2, 6. 5, 6. 6, 6. 7, 6. 9, 6. 11, 8. 1, 8. 4; **Livro 3:** 3. 5, 13. 7; **Livro 4:** 1. 5, 2. 7, 3. 1, 3. 5, 3. 7, 4. 3, 4. 8, 4. 13, 6. 2, 6. 10, 7. 8, 13. 2, 14. 8, 15. 2, 16. 1; **Livro 5:** 3. 6, 6. 1, 9. 4; **Livro 6:** 4. 11; **Livro 9:** 4. 4
tamareira-do-egipto, κουκιόφορον - **Livro 4:** 2. 7
tamargueira, μυρίκη - **Livro 1:** 4. 3, 9. 3, 10. 4; **Livro 3:** 3. 1, 3. 3, 16. 4; **Livro 4:** 5. 7, 6. 7; **Livro 5:** 4. 8; **Livro 6:** 2. 2, 4. 8
tanchagem, στελέφουρος - **Livro 7:** 11. 2
tápsia, θαψία - **Livro 9:** 8. 3, 8. 5, 9. 1, 9. 5, 9. 6, 11. 2, 20. 3
tasneirinha, ἠριγέρων - **Livro 7:** 7. 1, 7. 4, 10. 2
tegumento, κέφυλος - **Livro 3:** 8. 3
teixo, μίλος - **Livro 1:** 9. 3; **Livro 3:** 3. 1, 3. 3, 4. 2, 4. 4, 4. 6, 6. 1, 10. 2; **Livro 4:** 1. 3; **Livro 5:** 7. 6
terebinto, τερέβινθος - **Livro 9:** 1. 2

terebinto, τέρμινθος - **Livro 1**: 9. 3; **Livro 3:** 2. 6, 3. 1, 3. 3, 4. 2, 4. 4, 15. 3; **Livro 4:** 4. 6, 16. 1; **Livro 5:** 3. 2, 7. 7; **Livro 9:** 1. 6, 2. 1, 2. 2, 3. 4, 4. 7, 4. 8, 6. 1
thuía, θύεια, θυία - **Livro 1**: 9. 3; **Livro 3:** 4. 2, 4. 6; **Livro 4:** 1. 3
thyma, θύμα - **Livro 4:** 7. 1
thyon, θύον, θύα - **Livro 5:** 3. 7, 4. 2
tifa, τύφη - **Livro 1:** 5. 3, 8. 1; **Livro 4:** 10. 1, 10. 5, 10. 6, 10. 7
tília, φίλυρα - **Livro 1:** 5. 2, 5. 5, 10. 1, 12. 4; **Livro 3:** 3. 1, 4. 2, 4. 6, 5. 5, 5. 6, 10. 4, 11. 1, 13. 1, 13. 3, 17. 5; **Livro 4:** 4. 1, 5. 1, 8. 1, 15. 1, 15. 2; **Livro 5:** 1. 2, 1. 4, 3. 3, 5. 1, 6. 2, 7. 5, 9. 7
timo, θύμος, θύμον - **Livro 1**: 12. 2; **Livro 3:** 1. 3; **Livro 4:** 3. 5, 7. 2; **Livro 6:** 2. 3, 7. 2
típhyon, τίφυον - **Livro 7:** 13. 7
tomilho-tufoso, ἕρπυλλος - **Livro 1**: 9. 4; **Livro 2:** 1. 3; **Livro 6:** 1. 1, 6. 2, 6. 3, 7. 2, 7. 4, 7. 5, 7. 6
tordílio, καυκαλίς - **Livro 7:** 7. 1
toupeira, σπάλαξ - **Livro 1:** 6. 11
tragacanto, τραγάκανθα - **Livro 9:** 1. 3, 8. 2, 15. 8
tremoço, tremoceiro, θέρμος - **Livro 1**: 3. 6, 7. 3; **Livro 3:** 2. 1; **Livro 4:** 7. 5, 7. 6, 7. 7; **Livro 8:** 1. 3, 2. 1, 5. 2, 5. 4, 7. 3, 11. 2, 11. 4, 11. 6, 11. 8
trevo-morango, λωτός - **Livro 7:** 8. 3, 13. 5
trigo, πυρός - **Livro 1**: 5. 2, 6. 5, 6. 6, 11. 2, 11. 5; **Livro 2:** 2. 9, 4. 1; **Livro 3:** 4. 4; **Livro 4:** 4. 9, 10. 3; **Livro 7:** 11. 2; **Livro 8:** 1. 1, 1. 3, 1. 4, 1. 5, 2. 1, 2. 3, 2. 5, 2. 6, 2. 7, 3. 2, 4. 1, 4. 2, 4. 3, 4. 5, 4. 6, 6. 1, 6. 4, 6. 5, 7. 1, 7. 4, 7. 5, 8. 2, 8. 3, 9. 1, 9. 2, 10.1, 10. 2, 10. 3, 10. 4, 11. 1, 11. 3, 11. 4, 11. 7; **Livro 9:** 8. 2, 11. 11, 12. 3, 18. 6
trigo, cereal, alimento, σῖτος - **Livro 1:** 3. 1, 10. 8, 10. 9; **Livro 3:** 6. 3; **Livro 4:** 7. 8, 8. 8, 8. 14; **Livro 7:** 1. 1, 3. 3, 9. 3, 11. 2, 15. 4; **Livro 8:** 1. 1, 1. 5, 2. 1, 2. 2, 2. 3, 2. 4, 2. 8, 3. 1, 3. 2, 3. 3, 3. 5, 4. 1, 4. 3, 4. 5, 4. 6, 5. 3, 6. 4, 6. 5, 6. 6, 7. 4, 7. 7, 8. 6, 10. 2, 11. 1, 11. 4, 11. 9; **Livro 9:** 16. 4
trigo-candial, τίφη - **Livro 1:** 6. 5; **Livro 2:** 4. 1; **Livro 8:** 1. 1, 1. 3, 2. 1, 2. 6, 4. 1, 8. 3, 9. 2
trigo-de-perdiz, αἰγίλωψ - **Livro 7:** 13. 5; **Livro 8:** 7. 1, 8. 3, 9. 2, 9. 3, 11. 8, 11. 9
tripólion, τριπόλιον - **Livro 9:** 19. 2
tronco, στέλεχος - **Livro 1**: 1. 7, 1. 9, 1. 12, 3. 1, 3. 3, 3. 4, 5. 1, 6. 5, 7. 3, 8. 4, 8. 5, 8. 6, 9. 1, 10. 7, 14. 2; **Livro 2:** 1. 1, 1. 4, 2. 2, 2. 3, 3. 3, 5. 5, 6. 1, 6. 9, 6. 10, 7. 3, 7. 6, 7. 7; **Livro 3:** 6. 2, 7. 1, 8. 4, 8. 5, 9. 4, 9. 5, 9. 6, 12. 1, 12. 2, 13. 4, 15. 1, 17. 1; **Livro 4:** 2. 1, 2. 3, 2. 4, 2. 7, 2. 8, 3. 4, 4. 4, 6. 10, 8. 1, 13. 3, 13. 4, 13. 5, 13. 6, 14. 12, 16. 1; **Livro 5:** 1. 2, 1. 3, 3. 7; **Livro 9:** 1. 3, 2. 1, 2. 7, 4. 3, 4. 4, 4. 9, 6. 2
trufa, ὕδνον - **Livro 1:** 1. 11, 6. 5, 6. 9
trufa-do-raio, κεραύνιον - **Livro 1:** 6. 5
tufo, χνοῦς - **Livro 2:** 8. 4; **Livro 3:** 1. 3
tufo, amentilho, ἴουλος - **Livro 3:** 3. 8, 5. 5, 7. 3, 15. 2, 18. 11
tufo florido, cápsula, κύτταρος - **Livro 3:** 3. 8, 7. 3; **Livro 4:** 8. 7
tussilagem, ἀφία - **Livro 7:** 7. 3
ulmeiro, πτελέα - **Livro 1**: 8. 5, 10. 1, 10. 6; **Livro 2:** 8. 3; **Livro 3:** 1. 1, 1. 2, 1. 3, 3. 1, 3. 4, 4. 2, 6. 1, 7. 3, 11. 5, 14. 1, 15. 4, 17. 3, 18. 5; **Livro 4:** 2. 3, 5. 3, 5. 7, 9. 1, 15. 2; **Livro 5:** 1. 2, 3. 4, 3. 5, 4. 3, 6. 4, 7. 3, 7. 6, 7. 8; **Livro 9:** 1. 2, 4. 3
umbigo, protuberância, ὄμφαλος - **Livro 3:** 7. 5
urtiga, ἀκαλύφη - **Livro 7:** 7. 2

urze, ἐρείκη - **Livro 1**: 14. 2; **Livro 9**: 11. 11
uva, σταφυλή - **Livro 3**: 18. 5, 18. 12; **Livro 9**: 11. 7
uva-do-monte, σταφυλὴ ἀγρία - **Livro 3**: 18. 11
uva-passa, ἀσταφίς - **Livro 9**: 12. 1
vagem, cápsula, κάλυξ - **Livro 8**: 2. 4, 4. 3
vagem, cápsula, λοβός - **Livro 1**: 11. 1, 11. 2; **Livro 3**: 11. 4, 14. 4, 17. 2, 18. 3, 18. 13; **Livro 4**: 2. 4, 2. 8, 6. 7; **Livro 6**: 5. 3; **Livro 7**: 3. 2, 11. 3; **Livro 8**: 2. 1, 2. 2, 2. 5, 3. 4, 5. 2, 5. 3, 5. 4
veia, φλέψ - **Livro 1**: 1. 11, 2. 1, 2. 3, 2. 6, 5. 3, 10. 2, 10. 3, 10. 10; **Livro 5**: 1. 7, 9. 4; **Livro 8**: 3. 1
verbasco, θρυαλλίς - **Livro 7**: 11. 2
verbasco, φλόμος - **Livro 9**: 12. 3
vingon, οὔιγγον - **Livro 1**: 1. 7, 6. 9, 6. 11
vinha, videira, uva, ἄμπελος - **Livro 1**: 2. 1, 2. 7, 3. 1, 3. 5, 5. 2, 6. 1, 6. 3, 6. 5, 8. 5, 9. 1, 10. 4, 10. 5, 10. 7, 10. 8, 11. 4, 12. 1, 12. 2, 13. 1, 13. 3, 13. 4, 14. 1, 14. 4; **Livro 2**: 1. 3, 2. 4, 3. 1, 3. 2, 3. 3, 5. 3, 5. 5, 5. 7, 6. 12, 7. 1, 7. 2, 7. 5, 7. 6; **Livro 3**: 5. 4, 15. 3, 17. 3, 17. 4, 17. 6; **Livro 4**: 4. 8, 4. 11, 5. 4, 6. 2, 6. 9, 7. 7, 7. 8, 13. 2, 13. 4, 13. 5, 14. 2, 14. 6, 14. 8, 14. 13, 15. 1, 16. 1, 16. 6; **Livro 5**: 3. 4, 4. 1, 9. 4, 9. 6; **Livro 8**: 2. 8; **Livro 9**: 1. 6, 10. 3, 13. 5, 14. 1, 18. 11, 20. 3
violeta, ἴον - **Livro 1**: 13. 2; **Livro 3**: 18. 13; **Livro 4**: 7. 4; **Livro 6**: 6. 2, 6. 3, 6. 5, 6. 7, 8. 1, 8. 2, 8. 5, 8. 6
violeta-branca, λευκόιον - **Livro 6**: 8. 1; **Livro 7**: 8. 3, 13. 9
viperina, ὀνοχειλές - **Livro 7**: 10. 3
visco-comum, ὑφέαρ - **Livro 3**: 16. 1
visco-do-carvalho, planta viscosa, ἰξία - **Livro 3**: 7. 6, 16. 1; **Livro 9**: 1. 3
vitex, οἶσος - **Livro 3**: 18. 1, 18. 2; **Livro 6**: 2. 2
zambujeiro, oliveira selvagem ou azeitona selvagem, κότινος - **Livro 1**: 4. 1, 8. 1, 8. 2, 8. 3, 8. 6, 14. 4; **Livro 2**: 2. 12, 3. 1; **Livro 3**: 2. 1, 6. 2, 15. 6; **Livro 4**: 4. 11, 13. 1, 13. 2, 14. 12; **Livro 5**: 2. 4, 3. 3, 4. 2, 4. 4, 7. 8
zaragatoa, κορωνόπους - **Livro 7**: 8. 3
zona medular, μυελός - **Livro 1**: 2. 6

Índice dos nomes latinos - portugueses das plantas[1]
(os números remetem para as notas de rodapé do texto de Teofrasto)[2]

Abies, Abeto – 730
Abies alba Mill., Abeto-branco, Abeto-fêmea – 19, 190, 217, 299, 381, 713, 716, 1263
Abies × *borisii-regis* Mattf., Abeto-da-macedónia – 19, 209
Abies cephalonica Loudon, Abeto-do-parnaso, Abeto-macho – 19, 67, 102, 210, 313, 441, 537, 599, 651, 716, 875, 881
Acacia tortilis (Forssk.) Hayne, "Acácia-sombrinha", Sequiosa – 1084
Acanthus spinosus L., Acanto-espinhoso – 1151
Acer campestre L., "Ácer-comum" – 563, 594, 735, 1210
Acer monspessulanum L., "Ácer-de-montpellier" – 593, 594, 735
Acer obtusatum Waldst. & Kit. ex Willd., "Ácer-da-bósnia" – 737
Acer platanoides L., "Ácer-da-noruega" – 563, 595, 660, 736
Acer pseudoplatanus L., "Padreiro" – 658, 737
Acokanthera oppositifolia (Lam.) Codd, "Planta-veneno-dos-boximanes" – 2019
Acokanthera schimperi (A.DC.) Schweinf., "Planta-veneno-das-setas" – 2019
Aconitum, Acónido – 2055
Aconitum anthora L., Mata-ratos – 1311, 2055, 2064
Aconitum napellus L. "Acónito", Mata-lobos – 1311
Acorus calamus L., Ácoro – 1119, 1868, 1895
Aegiceras corniculatum (L.) Blanco, "Cornos-de-cabra" – 1097
Aegilops neglecta Req. ex Bertol., Trigo-de-perdiz –1656
Aegilops ovata L., Trigo-de-perdiz – 1656
Aetheorhiza bulbosa (L.) Cass., Erva-das-perdizes –166
Agrostemma githago L., "Nigela-dos-trigos" – 1424, 1458
Ajuga iva (L.) Schreb., Erva-moscada –1280
Albizia lebbeck (L.) Benth., Falso-ébano – 987
Alhagi graecorum Boiss., "Erva-de-camelo" – 1885
Alhagi maurorum Medik., "Espinho-de-camelo" – 1885
Allium ampeloprasum L., Alho-porro – 1485, 1586
Allium ascalonicum L., "Escalónia" – 1526
Allium cepa L., Cebola – 104, 157, 158, 328, 341, 1501, 1609
Allium nigrum L., "Alho-mágico" – 2040
Allium porrum L., Alho-porro – 1485
Allium sativum L., Alho – 156, 329, 1500, 1915
Allium schoenoprasum L., Cebolinho – 158, 1487
Alkanna tinctoria (L.) Tausch, Orçaneta – 1589, 1602
Alnus glutinosa (L.) Gaertn., Amieiro – 80, 583, 633, 662, 798
Althaea cannabina L., "Alteia" –106
Althaea officinalis L., Alteia – 2030, 2073

---

[1] Incluem-se designações, como a de 'algas', 'fungos', 'musgos' e 'líquenes', consideradas plantas na Antiguidade.
[2] As designações não assinaladas com aspas encontram-se no texto de Teofrasto ou nas notas. As aspas indicam nomes portugueses apenas referidos nos índices de nomes científicos.

Amaranthus blitum L., Bredo – 416, 1492
Amaranthus lividus L., Bredo – 416
Amelanchier ovalis Medik., "Amelanqueiro" – 837, 840
Ammophila arenaria (L.) Link, "Estorno" – 1167
Amomum subulatum Roxb., Amomo – 1878
Anacamptis morio (L.) R.M. Bateman, Pridgeon & M.W. Chase, Erva-de-testículos, "Testículo-de-cão" – 2080
Anacamptis papilionacea (L.) R.M. Bateman, Pridgeon & M.W. Chase, Erva-de-testículos, "Erva-borboleta" – 2080
Anagallis arvensis L. subsp. *foemina* (Mill.) Schinz & Thell, Morrião-azul – 1565
Anemone blanda Schott & Kotschy, Anémona-do-monte – 1445
Anemone coronaria L., Anémona-dos-prados – 1448, 1571, 1590, 1623
Anethum graveolens L., Aneto – 363, 397, 1330, 1482, 1547
Anthriscus cerefolium (L.) Hoffm., Cerefólio – 1555
Anthriscus sylvestris (L.) Hoffm., "Erva-cicutária" – 1632
Antirrhinum orontium L., Antirrino – 2103
Apium graveolens L., Aipo – 28, 139, 251, 255, 337, 396, 490, 764, 1108, 1486, 1542
Arbutus andrachne L., Medronheiro-do-oriente – 96, 232, 234, 566, 603, 623, 664, 826, 971, 1494, 1849
Arbutus x andrachnoides Link, Medronheiro-híbrido – 232, 572, 608, 624
Arbutus unedo L., Medronheiro – 97, 232, 235, 822
Arceuthos Antoine & Kotschy, "Zimbro-da-síria" – 568
Aristolochia rotunda L., Aristolóquia – 1994, 2031, 2120
Artemisia absinthium L., Absinto – 386, 1030, 1615, 2070
Artemisia arborescens (Vaill.) L., Artemísia – 247, 1282, 1343, 1434
Arthrocnemum macrostachyum (Moric.) K. Koch, "Barrilha-grossa" – 1090
Artocarpus heterophyllus Lam., Jaqueira – 981
Arum italicum Mill., Jarro – 143, 154, 161, 350, 1503, 1611
Arum maculatum L., "Jarro-maculado" – 1503, 1611
Arundo donax L., Cana, Cana-das-sebes, Caniço – 99, 149, 163, 198, 241, 293, 346, 349, 439, 1138, 1152, 1164, 1871, 2052
Arundo plinii Turra, "Cana-bastarda" – 1164
Asparagus acutifolius L., Espargo, "Espargo-bravo-menor" – 320, 1285, 1349
Asparagus aphyllus L., Espargo, "Espargo-bravo-maior" – 1285
Asparagus officinalis L., Espargo, "Espargo-hortense" – 1285
Asphodeline lutea (L.) Rchb., "Abrótea-amarela" – 1278
Asphodelus aestivus Brot., "Abrótea-menor" – 83
Asphodelus ramosus L., Asfódelo, "Abrótea" – 83, 331, 1334, 1418, 1605, 1946
Asplenium adiantum-nigrum L., Adianto, Adianto-negro, "Avenca-negra" – 1630, 1670, 1673
Asplenium scolopendrium L., Escolopendra – 2090
Asplenium trichomanes L., Adianto-branco, "Avenção" – 1672
Aster tripolium L., "Malmequer-das-praias" – 2101
Astracantha gummifera (Labill.) Podlech, Tragacanto – 1822, 1905, 2045
Astracantha parnassi (Boiss.) Podlech., "Tragacanto-de-parnaso" – 1822
Astragalus creticus Lam. subsp. *creticus*, "Tragacanto-da-grécia" – 1822
Athamanta macedonica (L.) Spreng, "Cenoura-doce" – 1975
Atractylis gummifera L., Camaleão-branco, Cardo-espinhoso, Cardo-viscoso – 1978
Atriplex halimus L., Salgadeira – 1205

Atriplex hortensis L., Armoles – 417, 733, 1488
Atropa belladonna L., "Beladona", Mandrágora – 1331, 1686, 1923, 1935
Avena sativa L., Aveia – 1741
Avena sterilis L., Aveão – 1741
Avicennia germinans (L.) L., "Mangue-preto", "Seriba" – 1082
Avicennia marina (Forssk.) Vierh, "Mangue-branco" – 1085, 1086, 1099
Azadirachta indica A. Juss., "Lilás-da-índia" – 2022
Balanites aegyptiaca (L.) Delile, Árvore-das-bolotas, Tamareira-do-deserto – 892, 911, 1718
Ballota acetabulosa (L.) Benth., Dictamno, "Flor-do-sacrário" – 2053
Ballota nigra L., Marroio-negro – 1326
Ballota pseudodictamnus (L.) Benth., Pseudodictamno – 2050
Balsamodendrum mukul Hook. ex Stocks, Acácia-da-índia, "Akantha-da-índia", Junípero-da-índia – 1817
Bambusa bambos (L.) Voss, Cana-da-índia, Bambu – 1168
Beta vulgaris L., Beterraba – 55, 107, 138, 208, 287, 1476, 1560
Betula alba L., Bétula – 800, 1256
Betula pendula Roth., Bétula – 800, 1256
Biarum tenuifolium (L.) Schott, Toupeira – 165
Boswellia sacra Flueck., Incenso – 1023, 1813, 1838, 2110
Boswellia serrata Roxb. ex Colebr., Incenso – 1023, 2021, 2110
Bothriochloa ischaemum (L.) Keng., Erva (-"azul") – 2023
Brachypodium distachyon (L.) P. Beauv., Estrígilo – 1745
Brassica cretica Lam., "Couve-de-creta" – 63, 1519, 1539
Brassica rapa L., Nabo – 142, 1474, 1613
Brassica oleracea L., Couve – 63, 137, 244, 288, 418, 1207, 1283, 1472, 1539
Bruguiera gymnorhiza (L.) Lam. "Mangue-preto"– 1106, 1238
Bryonia cretica L., Briónia, Videira-selvagem – 864, 1022, 1295, 2010
Bunias erucago L., Falsa-eruca, Queima-boi – 1568
Bunium ferulaceum Sibth. & Sm., Noz-da-terra – 1666
Bupleurum fruticosum L., "Beleza" – 2028
Butomus umbellatus L., Bútomo, Junco-florido – 116, 295, 1110
Buxus sempervirens L., Buxo – 117, 194, 227, 565, 602, 666, 810, 968, 2119
Cachrys libanotis L., "Cacris-do-algarve" – 1975
Calamagrostis epigejos (L.) Roth., Cana-da-índia-oca – 1170
Calamintha incana (Sibth. & Sm.) Boiss., Calaminta – 429, 1281, 1400, 1429
Calendula arvensis L., "Calêndula-hortense" – 1398
Calendula officinalis L., "Calêndula" – 1398
Callophyllis laciniata (Huds.) Kutz., Tamareira-marinha – 1063, 1075
Calotropis procera (Ait.) Dryand., "Bombardeira"– 2019
Campanula, Campainha – 403
Cannabis sativa L., "Cânhamo" – 2020
Capparis spinosa L., Alcaparra – 70, 553, 913, 1348, 1387, 1582, 1620
Cardopatium corymbosum (L.) Pers., Camaleão-negro – 1981, 2008
Carduus acanthoides L., Cardo-acantóide – 1358
Carduus polyacanthos Curtis, Cardo-acantóide – 1358
Carex riparia Curtis, "Junça" – 1110
Carlina corymbosa L., "Cardo-amarelo", – 1356
Carlina graeca Heldr. & Sart., Cardo-de-cobre – 1356

Carlina gummifera (L.) Less., Camaleão-branco, Cardo-espinhoso, Cardo-viscoso –
    316, 1287, 1351, 1361, 1366, 1375, 1412, 1819, 1821, 1978
Carpinus betulus L., Carpa – 191, 726, 727, 728
Carthamus lanatus L., Cardo-de-roca, Cardo-sanguinho – 1359, 1799, 1997
Carthamus tinctorius L., Cártamo – 372, 406, 1289, 1357, 1368, 1411, 1576
Castanea sativa Mill., Castanheiro – 369, 557, 574, 722
Cedrus atlantica (Endl.) Carrière, Cedro-comum, "Cedro-do-atlas" – 219
Cedrus libani A. Rich., Cedro-do-líbano, Cedro-fenício – 219, 560, 1258
Celtis australis L., "Lodão" – 110, 773
Centaurea calcitrapa L., Cardo-estrelado – 1381
Centaurea solstitialis L., Cardo-de-quatro-pontas – 1365
Centaurium amplifolia Boiss. & Heldr., Centáurea – 387, 620, 1029, 1616, 1798, 1918
Ceratonia siliqua L., Alfarrobeira – 358, 360, 412, 900
Cercis siliquastrum L., "Árvore-de-judas", "Olaia" – 359, 796
Cerotelium fici (Cast.) Arth., Ferrugem, Sarna –1183
Ceterach officinarum Willd., Douradinha, Erva-da-mula – 2089, 2090
Chamaeleon salmaticensis Clusius, Camaleão – 1362
Chamaerops humilis L., Tamareira-anã – 516
Chamaesyce peplis (L.) Prokh., Eufórbio, Eufórbio-marinho, Maleiteira-das-areias – 1902, 1971
Cheiranthus x *cheiri* L., Goiveiro-amarelo – 1398, 1425
Chelidonium majus L., Quelidónia – 1679
Chondrilla juncea L., Condrilha – 1550, 1641
Chylocladia verticillata (Lightf.) Bliding, Alga-vermelha – 1059
Cicer arietinum L., Grão-de-bico – 487, 999, 1392, 1692. 1707
Cichorium endivia L., Chicória – 330, 1601
Cichorium intybus L., Chicória, Chicória-silvestre – 330, 1548, 1569, 1601, 1986, 2057
Cichorium spinosum L., Espinho-dos-ratos – 1384
Cinnamomum camphora (L.) J. Presl, Canforeira, Cinamomo – 1027, 1843, 1881
Cinnamomum cassia (L.) J. Presl, Cássia, Cássia-da-china – 1025, 1842
Cinnamomum tamala (Buch.-Ham.) Nees & Eberm., Cássia, Cássia-da-índia – 1025
Cinnamomum verum J. Presl, "Caneleira", Cássia, Cássia-do-ceilão – 1025, 1842, 1880
Cinnamomum zeylanicum Nees, Cássia, Cássia-do-ceilão – 1842
Cirsium arvense (L.) Scop., Camaleão – 1362
Cirsium creticum (Lam.) d'Urv., Acanto-espinhoso – 1151
Cirsium ferox (L.) DC., Camaleão – 1362
Cirsium tuberosum (L.) All., Camaleão – 1362
Cistus creticus L., Cisto, Cisto-macho – 1294, 1312
Cistus salvifolius L., Cisto, Cisto-fêmea – 1294, 1313
Citrullus colocynthis L. – 374
Citrus medica L., Cidreira, Maçã-da-média, Maçã-da-pérsia – 376, 408, 970
Clematis vitalba L., Clematite, Hera-branca, Vide-branca – 1270, 2084
Clinopodium insulare (Candargy) Govaerts, Calaminta – 429, 1281
Cnicus acarna L., Camaleão, Cardo-espinhoso, Cardo-santo, Cardo-viscoso – 1354
Cnicus benedictus L., Cardo-santo – 316, 1354
Colchicum autumnale L., "Cólquico" – 2060
Colocasia esculenta (L.) Schott, Inhame – 18, 160, 167
Colutea arborescens L., "Colútea" – 360, 802, 830
Commiphora gileadensis (L.) C. Chr., Bálsamo-da-síria, Bálsamo-de-meca, "Mirra-de-meca" – 1016, 1026, 1815, 1828, 1840, 1864, 1884

Commiphora habessinica (O. Berg.) Engl., Mirra, "Mirra-da-abissínia" – 1016, 1024, 1814, 1839
Commiphora mukul (Hook. ex Stocks) Engl., Acácia-da-índia, Akantha-da-índia, Mirra, Mirra-da-índia – 1016, 1817, 1892, 2021
Commiphora myrrha (Nees) Engl., Mirra – 1016, 1024, 1545, 1814, 1839
Conium maculatum L., Cicuta – 108, 1332, 1546, 1907, 2043, 2067
Consolida ajacis (L.) Schur., "Esporas-bravas", Jacinto-de-cultivo – 1452
Consolida orientalis (J. Gay) Schrödinger, Saudade – 1460
Convolvulus arvensis L., Campainha. Corriola – 403
Convolvulus scammonia L., Escamónia – 1033, 1824, 1932, 2121
Corallina elongata J. Ellis & Solander, Alga-coralígena – 1081
Corchorus olitorius L., "Juta" – 1130
Cordia myxa L., Ameixieira-da-assíria – 924
Coriandrum sativum L., Coentros – 364, 1481
Cornus mas L. Cerejeira-corneliana, Corniso, Corniso-macho – 124, 192, 550, 581, 626, 665, 746
Cornus sanguinea L., Corniso-fêmea, Sanguinho – 193, 582, 627, 747
Corydalis solida (L.) Clairv. subsp. *densiflora* (C.Presl) Hayek, Erva-de-teseu – 1650
Corylus avellana L., Avelaneira, Aveleira – 59, 304, 556, 573, 634, 803
Corylus colurna L., Avelaneira-de-bizâncio – 668, 801
Cotinus coggygria Scop., Sumagre – 827
Crataegus azarolus L., "Azarola", Falso-espinheiro – 763, 827
Crataegus heldreichii Boiss., Espinheiro, Pilriteiro – 813
Crataegus monogyna Jacq., Corniso, "Pilriteiro" – 985
Crataegus rhipidophylla Gand., Falso-espinheiro – 763
Crepis aurea (L.) Cass. subsp. *glabrescens* (Caruel) Arcang., Apargia, "Barba-de-falcão-dourada" – 1591
Crepis columnae (Ten.) Froel., Apargia, "Barba-de-falcão-dourada" – 1591
Crepis zacintha (L.) Babc., "Barba-de-falcão-listrada", Chicória-amarga – 1642
Crocus cancellatus Herb., Açafrão-branco, Açafrão-do-monte, Açafrão-inodoro – 1465, 1575
Crocus sativus L., Açafrão, Açafrão-aromático – 144, 940, 1410, 1420, 1465, 1574, 1606, 1622, 1891
Cucumis sativus L., "Pepineiro", Pepino – 352, 1490
Cucurbita pepo L., Abóbora, "Aboboreira" – 374, 392, 1491
Cuminum cyminum L., Cominhos – 366, 1512, 1740, 1925
Cupressus sempervirens L., Cipreste – 87, 111, 189, 216, 280, 446, 546, 759, 886, 937
Cuscuta epithymum (L.) L., Cuscuta – 1771
Cyanus segetum Hill., "Ciano", Matricária – 1563
Cyclamen graecum Link, Ciclame – 1612, 1933, 2077
Cydonia oblonga Mill., "Marmeleiro", Marmelo, Marmelo-selvagem – 456, 457
Cymbopogon – 1022
Cymbopogon schoenanthus (L.) Spreng., Citronela-da-china – 1869, 1894
Cymodocea nodosa (Ucria) Asch., "Alga-de-vidreiro" "Sebas" – 1069
Cynara cardunculus L., Alcachofra – 1377
Cynara scolymus L., Alcachofra, "Alcachofra-hortense" – 1378
Cynodon dactylon (L.) Pers., Dente-de-cão, Grama – 150, 162, 1149, 1150
Cynomorium coccineum L., Cogumelos – 1087
Cyperus alopecuroides Rottb., Sari – 1114, 1120

Cyperus esculentus L., "Juncinha" – 1115, 1121, 1128
Cyperus papyrus L., Papiro – 1113, 1336
Cyperus rotundus L., Junça – 115, 155, 182, 294, 1139, 1893
Cystoseira abies-marina (S. G. Gnel.) C. Agardh., Alga-castanha – 1059
Cystoseira ericoides (L.) C. Agardh., Alga-castanha – 1061
Cystoseira foeniculacea (L.) Grev., Alga-castanha – 1065
Cytisus, Giesta – 103
Cytisus aeolicus Guss., Cítiso – 360
Cytisus laburnum L., Cítiso – 126
Dalbergia sissoo DC., Pau-preto, "Sisso" – 987, 1101, 1225
Danae racemosa (L.) Moench, Loureiro-de-alexandria – 343
Daphne gnidium L., Bago-de-cnidos, "Trovisco" – 2112
Daphne laureola L., Lauréola – 868
Datura ferox L., "Cardo-cuco", Solano-da-loucura – 1970
Datura metel L., "Metel", Solano-da-loucura – 1970
Datura stramonium L., "Estramónio", Solano-da-loucura – 1970
Daucus carota L., Cenoura – 2027, 2046, 2114
Delonix elata (L.) Gamble, "Poinciana-branca" – 1105
Dendrocalamus strictus (Roxb.) Nees, Cana-da-índia-sólida – 1169
Dianthus caryophyllus L., Craveiro – 1276, 1397
Dianthus sylvestris Wulfen," Craveiro-bravo" – 1276
Diospyros ebenum J. König ex Retz., Ébano – 118, 128, 986, 2118
Diospyros quaesita Thwaites, "Ébano-do-ceilão" – 1239
Dittrichia graveolens (L.) Greuter, Ínula, Ínula-fêmea – 1304, 1327, 1619
Dittrichia viscosa (L.) Greuter, Ínula, Ínula-macho – 1304, 1327, 1619
Dolichos lablab L., Dólico, "Feijoeiro-cutelinho" – 1737
Dolichos sinensis L., Dólico – 1737
Doronicum columnae Ten., Escorpião – 2003
Doronicum orientale Hoffm., Escorpião – 2003, 2076
Dracunculus vulgaris Schott, Serpentária – 1647, 2115
Drimia maritima (L.) Stearn, Cebola-albarrã, Cila – 82, 151, 153, 321, 332, 501, 1505, 1608
Dryopteris filix-mas (L.) Schott, Feto, Feto-macho – 300, 929, 1765, 2093, 2122
Drypis spinosa L., Drípis – 317
Ecballium elaterium (L.) A. Rich., Pepino-selvagem – 1032, 1579, 1618, 1940, 2011, 2037
Echinops ritro (DC.) Kozuharov, "Cardo-globo-azul" – 1364
Echinops sphaerocephalus L., "Cardo-globo-pálido" – 1364
Echium angustifolium Mill., Viperina – 1626
Elettaria cardamomum (L.) Maton., Cardamomo – 1877
Equisetum palustre L., Cavalinha – 1144
Equisetum telmateia Ehrh, Cavalinha – 1144
Erica, Urze – 413
Erica arborea L., Urze – 413, 1976
Eriobotrya japonica (Thunb.) Lindl., Nespereira-vulgar – 760
Eruca vesicaria (L.) Cav., Eruca – 145, 1478, 1568
Erucaria hispanica (L.) Druce, Agrião-do-oriente, Queima-boi – 1568
Eryngium campestre L., Cardo-corredor – 1288
Erysimum x *cheiri* (L.) Crantz, Goiveiro-amarelo – 1398, 1425, 1442

Erysiphe, Oídio – 1778
Euonymus europaeus L., Evónimo – 630
Euphorbia, Eufórbio – 1965, 2038
Euphorbia acanthothamnos Heldr. & Sart. ex Boiss., Eufórbio-espinhoso – 1383
Euphorbia antiquorum L., "Eufórbio-carnudo" – 1021
Euphorbia apios L., Couve-dos-montes, Eufórbio-figo – 1943, 1980
Euphorbia characias L., Eufórbio-macho – 1972
Euphorbia myrsinites L., Eufórbio-mirto –1973
Euphorbia neriifolia L., "Eufórbio-da-índia" – 1021
Euphorbia nivulia Buch.-Ham., Espinho-de-héracles – 1017, 1018
Euphorbia peplis L., Eufórbio, Eufórbio-marinho, Maleiteira-das-areias – 1902, 1971
Euphorbia rigida Bieb., "Eufórbio-rígido" – 2038
Euphorbia spinosa L., "Eufórbio-espinhoso" – 2038
Euphorbia veneta Willd., Eufórbio-macho – 1972
Evernia prunastri (L.) Ach., "Líquene-dos-carvalhos" – 700
Excoecaria agallocha L., "Mangue-leitoso" – 1239
Fagonia cretica L., Abrolho-de-folha-espinhosa – 1393
Fagus sylvatica L., Faia – 659, 721, 722
Faidherbia albida (Delile) A. Chev., Acácia, Acácia-egípcia – 893, 917, 1810
Fallopia convolvulus (L.) Á. Love, Falópia – 1583
Ferula assa-foetida L., Narte – 1888
Ferula communis L., Férula, Férula-comum – 37, 122, 164, 1306, 1310, 1736, 2051
Ferula galbaniflua Boiss. & Buhse, Gálbano, Panaceia-da-síria – 1816, 1874, 1955
Ferula gummosa Boiss., Panaceia – 1816, 1875, 1890, 1920, 1931, 1963
Ferula marmarica Asch. & Taub. ex Asch. & Schweinf., Férula – 37
Ferula narthex Boiss., Narte – 1888
Ferula tingitana L., Sílfio – 168, 549, 552, 939, 961, 1511, 1825
Ferulago nodosa (L.) Boiss., Panaceia-de-asclépio – 1920, 1959, 1962, 2039
Ficaria verna Huds., Celidónia-menor – 1570, 1591
Ficus, Figueira – 176, 410
Ficus benghalensis L., Figueira-da-índia, Olinto – 176, 410, 975
Ficus caprificus Risso, Figueira – 570
Ficus carica L., Figueira – 46, 47, 91, 174, 185, 273, 302, 344, 451, 570, 897, 898, 1194
Ficus citrifolia Cat., Figueira-da-índia, Olinto – 410
Ficus citrifolia Mill. "Figueira-de-folhas-pequenas" – 410
Ficus indica L., Figueira-da-índia, Olinto – 410
Ficus sycomorus L., Figueira-de-chipre, Sicómoro, Sicómoro-do-egipto – 17, 411, 889, 890, 896
Ficus trigona L. f., "Figueira-mium" – 410
Foeniculum vulgare Mill., Funcho – 367, 398, 1307, 1513
Fraxinus angustifolia Vahl., Freixo-comum – 590, 661, 740, 745
Fraxinus angustifolia Vahl. subsp. *angustifolia*, Freixo-comum – 1111
Fraxinus angustifolia Vahl. subsp. *oxycarpa* (Vahl) Franco & Rocha Afonso, Freixo-grande – 1112
Fraxinus ornus L., "Freixo-flor" – 741, 744
Fritillaria graeca Boiss. & Spruner, Fritilária – 1667
Fucus spiralis L., Alga-castanha, Videira-marinha – 1062
Galium aparine L., Amor-de-hortelão – 1584, 1675, 2104
Genista, Giesta – 103

Gladiolus italicus Mill., Espada, Espadilha, Gladíolo – 1449, 1648, 1651, 1653
Gladiolus segetum Ker Gawl., Espada, Espadilha, Gladíolo – 1648
Glaucium flavum Crantz, Papoila-com-cornos – 1983
Glebionis coronaria (L.) Cass. ex Spach, "Pampilho" – 1595
Glycyrrhiza echinata L., Raiz-da-cítia, Raiz-doce – 1992
Glycyrrhiza glabra L., Raiz-da-cítia, Raiz-doce – 1992
Gossypium arboreum L., Árvore-do-algodão – 994, 1102
Gynandriris sisyrinchium (L.) Pal., Sisirínquio – 334
Hedera helix L., Hera – 57, 238, 266, 324, 421, 856, 962
Hedera nepalensis K. Koch., Hera-da-índia – 964
Helichrysum italicum (Roth) G. Don, Perpétuas, "Perpétuas-das-areias" – 1447, 2105
Helichrysum orientale (L.) Vaill., Perpétuas – 2105
Helichrysum stoechas (L.) Moench., Perpétuas, "Perpétuas-das-areias" – 1447, 2105
Heliotropium europaeum L., Heliotrópio – 1510, 1580, 1600, 1629, 1677
Helleborus cyclophyllus (A. Braun) Boiss., Heléboro, Heléboro-negro – 1031, 1333, 1909, 1914, 1926, 1937, 1947, 2007, 2014, 2026, 2061
Helminthotheca echioides (L.) Holub, Raspa-saias – 1594
Herniaria glabra L., Herniária – 1950
Herniaria hirsuta L., Herniária – 1950
Hippuris vulgaris L., Cauda-de-cavalo – 1144
Hordeum vulgare L., Cevada – 136, 147, 377, 471, 998, 1688
Hyacinthus orientalis L., Jacinto, Jacinto-selvagem – 1450, 1451
Hyoscyamus albus L., "Meimendro- branco" – 2055, 2064
Hypericum olympicum L., "Hipericão-de-olimpo" – 2039
Hyphaene thebaica (L.) Mart., Tamareira-do-egipto – 292, 515, 914
Hypochaeris radicata L., Leituga – 1551, 1640
Ilex aquifolium L., Azevinho – 69, 229, 589, 611, 884, 1255
Imperata cylindrica (L.) Raeusch., "Caniço-branco" – 1166
Inula helenium L., Panaceia-de-quíron – 1956
Iris, Lírio – 175, 436
Iris foetidissima L., Íris-fétida, "Lírio-fétido" – 1921
Iris x germanica L., Íris, "Lírio-roxo" – 175, 1037, 1462, 1652, 1899
Iris pallida Lam., Íris-da-ilíria, "Lírio-da-ilíria" – 1899
Juglans regia L., Nogueira – 356, 371, 1717
Juncus acutus L., Junco, Junco-macho – 114, 180, 1172
Juniperus, Junípero, "Zimbro" – 568
Juniperus communis L., Junípero, "Zimbro-comum" – 242, 315, 389, 568
Juniperus drupacea Labill., "Zimbro-da-síria" – 219, 568, 605, 657, 751, 752, 754, 756, 882, 1808
Juniperus excelsa M. Bieb., "Zimbro-da-grécia" – 1830
Juniperus foetidissima Willd., Zimbro, "Zimbro-fedorento" 219, 221, 631, 657, 880
Juniperus oxycedrus L., Cedro, Oxicedro, "Zimbro-oxicedro" – 109, 224, 279, 314, 673, 752, 753, 754, 755, 756, 1809
Juniperus oxycedrus L. subsp. *macrocarpa* (Sm.) Ball., Cedro –755
Juniperus oxycedrus L. subsp. *oxycedrus*, Oxicedro –755
Juniperus phoenicea L., Cedro-da-fenícia, "Zimbro-das-areias" – 568, 752, 1830
Lablab purpureus (L.) Sweet, Dólico, "Feijoeiro-cutelinho" – 1737
Laburnum anagyroides Medik., Cítiso, Falso-ébano – 126, 987, 988, 1204
Lactuca sativa L., Alface – 335

Lactuca serriola L., Alface, Alface-brava, Alface-silvestre – 335, 393, 1477, 1521, 1540, 1903, 1977
Lactuca virosa Habl., Alface-amarga – 1977
Lagenaria siceraria (Molina) Standl., Cabaça – 375
Lagermannia gigantea Batsch ex Pers., Trufa-de-verão, Trufa-do-raio – 134
Laserpitium siler L., "Cominho-rústico" – 169
Lathyrus amphicarpos L., Araquidna, Chícharo-subterrâneo – 18
Lathyrus cicera L., Chícharo-miúdo – 1704
Lathyrus ochrus (L.) DC., Ervilhaca-dos-campos – 1701
Lathyrus sativus L., Chícharo – 1735
Lathyrus tuberosus L., Chícharo-tuberoso – 170
Laurus nobilis L., Loureiro – 88, 132, 184, 213, 430, 461, 609, 743, 1848
Lavandula stoechas L., "Rosmaninho" – 1424, 1977
Lavatera arborea L., Malva, Malva-arbórea – 54, 1559, 2074
Lecanora tinctoria (DC). Czerwiak, "Urzela" – 1068
Lecokia cretica (Lam.) DC., "Cacris-de-creta" – 1975
Lemna gibba L., Ervazinha, Lentilha-de-água – 177
Lemna minor L. –, Ervazinha, Lentilha-de-água 177, 1143
Lens culinaris Medik., Lentilhas – 486, 806, 832, 1000, 1011, 1703
Leontice leontopetalum L., Erva-de-teseu – 1650
Leopoldia comosa (L.) Parl., Cebolinho-de-flor-azul, Jacinto-das-searas – 152, 322, 333, 342, 1446, 1502, 1607
Lepidium sativum L., Agrião, Agrião-mouro – 384, 1483
Leucojum aestivum L., "Campainha-de-verão" – 2040
Ligustrum vulgare L., Ligustro – 414, 1297
Lilium candidum L., Açucena – 401, 437, 779, 862, 1414, 1457
Lilium martagon L., Lírio-purpúreo, "Martagão" – 1278, 1405, 1426
Limoniastrum monopetalum (L.) Boiss., "Salgado" – 2101
Linum usitatissimum L., Linho – 1759
Lithophyllum incrustans Philippi, Alga-vermelha – 1082
Lithospermum officinale L., Erva-de-héracles – 2035
Lolium temulentum L., Joio – 105, 483, 1006, 1752
Lonicera implexa Aiton, Madressilva – 1913, 2088
Lonicera xylosteum L., Madressilva – 1913, 2088
Loranthus europaeus Jacq., Visco, Visco-do-carvalho – 686, 817
Lotus, "Trevo" – 1657, 1682
Lupinus albus L., Tremoceiro – 71, 554, 1702
Lupinus pilosus L., Tremoceiro-selvagem – 71
Lycoperdon verrucosum Bull., Bexiga-do-lobo – 159
Lythrum salicaria L., Agno-casto-aquático, Salgueirinha – 1136
Magydaris pastinacea (Lam.) Paol, Basilisco – 169
Malabaila aurea (Sm.) Boiss., "Cominho-dos-balcãns" – 2032
Malus domestica Borkh., Macieira – 60, 90, 199, 282, 297, 422, 450, 587
Malva arborea (L.) Webb & Berthel., Malva, Malva-arbórea – 54, 207, 1199, 1559, 2074
Malva sylvestris L., Malva – 1577
Mandragora autumnalis Bertol, Mandrágora – 1331, 1923, 1935
Mandragora officinarum L., Mandrágora – 1331, 1923, 1935
Mangifera indica L., Mangueira – 981

Margotia gummifera (Desf.) Lange, "Bruco-fétido" – 168
Marrubium vulgare L., Marroio – 1303, 1325
Matricaria, Camomila – 1595
Matricaria aurea (Loefl.) Sch. Bip., Camomila-de-flores-com-pétalas – 1595
Matricaria chamomilla L., Camomila – 407, 1588, 1674
Matthiola incana (L.) R. Br., Goiveiro, Goivo-negro – 246, 426, 1275, 1402, 1403, 1468
Medicago arborea L., Cítiso, "Luzerna-arbórea" – 1204
Medicago sativa L., Luzerna – 1766
Melampyrum arvense L., Trigo-negro – 1754
Melilotus officinalis (L.) Pall., Meliloto, Trevo-morango – 1596, 1683, 1897
Melissa officinalis L., Erva-cidreira – 1305
Mentha aquatica L., Hortelã, Hortelã-pimenta, Hortelã-pimenta-bastarda – 427, 481, 1280, 1401, 1430, 2054
Mentha x *piperita* L., Hortelã-pimenta, Hortelã-pimenta-bastarda – 480, 481
Mentha pulegium L., Poejo – 2049
Mentha spicata L., Hortelã, Hortelã-pimenta-bastarda, Menta – 481, 1431, 1556
Mentha viridis (L.) L., Hortelã-pimenta-bastarda – 481
Mercurialis annua L., Planta-geradora-de-raparigas, Planta-geradora-de-rapazes – 2083
Mespilus germanica L., Nespereira – 726, 760, 814, 842, 925
Mespilus heldreichii (Boiss.) Asch. & Graebn., Espinheiro, "Pilriteiro" – 813
Mespilus pyracantha L., Oxiacanto, "Piracanto"– 231
Mimosa asperata L., "Sensitiva" – 928
Mimosa pigra L., , "Sensitiva" – 928
Mimusops laurifolia (Forssk.) Friis, Persea, Persea-do-egipto – 473, 618, 891, 906, 921, 931
Mimusops schimperi Hochst., Persea, Persea-do-egipto – 473, 618
Misopates orontium (L.) Raf., Antirrino – 2103
Moraea sisyrinchium (L.) Ker Gawl., Sisirínquio – 334, 1668
Moringa peregrina (Forssk.) Fiori, "Árvore-de-yusor" – 892
Morus alba L., Amoreira-branca – 127, 263, 993
Morus nigra L., Amoreira-negra – 127, 263, 353, 894, 993
Musa x *paradisiaca* L., "Bananeira" – 983
Myristica fragrans Houtt., "Moscadeira", "Noz-moscada" –1876
Myrtus communis L., Mirto – 58, 214, 277, 340, 378, 433, 462, 757, 811, 912, 943
Narcissus poeticus L., Narciso, "Narciso-dos-poetas" – 1444, 2062
Narcissus serotinus L., Narciso, "Narciso-da-tarde" – 1417, 1443
Narcissus tazetta L., Narciso, "Narciso-de-inverno" – 404, 1417, 1444, 1464, 2062
Nardostachys jatamansi (D. Don) DC., Nardo – 1879, 1882, 1900
Nelumbo nucifera Gaertn., Fava-do-egipto, Fava-da-grécia, Lótus – 1123
Nerium oleander L., Cevadilha, Loureiro-selvagem, Oleandro – 237, 1020, 2020, 2100
Notobasis syriaca (L.) Cass., Cardo-acantóide, "Cardo-da-síria" – 1358
Nuphar lutea (L.) Sm., Nenúfar-amarelo – 1989
Nymphaea alba L., Nenúfar-branco – 1137
Nymphaea lotus L., Lótus, "Golfão-vermelho" – 1126
Nymphoides peltata (S.G. Gmel.) Kuntze, "Golfão-pequeno", Menanto – 1142
Ocimum basilicum L., Basilicão, Basilisco – 146, 336, 1493
Oenanthe fistulosa L., "Cicuta-da-água", Mata-ratos – 1311
Olea europaea L. subsp. *europaea* var. *europaea*, Oliveira – 46, 74, 186, 211, 268, 275, 325, 419, 922, 938, 963, 1015

Olea europaea L. subsp. *europaea* var. *sylvestris* (Mill.) Lehr, Oliveira-selvagem, Zambujeiro – 74, 187, 197, 454, 476, 1014
Oluntos laevigata (Vahl) Raf., "Figueira-de-folhas-pequenas" – 410
Oluntos trigona L. f., "Figueira-mium" – 410
Ononis spinosa L. subsp. *antiquorum* (L.) Arcang., Gatunha – 1290, 1380, 1394
Onopordum acanthium L., Cardo-do-demónio, "Acanto-bastardo" – 1360
Onopordum illyricum L., Cardo-do-demónio – 1360
Opopanax hispidus (Friv.) Grieb., Panaceia-de-héracles – 1960
Orchis italica Poir., Erva-de-testículos, "Erva-dos-macaquinhos-dependurados" – 2080
Orchis mascula (L.) L., Erva-de-testículos, "Satirão-macho" – 2080
Origanum dictamnus L., Dictamo – 2048
Origanum majorana L., Manjerona – 248, 1277, 1436, 1459, 1896
Origanum onites L., Orégão-branco – 1319
Origanum sipyleum L., "Manjerona-da-anatólia", *Naíron* – 1883
Origanum vulgare L., Orégão – 250, 254, 382, 1299, 1318, 1459, 1496
Ornithogalum narbonense L., Cila-de-epiménides, Cebolinho-de-flor-branca – 1645, 1665
Orobanche gracilis Sm., Orobanca – 1774
Oryza sativa L., Arroz – 1004
Ostrya carpinifolia Scop. Carpa-negra, Óstria – 588, 727
Ottelia alismoides (L.) Pers., "Alface-de-pato" – 1122
Oxyacantha dioscoridis Bauh., Oxiacanto, "Piracanto" – 231
Paeonia officinalis L., Peónia – 1916
Paliurus spina-christi Mill., Paliuro, Espinheiro-de-cristo – 50, 310, 339, 591, 851, 933, 949, 950
Pallenis spinosa (L.) Cass., Áster, "Pampilho-espinhoso" – 1176
Pancratium maritimum L., Narciso, "Narciso-das-areias" – 1417, 1444, 1662
Panicum miliaceum L., Milho-alvo, Milho-miúdo – 361, 1007, 1694, 1695, 1709, 2087
Papaver rhoeas L., "Papoila-das-searas", Papoila-negra – 1974, 1985
Papaver somniferum L., Papoila, Papoila-do-ópio, Papoila-dormideira – 253, 391, 1147, 1904, 1974, 1982
Papaver somniferum L. var. *nigrum* DC., Papoila-negra – 1974
Papaver somniferum L. subsp. *somniferum,* Papoila-negra – 1974
Parietaria judaica L., Alfavaca, Matricária – 1563
Parietaria officinalis L., Parietária – 1995
Peronosporaceae, Míldio – 1779
Persicaria bistorta (L.) Samp., Bistorta, Toupeira – 165
Persicaria maculosa Gray, Persicária – 2085
Petroselinum crispum (Mill.) Fuss, Aipo-da-montanha, Salsa – 1543
Peucedanum officinale L., Peucédano, "Funcho-de-porco" – 2034, 2113
Peucedanum vittijugum Boiss., Peucédano – 2009, 2034
Phaseolus calcaratus Roxb, Feijoeiro-arroz – 1009
Phaseolus mungo L., Feijoeiro-mungo – 1009
Phellinus igniarius (L.) Quél., "Poliporo-isqueiro" – 683
Phillyrea latifolia L., Aderno, Filíria – 223
Phoenix dactylifera L., Tamareira – 36, 94, 204, 212, 291, 355, 444, 619, 888, 915, 935, 952, 996, 1853
Phoenix theophrasti Greuter, Tamareira-de-creta – 36, 81, 514
Phragmites australis (Cav.) Trin. ex Steud., Cana-dos-acanastrados, Caniço – 1152

Phyllitis scolopendrium (L.) Newman, Escolopendra – 2090
Physalis somnifera L., "Erva-moira-somnifera", Solano-do-sono – 1966
Picnomon acarna (L.) Cass., Camaleão, Cardo-espinhoso, Cardo-santo, Cardo-viscoso – 318, 405, 1287, 1354, 1361, 1362
Pimpinella anisum L., Anis – 365, 388, 1898
Pinus brutia Tren., Alepo-produtor-de-pulgas, "Pinheiro-turco" – 467
Pinus halepensis Mill., Alepo, Pinheiro-de-Alepo – 123, 225, 278, 312, 380, 443, 466, 539, 601, 663, 706, 710, 712, 1804, 1831
Pinus nigra J. F. Arnold, Pinheiro, "Pinheiro-negro" – 68, 120, 218, 278, 311, 379, 442, 538, 600, 652, 705, 874, 1802, 1831
Pinus nigra J. F. Arnold subsp. *laricio* Maire, Pinheiro-da-córsega – 1263
Pinus nigra J. F. Arnold subsp. *nigra*, Pinheiro-de-lácio – 1263
Pinus peuce Griseb., Pinheiro-da-macedónia – 707
Pinus pinaster Aiton, Pinheiro-bravo – 706, 1263
Pinus pinea L., Pinheiro-manso – 215, 379, 465, 704
Pinus sylvestris L., "Pinheiro-silvestre" – 707
Piper longum L., Pimenta-longa – 2109
Piper nigrum L., Pimenta, Pimenta-negra – 2106, 2108
Piper officinarum (Miq.) C. DC., "Pimenta-longa-de-java" – 2106
Piper retrofractum Vahl, "Pimenta-longa-de-java" – 2106
Pistacia atlantica Desf., Terebinto-da-síria – 1224
Pistacia lentiscus L., "Aroeira", Lentisco – 1818, 1855
Pistacia terebinthus L., Cornalheira, Terebinto – 236, 561, 569, 606, 805, 989, 1224, 1803, 1856
Pistacia vera L., Pistacheiro – 805, 989, 990
Pisum sativum L., Ervilha, "Ervilheira" – 1536, 1544, 1693, 1705
Plantago afra L., Erva-das-pulgas, Olho-de-cão – 1567, 1633
Plantago coronopus L., Diabelha, Zaragatoa – 1587
Plantago crassifolia Forssk, Plantago-de-folhas-espessas – 1638
Plantago lagopus L., Planta-da-codorniz – 1637, 1638
Plantago major L., Língua-de-borrego, Tanchagem – 1592, 1627, 1635, 1636
Platanus orientalis L., Plátano – 78, 130, 171, 203, 260, 274, 326, 530, 647
Platanus orientalis L. var. *cretica* Dode, Plátano-de-creta, Plátano-de-gortina – 260, 614
Plocamium carilagineum (L.) P. S. Dixon, Alga-vermelha – 1061
Polygonum aviculare L., Erva-das-galinhas, Erva-das-perdizes – 166
Polygonum bistorta L., Bistorta, Toupeira – 165
Polygonum convolvulus L., Falópia – 1583
Polygonum maritimum L., "Polígono-marítimo" – 165
Polygonum persicaria L., Persicária – 2085
Polypodium vulgare L., Polipódio – 2004, 2117
Polypogon monspeliensis (L.) Desf., Cauda-de-raposa – 1634
Populus, Álamo, Choupo – 532
Populus alba L., Álamo, Álamo-branco, Choupo-branco – 265, 271, 532, 535, 578, 648, 794, 858, 872
Populus euphratica Oliv., Álamo-do-egipto – 1111
Populus nigra L., Álamo-negro, Choupo, Choupo-negro – 40, 98, 265, 271, 532, 533, 536, 580, 649, 772, 794, 858, 871
Populus tremula L., Choupo-tremedor, *Kerkis* – 359, 532, 796
Portulaca oleracea L., Beldroega – 1494

Posidonia oceanica (L.) M. Del., "Alga-de-vidreiro", Alho-marinho, *Phykos* – 1057, 1064, 1079
Potamogeton natans L., Estrela-de-água – 1145
Potentilla reptans L., "Cinco-em-rama", Quinquefólio – 2001
Prangos ferulacea (L.) Lindl, Funcho-de-cavalo – 169, 1308
Prospero autumnale (L.) Speta, "Cila-de-outono", *Típhyon* – 1659
Prunus avium (L.) L., Cerejeira, Cerejeira-brava, *Lákara* – 585, 655, 768, 1806
Prunus domestica L., Ameixieira – 351, 899, 909, 924, 1807
Prunus domestica L. subsp. *domestica*, Ameixieira – 670
Prunus domestica L. subsp. *insititia* (L.) Bonnier & Layens, Ameixieira-selvagem – 671
Prunus dulcis (Mill.) D. A. Webb, Amendoeira – 131, 262, 357, 370, 431, 458, 1660, 1716, 1805
Prunus mahaleb L., Abrunheiro-bravo, *Mahaleb*, *Pedos* – 878, 1254
Prunus padus L. , "Pado"– 585
Prunus spinosa L., Abrunheiro-bravo – 669, 879
Pteridium aquilinum (L.) Kuhn, Feto-fêmea – 2091
Puccinia graminis Pers., Ferrugem-dos-cereais – 1778
Punica granatum L., Romãzeira – 61, 205, 276, 354, 420, 452, 1866
Pyracantha coccinea M. Roemer, Oxiacanto, "Piracanto" – 231, 592, 612, 872
Pyrus amygdaliformis Vill., Pereira-selvagem – 73, 455, 586, 596, 635, 667, 767
Pyrus communis L., Pereira, Pereira-cultivada, Pereira-doméstica – 41, 62, 73, 296, 423, 453, 597, 767, 907, 1846
Quercus, Carvalho – 5, 448, 653, 722, 1942
Quercus cerris L., *Aspris*, Carvalho, Carvalho-da-turquia, Carvalho-de-casca-direita – 698, 702, 920
Quercus coccifera L., Carrasco, Carrasqueiro, *Ipsos*, Quermes – 125, 228, 306, 575, 628, 815, 941, 1851
Quercus crenata Lam., Carvalho-de-casca-direita – 698
Quercus frainetto Ten., Carvalho-de-folha-larga, Carvalho-de-fruto-ácido – 696
Quercus humilis Mill., Carvalho-negro – 129
Quercus ilex L., Azinheira, Carvalho-de-síbaris, Carvalho-doméstico, Carvalho-sobreiro, *Smilax* – 222, 261, 610, 614, 629, 694, 819, 820, 821
Quercus infectoria Oliv., Carvalho-autêntico, Carvalho-de-fruto-doce – 692
Quercus ithaburensis Decne. subsp. *macrolepis* (Klotzsch) Hedge & Yalt, Carvalho, Carvalho-avelanedo, Carvalho-de-fruto-redondo, Carvalho-selvagem – 39, 92, 202, 305, 307, 327, 564, 656, 697
Quercus petraea (Matt.) Liebl., *Aspris*, Carvalho-negro – 129, 702
Quercus pubescens Willd., Carvalho, Carvalho-de-folha-larga, Carvalho-de-fruto-ácido, Carvalho-negro –129, 584, 696
Quercus robur subsp. *pedunculiflora* (K. Koch) Menitsky, Carvalho-autêntico, Carvalho-de-fruto-doce, Roble – 692, 695
Quercus suber L., Sobreiro – 43, 93, 828
Quercus trojana Webb., Carvalho-da-macedónia-de-bolotas-redondas – 702
Raphanus raphanistrum L., Couve-selvagem – 2029
Raphanus sativus L., Rabanete – 38, 141, 1473
Raphanus sativus L. var. *niger* (Mill.) J. Kern., Rabanete-negro – 38
Raphanus sativus L. var. *sativus*, Rabanete-rosado – 38
Reichardia picroides (L.) Roth, Leituga – 1551
Rhamnus alaternus L., Aderno-bastardo – 230, 571, 607

Rhamnus cathartica L., Espinheiro, Espinheiro-cervina – 240
Rhamnus lycioides L., Espinheiro – 106, 845
Rhamnus lycioides subsp. *graeca* (Boiss. & Reut.) Tutin., Espinheiro-branco – 848
Rhamnus lycioides subsp. *oleoides* Jahand. & Maire, Espinheiro-negro – 847
Rhamnus saxatilis Jacq., Espinheiro-negro – 847
Rhazya stricta Decne., "Veneno-de-cão" – 1018
Rhizophora x *harrisonii* Leechm., "Mangue-híbrido" – 1082
Rhizophora mangle L., "Mangue-pequeno", "Mangue-sapateiro", "Mangue-vermelho" – 1082
Rhizophora mucronata Lam., "Mangue-vermelho" – 1086, 1096, 1238
Rhizophora racemosa G. F. W. Meyer, "Mangue-grande", "Mangue-vermelho" – 1082
Rhododendron luteum Sweet, "Azálea-amarela", Evónimo – 866
Rhus coriaria L., Sumagre – 846, 855
Ricinus communis L., Rícino – 267, 859
Rosa, Roseira – 435
Rosa canina L., Roseira-brava, Silva-canina – 854, 1911
Rosa centifolia L., Roseira-de-cem-pétalas – 1406
Rosa centipetala Stokes, Roseira-de-cem-pétalas – 1406
Rosa gallica L., Roseira-de-cem-pétalas – 245, 1274, 1314, 1406
Rosa sempervirens L., Roseira-brava, Silva-canina – 854, 1911
Rosellinia necatrix Prill., "Fungo-da-necrose-radicular" – 1186
Rubia tinctorum L., Granza – 1296, 1603, 1999, 2000, 2002
Rubus fruticosus L., Silva-da-terra, Silvas – 49, 239, 309, 338, 852, 853
Rumex conglomeratus Murray, Paciência-silvestre – 1538
Rumex patientia L., Erva-da-paciência, Paciência – 140, 1479, 1561, 1957
Ruscus aculeatus L., Espinho-dos-ratos, Gilbardeira, Loureiro-de-alexandria – 343, 836, 1384
Ruscus hypoglossum L., Loureiro-de-alexandria – 343, 836
Ruscus racemosus L., Loureiro-de-alexandria – 343
Ruta chalepensis L., Arruda – 52, 64
Ruta graveolens L., Arruda, Arruda-comum, Arruda-fétida – 52, 64, 243, 256, 289, 425, 1284, 1395, 1499, 1531, 1847, 1945
Saccarum ravennae (L.) L., Erva-de-ravena – 1109, 1140
Saccharina latissima (L.) C.E.Lane, C.Mayes, Druehl & G.W. Saunders, Alga-castanha, Alho-porro-do-mar – 1067
Saccharum spontaneum L. subsp. *aegyptiacum* (Will) Hack, "Cana-de-açucar-espontânea" – 1129
Salix, Salgueiro – 77, 531, 579, 650, 783, 785, 873
Salix alba L., Salgueiro-branco – 788
Salix caprea L., Salgueiro-cinzento – 835
Salix fragilis L., "Salgueiro-frágil" – 784, 1135
Salix purpurea L. var. *amplexicaulis* (Bory ex Chaub.) Boiss., Salgueiro-negro – 784, 788
Salix purpurea L. var. *purpurea*, Salgueiro-negro – 784, 788
Salix viminalis L., Vimeiro-comum – 786
Salsola kali L., Soda – 1286, 1350
Salvia fruticosa Mill., Salva-retorcida – 1302, 1324
Salvia horminum L., Salva – 1713
Salvia pomifera L.Salva, Salva-comum – 1301, 1323
Salvia triloba L. f., Salva-retorcida – 1302, 1324

Salvia viridis L., Salva – 1713, 1762
Sambucus nigra L., Sabugueiro – 119, 121, 183, 775, 1226
Saponaria officinalis L., Saponária – 1352, 1463, 1988
Sarcopterium spinosum (L.) Spach., Pimpinela, Pimpinela-espinhosa – 284, 1292, 1346, 1379
Sargassum, Alga-castanha, "Sargaço"– 1062
Satureja thymbra L., Segurelha – 51, 383, 395, 1300, 1321, 1438, 1495
Saussurea costus (Falc.) Lipsch., "Costos", *Kostos* – 1889
Scandix pecten-veneris L. subsp. *brachycarpa* (Guss.) Thell., "Pente-de-vénus", *Scandix* – 1557, 1578
Schoenus nigricans L., Junco-comum, Junco-de-cabeça-negra – 1173, 1872
Scilla autumnalis L., "Cila-de-outono", *Típhyon* – 1659
Scilla bifolia L., Jacinto, Jacinto-selvagem – 1450, 1451
Scilla hyacinthoides L., "Albarrã-jacinto" – 1663
Scilla peruviana L., "Albarrã-do-perú" – 1663
Scirpus holoschoenus L., Junco-inteiro – 1174
Scleroderma verrucosum (Bull) Pers., Bexiga-do-lobo – 159
Sclerotium rolfsii Sacc., "Fungo-da-necrose-radicular"– 1186
Scolymus hispanicus L., Cardo-bravo – 1363, 1367, 1370, 1520, 1617, 1678, 1996
Securigera coronilla DC., "Erva-da-machadinha", *Pelekínos* – 1770
Securigera securidaca (L.) Degen & Dorfl., "Erva-da-machadinha", *Pelekínos* – 1770
Sedum, Sempre-vivas – 1572
Sedum ochroleucum Chaix, Saião – 1572
Sedum sediforme (Jacq.) Pau, Sempre-vivas – 1681
Sempervivum, Sempre-vivas – 1572
Senecio vulgaris L., Tasneirinha – 1552, 1573, 1624
Serapias vomeracea (Burm.f.) Briq., Serapião – 1921
Sesamum indicum L., Sésamo – 362, 782, 1696, 1711
Seseli libanotis (L.) W. D. J. Koch., "Cenoura-lua" – 1944
Setaria italica (L.) P. Beauv., Mélinos, Milho-dos-pássaros, Milho-painço – 1008, 1695, 1710, 1761
Silene coronaria (Desr.) Clairv. ex Rchb., Candelária – 1455
Silene vulgaris (Moench) Garcke, Papoila-de-héracles, "Erva-traqueira" – 1987
Silybum marianum (L.) Gaertn., Cardo-leiteiro – 1355
Sinapis alba L., Mostarda – 385, 1480
Sisymbrium polyceratium L., Sisímbrio – 1712
Smilax aspera L., Salsaparrilha – 298, 308, 861, 1467, 1585
Smyrnium olusatrum L., Aipo-de-cavalo, Salsa-de-cavalo – 252, 438, 1507, 1541, 1823, 2033
Solanum dulcamara L., Dulcamara, Solano – 2036
Solanum nigrum L., Solano – 863, 1564, 1684
Solanum somniferum Bauhin, "Erva-moira-somnifera", Solano-do-sono – 1966
Sonchus arvensis L., "Alfacinha", Serralha – 1076
Sonchus asper (L.) Hill, Serralha, "Serralha-espinhosa" – 1353, 1371, 1598
Sonchus oleraceus L., Serralha, "Serralha-macia" – 1076, 1353
Sorbus, Sorbeira – 522
Sorbus aucuparia L., Sorbeira-macho – 765
Sorbus domestica L., Sorbeira, Sorbeira-fêmea – 475, 522, 551, 765, 766
Sorbus graeca (Lodd. ex Spach) Klotzsch, Sorbeira, "Sorbeira-grega" – 522, 551, 840

Sorbus torminalis (L.) Crantz, "Mostajeiro" – 813
Sorghum bicolor (L.) Moench, Trigo-assírio – 1744
Sorghum halepense (L.) Pers., Sorgo-bravo, Sorgo-de-alepo – 1001
Sorghum vulgare Pers, Trigo-assírio – 1744
Spartium, Giesta – 103
Spartium junceum L., Giesta – 103
Sternbergia lutea (L.) Ker Gawl. ex Spreng., "Narciso-de-outono", *Típhyon* – 1659
Strychnos nux-vomica L., "Noz-vómica" – 2020
Styrax officinalis L., Estoraque – 1886
Symphytum bulbosum K.F. Schimp, Escorpião, Morte-das-mulheres – 2076
Tamarindus indica L., Tamarindo – 984
Tamarix, Tamargueira – 576
Tamarix aphylla (L.) H. Karst., Tamargueira-asiática – 1239
Tamarix hampeana Boiss. & Heldr., Tamargueira – 79
Tamarix tetrandra Pall. ex M. Bieb., Tamargueira – 226, 281, 290, 576, 613, 823, 1315, 1374
Tamus communis L., Uva-de-cão, Uva-do-monte – 865
Tanacetum parthenium (L.) Shultz, Matricária – 1563
Taraxacum campylodes G.E. Haglund, Dente-de-leão – 1373, 1549, 1566, 1593, 1621
Taraxacum officinale (L.) Web. ex F.H. Wigg., Dente-de-leão – 1373, 1549, 1566, 1593, 1621
Taxus baccata L., Teixo – 220, 567, 604, 632, 654, 723, 877
Tectona grandis L., "Teca-da-índia" – 1238
Tetraclinis articulata (Vahl) Mast., "Árvore-da-sandaraca", *Thya* – 1229
Teucrium chamaedrys L., "Carvalhinha", Chamedris – 1941
Teucrium polium L., Pólio – 286, 528, 1628
Thapsia garganica L., Férula-pequena, Tápsia – 1309, 1908, 1934, 2116
Thymbra capitata (L.) Cav., Timo – 1320
Thymelaea hirsuta (L.) Endl., *Kneoron*-negra – 1317
Thymelaea tartonraira (L.) All., *Kneoron*, *Kneoron*-branca – 283, 1298, 1316
Thymus atticus Celak, Tomilho-tufoso-selvagem –1432
Thymus capitatus (L.) Hoffmanns. & Link, Timo, Tomilho-de-creta – 394, 956
Thymus sibthorpii Benth., Tomilho-tufoso – 249, 428, 1279, 1399, 1428
Tilia x europaea L., Tília-macho – 731
Tilia x vulgaris Hayne, Tília-macho – 731
Tilia platyphyllos Scop., Tília, Tília-fêmea – 89, 101, 269, 562, 729, 730, 732
Tilia tomentosa Moench, Tília, Tília-prateada – 89, 101, 269, 562, 731, 969
Tordylium apulum L., Tordílio – 1554
Tordylium officinale L., "Cominho-de-creta" – 2032
Tragopogon porrifolius L., Barba-de-bode – 1558
Trapa natans L., Castanha-da-água – 1131
Tribulus terrestris L., Abrolho – 547, 1291, 1347, 1382, 1391, 1581, 1760
Trifolium fragiferum L., Lotos, Trevo-morango – 1596, 1657, 1682
Trigonella foenum-graecum L., Alforva, Feno-grego, Meliloto – 834, 1009, 1012, 1773, 1897
Tripolium pannonicum (Jacq.) Dobrocz subsp. *tripolium* (L.) Greuter, "Malmequer-das-praias" – 2101
Triticum aestivum L., Trigo – 53, 100, 347, 348, 472, 482, 997, 1514, 1687, 2086
Triticum dicoccon (Schrank) Schübl., Escanha – 485, 1005, 1690

Triticum monococcum L., Trigo-candial – 135, 484, 1689
Triticum polystachyum Lag. ex Steud., Estrígilo – 1745
Triticum spelta L., Espelta – 1700
Tuber, Trufa – 134
Tulipa goulimyi Sealy & Turrill, Tulipa – 1662
Tulipa orphanidea Boiss. ex Heldr., Tulipa – 1662
Tussilago farfara L., Tussilagem – 1570
Typha angustifolia L., Tifa – 113, 181, 1141, 1148
Typha latifolia L., Tifa – 113, 181, 1141, 1148
Ulmus glabra Huds., Ulmeiro-da-serra – 789
Ulmus minor Mill., Ulmeiro– 201, 270, 303, 529, 534, 577, 646, 790, 1811, 1850
Ulva lactuca L., Alface-do-mar, Alga-verde – 1058, 1070
Ulva linza L., Alga-verde – 1058
Ulva rigida C. Agardh, Alga-verde – 1058
Umbilicus rupestris (Salisb.) Dandy, "Umbigo-de-vénus" – 1572
Urginea maritima (L.) Baker., Cebola-albarrã, Cila – 82, 321
Urospermum picroides (L.) Scop. ex F.W. Scmidt, Chicória-amarga, "Leituga-de-burro" – 1642
Urtica urens L., Urtiga – 1562
Vaccinium myrtillus L., Fálacras, Uva-do-monte, Videira-do-ida – 838, 843
Vachellia nilotica (L.) P. J. H. Hurter & Mabb., Acácia, Acácia-egípcia – 893, 917, 1810
Vachellia nilotica (L.) J. H. Hurter & Mabb. subsp. *cupressiformis* (J. L. Stewart) Ali & Faruqi, Junípero-da-índia – 1817
Vachellia seyal (Delile) P. J. H. Hurter, Acácia, Acácia-da-goma-arábica – 893, 917, 2072, 2075
Valeriana dioscoridis Sm., Nardo, "Valeriana-italiana" – 1900
Veratrum album L., Heléboro-branco – 1948, 2025
Veratrum nigrum L., Heléboro-negro – 1031
Verbascum, Verbasco – 1638
Verbascum nigrum L., Verbasco – 1638
Verbascum sinuatum L., Verbasco-negro – 1984
Vicia amphicarpa L., "Ervilhaca-subterrânea" – 170
Vicia ervilia (L.) Willd., Órobo – 489, 780, 1536, 1544, 1706, 2107
Vicia faba L., Fava, Faveira – 774, 808, 942, 1509, 1691
Vicia sativa L., Ervilhaca – 170, 1704
Vigna mungo (L.) Hepper, Feijoeiro-mungo – 1009, 1012
Vigna sinensis (L.) Savi ex Hauskn., Dólico – 1737
Vigna umbellata (Thunb.) Ohwi & H. Ohashi, Feijoeiro-arroz – 1009, 1012
Vigna unguiculata (L.) Walp., Dólico – 1737
Viola odorata L., Violeta, Violeta-branca, Violeta-negra – 402, 1396, 1403, 1441, 1597, 1664
Viscum album L., Visco, Visco-comum – 686, 818
Vitex agnus-castus L., Agno-casto, Árvore-da-castidade – 56, 415, 748, 849, 1136, 1861
Vitis sylvestris C. C. Gmel., Bacelo, Videira – 1271
Vitis vinifera L., Bacelo, Videira – 27, 42, 46, 48, 95, 133, 200, 272, 301, 323, 345, 424, 449, 807, 843, 995, 1271, 1427
Withania somnifera (L.) Dunal, "Erva-moira-somnifera", Solano-do-sono – 1685, 1966
Zelkova abelicea (Lam.) Boiss., Choupo-de-creta – 474, 616
Ziziphus jujuba Mill., Jujubeira – 985

Ziziphus lotus (L.) Lam., Açufeifeira, Anáfega, Lótus – 110, 195, 773, 910, 932, 944
Ziziphus spina-christi (L.) Desf., Paliuro-da-líbia, Espinheiro-de-cristo – 933, 949, 950
Zoostera marina L., "Limo-de-fita", *Phykos* – 1069

ÍNDICE DOS NOMES PORTUGUESES - LATINOS DAS PLANTAS[1]
(os números remetem para as notas de rodapé do texto de Teofrasto)[2]

Abeto, *Abies* – 730
Abeto-branco, *Abies alba* Mill. – 19, 190, 217, 299, 381, 713, 716, 1263
Abeto-da-grécia, *Abies cephalonica* Loudon – 19, 67, 102, 210, 313, 441, 537, 599, 651, 716, 875, 881
Abeto-da-macedónia, *Abies* × *borisii-regis* Mattf. – 19, 209
Abeto-do-parnaso, *Abies cephalonica* Loudon – 19, 67, 102, 210, 313, 441, 537, 599, 651, 716, 875, 881
Abeto-fêmea, *Abies alba* Mill. – 19, 190, 217, 299, 381, 713, 716, 1263
Abeto-macho, *Abies cephalonica* Loudon – 19, 67, 102, 210, 313, 441, 537, 599, 651, 716, 875, 881
Abóbora, *Cucurbita pepo* L. – 374, 392, 1491
"Aboboreira", *Cucurbita pepo* L. – 374, 392, 1491
Abrolho, *Tribulus terrestris* L. – 547, 1291, 1347, 1382, 1391, 1581, 1760
Abrolho-de-folha-espinhosa, *Fagonia cretica* L. – 1393
"Abrótea", *Asphodelus ramosus* L. – 83, 331, 1334, 1418, 1605, 1946
"Abrótea-amarela", *Asphodeline lutea* (L.) Rchb. – 1278
"Abrótea-menor", *Asphodelus aestivus* Brot. – 83
Abrunheiro-bravo, *Prunus mahaleb* L. – 878, 1254; *Prunus spinosa* L. – 669, 879
Absinto, *Artemisia absinthium* L. – 386, 1030, 1615, 2070
Acácia, *Faidherbia albida* (Delile) A. Chev. – 893, 917, 1810; *Vachellia nilotica* (L.) P. J. H. Hurter & Mabb. – 893, 917, 1810; *Vachellia seyal* (Delile) P. J. H. Hurter – 893, 917, 2072, 2075
Acácia-da-goma-arábica, *Vachellia seyal* (Delile) P. J. H. Hurter – 893, 917, 2072, 2075
Acácia-da-índia, *Balsamodendrum mukul* Hook. ex Stocks – 1817; *Commiphora mukul* (Hook. ex Stocks) Engl. – 1016, 1817, 1892, 2021
Acácia-egípcia, *Faidherbia albida* (Delile) A. Chev. – 893, 917, 1810; *Vachellia nilotica* (L.) P. J. H. Hurter & Mabb. – 893, 917, 1810
"Acácia-sombrinha", *Acacia tortilis* (Forssk.) Hayne – 1084
Açafrão, *Crocus sativus* L. – 144, 940, 1410, 1420, 1465, 1574, 1606, 1622, 1891
Açafrão-aromático, *Crocus sativus* L. – 144, 940, 1410, 1420, 1465, 1574, 1606, 1622, 1891
Açafrão-branco, *Crocus cancellatus* Herb. – 1465, 1575
Açafrão-do-monte, *Crocus cancellatus* Herb. – 1465, 1575
Açafrão-inodoro, *Crocus cancellatus* Herb. – 1465, 1575
"Acanto-bastardo", *Onopordum acanthium* L. – 1360
Acanto-espinhoso, *Acanthus spinosus* L. – 1151; *Cirsium creticum* (Lam.) d'Urv. – 1151
"Ácer-da-bósnia", *Acer obtusatum* Waldst. & Kit. ex Willd. – 737
"Ácer-comum", *Acer campestre* L. – 563, 594, 735, 1210

---

[1] Incluem-se designações, como a de 'algas', 'fungos', 'musgos' e 'líquenes', consideradas plantas na Antiguidade.

[2] As designações não assinaladas com aspas encontram-se no texto de Teofrasto ou nas notas. As aspas indicam nomes portugueses apenas referidos nos índices de nomes científicos.

"Ácer-da-noruega", *Acer platanoides* L. – 563, 595, 660, 736
"Ácer-de-montpellier", *Acer monspessulanum* L. – 593, 594, 735
"Acónito", *Aconitum* – 2055; *Aconitum napellus* L. – 1311
Ácoro, *Acorus calamus* L. – 1119, 1868, 1895
Ácoro-cheiroso, *Acorus calamus* L. – 1119, 1868, 1895
Açucena, *Lilium candidum* L. – 401, 437, 779, 862, 1404, 1414, 1457
Açufeifeira, *Ziziphus lotus* (L.) Lam. – 110, 195, 773, 910, 932, 944
Aderno, *Phillyrea latifolia* L. – 223
Aderno-bastardo, *Rhamnus alaternus* L. – 230, 571, 607
Adianto, *Asplenium adiantum-nigrum* L. – 1630, 1670, 1673
Adianto-branco, *Asplenium trichomanes* L. – 1672
Adianto-negro, *Asplenium adiantum-nigrum* L. – 1630, 1670, 1673
Agno-casto, *Vitex agnus-castus* L. – 56, 415, 748, 849, 1136, 1861
Agno-casto-aquático, *Lythrum salicaria* L. – 1136
Agrião, *Lepidium sativum* L. – 384, 1483
Agrião-do-oriente, *Erucaria hispanica* (L.) Druce – 1568
Agrião-mouro, *Lepidium sativum* L. – 384, 1483
Aipo, *Apium graveolens* L. – 28, 139, 251, 255, 337, 396, 490, 764, 1108, 1486, 1542
Aipo-da-montanha, *Petroselinum crispum* (Mill.) Fuss, – 1543
Aipo-de-cavalo, *Smyrnium olusatrum* L. – 252, 438, 1507, 1541, 1823, 2033
"Akantha-da-índia", *Balsamodendrum mukul* Hook. ex Stocks – 1817; *Commiphora mukul* (Hook. ex Stocks) Engl. – 1016, 1817, 1892, 2021
Álamo, *Populus* – 532; *Populus alba* L. – 265, 271, 532, 535, 578, 648, 794, 858, 872
Álamo-branco, *Populus alba* L. – 265, 271, 532, 535, 578, 648, 794, 858, 872
Álamo-do-egipto, *Populus euphratica* Oliv. – 1111
Álamo-negro, *Populus nigra* L. – 40, 98, 265, 271, 532, 533, 536, 580, 649, 772, 794, 858, 871
"Albarrã-do-perú", *Scilla peruviana* L. – 1663
"Albarrã-jacinto", *Scilla hyacinthoides* L – 1663
Alcachofra, *Cynara cardunculus* L. – 1377; *Cynara scolymus* L. – 1378
"Alcachofra-hortense", *Cynara scolymus* L. – 1378
Alcaparra, *Capparis spinosa* L. – 70, 553, 913, 1348, 1387, 1582, 1620
Alepo, *Pinus halepensis* Mill. – 123, 225, 278, 312, 380, 443, 466, 539, 601, 663, 706, 710, 712, 1804, 1831
Alepo-produtor-de-pulgas, *Pinus brutia* Tren. – 467
Alface, *Lactuca sativa* L. – 335; *Lactuca serriola* L. – 335, 393, 1477, 1521, 1540, 1903, 1977
Alface-amarga, *Lactuca virosa* Habl. – 1977
Alface-brava, *Lactuca serriola* L. – 335, 393, 1477, 1521, 1540, 1903, 1977
"Alface-de-pato", *Ottelia alismoides* (L.) Pers. – 1122
Alface-silvestre, *Lactuca serriola* L. – 335, 393, 1477, 1521, 1540, 1903, 1977
Alface-do-mar, *Ulva lactuca* L. – 1058, 1070
"Alfacinha", *Sonchus arvensis* L. – 1076
Alfarrobeira, *Ceratonia siliqua* L. – 358, 360, 412, 900
Alfavaca, *Parietaria judaica* L. – 1563
Alforva, *Trigonella foenum-graecum* L. – 834, 1009, 1012, 1773, 1897
Alga-coralígena, *Corallina elongata* J. Ellis & Solander – 1081
Alga-castanha, *Cystoseira abies-marina* (S. G. Gnel.) C. Agardh. – 1059; *Cystoseira ericoides* (L.) C. Agardh. – 1061; *Cystoseira foeniculacea* (L.) Grev. – 1065;

Fucus spiralis L. – 1062; *Saccharina latissima* (L.) C.E.Lane, C.Mayes, Druehl & G.W. Saunders – 1067; *Sargassum* – 1062
"Alga-de-vidreiro", *Cymodocea nodosa* (Ucria) Asch. – 1069; *Posidonia oceanica* (L.) M. Del. – 1057, 1064, 1079
Alga-verde, *Ulva lactuca* L. – 1058, 1070; *Ulva linza* L. – 1058; *Ulva rigida* C. Agardh – 1058
Alga-vermelha, *Chylocladia verticillata* (Lightf.) Bliding – 1059; *Lithophyllum incrustans* Philippi – 1082; *Plocamium carilagineum* (L.) P. S. Dixon – 1061
Alho, *Allium sativum* L. – 156, 329, 1500, 1915
"Alho-mágico", *Allium nigrum* L. – 2040, 2041
Alho-marinho, *Posidonia oceanica* (L.) M. Del. – 1057, 1064, 1079
Alho-porro, *Allium ampeloprasum* L. – 1485, 1586; *Allium porrum* L. – 1485
Alho-porro-do-mar, *Saccharina latissima* (L.) C.E.Lane, C.Mayes, Druehl & G.W. Saunders – 1067
Alteia, *Althaea cannabina* L. – 106; *Althaea officinalis* L. – 2030, 2073
Ameixieira, *Prunus domestica* L. – 351, 899, 909, 924, 1807; *Prunus domestica* L. subsp. *domestica* – 670
Ameixieira-da-assíria, *Cordia myxa* L. – 924
Ameixieira-selvagem, *Prunus domestica* L. subsp. *insititia* (L.) Bonnier & Layens – 671
"Amelanqueiro", *Amelanchier ovalis* Medik. – 837, 840
Amendoeira, *Prunus dulcis* (Mill.) D. A. Webb – 131, 262, 357, 370, 431, 458, 1660, 1716, 1805
Amieiro, *Alnus glutinosa* (L.) Gaertn. – 80, 583, 633, 662, 798
Amomo, *Amomum subulatum* Roxb. – 1878
Amor-de-hortelão, *Galium aparine* L. – 1584, 1675, 2104
Amoreira-branca, *Morus alba* L. – 127, 263, 993
Amoreira-negra, *Morus nigra* L. – 127, 263, 353, 894, 993
Anáfega, *Ziziphus lotus* (L.) Lam. – 110, 195, 773, 910, 932, 944
Anémona-do-monte, *Anemone blanda* Schott & Kotschy – 1445
Anémona-dos-prados, *Anemone coronaria* L. – 1448, 1571, 1590, 1623
Aneto, *Anethum graveolens* L. – 363, 397, 1330, 1482, 1547
Anis, *Pimpinella anisum* L. – 365, 388, 1898
Antirrino, *Antirrhinum orontium* L. – 2103; *Misopates orontium* (L.) Raf. – 2103
Apargia, *Crepis aurea* (L.) Cass. subsp. *glabrescens* (Caruel) Arcang. – 1591; *Crepis columnae* (Ten.) Froel. – 1591
Araquidna, *Lathyrus amphicarpos* L. – 18
Aristolóquia, *Aristolochia rotunda* L. – 1994, 2031, 2120
Armoles, *Atriplex hortensis* L. – 417, 733, 1488
"Aroeira", *Pistacia lentiscus* L. – 1818, 1855
Arroz, *Oryza sativa* L. – 1004
Arruda, *Ruta chalepensis* L. – 52, 64; *Ruta graveolens* L. – 52, 243, 256, 289, 425, 1284, 1395, 1499, 1531, 1847, 1945
Arruda-comum, *Ruta graveolens* L. – 52, 243, 256, 289, 425, 1284, 1395, 1499, 1531, 1847, 1945
Arruda-fétida *Ruta graveolens* L. – 52, 243, 256, 289, 425, 1284, 1395, 1499, 1531, 1847, 1945
Artemísia, *Artemisia arborescens* (Vaill.) L. – 247, 1282, 1343, 1434
Árvore-da-castidade, *Vitex agnus-castus* L. – 56, 415, 748, 849, 1136, 1861
"Árvore-da-sandaraca", *Tetraclinis articulata* (Vahl) Mast. – 1229

Árvore-das-bolotas, *Balanites aegyptiaca* (L.) Delile – 892, 911, 1718
"Árvore-de-judas", *Cercis siliquastrum* L. – 359, 796
"Árvore-de-yusor", *Moringa peregrina* (Forssk.) Fiori – 892
Árvore-do-algodão, *Gossypium arboreum* L. – 994, 1102
Asfódelo, *Asphodelus ramosus* L. – 83, 331, 1334, 1418, 1605, 1946
Aspris, Quercus cerris L. – 698, 702, 920; *Quercus petraea* (Matt.) Liebl. – 129, 702
Áster, *Pallenis spinosa* (L.) Cass. – 1176
Avelaneira, *Corylus avellana* L. – 59, 304, 556, 573, 634, 803
Avelaneira-de-bizâncio, *Corylus colurna* L. – 668, 801
Aveleira, *Corylus avellana* L. – 59, 304, 556, 573, 634, 803
Aveão, *Avena sterilis* L. – 1741
Aveia, *Avena sativa* L. – 1741
"Avenca-negra", *Asplenium adiantum-nigrum* L. – 1630, 1670, 1673
"Avencão", *Asplenium trichomanes* L. – 1672
"Azálea-amarela", *Rhododendron luteum* Sweet – 866
"Azarola", *Crataegus azarolus* L. – 763, 827
Azevinho, *Ilex aquifolium* L. – 69, 229, 589, 611, 884, 1255
Azinheira, *Quercus ilex* L. – 222, 261, 610, 614, 629, 694, 819, 820, 821
Bacelo, *Vitis sylvestris* C. C. Gmel. – 1271; *Vitis vinifera* L. – 27, 42, 46, 48, 95, 133, 200, 272, 301, 323, 345, 424, 449, 807, 843, 995, 1271, 1427
Bago-de-cnidos, *Daphne gnidium* L. – 2112
Bálsamo-da-síria, *Commiphora gileadensis* (L.) C. Chr. – 1016, 1026, 1815, 1828, 1840, 1864, 1884
Bálsamo-de-meca, *Commiphora gileadensis* (L.) C. Chr. – 1016, 1026, 1815, 1828, 1840, 1864, 1884
Bambu, *Bambusa bambos* (L.) Voss – 1168
"Bananeira", *Musa* x *paradisiaca* L. – 983
Barba-de-bode, *Tragopogon porrifolius* L. – 1558
"Barba-de-falcão-dourada", *Crepis aurea* (L.) Cass. subsp. *glabrescens* (Caruel) Arcang. – 1591; *Crepis columnae* (Ten.) Froel. – 1591
"Barba-de-falcão-listrada", *Crepis zacintha* (L.) Babc. – 1642
Barrilha-grossa, *Arthrocnemum macrostachyum* (Moric.) K. Koch – 1090
Basilicão, *Ocimum basilicum* L. – 146, 336, 1493
Basilisco, *Magydaris pastinacea* (Lam.) Paol – 169; *Ocimum basilicum* L. – 146, 336, 1493
"Beladona", *Atropa belladonna* L. – 1331, 1686, 1923, 1935
Beldroega, *Portulaca oleracea* L. – 1494
"Beleza", *Bupleurum fruticosum* L. – 2028
Beterraba, *Beta vulgaris* L. – 55, 107, 138, 208, 287, 1476, 1560
Bétula, *Betula alba* L.– 800, 1256; *Betula pendula* Roth. – 800, 1256
Bexiga-do-lobo, *Lycoperdon verrucosum* Bull. – 159; *Scleroderma verrucosum* (Bull) Pers. – 159
Bistorta, *Persicaria bistorta* (L.) Samp. – 165; *Polygonum bistorta* L. – 165
"Bombardeira", *Calotropis procera* (Ait.) Dryand. – 2019
Bredo, *Amaranthus blitum* L. – 416, 1492 e *Amaranthus lividus* L. – 416
Briónia, *Bryonia cretica* L. – 864, 1022, 1295, 2010
Bútomo, *Butomus umbellatus* L.– 116, 295, 1110
"Bruco-fétido", *Margotia gummifera* (Desf.) Lange – 168
Buxo, *Buxus sempervirens* L. – 117, 194, 227, 565, 602, 666, 810, 968, 2119

Cabaça, *Lagenaria siceraria* (Molina) Standl. – 375
"Cacris-de-creta", *Lecokia cretica* (Lam.) DC. – 1975
"Cacris-do-algarve" *Cachrys libanotis* L. – 1975
Calaminta, *Calamintha incana* (Sibth. & Sm.) Boiss. – 429, 1281, 1400, 1429; *Clinopodium insulare* (Candargy) Govaerts – 429, 1281
"Calêndula", *Calendula officinalis* L. – 1398
"Calêndula-hortense", *Calendula arvensis* L. – 1398
Camaleão, *Chamaeleon salmaticensis* Clusius – 1362; *Cirsium arvense* (L.) Scop. – 1362; *Cirsium ferox* (L.) DC. – 1362; *Cirsium tuberosum* (L.) All. – 1362; *Cnicus acarna* L. – 1354; *Picnomon acarna* (L.) Cass. – 318, 405, 1287, 1354, 1361, 1362
Camaleão-branco, *Atractylis gummifera* L. – 1978; *Carlina gummifera* (L.) Less. – 316, 1287, 1351, 1361, 1366, 1375, 1412, 1819, 1821, 1978
Camaleão-negro, *Cardopatium corymbosum* (L.) Pers. – 1981, 2008
Camomila, *Matricaria* – 1595; *Matricaria chamomilla* L. – 407, 1588, 1674
Camomila-de-flores-com-pétalas, *Matricaria aurea* (Loefl.) Sch. Bip. – 1595
Campainha, *Campanula* – 403; *Convolvulus arvensis* L. – 403
"Campainha-de-verão", *Leucojum aestivum* L. – 2040
Cana, *Arundo donax* L. – 99, 149, 163, 198, 241, 293, 346, 349, 439, 1138, 1152, 1164, 1871, 2052
"Cana-bastarda", *Arundo plinii* Turra – 1164
Cana-da-índia, *Bambusa bambos* (L.) Voss – 1168
Cana-da-índia-oca, *Calamagrostis epigejos* (L.) Roth. – 1170
Cana-da-índia-sólida, *Dendrocalamus strictus* (Roxb.) Nees – 1169
Cana-das-sebes, *Arundo donax* L. – 99, 149, 163, 198, 241, 293, 346, 349, 439, 1138, 1152, 1164, 1871, 2052
"Cana-de-açucar-espontânea", *Saccharum spontaneum* L. subsp. *aegyptiacum* (Will) Hack – 1129
Cana-dos-acanastrados, *Phragmites australis* (Cav.) Trin. ex Steud. – 1152
Candelária, *Silene coronaria* (Desr.) Clairv. ex Rchb. – 1455
"Caneleira", *Cinnamomum verum* J. Presl – 1025, 1842, 1880
"Canforeira", *Cinnamomum camphora* (L.) J. Presl – 1027, 1843, 1881
"Cânhamo", *Cannabis sativa* L. – 2020
Caniço, *Arundo donax* L. – 99, 149, 163, 198, 241, 293, 346, 349, 439, 1138, 1152, 1164, 1871, 2052; *Phragmites australis* (Cav.) Trin. ex Steud. – 1152
"Caniço-branco", *Imperata cylindrica* (L.) Raeusch. – 1166
Cardamomo, *Elettaria cardamomum* (L.) Maton. – 1877
Cardo-acantóide, *Carduus acanthoides* L. – 1358; *Carduus polyacanthos* Curtis – 1358; *Notobasis syriaca* (L.) Cass. – 1358
"Cardo-amarelo", *Carlina corymbosa* L. – 1356
Cardo-bravo, *Scolymus hispanicus* L. – 1363, 1367, 1370, 1520, 1617, 1678, 1996
Cardo-corredor, *Eryngium campestre* L. – 1288
"Cardo-cuco", *Datura ferox* L. – 1970
"Cardo-da-síria", *Notobasis syriaca* (L.) Cass. – 1358
Cardo-de-cobre, *Carlina graeca* Heldr. & Sart. – 1356
Cardo-de-quatro-pontas, *Centaurea solstitialis* L. – 1365
Cardo-de-roca, *Carthamus lanatus* L. – 1359, 1799, 1997
Cardo-do-demónio, *Onopordum acanthium* L. – 1360; *Onopordum illyricum* L. – 1360

Cardo-espinhoso, *Atractylis gummifera* L. – 1978; *Carlina gummifera* (L.) Less. – 316, 1287, 1351, 1361, 1366, 1375, 1412, 1819, 1821, 1978; *Cnicus acarna* L. – 1354; *Picnomon acarna* (L.) Cass. – 318, 405, 1287, 1354, 1361, 1362
Cardo-estrelado, *Centaurea calcitrapa* L. – 1381
"Cardo-globo-azul", *Echinops ritro* (DC.) Kozuharov – 1364
"Cardo-globo-pálido", *Echinops sphaerocephalus* L. – 1364
Cardo-leiteiro, *Silybum marianum* (L.) Gaertn. – 1355
Cardo-sanguinho, *Carthamus lanatus* L. – 1359, 1799, 1997
Cardo-santo, *Cnicus acarna* L. – 1354; *Cnicus benedictus* L. – 316, 1354; *Picnomon acarna* (L.) Cass. – 318, 405, 1287, 1354, 1361, 1362
Cardo-viscoso, *Atractylis gummifera* L. – 1978; *Carlina gummifera* (L.) Less. – 316, 1287, 1351, 1361, 1366, 1375, 1412, 1819, 1821, 1978; *Cnicus acarna* L. – 1354; *Picnomon acarna* (L.) Cass. – 318, 405, 1287, 1354, 1361, 1362
Carpa, *Carpinus betulus* L. – 191, 726, 727, 728
Carpa-negra, *Ostrya carpinifolia* Scop. – 588, 727
Carrasco, *Quercus coccifera* L. – 125, 228, 306, 575, 628, 815, 941, 1851
Carrasqueiro, *Quercus coccifera* L. – 125, 228, 306, 575, 628, 815, 941, 1851
Cártamo, *Carthamus tinctorius* L. – 372, 406, 1289, 1357, 1368, 1411, 1576
"Carvalhinha", *Teucrium chamaedrys* L. – 1941
Carvalho, *Quercus* – 5, 448, 653, 722, 1942; *Quercus cerris* L. – 698, 702, 920; *Quercus pubescens* Willd. – 129, 584, 696; *Quercus ithaburensis* Decne. subsp. *macrolepis* (Klotzsch) Hedge & Yalt – 39, 92, 202, 305, 307, 327, 564, 656, 697
Carvalho-autêntico, *Quercus infectoria* Oliv. – 692; *Quercus robur* subsp. *pedunculiflora* (K. Koch) Menitsky – 692, 695
Carvalho-avelanedo, *Quercus ithaburensis* Decne. subsp. *macrolepis* (Klotzsch) Hedge & Yalt – 39, 92, 202, 305, 307, 327, 564, 656, 697
Carvalho-da-macedónia-de-bolotas-redondas, *Quercus trojana* Webb. – 702
Carvalho-da-turquia, *Quercus cerris* L. – 698, 702, 920
Carvalho-de-casca-direita, *Quercus cerris* L. – 698, 702, 920; *Quercus crenata* Lam. – 698
Carvalho-de-folha-larga, *Quercus frainetto* Ten. – 696; *Quercus pubescens* Willd. – 129, 584, 696
Carvalho-de-fruto-ácido, *Quercus frainetto* Ten. – 696; *Quercus pubescens* Willd. – 129, 584, 696
Carvalho-de-fruto-doce, *Quercus infectoria* Oliv. – 692; *Quercus robur* subsp. *pedunculiflora* (K. Koch) Menitsky – 692, 695
Carvalho-de-fruto-redondo, *Quercus ithaburensis* Decne. subsp. *macrolepis* (Klotzsch) Hedge & Yalt – 39, 92, 202, 305, 307, 327, 564, 656, 697
Carvalho-de-síbaris, *Quercus ilex* L. – 222, 261, 610, 614, 629, 694, 819, 820, 821
Carvalho-doméstico, *Quercus ilex* L. – 222, 261, 610, 614, 629, 694, 819, 820, 821
Carvalho-negro, *Quercus humilis* Mill. – 129; *Quercus petraea* (Matt.) Liebl. – 129, 702; *Quercus pubescens* Willd. – 129, 584, 696
Carvalho-selvagem, *Quercus ithaburensis* Decne. subsp. *macrolepis* (Klotzsch) Hedge & Yalt – 39, 92, 202, 305, 307, 327, 564, 656, 697
Carvalho-sobreiro, *Quercus ilex* L. – 222, 261, 610, 614, 629, 694, 819, 820, 821
Cássia, *Cinnamomum cassia* (L.) J. Presl – 1025, 1842; *Cinnamomum tamala* (Buch.-Ham.) Nees & Eberm. – 1025; *Cinnamomum verum* J. Presl – 1025, 1842, 1880; *Cinnamomum zeylanicum* Nees – 1842
Cássia-da-china, *Cinnamomum cassia* (L.) J. Presl – 1025, 1842
Cássia-da-índia, *Cinnamomum tamala* (Buch.-Ham.) Nees & Eberm. – 1025

Cássia-do-ceilão, *Cinnamomum verum* J. Presl – 1025, 1842, 1880; *Cinnamomum zeylanicum* Nees – 1842
Castanha-da-água, *Trapa natans* L. – 1131
Castanheiro, *Castanea sativa* Mill. – 369, 557, 574, 722
Cauda-de-cavalo, *Hippuris vulgaris* L. – 1144
Cauda-de-raposa, *Polypogon monspeliensis* (L.) Desf. – 1634
Cavalinha, *Equisetum palustre* L. – 1144; *Equisetum telmateia* Ehrh – 1144
Cebola, *Allium cepa* L. – 104, 157, 158, 328, 341, 1501, 1609
Cebola-albarrã, *Drimia maritima* (L.) Stearn – 82, 151, 153, 321, 332, 501, 1505, 1608; *Urginea maritima* (L.) Baker – 82, 321
Cebolinho, *Allium schoenoprasum* L. – 158, 1487
Cebolinho-de-flor-azul, *Leopoldia comosa* (L.) Parl. – 152, 322, 333, 342, 1446, 1502, 1607
Cebolinho-de-flor-branca, *Ornithogalum narbonense* L. – 1645, 1665
Cedro, *Juniperus oxycedrus* L. – 109, 224, 279, 314, 673, 752, 753, 754, 755, 756, 1809; *Juniperus oxycedrus* L. subsp. *macrocarpa* (Sm.) Ball. –755
Cedro-comum, *Cedrus atlantica* (Endl.) Carrière – 219
Cedro-da-fenícia, *Juniperus phoenicea* L. – 568, 752, 1830
"Cedro-do-atlas", *Cedrus atlantica* (Endl.) Carrière – 219
Cedro-do-líbano, *Cedrus libani* A. Rich. – 219, 560, 1258
Cedro-fenício, *Cedrus libani* A. Rich. – 219, 560, 1258
Celidónia-menor, *Ficaria verna* Huds. – 1570, 1591
Cenoura, *Daucus carota* L. – 2027, 2046, 2114
"Cenoura-doce", *Athamanta macedonica* (L.) Spreng – 1975
"Cenoura-lua", *Seseli libanotis* (L.) W. D. J. Koch. – 1944
Centáurea, *Centaurium amplifolia* Boiss. & Heldr. – 387, 620, 1029, 1616, 1798, 1918
Cerefólio, *Anthriscus cerefolium* (L.) Hoffm. – 1555
Cerejeira, *Prunus avium* (L.) L. – 585, 655, 768, 1806
Cerejeira-brava, *Prunus avium* (L.) L. – 585, 655, 768, 1806
Cerejeira-corneliana, *Cornus mas* L. – 124, 192, 550, 581, 626, 665, 746
Cevada, *Hordeum vulgare* L. – 136, 147, 377, 471, 998, 1688
Cevadilha, *Nerium oleander* L. – 237, 1020, 2020, 2100
Chamedris, *Teucrium chamaedrys* L. – 1941
Chícharo, *Lathyrus sativus* L. – 1735
Chícharo-miúdo, *Lathyrus cicera* L. – 1704
Chícharo-subterrâneo, *Lathyrus amphicarpos* L. – 18
Chícharo-tuberoso, *Lathyrus tuberosus* L. – 170
Chicória, *Cichorium endivia* L. – 330, 1601; *Cichorium intybus* L. – 330, 1548, 1569, 1601, 1986, 2057
Chicória-amarga, *Crepis zacintha* (L.) Babc. – 1642; Chicória-amarga, *Urospermum picroides* (L.) Scop. ex F.W. Scmidt – 1642
Chicória-silvestre, *Cichorium intybus* L. – 330, 1548, 1569, 1601, 1986, 2057
Choupo, *Populus* – 532; *Populus nigra* L. – 40, 98, 265, 271, 532, 533, 536, 580, 649, 772, 794, 858, 871
Choupo-branco, *Populus alba* L. – 265, 271, 532, 535, 578, 648, 794, 858, 872
Choupo-de-creta, *Zelkova abelicea* (Lam.) Boiss. – 474, 616
Choupo-negro, *Populus nigra* L. – 40, 98, 265, 271, 532, 533, 536, 580, 649, 772, 794, 858, 871
Choupo-tremedor, *Populus tremula* L. – 359, 532, 796

"Ciano", *Cyanus segetum* Hill. – 1563
Ciclame, *Cyclamen graecum* Link, – 1612, 1933, 2077
Cicuta, *Conium maculatum* L. – 108, 1332, 1546, 1907, 2043, 2067
"Cicuta-da-água", *Oenanthe fistulosa* L. – 1311
Cidreira, *Citrus medica* L. – 376, 408, 970
Cila, *Drimia maritima* (L.) Stearn – 82, 151, 153, 321, 332, 501, 1505, 1608; *Urginea maritima* (L.) Baker – 82, 321
Cila-de-epiménides, *Ornithogalum narbonense* L. – 1645, 1665
"Cila-de-outono", *Prospero autumnale* (L.) Speta – 1659; *Scilla autumnalis* L. – 1659
Cinamomo, *Cinnamomum camphora* (L.) J. Presl – 1027, 1843, 1881
"Cinco-em-rama", *Potentilla reptans* L. – 2001
Cipreste, *Cupressus sempervirens* L. – 87, 111, 189, 216, 280, 446, 546, 759, 886, 937
Cisto, *Cistus creticus* L. – 1294, 1312; *Cistus salvifolius* L. – 1294, 1313
Cisto-fêmea, *Cistus salvifolius* L. – 1294, 1313
Cisto-macho, *Cistus creticus* L. – 1294, 1312
Cítiso, *Cytisus aeolicus* Guss. – 360; *Cytisus laburnum* L., – 126; *Laburnum anagyroides* Medik. – 126, 987, 988, 1204; *Medicago arborea* L. – 1204
Citronela-da-china, *Cymbopogon schoenanthus* (L.) Spreng. – 1869, 1894
Clematite, *Clematis vitalba* L. – 1270, 2084
Coentros, *Coriandrum sativum* L. – 364, 1481
Cogumelos, *Cynomorium coccineum* L. – 1087
"Cólquico", *Colchicum autumnale* L. – 2060
"Colútea", *Colutea arborescens* L. – 360, 802, 830
"Cominho-de-creta", *Tordylium officinale* L. – 2032
"Cominho-dos-balcãns", *Malabaila aurea* (Sm.) Boiss. – 2032
"Cominho-rústico", *Laserpitium siler* L. – 169
Cominhos, *Cuminum cyminum* L. – 366, 1512, 1740, 1925
Condrilha, *Chondrilla juncea* L. – 1550, 1641
Cornalheira, *Pistacia terebinthus* L. – 236, 561, 569, 606, 805, 989, 1224, 1803, 1856
Corniso, *Cornus mas* L. – 124, 192, 550, 581, 626, 665, 746; *Crataegus monogyna* Jacq. – 985
Corniso-fêmea, *Cornus sanguinea* L. – 193, 582, 627, 747
Corniso-macho, *Cornus mas* L. – 124, 192, 550, 581, 626, 665, 746
"Cornos-de-cabra", *Aegiceras corniculatum* (L.) Blanco – 1097
Corriola, *Convolvulus arvensis* L. – 403
"Costos", *Saussurea costus* (Falc.) Lipsch. – 1889
Couve, *Brassica oleracea* L. – 63, 137, 244, 288, 418, 1207, 1283, 1472, 1539
"Couve-de-creta", *Brassica cretica* Lam. – 63, 1519, 1539
Couve-dos-montes, *Euphorbia apios* L. – 1943, 1980
Couve-selvagem, *Raphanus raphanistrum* L. – 2029
Craveiro, *Dianthus caryophyllus* L. – 1276, 1397
"Craveiro-bravo", *Dianthus sylvestris* Wulfen – 1276
Cuscuta, *Cuscuta epithymum* (L.) L., – 1771
Dente-de-cão, *Cynodon dactylon* (L.) Pers. – 150, 162, 1149, 1150
Dente-de-leão, *Taraxacum campylodes* G.E. Haglund – 1373, 1549, 1566, 1593, 1621; *Taraxacum officinale* (L.) Web. ex F.H. Wigg. – 1373, 1549, 1566, 1593, 1621
Diabelha, *Plantago coronopus* L. – 1587
Dictamno, *Ballota acetabulosa* (L.) Benth. – 2053; *Origanum dictamnus* L. – 2048

Dólico, *Dolichos lablab* L. – 1737; *Dolichos sinensis* L. – 1737; *Lablab purpureus* (L.) Sweet – 1737; *Vigna sinensis* (L.) Savi ex Hauskn. – 1737; *Vigna unguiculata* (L.) Walp. – 1737
Douradinha, *Ceterach officinarum* Willd. – 2089, 2090
Drípis, *Drypis spinosa* L. – 317
Dulcamara, *Solanum dulcamara* L. – 2036
Ébano, *Diospyros ebenum* J. König ex Retz. – 118, 128, 986, 2118
"Ébano-do-ceilão", *Diospyros quaesita* Thwaites – 1239
Eruca, *Eruca vesicaria* (L.) Cav. – 145, 1478, 1568
Erva (-"azul"), *Bothriochloa ischaemum* (L.) Keng. – 2023
"Erva-borboleta", *Anacamptis papilionacea* (L.) R.M. Bateman, Pridgeon & M.W. Chase – 2080
Erva-cidreira, *Melissa officinalis* L. – 1305
"Erva-cicutária", *Anthriscus sylvestris* (L.) Hoffm. – 1632
"Erva-da-machadinha", *Securigera coronilla* DC. – 1770; *Securigera securidaca* (L.) Degen & Dorfl. – 1770
Erva-da-mula, *Ceterach officinarum* Willd. – 2089, 2090
Erva-da-paciência, *Rumex patientia* L. – 140, 1479, 1561, 1957
Erva-das-galinhas, *Polygonum aviculare* L. – 166
Erva-das-perdizes, *Aetheorhiza bulbosa* (L.) Cass. – 166; *Polygonum aviculare* L. – 166
Erva-das-pulgas, *Plantago afra* L. – 1567, 1633
"Erva-de-camelo", *Alhagi graecorum* Boiss. – 1885
Erva-de-héracles, *Lithospermum officinale* L. – 2035
Erva-de-ravena, *Saccarum ravennae* (L.) L. – 1109, 1140
Erva-de-teseu, *Corydalis solida* (L.) Clairv. subsp. *densiflora* (C.Presl) Hayek – 1650; *Leontice leontopetalum* L. – 1650
Erva-de-testículos, *Anacamptis morio* (L.) R.M. Bateman, Pridgeon & M.W. Chase – 2080, *Anacamptis papilionacea* (L.) R.M. Bateman, Pridgeon & M.W. Chase – 2080, *Orchis italica* Poir., *Orchis mascula* (L.) L.
"Erva-dos-macaquinhos-dependurados", *Orchis italica* Poir. – 2080
"Erva-moira-somnifera", *Physalis somnifera* L. – 1966; *Solanum somniferum* Bauhin – 1966; *Withania somnifera* (L.) Dunal – 1685, 1966
Erva–moscada, *Ajuga iva* (L.) Schreb. –1280
"Erva-traqueira", *Silene vulgaris* (Moench) Garcke – 1987
Ervazinha, *Lemna gibba* L. – 177; *Lemna minor* L. – 177, 1143
Ervilha, *Pisum sativum* L. – 1536, 1544, 1693, 1705
Ervilhaca, *Vicia sativa* L. – 170, 1704
Ervilhaca-dos-campos, *Lathyrus ochrus* (L.) DC. – 1701
"Ervilhaca-subterrânea", *Vicia amphicarpa* L. – 170
"Ervilheira", *Pisum sativum* L. – 1536, 1544, 1693, 1705
"Escalónia", *Allium ascalonicum* L. – 1526
Escamónia, *Convolvulus scammonia* L. – 1033, 1824, 1932, 2121
Escanha, *Triticum dicoccon* (Schrank) Schübl. – 485, 1005, 1690
Escolopendra, *Asplenium scolopendrium* L. – 2090; *Phyllitis scolopendrium* (L.) Newman – 2090
Escorpião, *Doronicum columnae* Ten. – 2003; *Doronicum orientale* Hoffm. – 2003, 2076; *Symphytum bulbosum* K.F. Schimp – 2076
Espada, *Gladiolus italicus* Mill. – 1449, 1648, 1651, 1653; *Gladiolus segetum* Ker Gawl. – 1648

Espadilha, *Gladiolus italicus* Mill. – 1449, 1648, 1651, 1653; *Gladiolus segetum* Ker Gawl. – 1648
Espargo, *Asparagus acutifolius* L. – 320, 1285, 1349; *Asparagus aphyllus* L. – 1285; *Asparagus officinalis* L. – 1285
"Espargo-bravo-maior", *Asparagus aphyllus* L. – 1285
"Espargo-bravo-menor", *Asparagus acutifolius* L. – 320, 1285, 1349
"Espargo-hortense", *Asparagus officinalis* L. – 1285
Espelta, *Triticum spelta* L. – 1700
Espinheiro, *Crataegus heldreichii* Boiss. – 813; *Mespilus heldreichii* (Boiss.) Asch. & Graebn. – 813; *Rhamnus cathartica* L. – 240; *Rhamnus lycioides* L. – 106, 845
Espinheiro-branco, *Rhamnus lycioides* subsp. *graeca* (Boiss. & Reut.) Tutin. – 848
Espinheiro-cervina, *Rhamnus cathartica* L. – 240
Espinheiro-de-cristo, *Paliurus spina-christi* Mill. – 50, 310, 339, 591, 851, 933, 949, 950; *Ziziphus spina-christi* (L.) Desf. – 933, 949, 950
Espinheiro-negro, *Rhamnus lycioides* subsp. *oleoides* Jahand. & Maire – 847; *Rhamnus saxatilis* Jacq. – 847
"Espinho-de-camelo", *Alhagi maurorum* Medik. – 1885
Espinho-de-héracles, *Euphorbia nivulia* Buch.-Ham. – 1017, 1018
Espinho-dos-ratos, *Cichorium spinosum* L. – 1384; *Ruscus aculeatus* L. – 343, 836, 1384
"Esporas-bravas", *Consolida ajacis* (L.) Schur. – 1452
Estoraque, *Styrax officinalis* L. – 1886
"Estorno", *Ammophila arenaria* (L.) Link – 1167
"Estramónio", *Datura stramonium* L. – 1970
Estrela-de-água, *Potamogeton natans* L. – 1145
Estrígilo, *Brachypodium distachyon* (L.) P. Beauv. – 1745; *Triticum polystachyum* Lag. ex Steud. – 1745
Eufórbio, *Chamaesyce peplis* (L.) Prokh. – 1902, 1971; *Euphorbia* – 1965, 2038; *Euphorbia peplis* L. – 1902, 1971
"Eufórbio-carnudo", *Euphorbia antiquorum* L. – 1021
"Eufórbio-da-índia", *Euphorbia neriifolia* L. – 1021
Eufórbio-espinhoso, *Euphorbia acanthothamnos* Heldr. & Sart. ex Boiss. – 1383; *Euphorbia spinosa* L. – 2038
Eufórbio-figo, *Euphorbia apios* L. – 1943, 1980
Eufórbio-macho, *Euphorbia characias* L. – 1972; *Euphorbia veneta* Willd. – 1972
Eufórbio-marinho, *Chamaesyce peplis* (L.) Prokh. – 1902, 1971; *Euphorbia peplis* L. – 1902, 1971
Eufórbio-mirto, *Euphorbia myrsinites* L. –1973
"Eufórbio-rígido", *Euphorbia rigida* Bieb. – 2038
Evónimo, *Euonymus europaeus* L. – 630; *Rhododendron luteum* Sweet – 866
Faia, *Fagus sylvatica* L. – 659, 721, 722
Fálacras, *Vaccinium myrtillus* L. – 838, 843
Falópia, *Fallopia convolvulus* (L.) Á. Love – 1583; *Polygonum convolvulus* L. – 1583
Falsa-eruca, *Bunias erucago* L. – 1568
Falso-ébano, *Albizia lebbeck* (L.) Benth. – 987; *Laburnum anagyroides* Medik. – 126, 987, 988, 1204
Falso-espinheiro, *Crataegus azarolus* L. – 763; *Crataegus rhipidophylla* Gand. – 763
Fava, *Vicia faba* L. – 774, 808, 942, 1509, 1691
Fava-do-egipto, *Nelumbo nucifera* Gaertn. – 1123
Fava-da-grécia, *Nelumbo nucifera* Gaertn. – 1123

Faveira, *Vicia faba* L. – 774, 808, 942, 1509, 1691
Feijoeiro-arroz, *Phaseolus calcaratus* Roxb – 1009; *Vigna umbellata* (Thunb.) Ohwi & H. Ohashi – 1009, 1012
"Feijoeiro-cutelinho", *Dolichos lablab* L. – 1737; *Lablab purpureus* (L.) Sweet – 1737
Feijoeiro-mungo, *Phaseolus mungo* L. – 1009; *Vigna mungo* (L.) Hepper – 1009, 1012
Feno-grego, *Trigonella foenum-graecum* L. – 834, 1009, 1012, 1773, 1897
Ferrugem, *Cerotelium fici* (Cast.) Arth. – 1183
Ferrugem-dos-cereais, *Puccinia graminis* Pers. - 1778
Férula, *Ferula communis* L. – 37, 122, 164, 1306, 1310, 1736, 2051; *Ferula marmarica* Asch. & Taub. ex Asch. & Schweinf. – 37
Férula-comum, *Ferula communis* L. – 37, 122, 164, 1306, 1310, 1736, 2051
Férula-pequena, *Thapsia garganica* L. – 1309, 1908, 1934, 2116
Feto, *Dryopteris filix-mas* (L.) Schott – 300, 929, 1765, 2093, 2122
Feto-fêmea, *Pteridium aquilinum* (L.) Kuhn – 2091
Feto-macho, *Dryopteris filix-mas* (L.) Schott – 300, 929, 1765, 2093, 2122
Figueira, *Ficus* – 176, 410; *Ficus caprificus* Risso – 570; *Ficus carica* L. – 46, 47, 91, 174, 185, 273, 302, 344, 451, 570, 897, 898, 1194
Figueira-da-índia, *Ficus benghalensis* L. – 176, 410, 975; *Ficus citrifolia* Cat. – 410; *Ficus indica* L.– 410
Figueira-de-chipre, *Ficus sycomorus* L. – 17, 411, 889, 890, 896
"Figueira-de-folhas-pequenas", *Ficus citrifolia* Mill. – 410; *Oluntos laevigata* (Vahl) Raf. – 410
"Figueira-mium", *Ficus trigona* L. f. – 410; *Oluntos trigona* L. f. – 410
Filíria, *Phillyrea latifolia* L. – 223
"Flor-do-sacrário", *Ballota acetabulosa* (L.) Benth. – 2053
Freixo-comum, *Fraxinus angustifolia* Vahl. – 590, 661, 740, 745; *Fraxinus angustifolia* Vahl. subsp. *angustifolia* – 1111
"Freixo-flor", *Fraxinus ornus* L. – 741, 744
Freixo-grande, *Fraxinus angustifolia* Vahl. subsp. *oxycarpa* (Vahl) Franco & Rocha Afonso – 1112
Fritilária, *Fritillaria graeca* Boiss. & Spruner – 1667
Funcho, *Foeniculum vulgare* Mill. – 367, 398, 1307, 1513
Funcho-de-cavalo, *Prangos ferulacea* (L.) Lindl – 169, 1308
"Funcho-de-porco", *Peucedanum officinale* L. – 2034, 2113
"Fungo-da-necrose-radicular", *Rosellinia necatrix* Prill.; *Sclerotium rolfsii* Sacc. – 1186
Gálbano, *Ferula galbaniflua* Boiss. & Buhse – 1816, 1874, 1955
Gatunha, *Ononis spinosa* L. subsp. *antiquorum* (L.) Arcang. – 1290, 1380, 1394
Giesta, *Cytisus* – 103; *Genista* – 103; *Spartium* – 103; *Spartium junceum* L. – 103
Gilbardeira, *Ruscus aculeatus* L. – 343, 836, 1384
Gladíolo, *Gladiolus italicus* Mill. – 1449, 1648, 1651, 1653; *Gladiolus segetum* Ker Gawl. – 1648
Goiveiro, *Matthiola incana* (L.) R. Br. – 246, 426, 1275, 1402, 1403, 1468
Goiveiro-amarelo, *Cheiranthus* x *cheiri* L. – 1398, 1425; *Erysimum* x *cheiri* (L.) Crantz – 1398, 1425, 1442
"Golfão-pequeno", *Nymphoides peltata* (S.G. Gmel.) Kuntze – 1142
Goivo-negro, *Matthiola incana* (L.) R. Br. – 246, 426, 1275, 1402, 1403, 1468
"Golfão-vermelho", *Nymphaea lotus* L. – 1126
Grama, *Cynodon dactylon* (L.) Pers. – 150, 162, 1149, 1150
Granza , *Rubia tinctorum* L. – 1296, 1603, 1999, 2000, 2002

Grão-de-bico, *Cicer arietinum* L. – 487, 999, 1392, 1692. 1707
Heléboro, *Helleborus cyclophyllus* (A. Braun) Boiss. – 1031, 1333, 1909, 1914, 1926, 1937, 1947, 2007, 2014, 2026, 2061
Heléboro-branco, *Veratrum album* L. – 1948, 2025
Heléboro-negro, *Helleborus cyclophyllus* (A. Braun) Boiss. – 1031, 1333, 1909, 1914, 1926, 1937, 1947, 2007, 2014, 2026, 2061; *Veratrum nigrum* L. – 1031
Heliotrópio, *Heliotropium europaeum* L. – 1510, 1580, 1600, 1629, 1677
Hera, *Hedera helix* L. – 57, 238, 266, 324, 421, 856, 962
Hera-branca, *Clematis vitalba* L. – 1270, 2084
Hera-da-índia, *Hedera nepalensis* K. Koch. – 964
Herniária, *Herniaria glabra* L. – 1950; *Herniaria hirsuta* L. – 1950
"Hipericão-de-olimpo", *Hypericum olympicum* L. – 2039
Hortelã, *Mentha aquatica* L. – 427, 481, 1280, 1401, 1430, 2054; *Mentha spicata* L. – 481, 1431, 1556
Hortelã-pimenta, *Mentha aquatica* L. – 427, 481, 1280, 1401, 1430, 2054; *Mentha x piperita* L. – 480, 481
Hortelã-pimenta-bastarda, *Mentha aquatica* L. – 427, 481, 1280, 1401, 1430, 2054; *Mentha x piperita* L. – 480, 481; *Mentha spicata* L. – 481, 1431, 1556; *Mentha viridis* (L.) L. – 481
Incenso, *Boswellia sacra* Flueck. – 1023, 1813, 1838, 2110; *Boswellia serrata* Roxb. ex Colebr. – 1023, 2021, 2110
Inhame, *Colocasia esculenta* (L.) Schott – 18, 160, 167
Ínula, *Dittrichia graveolens* (L.) Greuter – 1304, 1327, 1619; *Dittrichia viscosa* (L.) Greuter – 1304, 1327, 1619
Ínula-fêmea, *Dittrichia graveolens* (L.) Greuter – 1304, 1327, 1619
Ínula-macho, *Dittrichia viscosa* (L.) Greuter – 1304, 1327, 1619
Ipsos, *Quercus coccifera* L. – 125, 228, 306, 575, 628, 815, 941, 1851
Íris, *Iris x germanica* L. – 175, 1037, 1462, 1652, 1899
Íris-da-ilíria, *Iris pallida* Lam. – 1899
Íris-fétida, *Iris foetidissima* L. – 1921
Jacinto, *Hyacinthus orientalis* L. – 1450, 1451; *Scilla bifolia* L. – 1450, 1451
Jacinto-das-searas, *Leopoldia comosa* (L.) Parl. – 152, 322, 333, 342, 1446, 1502, 1607
Jacinto-de-cultivo, *Consolida ajacis* (L.) Schur. – 1452
Jacinto-selvagem, *Hyacinthus orientalis* L. – 1450, 1451; *Scilla bifolia* L. – 1450, 1451
Jaqueira, *Artocarpus heterophyllus* Lam. – 981
Jarro, *Arum italicum* Mill. – 143, 154, 161, 350, 1503, 1611
"Jarro-maculado", *Arum maculatum* L. – 1503, 1611
Joio, *Lolium temulentum* L. – 105, 483, 1006, 1752
Jujubeira, *Ziziphus jujuba* Mill. – 985
"Junça", *Carex riparia* Curtis – 1110; *Cyperus rotundus* L. – 115, 155, 182, 294, 1139, 1893
"Juncinha", *Cyperus esculentus* L. – 1115, 1121, 1128
Junco, *Juncus acutus* L. – 114, 180, 1172
Junco-comum, *Schoenus nigricans* L. – 1173, 1872
Junco-de-cabeça-negra, *Schoenus nigricans* L. – 1173, 1872
Junco-florido, *Butomus umbellatus* L.– 116, 295, 1110
Junco-inteiro, *Scirpus holoschoenus* L., – 1174
Junco-macho, *Juncus acutus* L. – 180, 1172
Junípero, *Juniperus* – 568; *Juniperus communis* L. – 242, 315, 389, 568

Junípero-da-índia, *Balsamodendrum mukul* Hook. ex Stocks – 1817; *Vachellia nilotica* (L.) J. H. Hurter & Mabb. subsp. *cupressiformis* (J. L. Stewart) Ali & Faruqi – 1817
"Juta", *Corchorus olitorius* L. – 1130
Kerkis, *Populus tremula* L. – 359, 532, 796
Kneoron, *Thymelaea tartonraira* (L.) All. – 283, 1298, 1316
Kneoron-branca, *Thymelaea tartonraira* (L.) All. – 283, 1298, 1316
Kneoron-negra, *Thymelaea hirsuta* (L.) Endl. – 1317
"*Kostos*, *Saussurea costus* (Falc.) Lipsch. – 1889
Lákara, *Prunus avium* (L.) L. – 585, 655, 768, 1806
Lauréola, *Daphne laureola* L. – 868
Leituga, *Hypochaeris radicata* L. – 1551, 1640; *Reichardia picroides* (L.) Roth – 1551
"Leituga-de-burro", *Urospermum picroides* (L.) Scop. ex F.W. Scmidt – 1642
Lentilha-de-água *Lemna gibba* L. – 177; *Lemna minor* L. – 177, 1143
Lentilhas, *Lens culinaris* Medik. – 486, 806, 832, 1000, 1011, 1703
Lentisco, *Pistacia lentiscus* L. – 1818, 1855
Ligustro, *Ligustrum vulgare* L. – 414, 1297
"Lilás-da-índia", *Azadirachta indica* A. Juss. – 2022
"Limo-de-fita", *Zoostera marina* L. – 1069
Língua-de-borrego, *Plantago major* L. – 1592, 1627, 1635, 1636
Linho, *Linum usitatissimum* L. – 1759
"Líquene-dos-carvalhos", *Evernia prunastri* (L.) Ach. – 700
Lírio, *Iris* – 175, 436
"Lírio-da-ilíria", *Iris pallida* Lam. – 1899
"Lírio-fétido", *Iris foetidissima* L. – 1921
Lírio-purpúreo, *Lilium martagon* L. – 1278, 1405, 1426
"Lírio-roxo", *Iris* x *germanica* L. – 175, 1037, 1462, 1652, 1899
"Lodão", *Celtis australis* L. – 110, 773
Lotos, *Trifolium fragiferum* L. – 1596, 1657, 1682
Lótus, *Nelumbo nucifera* Gaertn. – 1123; *Nymphaea lotus* L. – 1126; *Ziziphus lotus* (L.) Lam. – 110, 195, 773, 910, 932, 944
Loureiro, *Laurus nobilis* L. – 88, 132, 184, 213, 430, 461, 609, 743, 1848
Loureiro-de-alexandria, *Danae racemosa* (L.) Moench – 343; *Ruscus aculeatus* L. – 343, 836, 1384; *Ruscus hypoglossum* L. – 343, 836; *Ruscus racemosus* L. – 343
Loureiro-selvagem, *Nerium oleander* L. – 237, 1020, 2020, 2100
Luzerna, *Medicago sativa* L. – 1766
"Luzerna-arbórea", *Medicago arborea* L. – 1204
Maçã-da-média, *Citrus medica* L. – 376, 408, 970
Maçã-da-pérsia, *Citrus medica* L. – 376, 408, 970
Macieira, *Malus domestica* Borkh. – 60, 90, 199, 282, 297, 422, 450, 587
Madressilva, *Lonicera implexa* Aiton – 1913, 2088; *Lonicera xylosteum* L. – 1913, 2088
Mahaleb, *Prunus mahaleb* L. – 878, 1254
Maleiteira-das-areias, *Chamaesyce peplis* (L.) Prokh. – 1902, 1971; *Euphorbia peplis* L. – 1902, 1971
"Malmequer-das-praias", *Aster tripolium* L. – 2101; *Tripolium pannonicum* (Jacq.) Dobrocz subsp. *tripolium* (L.) Greuter – 2101
Malva, *Lavatera arborea* L. – 54, 1559, 2074; *Malva arborea* (L.) Webb & Berthel. – 54, 207, 1199, 1559, 2074; *Malva sylvestris* L. – 1577

Malva-arbórea, *Lavatera arborea* L. – 54, 1559, 2074; *Malva arborea* (L.) Webb & Berthel. – 54, 207, 1199, 1559, 2074
Mandrágora, *Atropa belladonna* L. – 1331, 1686, 1923, 1935; *Mandragora autumnalis* Bertol – 1331, 1923, 1935; *Mandragora officinarum* L. – 1331, 1923, 1935
"Mangue-branco", *Avicennia marina* (Forssk.) Vierh – 1085, 1086, 1099
"Mangue-grande", *Rhizophora racemosa* G. F. W. Meyer – 1082
"Mangue-híbrido", *Rhizophora x harrisonii* Lindl. – 1082
"Mangue-leitoso", *Excoecaria agallocha* L. – 1239
"Mangue-pequeno", *Rhizophora mangle* L. – 1082
"Mangue-preto", *Avicennia germinans* (L.) L. – 1082; *Bruguiera gymnorhiza* (L.) Lam. – 1106, 1238
"Mangue-sapateiro", *Rhizophora mangle* L. – 1082
"Mangue-vermelho", *Rhizophora mangle* L. – 1082; *Rhizophora mucronata* Lam. – 1086, 1096, 1238; *Rhizophora racemosa* G. F. W. Meyer – 1082
Mangueira, *Mangifera indica* L. – 981
Manjerona, *Origanum majorana* L. – 248, 1277, 1436, 1459, 1896
"Manjerona-da-anatólia", *Origanum sipyleum* L. – 1883
"Marmeleiro", *Cydonia oblonga* Mill. – 456, 457
Marmelo, *Cydonia oblonga* Mill. – 456, 457
Marmelo-selvagem, *Cydonia oblonga* Mill. – 456, 457
Marroio, *Marrubium vulgare* L. – 1303, 1325
Marroio-negro, *Ballota nigra* L. – 1326
"Martagão", *Lilium martagon* L. – 1278, 1405, 1426
Mata-lobos, *Aconitum napellus* L. – 1311
Mata-ratos, *Aconitum anthora* L. – 1311, 2055, 2064; *Aconitum napellus* L. – 1311; *Oenanthe fistulosa* L. – 1311
Matricária, *Cyanus segetum* Hill. – 1563; *Parietaria judaica* L. – 1563; *Tanacetum parthenium* (L.) Shultz – 1563
Medronheiro, *Arbutus unedo* L. – 97, 232, 235, 822
Medronheiro-do-oriente, *Arbutus andrachne* L. – 96, 232, 234, 566, 603, 623, 664, 826, 971, 1494, 1849
Medronheiro-híbrido, *Arbutus x andrachnoides* Link – 232, 572, 608, 624
"Meimendro- branco", *Hyoscyamus albus* L. – 2055, 2064
Meliloto, *Melilotus officinalis* (L.) Pall. – 1596, 1683, 1897; *Trigonella foenum-graecum* L., – 834, 1009, 1012, 1773, 1897
Mélinos, *Setaria italica* (L.) P. Beauv. – 1008, 1695, 1710, 1761
Menanto, *Nymphoides peltata* (S.G. Gmel.) Kuntze – 1142
Menta, *Mentha spicata* L. – 481, 1431, 1556
"Metel", *Datura metel* L. – 1970
Míldio, *Peronosporaceae* – 1779
Milho-alvo, *Panicum miliaceum* L. – 361, 1007, 1694, 1695, 1709, 2087
Milho-dos-pássaros, *Setaria italica* (L.) P. Beauv. – 1008, 1695, 1710, 1761
Milho-miúdo, *Panicum miliaceum* L. – 361, 1007, 1694, 1695, 1709, 2087
Milho-painço, *Setaria italica* (L.) P. Beauv. – 1008, 1695, 1710, 1761
Mirra, *Commiphora habessinica* (O. Berg.) Engl. – 1016, 1024, 1814, 1839; *Commiphora mukul* (Hook. ex Stocks) Engl. – 1016, 1024, 1545, 1814, 1839; *Commiphora myrrha* (Nees) Engl. – 1016, 1024, 1545, 1814, 1839
"Mirra-da-abissínia", *Commiphora habessinica* (O. Berg.) Engl. – 1016, 1024, 1814, 1839

Mirra-da-índia *Commiphora mukul* (Hook. ex Stocks) Engl. – 1016, 1024, 1545, 1814, 1839
"Mirra-de-meca", *Commiphora gileadensis* (L.) C. Chr. – 1016, 1026, 1815, 1828, 1840, 1864, 1884
Mirto, *Myrtus communis* L. – 58, 214, 277, 340, 378, 433, 462, 757, 811, 912, 943
Morrião-azul, *Anagallis arvensis* L. subsp. *foemina* (Mill.) Schinz & Thell – 1565
Morte-das-mulheres, *Symphytum bulbosum* K.F. Schimp – 2076
"Moscadeira", *Myristica fragrans* Houtt. –1876
"Mostajeiro", *Sorbus torminalis* (L.) Crantz – 813
Mostarda, *Sinapis alba* L. – 385, 1480
Nabo, *Brassica rapa* L. – 142, 1474, 1613
Naíron, *Origanum sipyleum* L. – 1883
Narciso, *Narcissus poeticus* L. – 1444, 2062; *Narcissus serotinus* L. – 1417, 1443; *Narcissus tazetta* L. – 404, 1417, 1444, 1464, 2062; *Pancratium maritimum* L. – 1417, 1444, 1662
"Narciso-da-tarde", *Narcissus serotinus* L. – 1417, 1443
"Narciso-das-areias", *Pancratium maritimum* L. – 1417, 1444, 1662
"Narciso-de-inverno", *Narcissus tazetta* L. – 404, 1417, 1444, 1464, 2062
"Narciso-de-outono", *Sternbergia lutea* (L.) Ker Gawl. ex Spreng. – 1659
"Narciso-dos-poetas", *Narcissus poeticus* L. – 1444, 2062
Nardo, *Nardostachys jatamansi* (D. Don) DC. – 1879, 1882, 1900; *Valeriana dioscoridis* Sm. – 1900
Narte, *Ferula assa-foetida* L. – 1888; *Ferula narthex* Boiss. – 1888
Nenúfar-amarelo, *Nuphar lutea* (L.) Sm. – 1989
Nenúfar-branco, *Nymphaea alba* L.– 1137
Nespereira, *Mespilus germanica* L. – 726, 760, 814, 842, 925
Nespereira-vulgar, *Eriobotrya japonica* (Thunb.) Lindl. – 760
"Nigela-dos-trigos", *Agrostemma githago* L. – 1424, 1458
Nogueira, *Juglans regia* L. – 356, 371, 1717
Noz-da-terra, *Bunium ferulaceum* Sibth. & Sm. – 1666
"Noz-moscada", *Myristica fragrans* Houtt. –1876
"Noz-vómica", *Strychnos nux-vomica* L. – 2020
Oídio, *Erysiphe* – 1778
"Olaia", *Cercis siliquastrum* L. – 359, 796
Oleandro, *Nerium oleander* L. – 237, 1020, 2020, 2100
Olho-de-cão, *Plantago afra* L. – 1567, 1633
Olinto, *Ficus benghalensis* L. – 176, 410, 975; *Ficus citrifolia* Cat. – 410; *Ficus indica* L.– 410
Oliveira, *Olea europaea* L. subsp. *europaea* var. *europaea* – 46, 74, 186, 211, 268, 275, 325, 419, 922, 938, 963, 1015
Oliveira-selvagem, *Olea europaea* L. subsp. *europaea* var. *sylvestris* (Mill.) Lehr – 74, 187, 197, 454, 476, 1014
Orçaneta, *Alkanna tinctoria* (L.) Tausch – 1589, 1602
Orégão, *Origanum vulgare* L. – 250, 254, 382, 1299, 1318, 1459, 1496
Orégão-branco, *Origanum onites* L. – 1319
Órobo, *Vicia ervilia* (L.) Willd. – 489, 780, 1536, 1544, 1706, 2107
Orobanca, *Orobanche gracilis* Sm. – 1774
Óstria, *Ostrya carpinifolia* Scop. – 588, 727

Oxiacanto, *Mespilus pyracantha* L. – 231; *Oxyacantha dioscoridis* Bauh. – 231; *Pyracantha coccinea* M. Roemer – 231, 592, 612, 872
Oxicedro, *Juniperus oxycedrus* L. – 109, 224, 279, 314, 673, 752, 753, 754, 755, 756, 1809; *Juniperus oxycedrus* L. subsp. *oxycedrus* –755
Paciência, *Rumex patientia* L. – 140, 1479, 1561, 1957
Paciência-silvestre, *Rumex conglomeratus* Murray – 1538
"Pado", *Prunus padus* L. – 585
"Padreiro", *Acer pseudoplatanus* L. – 658, 737
Paliuro, *Paliurus spina-christi* Mill. – 50, 310, 339, 591, 851, 933, 949, 950
Paliuro-da-líbia, *Ziziphus spina-christi* (L.) Desf. – 933, 949, 950
"Pampilho", *Glebionis coronaria* (L.) Cass. ex Spach – 1595
"Pampilho-espinhoso", *Pallenis spinosa* (L.) Cass. – 1176
Panaceia, *Ferula gummosa* Boiss. – 1816, 1875, 1890, 1920, 1931, 1963
Panaceia-da-síria, *Ferula galbaniflua* Boiss. & Buhse – 1816, 1874, 1955
Panaceia-de-asclépio, *Ferulago nodosa* (L.) Boiss. – 1920, 1959, 1962, 2039
Panaceia-de-héracles, *Opopanax hispidus* (Friv.) Grieb. – 1960
Panaceia-de-quíron, *Inula helenium* L. – 1956
Papiro, *Cyperus papyrus* L. – 1113, 1336
Papoila, *Papaver somniferum* L. – 253, 391, 1147, 1904, 1974, 1982
Papoila-com-cornos, *Glaucium flavum* Crantz – 1983
"Papoila-das-searas", *Papaver rhoeas* L. – 1974, 1985
Papoila-de-héracles, *Silene vulgaris* (Moench) Garcke – 1987
Papoila-do-ópio, *Papaver somniferum* L. – 253, 391, 1147, 1904, 1974, 1982
Papoila-dormideira, *Papaver somniferum* L. – 253, 391, 1147, 1904, 1974, 1982
Papoila-negra, *Papaver rhoeas* L. – 1974, 1985; *Papaver somniferum* L. var. *nigrum* DC. – 1974; *Papaver somniferum* L. subsp. *somniferum* – 1974
Parietária, *Parietaria officinalis* L. – 1995
Pau-preto, *Dalbergia sissoo* DC. – 987, 1101, 1225
Pedos, Prunus mahaleb L. – 878, 1254
Pelekínos, Securigera coronilla DC. – 1770; *Securigera securidaca* (L.) Degen & Dorfl. – 1770
"Pente-de-vénus", *Scandix pecten-veneris* L. subsp. *brachycarpa* (Guss.) Thell. – 1557, 1578
Peónia, *Paeonia officinalis* L. – 1916
"Pepineiro", *Cucumis sativus* L. – 352, 1490
Pepino, *Cucumis sativus* L. – 352, 1490
Pepino-selvagem, *Ecballium elaterium* (L.) A. Rich. – 1032, 1579, 1618, 1940, 2011, 2037
Pereira, *Pyrus communis* L. – 41, 62, 73, 296, 423, 453, 597, 767, 907, 1846
Pereira-cultivada, Pereira-doméstica, *Pyrus communis* L. – 41, 62, 73, 296, 423, 453, 597, 767, 907, 1846
Pereira-doméstica, *Pyrus communis* L. – 41, 62, 73, 296, 423, 453, 597, 767, 907, 1846
Pereira-selvagem, *Pyrus amygdaliformis* Vill. – 73, 455, 586, 596, 635, 667, 767
Perpétuas, *Helichrysum italicum* (Roth) G. Don – 1447, 2105; *Helichrysum orientale* (L.) Vaill. – 2105; *Helichrysum stoechas* (L.) Moench. – 1447, 2105
"Perpétuas-das-areias", *Helichrysum italicum* (Roth) G. Don – 1447, 2105; *Helichrysum stoechas* (L.) Moench. – 1447, 2105
Persea, Persea-do-egipto, *Mimusops laurifolia* (Forssk.) Friis – 473, 618, 891, 906, 921, 931; *Mimusops schimperi* Hochst. – 473, 618

Persicária, *Persicaria maculosa* Gray – 2085; *Polygonum persicaria* L. – 2085
Peucédano, *Peucedanum officinale* L. – 2034, 2113; *Peucedanum vittijugum* Boiss. – 2009, 2034
Phykos, *Posidonia oceanica* (L.) M. Del. – 1057, 1064, 1079; *Zoostera marina* L. – 1069
Pilriteiro, *Crataegus heldreichii* Boiss. – 813; *Crataegus monogyna* Jacq. – 761, 985; *Mespilus heldreichii* (Boiss.) Asch. & Graebn. – 813
Pimenta, *Piper nigrum* L. – 2106, 2108
Pimenta-longa, *Piper longum* L. – 2109
"Pimenta-longa-de-java", *Piper officinarum* (Miq.) C. DC. – 2106; *Piper retrofractum* Vahl – 2106
Pimenta-negra, *Piper nigrum* L. – 2106, 2108
Pimpinela, *Sarcopterium spinosum* (L.) Spach. – 284, 1292, 1346, 1379
Pimpinela-espinhosa, *Sarcopterium spinosum* (L.) Spach. – 284, 1292, 1346, 1379
Pinheiro, *Pinus nigra* J. F. Arnold – 68, 120, 218, 278, 311, 379, 442, 538, 600, 652, 705, 874, 1802, 1831
Pinheiro-bravo, *Pinus pinaster* Aiton – 706, 1263
Pinheiro-da-córsega, *Pinus nigra* J. F. Arnold subsp. *laricio* Maire – 1263
Pinheiro-da-macedónia, *Pinus peuce* Griseb. – 707
Pinheiro-de-alepo, *Pinus halepensis* Mill. – 123, 225, 278, 312, 380, 443, 466, 539, 601, 663, 706, 710, 712, 1804, 1831
Pinheiro-de-lácio, *Pinus nigra* J. F. Arnold subsp. *nigra* – 1263
Pinheiro-manso, *Pinus pinea* L. – 215, 379, 465, 704
"Pinheiro-negro", *Pinus nigra* J. F. Arnold – 68, 120, 218, 278, 311, 379, 442, 538, 600, 652, 705, 874, 1802, 1831
"Pinheiro-silvestre", *Pinus sylvestris* L. – 707
"Pinheiro-turco", *Pinus brutia* Tren. – 467
"Piracanto", *Mespilus pyracantha* L. – 231; *Oxyacantha dioscoridis* Bauh. – 231; *Pyracantha coccinea* M. Roemer – 231, 592, 612, 872
Pistacheiro, *Pistacia vera* L. – 805, 989, 990
Planta-da-codorniz, *Plantago lagopus* L. – 1637, 1638
Planta-geradora-de-raparigas, *Mercurialis annua* L. – 2083
Planta-geradora-de-rapazes, *Mercurialis annua* L. – 2083
"Planta-veneno-dos-boximanes", *Acokanthera oppositifolia* (Lam.) Codd – 2019
"Planta-veneno-das-setas", *Acokanthera schimperi* (A.DC.) Schweinf. – 2019
Plantago-de-folhas-espessas, *Plantago crassifolia* Forssk – 1638
Plátano, *Platanus orientalis* L. – 78, 130, 171, 203, 260, 274, 326, 530, 647
Plátano-de-creta, *Platanus orientalis* L. var. *cretica* Dode – 260, 614
Plátano-de-gortina, *Platanus orientalis* L. var. *cretica* Dode – 260, 614
Poejo, *Mentha pulegium* L. – 2049
"Poinciana-branca", *Delonix elata* (L.) Gamble – 1105
"Polígono-marítimo", *Polygonum maritimum* L. – 165
Pólio, *Teucrium polium* L. – 286, 528, 1628
Polipódio, *Polypodium vulgare* L. – 2004, 2117
"Poliporo-isqueiro", *Phellinus igniarius* (L.) Quél. – 683
Pseudodictamno, *Ballota pseudodictamnus* (L.) Benth. – 2050
Queima-boi, *Bunias erucago* L. – 1568; *Erucaria hispanica* (L.) Druce – 1568
Quelidónia, *Chelidonium majus* L. – 1679
Quermes, *Quercus coccifera* L. – 125, 228, 306, 575, 628, 815, 941, 18
Quinquefólio, *Potentilla reptans* L. – 2001

Raiz-da-cítia, *Glycyrrhiza echinata* L. – 1992; *Glycyrrhiza glabra* L. – 1992
Raiz-doce, *Glycyrrhiza echinata* L. – 1992; *Glycyrrhiza glabra* L. – 1992
Raspa-saias, *Helminthotheca echioides* (L.) Holub – 1594
Rabanete- *Raphanus sativus* L. – 38, 141, 1473
Rabanete-rosado, *Raphanus sativus* L. var. *sativus* – 38
Rabanete-negro, *Raphanus sativus* L. var. *niger* (Mill.) J. Kern. – 38
Rícino, *Ricinus communis* L. – 267, 859
Roble, *Quercus robur* subsp. *pedunculiflora* (K. Koch) Menitsky – 692, 695
Romãzeira, *Punica granatum* L. – 61, 205, 276, 354, 420, 452, 1866
Roseira, *Rosa* – 435
Roseira-brava, *Rosa canina* L. – 854, 1911; *Rosa sempervirens* L. – 854, 1911
Roseira-de-cem-pétalas, *Rosa centifolia* L. – 1406; *Rosa centipetala* Stokes – 1406; *Rosa gallica* L. – 245, 1274, 1314, 1406
"Rosmaninho", *Lavandula stoechas* L. – 1424, 1977
Sabugueiro, *Sambucus nigra* L. – 119, 121, 183, 775, 1226
Saião, *Sedum ochroleucum* Chaix – 1572
Salgadeira, *Atriplex halimus* L. – 1205
"Salgado", *Limoniastrum monopetalum* (L.) Boiss. – 2101
Salgueirinha, *Lythrum salicaria* L. – 1136
Salgueiro, *Salix* – 77, 531, 579, 650, 783, 785, 873
Salgueiro-branco, *Salix alba* L. – 788
Salgueiro-cinzento, *Salix caprea* L. – 835
"Salgueiro-frágil" *Salix fragilis* L. – 784, 1135
Salgueiro-negro, *Salix purpurea* L. var. *amplexicaulis* (Bory ex Chaub.) Boiss. – 784, 788; *Salix purpurea* L. var. *purpurea* – 784, 788
Salsa, *Petroselinum crispum* (Mill.) Fuss, – 1543
Salsa-de-cavalo, *Smyrnium olusatrum* L. – 252, 438, 1507, 1541, 1823, 2033
Salsaparrilha, *Smilax aspera* L. – 298, 308, 861, 1467, 1585
Salva, *Salvia horminum* L. – 1713; *Salvia pomifera* L. – 1301, 1323; *Salvia viridis* L. – 1713, 1762
Salva-comum, *Salvia pomifera* L. – 1301, 1323
Salva-retorcida, *Salvia fruticosa* Mill. – 1302, 1324; *Salvia triloba* L. f. – 1302, 1324
Sanguinho, *Cornus sanguinea* L. – 193, 582, 627, 747
Saponária, *Saponaria officinalis* L. – 1352, 1463, 1988
"Sargaço", *Sargassum* – 1062
Sari, *Cyperus alopecuroides* Rottb. – 1114, 1120
Sarna, *Cerotelium fici* (Cast.) Arth. –1183
"Satirão-macho", *Orchis mascula* (L.) L. – 2080
Saudade, *Consolida orientalis* (J. Gay) Schrödinger – 1460
Scandix, *Scandix pecten-veneris* L. subsp. *brachycarpa* (Guss.) Thell.,
"Sebas", *Cymodocea nodosa* (Ucria) Asch. – 1069
Segurelha, *Satureja thymbra* L. – 51, 383, 395, 1300, 1321, 1438, 1495
Sempre-vivas, *Sedum* – 1572; *Sedum sediforme* (Jacq.) Pau – 1681; *Sempervivum* – 1572
"Sensitiva", *Mimosa asperata* L. – 928; *Mimosa pigra* L. – 928
Sequiosa, *Acacia tortilis* (Forssk.) Hayne – 1084
Serapião, *Serapias vomeracea* (Burm.f.) Briq. – 1921
"Seriba", *Avicennia germinans* (L.) L. – 1082
Serpentária, *Dracunculus vulgaris* Schott – 1647, 2115

Serralha, *Sonchus arvensis* L. – 1076; *Sonchus asper* (L.) Hill – 1353, 1371, 1598; *Sonchus oleraceus* L. – 1076, 1353
"Serralha-espinhosa", *Sonchus asper* (L.) Hill – 1353, 1371, 1598
"Serralha-macia", *Sonchus oleraceus* L. – 1076, 1353
Sésamo, *Sesamum indicum* L. – 362, 782, 1696, 1711
Sicómoro, *Ficus sycomorus* L. – 17, 411, 889, 890, 896
Sicómoro-do-egipto, *Ficus sycomorus* L. – 17, 411, 889, 890, 896
Sílfio, *Ferula tingitana* L. – 168, 549, 552, 939, 961, 1511, 1825
Silva-canina, *Rosa canina* L. – 854, 1911; *Rosa sempervirens* L. – 854, 1911
Silva-da-terra, *Rubus fruticosus* L. – 49, 239, 309, 338, 852, 853
Silvas, *Rubus fruticosus* L. – 49, 239, 309, 338, 852, 853
Sisímbrio, *Sisymbrium polyceratium* L. – 1712
Sisirínquio, *Gynandriris sisyrinchium* (L.) Pal. – 334; *Moraea sisyrinchium* (L.) Ker Gawl. – 334, 1668
"Sisso", *Dalbergia sissoo* DC. – 987, 1101, 1225
Smilax, *Quercus ilex* L. – 222, 261, 610, 614, 629, 694, 819, 820, 821
Sobreiro, *Quercus suber* L. – 43, 93, 828
Soda, *Salsola kali* L. – 1286, 1350
Solano, *Solanum dulcamara* L. – 2036; *Solanum nigrum* L. – 863, 1564, 1684
Solano-da-loucura, *Datura ferox* L. – 1970; *Datura metel* L. – 1970; *Datura stramonium* L., "Estramónio" – 1970
Solano-do-sono, *Physalis somnifera* L. – 1966; *Solanum somniferum* Bauhin – 1966; *Withania somnifera* (L.) Dunal – 1685, 1966
Sorbeira, *Sorbus* – 522; *Sorbus domestica* L. – 475, 522, 551, 765, 766; *Sorbus*
Sorbeira-fêmea, *Sorbus domestica* L. – 475, 522, 551, 765, 766
"Sorbeira-grega", *Sorbus graeca* (Lodd. ex Spach) Klotzsch – 522, 551, 840
Sorbeira-macho, *Sorbus aucuparia* L. – 765
Sorgo-bravo, *Sorghum halepense* (L.) Pers. – 1001
Sorgo-de-alepo, *Sorghum halepense* (L.) Pers. – 1001
Sumagre, *Cotinus coggygria* Scop. – 827; *Rhus coriaria* L. – 846, 855
Tamareira, *Phoenix dactylifera* L. – 36, 94, 204, 212, 291, 355, 444, 619, 888, 915, 935, 952, 996, 1853
Tamareira-anã, *Chamaerops humilis* L. – 516
Tamareira-de-creta, *Phoenix theophrasti* Greuter – 36, 81, 514
Tamareira-do-deserto, *Balanites aegyptiaca* (L.) Delile – 892, 911, 1718
Tamareira-do-egipto, *Hyphaene thebaica* (L.) Mart. – 292, 515, 914
Tamareira-marinha, *Callophyllis laciniata* (Huds.) Kutz. – 1063, 1075
Tamargueira, *Tamarix* – 576; *Tamarix hampeana* Boiss. & Heldr. – 79; *Tamarix tetrandra* Pall. ex M. Bieb. – 226, 281, 290, 576, 613, 823, 1315, 1374
Tamargueira-asiática, *Tamarix aphylla* (L.) H. Karst. – 1239
Tamarindo, *Tamarindus indica* L. – 984
Tanchagem, *Plantago major* L. – 1592, 1627, 1635, 1636
Tápsia, *Thapsia garganica* L. – 1309, 1908, 1934, 2116
Tasneirinha, *Senecio vulgaris* L. – 1552, 1573, 1624
"Teca-da-índia", *Tectona grandis* L. – 1238
Teixo, *Taxus baccata* L. – 220, 567, 604, 632, 654, 723, 877
Terebinto, *Pistacia terebinthus* L. – 236, 561, 569, 606, 805, 989, 1224, 1803, 1856
Terebinto-da-síria, *Pistacia atlantica* Desf. – 1224

"Testículo-de-cão", *Anacamptis morio* (L.) R.M. Bateman, Pridgeon & M.W. Chase – 2080
Thya, *Tetraclinis articulata* (Vahl) Mast. – 1229
Tifa, *Typha angustifolia* L. – 113, 181, 1141, 1148; *Typha latifolia* L. – 113, 181, 1141, 1148
Tília, *Tilia platyphyllos* Scop. – 89, 101, 269, 562, 729, 730, 732; *Tilia tomentosa* Moench – 89, 101, 269, 562, 731, 969
Tília-fêmea, *Tilia platyphyllos* Scop. – 89, 101, 269, 562, 729, 732
Tília-macho, *Tilia* x *europaea* L. – 731; *Tilia* x *vulgaris* Hayne – 731
Tília-prateada, *Tilia tomentosa* Moench – 89, 101, 269, 562, 731, 969
Timo, *Thymbra capitata* (L.) Cav. – 1320; *Thymus capitatus* (L.) Hoffmanns. & Link – 394, 956
Típhyon, *Prospero autumnale* (L.) Speta – 1659; *Scilla autumnalis* L. – 1659; *Sternbergia lutea* (L.) Ker Gawl. ex Spreng. – 1659
Tomilho-de-creta, *Thymus capitatus* (L.) Hoffmanns. & Link – 394, 956
Tomilho-tufoso, *Thymus sibthorpii* Benth. – 249, 428, 1279, 1399, 1428
Tomilho-tufoso-selvagem, *Thymus atticus* Celak – 1432
Tordílio, *Tordylium apulum* L. – 1554
Toupeira, *Biarum tenuifolium* (L.) Schott– 165; *Persicaria bistorta* (L.) Samp. – 165; *Polygonum bistorta* L. – 165
Tragacanto, *Astracantha gummifera* (Labill.) Podlech – 1822, 1905, 2045
"Tragacanto-da-grécia" *Astragalus creticus* Lam. subsp. *creticus* – 1822
"Tragacanto-de-parnaso", *Astracantha parnassi* (Boiss.) Podlech. – 1822
Tremoceiro, *Lupinus albus* L. – 71, 554, 1702
Tremoceiro-selvagem, *Lupinus pilosus* L. – 71
"Trevo", *Lotus* – 1657, 1682
Trevo-morango, *Melilotus officinalis* (L.) Pall. – 1596, 1683, 1897; *Trifolium fragiferum* L. – 1596, 1657, 1682
Trigo, *Triticum aestivum* L. – 53, 100, 347, 348, 472, 482, 997, 1514, 1687, 2086
Trigo-assírio, *Sorghum bicolor* (L.) Moench – 1744; *Sorghum vulgare* Pers. – 1744
Trigo-candial, *Triticum monococcum* L. – 135, 484, 1689
Trigo-de-perdiz, *Aegilops neglecta* Req. ex Bertol. - 1656; *Aegilops ovata* L. – 1656
Trigo-negro, *Melampyrum arvense* L. – 1754
"Trovisco", *Daphne gnidium* L. – 2112
Trufa, *Tuber* – 134
Trufa-de-verão, *Lagermannia gigantea* Batsch ex Pers. – 134
Trufa-do-raio, *Lagermannia gigantea* Batsch ex Pers. – 134
Tulipa, *Tulipa goulimyi* Sealy & Turrill – 1662; *Tulipa orphanidea* Boiss. ex Heldr. – 1662
Tussilagem, *Tussilago farfara* L. – 1570
Ulmeiro, *Ulmus minor* Mill. – 201, 270, 303, 529, 534, 577, 646, 790, 1811, 1850
Ulmeiro-da-serra, *Ulmus glabra* Huds. – 789
"Umbigo-de-vénus", *Umbilicus rupestris* (Salisb.) Dandy – 1572
Urze, *Erica* – 413; *Erica arborea* L. – 413, 1976
"Urzela", *Lecanora tinctoria* (DC). Czerwiak – 1068
Urtiga, *Urtica urens* L. – 1562
Uva-de-cão, *Tamus communis* L. – 865
Uva-do-monte, *Tamus communis* L. – 865; *Vaccinium myrtillus* L. – 838, 843
"Valeriana-italiana", *Valeriana dioscoridis* Sm. – 1900
"Veneno-de-cão", *Rhazya stricta* Decne. – 1018

Verbasco, *Verbascum* – 1638; *Verbascum nigrum* L. – 1638
Verbasco-negro, *Verbascum sinuatum* L. – 1984
Vide-branca, *Clematis vitalba* L. – 1270, 2084
Videira, *Vitis sylvestris* C. C. Gmel. – 1271; *Vitis vinifera* L. – 27, 42, 46, 48, 95, 133, 200, 272, 301, 323, 345, 424, 449, 807, 843, 995, 1271, 1427
Videira-do-ida, *Vaccinium myrtillus* L. – 838, 843
Videira-marinha, *Fucus spiralis* L. – 1062
Videira-selvagem, *Bryonia cretica* L. – 864, 1022, 1295, 2010
Vimeiro-comum, *Salix viminalis* L. – 786
Violeta, *Viola odorata* L. – 402, 1396, 1403, 1441, 1597, 1664
Violeta-branca, *Viola odorata* L. – 402, 1396, 1403, 1441, 1597, 1664
Violeta-negra, *Viola odorata* L. – 402, 1396, 1403, 1441, 1597, 1664
Viperina, *Echium angustifolium* Mill. – 1626
Visco, *Loranthus europaeus* Jacq. – 686, 817; *Viscum album* L. – 686, 818
Visco-comum, *Viscum album* L. – 686, 818
Visco-do-carvalho, *Loranthus europaeus* Jacq. – 686, 817
Zambujeiro, *Olea europaea* L. subsp. *europaea* var. *sylvestris* (Mill.) Lehr – 74, 187, 197, 454, 476, 1014
Zaragatoa, *Plantago coronopus* L. – 1587
"Zimbro", *Juniperus* – 568; *Juniperus foetidissima* Willd. – 219, 221, 631, 657, 880
"Zimbro-comum", *Juniperus communis* L. – 242, 315, 389, 568
"Zimbro-da-grécia", *Juniperus excelsa* M. Bieb. – 1830
"Zimbro-da-síria", *Arceuthos* Antoine & Kotschy – 568; *Juniperus drupacea* Labill. –219, 568, 605, 657, 751, 752, 754, 756, 882, 1808
"Zimbro-das-areias", *Juniperus phoenicea* L. – 568, 752, 1830
"Zimbro-fedorento", *Juniperus foetidissima* Willd. – 219, 221, 631, 657, 880
"Zimbro-oxicedro", *Juniperus oxycedrus* L. – 109, 224, 279, 314, 673, 752, 753, 754, 755, 756, 1809

Índice dos nomes latinos - portugueses dos animais
(os números remetem para as notas de rodapé do texto de Teofrasto)

Agrilus viridis L., Broca-da-madeira-de-faias – 1211
Alcyonium (*Cnidaria*), Coral-avermelhado – 1060
Alectoris rufa L., Perdiz – 165
Amphimallon majalis (Razoum.) Reitt., Besouro-europeu – 1188
Andricus, Cinipídeos-das-galhas-lanosas – 683
Anellida, Anelídeos – 1074
Anobium punctatum De Geer, Broca-da-madeira – 1785
Anobium tessellatum Oliv., Broca-da-madeira-de-carvalhos – 1211
Aphididae (*Homoptera*), Pulgões-de-bugalhos – 793
Aquila chrysaetos L., Águia-real - 1928
Baizongia pistaciae L., Afídio-de-galhas-do-terebinto – 809
Blastophaga psenes L., Vespa-do-figo – 523, 526, 527, 1194
Bruchus pisorum L., Gorgulho-do-órobo – 1781
Buteo buteo L., Bútio – 1919
Cephus cinctus Norton, Lagarta-da-cana-dos.cerais – 1783
Cerambyx cerdo L., Cerambicídeo-dos-carvalhos – 1234
Ceroplastes rusci L., Cochonilha-da-figueira – 1183
Chiton, Quitonídeos – 1074
Chlorops pumilionis Bjerk., Lagarta-do-trigo – 1782
Chrysodeixis eriosoma Doubleday, Lagarta-verde – 1784
Clisiocampa neustria (L.) Curtis, Aracnídeo – 1192
Coralliidae, Corais – 1092, 1093, 1094
Cossus ligniperda Fabricius, Borboleta-cabra – 767
Dacus oleae Rossi, Lagarta-da-mosca-da-azeitona – 1193
Dendrocopus major L., Pica-pau – 1917
Diplolepis quercus-folii L., Vespa-da-galha-dos-carvalhos – 1194
Enterobius vermicularis L., Oxiuro – 2092
Eriophyidae, Ácaros-de-galhas-de-carvalhos – 681
Euphyllura olivina Costa, Psilídeo – 1192
Falco perigrinus Tunstall, Falcão – 492
Gazella dorcas L., Gazela – 958
Geoica utricularia Pass., Afídio-de-galhas-do-terebinto – 809
Gryllotalpa gryllotalpa L., Ralo – 1535
Halticus saltator Geoffr., Pulga-da-terra – 1533
Hesperophanes griseus (Fabricius) Andre, Coleóptero – 1188
Ips typographus L., Broca-da-madeira-de-resinosas – 1211
Kermes vermilio Planchon, Cochonilha-da-grã-vermelha – 679, 816
Lampides boeticus L., Lagarta-das-ervilhacas – 1784
Lepus capensis L., Lebre – 957
Liophis miliaris L., Cobra-de-água – 494
Lucanus cervus L., Vacaloura – 1188
Malacosoma neustria (L.) Hübner, Aracnídeo – 1192
Melolontha majalis Razoum., Besouro-europeu – 1188
Monachus monachus Hermann, Foca-monge-do-mediterrâneo – 1961

Monochamus galloprovincialis Oliv., Broca-do-pinheiro – 1787
Oniscus asellus L., Bicho-da-conta – 960, 1074
Ophiuroidea, Ofiurídeos – 1074
Patella vulgata L., Lapa – 1071
Pieris napi L., Pulga-da-couve – 1534
Pieris rapae L., Pulga-da-couve – 1534
Prays oleae Bern., Traça-da-oliveira – 1182, 1191
Rhopalosiphum rufiabdominale Sasaki, Pulgão-do-trigo – 1782
Scorpionida, Escorpião – 2078
Sitophilus granarius L., Gorgulho-dos-cereais – 1780, 1785
Struthio camelus L., Avestruz – 959
Taenia saginata Goez, Ténia (do boi) – 2122
Taenia solium L., Ténia (do porco) – 2122
Talpa europaea L., Toupeira – 1649
Teredo navalis L., Teredo – 1233
Tetraneura ulmi L., Afídio-do-ulmeiro – 677
Tineidae (*Lepidoptera*), Traça – 286
Trichoferus griseus Fabricius, Coleóptero – 1188
Upupa epops L., Poupa – 493
Vipera, Víbora – 495

Índice dos nomes portugueses - latinos dos animais
(os números remetem para as notas de rodapé do texto de Teofrasto)

Ácaros-de-galhas-de-carvalhos, *Eriophyidae* – 681
Afídio-de-galhas-do-terebinto, *Baizongia pistaciae* L. – 809; *Geoica utricularia* Pass. – 809
Afídio-do-ulmeiro, *Tetraneura ulmi* L. – 677
Águia-real, *Aquila chrysaetos* L. – 1928
Anelídeos, *Anellida* – 1074
Aracnídeo, *Clisiocampa neustria* (L.) Curtis – 1192; *Malacosoma neustria* (L.) Hübner – 1192
Avestruz, *Struthio camelus* L. – 959
Besouro-europeu, *Amphimallon majalis* (Razoum.) Reitt.; *Melolontha majalis* Razoum. – 1188
Bicho-da-conta, *Oniscus asellus* L. – 960, 1074
Borboleta-cabra, *Cossus ligniperda* Fabricius – 767
Broca-da-madeira, *Anobium punctatum* De Geer – 1785
Broca-da-madeira-de-carvalhos, *Anobium tessellatum* Oliv. – 1211
Broca-da-madeira-de-faias, *Agrilus viridis* L. – 1211
Broca-da-madeira-de-resinosas, *Ips typographus* L. – 1211
Broca-do-pinheiro, *Monochamus galloprovincialis* Oliv. – 1787
Bútio, *Buteo buteo* L. – 1919
Cerambicídeo-dos-carvalhos, *Cerambyx cerdo* L. – 1234
Cinipídeos-das-galhas-lanosas, *Andricus* – 683
Cobra-de-água, *Liophis miliaris* L. – 494
Cochonilha-da-figueira, *Ceroplastes rusci* L. – 1183
Cochonilha-da-grã-vermelha, *Kermes vermilio* Planchon – 679, 816
Coleóptero, *Hesperophanes griseus* (Fabricius) Andre – 1188; *Trichoferus griseus* Fabricius – 1188
Corais, *Coralliidae* – 1092, 1093, 1094
Coral-avermelhado, *Alcyonium* (*Cnidaria*) – 1060
Escorpião, *Scorpionida* – 2078
Falcão, *Falco perigrinus* Tunstall – 492
Foca-monge-do-mediterrâneo, *Monachus monachus* Hermann – 1961
Gazela, *Gazella dorcas* L. – 958
Gorgulho-do-órobo, *Bruchus pisorum* L. – 1781
Gorgulho-dos-cereais, *Sitophilus granarius* L. – 1780, 1785
Lagarta-da-cana-dos.cerais, *Cephus cinctus* Norton – 1783
Lagarta-da-mosca-da-azeitona, *Dacus oleae* Rossi – 1193
Lagarta-das-ervilhacas, *Lampides boeticus* L. – 1784
Lagarta-do-trigo, *Chlorops pumilionis* Bjerk. – 1782
Lagarta-verde, *Chrysodeixis eriosoma* Doubleday – 1784
Lapa, *Patella vulgata* L. – 1071
Lebre, *Lepus capensis* L. – 957
Ofiurídeos, *Ophiuroidea* – 1074
Oxiuro, *Enterobius vermicularis* L. – 2092
Perdiz, *Alectoris rufa* L. (1758) – 165

Pica-pau, *Dendrocopus major* L. – 1917
Poupa, *Upupa epops* L. – 493
Psilídeo, *Euphyllura olivina* Costa – 1192
Pulga-da-couve, *Pieris napi* L. – 1534; *Pieris rapae* L. – 1534
Pulga-da-terra, *Halticus saltator* Geoffr. – 1533
Pulgão-do-trigo, *Rhopalosiphum rufiabdominale* Sasaki – 1782
Pulgões-de-bugalhos, *Aphididae* (*Homoptera*) – 793
Quitonídeos, *Chiton* – 1074
Ralo, *Gryllotalpa gryllotalpa* L. – 1535
Ténia (do boi), *Taenia saginata* Goez – 2122
Ténia (do porco), *Taenia solium* L. – 2122
Teredo, *Teredo navalis* L. – 1233
Toupeira, *Talpa europaea* L. (1758) – 1649
Traça, *Tineidae* (*Lepidoptera*) – 286
Traça-da-oliveira, *Prays oleae* Bern. – 1182, 1191
Vacaloura, *Lucanus cervus* L. – 1188
Vespa-da-galha-dos-carvalhos *Diplolepis quercus-folii* L. – 1194
Vespa-do-figo, *Blastophaga psenes* L. – 523, 526, 527, 1194
Víbora, *Vipera* – 495

Índice de topónimos
(os números remetem para as páginas do volume)

Abdera - 123, 123 n. 545
Acaia - 300, 300 n. 1748, 319, 346, 353, 353 n. 2097, 355
Acarnas - 161 n. 857
Acésines (rio; cf. Chenab) - 179, 203, 203 n. 1171
Áconas - 347, 347 n. 2058
Acragante (cf. Agrigento) - 301 n. 1753
Acrotoo - 268 n. 1516
Acte - 297, 297 n. 1733
Adriático - 34, 184, 184 n. 1038, 185, 329 n. 1899
Afeganistão - 328 n. 1888
África - 37, 37 n. 56, 46, 59 n. 17, 77 n. 168, 114 n. 515, 169 n. 891, 173 n. 933, 174 nn. 944, 946, 182 n. 1016, 189 n. 1082, 223 n. 1229, 344 n. 2019
Agrigento (cf. Acragante) - 301, 301 n. 1753
Albânia - 311 n. 1790, 335 n. 1951
Alepo - 65 n. 52, 72, 82, 86, 86 n. 278, 88, 93, 103, 105, 105 n. 467, 121, 125, 127, 129, 131, 132, 134, 141, 145, 158, 181 n. 1001, 185, 209, 212, 217, 218, 229, 230, 231, 233, 318, 320
Alexandria (Egipto) - 25, 26, 38, 89, 89 n. 343, 299, 299 n. 1746
Alexandria (Tróade) - 159
Algarve - 114 n. 516
América - 46, 97 n. 410
Amiso - 185
Ámon - 38, 173, 173 n. 934, 175, 223
Anatólia - 296 n. 1730
Anazarbo - 26 n. 29
Antandro - 105, 105 n. 463, 213, 228, 299 n. 1746
Anticira - 333, 333 n. 1938, 343
Antilíbano - 112 n. 508, 327
Apolónia - 33, 122 n. 543, 311, 311 n. 1790
Apúlia - 185 n. 1051
Arábia - 31, 37, 37 n. 56, 113, 183, 189, 190 n. 1088, 192, 225, 323, 324 nn. 1852, 1854, 325, 326 n. 1863, 328
Arcádia - 23, 34 n. 48, 35, 82, 116, 121, 121 n. 540, 125 n. 558, 128, 131, 132 n. 642, 135, 141, 143, 148, 148 n. 758, 152, 156, 156 n. 820, 167, 184, 205, 213, 220, 225, 242, 344, 345, 345 nn. 2032, 2038, 346 n. 2041, 349 nn. 2066-2067, 353, 355
Argólida - 297 n. 1733, 353 n. 2098
Argos - 66 n. 61, 185 n. 1051
Ária - 182
Arménia - 184 n. 1034, 195 n. 1127
Áscalon - 269, 270
Ascânia - 184 n. 1040
Ásia - 25 n. 26, 34, 36, 37, 37 n. 56, 38, 46, 59 n. 18, 83 n. 253, 176, 176 n. 964, 177 n. 967, 183 n. 1022, 185, 225 n. 1238, 300, 319, 322, 324 n. 1852, 325 n. 1857, 329, 337 n. 1970, 340 n. 1992

Ásia Menor - 13, 27, 34, 74 n. 144, 90 n. 351, 126 n. 568, 170 n. 903, 184 n. 1034, 269 nn. 1522-1523, 286 n. 1663
Assíria - 172 n. 924, 299 n. 1744
Asso - 13, 128 n. 616
Assuão - 67 n. 66
Atenas - 13, 14, 25, 42, 65 n. 46, 77 n. 168, 78 n. 172, 107 n. 479, 122 n. 542, 135 n. 676, 161, 161 n. 857, 177 n. 967, 185 n. 1049, 205, 205 n. 1180, 219 n. 1216, 233 n. 1266, 242, 245, 254, 255 n. 1435, 296, 297 n. 1732, 300, 306, 317 n. 1800, 352 n. 2082, 354 n. 2102
Ática - 27, 34 n. 48, 221, 249 n. 1376, 297, 297 n. 1732, 340 n. 1991, 354 n. 2102, 356
Atlântico - 186 n. 1056, 187 n. 1066, 189 n. 1082
Austrália - 46
Atos (monte) - 268 n. 1516
Babilónia - 29 n. 41, 34, 37, 37 n. 56, 38, 41, 43, 103, 105, 112, 113, 128, 177, 177 n. 967, 195 n. 1127, 303, 305, 305 n. 1763, 312, 312 n. 1795
Bactras - 300, 303
Bactriana - 180, 180 nn. 990-991, 301 n. 1751
Balcãs - 186 n. 1053
Baluchistan (cf. Gedrósia) - 182 nn. 1019, 1021
Barhain - 191 n. 1095, 192 n. 1100, 225 nn. 1237-1238
Bengasi - 244 n. 1339
Beócia - 35, 70 n. 96, 93 n. 382, 107, 132 n. 642, 142 n. 717, 197 n. 1134, 200 n. 1154, 202 nn. 1160, 1162, 268, 269, 300, 335, 353 n. 2095
Bitínia - 184 n. 1034
Bizâncio - 26, 134, 153
Boédria - 202
Bósforo - 184 n. 1035
Bósforo Cimério - 184 n. 1041
Bursa - 185 n. 1045, 220 n. 1221
Cáfias - 205
Cálcia (ilha) - 35, 296, 296 n. 1728
Calcídica - 145 n. 738, 195, 195 n. 1125, 196 n. 1133, 213 n. 1203
Cálcis - 210, 210 n. 1195, 307 n. 1775
Caneto - 307, 307 n. 1775
Capadócia - 296, 311, 312 nn. 1791-1792
Cária - 170 n. 903, 269 nn. 1522-1523
Caristo - 300, 317 n. 1800
Carmânia - 177 n. 965, 191, 191 n. 1098
Carneiros (rio dos) - 202
Cartago - 174, 174 n. 946
Cáspio (mar) - 66 n. 61, 74 n. 144, 177 n. 966
Cassótis (fonte) - 205 n. 1181
Castália (fonte) - 82 n. 210, 205 n. 1181
Cefiso (rio) - 202, 202 n. 1160, 306 n. 1767
Ceilão - 183 n. 1025, 226 n. 1239
Celessíria - 34, 112
Ceos - 349, 349 n. 2068
Cerício (monte) - 70 n. 96
Cerínia - 353, 353 n. 2097

Índice de topónimos

Cerinto - 312, 312 n. 1794
Chenab (cf. Acésines) - 179 n. 980, 203 n. 1171
China - 59 n. 18, 183 n. 1025, 327, 328, 329, 337 n. 1970
Chipre - 35, 35 n. 51, 38, 43, 84, 113, 114, 169, 229, 231
Cíclades - 349 n. 2068
Cidade dos Heróis - 325
Cilene (monte) - 125, 125 n. 558, 167, 254 n. 1433, 345
Cilícia - 26 n. 29, 34, 105, 105 n. 470, 106, 125, 177 n. 967, 185, 185 n. 1050, 195, 270 n. 1527, 291 n. 1695, 296, 306
Cíndrio - 128
Circeia - 232, 232 n. 1264
Cirenaica - 37 n. 56, 74 n. 144, 77 n. 168, 123 n. 549, 173, 173 n. 936, 174 n. 948, 175, 223
Cirene - 77 n. 168, 123, 123 n. 548, 174 n. 946, 231 n. 1260, 244 nn. 1335, 1339, 245, 252, 303
Cirno - 155, 155 n. 812
Cítia - 340, 344
Citibena - 323
Citora - 155, 155 n. 812
Cízico - 311, 311 n. 1790
Clazómenas - 122 n. 542
Cleonas - 268, 268 n. 1516
Clitória - 345
Cnidos - 170, 170 n. 903, 269, 269 n. 1523, 355
Cnossos - 283 n. 1650
Coimbra - 47, 51
Colunas de Héracles (cf. Gibraltar) - 187, 189
Copaís (lago) - 197 n. 1134, 202 nn. 1160, 1162
Copto - 189, 189 n. 1083
Corfu - 130 n. 628
Corinto - 116 n. 520, 117, 139 n. 699, 222 n. 1224, 268, 268 n. 1516, 297 n. 1733, 333 n. 1938
Córsega - 155 n. 812, 231, 231 n. 1262, 232, 232 n. 1263
Cós - 43, 170 n. 903
Cotovelo - 202
Crane - 167
Creta - 21 n. 23, 35, 35 n. 51, 37 n. 55, 38, 64 n. 36, 84, 84 nn. 259-260, 91 n. 358, 93 n. 394, 103, 103 n. 447, 104 n. 457, 105 n. 467, 106, 106 n. 474, 114, 114 n. 513, 115, 123, 125, 125 n. 559, 128, 168, 168 n. 885, 169, 177 n. 967, 184, 187, 269 n. 1519, 270, 283 n. 1650, 318, 319, 319 n. 1822, 340, 346, 347, 347 n. 2058
Crimeia - 286 n. 1661, 296 n. 1731
Crotona - 84 n. 261, 300 n. 1748
Dalmácia - 329 n. 1899
Damasco - 155
Delfos - 70 n. 88, 82 n. 210, 173 n. 934, 205, 205 n. 1181, 293 n. 1714, 306 n. 1767, 335 n. 1949
Delos (ilha) - 64 n. 36, 205, 205 n. 1180
Delta (do Nilo) - 34, 84, 84 n. 258

Dio - 268 n. 1516
Djerba (cf. Lotófagos, ilha dos) - 174 n. 944
Dodona - 62 n. 26, 173 n. 934
Drangiana - 180 n. 991, 301 n. 1751
Ecbátana - 177 n. 966
Eeia (ilha) - 232 n. 1264
Éfeso - 224, 224 n. 1232
Egas - 357, 357 n. 2125
Egeu (mar) - 116 n. 521, 185 n. 1044, 276 n. 1568, 336 n. 1961
Egipto - 21 n. 23, 31, 34, 34 n. 48, 36, 36 n. 52, 37, 37 n. 56, 38, 43, 44, 51, 59, 64 nn. 36-37, 67 n. 66, 69 n. 87, 76, 85 n. 267, 87, 91, 97, 105, 106, 107, 112, 114, 114 n. 515, 123, 128, 132, 169, 170, 170 n. 902, 171, 171 nn. 914, 916, 172 nn. 919, 923, 173, 173 n. 934, 190, 192, 193, 193 n. 1111, 194, 194 n. 1123, 196, 198, 204, 244, 258, 293, 295, 303, 305, 343, 343 n. 2016
Elateia - 306, 306 n. 1767
Elefantina - 31, 33, 36, 67, 84
Eleia - 335, 335 n. 1951
Élide - 128, 141, 156 n. 820, 157
Eneia - 300
Enia - 207
Enianes - 220
Epidauro - 353 n. 2098
Epiro - 184 n. 1038, 335 n. 1951
Éreso - 13, 14 n. 5, 26 n. 29, 33 n. 46, 50, 163 n. 867
Erétria - 307 n. 1775
Escepsis - 25
Espanha - 70 n. 97, 286 n. 1663
Esparta - 343 n. 2016
Estagira - 13, 29 n. 40, 145, 145 n. 738, 196 n. 1133, 213, 213 n. 1203
Estrímon (rio) - 195 n. 1125, 196, 196 n. 1133
Eta (monte) - 184, 184 n. 1036, 212 n. 1200, 220 n. 1222, 334, 335, 335 nn. 1949, 1951
Etiópia - 37 n. 56, 114, 344
Etólia - 139, 139 n. 699, 335
Etrúria - 158 n. 829, 233 n. 1267
Eubeia - 14, 34, 35, 79 n. 178, 91 n. 369, 184 n. 1036, 185, 210, 210 n. 1195, 220, 300, 307, 307 n. 1775, 310, 312, 312 n. 1794, 335, 344, 356, 357 n. 2125
Eufrates (rio) - 195, 195 n. 1127, 305 n. 1764
Euripo (canal do) - 210 n. 1195
Europa - 60 n. 19, 66 n. 59, 69 n. 83, 71 n. 116, 90 n. 351, 104 n. 457, 148, 148 n. 761, 183 n. 1022, 184 n. 1037, 185, 268 n. 1518, 286 n. 1663, 297 n. 1737, 329, 337 n. 1970, 343 n. 2012
Evespérides (ilhas) - 244, 303
Fálacras (cf. Montes Calvos) - 159
Fálico - 117, 297
Feneu - 121, 122 n. 540, 225, 345
Fenícia - 34, 112, 147, 147 n. 752, 229, 320
Filipos - 35, 105, 210, 213, 252, 252 nn. 1407-1408, 308
Florença - 329 n. 1899
Fócida - 202 n. 1160, 293, 293 n. 1714, 306, 306 n. 1767

Frígia - 184, 257, 257 n. 1459, 269 n. 1522
Gaugamelos - 177 n. 967
Gedrósia (cf. Baluchistan) - 182, 182 n. 1019, 190 n. 1091, 191 n. 1098
Gibraltar (cf. Colunas de Héracles) - 187 n. 1066, 189 n. 1082
Golfo Arábico - 192
Golfo de Bomba - 244 n. 1339
Golfo dos Heróis (cf. Suez) - 190, 324, 324 n. 1852
Golfo Pérsico - 190 n. 1091, 191 n. 1095, 225 n. 1238
Golfo Termaico - 195 n. 1125
Gortina - 35, 36, 84, 84 nn. 259-260, 128 n. 614
Grécia - 13, 21 n. 23, 25, 31, 34, 35, 36, 37, 37 nn. 54-55, 38, 39, 40, 45, 48, 49, 50, 60 n. 19, 62 n. 26, 65 n. 52, 66 n. 59, 68 n. 73, 69 n. 82, 70 n. 89, 71 nn. 110, 113, 72 n. 126, 74 nn. 140, 144, 76 n. 166, 78 n. 176, 82 n. 223, 83 nn. 233, 240, 85 n. 267, 89 n. 343, 90 n. 352, 91 n. 358, 104 n. 457, 106, 116 n. 520, 123 n. 545, 125 n. 558, 126 nn. 568, 576, 585, 128, 132 n. 642, 139 n. 699, 140 n. 706, 141 n. 712, 144 n. 729, 146 n. 741, 152 n. 788, 156 n. 820, 159 n. 836, 172 n. 924, 173 n. 934, 176 n. 965, 177, 179, 181 n. 1002, 184 n. 1035, 192 n. 1102, 193 n. 1116, 194 n. 1123, 196 n. 1133, 197, 199 n. 1151, 200 n. 1154, 212 n. 1200, 220, 220 n. 1222, 233 n. 1267, 239 n. 1276, 241 n. 1313, 242 n. 1320, 243 n. 1329, 247 nn. 1354, 1358, 249, 249 n. 1376, 252 n. 1404, 253 n. 1414, 261 n. 1470, 275 n. 1557, 276 nn. 1568, 1572, 293, 295, 300, 300 n. 1747, 307 n. 1774, 312, 312 n. 1794, 319, 319 n. 1822, 327, 335 n. 1951, 337 n. 1966, 338 n. 1975, 342 n. 2003, 343, 344, 345 nn. 2028, 2038, 346 n. 2044, 347 n. 2058, 356 n. 2123
Hadrámita - 323, 324 n. 1854
Hagia Rouméli - 103 n. 447
Hebro (rio) - 300 n. 1747
Hélade - 33
Helesponto - 184 n. 1035, 296
Hélicon (monte) - 335
Hemo (cf. Balcãs) - 186, 186 n. 1053
Heracleia - 27 n. 34, 66, 66 n. 59, 135, 136, 212, 347, 348
Hereia - 353
Hespérides - 174
Himalaias - 329 n. 1900
Himeto (monte) - 254, 254 n. 1433
Hircânia - 180 n. 991, 301 n. 1751
Hormuz - 191 n. 1098
Huleh (lago) - 194 n. 1118
Ida (montanha de Creta) - 125, 128, 128 n. 616, 131, 140, 141, 142, 143, 145, 146, 148, 152, 154, 158, 159, 168, 168 n. 885, 185, 321, 321 nn. 1831-1832
Ida (monte da Tróade) - 105 n. 463, 128 n. 616, 135, 135 n. 672, 138, 138 n. 693, 139, 147, 159 n. 836
Iémen - 323 n. 1845
Ílion (cf. Tróia) - 205, 205 n. 1180
Ilíria - 184, 184 nn. 1035, 1038, 329, 329 n. 1899
Ilisso (rio) - 78 n. 172
Índia - 34, 38, 78, 78 n. 176, 90 n. 352, 97 n. 410, 176, 176 n. 964, 177 n. 967, 178, 179, 179 nn. 982-984, 181, 182 n. 1019, 183, 183 n. 1025, 190, 190 n. 1091,

191 n. 1097, 192, 192 n. 1102, 203, 286, 318, 318 n. 1817, 323 n. 1844, 328, 344, 344 nn. 2021-2022
Índico - 186 n. 1056, 191 n. 1097
Indo (rio) - 38, 179 n. 980, 180 n. 992, 190 n. 1091, 191 nn. 1095, 1098, 203 n. 1171
Iónia - 122 n. 543, 170
Iónio (mar) - 198 n. 1146, 311, 311 n. 1790
Irão - 38, 180 n. 991, 300 n. 1750, 301 n. 1751, 312 n. 1792
Israel - 269 n. 1525, 328 n. 1885
Isso - 105 n. 470, 270, 270 n. 1527
Istro (rio) - 184 n. 1035
Itália - 34, 62 nn. 28-29, 117, 158 n. 829, 185, 185 n. 1051, 186 n. 1052, 232, 233 n. 1267, 300 n. 1748
Japão - 148 n. 760
Jordânia - 328 n. 1870
Karnak - 172 n. 919
Kastanéa - 185 n. 1048
Kavala - 105 n. 468, 252 n. 1407
Kodonia - 104 n. 457
Lacedemónia - 156
Lácio - 231, 232 nn. 1263-1264, 343
Lacónia - 117, 156 n. 820, 184, 203, 269, 291 n. 1695, 300, 344, 345 n. 2038, 346
Lapaia - 114
Láurion - 233 n. 1266
Lebadia - 202
Lelanto - 307, 310
Lesbos - 13, 13 n. 3, 27, 34 n. 48, 35, 104 n. 460, 105 nn. 463, 467, 138 n. 693, 141, 163, 163 n. 867
Líbano - 112 n. 508, 125 n. 560, 327, 328 n. 1873
Líbia - 34, 37 n. 56, 64 n. 37, 77 n. 168, 112, 173, 173 nn. 933-934, 174, 175, 244, 300, 310
Lícia - 147, 184, 184 n. 1039
Lídia - 185 n. 1045, 269 n. 1522
Liotásia - 268
Lipari (ilhas) - 38, 91, 91 n. 360, 158, 158 n. 831
Lotófagos (ilha dos; cf. Djerba) - 174, 175
Luxor - 172 n. 919
Macedónia - 13, 27, 27 n. 35, 34 n. 48, 82, 105 n. 468, 125, 125 n. 558, 128, 132, 139, 139 n. 702, 140, 140 n. 707, 143, 147, 154, 177 n. 965, 183 n. 1024, 184 n. 1035, 1038, 185, 185 n. 1049, 200 n. 1154, 207 n. 1184, 210 n. 1197, 213 n. 1203, 220, 220 n. 1219, 252 nn. 1406-1408, 274 n. 1543, 308, 320, 321 n. 1832, 322, 322 n. 1835, 329 n. 1899
Magna Grécia - 33, 38, 84 n. 261, 186 n. 1052
Magnésia - 185, 185 n. 1048
Makrán (deserto de) - 182 n. 1019
Málea - 335, 335 n. 1951
Mamali - 323
Mantineia - 122 n. 540, 349, 349 n. 2066
Mar de Azov (cf. Meotis) - 184 n. 1041, 340 n. 1992
Mar de Eritreia (cf. Mar Vermelho) - 195 n. 1127

Mar da Mármara - 185 n. 1044, 311 n. 1790
Mar Negro (cf. Ponto Euxino) - 155 n. 812, 184 nn. 1034-1035, 1041, 185 nn. 1043-1044, 291 n. 1695, 329 n. 1899, 347 nn. 2056, 2058
Mar Vermelho (cf. mar de Eritreia) - 36, 37, 68, 113, 172 n. 923, 189, 189 n. 1083, 190 nn. 1085-1086, 1090, 195 n. 1127
Maratona - 340, 340 n. 1991
Meca - 183, 318, 319 n. 1828, 323, 327, 328
Média - 176, 177, 177 n. 966, 178, 312, 312 n. 1792, 319, 328
Mediterrâneo - 34, 95 n. 404, 147 n. 755, 158, 186, 186 nn. 1055-1056, 187 n. 1062, 190 n. 1090, 194 n. 1118, 222 n. 1224, 226 n. 1239, 336 n. 1961
Mégara - 75 n. 156, 90 n. 352, 116, 116 n. 520, 221, 221 n. 1223
Megárida - 117, 297
Melos (ilha) - 296, 296 n. 1727
Mênfis - 36, 84, 173, 173 n. 927, 295, 295 n. 1725
Meónia - 185 n. 1045
Meotis (lago; cf. mar de Azov) - 340, 340 n. 1992
Meros (montanha) - 176, 176 n. 964
Messina - 296, 296 n. 1726
Mileto - 43, 209, 209 n. 1190
Mili San Pietro (cf. Moinhos) - 296 n. 1726
Mísia - 105 n. 463, 125, 125 n. 558, 128 n. 616, 220 n. 1221, 269 n. 1522, 299 n. 1746
Moinhos (cf. Mili San Pietro) - 296, 296 n. 1726
Montes Brancos - 103 n. 447, 168, 168 n. 885
Montes Calvos (cf. Fálacras) - 159
Nasamónia - 173
Negro (rio) - 202
Nesso (rio) - 123
Nilo (rio) - 67 n. 66, 172 n. 923, 189 n. 1083, 193
Oceano - 95, 174 n. 948, 186 n. 1055
Olímpia - 42, 107 n. 476, 128 nn. 620-621, 205, 205 n. 1180
Olimpo (montanha da Mísia) - 125, 125 n. 558, 185, 185 n. 1045
Olimpo (montanha situada entre a Macedónia e a Tessália) - 35, 35 n. 50, 83, 83 n. 233, 125, 125 n. 558, 145, 146, 155, 155 n. 812, 184, 185, 210, 210 n. 1195, 230
Olinto - 312, 312 n. 1794
Olofixo - 268 n. 1516
Opunte - 35, 79
Orcómeno (cidade) - 122 n. 540, 197, 197 n. 1134
Orcómeno (lago; cf. Copaís) - 202 n. 1162, 204, 340
Ordino - 163, 163 n. 867
Ossa (monte) - 184, 184 n. 1036
Pacífico - 191 n. 1097
Paflagónia - 155 n. 812
Pangeu - 252, 252 nn. 1407-1408
Panticápeon - 184, 211
Paquistão - 179 n. 985, 318 n. 1817, 328 n. 1888
Parnaso (montanha) - 35, 82, 82 n. 210, 125, 125 n. 558, 184, 220, 245, 335, 344, 346, 347
Parnes (monte) - 161 n. 857
Paros (ilha) - 268 n. 1517

Patras - 346, 355
Pela - 13
Pelecânia - 202
Pélion (monte) - 184, 184 n. 1036, 185, 335 n. 1956, 344
Peloponeso - 35, 116 n. 520, 121 n. 540, 125 n. 558, 128 nn. 620-621, 132 n. 642, 156 n. 820, 167 n. 883, 249 n. 1376, 254 n. 1433, 297, 297 n. 1733, 300 n. 1748, 319, 346 n. 2047
Península Arábica - 34, 169 n. 891, 172 n. 924
Península Ibérica - 69 n. 83, 77 n. 168
Pérsia - 37 n. 56, 113 n. 511, 177, 178, 191
Petra - 311, 312 n. 1791
Piéria (cf. Olimpo) - 125, 125 n. 558, 155 n. 812, 185
Pilos - 72 n. 126
Pínaro (rio) - 34, 105, 105 n. 470
Pira - 335
Pireu - 244
Pirra - 29, 104, 104 n. 460, 142, 353
Pissato - 300
Placo - 105 n. 470
Plateias - 352
Ponto Euxino (cf. Mar Negro) - 27 n. 34, 66 n. 59, 177, 184, 184 n. 1034, 185, 211, 220, 220 n. 1220, 300, 301, 307, 335, 347, 350
Portugal - 44, 114 n. 516, 140 n. 706, 155 n. 813, 241 n. 1311
Présia - 128
Propôntide - 184 n. 1035, 185, 220 n. 1221
Psófis - 345
Punjab - 179 n. 982, 203 n. 1171
Queroneia - 200, 200 n. 1154
Quersoneso da Táuride (cf. Crimeia) - 286
Quios (ilha) - 350
Régio de Calábria - 186, 186 n. 1052
Ríndaco (rio) - 220
Rodes - 25, 27 n. 36, 37 n. 55, 91 n. 358, 112, 128, 169 n. 891, 170, 170 n. 903, 184, 296, 296 n. 1728
Roma - 25, 26, 158 n. 829
Saba - 323
Salamina - 116 n. 520, 297, 297 n. 1732
Samaria (gargantas de) - 103 n. 447
Samos - 33, 66 n. 56, 67 n. 65
Samotrácia - 269, 269 n. 1524
Sane - 268 n. 1516
Sangário (rio) - 184 n. 1040
Sara (deserto) - 244 n. 1339
Sardenha - 77 n. 169
Sárdis - 185 n. 1045, 269, 269 n. 1522, 270, 325
Selinunte - 62 n. 28
Síbaris - 35, 35 n. 51, 38, 62 n. 29, 84, 128 n. 614, 300 n. 1748
Sicília - 34, 62 n. 28, 77 n. 169, 115, 158 n. 831, 186 n. 1052, 249, 269, 296 n. 1726, 300, 300 n. 1748, 301, 301 n. 1753, 303

Sícion - 254
Sinope - 185
Siracusa - 186 n. 1052
Síria - 37, 37 n. 56, 92, 112 n. 508, 114, 125, 125 n. 560, 126 n. 568, 155, 170, 176, 183, 185, 194, 194 n. 1118, 195, 222, 222 n. 1224, 229, 231, 245, 303, 319, 320, 322, 327, 328, 333, 335
Sirte - 244, 244 n. 1339
Siwah (oásis) - 173 n. 934
Skórpios (Ilha) - 246 n. 1350
Socotra (ilhas) - 325 n. 1859
Sogdiana - 180 n. 991, 301 n. 1751
Solo - 34, 105, 306
Sudão - 172 n. 924
Suez (cf. Golfo dos Heróis) - 190 n. 1088, 324 n. 1852
Súnion (cabo) - 233 n. 1266
Susa (Arcádia) - 349
Susa (Pérsia) - 38, 346, 346 n. 2044
Tânagra - 70 n. 96
Tarento (golfo de) - 84 n. 261, 209, 209 n. 1190
Tarra (montanhas de) - 37 n. 55, 103, 103 n. 447
Tartesso - 70 n. 97
Tasos (ilha) - 105 n. 467, 191 n. 1095, 268 n. 1517, 353
Táuride - 296
Taxila - 179 n. 982
Tebaida (Egipto) - 172, 173
Tebas (Egipto) - 172 n. 919
Tebas (Grécia) - 197 n. 1134
Tebas Hipolácia (Ásia Menor) - 105 n. 470
Tégea - 122 n. 540, 341, 341 n. 1998, 345
Telétrion (monte) - 184, 184 n. 1036, 344, 346, 357, 357 n. 2125
Tempe (vale do) - 70 n. 88
Téos - 25, 25 n. 28
Tera (ilha) - 77 n. 168
Termópilas - 212 n. 1200
Téspias - 353
Tesprótide - 198
Tessália - 35, 35 n. 50, 125 n. 558, 132, 132 n. 642, 184 n. 1036, 195, 211, 305, 308, 310, 335 nn. 1949, 1956, 344
Tessalonica - 207 n. 1184
Tilo (ilha de) - 192, 225, 225 n. 1238
Tiro - 84 n. 260, 174 n. 946
Tirrénia - 158, 343
Tisso - 268 n. 1516
Tmolo (monte) - 185, 185 n. 1045
Torone - 195, 195 n. 1125
Toscana - 329 n. 1899
Trácia - 105 n. 468, 123 n. 545, 162, 177 n. 965, 184, 185, 210 n. 1197, 211, 252 n. 1408, 255, 268 n. 1517, 269 n. 1524, 291 n. 1695, 300, 300 n. 1747, 329, 341, 344, 354 n. 2102

Tráquis - 212, 212 n. 1200
Tremiti (ilhas) - 185 n. 1051
Trezena - 353, 353 n. 2098
Tróade - 25, 34 n. 48, 128 n. 616, 135 n. 672, 138 n. 693, 147
Tróia - 185 n. 1051, 205 nn. 1180-1181, 343 n. 2016
Tunísia - 174 n. 944
Turquia - 64 n. 36, 125 nn. 558, 560, 135 n. 672, 139 n. 702, 147 n. 750, 185 nn. 1045, 1050, 270 n. 1527, 300 n. 1747
Ucrânia - 340 n. 1992
Vale - 328
Xanto (rio) - 184 n. 1039
Zacinto - 347, 347 n. 2058

www.ingramcontent.com/pod-product-compliance
Lightning Source LLC
Chambersburg PA
CBHW071234300426
44116CB00008B/1026